北京大学考古学丛书

夏商周文化與田野考古

刘绪 著

上海古籍出版社

目　录

夏文化研究

1

论卫怀地区的夏商文化

一、绪言

卫怀地区在河南省北部,包括清代的卫辉府和怀庆府。《禹贡》为冀州覃怀之地,商代为畿内之域,两周近于洛邑王城,先后为周、晋、郑、魏所有。秦属三川,汉属河内,其后或属怀或属汲,通常称为河内。现在属新乡地区。

本地区是中原腹地的一部分,西北靠近太行山,与山西垣曲、阳城、晋城、陵川诸县接壤,南部隔黄河、邙山,与洛阳、郑州、开封等地相邻,东北是一望无垠的华北平原。境内有两条主要河流:沁水从晋东南穿太行山,经济源、沁阳、温县、武陟注入黄河,把本地区分为东、西两个部分;卫水自清化(博爱)发源,经焦作、修武、获嘉、汲县进入安阳地区,后与漳河合流。据古文献记载,此地既是商人早期活动的主要地区,也是夏人势力所到之处,著名的羊肠、河济就在这里。

卫怀地区的考古工作开展较早,1935 年,前“中研院”历史语言研究所在温县、获嘉、辉县等地进行过调查[1],并于 1935~1937 年在辉县发掘了一些商至汉代的墓葬[2]。新中国成立以后,中国科学院考古研究所和河南省各级文物部门又先后在辉县琉璃阁[3]、新乡潞王坟[4]、济源原城、沁阳圪垱坡[5]和孟县东杨[6]等遗

[1] 梁思永:《龙山文化——中国文明的史前期之一》,《梁思永考古论文集》,科学出版社,1959 年,第 145 页。

[2] 中国科学院考古研究所:《辉县发掘报告》,科学出版社,1956 年,第 1 页。

[3] 中国科学院考古研究所:《辉县发掘报告》,科学出版社,1956 年,第 15、31 页。

[4] 河南省文化局文物工作队:《河南新乡潞王坟商代遗址发掘报告》,《考古学报》1960 年第 1 期。

[5] 河南省新乡地区文物管理委员会:《新乡地区历史文物介绍》,1981 年编印。

[6] 洛阳市文物工作队:《河南洛阳吉利东杨村遗址》,《考古》1983 年第 2 期。东杨遗址位于黄河以北,原属孟县。

址进行了发掘。但过去的这些工作,所获资料有限,不能使我们较全面地了解这一地区的文化面貌和探讨其与邻近地区诸文化的关系。1981 年秋冬,北京大学历史系考古专业七七、七八级部分学生在新乡地区试掘了修武李固、武陟赵庄和温县北平皋三处遗址[1],并在这三个县,以及沁阳、辉县、原阳等县进行了调查。发现了上自龙山文化,下迄商周时期的遗存,其中,尤以晚于龙山文化而又早于二里冈期商文化的遗存最为重要。据初步研究,卫怀地区这一时期的遗存显然可以分为两类,而对这两类遗存的分析,可以帮助我们认识它与周围各地区诸文化的关系,并进一步辨别夏、商两种文化的面貌。

二、卫怀地区夏商文化的年代分期和文化特征

卫怀地区的夏商文化,如果以晚于龙山文化而又早于二里冈期商文化的遗存为主要标准[2],则可以沁水为界分为两类:沁水以西为一类,以北平皋-赵庄遗存为代表;沁水以东为一类,以李固-潞王坟遗存为代表。

(一) 沁水以西的北平皋-赵庄遗址

北平皋和赵庄遗址分属于温县和武陟县,两遗址相距 3 千米,济水从其间流过。它们均位于沁水西南、黄河北岸的清风岭上,南面隔河与郑州上街、西史村遗址相望。据笔者调查,沁水以西晚于龙山文化,早于二里冈期文化的遗址还见于温县安乐寨、上苑,沁阳县崇义公社西苟庄、范村花地冈等地,孟县吉利东杨也属这类遗址(图一)。

1. 地层与分期

(1) 赵庄遗址

赵庄遗址范围颇大,东西约 1500 米,南北约 500 米,堆积一般厚约 2 米。包含

---

[1] 北京大学考古专业商周组等:《晋豫鄂三省考古调查简报》,《文物》1982 年第 7 期。
[2] 近年来的夏商文化讨论,涉及从龙山文化到二里冈期文化各个阶段。由于卫怀地区龙山文化的发掘资料很少,目前难以详论。

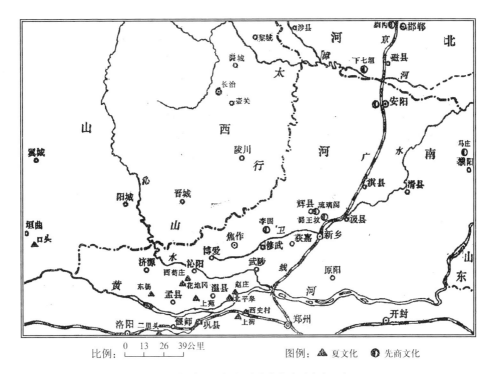

图一　卫怀地区夏文化、先商文化遗址分布示意图

有仰韶文化、二里冈期商文化和东周时期文化遗存,也包含有相当于二里头文化时期的遗存。最后一类文化遗存和二里冈期商文化遗存分布在遗址西南部,紧邻黄河大堤,部分已被河水吞没。

据 1981 年的发掘,赵庄遗址文化层的叠压关系有二组,其中探沟 81WZTG1 的地层如下(图二):

第 1 层:农耕土。

第 2 层:灰黄色土。出有战国、汉代陶片。

第 3 层:浅灰色土,质较松软。包含物丰富,出有粗绳纹鬲、甗、罐,还有长颈大口尊、簋、豆、小口瓮、钵、瓶、敛口瓮、器盖以及石、骨器等遗物。以鬲和大口尊最多,其特征与二里冈 C1H1 者接近[1]。

---

[1] 河南省文化局文物工作队:《郑州二里冈》,图壹:9(C1H1:20)等,科学出版社,1959 年。

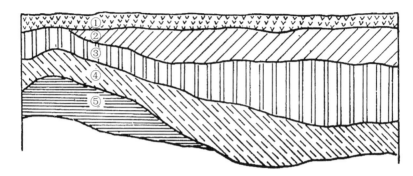

图二　81WZTG1南壁局部剖面图(赵庄)

第4层:深灰色土,质较松散。出有细绳纹薄胎鬲、甗、罐,还有盆、大口尊以及少量石器和龟甲。从出土陶器看,如鬲,卷沿尖圆唇,锥足瘦长,胎甚薄,饰细绳纹,与二里冈C1H17所出者相近[1]。

第5层:黑黄杂花土,质较硬。主要出有夹砂罐、泥质罐、口径稍大于肩径的大口尊、附鸡冠状鋬的深腹盆、小口瓮等。

另外,断面D2和D4下层所出遗物特征也和G1⑤者相同。

(2)北平皋遗址

北平皋遗址以东周和汉代遗存最为丰富,此外,还有少量仰韶晚期、西周晚期文化特征与赵庄G1⑤相同的遗存。最后一种遗存主要分布在北平皋古城城内的南部台地上,1981年,我们清理了四个灰坑(编号为81WPH1~H4),遗物相当丰富,特征相同。出土器物中,陶器有二十余种,以夹砂圆底深腹罐为最多(包括花边唇者),几乎占陶器总数的一半。其次是盆、大口尊、平底盆、小口瓮、豆、甑,还有少量带鋬小罐、敛口瓮、蛋形瓮、花边堆纹小罐、鼎、鬲、甗等。

根据赵庄遗址的地层关系和北平皋、赵庄两遗址的发掘资料,夏商时期的文化遗存可以分为三期。

第一期:北平皋H1~H4,赵庄G1⑤、D4下层、D2等。此期所出器物,如尖圆

[1]河南省文化局文物工作队第一队:《郑州商代遗址的发掘》,《考古学报》1957年第1期。

底深腹罐、口肩径相等的大口尊、带錾盆、花边堆纹小罐等,特征与二里头文化晚期(三、四期)相同[1],时代应该一致,其中北平皋遗存较赵庄遗存略早。经 ^{14}C 测定,北平皋 H3 木炭年代为距今 3445±70 年,树轮校正为距今 3715±122 年,和二里头遗址第三期文化 ^{14}C 测定年代相近[2]。此期遗存就是我们所说的沁水以西一类遗存。

第二期:赵庄 G1④、D1 等,所出器物特征与二里冈 C1H17 者相近,故此期相当于二里冈下层。

第三期:主要有赵庄 G1③、G2、H3 等,所出器物特征与二里冈期上层相同,故此期相当于二里冈期上层。

2. 文化特征

第一期陶器以灰陶为主,并有极少量的褐色陶。多数器物火候较高,制法有轮制、手制和模制,而往往是一器采用两种制法,即口部轮制,腹部手制或模制,衔接处捏痕明显。

纹饰以中绳纹为大宗,占百分之七十以上,绳结明显,纹理清晰。其他还有少量素面、旋纹、粗绳纹、细绳纹、堆纹、压印纹和鸡冠状錾等,都在百分之十以下。部分器物唇外加厚圆鼓,并在口沿与颈肩处留有明显的轮旋痕,有的绳纹因此被抹去,或者被抹后仍隐约可见,堆纹主要施于大口尊,鸡冠錾多见于盆和甑上。除深腹罐为尖圆底外,其他器物几乎都是凹圜底,三足器较少,平底器更少。主要器物特征如下。

――――――――――――

[1] 中国科学院考古研究所洛阳发掘队:《1959 年河南偃师二里头试掘简报》,《考古》1961 年第 2 期;《河南偃师二里头遗址发掘简报》,《考古》1965 年第 5 期;中国科学院考古研究所二里头工作队:《河南偃师二里头早商宫殿遗址发掘简报》,《考古》1974 年第 4 期;《河南偃师二里头遗址三、八区发掘简报》,《考古》1975 年第 5 期;中国社会科学院考古研究所二里头队:《1980 年秋河南偃师二里头遗址发掘简报》,《考古》1983 年第 3 期;《河南偃师二里头二号宫殿遗址》,《考古》1983 年第 3 期。

[2] 二里头遗址的 ^{14}C 测定数据,可以确指为第三期的共有三个,其中有一个为距今 3395±155 年(经树轮校正,下同,参《考古》1974 年第 5 期),年代偏晚,明显有误,不可取。另两个数据是:距今 3600±125 年和 3880±94 年,若取平均值,则为距今 3770 年左右,与北平皋的数据相近。

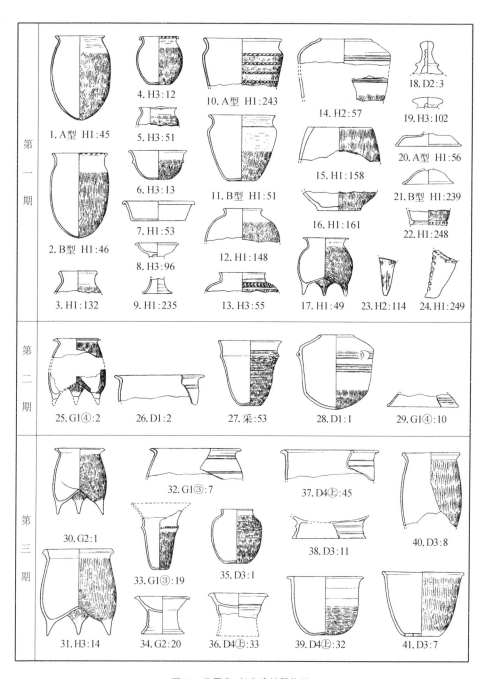

第
一
期

1. A型 H1:45
2. B型 H1:46
3. H1:132
4. H3:12
5. H3:51
6. H3:13
7. H1:53
8. H3:96
9. H1:235
10. A型 H1:243
11. B型 H1:51
12. H1:148
13. H3:55
14. H2:57
15. H1:158
16. H1:161
17. H1:49
18. D2:3
19. H3:102
20. A型 H1:56
21. B型 H1:239
22. H1:248
23. H2:114
24. H1:249

第
二
期

25. G1④:2
26. D1:2
27. 采:53
28. D1:1
29. G1④:10

第
三
期

30. G2:1
31. H3:14
32. G1③:7
33. G1③:19
34. G2:20
35. D3:1
36. D4⊥:33
37. D4⊥:45
38. D3:11
39. D4⊥:32
40. D3:8
41. D3:7

图三　北平皋-赵庄遗址器物图

18、25~41. 赵庄　其余. 北平皋

深腹罐　数量最多。夹砂,侈口卷沿,深腹。绝大多数为尖圆底,平面上不能放置。器壁较薄,尖底处更薄。皆灰色,饰绳纹,颈部绳纹多数被抹去。器表一般敷有草泥,烧成红色。可分二型。

A型:侈口,唇上无纹饰。依唇部有圆唇、方唇和尖圆唇之分,其中方唇者较少,尖圆唇一般唇外加厚。依体形有肥、瘦之别。口径一般在20~24厘米间(图三,1)。

B型:器形、纹饰等特征与A型相同,唯唇上印有形式多样的绳切纹或压切纹,是本期遗存中具有特征性的器物(图三,2)。

花边堆纹罐　数量很少。体小,夹砂。领较高,唇外加厚作堆纹状花边,圆鼓腹。深灰色,饰中绳纹(图三,3)。

带錾小罐　数量少。体小,夹砂,薄胎。口沿饰对称二小錾,圆鼓腹。腹饰中绳纹。口径10厘米左右(图三,4)。

鬲　数量少。夹砂。皆高领,袋足肥胖圆鼓。薄胎,黑灰色。侈口圆唇,多数饰细绳纹,少数饰中绳纹。足根锥状细高,有的饰绳纹,有的为素面,还有的在素面上压印二至四道沟槽(图三,17、23)。

甗　数量很少。夹砂,黑灰色。腰内侧有箅隔,外侧堆纹或有或无,多数饰细绳纹(图三,22)。

鼎　数量少。足微外撇,断面为椭圆形,外侧往往捏成花边。浅腹圜底(图三,24)。

盆　数量仅次于深腹罐。皆泥质,灰色。上腹一般都有明显的轮旋痕,下腹饰中绳纹。其中有鸡冠状錾的约占四分之一。口径一般为30~34厘米(图三,6)。

浅腹平底盆　常见器物之一。泥质。体形皆为浅腹大平底,斜直壁,素面,有轮旋痕。有的器底折棱处压印绳切纹。口沿形式多样。口径30厘米左右(图三,7)。

豆　常见器类。皆泥质,制作较精。豆盘多为黑灰色,素面磨光,腹浅。豆把细高,饰有旋纹或弦纹,圈足呈喇叭口形(图三,8、9)。

捏沿罐　发现较少。泥质,体较小。口沿有对称的两处内凹,口下有轮旋痕,器身素面或饰绳纹(图三,5)。

　　大口尊　数量多。体肥,泥质,灰色。北平皋所出,口径与肩径相若;赵庄所出,口径稍大于肩径。侈口,束颈。唇有圆、圆方和外侧加厚等多种。分二型。

　　A 型:饰堆纹,一般器形较大。肩以上素面或磨光,肩以下饰堆纹和中绳纹,口径 33 厘米左右(图三,10)。

　　B 型:不饰堆纹,一般器形不及 A 型大。肩上下多有轮旋痕,下腹及底饰中绳纹。口径 27 厘米左右(图三,11)。

　　小口瓮　常见器类。泥质,灰色。小口广腹,领微束,圆肩。腹部饰斜行中绳纹,领部多有轮旋痕(图三,12)。

　　敛口瓮　数量较少。器形大,泥质,绝大多数器表黑色且光亮,红胎,火候较低。敛口,广肩圆折,唇上部加厚突起。上腹部和肩上饰旋纹,近底处为绳纹。制作精细(图三,14)。

　　罍　比较常见。泥质,黑灰色。形似瓮,小口广肩,口直而微内敛,唇厚而浑圆,腹饰绳纹,肩以上有旋纹,有的在旋纹间填印一周“S”形云纹(图三,13)。

　　蛋形瓮　数量少。仅见于北平皋 H1。器形较大,夹砂。在所有陶器中,此类器胎最厚。口微敛,平方唇,口部稍厚于腹部,一般饰粗绳纹,假圈足平底(图三,15、16)。

　　器盖　数量较少。皆泥质,制作精细。陶质和陶色与敛口瓮相同。盖面往往饰有数道旋纹。依盖面分二型。

　　A 型:器盖中此型较多,盖顶平面有折(图三,20)。

　　B 型:少见,盖顶为弧面,呈覆钵状(图三,21)。

　　此外,还有为数不多的簋、碗、甑、器座等。

　　此期各类器物所占比例见表一。

　　第二期出土遗物较少,陶器中主要是夹砂灰陶和泥质灰陶,也有少量红陶和黑陶,其中夹砂陶多为薄胎。纹饰以绳纹为主,可分中、细两种,不见粗绳纹,而细绳纹往往施在薄胎夹砂器上。素面陶较多,此外,还有旋纹、弦纹、堆纹等。主要器物特征略举如下。

表一　沁西第一期(夏文化)器类比例统计(北平皋 H1)

器类	深腹罐	花边罐	带鋬罐	鬲	甗	鼎	甑	盆	平底盆	簋	豆	碗	捏沿罐	泥质罐	大口尊	罍	小口瓮	敛口瓮	蛋形瓮	器盖
%	43	0.3	1.4	2.2	0.5	0.8	0.8	13.4	5.1	0.3	4.2	0.8	1.1	4	8	3.3	4.2	1.4	1.1	2

鬲　　数量最多。夹砂,黑灰色。卷沿或折沿,尖圆唇,部分唇上有一周榫状凸脊,斜腹微鼓,锥状高尖足。薄胎,细绳纹(图三,25)。

深腹盆　　数量多。泥质。一般为折沿,直腹微鼓,上腹部磨光或饰旋纹。近底处饰绳纹(图三,26)。

大口尊　　数量多。体较肥硕,泥质灰陶。口径大于肩径,短颈,凹圜底。肩以上素面或饰旋纹,肩以下饰绳纹,有的饰数道旋纹(图三,27)。

敛口瓮　　数量较少。体形大,泥质灰陶。敛口,唇上加厚,广肩圆折,肩部往往有横贯耳。肩以上素面,肩以下饰若干组旋纹,近底处饰绳纹(图三,28)。

其他器物还有深腹罐、簋、豆、小口瓮、器盖(图三,29)等,多为残片。

第三期陶器的陶质、陶色和第二期相近,但陶胎一般比第二期厚,部分同类器体形增大。纹饰以粗绳纹为主,也有少量中绳纹,细绳纹少见,其他还有旋纹、弦纹和堆纹等。主要器物特征如下。

鬲　　数量最多。夹砂灰陶,折沿方唇。可分二式。

Ⅰ式,胎较薄,裆和锥足较高,饰中绳纹(图三,30)。

Ⅱ式,大方唇,胎较厚,裆和锥足比Ⅰ式矮,饰粗绳纹(图三,31)。

深腹罐　　较常见。夹砂,灰陶或灰褐陶。方唇上折,饰粗绳纹(图三,40)。

甑　　较常见。泥质或夹细砂,分二式。

Ⅰ式,深腹直壁(图三,39)。

Ⅱ式,深腹斜壁(图三,41)。

深腹盆　　数量多。泥质灰陶。多为深鼓腹,折沿,腹上部素面磨光,或饰旋纹,腹下部饰绳纹(图三,32)。另外还有少量有肩盆。

簋　　比较常见。泥质,浅灰色。平折沿,直腹圈足,器表素面磨光或饰旋纹及弦纹(图三,37、38)。

豆　　比较常见。泥质灰陶,素面,粗柄。分斜腹和假腹二式(图三,34、36)。

大口尊　　数量较多。泥质灰陶,瘦体,长颈,口径远大于肩径(图三,33)。

小口瓮　　较常见。泥质灰陶,高领近直,广圆肩,饰绳纹(图三,35)。

其他器物还有甗、捏沿罐(尊)、钵、碗等。

第三期遗存本身仍有早、晚之别,可以再行分期,因本文主要讨论第一期的问题,这里就不做详细分析了。

(二) 沁水以东的李固-潞王坟遗址

目前所知,沁水以东介于龙山文化和二里冈期商文化之间的遗存,有修武李固、新乡潞王坟和辉县琉璃阁等遗址(图一),它们分布在沁水以东和古黄河以北的范围内。

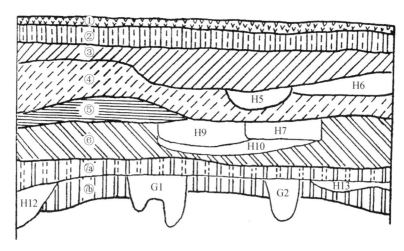

图四　81XLT1 南壁局部剖面图(李固)

1. 地层与分期

(1) 李固遗址

李固遗址属修武县,南距县城约 12 千米,北距太行山约 10 千米,东去 2.5 千米即进入辉县县境。

该遗址是一个高出周围地面约 3 米的台地,南北、东西各长 300 米左右,文化堆积层一般在 3 米以上,包含从龙山至东周各时期文化遗存。其文化层的叠压关系,1981 年发掘有三组,兹以 81XLT1 为例说明如下(图四):

第 1 层: 农耕土。

第 2 层: 浅灰色土,质地紧密,出战国、汉代及近代遗物。

第 3、4 层: 仅土色有别,内涵相同。土较松软。出有卷沿细绳纹鬲、细绳纹甗、折沿粗绳纹鬲、大口尊、直腹簋、深腹盆、假腹豆、鼎、捏沿罐(尊)、小口瓮等。陶器特征多数与二里冈上层相同,但也有与二里冈下层相同者。

第 5 层: 灰黄色土,质地细密。出有高领鬲、卷沿鬲、甗、蛋形瓮、敛口瓮、小口瓮、大口尊、斝、盆、研磨器等。陶器特征与潞王坟下层相近。

第 6 层: 黑黄色土,质地紧密。所出陶片以篮纹、方格纹和素面为主,也有一定数量绳纹。器物有罐、甗、双腹盆、小口高领瓮、小平底碗、豆、研磨器等。

第 7 层: 依土色又分二小层,内涵相同。出有粗砂素面罐、小口高领瓮、双腹盆、钵、小平底碗等。此层和第六层的陶器特征与龙山文化相同。

依上述地层和陶器特征,第 4 层为二里冈上层堆积,但本层也有二里冈下层遗物,如细绳纹卷沿鬲、甗等。这说明李固遗址有二里冈下层堆积。但属于二里冈下层的遗物在第 5 层无一发现。因此,可以断定,第 5 层是早于二里冈下层的堆积。

第 6 层以下为龙山文化堆积,又可分早、晚两段。

显然,第 5 层处于二里冈下层和龙山文化之间。与之同时的单位还有 D1③a、D1③b、D5④a、D5④b、H1、H15 等。

(2)潞王坟遗址

潞王坟遗址属新乡县,位于新乡市东北约 10 千米,东南紧邻卫水,与李固遗址相距 50 余千米。

潞王坟遗址面积大,堆积厚。1958 年发掘 125 平方米,分上、下两层。原报告定下层相当于二里冈上层,定上层相当于辉县琉璃阁商代晚期层,这一结论显然不妥。细审原报告的材料,其上层应属二里冈上层文化,下层与李固第 5 层相当。此外,潞王坟遗址上层所出陶器中,有的也属二里冈下层,如原报告上层Ⅱ式鬲(参54页)。我们认为该遗址亦应有二里冈下层堆积的存在。

根据李固遗址的地层关系和出土器物特征,沁水以东龙山至夏商时期的发掘资料可以分为三期。

第一期:龙山文化期。此期又分早、晚两段,早段相当于龙山文化中期,以李固遗址探沟一第7层、H12、H13为代表;晚段相当于龙山文化中、晚期之际,以李固遗址探沟一第6层、H3为代表。

第二期:时代晚于龙山文化,早于二里冈期下层。从器物特征看,如高领鼓腹,实足根上饰绳纹或压印沟槽的鬲,口肩径相等的大口尊等,与北平皋-赵庄一期的相同,故二者同时,即相当于二里头文化晚期阶段。代表单位有李固探沟一第5层、潞王坟下层和琉璃阁H1。此期就是我们所说的沁水以东一类遗存。

第三期:二里冈期上层文化。以李固探沟一第4层和潞王坟上层为代表。

2. 文化特征

第一期早、晚两段陶器都以灰陶为主。早段泥质陶多于夹砂陶,晚段则相反,夹砂陶增多。纹饰有方格纹、篮纹、弦纹、压印纹和素面,但各种纹饰的数量和特征早晚有别。方格纹由少到多,从早段稍大的菱形变为晚段较小的正方形。早段为斜篮纹,晚段为竖篮纹,篮纹内并填有小横道。绳纹略有减少。晚段有的器物还饰有两种纹饰。素面陶早段多,晚段少。器物以多少为序,主要有深腹罐、小口高领瓮、小平底碗、甗、研磨器、钵、豆、双腹盆。此外,还有少量的素面罐、扁腹罐(背水壶)、鬲、斝、鬶、单耳杯、平底盆、盘、器盖等(图五)。这里择要介绍如下。

深腹罐　数量最多。夹砂灰陶,折沿,深腹平底,唯早段沿面下凹,沿内侧折棱突出(图五,1)。晚段沿面下凹不显,内侧折棱圆钝或微显,唇上多有一周凹槽(图五,2)。

扁腹罐　数量很少,仅见于晚段。体形近似深腹罐,但口和腹部一侧扁平(图五,16)。

甗　数量多,见于晚段(图五,18),早段不见。

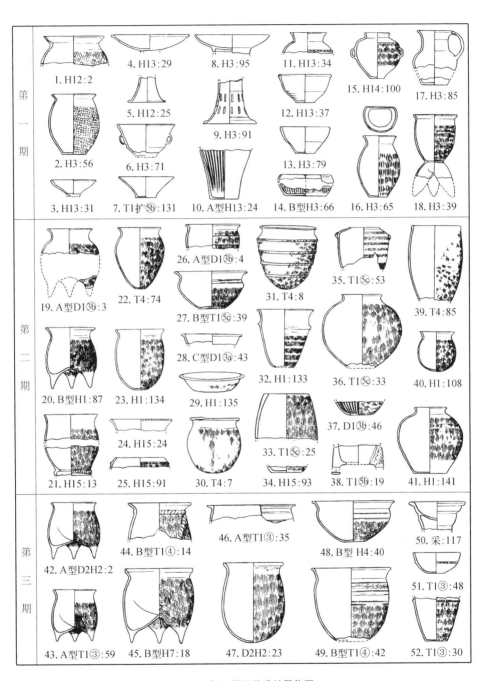

图五　李固-潞王坟遗址器物图

22、30、31、39. 潞王坟　20、23、29、32、40、41. 琉璃阁　其余. 李固

双腹盆　　常见器类。泥质灰陶,素面磨光。早段腹折明显突出,上腹壁微内凹。晚段腹折不明显,双腹部不突出,上腹壁微外鼓,有的安双耳(图五,6)。

钵　　数量较多。泥质灰陶,多为素面,有的饰旋纹。早、晚段都有(图五,12、13)。

豆　　较多,泥质灰陶。浅盘高柄,素面(图五,4、5、8、9)。

小平底碗　　数量多。泥质灰陶。早、晚段都有,变化不明显,都为假圈足式(图五,3、7)。

小口高领瓮　　数量仅次于深腹罐,泥质灰陶。腹饰双耳,平底,一般肩上素面磨光呈黑色,腹部饰篮纹。早段高领外侈,溜肩(图五,11),晚段高领近直,广肩微耸(图五,15)。

研磨器　　泥质灰陶,分二型:

A 型:深筒状,数量少,仅见于早段(图五,10)。

B 型:浅腹大平底,数量多,早、晚段都有(图五,14)。

其他器物还有单耳杯、鬶、器盖等。

第二期陶器以泥质陶为主,夹砂陶仅是泥质陶的一半。陶色有灰、黑、褐三种,灰陶为大宗,占百分之七十八(依李固遗址统计),次为黑陶。陶器火候一般较高,纹饰以绳纹为主,大部分较龙山文化的绳纹为细,纹理清晰。素面陶比较多,约占百分之三十二点九,其他纹饰还有旋纹、附加堆纹、绳切纹、压印纹、楔形点纹等。

陶器制法有轮制、手制、模制,有的器物兼用两种制法。夹砂陶多数胎较薄,少数器物唇外稍加厚。除大量的三足器外,凹圜底器也较多,还有一定数量的平底器。主要器物特征如下。

鬲　　数量最多。以薄胎细绳纹鬲为主,多数为高领,少数为卷沿矮领,分裆,锥足。实足根上有的饰绳纹,有的压印二至四道沟槽,还有的为素面。可分二型:

A 型:高领,体肥胖,圆鼓腹。侈口,卷沿圆唇,多为黑灰色,或黑褐色相间(图五,19)。

B 型:领较矮,卷沿圆唇。体较 A 型为瘦,袋足上部较斜直,外鼓不显(图五,20)。

甗　　数量多。绝大多数饰绳纹,腰内有箅隔,腰外部有堆纹,胎较薄(图五,21)。

罐　　数量不多。夹砂,分深腹和鼓腹两种。

深腹罐　　以圜底为主,分二式。

Ⅰ式,上腹外鼓,下腹急收(图五,22)。

Ⅱ式,体肥,腹微直(图五,23)。另外,有少量深腹罐唇上饰绳切纹或压切纹(图五,24)。鼓腹罐圜底内凹,矮领鼓腹(图六,8)。

鼎　　数量较少。从足部看,断面多呈长方形,饰绳纹,外侧捏成花边,平底(图五,38)。

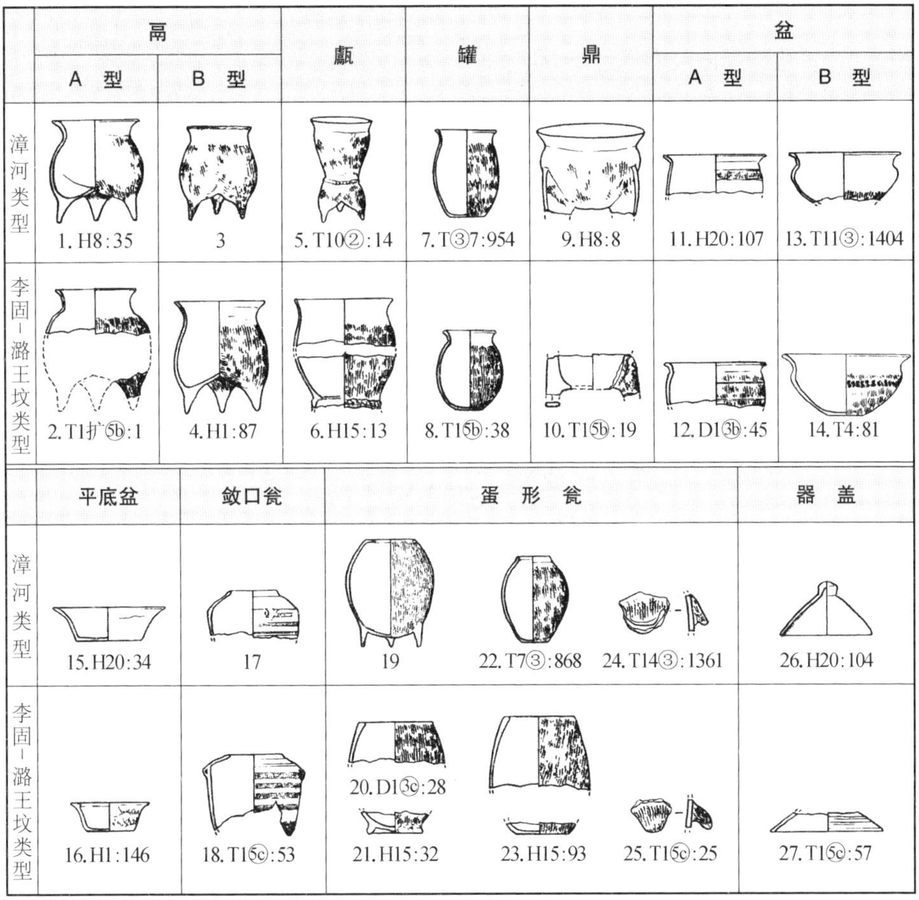

	鬲		甗	罐	鼎	盆	
	A 型	B 型				A 型	B 型
漳河类型	1. H8:35	3	5. T10②:14	7. T③7:954	9. H8:8	11. H20:107	13. T11③:1404
李固－潞王坟类型	2. T1扩⑤b:1	4. H1:87	6. H15:13	8. T15b:38	10. T15b:19	12. D1③b:45	14. T4:81

	平底盆	敛口瓮	蛋 形 瓮			器 盖
漳河类型	15. H20:34	17	19	22. T7③:868	24. T14③:1361	26. H20:104
李固－潞王坟类型	16. H1:146	18. T15c:53	20. D1③c:28　21. H15:32	23. H15:93	25. T15c:25	27. T15c:57

图六　李固-潞王坟类型和漳河类型同类器物图(先商)

1、9. 界段营　2、6、8、10、12、18、20、21、23、25、27. 李固　3、5、11、15、17、26. 涧沟　4、16. 琉璃阁
7、13、22、24. 下七垣　14. 潞王坟　19. 安阳

盆　　数量多。泥质,有圜底和平底二种,但以前者为主。多饰绳纹。分三型:

A型:卷沿矮领深腹(图五,26)。

B型:数量最多,敞口高领有肩(图五,27)。B型盆是本期典型器之一,腹部常常压印"S"形卷云纹(图六,14)。

C型:折沿斜腹(图五,28)。

浅腹平底盆　　泥质,浅腹大平底,腹壁斜直,素面或饰绳纹(图五,29)。

大口尊　　数量多。泥质灰色。有平底、圜底二种,肩以上多为素面,肩以下饰绳纹,并往往兼饰数道堆纹。分二式。

Ⅰ式,口径与肩径大致相等(图五,31)。

Ⅱ式,口径稍大于肩径,颈较高(图五,32)。

圆腹尊　　仅见于琉璃阁。高领侈口,圆腹圜底,饰绳纹(图五,40)。

捏沿罐　　数量少。口部捏成二处内凹,矮领,泥质灰色,饰绳纹(图五,30)。

研磨器　　数量很少。泥质灰色,平底,饰绳纹(图五,37)。

斝　　数量很少,仅见于李固。夹砂,表黑胎红,敛口方唇,口部素面磨光,肩上有一道堆纹,肩下饰绳纹(图五,25)。

爵　　数量很少,仅见于琉璃阁。泥质,平底。

直口缸　　数量少。体形大,泥质,浅灰色。直口方唇,深腹,饰绳纹,有的腹部有堆纹状錾(图五,39)。

小口瓮　　数量较多。泥质灰色,矮领广腹,饰绳纹(图五,36)。

敛口瓮　　数量较少。李固所见,器形一般都较大。泥质,表黑胎红,制作精细,火候稍低,胎较厚。圆唇上部稍加厚而突起,圆折肩处或有横贯耳,肩上和腹部饰若干组旋纹,每组三或四道,近底处饰绳纹(图五,35)。

蛋形瓮　　数量多,在器类中居第四位。体大,胎厚,夹砂。皆敛口,平方唇。灰色,饰绳纹,有的腹部有倒勾状舌形錾(图六,23,25)。

器盖　　数量较少。一般体形大,制作精细,盖面斜直微弧。磨光黑亮,表饰数道旋纹,火候稍低,与敛口瓮的质色相同(图六,27)。

此外,还有少量的钵、甗、簋、豆、单孔过滤器、四足方杯和碗。本期器物比例见表二。

表二　沁东第二期(先商)器类比例统计(李固部分单位)

器类	鬲	甗	鼎	斝	夹砂罐	盆	捏沿罐	大口尊	小口瓮	敛口瓮	蛋形瓮	研磨器	器盖
%	20.4	8	2.3	1.5	4.8	16	2.3	16.5	6.3	4	15	0.8	2.3

第三期陶器主要是夹砂灰陶和泥质灰陶,黑陶和褐陶很少。陶胎较厚,纹饰以粗绳纹为主,并有少量中绳纹,不见细绳纹。其他纹饰还有弦纹、堆纹等。主要器物有鬲、大口尊、盆、簋,其次是捏沿罐(尊)、瓮、豆、爵、甗、罐以及少量的鼎、斝、钵、壶等。

鬲　数量最多。夹砂灰陶,分二型:

A 型:卷沿,较少。可分二式。

Ⅰ式,裆和锥足较高(图五,42)。

Ⅱ式,裆和锥足较矮(图五,43)。

B 型:折沿,最常见。一般为方唇,饰粗绳纹,部分还兼饰堆纹(图五,44,45)。

深腹罐　数量较少。夹砂灰陶,饰绳纹(图五,47)。

深腹盆　数量多。泥质灰陶,可分二型:

A 型:折沿鼓腹,沿面宽平,上腹部素面磨光,或饰旋纹(图五,46)。

B 型:高领有肩,分二式。

Ⅰ式,斜腹(图五,48)。

Ⅱ式,深腹(图五,49)。

簋　比较常见。泥质灰陶,制作精细。平折沿,素面磨光,或饰弦纹。

豆　比较常见。泥质灰陶,素面,粗柄,分二式。

Ⅰ式,斜腹。

Ⅱ式,假腹(图五,50)。

钵　较少。泥质灰陶,素面。直口,平底(图五,51)。

斝　较少。泥质灰陶,皆敛口。

大口尊　　数量较多,复原者少。泥质灰陶,瘦腹,平底(图五,52)。

李固-潞王坟第三期遗存本身也有早、晚之别,这里不再做详细分析。

三、卫怀地区夏商文化的类型和性质

卫怀地区龙山文化的特征,既不同于北平皋-赵庄第一期,也不同于李固-潞王坟第二期,它和后二者的年代相距较远,看不出有直接的发展关系。至于二里冈期商文化的面貌和性质,兹不赘述。这里主要就下面有关文化期进行分析。

(一)北平皋-赵庄一期和李固-潞王坟二期的比较

二者都相当于二里头文化晚期,可从以下几个方面进行比较。

1. 陶系与纹饰

二者都以灰陶为主,但李固-潞王坟二期有一定数量褐色陶,北平皋-赵庄一期较少(表三、表四)。前者薄胎器多,后者薄胎器少。

表三　沁东第二期(先商)陶系、纹饰统计(李固部分单位)

数量纹饰＼质色	泥　质			夹　砂			合　计	
	灰	黑	褐	灰	黑	褐	数量	百分比(%)
绳　纹	338	6	21	316	22	50	753	56.1
素　面	299	26	29	67	10	11	442	32.9
旋　纹	25	105	1				131	9.7
堆　纹	10			5			15	1.1
合　计	672	137	51	388	32	61	1341	
百分比(%)	50.1	10.2	3.8	28.9	2.3	4.5		
合　计	860			481				
百分比(%)	64.1			35.8				

在纹饰方面,都以绳纹为主,而李固-潞王坟二期大部分是偏细的中绳纹,并有较多的细绳纹。北平皋-赵庄一期则以偏粗的中绳纹(一般称为粗绳纹)为主,细绳纹很少。前者素面陶较多,后者素面陶较少。二者都有"S"形压印纹,但李固-潞王坟二期见于盆的腹部,北平皋-赵庄一期则见于罍和小口瓮的肩上。前者未见鸡冠状錾,而后者常见(表三、表四)。另外,北平皋-赵庄一期的各种器物,几乎在口部都留有明显的轮旋痕,李固-潞王坟二期者则少见。

表四　沁西第一期(夏文化)陶系、纹饰统计(北平皋 H1)

数量 质色 纹饰	泥　质			夹　砂			合　计	
	黑灰	浅灰	褐	黑灰	浅灰	褐	数量	百分比(%)
中绳纹	455	388	19	475	956	97	2390	71.5
细绳纹	5	8		90	12	3	118	3.5
粗绳纹	56	37		54	42	3	192	5.7
素　面	81	102	23	79		3	288	8.6
弦　纹	13	2	2				17	0.5
旋　纹	120	75	6	1			202	6
堆　纹	57	13	1	1		1	73	2.2
其　他	25	33			1		59	1.7
合　计	812	658	51	700	1011	107	3339	
百分比	24.3	19.7	1.5	20.9	30.2	3.2		
合　计(%)	1521			1818				
百分比(%)	45.5			54.4				

2. 器物群

二者中有些器物是互见的,比如深腹罐、鬲、甗、鼎、盆、大口尊、小口瓮、敛口瓮等,但每种器物在各自的器物群体中所占比例有明显不同。

从炊器来看,各自居第一位者不同。北平皋-赵庄一期居第一位的是深腹圜底罐,占所有器物的 43%。而在李固-潞王坟二期中,罐的数量很少,所有罐(夹砂类)合计仅占 4.8%,二者几乎相差十倍。相反,在李固-潞王坟二期中,居第一位的炊器不是罐,而是鬲,依李固遗址统计,鬲占 20% 以上,潞王坟下层鬲残片颇多,琉璃阁报告说鬲“几乎占全数陶片的二分之一”。可见鬲是李固-潞王坟二期遗存最主要的器物。然而在北平皋-赵庄一期遗存中,鬲仅占 2.2%,二者又几乎相差十倍(见表一、表二)。

其他炊器,如甗,李固-潞王坟二期数量较多,占所有器物的 8%。北平皋-赵庄一期很少,北平皋出甗最多的 H3 仅占 2.3%。相比之下,二者又差三倍多。我们知道,炊器在很多考古学文化中都是最常见的,也是最重要的一类器物,甚至可以代表某种文化的主要特征,从而也可用来作为区分文化性质的重要依据。北平皋-赵庄一期和李固-潞王坟二期遗存中罐和鬲、甗的悬殊比例,也应该说明这两类遗存文化性质的区别。

其他器物,如北平皋-赵庄一期最具特色的鸡冠鋬盆、带鋬小罐、花边堆纹罐、平面顶器盖等,在李固-潞王坟二期中几乎不见,而后者数量颇多,特征突出的蛋形瓮,前者却发现很少,且形态有别。后者浅腹平底盆较少,前者较多。

当然,李固-潞王坟二期和北平皋-赵庄一期也有特征相近、比例相当的器物,如大口尊、小口高领瓮、捏沿罐等,这应该是相互影响的结果。但总起来看,二者的器物群存在很大差别。

3. 器物特征

李固-潞王坟二期除圜底器外,三足器发达,平底器亦占一定数量,而北平皋-赵庄一期绝大部分为圜底,三足器不发达,平底器很少。还有,后者多数器物口沿外侧加厚圆鼓,前者具有这一特征的器物却不多。二者的同类器物,也有差别:

深腹罐　　李固-潞王坟二期上腹外鼓,小圜底;北平皋-赵庄一期腹壁较直,为尖圜底。

鼎　　李固-潞王坟二期为平底盆形,鼎足断面多为长方形;北平皋-赵庄一期为圜底盆形,鼎足断面多为椭圆形。

盆　　李固-潞王坟二期最多见的是 B 型宽沿有肩盆,腹部往往有“S”形压印纹,不见附鸡冠状鋬之盆。而北平皋-赵庄一期最常见的是卷沿圜底盆,其中四分之一有鸡冠状鋬,未见宽沿有肩盆,也不见腹部饰"S"形压印纹之盆。

浅腹平底盆　　李固-潞王坟二期部分饰有绳纹;北平皋-赵庄一期均为素面,未见饰绳纹者。

蛋形瓮　　李固-潞王坟二期为圈足和平底;北平皋-赵庄一期为假圈足,未见圈足和平底。

通过以上几个方面的比较可以看出,这两组遗存虽然有某些相似的特征,但在更多的方面却存在明显的区别。我们认为,这种区别应该表明两者文化属性的不同,就是说,这两组遗存应该区分为不同文化类型:北平皋-赵庄一期是一种文化类型,李固-潞王坟二期则是另外一种文化类型。

卫怀地区这两类遗存究竟属于何种文化呢?对于它们的文化性质,若仅从二者本身文化特征的比较是难以确定的,还必须与其他文化,尤其是与邻近的文化进行比较。目前所知,分布在卫怀地区周围,并与上述两类遗存同时的其他文化类型有三种,即二里头类型、东下冯类型和漳河类型。下面,我们就把这些文化类型分别与卫怀地区的两类遗存进行比较,以找出它们之间的关系。

(二) 北平皋-赵庄一期遗存和其邻近地区其他同时期文化的比较

1. 和二里头文化二里头类型的比较

以伊洛地区为中心分布地区的二里头类型遗址,现已分为四期,通常又概括为早、晚两期,其中晚期遗址分布甚广,其北已与北平皋、赵庄相邻,我们首先可以把北平皋-赵庄一期遗存和它进行比较。

(1) 陶系与纹饰

二里头类型晚期陶器主要是夹砂和泥质灰陶,陶胎较厚。部分器物采用复合制法,即口部轮制,腹部手制或模制,所以往往在器物口、肩部有明显的轮旋痕,腹部有接痕。纹饰以中绳纹为主,也有旋纹、弦纹、堆纹和施于部分器物肩腹部的印纹,盆和甑上有鸡冠状鋬。这些特征,都与前面所述北平皋-赵庄一期遗存的特征相同。

（2）器物群

北平皋-赵庄一期遗存所见器物几乎都是二里头类型常见之器。在器类比例上，以最常使用的炊器计算，北平皋-赵庄一期深腹罐最多，居第一位。在二里头类型中，深腹罐也始终是主要炊器，而且数量亦居首位。二里头类型其他具有代表性的器物，如口径与肩径相等的大口尊、带鸡冠状鋬的盆和甑、小口瓮、罍、浅腹平底盆等，都与北平皋-赵庄一期的相同。尤其是二里头类型最具特征的器物，如花边堆纹罐、带鋬小罐，北平皋-赵庄一期也有发现。

由此可见，二者的器物群是基本相同的。但是，也有一些器物，彼此并不互见。例如，北平皋-赵庄一期的少量蛋形瓮，不见于二里头类型，而后者常见的瓦足器、研磨器、小口扁腹尊等，前者尚未见到，这也许与北平皋-赵庄一期遗存发掘资料较少有关。

（3）主要器物特征

二者都以圜底器为主，平底器很少。多数器物的唇部外侧加厚圆鼓。

深腹罐　　二里头类型晚期以尖圜底为主，器表多数敷泥。北平皋-赵庄一期与之相同（图七，深腹罐）。

花边堆纹罐　　二里头类型早期多见，晚期逐渐少见，北平皋-赵庄一期数量很少。但二者形态相同，都作圆腹，唇外饰堆纹花边（图七，花边罐）。

带鋬小罐　　也是二里头文化的典型器物，一般为圆腹，唇外饰对称的双鋬。北平皋-赵庄一期所见与之完全相同（图七，带鋬罐）。

鼎　　二里头类型形式多样，早期数量多，晚期数量少。晚期为浅腹圜底，扁三角足，足断面多为椭圆形，足外侧多数捏成花边。北平皋-赵庄一期所见，与二里头类型晚期的相同（图七，鼎）。

盆　　二里头类型之盆，在伊洛地区早期以深腹平底为主，晚期以中腹圜底为主。附鸡冠鋬的盆从多到少，鸡冠鋬从大到小。在郑州地区，如洛达庙、西史村等遗址[1]，深腹和带鸡冠鋬的盆晚期仍有较多数量。北平皋-赵庄一期所见与郑州

---

[1] 河南省文化局文物工作队第一队：《郑州洛达庙商代遗址试掘简报》，《文物参考资料》1957年第10期；郑州市博物馆：《河南荥阳西史村遗址试掘简报》，《文物资料丛刊》(5)，文物出版社，1981年。

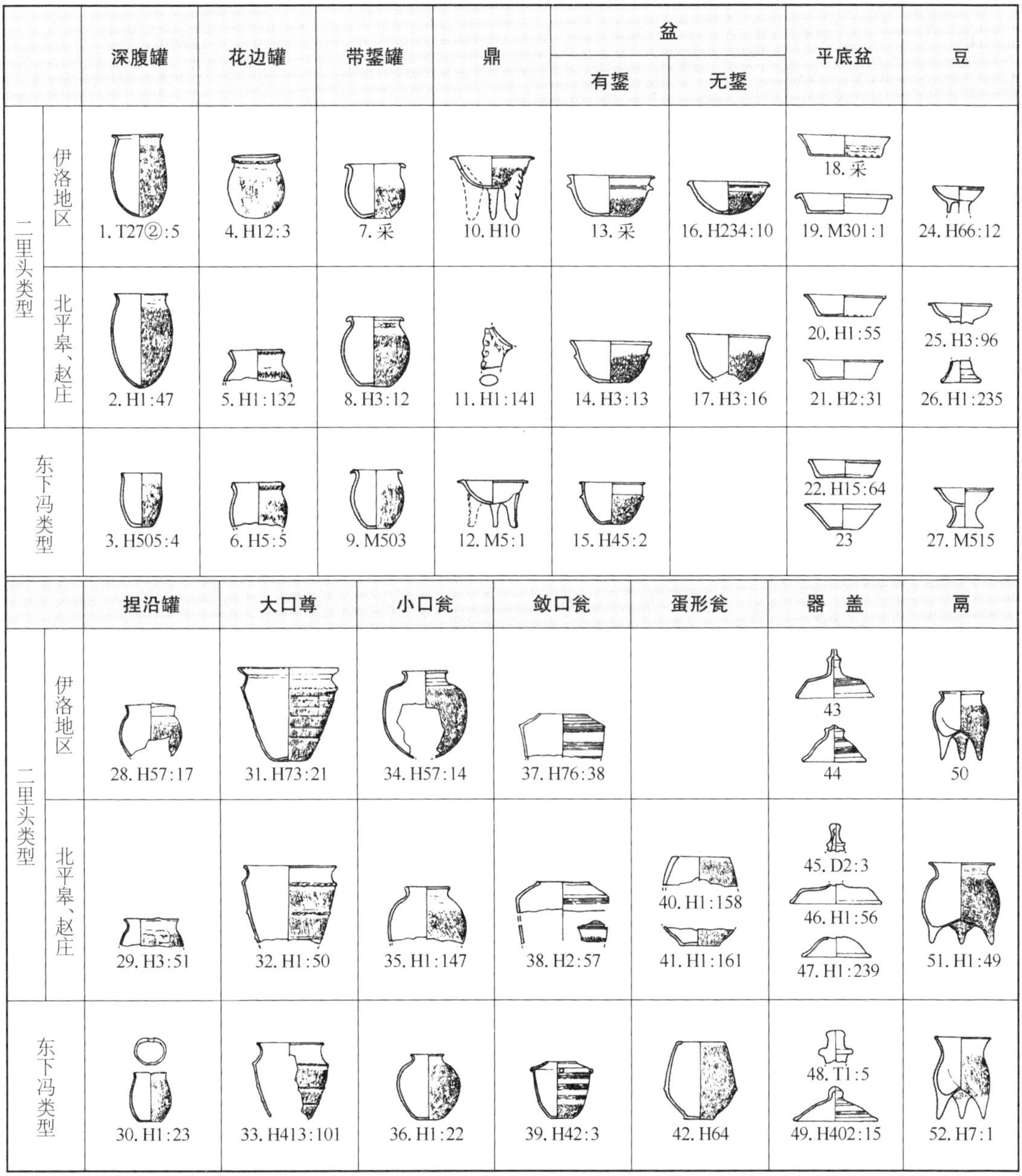

		深腹罐	花边罐	带鋬罐	鼎	盆		平底盆	豆
						有鋬	无鋬		
二里头类型	伊洛地区	1. T27②:5	4. H12:3	7. 采	10. H10	13. 采	16. H234:10	18. 采　19. M301:1	24. H66:12
	北平皋、赵庄	2. H1:47	5. H1:132	8. H3:12	11. H1:141	14. H3:13	17. H3:16	20. H1:55　21. H2:31	25. H3:96　26. H1:235
	东下冯类型	3. H505:4	6. H5:5	9. M503	12. M5:1	15. H45:2		22. H15:64　23	27. M515

		捏沿罐	大口尊	小口瓮	敛口瓮	蛋形瓮	器　盖	鬲
二里头类型	伊洛地区	28. H57:17	31. H73:21	34. H57:14	37. H76:38		43　44	50
	北平皋、赵庄	29. H3:51	32. H1:50	35. H1:147	38. H2:57	40. H1:158　41. H1:161	45. D2:3　46. H1:56　47. H1:239	51. H1:49
	东下冯类型	30. H1:23	33. H413:101	36. H1:22	39. H42:3	42. H64	48. T1:5　49. H402:15	52. H7:1

图七　二里头文化晚期(三、四期)器物图

1. 煤山　2、5、8、11、14、17、20、21、25、26、29、32、35、38、40、41、46、47、51. 北平皋　3、6、9、12、15、22、23、27、33、39、42、49、52. 东下冯　4. 鹿寺　7. 石羊头　10. 中州路　13、43. 东干沟　16、24、28、31、34、37、44、50. 二里头　18. 高崖　19. 七里铺　30、36、48. 感军　45. 赵庄

地区相同(图七,盆)。

浅腹平底盆   二者形态相同,底折明显,有的在底折处饰绳切纹花边(图七,平底盆)。

豆   二里头类型的依盘可分深、浅二型,其中深盘豆早期盘壁较直,多有折棱。晚期盘浅而斜,无折棱。在伊洛地区,早期豆柄细高的多,晚期豆柄粗矮的多。在郑州地区,晚期仍以高柄豆为主。北平皋-赵庄一期所见与郑州地区相同(图七,豆)。

捏沿罐   多见于二里头类型晚期,北平皋-赵庄一期也有,二者形态相同(图七,捏沿罐)。

大口尊   始见于二里头类型第二期,但早期形态不固定,一般口径小于肩径,到晚期体形趋于一致,口径与肩径约相等。北平皋-赵庄一期与晚期的相同(图七,大口尊)。

小口瓮   都属常见之器,二者形态亦相同(图七,小口瓮)。

敛口瓮   二里头类型早、晚稍有区别,早期一般口部隆起较高,晚期形态固定,口部隆起较矮。器体上部饰若干组旋纹,下部饰绳纹。北平皋-赵庄一期与二里头类型晚期的相同(图七,敛口瓮)。

器盖   二里头类型早期平顶有折,把手较高,晚期弧顶无折,把手较矮。北平皋-赵庄一期所见,平顶有折和弧顶无折二种共存,器盖把手也有多种形式,其中陀螺状与圆锥状都有发现(图七,器盖)。

另外,北平皋-赵庄一期还有少数器物虽然也见于二里头类型晚期,如鬲和甗,但特征有别,二里头类型的鬲和甗形态不固定,制作粗糙,陶胎厚。北平皋-赵庄一期形态固定,与同时期李固-潞王坟二期的相同,这是它们区别较明显的器物。但是,鬲和甗在二里头类型和北平皋-赵庄一期中,数量都很少,较之李固-潞王坟二期,相差颇为悬殊。显然,鬲和甗可能不是它们固有的,而属外来因素。

通过以上诸方面的比较,不难看出,北平皋-赵庄一期和二里头类型的器物特征几乎完全相同,应属同一文化同一类型,也就是说,北平皋-赵庄一期遗存属二里头文化二里头类型。

2. 和二里头文化东下冯类型的比较

东下冯类型遗址主要分布在晋南地区,即汾水下游和涑水流域,1959 年以来发现的这类遗址近四十处[1]。其中,经过发掘和清理的有夏县东下冯[2],永济县东马铺头,翼城县感军[3]、苇沟、南石,曲沃县曲村[4],垣曲县口头[5]等遗址。东下冯类型和伊洛地区二里头类型的文化面貌大同小异,属同一文化的不同类型,这已为大家承认。二者分布范围的交界,现知东下冯类型已南抵垣曲县境,二里头类型北过黄河而达孟县、温县、沁阳,看来济源县乃是它们的交界所在。

根据东下冯遗址东、中区发掘简报,东下冯类型可分三组,三组的关系是“第一组早于第二组,第二组早于第三组”。各组年代,大致分别与二里头类型二至四期相同[6],可知其二、三组与北平皋-赵庄一期同时。

由于北平皋-赵庄一期遗存属二里头文化二里头类型,所以它和东下冯类型相比,文化特征也是大同小异,这里择要说明如下。

二者都以灰陶为主,多数器物胎较厚。纹饰主要是中绳纹,也有少量细绳纹,都有发达的轮旋痕和鸡冠状錾,唯东下冯类型压印纹的种类较多。

北平皋-赵庄一期所见器类,在东下冯类型中都能找到,个别的共有器物,如假圈足蛋形瓮,甚至不见于伊洛地区的二里头类型。

二者数量最多的器物,都是作炊器用的深腹罐。其他常见的特征一致的器物还有大口尊、鸡冠錾深腹盆、浅腹平底盆、花边罐、带錾罐、捏沿罐、小口瓮、敛口瓮、鼎、豆、器盖等(图七)。因为这些器物是二里头文化所具有的典型器物,可知它们的主要因素是相当接近的。

---

[1] 中国社会科学院考古研究所山西工作队:《晋南二里头文化遗址的调查与试掘》,《考古》1980 年第 3 期。

[2] 东下冯考古队:《山西夏县东下冯遗址东区、中区发掘简报》,《考古》1980 年第 2 期。

[3] 中国社会科学院考古研究所山西工作队:《晋南二里头文化遗址的调查与试掘》,《考古》1980 年第 3 期。

[4] 北京大学考古专业商周组等:《晋豫鄂三省考古调查简报》,《文物》1982 年第 7 期。

[5] 1978 年山西省文物工作委员会等单位发掘。

[6] 李伯谦:《东下冯类型的初步分析》,《中原文物》1981 年第 1 期。

另外,北平皋-赵庄一期和东下冯类型也有一些不同的地方,比如,后者鬲和甗的数量比前者多,后者的斝、盉、敛口三足瓮等也不见于前者。东下冯类型部分器物的形态更为多样。

3. 和漳河类型的比较

漳河类型主要分布于河北省南部和河南省安阳地区,其中以邯郸和磁县一带的遗址为代表[1]。经过发掘并公布的遗址有磁县下七垣[2]、界段营[3]、下潘汪[4];邯郸涧沟、龟台寺[5];安阳梅园庄[6]等处。

关于漳河类型的年代,磁县下七垣的发掘为我们提供了依据。下七垣遗址共分四层(也可谓四期),发掘报告对各层年代的推断大体可信,但把第四层遗存定为二里头文化的意见未必合适。第四层器物和二里头文化器物的特征相似之处甚少,差异之处颇大。报告中第四层发表的器物有甗、鼎、豆、罐(有的是瓮)、盆、杯、盉等数种,其中杯和盉各一件,体形小,非典型器物。其余几种又多与二里头文化同类器有别。

甗　　二里头类型第二期未见。

豆　　下七垣第四层多为竹节状把,大口浅盘,二里头类型不见这种豆。

罐　　下七垣发掘报告说第四层罐较多,实际上是把其他器类也视为罐了。在原报告所分五式罐中,Ⅳ式是瓮,Ⅴ式仅存底部,外形为扁腹,也不属罐类。因此,罐的数量不一定多。其余三式中,只有Ⅰ、Ⅱ式的形体与二里头早期罐较为近似,但陶胎较厚,多为褐色,又与二里头早期罐有别。

盆　　下七垣第四层之盆全为平底,斜壁深腹,多饰绳纹(原报告Ⅰ式盆),这

---

[1] 邹衡:《夏商周考古学论文集》第三篇,文物出版社,1980 年,第 118 页。

[2] 河北省文物管理处:《磁县下七垣遗址发掘报告》,《考古学报》1979 年第 2 期。

[3] 河北省文物管理处:《磁县界段营发掘简报》,《考古》1974 年第 6 期。

[4] 河北省文物管理处:《磁县下潘汪遗址发掘报告》,《考古学报》1975 年第 1 期。

[5] 北京大学、河北省文化局邯郸考古发掘队:《1957 年邯郸发掘简报》,《考古》1959 年第 10 期;河北省文化局文物工作队:《河北邯郸涧沟村古遗址发掘简报》,《考古》1961 年第 4 期。

[6] 中国科学院考古研究所安阳发掘队:《1958～1959 年殷墟发掘简报》,《考古》1961 年第 2 期。

种盆也不见于二里头类型。

　　浅腹平底盆　　这是二者都有的器物,但这种盆是自龙山文化以来至二里头文化时期的常见器物,尤其在山东省、河北省南部和河南省东部、北部的龙山文化遗址中,都有较多的发现。二里头文化中的浅腹平底盆可能来源于上述地区的龙山文化。至于下七垣第四层(乃至第三层)的浅腹平底盆,当与本地区的早期文化——龙山文化有关,不能简单归之于二里头文化。

　　剩下的器物只有鼎与二里头类型相同。可见,第四层的文化面貌,大部分因素都不同于二里头文化。

　　如果将第四层和第三层的遗物相比,却有较多的相似因素,比如,平底器都占绝大多数,素面陶较多,都有楔形点纹。器物中的甗、豆、深腹罐、Ⅱ式盆等都很接近。因此,它们应该属同一文化的不同阶段,亦即漳河类型的两个阶段。第四层年代相当于二里头文化第二期阶段,第三层应相当于二里头文化的晚期(三或四期)阶段,因此第三层和北平皋-赵庄一期是同时的。

　　下面,我们再比较一下北平皋-赵庄一期遗存和以下七垣第三层为代表的漳河类型的文化特征。

　　(1)陶系与纹饰

　　二者都以灰陶为主,但漳河类型的褐色陶和泥质陶多于北平皋-赵庄一期。漳河类型的器物,一般陶胎较薄,而北平皋-赵庄一期都较厚。前者素面陶、细绳纹、旋纹很多,后者都很少。前者的楔形点纹、倒勾状錾不见于后者,而后者的压印纹、明显的轮旋痕和为数较多的鸡冠錾却不见于前者。

　　(2)器物群

　　北平皋-赵庄一期和漳河类型的器物群差别很大。北平皋-赵庄一期最多的器物是深腹罐,鬲和甗很少。而漳河类型数量最多的是鬲,同时还有较多的甗,深腹罐较少。

　　另外,漳河类型蛋形瓮较多,大口尊极少。而北平皋-赵庄一期蛋形瓮极少,大口尊较多。前者的橄榄状深腹罐、斜直腹绳纹盆、折腹盆、带耳器等,后者未见,而后者的圜底深腹罐、花边堆纹罐、带錾小罐、鸡冠錾盆和平顶器盖等典型器又不见于前者。

（3）器物特征

北平皋-赵庄一期以圜底、凹圜底器为大宗,平底器和三足器很少。漳河类型则以平底器和三足器为大宗,圜底、凹圜底几无发现。两者各类器物的特征,多数也有明显的差别。

深腹罐　尖圜底深腹罐是北平皋-赵庄一期最典型的器物,然而在漳河类型中迄今尚未发现。后者所见均为平底,多呈橄榄状。相反,橄榄形罐在北平皋-赵庄一期中却又不见。

鬲　北平皋-赵庄一期的鬲与李固-潞王坟二期的 A 型鬲相同,这种鬲在漳河类型中数量很少。最多的则是 B 型鬲。

鼎　北平皋-赵庄一期为圜底盆形,漳河类型大部分为平底盆形。后者的舌形足也不见于前者。

盆　北平皋-赵庄一期全部为凹圜底,胎较厚,一般都有轮旋痕和绳纹,部分还有鸡冠状錾。漳河类型的盆,全部为平底,一般胎较薄,多数为细泥素面旋纹,不见鸡冠錾盆。后者有肩盆也不见于前者。

浅腹平底盆　二者都有,但漳河类型还有一种有领斜直腹平底盆,腹部往往饰有绳纹,这种盆不见于北平皋-赵庄一期。

豆　漳河类型之豆盘作斜直壁,豆柄有的呈竹节状。北平皋-赵庄一期之豆,盘作弧壁,不见竹节状柄。

蛋形瓮　北平皋-赵庄一期为假圈足型。漳河类型主要是平底型,也有少量三足型,未见假圈足型。

敛口瓮　这是二者特征相近的一种器物,也见于东下冯类型中。

器盖　北平皋-赵庄一期有弧顶和平顶两种。漳河类型只有弧顶盖,且弧度没有前者的明显,近于斜直。

北平皋-赵庄一期和漳河类型器物的共同之处是很少的。

综合北平皋-赵庄一期遗存和其邻近地区诸文化类型的比较情况,不难看出,前者的文化特征基本与二里头类型相同,与东下冯类型大同小异,而与漳河类型迥然有别,因此,它和漳河类型不可能属于同一文化系统。

(三)李固-潞王坟二期遗存和邻近地区其他同时期文化的比较

1.和二里头文化二里头类型的比较

地处黄河以北的北平皋-赵庄一期遗存属二里头文化二里头类型,以上我们已将其与李固-潞王坟二期遗存进行比较。但是,由于北平皋-赵庄遗址的资料有限,尚不能代表整个二里头类型,所以还有必要把伊洛地区的二里头类型和李固-潞王坟二期遗存进行比较。

(1)陶系与纹饰

二里头类型发现有硬陶[1],李固-潞王坟二期未发现。

二里头类型有种类繁多的压印纹,李固-潞王坟二期压印纹较少,仅见"S"形印纹。前者还有较多的箍状堆纹,后者少见。前者不见楔形点纹,而后者有少量发现。

为了更加明确,现把二者的纹饰列表做一比较(见表五)。

表五　李固-潞王坟类型和二里头类型纹饰比较

说明　纹饰　类型	鸡冠状錾	箍状堆纹	压印纹	中绳纹	轮旋痕	细绳纹	素面	楔形点纹
二里头类型	多	多	多	多	多	少	少	无
李固-潞王坟类型	无	少	少	少	少	多	多	少

(2)器物群与特征

伊洛地区二里头类型有多种器物不见于李固-潞王坟二期,如瓦足器、小口扁腹尊、盉、鬶、角、觚、贯耳壶以及腹饰多道堆纹的敛口瓮形鼎等。

二里头类型研磨器较多,李固-潞王坟二期很少。

在伊洛地区,尚未发现蛋形瓮,而在李固-潞王坟二期,蛋形瓮却是常见器物

---

[1] 中国科学院考古研究所二里头工作队:《河南偃师二里头早商宫殿遗址发掘简报》,《考古》1974年第4期。

之一。

在二者共有的器物中,也有一些不同之处。比如二里头类型中所见的鬲,形态不固定,二里头遗址发表六件鬲,可谓一器一形,各不相同(图八,上)。而且制作粗糙,陶胎一般较厚,有的绳纹较粗。李固-潞王坟二期的两种鬲,各自形态固定,制作精细,陶胎薄,饰细绳纹。

还有二里头类型所见之斝,敞口有柱,为仿铜陶器。李固-潞王坟二期之斝为敛口,多见于黄河以北晋冀二省。

关于二者的器物群,也可列表说明(表六)。表中所示,或此有彼无,或此多彼少,二者的差异相当明显,这进一步证明李固-潞王坟二期遗存与二里头类型是不同性质的文化。如果说位于黄河以北属于二里头类型的北平皋-赵庄一期遗存与李固-潞王坟二期遗存相似之处不是太多,那么,黄河以南伊洛地区的二里头类型与后者的相似之处就更少了。

表六　李固-潞王坟类型和二里头类型器物群比较

说明　器类　类型	带鋬盆	瓦足器	花边罐	带鋬罐	盉	敛口瓮鼎	圆底盆鼎	小口尊	平顶盖	研磨器	圜底罐	圜底盆	有肩盆	蛋形瓮	甗	鬲	平底盆鼎	圜底尊	敛口斝
二里头类型	多	较多	较多	较多	较多	较多	较多	较多	较多	较多	多	多	少	少	少	少	无	无	无
李固-潞王坟类型	无	无	无	无	无	无	无	无	少	少	少	多	多	多	较多	少	少	少	

2. 和二里头文化东下冯类型的比较

两者陶色相近,但李固-潞王坟二期薄胎器多,东下冯类型薄胎器少。前者绳纹偏细,后者绳纹偏粗。后者还有多种印纹和划纹,如方格纹、叶脉纹、人字纹、回纹、圆圈纹等,前者未见,只有"S"形印纹。

李固-潞王坟二期数量最多的是鬲,东下冯类型最多的是深腹罐。二者还有多种互不相见的器物,如后者的花边罐、带鋬罐、单耳罐、敞口单耳斝、小口扁腹尊、敛口三足瓮、盉等,前者均未发现。而前者的研磨器、圜底尊不见于后者。

　　在二者共有的器物中,有些是形态相近的,如敛口斝、捏沿罐、大口尊、敛口瓮、器盖等。有些形态有别,例如:

　　深腹罐　　东下冯类型种类多样,大部分为凹圜底,其中又可分折肩型、单耳型,有的还在口外加一条饰有绳纹的堆纹。李固-潞王坟二期罐的数量不仅少,而且型式不多,一般为小圜底。

　　鬲　　东下冯类型的鬲也没有固定的型式,已发表的三件(包括第一组的一件),形态互异,制作粗糙,陶胎较厚(图八,中)。而李固-潞王坟二期的鬲正好与之相反。

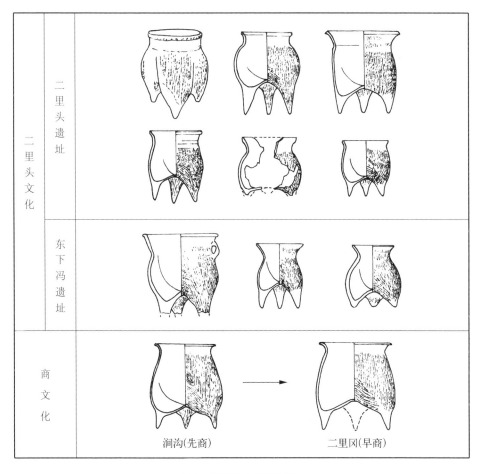

图八　夏商文化陶鬲比较图

盆　　东下冯类型种类多,其中以深腹盆为主,部分附有鸡冠錾,高领有肩盆较少。李固-潞王坟二期主要是高领有肩盆,不见鸡冠錾盆。

蛋形瓮　　东下冯类型是三足型和假圈足型,李固-潞王坟二期则是平底型和圈足型,二者也不相同。

由于东下冯类型和李固-潞王坟二期有多种器物互不相见,因此,可以比较的同类器较少。总之,二者的器物各自特征明显,相互之间不同之处是主要的,相同之处是次要的,它们的区别较之二里头类型和东下冯类型的区别,显然要大得多。因此,李固-潞王坟二期遗存和东下冯类型的文化性质也应该有所不同。

3. 和漳河类型的比较

（1）陶系与纹饰

在李固-潞王坟二期和漳河类型（以下七垣第三层为代表）中,泥质陶都多于夹砂陶,都以灰陶为主,并有少量褐色陶。只有漳河类型的白陶,李固-潞王坟二期未见。

二者都有较多的素面陶,纹饰中以细绳纹为主,都有楔形点纹、旋纹和倒勾状錾等。

漳河类型不见李固-潞王坟二期的"S"形云纹,而细泥素面旋纹陶颇多。

（2）器物群

漳河类型所有的器类,在李固-潞王坟二期中大部分都有,如鬲、甗、鼎、罐、斝、爵、蛋形瓮、敛口瓮、小口瓮、缸、盆、豆、器盖等。

在这些器物中,二者都以鬲为主,例如,漳河类型下七垣第三层所见鬲"数量最多";李固-潞王坟二期的鬲也占全数陶器的20.4%,居第一位,甗和蛋形瓮也是各自的主要器物,数量都较多。

另外,李固-潞王坟二期的捏沿罐、圜底深腹罐、研磨器等,在漳河类型中未见。而后者的带耳器和橄榄形深腹罐在前者中少见。

（3）器物特征

鬲　　李固-潞王坟二期的两种鬲在漳河类型中都有。李固-潞王坟二期A型高领鬲多,B 型卷沿鬲少。漳河类型则是 B 型多,A 型少(图六,鬲)。

鬶　　二者的鬶多数饰细绳纹,部分腰外有堆纹,堆纹上又压印指窝纹。漳河类型的鬶,有的在上腹部饰楔形点纹或双錾(图六,鬶)。

罐　　漳河类型的罐都是平底,李固-潞王坟二期除圜底罐外,还有一种鼓腹罐,体形与漳河类型常见的鼓腹罐相似,但作凹圜底(图六,罐)。

鼎　　二者的鼎大部分为平底盆形,鼎足断面多为长方形(图六,鼎)。唯漳河类型的舌形足在李固-潞王坟二期中不见。

盆　　漳河类型的盆全部为平底,李固-潞王坟二期平底者少,圜底内凹者多。二者都有体形相同的 A 型深腹盆和 B 型高领有肩盆(图六,盆)。

浅腹平底盆　　二者形态相同,部分饰绳纹(图六,平底盆)。

蛋形瓮　　二者的蛋形瓮都以平底型为主,有的腹部饰倒勾状双錾。但漳河类型中的三足型在李固-潞王坟二期中未见,而后者的圈足型也不见于前者(图六,蛋形瓮)。

敛口瓮　　二者的敛口瓮形态相似,都在上腹部饰若干组旋纹,有的肩部附二至四个耳(图六,敛口瓮)。

器盖　　二者形态相同,都作弧面顶(图六,器盖)。

李固-潞王坟二期遗存和漳河类型虽然也存在一些差异,但是二者的主要因素却是非常接近的,而这些因素,恰恰是二里头文化所不具备或少有的因素,例如薄胎器,泥质素面陶,细绳纹,炊器鬲和鬶等等。总之,李固-潞王坟二期遗存和邻近地区诸文化类型相比,最接近者就是漳河类型,因此,可以把它们划为同一文化。又因它们之间还存在一定差异,各有一些自身的特点,所以又可把它们分成不同类型,以李固-潞王坟二期为代表的遗存,可称之为李固-潞王坟类型。

以上我们把卫怀地区的两类遗存分别与邻近地区其他同时期文化进行了比较,得知这两类遗存分属于两种文化,其中北平皋-赵庄一期遗存为二里头类型,它和东下冯类型同属二里头文化;李固-潞王坟二期遗存为一类型,即李固-潞王坟类型,它和漳河类型同属另一种文化。如果我们把这两种文化的特征做一综合归纳,用下面简表说明,其差异就会显得更加清楚(表七)。

表七　二里头文化(晚期)和李固-潞王坟类型、漳河类型文化特征对比表

文化	二里头文化(晚期)	李固-潞王坟类型、漳河类型
陶胎	薄胎器少,厚胎器多	薄胎器多,厚胎器少
纹饰	素面陶少	素面陶多
	中绳纹多,细绳纹少,不见线纹	中绳纹少,细绳纹多,有的为线纹
	轮旋痕发达	轮旋痕不多,细泥素光面较多
	印纹种类多,无楔形点纹	印纹少见,有楔形点纹
形体	平底器少,圜底器多,三足器不甚发达	平底器多,有圜底器,三足器颇发达
主要器物　不同因素	鬲、甗不多(其中东下冯类型较多),二里头类型不足4%。形态不固定,制作粗糙,胎厚	鬲、甗最多,合计占30%左右,形态固定,制作精细,胎薄,为主要炊器
	罐最多,为主要炊器	罐较少,不突出
	鼎为圜底盆形,足断面多呈椭圆形	鼎主要为平底盆形,圜底者少,足断面多呈长方形
	圜底中腹盆为主,有的饰鸡冠状鋬,高领有肩盆很少	未见圜底中腹盆和鸡冠状鋬,高领有肩盆多
	蛋形瓮少,仅见于黄河以北,三足型为主,还有假圈足型,不见平底和圈足形	蛋形瓮很多,普遍发现,三足型少,平底型多。还有圈足形,不见假圈足型
	研磨器较多(东下冯未见)	研磨器很少(仅见于李固)
	捏沿罐常见	捏沿罐很少
	有平顶器盖	未见平顶器盖
	有三瓦足器,花边堆纹罐,带鋬小罐或单耳罐	均未见
相同因素	大口尊、敛口瓮、小口瓮、浅腹平底盆	

(四) 李固-潞王坟类型、漳河类型及二里头文化和二里冈期商文化的关系

根据以上分析得知,李固-潞王坟类型和漳河类型属同一文化,这种文化与二里头文化晚期同时而性质有别,它们是中原地区早于二里冈期商文化的两种文化。

从二里头文化晚期到二里冈期文化的考古学编年,没有明显缺环。那么,早于二里冈期商文化的这两种文化的并存现象,就给我们提出这样一个问题:它们与二里冈期商文化的关系如何?何者是二里冈期商文化的直接前驱?要回答这些问题,必须把上述两种文化与二里冈期商文化进行比较,特别是与二里冈下层文化进行比较。

二里冈期下层文化,卫怀地区也有发现(见上文北平皋-赵庄遗址第二期),但数量较少,为了全面论述这个问题,我们可以借用郑州二里冈期文化的资料。不过,郑州二里冈期文化的资料过去的报道都不够详细,尤其在各种统计资料方面,未按单位或期别统计,把上、下层混在一起[1],使用起来甚为不便。所以,需要先对下层特征加以整理说明。

陶胎和纹饰:

据据《郑州二里冈》(以下简称《二里冈》)报告对上、下层灰坑中陶片的统计,纹饰中绳纹占 66.73%,素面占 21.83%(表五),其他纹饰合计还不足 13%。绳纹是主要纹饰。但是,上、下层多数器物的绳纹和陶胎有明显不同,《二里冈》在介绍各类器物时亦有说明,比如鬲、甗、斝、尊、瓮和夹砂罐等器物,凡出于上层的,都是"绳纹粗""陶胎厚";出于下层的,则是"绳纹细""陶胎薄"。

又据原报告对器类的统计(表七),这几种饰绳纹的器物在全部器物中所占比例见表八。

表八　郑州二里冈期商文化部分饰绳纹器物比例表

器类	鬲	甗	斝	罐	尊	瓮	合计
%	26.08	2.34	3.33	10.74	11.61	7.16	61.26

它们在全部绳纹器中更是占了绝大多数。假若上、下层绳纹器数量相当,那么就可以得出这样的结论:在二里冈下层文化中,多数器物陶胎薄、绳纹细,与上层

---

[1] 河南省文化局文物工作队:《郑州二里冈》,图壹:9(C1H1:20)等,科学出版社,1959 年;安志敏:《一九五二年秋季郑州二里冈发掘记》,《考古学报》1954 年第八册。

的陶胎较厚、绳纹粗不同。

器物群和主要器物特征:《二里冈》和其他有关二里冈期文化的发掘报告[1]都没有提及上、下层器物群有何变化,如果上、下层的器物群无大变化,则二里冈下层的主要器物以多寡为序是:鬲、盆、尊、大口尊、罐。鬲居第一位,占全数陶器的26.08%[2],《二里冈》报告又说:三足器是按每三个足算作一器折合的(18页)。说明鬲、甗、斝的数据为最少限度,实际要大于此数。此外,二里冈下层还有甗、斝、瓮、钵、豆等,也是常见之器。

对上、下层所出同类器物的特征,《二里冈》等发掘报告有明显不同的描述(表九)。

表九　郑州二里冈上、下层部分出土器物特征比对表

特征＼器类＼层次	鬲	甗	斝	罐	小口瓮	尊	大口尊	爵杯	豆	引用文献
上层	折沿	折沿	敛口	折沿	颈较矮	唇外折	颈较长		假腹	《郑州二里冈》15页 表三
	折沿	折沿	敛口	折沿	高领	平沿厚唇	长颈	有流无尾	假腹	《文物》1977年第1期；《文物资料丛刊》(1)
下层	卷沿	卷沿	敞口	折沿?	颈较长?	卷沿	颈短		深腹,足上多有镂孔	《郑州二里冈》15页 表三
	卷沿	卷沿	敞口	折沿或卷沿	短颈	圆唇	短颈	有流有尾	圈足或有镂孔	《文物》1977年第1期；《文物资料丛刊》(1)

二里冈下层文化的特征既已明了,下面可把它与李固-潞王坟类型、漳河类型

---

[1] 河南省博物馆等:《郑州商代城址发掘简报》,《文物》1977年第1期;《郑州商代城遗址发掘报告》,《文物资料丛刊》(1),文物出版社,1977年,第1~31页。

[2] 河南省文化局文物工作队:《郑州二里冈》,图壹:9(C1H1:20)等,科学出版社,1959年;安志敏:《一九五二年秋季郑州二里冈发掘记》,《考古学报》1954年第八册。安志敏一文的统计数据,鬲多达72%,显然偏多,可能安文是按一足一器统计的,如按三足一器计算,尚占46%,也说明鬲的数量很多。

和二里头文化(晚期)进行比较。

1. 陶胎与纹饰

二里头文化晚期的同类器器胎一般较早期粗厚,器形不如前两期(早期)的规整、匀称[1]。李固-潞王坟类型和漳河类型则薄胎器较多。二里冈下层也以薄胎器为主。可见后二者接近。

纹饰中三者都以绳纹为主,但粗细有别,素面陶比例也有差异。二里头文化晚期,"纹饰多粗绳纹"[2],素面陶较少,占 8.6%。李固-潞王坟类型和漳河类型以中绳纹偏细者为主,素面陶多,占 32.9%。二里冈下层以细绳纹为主,素面陶较多,占 21.87%。可见主要纹饰方面,也是后二者接近。

2. 器物群

先将二里冈下层最常见的几种器物比较如下(表一〇):

表一〇　二里头文化晚期、李固-潞王坟类型和漳河类型、二里冈下层常见器物比较表

器类 文化类型　%	鬲	罐	盆	尊	大口尊	小口瓮	甗	资料来源
二里头文化晚期	2.2	43	13.4	1.1	8	4.2	0.56	北平皋
李固-潞王坟类型 漳河类型	20.4	4.8	16	2.3	16.5	6.3	8	李固
二里冈下层	26.08	10.74	12.96	11.61	10.87	7.16	2.34	《郑州二里冈》

表一〇中差别最明显的是鬲、罐二类,其他几类器物各有多寡,或此二者相近,或彼二者相近,关系不明显,暂且不论。鬲和罐是主要炊器,分别在各文化中数量最多,它们在各文化中的百分比说明,李固-潞王坟类型、漳河类型和二里冈下层非常接近,鬲都是最多的器物,均占 20% 以上。二里头文化晚期则恰恰相反,鬲仅占

---

[1] 殷玮璋:《二里头文化探讨》,《考古》1978 年第 1 期。

[2] 中国科学院考古研究所洛阳发掘队:《河南偃师二里头遗址发掘简报》,《考古》1965 年第 5 期。

2.2%,即"陶鬲罕见,以一种深腹圜底罐为炊器"[1]。然而,二里头文化晚期最多的深腹罐,在李固-潞王坟类型、漳河类型和二里冈下层中所占地位却并不突出,比起鬲的数量来要少得多。另外,根据对墓葬随葬品的统计,在豫西和晋南的二里头文化墓葬中,未发现一件陶鬲,最多见的仍然是罐(一般体较小)。而在各地区的二里冈期墓葬中,数量最多的却是鬲,罐发现不多[2]。总之,二里头文化是以罐为主要炊器的文化,李固-潞王坟类型、漳河类型和二里冈期文化是以鬲为主要炊器的文化。其他器物如甗、深腹平底盆等,后二者都比二里头文化晚期多。至于二里冈下层新出现的一些器物,如直腹盆、簋、鼓腹簋、圆锥足鼎、仿铜陶鼎和鬲形斝等,既不见于二里头文化,也不见于李固-潞王坟类型和漳河类型,这也许说明其时代的特殊性。

3. 主要器物特征

二里头文化晚期以圜底器为主,三足器不发达,平底器很少。李固-潞王坟类型、漳河类型和二里冈下层三足器发达,都有一定数量的平底器。各类器物比较于下:

鬲　　已发表的二里头文化晚期几件鬲,形态互不相同,基本特征是:制作粗糙,胎较厚,足较高,一般饰中绳纹。正如二里头遗址发掘报告所言,鬲的"器形与二里冈期的不同"[3]。李固-潞王坟类型和漳河类型所见的两种鬲,共同特征是制作精,胎薄,绳纹细,与二里冈期下层鬲的特征相同(图九,鬲)。

---

[1] 中国科学院考古研究所洛阳发掘队:《1959年河南偃师二里头试掘简报》,《考古》1961年第2期。关于二里头文化晚期罐鬲多少的问题,以往并无统计数据,在近年来的夏文化讨论中,有人认为二里头文化晚期鬲是主要炊器,强调与二里冈期商文化的承袭关系,这是和实际情况不符的。其实,在二里头文化第四期,鬲仍没有罐多,罐始终是二里头文化的主要炊器。《考古》1961年第2期说二里头文化早、中、晚三期的共同特征是"鬲罕见"。到1974年第4期《考古》发表的二里头发掘简报,仍然明确地说第四期的鬲"仍少于同期的夹砂罐类"。查豫西地区其他二里头文化遗址的发掘报告,凡谈及器类多少者,都说罐最多,而未说鬲多。有的遗址甚至未发现鬲。

[2] 据笔者统计,见于发表的二里头文化陶器墓约三十七座,出土陶器一百零六件,其中罐最多,为二十四件,其次是豆,为二十件,其他器物都不足十件;见于发表的二里冈下层陶器墓约十五座,出土陶器三十四件,其中鬲和盆最多,各九件,其次是豆,为五件。

[3] 中国科学院考古研究所二里头工作队:《河南偃师二里头早商宫殿遗址发掘简报》,《考古》1974年第4期。

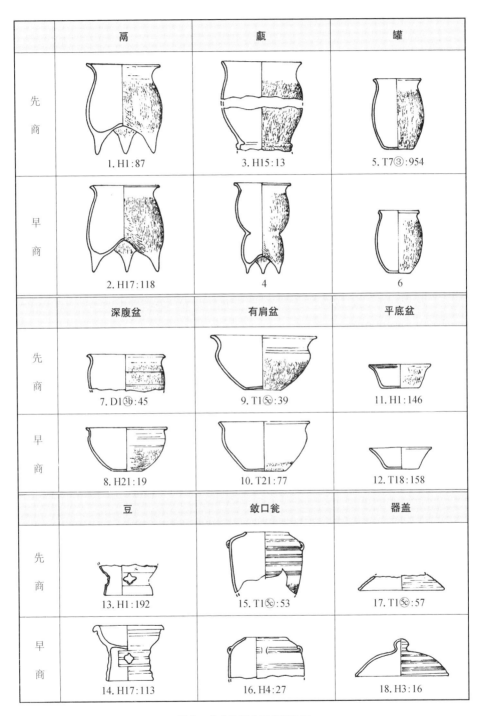

图九　先商和早商同类器物图

1、11、13. 琉璃阁　3、7、9、15、17. 李固　5. 下七垣　早商部分均为二里冈

　　甗　　二里头文化的甗很少,除东下冯遗址发表一件完整器之外,二里头类型尚未见到一件完整器,特征难以说明。李固-潞王坟类型、漳河类型和二里冈下层的甗,特征很接近,与鬲的情况相似。唯早于二里冈下层之甗,依各地发现,一般腰外有堆纹,堆纹上有指窝纹,在二里冈时期,一般腰外无堆纹(图九,甗)。

　　深腹罐　　二里头文化晚期,以尖圜底为主。李固-潞王坟类型、漳河类型者,圜底和平底都有,在漳河类型中,全部为平底。二里冈下层者,依《二里冈》,罐占全数陶器的 10.74%,其中平底罐占 10.13%,圜底罐仅占 0.61%,可知二里冈期文化之罐绝大多数为平底,其特征、形态与漳河类型所见基本相同(图九,罐)。

　　盆　　二里头文化晚期最常见的盆是大敞口,中腹凹圜底,部分饰鸡冠状鋬。李固-潞王坟类型、漳河类型少见敞口圜底盆,而以高领有肩盆为最多,次为平底深腹盆。在漳河类型中,盆全部为平底。二里冈下层盆的种类较多,型式复杂。最常见的直腹和鼓腹盆均不见于二里冈下层以前各文化类型。二里冈期文化也有二里头文化晚期常见的敞口圜底盆,但“多出于上层”(原报告Ⅷ式盆),数量很少。另外,二里冈下层还有一定数量的平底盆和高领有肩盆,这是与李固-潞王坟类型、漳河类型相同的因素(图九,盆)。

　　浅腹平底盆　　三者都有。但李固-潞王坟类型、漳河类型和二里冈下层都有一种底折不明显,腹饰绳纹的平底盆(图九,平底盆)。

　　豆　　二里冈下层之豆,有自己的特点,粗柄较高,往往有“十”字镂孔。这种豆不见于二里头文化,也不见于漳河类型,只在李固-潞王坟类型中有少量发现(图九,豆)。

　　敛口瓮　　三者都有,李固-潞王坟类型、漳河类型和二里冈下层比较接近(图九,敛口瓮)。

　　器盖　　二里头文化晚期有平面和弧面两种,李固-潞王坟类型、漳河类型和二里冈下层不见平面者,只有弧面的一种(图九,器盖)。

　　此外,二里冈下层和二里头文化晚期也有一些相同的因素,比如陶器上都有大量的轮旋痕,部分器内有麻点饰,有的器物甚至是前者对后者的直接继承,如大口尊、爵杯等。

通过以上从陶器的制作、纹饰、群体及特征等方面的对比,说明二里冈下层文化与李固-潞王坟类型和漳河类型有着多方面的共同点,而与二里头文化晚期则存在较大的差异。因此,李固-潞王坟类型、漳河类型和二里冈下层文化应属同一系统的文化,二里头文化则是另外一种文化[1]。显然,二里冈下层文化的前身应该是李固-潞王坟类型和漳河类型,而不是二里头文化。

众所周知,二里冈期文化是商文化,那么它的前身李固-潞王坟类型和漳河类型自然也是商文化,而与后者同时的二里头文化晚期就不可能同样是商文化了。

四、夏商文化的区分

通过以上的比较研究,我们已把中原各地区相当于二里头文化晚期的诸遗址分别区分为两种文化:一种是分布在豫北、冀南的李固-潞王坟类型和漳河类型商文化;另一种是分布在豫西、晋南的二里头文化。

李固-潞王坟类型和漳河类型既属商文化,那它们属于商文化哪一个阶段呢?二里头文化既非商文化,那又属何种文化呢?

应该从二里冈期商文化的绝对年代说起。关于二里冈期商文化,它的相对年代已被确认早于殷墟商代晚期。但是,它能早到何时?属商文化哪一阶段?目前还存在两种意见:一种意见认为郑州二里冈期商城是仲丁所都之隞,因而确定二里冈期文化是中商文化[2]。另一种意见认为郑州二里冈期商城是成汤所都之亳,因而确定二里冈期文化是早商文化[3]。

由于二里冈期文化存在中商和早商两种意见,所以若从二里冈期文化向前推

---

[1] 关于这个问题,近年来有不少同志曾经做过探讨,但意见尚有分歧。一种意见与我们的结论相同,认为可以区分为两种文化。另一种意见则认为两者不能区分,统属于一种文化。例如,有人说潞王坟下层和下七垣第四层遗存"都是二里头文化"(《中原文物》1982 年第 2 期)。也有人虽然把潞王坟、下七垣和邯郸涧沟等遗存定为"豫北类型",但认为仍属二里头文化的范畴(《中原文物》1983 年第 3 期)。还有人把豫北发现的这类遗存直接称为"二里头文化"(《考古学集刊》第 3 辑)。

[2] 此说最早提出见于安志敏:《一九五二年秋季郑州二里冈发掘记》,《考古学报》1954 年第八册。

[3] 邹衡:《郑州商城即汤都亳说》,《文物》1978 年第 2 期。

定李固-潞王坟类型和漳河类型以及二里头文化的绝对年代也会随之产生两种结论：其一，如果二里冈期文化属中商，其前身李固-潞王坟类型和漳河类型就属早商。其二，如果二里冈期文化属早商，则李固-潞王坟类型和漳河类型就属先商。至于二里头文化的绝对年代，因为它的晚期与李固-潞王坟类型和漳河类型同时，所以也不外有两种可能。

从这两种结论所涉及的历史阶段来看，包括了中商、早商和先商几个时期，其中先商时期与夏王朝同时。因此在探讨这些问题时，必须要把考古现象和有关夏商史实的文献记载，尤其是有关夏商地域的记载结合起来研究。

对于夏王朝和商先公的占领地域，前人已有所研究，一般认为：夏王朝的占领地域主要是豫西和晋南一带[1]；商先公的占领地域主要是豫北、冀南和豫东等地[2]，二者同时，而分据西、东。这些结论的得出，主要是根据对夏代诸王和商先公的居地的考察，自然是很有道理的，并已得到历史学界和考古学界较普遍的重视。有意思的是，我们还找到了二者占领地域的交界所在，其地恰属豫北南端和豫西相接的卫怀地区，与前人的研究结论正相一致，这个交界地就是夏领域四至中的东、北二至，即河济和羊肠。

河济和羊肠，文献记载最早见于《战国策·魏策一》，司马迁在《史记》里也有记述，这便是大家经常引录的吴起对魏武侯说的一段话："夏桀之居，左河济，右泰华，伊阙在其南，羊肠在其北。"[3]吴起这段话，指明了夏领域的四至，其中东至是河济，北至是羊肠。因此，考定河济和羊肠的地望，对划定夏王朝和商先公的统治范围无疑有重要意义。

先讨论河济。河水和济水均属四渎[4]，颇受古人重视。古河水进入华北平原后，从今武陟县东南不东流而东北流，于天津附近入海。济水比较复杂，对于它的流向，《尚书·禹贡》有这样的记载："导沇水，东流为济，入于河，溢为荥，东出于陶

［1］徐旭生：《1959年夏豫西调查"夏墟"的初步报告》，《考古》1959年第11期；徐旭生：《略谈研究夏文化的问题》，《新建设》1960年第3期。

［2］王国维：《说自契至于汤八迁》，《观堂集林》卷十二，中华书局影印，1959年。

［3］《史记·孙子吴起列传》。

［4］《尔雅·释水》："江、河、淮、济为四渎，四渎者，发源注海者也。"

丘北……又北东入于海。"可见,古人认为它是一条穿黄河而过的河流,其入河地点,《汉书·地理志》和《水经注》记载在今温县和武陟间(至今二县之间仍有一条被当地农民称为济河的小河)。其溢出地点,即《禹贡》所言之"荥",在今郑州以西的荥阳附近。荥阳和温县、武陟正好隔河水相对,说明这里就是古人眼中河济相交的所在地。正因如此,济水被黄河分为南、北两部分,从发源地——山西垣曲县东的王屋山至温县武陟间的入河一段为黄河以北部分;从荥阳开始,基本沿今黄河河道往东至入海一段为黄河以南部分。夏桀之国的东至是河济,那么是否能包括从王屋山至东海之滨的全部河济之间呢? 这显然是不可能的,倘如此,则未免过于笼统,失去了疆至的意义。而且文献中也缺乏关于夏王朝统治范围远达东海的记载。吴起所说的河济应该是指河济相交之处或距相交处不远的地方[1]。即属于卫怀地区的温县、武陟和河水对岸的荥阳、原武一带。

再论羊肠。羊肠亦作羊唐,其地望史有三说:一是太原晋阳说。见《吕氏春秋·有始览》羊肠下高诱注:"羊肠其山盘纡,譬如羊肠,在太原晋阳县北。"后人亦有从此说者[2]。二是壶关说。《汉书·地理志》上党郡壶关县有"羊肠阪"。三是怀州至潞州说。见《史记·魏世家·正义》引《括地志》:"羊肠阪道在太行山上,南口怀州,北口潞州。"认为羊肠不限于一地,而是较长的一条阪道。

以上三说,太原晋阳说不足信,因为太原地区没有其他关于夏人活动的记载,本地区夏商时期的考古学文化也和豫西、晋南的二里头文化有别。夏人的统治势力不可能远达这里。

壶关说实际属怀潞说,因为壶关正处于怀潞之间,是"羊肠之道"的一部分。

怀潞说并非李泰首创,在先秦文献中就已有所记载了。先看潞州之羊肠北口。《战国策·赵策一》苏秦为齐上书说赵王曰:"秦以三军强弩坐羊唐之上,即地去邯郸二十里。且秦以三军攻王之上党而危其北,则句注之西,非王之有也。"马王堆3号墓所出《战国纵横家书》云:"秦以强弩坐羊肠之道,则地去邯郸百廿里。"查邯郸

---

[1] 北京大学考古专业商周组等:《晋豫鄂三省考古调查简报》,《文物》1982年第7期。
[2]《太平寰宇记》卷四十,河东道并州阳曲县:"乾烛谷即羊肠坂也。"

赵王城西距太行山的距离,若为二十里,尚不及太行山脚,无所谓阪道之险;若为百廿里,则属今河北涉县或山西黎城县境,正在丛山峻岭之中。显然《赵策一》堕一"百"字,当以帛书为是。涉县和黎城在唐代均属潞州,《括地志》说羊肠北口在潞州,恰与帛书记载相合。再看怀州之羊肠南口,《史记·赵世家》羊肠下《正义》云:"太行山阪道名,南属怀州,北属泽州。"《怀庆府志》河内县亦有羊肠坡,云"在府城北"[1]。怀州即今新乡地区沁阳一带,这里是华北平原的西部边缘,太行山拔地而起,地势险要,至今当地仍有称为羊肠的地名。

总之,羊肠是太行山中南起今沁阳(怀),往北经壶关,达黎城或涉县(潞)的一条阪道。

以上考订表明,河济和羊肠的地望都涉及卫怀地区,看来夏桀之国的东至和北至确与卫怀地区有关。我们若把羊肠和河济相交处用一条弧线相连(此线约与沁水下游重合),视为夏王朝的东北疆界,则此线的西面是豫西和晋南地区,此线的东面是豫北和冀南地区。这一划分,恰恰与前人考证夏王朝和商先公的占领地域一致。所以,可以认为豫西和晋南是夏王朝的统治范围,豫北和冀南是商先公的占领地区,二者的分界就是卫怀地区的河济和羊肠。

夏王朝和商先公同时并存,东西对峙,这是中原地区成汤灭夏之前特有的形势,它对探讨夏文化和先商文化至为重要。

再说商王朝早期的占领地域。商王朝代夏而立,是我国历史上第一次王朝更替,相对夏王朝而言,商王朝的统治范围极度扩大。依文献记载,成汤灭夏之后,并"天下万国"为"三千余国"[2]。《吕氏春秋·分职篇》说:"汤武一日而尽有夏商之民,尽有夏商之地,尽有夏商之财。"春秋齐器叔夷钟铭文也说成汤灭夏以后"处禹之堵"。说明商王朝早期的统治范围除先公时期的占领地外,还占有了夏王朝的统治地区。也就是说,在早商时期,豫北、冀南和豫西、晋南都归商王朝占有了。这是我国历史上统一中原地区的开始,在探讨早商文化时自然应引起注意。

---

[1]《怀庆府志》卷四"舆地·古迹",乾隆己酉年重刊本。
[2]《吕氏春秋·用民篇》。

明确了夏王朝、商先公和早期商王朝各自的占领地域以后,就可据此确定夏文化、先商文化和早商文化在分布上应具备的条件:

第一,夏文化应该主要分布在豫西和晋南一带,先商文化应该分布在豫北和冀南一带。这两种文化时代相同而分布不同,它们的交界地应在河济、羊肠所属的卫怀地区。

第二,早商文化的分布范围应该既包括先商文化的分布范围豫北和冀南,又应包括夏文化的分布范围豫西和晋南,中原地区统一文化的形成应该从早商文化开始。

现在回头再分析一下二里冈期文化中商说和早商说,以及由此推出的关于李固-潞王坟类型、漳河类型和二里头文化晚期所属绝对年代的两种结论,看看哪种结论与这些条件吻合。

先看上述第一种意见推出的结论,即二里冈期文化属中商,李固-潞王坟类型和漳河类型属早商,二里头文化晚期亦与早商同时。根据第二条早商文化应分布的范围来看,无论李固-潞王坟类型和漳河类型,还是二里头文化晚期,它们的分布都不符合。而且早商时期在中原地区不可能有两种文化存在。所以第一种意见难以成立。

再看第二种意见推出的结论,即二里冈期文化属早商,李固-潞王坟类型和漳河类型属先商,二里头文化晚期与先商同时。如此,它们的年代和分布与上述条件均相符合。首先,李固-潞王坟类型和漳河类型分布在豫北和冀南,恰好和先商文化应分布的地区一致。与它同时的二里头文化晚期分布在豫西和晋南,恰和夏文化应分布的地区一致。还有李固-潞王坟类型、漳河类型和二里头文化的分界正处在卫怀地区,又与河济、羊肠的地望相一致。而且,在中原地区同时存在两种文化的现象,只有在商王朝建立之前才有可能。其次,二里冈期文化的分布范围既包括了豫北和冀南,又包括了豫西和晋南,甚至在陕、鄂、皖、鲁等省都有发现,也符合早商文化应分布的范围。可见,第二种意见所推出的结论与上述条件契合。因此,可以认为李固-潞王坟类型和漳河类型是先商文化,二里头文化晚期是夏文化,二里冈期文化是早商文化。

此外,我们说二里冈期文化是早商文化而不是中商文化,二里头文化晚期是夏文化而不是早商文化,除以上根据外,还有如下几条理由。

其一,商代自汤至纣,凡十七世三十一王,曾有过几度兴衰,在盘庚以前,最大的动乱,也是第一次动乱发生于仲丁之时,因王权争夺引起九世之乱,结果是"诸侯莫朝"[1]。商王朝的统治势力衰弱了,这是商代第一次衰势的出现,甚至可以说,仲丁是商王朝由盛到衰的转折时期,其在考古学文化上应该有所反映。如果二里冈期是仲丁时期,即所谓中商,二里头文化晚期是早商,那么根据从早商到中商盛衰变化的史实,二里头文化晚期比二里冈文化的存在应更为普遍和广泛。可是,从这两种文化发现的实际情况来看,正好相反,二里冈期文化的发现却远比二里头文化晚期普遍和广泛,所反映的不是衰而是盛,可见考古实际与文献记载相矛盾。至于文献中隞都使用时间和考古所知二里冈商城使用时间不相吻合的矛盾,已经有人指出[2],就不必重复了。

其二,在近年来的夏商文化讨论中,大家都承认二里头文化晚期的直接来源是二里头文化早期。如果二里头文化晚期属早商,则二里头文化早期必然属先商。然而,二里头文化早期遗址又主要分布在豫西[3],学者又都认为是夏文化。这样,夏文化和先商文化便成为重合于同时、同地的同种考古学文化,其结果必然导致夏商同源论。所以,把豫西地区也视为先商文化的分布地区,亦与史实不符。

其三,豫北、冀南和豫东是商人的老家,已为不少人承认。如果二里头文化晚期属早商,那么在其老家豫北、冀南和豫东也应该有大量存在,可是考古所见恰与此相反,二里头文化晚期遗址在这些地区几无发现,而主要分布在豫西和晋南。商人代夏之后,放弃故土而通通入居夏人腹地,这也是不可能的。

总之,二里冈期文化是中商,二里头文化晚期是早商的说法,矛盾之处很多。只有二里冈期文化是早商文化,李固-潞王坟类型和漳河类型是先商文化,二里头文化是夏文化的结论才不会产生这些矛盾。

---

[1]《史记·殷本纪》。
[2] 邹衡:《再论"郑亳说"》,《考古》1981 年第 3 期。
[3] 中国社会科学院考古研究所洛阳工作队:《1975 年豫西考古调查》,《考古》1978 年第 1 期。

五、结语

关于卫怀地区夏商时期考古学文化的分期、特征、类型和性质,我们已分别进行了分析,归纳起来,主要有以下几点:

(一)卫怀地区与二里头文化晚期年代相当的文化遗存,大体以沁水为界分为两类:沁西一类以北平皋-赵庄一期遗存为代表;沁东一类以李固-潞王坟二期遗存为代表。

(二)北平皋-赵庄一期遗存属二里头文化二里头类型。李固-潞王坟二期遗存可称为"李固-潞王坟类型",它和漳河类型属同一文化,这种文化和二里头文化是中原地区同时并存的两种主要文化。

(三)李固-潞王坟类型、漳河类型和二里冈期文化是商系统的文化,分别属于先商文化和早商文化。二里头文化是夏文化。

对夏文化和商文化的区分,是近年来夏商文化讨论的中心。不少同志在探讨这一问题时,只注意了夏和早商文化的划分,而忽视了对先商文化的辨认,只想从二里头文化和二里冈期商文化中间确定夏和早商的分界。其实这种从年代先后关系着眼,只是解决问题的一个方面,而两者在空间上的并存,则是解决问题必不可少的另一个方面。因为史实并不像历史年表那样"夏商周,秦两汉……"单线条的更替,我们不能只注意到商王朝之前是夏王朝,同时也要注意到商王朝建立之前还有一个商先公时期。只有把这两个方面结合起来考察,才能相互印证,使夏商两种文化得到确认。

关于商先公的存在,在先秦和汉代不少文献中都有记载,特别像《史记·殷本纪》更有详细的世系排列。根据近人研究,《史记·殷本纪》所记的商先公在卜辞中大部分得到了证实[1],从这一点来说,商先公存在的可靠性比夏王朝还大。从

---

[1] 王国维:《殷卜辞中所见先公先王考》(及续考),《观堂集林》卷九,中华书局,1959年;陈梦家:《殷墟卜辞综述》第十章,科学出版社,1956年。

契至汤,大体与夏王朝相始终,是中原地区和夏王朝相匹敌的强大集团之一。到汤时,"十一征而无敌于天下"[1],最后灭掉夏朝,建立了中国历史上第二个王朝。可见,灭夏之前商族的存在和强大是毋庸置疑的。

先商既然存在,那就不能把它和夏文化混为一体,在探寻二里冈期商文化的渊源时就不能置之不论。因此,我们既要探讨夏文化和早商文化的关系,更要注意探讨早商文化和先商文化的关系,以及先商文化和夏文化的关系。通过多方面的比较,才能把夏商文化区分开来。

本文就是根据以往的研究成果和近年来的考古新资料,并结合夏商时期的史实,以卫怀地区为主,对中原各地区夏商时期的考古学文化进行了比较研究,从而分析出夏商两种不同的文化。由于有的地区考古工作开展不多,受资料所限,要从考古学各方面(如墓葬、遗迹、陶器以外的其他遗物)系统地论述它们的文化面貌,还有困难;同时,先商文化详细的考古学编年尚未建立,文中的分析肯定会有不妥之处,有待今后的考古工作去补充和纠正。

本文是在导师邹衡先生指导下写成的,李伯谦先生也提出过不少宝贵意见,特此致谢。

(原文刊于《纪念北京大学考古专业三十周年论文集》,文物出版社,1990 年)

---

[1]《孟子·滕文公下》。

2

夏与夏文化探讨

一、夏王朝存在的有关记载

在夏代文字尚未发现之前,论及夏王朝是否存在的问题,应该从最早的有关夏朝记载的文献资料和文字资料谈起,现知符合这一条件的文献资料和文字资料均属于周代。比较而言,文字资料为当时实录,未因后人转抄、诠释、增删等而致误,因而无可置疑,故先看文字资料。

现知有以下三件(组)周代青铜器铭文提到禹和夏。

一是春秋齐器叔夷钟(《集成》00275－00276[1]),该器铭文在追述成汤的功绩时,称汤"尃(専)受天命,翦伐夏祀……咸有九州,处禹之堵(土)"。

二是春秋秦器秦公簋和秦公钟等。其中秦公簋(《集成》04315)铭文颂扬秦之先祖"受天命鼐宅禹迹","虩事蛮夏"(图一)。秦公钟铭文(《集成》00270)也有类似内容。

三是北京保利博物馆收购的西周中期的燹公盨[2],其铭文开篇第一句就是"天命禹尃(敷)土,堕山濬川"(图二)。遗憾的是此器来路不明,不知出土于何地。依器形、花纹及铭文特征推知,应属中原姬周文化系统。这是现知有关夏禹的最早的文字资料。

以上各器铭文的学术意义是多方面的,仅就禹和夏的内容而言有以下两点值

---

[1] 《集成》为《殷周金文集成》(修订增补本)(中华书局,2007年)的简称,后面的数字为拓片编号。下同,不再另注。

[2] 冯朝晖:《保利博物馆入藏珍稀青铜器》,《中国文物报·收藏鉴赏》2002年10月23日第1版;保利艺术博物馆:《燹公盨》,2002年。

图一　秦公簋及其器身铭文　　　　　　图二　夒公盨及其铭文

得特别注意。

其一，周代对禹和夏存在的认识非常普遍，这由上举数器的出土地点及所属国别、族姓可以看得相当清楚：不仅中原地区的周人或封国有此种认识，而且周王朝最边远地区的封国，如最东边的齐国和最西边的秦国也有此种认识；他们并非同族，有姬姓周人，也有子姓宋人，还有嬴姓秦人。

其二，周代不仅认为禹和夏曾经存在过，而且视禹为英雄的观念也非常普遍。当时把能够处禹之堵、宅禹之迹当作只有顺应天命才能取得的神圣而又辉煌的事业。这种观念至迟在西周中期已经形成。

在周代或略晚的文献资料中，也有不少关于禹和夏的记载，其中有的内容与上述铜器铭文有着惊人的相似之处。如《诗经·鲁颂·閟宫》说周之先祖后稷"奄有下土，缵禹之绪"；《尚书·立政》记载周公号召周人"其克诘尔戎兵，以陟禹之迹，方行天下"。说明周人也以"缵禹之绪""陟禹之迹"为奋斗目标。这种观念甚至影响到偏远地区的族姓集团,他们也以能与夏或禹攀上亲缘为荣耀,为正统。如地处江南的越人,称其先祖为禹之苗裔,少康庶子所封[1];地处塞北的匈奴亦称其先祖为夏后氏之苗裔[2]。至于夏禹治理山川和"敷土"的记述,在先秦文献中就更多了,说明先秦文献中所记述的夏禹事迹由来已久,并非虚构。由此还可推知,那些未被文字资料证实的有关夏王朝史事的先秦文献记载,也是当时的真实认识,如《古本竹书纪年》《国语》《世本》等文献对夏王朝世系、年数、居邑的记述;《逸周书》《战国策》等对夏王朝大致范围的记述;《尚书》《左传》《古本竹书纪年》《墨子》《荀子》《韩非子》《战国策》等对夏王朝与其他族系集团交往的记述等等。这些资料都表明早在周代,人们普遍相信历史上有一个夏王朝。虽然文献记载的内容有限,甚至少得让孔子发出感叹,但没有人怀疑它的存在。

这种认识被长期流传下来。到了汉代,有关夏代史事的记载更加系统,而且往往把它与商周二代放在一起并列而言,视夏为早期王朝的开始。司马迁编撰《史记》时便如此对待,于商周之前为夏代专辟一章,即《夏本纪》。《夏本纪》首先以大量的笔墨记述禹的事迹,约占全文80%的内容,这显然与先秦文献对禹的大量记载(尤其是《禹贡》)有关。同时,他还逐世列出了夏代17王的传承次序,介绍了他们的部分史事。显然,司马迁相信夏和禹是存在的。

由于《夏本纪》是最系统的夏史资料,因而成为后人相信夏王朝存在和研究夏代历史的最重要的依据。

汉代以来,人们不仅相信夏代存在,甚至相信在夏代之前还有一个五帝时代。当然,汉代相距夏代已逾千年,即使东周时期,上距夏代亦七八百年。当时所记夏代史事不可能全为夏代实录,肯定混杂了夏以后的内容。特别是东周时期,学派林立、百家争鸣,同一件事往往相互抵牾,彼此不一,让后世学者无所适从。再经此后两千余年的流布,难免不产生更多的谬误,因而不能不引起后人的疑虑而就其真伪予以考辨。这种考辨自晚清开始突显出来,然多限于文献本身之真伪的考辨,并未否定夏代的存在。

直到近代,因国势式微,传统观念受到西学的冲击,特别是"'五四'运动之后,人们对于一切旧事务都持怀疑态度,要求批判接受"[1],如何审理古史与古书中的真伪便显得更加突出,于是辨伪疑古之风骤兴。夏代,甚至商和西周的历史是否可信亦成为问题。用当时顾颉刚先生的话讲,即东周以上所谓很灿烂的古史,"自三皇以至夏商,整整齐齐的统系与年岁,精密的考来,都是伪书的结晶","东周以上只好说无史"[2]。在当时的史学界,具有这种认识的人为数不少。疑总归是疑,"所以有疑,为的是有信"。即使在疑古辨伪之风最炽热的年代里,对夏代的存在也未彻底否定。如颇为支持顾颉刚研究方法和观点的胡适,在谈到夏民族时,仍认为"我们此时所有的史料实在不够用,只好置之于'神话'与'传说'之间,以俟将来史料的发现"[3],也承认中国历史上有一个暂时无法确定其社会发展阶段的夏族。即使对于比夏还晚的商代,也同样做类似的推测。胡适依安特生的判断,认为商代属石器时代晚期。

在中国历史发展的长河中,夏代行进到哪一阶段,在二十世纪二三十年代以前无法也不可能做出合理的解释。传统的从史料到史料的研究者如此,引进国外新思想、新理论的研究者亦如此。如郭沫若在当时认为"商代的社会应该还是一个原始公社制的氏族社会,至少应该是这种社会的末期"[4]。至于夏代,他认为"有是有的,不过不会有多么高的文化,有的只是一点口头传下来的史影",属传说时代[5]。吕振羽则把夏代视作"父系本位的氏族社会"[6]等等。远没有给夏、商二代找到合理的准确的历史位置。这一问题的解决有赖近代考古学的实行。

疑古辨伪之风兴起之时,也是甲骨文破译与中国近代考古学产生之时,他们是

[1] 顾颉刚:《我是怎样编写〈古史辨〉的?》,《古史辨》第一册,上海古籍出版社,1982年,第9页。

[2] 顾颉刚:《自述整理中国历史意见书》,《古史辨》第一册,上海古籍出版社,1982年,第35页。

[3] 胡适:《论帝天及九鼎》,《古史辨》第一册,上海古籍出版社,1982年,第200页。

[4] 郭沫若:《中国社会之历史的发展阶段》,《中国古代社会研究》,人民出版社,1977年,第8页。

[5] 郭沫若:《先秦天道观之进展》,《青铜时代》,科学出版社,1957年,第2页。

[6] 吕振羽:《史前期中国社会研究》,河北教育出版社,2000年,第143页。

同一时代背景的产物。《古史辨》第一册出版于1926年,所收考辨文章写作或发表于1920年至1925年。而甲骨文自1899年发现后,很快便考释出商先公先王之名号,证明《史记》等文献所记与夏王朝同时的商先公是确实可信的。1925年,即第一册《古史辨》出版的前一年,王国维在清华大学讲授《古史新证》,他于考证商先公先王之后,接着明确指出"《史记》所述商一代世系,以卜辞证之,虽不免小有舛驳而大致不误,可知《史记》所据之《世本》全是实录。而由殷周世系之确实,因之推想夏后氏世系之确实,此又当然之事也"[1]。他深信夏代是存在的。王的结论对当时的学术界同样有着巨大的影响。至于中国近代考古学的出现,一般以1921年安特生河南渑池仰韶遗址的发掘为标志,此后又有1926年李济对山西夏县西阴村的发掘和1928年至1937年"中研院"历史语言研究所对殷墟的15次发掘,这些发掘与夏、商史的研究有着紧密的联系,不少学者不仅相信夏、商存在,而且利用考古材料论证夏与商代的文化、习俗及社会性质等问题。特别是殷墟发掘以来,丰富而可靠的地下实物材料使那些视商代为原始社会的学者不得不很快放弃旧说,承认商代已属发达的奴隶制社会,已建立了强大的国家。东周以上无史之说自然再无人信从。夏王朝是否存在,疑者增大了否定的难度,而信者却得到了新材料的支持,使之愈加普遍和深信不疑。

总之,自周代以来,国人一直认为夏代是存在的,虽然近代一度出现过怀疑夏代存在的说法,但仅限于一部分学者。不过,这种说法得到了西方学者的认同,到目前为止,西方学者认为,在没有自证是夏的夏代文字出现之前,不相信夏王朝的存在。近年来,国内学者亦发出了类似声音,不同意或拒绝探讨夏文化,甚或认为中国历史上有没有夏朝都在两可之间,回避提夏王朝,这是后话,下面再讲。

二、夏文化探讨的历程

甲骨文的发现及"二重证据法"的提出拓展了研究视野,扩大了研究领域。特

[1] 王国维:《古史新证》,清华大学出版社,1996年,第52页。

别是晚商都城殷墟的发掘,以丰富的实物资料再现了活生生的商代社会,商代历史与文化得到确认。殷墟的发掘不仅为先秦史研究确立了第一个可靠的年代坐标,也让学界意识到了都城考古的重要性。此后,学界强烈地意识到研究先秦史尚有无穷的地下资料可以发掘和利用,它与“纸上之资料”相结合,会解决诸多重大学术问题,对被称为“当然之事”而存在的夏与夏文化,自然成为探讨的对象。夏早于商,那么早于安阳殷墟晚商文化的考古学文化很可能就是夏文化,这在当时是很容易想到的问题。对于部分学术意识敏感的史学家来说,无疑是极大的刺激和诱惑。

我们知道,在 1928 年安阳殷墟发掘之前,在文献所载有关夏人活动地域最丰富的中原地区,乃至整个黄河流域被发掘的早于殷墟晚商文化的遗址没有几处,它们必然成为探讨夏文化的对象。兹将这些遗址列举如下(旧石器遗址除外):

1921 年秋,安特生发掘仰韶遗址。

1923、1924 年,安特生在甘、青一带考古调查和发掘。

1926 年,李济发掘山西夏县西阴村。

仅此而已,其中仰韶和西阴村都属中原,而且都有彩陶,被当时称为彩陶文化或仰韶文化。

说来也巧,1929 年秋,第 3 次殷墟发掘时,在商代文化层内发现一块仰韶彩陶片,李济当时就认为,在晚商以前,殷墟曾有仰韶文化人群在此居住过。也就是说仰韶文化早于商代晚期(图三)。要知道,在殷墟发掘之前,仰韶文化属于何时是无法判定的,既然彩陶片发现在商代晚期文化层中,那么,殷墟这个坐标就可以发挥重要作用了,它为判定彩陶片的年代下限提供了直接依据。诚如石璋如先生所言:殷墟发掘以前,虽安特生等在华北发现若干史前遗址,但是它的年代是“漂浮的”,殷墟发掘后“才把史前史与有文字的历史在地层上接了榫。加长了中国的信史,光大了中华文化”[1]。

受殷墟发现彩陶片的启示,1931 年,曾在清华接受过王国维等“四大导师”培

---

[1] 杜正胜、王汎森主编:《新学术之路——“中研院”历史语言研究所七十周年纪念文集》(上、下册),“中研院”历史语言研究所发行,1998 年,第 136 页。

图三　殷墟第三次发掘中李济先生手持发现的彩陶片

养的徐中舒首先撰文，认为仰韶与小屯遗址的文化各有其渊源，不同意安特生一脉相承说，并从年代、地域和部分文化特征（鸟兽纹和传说）等方面进行了论证，认为仰韶文化是夏文化[1]。这是第一次利用田野考古资料探讨夏文化，拉开了夏文化探索的序幕。

任何一个学术问题的探讨都有其发生、发展和深入的过程，夏文化探索也不例外。从 1931 年徐中舒一文发表到现在，其发展过程可分三个阶段。

第一阶段：从二十年代安阳殷墟发掘到 1959 年徐旭生豫西"夏墟"调查。本阶段开始把田野考古材料与文献相联系，提出一些推测性意见，这些意见对探讨夏文化起到了推动作用，从而引起了考古学界的重视。

第二阶段：从 1959 年"夏墟"调查到 1977 年冬登封王城岗发掘现场会的召开。本阶段不再限于被动地引用田野考古材料去推测，而是主动地应用考古学方法进行田野探寻。如果说第一阶段仅限于历史学界的猜想，那么本阶段已正式成为考古学界主动探索的对象，并为开展夏文化研究积累了大量实物资料，初步形成一些看法。

第三阶段：从 1977 年冬登封会到现在。本阶段在第二阶段的基础上，开展了深

[1] 徐中舒：《再论小屯与仰韶》，《安阳发掘报告》第三期，1931 年。

入而广泛的研讨。如果说第二阶段主要是田野探寻，那么本阶段除继续进行田野工作外，更主要的是开展了广泛的综合研究，使探讨更加深入，看法愈加接近。参加本阶段讨论的学者，以考古学家为主，历史学家退居次要位置，或者成为旁观者。

这三个阶段可概括为：提出问题—积累资料—分析探讨三部曲。

以下分阶段简要介绍。

第一阶段

继徐中舒提出仰韶文化可能是夏文化之后，1935 年，丁山在《由三代都邑论其民族文化》一文中，认为山西南部的西阴村文化遗存为夏文化[1]。这与徐说是一致的，西阴村也属彩陶文化，即仰韶文化，而且正好属于真正的"夏墟"之地[2]。

仰韶文化为夏文化之说，在四十年代末以前没有人提出不同看法。虽然龙山文化早在 1930 年就被发现，1931 年又在后岗找到仰韶—龙山—小屯三叠层。但当时人们对仰韶和龙山的关系还认识不清，多理解为东西同时并列关系，这与把黄河中下游分为两大集团的古史观恰相一致[3]，也与把山东视为商人老家[4]，龙山文化与殷墟商文化属传承关系的看法相合[5]。因此，直到四十年代末，翦伯赞仍坚

---

[1]　丁山：《由三代都邑论其民族文化》，《"中研院"历史语言研究所集刊》第五本第一分，商务印书馆，1935 年。

[2]　文献中关于"夏墟"的记载有唐地和虞地两说，均在山西西南部。

[3]　20 世纪 20 年代，蒙文通发表研究成果，把中国上古民族划分为三大集团，即江汉、海岱与河洛集团，其中海岱与河洛集团约分处今山东与中原地区，属东西两系（见《古史甄微》）。稍后，徐旭生提出类似说法，将江汉地区者称为苗蛮集团；将海岱地区者称为东夷集团；将河洛地区者称为华夏集团。东夷与华夏也是分属东西两系（见《中国古史的传说时代》）。

[4]　20 世纪 30 年代，傅斯年在其重要论著《夷夏东西说》中，就把夷和商划归东系，夏和周划归西系（见《庆祝蔡元培先生六十五岁论文集》下册，1935 年）。在傅之前，商人属东方集团之说已经存在，如崔述就依《左传》的记载，认为相土之都在今商丘，并认为相土能修德政，东方诸侯咸归之，于是号令东迄于海，而云"海外有截"（顾颉刚编：《崔东壁遗书》，上海古籍出版社，1983 年，第 131 页）。之后，经王国维对八迁之地的全面考证，商人起源于东方说几乎成为学界共识。

[5]　20 世纪 30 年代初城子崖发掘后，经过李济的比较研究，发现城子崖与殷墟小屯在主要遗物方面有传承关系，如都有卜骨，陶器也近同等，遂认为"有了城子崖的发现，我们不但替殷墟一部分文化的来源找到一个老家，对于中国黎明期文化的认识我们也得了一个新阶段"。因此，"我们至少可以说那商文化最重要的一个成分，原始在山东境内"（《中国考古报告集之一·城子崖发掘报告序》，《东方杂志》1934 年第 32 卷第 1 号。转引自张光直、李光谟编：《李济考古学论文集》，文物出版社，1990 年，第 191、192 页）。

持仰韶文化为夏文化,并进一步扩展发挥徐、丁的观点,认为仰韶、西阴村和甘肃地区诸彩陶遗存均为夏文化[1]。

差不多与翦伯赞仰韶说同时,范文澜第一次提出龙山文化(或称黑陶文化)为夏文化的假设[2]。他的这一假设比较笼统,后来把龙山文化分布区都视为夏文化的分布范围,未能从年代、文化特征(仅言夏人尚黑与黑陶相符)等方面详细论证。

20世纪50年代,除夏代是"黑陶文化"一说外[3],有人对各地龙山文化进行了分析,认为分布在山东的龙山文化——黑陶文化不是夏文化,而分布在山西、河南的龙山文化——灰陶文化可能是夏文化或夏文化的前身[4]。相对而言,仰韶夏文化说逐渐成为过去。

正当部分学者推测龙山文化为夏文化的时候,中原地区的考古学文化编年迅速建立,并且取得突破性进展,即先后在辉县、郑州发现了早于殷墟小屯文化的二里冈商文化;在登封玉村发现了一种既不同于安阳小屯出土物,又与二里冈遗址"似属于两个文化系统"的文化遗存[5]。1956年又在郑州洛达庙、董砦和旮旯王等遗址分别发现了和玉村相同的遗物,判定洛达庙商代文化层"是一个新发现的商代文化层"[6],依层位关系得知该类遗存早于二里冈期商文化(董砦),晚于龙山文化(旮旯王)[7]。当时考古学界暂称其为"洛达庙类型"文化。

至此,中原地区考古学文化编年从仰韶文化到殷墟晚商文化基本建立,为探讨夏文化奠定了基础,创造了条件。

---

[1] 翦伯赞:《夏族的起源与史前之鄂尔多斯》和《诸夏的分布与鼎鬲文化》,《中国史论集》,国际文化服务社,1951年。
[2] 范文澜:《中国通史简编》,人民出版社,1953年。
[3] 吴恩裕:《中国国家起源的问题》,《新建设》1956年第7期。该文还认为夏代属新石器时代末期,还没有国家发生。
[4] 黄河水库考古工作队:《黄河三门峡水库考古调查简报》,《考古通讯》1956年第5期,该文认为豫西河南龙山文化"在地理的分布上以及前后文化的继承关系上,常使我们联想起我国传说上的'夏'文化"。赵光贤:《论黑陶文化非夏代文化》,《光明日报》1957年1月17日。该文认为,主要分布于山西与河南间的早于商代的灰陶文化,可能是夏文化,"更可能它是夏文化的前身"。
[5] 韩维周等:《河南登封县玉村古文化遗址概况》,《文物参考资料》1954年第6期。
[6] 河南文化局文物工作队第一队:《郑州洛达庙商代遗址试掘简报》,《文物参考资料》1957年第10期。
[7] 许顺湛:《夏代文化探索》,《史学月刊》1964年第7期。

"洛达庙类型"的发现和年代的确定,自然又使人们想到它的文化属性。当时,不少人认为它可能是早商文化。因为稍晚于"洛达庙类型"的二里冈文化的发现地——郑州二里冈遗址被认为可能是商王仲丁的隞都[1],1955 年郑州商代城址发现后,这一认识日渐扩大[2],二里冈文化被视为中商文化。显然,稍早于二里冈文化的洛达庙类型就是早商文化了。但是,也有人认为洛达庙类型可能是夏文化[3]。

1958 年洛阳东干沟的发掘,进一步证明了"洛达庙类型"的相对年代确实晚于当地龙山文化[4]。"洛达庙类型"文化属性的讨论,促使考古工作者开始认真考虑该类型到底是夏文化,还是早商文化。它与河南的龙山文化是何关系? 究竟二者谁是夏文化? 这些问题摆在学者面前,不得不予以思考和关注。于是主动探寻夏文化便提上日程。

第二阶段

洛达庙类型发现之后,中原地区仰韶以来考古学编年的建立,可以肯定夏文化已经发现了,是龙山? 还是洛达庙类型? 应该给以解答。这是 50 年代末提出的重大学术课题。

为了解决这一问题,1959 年考古研究所组织了"夏墟"调查,由徐旭生先生带领,在文献记载的夏人活动的中心地区豫西(因时间等原因,原计划的晋南调查未能实施)进行调查。这次调查是考古学界主动探寻夏文化的开始。从此以后,在夏

---

[1] 安志敏:《一九五二年秋季郑州二里冈发掘记》,《考古学报》第八册,1954 年。该文最早把文献记载的隞都与二里冈遗址联系,但认为"郑州是否确属隞都,还不可骤加肯定";邹衡:《试论郑州新发现的殷商文化遗址》,《考古学报》1956 年第 3 期。该文在结语中引用较多文献记载,推测郑州商城可能为隞都。

[2] 安金槐:《试论郑州商代遗址——隞都》,《文物》1961 年第 4、5 期。

[3] 李学勤:《近年考古发现与中国早期奴隶制社会》,《新建设》1958 年第 8 期,第 48 页,本文认为"二里冈上期的上限最晚应在商初,而很可能其一部分是夏代的商族文化",南关外期和洛达庙期"都早于二里冈下期,最可能是夏代的";石兴邦:《黄河流域原始社会考古研究的若干问题》,《考古》1959 年第 10 期;安志敏:《试论黄河流域新石器时代文化》,《考古》1959 年第 10 期;中国科学院考古研究所:《新中国的考古收获》,文物出版社,1962 年。

[4] 考古研究所洛阳发掘队:《1958 年洛阳东干沟遗址发掘简报》,《考古》1959 年第 10 期;张立东、任飞:《手铲释天书》(赵芝荃所言),大象出版社,2001 年。

文化探索的舞台上,考古学家一直扮演着主要角色。

本次调查发现不少洛达庙类型遗址,二里头遗址便是其中之一。不过,当时徐先生依成汤西亳在偃师的文献记载,认为二里头遗址可能是汤都西亳之所在[1],这恰与学界当时初步判断的郑州商城是隞都,二里冈文化是中商文化,洛达庙类型是早商文化的意见相符。因此,徐先生把二里头所见到的与洛达庙、东干沟相类的遗存定为商代早期,即早商文化。因汤都西亳是个相对明确的时间定点,这对初步判定洛达庙类型是早商文化起到了至关重要的作用,很容易得到了学界的普遍认可。

二里头遗址为成汤西亳的提出,自然是个诱人的课题。因为若是成汤西亳,不仅早商问题可在二里头遗址得到解决,而且与之前后相衔,仅有半步之遥的夏文化亦可解决。同时,成汤西亳的考古发掘,必将取得类似于殷墟那样的诸多重大发现,其重要意义可想而知。对此,徐先生的单位领导亦相当重视,调查的当年秋天,就开始了对二里头遗址的发掘。

在此我们应注意的是,徐先生的这次调查,目的是探寻夏文化,而结果是找到了当时认为是早商的遗存(西亳),这对后来二里头文化性质的讨论影响极大,到现在仍未完全消失。

从1959年豫西调查开始,连续几年,考古工作者在豫西、晋南展开了全面调查,发现了更多的洛达庙类型遗址。二里头遗址的发掘,也使人们较全面地认识到该文化的特征,于是,夏鼐先生将这类遗存命名为二里头文化[2]。

对二里头文化性质的认识,从一开始(洛达庙发现时)就得出了早商文化的结论,二里头遗址为西亳的初步判定,为这一结论增加了新的理由。二里头遗址第一份发掘简报的认识也是按着这个基调写的(1961年)[3]。第一份发掘简报与以往认识不同之处是该简报把二里头遗址文化遗存分为早、中、晚三期,在此基础上认

---

[1] 徐旭生:《1959年夏豫西调查“夏墟”的初步报告》,《考古》1959年第11期。

[2] 夏鼐:《新中国的考古学》,《考古》1962年第9期;夏鼐:《碳-14测定年代和中国史前考古学》,《考古》1977年第4期。

[3] 中国科学院考古研究所洛阳发掘队:《1959年河南偃师二里头试掘简报》,《考古》1961年第2期。

为早期以龙山文化因素为主,但晚于龙山文化;中期为从龙山到商文化的过渡;晚期与洛达庙遗存相同,为早商文化。至于早、中期属何种、何族文化,是夏? 抑或是商? 简报未明确说明。

二里头文化的首次分期[1],以及对三期的初步看法,引起少数学者的注意。许顺湛先生根据简报的分期和看法,结合自己在河南搜集的其他遗址的资料,在承认二里头文化晚期是早商文化的同时,进一步推断二里头文化早、中期为夏文化[2]。判定二里头文化偏早阶段为夏文化,许实属首创(时在 1964 年)。由于材料不足和其他方面的原因,很遗憾,许说未引起学术界重视[3]。

在许文发表后不久,二里头遗址第二份发掘简报发表(1965 年)[4],由于晚期发现有大型夯土基址(后称之为 1 号建筑),与都城要素相符,故该简报明确地认为晚期可能是成汤西亳所在,确属早商文化。至于早于晚期的早、中期属何文化,仍未明确。

"文革"前二里头遗址发表以上两份简报,其主要成绩是对二里头文化进行了初步分期,发现了大型夯土基址。对其文化属性的认识基本形成,即二里头遗址是

[1] 张立东、任飞:《手铲释天书》(赵芝荃所言),大象出版社,2001 年。依赵芝荃言,东干沟遗址二里头文化分期更早,但当时未发表。

[2] 许顺湛:《夏代文化探索》,《史学月刊》1964 年第 7 期。

[3] 由于二里头早、中、晚三期属同一文化,既然晚期是早商文化,那么中期和早期有可能是先商文化,但由于地处豫西,也可能属夏文化。这种二元一体的认识在当时也是存在的。如 1964 年夏鼐在总结当时新成果时就持这种看法,他认为:如果二里头"晚期是商汤时代的遗存,那么较早的中期(或包括早期)遗存便应属于商代先公先王时代的商文化,因为三者文化性质是连续发展、前后相承。如果事实上夏、商二文化并不像文献上所表示的那样属于两种不同的文化,那么这里中期和早期便有属于夏文化的可能了"(夏鼐:《我国近五年来的考古新收获》,《考古》1964 年第 10 期)。类似的认识,早在 1960 年北京大学历史系考古专业编著的《中国考古学》"第三编:商周-青铜时代"教材中(征求意见稿)就提出了。如该教材第 7 页说"黄河以南的先商文化,是在郑州洛达庙首先发现的。从新近调查和发掘的情况看,这种文化分布的中心地区主要在豫西一带";"根据偃师二里头、洛阳东干沟与伊川古城村、南寨等处的地层证明,这种文化的相对年代已确定晚于河南地区龙山文化的晚期,早于郑州二里冈的早商文化。从绝对年代看,大体相当于夏代,因而有人也曾怀疑为夏文化";"我们暂时称之为先商文化,是因为它与郑州二里冈典型的早商文化有着非常紧密的关系,特别是它的晚期已经同二里冈商文化下层直接衔接起来了;它们的文化特征也是非常相似的"。

[4] 中国科学院考古研究所洛阳发掘队:《河南偃师二里头遗址发掘简报》,《考古》1965 年第 5 期。

西亳,晚期是早商文化。对此学界没有异议,得到较普遍的认同。文革后半期,考古工作者在二里头遗址继续做了一些工作,新发现了第四期遗存[1],至此,二里头文化完整的分期编年建立,上承龙山,下接二里冈文化。此时的二里头发掘简报对二里头文化的认识没有新的见解,进一步强调二里头遗址是西亳,其晚期(三、四期)为早商。约与此同时(1975~1977年),山西与河南两省,联合社科院考古所与中国历史博物馆(现国家博物馆),分别组成联合考古队,把探讨夏文化作为共同攻关的课题,在豫西和晋南开展了不少工作。豫西以王城岗遗址的发掘为代表;晋南以东下冯遗址的发掘为代表,均取得了突破性进展。

随着七十年代前半期工作的开展,经过多年的思考,学术界对二里头文化性质的认识逐渐形成了一些比较接近的看法,除发掘简报及许顺湛创导的看法外,还有先生提出二里头文化一期属夏,二期属商[2];或认为一期与王湾三期龙山文化属夏,三期属商[3]。总之,二里头文化偏早阶段属夏文化的看法已比较普遍。

本阶段工作基本限于考古学界,而且目的明确,积累了丰富的资料。不少考古学者就夏文化问题发表了看法。夏文化探讨的重心由史学界转到了考古学界。

第三阶段

1975年,登封王城岗遗址的勘探和发掘启动,1976年在王城岗遗址近旁发现了一座东周城址,出土多件包括有"阳城"二字的陶文,此城为东周阳城无疑。1977年春又在东周阳城近旁发现了一座龙山小城,这是河南首次发现龙山文化时期的城址,恰在东周阳城之地,其为禹都阳城说增加了依据,也为龙山文化晚期是早期夏文化的推测提供了新的理由。

因此,王城岗龙山小城的发现,使已经普遍存在的看法迅即转化为共识,即认为王城岗小城是禹都阳城,龙山文化晚期和二里头文化偏早阶段是夏文化;二里头遗址偏晚阶段(特别是第三期)是成汤西亳,是早商文化;郑州商城是仲丁隞都,二

---

[1] 中国科学院考古研究所二里头工作队:《河南偃师二里头早商宫殿遗址发掘简报》,《考古》1974年第4期。

[2] 李民、文兵:《从偃师二里头文化遗址看中国古代国家的形成和发展》,《郑州大学学报》(社科版)1975年第4期。

[3] 佟柱臣:《从二里头类型文化试谈中国的国家起源问题》,《文物》1975年第6期。

里冈文化是中商文化。

基于此,1977 年冬,考古学界在登封召开王城岗发掘现场会,这也是第一次夏文化研讨会。会上绝大多数学者赞同上述共识,认为夏商文化问题解决了。二里头遗址是西亳,二里头文化晚期(三、四期)是早商文化,二里头文化早期和龙山文化晚期是夏文化。但出人意料的是,邹衡先生大爆冷门,提出了使与会代表,也使整个考古学界为之一惊的新说。据《夏鼐日记》1977 年 11 月 21 日日记,邹衡继下午发言之后,"晚间继续发言,至八时半始毕"[1]。邹认为,郑州商城不是隞都,乃成汤之亳都,二里冈期文化是早商文化,二里头文化 1~4 期都是夏文化,不同意王城岗龙山文化是夏文化。邹发言后,"许多人对此有意见,散会后议论纷纷"[2](图四)。

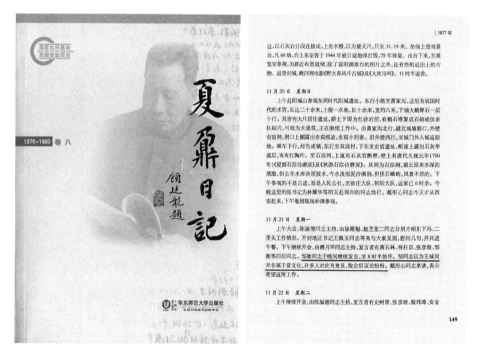

图四　《夏鼐日记》中记述的"登封王城岗会议"

---

[1] 夏鼐:《夏鼐日记》卷八,华东师范大学出版社,2011 年,第 149 页。
[2] 夏鼐:《夏鼐日记》卷八,华东师范大学出版社,2011 年,第 149 页。

　　显然,邹先生意见的发表,打破了学术界固有的看法。由于他的学术地位不容忽视,有意见者遂由"会后议论纷纷",迅速演变成强烈的批评,激烈的论争便由此而起,之后,夏文化探讨进入一个新的时期。因此,登封王城岗发掘现场会的召开可以作为第三阶段开始的标志。

　　四十多年来,关于夏文化讨论的文章发表很多[1],争论的焦点主要是夏文化的首尾两端,而以后者——夏文化之结束,亦即夏商文化分界的论争更为突出,由此也涉及夏文化上限年代的探讨。

　　夏商文化的分界应该划在何处,虽然各家意见细分起来有多种,凡二里头文化各期之间都有分界之说提出。但若依划分的前提——亳都为标准,可概括为两大派。一派为传统看法,即认为二里头遗址晚期是西亳,其晚期文化是早商文化,其早期文化与龙山文化晚期是夏文化;郑州商城是隞,二里冈文化是中商文化。一派是邹衡先生提出的新说,认为郑州商城是亳,二里冈文化是早商文化,二里头文化是夏文化。通常又分别称这两派为西亳说和郑亳说。

　　到80年代初,正当两派争论相持不下时,一个颇有戏剧性的新发现给争论双方出了一道难题,这就是偃师商城的发现。该城时代与郑州商城相当,亦属二里冈文化时期,其规模约当郑州商城内城的三分之二,在当时已知的商城中,规模仅次于郑州商城。其位置恰在偃师,但偏离二里头遗址,二者相距6千米。这一发现迫使双方必须重新审视各自的已有体系,给偃师商城一个符合自己体系的合理解释。就二里头遗址西亳说而言,喜忧参半。喜的是偌大一个辉煌的商代城址在偃师发现,更有可能是西亳。忧的是如何把强调已久,论证再三的亳都从二里头遗址搬迁到偃师商城,这一搬不要紧,还涉及如何把早商文化开始的年代由二里头某期改变为二里冈下层。如此一改又意味着承认了郑亳说主张的二里头文化一至四期为夏文化,二里冈文化为早商文化的观点,而这又是争论中自己极力否定的,若改,需要极大的勇气! 就郑亳说而言,在偃师发现一座规模不太小且时代与郑州商城相当

---

[1] 本文所论主要围绕主流观点展开,有关夏文化探讨的论著很多,有的未引起学界关注,或者不为学界认可。如夏文化在山东、安徽、陕西之说等等,本文不予论及。

的城址,若不是西亳又应该是什么? 这也是必须回答的难题。

然而双方都找到了新的答案。

面对偃师商城,二里头遗址西亳说产生分裂,一部分学者勇敢地放弃旧说,"开始认真地去思考和分析它与偃师二里头遗址的关系问题","得出偃师尸乡沟城址为商都西亳,偃师二里头遗址第三期遗存是桀都斟鄩的新结论"[1]。我们可称此说为新西亳说。另一部分学者坚持旧说,继续强调二里头遗址为西亳,我们可称其为旧西亳说。但旧西亳说对偃师商城性质的解释又有分歧。或认为西亳先在二里头遗址,嗣后又迁于偃师商城,二者都属早商亳都[2]。或认为偃师商城是太戊在"旧亳邑(指二里头遗址)东北"所建的新都[3]。或认为偃师商城为盘庚所都之殷[4]。或认为偃师商城与二里头遗址晚期同时,同为西亳的有机组成部分[5]。其实,这都是不愿舍弃旧说,想方设法努力把两遗址调和在一起的说法。

郑亳说对偃师商城的解释虽小有区别,但在年代与文化归属上是一致的,即都认为该城属二里冈早商时期。至于其性质,或认为是太甲所放处之桐宫,为早商时期商王之离宫所在[6];或认为是成汤灭夏后所建的一座重镇,也可称之为商王朝的别都[7];或认为偃师商城和郑州商城都为成汤所建之亳都,为中国最早的"两

[1] 方酉生:《论偃师尸乡沟商城为商都西亳》,《中国商文化国际学术讨论会论文集》,中国大百科全书出版社,1998 年。

[2] 安金槐:《对于偃师二里头早商遗址和偃师商城"西亳"说的进一步认识》,《洛阳考古四十年——1992 年洛阳考古学术研讨会论文集》,科学出版社,1996 年。与此说相近者又见黄石林:《关于偃师商城的几个问题》,《中原文物》1985 年第 3 期;《对偃师商城的再认识》,《中国商文化国际学术讨论会论文集》,中国大百科全书出版社,1998 年。黄还认为偃师商城先为成汤之亳都,后为盘庚之殷都。

[3] 杜金鹏:《偃师商城始建年代与性质的初步推论》,《华夏文明》第三集,北京大学出版社,1992 年。

[4] 郑光:《论偃师商城即盘庚之亳殷》,《故宫学术季刊》第八卷四期,1990 年。相近之说又见彭金章等:《试论偃师商城》,刊《全国商史学术讨论会论文集》,彭认为偃师商城先为汤亳,后为盘庚之殷都。

[5] 愚勤:《关于偃师尸乡沟商城的年代和性质》,《考古》1986 年第 3 期。

[6] 邹衡:《偃师商城即太甲桐宫说(摘要)》,《北京大学学报》(哲学社会科学版)1984 年第 4 期。全文刊《纪念北京大学考古专业三十周年论文集》,文物出版社,1990 年。

[7] 郑杰祥:《关于偃师商城的年代和性质问题》,《中原文物》1984 年第 4 期。

京制"[1]。

可以看出,两种意见仍然对立,而且愈显复杂。尤其是对偃师商城性质的看法,多达5、6种之多,仅旧西亳说就提出三种调和方案(成汤、太戊、盘庚之都)。除上述西亳和郑亳说各种意见外,对偃师商城和郑州商城性质的认识还有其他看法[2],不过这些意见并未引起更多学者重视,最主要的争论一直在西亳说与郑亳说之间展开。

1996年"夏商周断代工程"启动以来,偃师商城和郑州商城都进行了大规模发掘,各获得很多新的资料。这对进一步认识两座城址的年代,深入探讨二里头文化和二里冈文化的关系起到了推动作用,也使西亳说与郑亳说的分歧在一定程度上缩小。表现在两个方面,一是部分坚持旧西亳说的学者,也改从新西亳说,曾经被普遍认可的二里头遗址西亳说面临被全部抛弃的危险。二是新西亳说的多数学者不再坚持二里头文化三、四期为早商文化,同意郑亳说二里头文化一至四期为夏文化(四期晚段是商代夏文化),二里冈文化为早商文化的看法。但在亳都问题上,郑亳说与西亳说仍各执一端。

如何才能保住各自的亳都之说呢?在双方都承认偃师商城与郑州商城均属二里冈早商文化这一前提下,考虑到汤是商王朝的建立者,是早商之始,因此,两城址谁的始建年代早谁就属于成汤,如此亳都就可成立。对此,凡论汤亳者都很明白,所以,在激烈的论争中,各自都在强调自己主张的亳都的始建年代早于对方主张的亳都的始建年代。不管在具体论证时各自列举多少条理由,目的无不如此。若此点不能论定,理由再多也只能说是都城,而未必是汤之亳都。这就是长期以来为什么讨论两座城址始建年代尤为突出的原因。

可以看出,从1977年到现在,因偃师商城的发现,亳都之争发生了变化。偃师

[1] 许顺湛:《中国最早的"两京制"——郑亳与西亳》,《中原文物》1996年第2期。
[2] 有认为偃师商城为夏桀都斟鄩:张锴生:《"偃师商城"为夏桀都邑说》,《夏文化研究论集》,中华书局,1996年;赵清:《偃师商城与夏桀都斟鄩》,《跋涉集》,北京图书馆出版社,1998年。有认为郑州商城非亳非隞,为商代管邑,见杨宽:《商代的别都制度》,《复旦学报》(哲学社会科学版)1984年第1期。

商城发现之前,二里头遗址西亳说与郑亳说的争论是主流;偃师商城发现后,则偃师商城西亳说与郑亳说的争论成为主流。坚持二里头遗址西亳说者寥寥无几。所以,夏文化探讨的第三阶段以偃师商城发现为界,又可分为前后两小阶段。伴随这一变化,偃师商城西亳说和郑亳说对夏商文化分界的看法逐渐接近,到最后,分歧仅限于夏文化首尾两端的确定,其中尾端就是二里头文化四期晚段属夏代,还是属商代的区别。只有半期之差,已经相当接近。

以上是关于夏文化下限,亦即夏商分界的探讨。至于夏文化的上限,取决于下限的判定。不管下限断在何处,无论是 20 世纪的^{14}C 测年,还是 21 世纪的^{14}C 测年,二里头文化一期或新砦期的测年结果都达不到公元前 21 世纪,所以,不少学者把中原地区龙山文化晚期视作早期夏文化。

三、夏文化探讨的新动向

进入 21 世纪,夏文化探讨的态势相对比较沉寂,远没有此前热烈,原因有二:一是共识基本形成,细节的深入探讨难度更高;二是缺少能够促使问题深入开展的重要新发现。共识归共识,沉寂归沉寂,作为学术问题,探讨并没有完全停动,于共识之外尚有不同声音发出,主要表现在两个方面。一是受^{14}C 测年数据的影响,回归旧说——二里头遗址西亳说,二里头文化前半是夏文化,后半是商文化;二是受西方学者的影响,反对或拒绝探讨夏文化。这就是近年来夏文化探讨发生的新动向。所谓新动向,是就学术发展过程而言,就观点而言,其实都不新,都是早已存在的老话题。以下就这两个动向,谈谈自己的看法。

动向之一:即受^{14}C 测年的影响,西亳要回归。

从"夏商周断代工程"结项开始,^{14}C 测年结果就埋下伏笔,使曾经一度流行,后遭普遍抛弃的二里头遗址西亳说呈现出复苏的苗头。"夏商周断代工程"结项之后不久,^{14}C 测年结果很快发生系列变化,态势迅速明朗,二里头遗址西亳说不再沉默,开始发声了,西亳与早商文化要回归。

那么^{14}C 测年结果是如何变化的呢? 2000 年,著名的"夏商周断代工程"公布了阶段性成果(《夏商周断代工程 1996～2000 年阶段成果报告·简本》,以下称《简本》)[1](图五)。其中关于夏代的历史年代,《简本》估定在公元前 2070 年～前 1600 年之间,与传统看法相同。关于夏文化和早商文化,则认为河南龙山文化晚期和二里头文化一至四期是夏文化,以郑州商城和偃师商城为代表的二里冈文化是早商文化。可同时公布的部分 ^{14}C 测年结果却与这些结论形成了矛盾。主要有两点,其一,关于商代初年的文化遗存,《简本》以二里冈下层早段为代表,分别对郑州商城二里冈下层一期和偃师商城商文化第一期一段的碳样进行了测年,两处数据比较一致,大部分落在公元前 1600 年～前 1525 年之间(《简本》表 15、16)。同时,《简本》又估定商始年为公元前 1600 年,此年数与二里冈下层早

图五　《夏商周断代工程阶段成果报告·简本》

段测年的最大值相合。总体而言,考古学文化测年与文献记载的推断基本相符。然而对二里头遗址各期的测年结果表明,二里头文化第三期的年代也落在这一时段内,即公元前 1610 年～公元前 1555 年(《简本》表 20)。如此,二里头文化第三期就和二里冈下层同时了,二里头文化第三期也应属商代初年,属早商文化。这与《简本》认同的二里头文化是夏文化,二里冈文化是早商文化的结论相矛盾,即使主张二里头遗址为西亳,二里头文化第三期为早商文化的学者也未否认二里头文化第三期早于二里冈下层文化的事实,因为这是被多处遗址的地层关系反复证实

---

[1] 夏商周断代工程专家组:《夏商周断代工程 1996～2000 年阶段成果报告·简本》,世界图书出版公司,2000 年。

了的,已属考古常识。《简本》两组测年结果肯定有一组不可靠,为什么出现这样的常识性错误?只有测年专家清楚。其二,郑州地区二里头文化晚期——洛达庙类型晚期遗存的年代,被测定在公元前 1740~前 1540 年之间(《简本》表 14、15),上限与二里头文化第二期的年代相同,远早于二里冈下层,也早于二里头文化晚期。可考古学界普遍认为,洛达庙类型晚期也就是二里头文化晚期,亦即与二里头文化三、四期同时。显然,同属二里头文化三、四期的遗存,郑州遗址的测年早于二里冈下层,而二里头遗址的测年却与二里冈下层同时。很明显,二者中肯定有一处也错了。对这两处错误,我曾在《中原文物》编辑部组织的笔谈中指出过[1]。当时我以为,可能是二里头晚期的测年有误,因为其他多处遗址的数据都与《简本》的夏商年代结论相合,应该比较可靠。如二里冈下层测了两处商城遗址,年代都相当于早商时期,而且郑州洛达庙类型的测年数据又早于这两个遗址二里冈下层的年代,与考古学编年相合。总不至于这三者全错,只有二里头遗址晚期的正确。更何况这是"夏商周断代工程"的成果,是经过严密论证才发表的,万不能马虎至此,出现多处错误!

　　结果出乎预料,我的看法公布后不久,测年专家很快公布了郑州地区洛达庙类型晚期的 ^{14}C 样品新数据[2],将其年代后压 100 多年(有的样品与《简本》样品属同一单位,如 ⅡT155G3 样品,也比《简本》之数晚了 100 年),使之与二里头遗址晚期的测年一致,即相当于公元前 1580~前 1485 年间,约与二里头遗址第四期相当。这样一改,郑州与偃师地区二里头文化晚期年代就相同了,都与早商时期吻合,即两地二里头文化晚期均属早商文化。这一测年结果正好与曾经流行的二里头遗址西亳说相合,显然,它是对郑亳说和偃师商城西亳说的否定,是对二里冈文化为早商文化的否定,正好为个别坚持二里头遗址西亳说的学者提供了新的依据。

　　至于二里头文化晚期与二里冈下层年代相同的矛盾,也进行了相应调整,即依

[1] 刘绪:《有关夏代年代与夏文化测年的几点看法》,《中原文物》2001 年第 2 期。
[2] 张雪莲、仇士华:《关于夏商周碳十四年代框架》,《华夏考古》2001 年第 3 期。

次向后压缩。这是"夏商周断代工程"结束之后 ^{14}C 测年发生的系列变化,究竟二里头文化晚期和二里冈文化谁是早商文化,新的测年数据不支持"夏商周断代工程"《简本》的结论,而符合二里头遗址西亳说的意愿。这一变化,成为"夏商周断代工程"结题成果(繁本)撰写时面临的难题,这是后话,暂且不表。

果然,根据新的测年数据,个别坚持二里头遗址西亳说的学者突然活跃起来,代表人物就是殷玮璋先生。众所周知,在郑亳说提出之前,二里头遗址西亳说几成学界共识。其中,殷玮璋先生于 1978 年发表的《二里头文化研究》一文[1],为巩固该说的地位发挥了重要作用。应该说,在当时持该说的所有文章中,殷先生这篇文章具有代表性,在学术界影响较大,估计殷先生也非常看重。是郑亳说最早否定了殷先生赞同的二里头遗址西亳说,在郑亳说当初遭遇二里头遗址西亳说的围攻时,殷先生亦积极参加。后来,由于偃师商城的发现,二里头遗址西亳说的主流地位很快被偃师商城西亳说替代,几近土崩瓦解。由于偃师商城西亳说来势汹涌,气势如虹,倡导者和力主者又都是殷先生本单位同事,多数还曾是二里头遗址西亳说的拥护者。在这种氛围下,殷先生没有立刻站出来为维护二里头遗址西亳的地位,与偃师商城西亳说争辩,暂时保持了沉默[2]。

可见,曾一度一说独大的二里头遗址西亳说最先是遭遇到郑亳说的否定,继而又遭遇偃师商城西亳说的争夺。这对曾经力主二里头遗址西亳说,尤其是对该说发表过有影响文章的学者,如殷先生来说,很难接受,总会寻找理由和机会重振旧说。

事实的确如此,新的 ^{14}C 测年数据出来后,表明二里头文化三、四期属早商时

---

[1] 殷玮璋:《二里头文化探讨》,《考古》1978 年第 1 期。殷先生在 1984 年还发表过两篇类似文章,见《文物》1984 年第 2 期;《考古》1984 年第 4 期。

[2] 按照当年社科院考古所的不成文规矩,重大学术问题,考古所的观点要保持一致。1983 年,考古所洛阳汉魏队发现并首次发掘偃师商城,最初对外保密,因很快被媒体报道,无奈之下,在发掘简报还未发表之前,《考古》1984 年第 4 期就以"本刊讯"的方式匆匆判定其为西亳。以"本刊讯"的方式就学术问题发声,实属罕见,显然代表单位的观点。须知当时夏鼐先生健在,没有他的批准,"本刊讯"不可能出现。在这种情势下,殷先生只能暂时保持沉默。直到夏先生去世 10 年后(1995年),殷才开始重提旧说。

期,所以,自 2005 年以来,殷玮璋先生连续发表文章[1],并在多次学术会议和其他
学术活动中发表演讲,对邹衡先生否定二里头遗址西亳说,创建郑亳说的有关论述
进行了严厉批评,指责邹先生在研究思路与研究方法上存在先天缺陷,不按科学规
程操作,由此而给出的结论必然与历史真实越来越远[2]等等。附带也对偃师商城
西亳说给予了批驳,坚持二里头遗址西亳说。殷先生之所以批判郑亳说和偃师商
城西亳说,重新强调二里头遗址是西亳,二里头文化三、四期属早商文化,其依据只
有一项,就是"夏商周断代工程"以来的[14]C 测年数据。所以在殷先生的文章和演
讲中,几乎无一不谈"夏商周断代工程"以来的[14]C 测年技术的科学性,强调它是研
究者立论时的一个必要前提。

有的测年专家与殷先生相互配合,彼此呼应[3],也发表了类似看法,支持二里
头遗址西亳说,支持偃师商城早于郑州商城的看法。如张雪莲等先生在《中原文
物》2005 年第 1 期发表文章,在总结新的测年结果之后说"洛达庙中期和二里头三
期的年代均在公元前 1600 年左右","郑州商城二里冈文化的年代上限和建城的年
代在公元前 1500 年前后。而偃师商城小城和宫城的年代相当于偃师商城一期,要
早于郑州商城。但偃师商城早期仍未到公元前 1600 年"。"由上述情况看,考古学
界不得不面对这样一些问题,即假如历史上夏商年代的分界大约在公元前 1600
年,那么二里头文化三、四期,洛达庙文化中、晚期还能都是夏代文化吗? 郑州商城

[1] 殷玮璋:《郑州商城的年代问题》,《安金槐先生纪念文集》,大象出版社,2005 年;殷玮璋:《再论早
    商文化的推定及相关问题——断代工程结题后的反思(一)》,《二里头遗址与二里头文化研究·中
    国二里头遗址与二里头文化国际学术研讨会论文集》,科学出版社,2006 年;殷玮璋:《夏文化探索
    中的方法问题——"夏商周断代工程"结题后的反思(二)》,《河北学刊》2006 年第 4 期;殷玮璋:
    《探索研究必需按科学规程操作——"夏商周断代工程"结题后的反思》,《纪念世界文化遗产殷墟
    科学发掘 80 周年考古与文化遗产论坛会议论文》,中国安阳,2008 年 10 月(此后该文收入《殷墟与
    商文化:殷墟科学发掘 80 周年纪念文集》,科学出版社,2011 年);殷玮璋:《考古研究必需按科学
    规程操作(节录)——"夏商周断代工程"结题后的反思》,《中国社会科学院古代文明研究中心通
    讯》2009 年第 17 期。
[2] 殷玮璋:《考古研究必需按科学规程操作(节录)——"夏商周断代工程"结题后的反思》,《中国社
    会科学院古代文明研究中心通讯》2009 年第 17 期,第 12、13 页。
[3] 张雪莲、仇士华:《关于夏商碳十四年代框架》,《华夏考古》2001 年第 3 期。本文在文末附注的
    感谢中,包括"对殷玮璋研究员在考古方面给予的具体帮助和指教表示感谢"。

还能是汤亳吗？如果商朝是从二里冈文化开始的，那么目前测出的年代只能到公元前 1500 多年。"[1]仇士华等先生在谈二里头文化新测年代后也说："根据现有的考古资料和年代测定，二里冈文化不可能是最早期的商代文化。二里头文化在时间上跨越了夏代晚期和商代早期。"[2]也就是说，二里头文化前半——一、二期是夏代晚期文化，后半——三、四期是商代早期文化，这与殷先生认同的二里头遗址西亳说的看法完全相同，颇符合殷先生的意愿，不知与殷先生"在考古方面给予的具体帮助和指教"是否有关。

　　由于二里头遗址西亳说属旧话重提，除 [14]C 测年数据支持外，并没有新的考古材料进一步证明其为西亳。所以，虽殷先生和测年专家强调再三，但赞成与反对的文章寥寥。

　　受 [14]C 测年新数据的影响，继殷先生之后，二里头遗址现在的负责人亦发出回归二里头遗址西亳的倾向性意见。由于在二里头遗址工作，面对新的 [14]C 测年结果，他们无法回避，必须给出一个说法，这是可以理解的。在相信新的 [14]C 测年成果，相信商代起始于大约公元前 1600 年的前提下，他们只能回归旧说——二里头遗址西亳说，认为"在夏商分界探索领域，到目前为止还不能排除任何假说所提示的可能性。但测年技术等的进步可以使我们不断调整假说，增大了研究者不断迫近历史真实的可能性"，"高精度系列测年数据看来更支持'二里头商都说'（二里头文化一、二期之间或二里头文化二、三期之间分界）以及'陶寺文化为夏文化说'等当前属少数派学者的假说"[3]，倾向于判定二里头文化偏晚阶段为商都。自偃

［1］张雪莲、仇士华、蔡莲珍：《郑州商城和偃师商城的碳十四年代分析》，《中原文物》2005 年第 1 期。本文之后，张雪莲等在《考古》2007 年第 8 期发表《新砦——二里头—二里冈文化考古年代序列的建立与完善》一文，对断代过程之后的测年结果和认识做了进一步补充，确定郑州二里冈下层一期的年代为公元前 1509~1465 年；"新砦早期的年代约为公元前 1870~前 1790 年，新砦晚期的年代约为公元前 1790~前 1720 年，二里头第一期的年代约为公元前 1735~前 1705 年，二里头第四期的年代约为公元前 1565~前 1530 年"，"新砦早期的年代上限应不早于公元前 1870 年前后，二里头第一期的年代上限应不早于公元前 1750 年"。

［2］仇士华、蔡莲珍、张雪莲：《关于二里头文化的年代问题》，《二里头遗址与二里头文化研究·中国二里头遗址与二里头文化国际学术研讨会论文集》，科学出版社，2006 年，第 324 页。

［3］许宏：《关于二里头为早商都邑的假说》，《南方文物》2015 年第 3 期。

师商城西亳说出现以来,苦苦坚守二里头西亳说40年的殷先生终于听到一点若明若暗的赞同声。但这种声音并不与其完全合拍、和调,一是认为二里头遗址西亳仍是一种迫近历史真实的假说;二是虽然赞同二里头遗址偏晚可能为商都,但不同意给早于成汤商都的二里头文化偏早阶段(实际包括任何考古学文化)贴上夏文化的标签。

无论是坚持二里头遗址西亳说者,还是倾向性支持二里头遗址西亳说者,主要依据就是^{14}C测年数据与考古学文化的对应,舍此别无新的考古证据。这也是近些年来大家很少就夏商分界继续热烈讨论的原因。

动向之二:即受西方学者的影响,认为夏文化不可知。

随着对外交流的加强,受西方学者的影响,有国内学者不同意或拒绝探讨夏文化,甚或认为中国历史上有没有夏朝都在两可之间,回避提夏王朝。

其实,这也是个老问题,西方学者一直是这么认为的。比如,1990年在美国洛杉矶召开了一次"夏文化国际研讨会",这是首次在国外讨论夏文化问题。会议主题本是讨论夏文化,因有西方学者参加,最后的讨论并非围绕夏文化问题展开,而是转变为夏朝是否存在的争论。对于这次会议,邹衡先生有过如下回忆:

"1990年美国洛杉矶'夏文化国际研讨会'是首次在国外讨论夏文化问题。参加会议的有欧、亚、美、澳诸国对中国夏文化有兴趣的学者。尽管我国的大陆学者所准备的大都是关于夏文化的具体认识问题,如哪种考古学文化是夏文化等,但这次研讨会的议题却多集中在讨论夏朝是否存在。这与国内举行的夏文化讨论会不完全相同。

"据我的回忆,当时的讨论大概有三种意见:第一种意见基本持否定态度,认为夏朝充其量是神话传说时代,不能具体有所指。持这种意见者几乎都是欧美学者。他们的根据基本上是中国《古史辨》的疑古学派的文章,如顾颉刚等等。又如陈梦家过去曾以为夏朝大概是与商朝平行的。他们对什么是夏文化根本没有兴趣。第二种意见完全持肯定态度,即夏朝是客观存在的,绝对不能否定。持这种意见者基本都是中国(包括台湾和香港)人或是有中国血统的美籍华人等。他们举出顾颉刚只否定过夏禹,并未否定夏朝。陈梦家把夏商并列,根本没有可靠的古文献根据,只是他的一种揣测而已。第三种意见主要是日本学者,他们对此一般不表态,或者持持平态度,既不肯定,也不否定。会议讨论还是比较热烈的。

"通过这次讨论,我最大的感受就是:国外学者对 1949 年以来新中国考古在学术上的收获特别是夏商周的重大突破,似乎都不甚了解,他们注意的主要是工艺品或古文字之类。这里将给我们提出一个问题:我们今后应该如何对外宣传新中国的考古收获,特别是有重大学术意义的考古收获,我们不能只着重艺术品和古文字的宣传"[1]。

类似的意思,我也曾当面听邹先生讲过。由邹先生的描述可以得知,参加会议的学者来自东、西方诸国,所以研讨夏文化的内容与国内不同,其表现是,中国学者都是在讲有关夏文化的具体认识问题,讲起来津津有味,可西方学者对什么是夏文化根本没有兴趣,认为夏朝压根就不存在,充其量是神话传说时代[2],不能具体有所指。这等于说中国学者所讲的夏文化纯属无稽之谈,索然无味。对此,中国学者当然不买账,于是就中国历史上是否存在夏王朝展开了争论,即所谓"讨论还是比较热烈的"。

这里有一个问题,既然西方学者都对什么是夏文化不感兴趣,为什么还在美国举办夏文化研讨会?因为会议的组织者是一位美籍华人,在美召开这样的会,有助于加强双方的了解,会议确实达到了这个目的。1990 年,改革开放不久,中国与西方的各方面交流有限,中国学者对西方学者的学术看法了解不深,兴冲冲准备了探讨夏文化具体认识的论文,结果遇到的是当头棒喝:夏王朝不存在,遑论夏文化!这对中国学者触动很大,因而才有了邹先生的感慨。通过这次会议,他才意识到在探讨中国先秦时期历史与考古学文化时西方学者与中国学者的不同,主要表现在

---

[1] 邹衡:《夏商周考古学论文集(再续集)》,科学出版社,2011 年,第 290 页。

[2] 这种说法在中国早已有之,或为其依据。如颇为支持顾颉刚疑古的胡适,早在 20 世纪 20 年代谈到夏民族时,就认为:"至于以山西为中心之夏民族,我们此时所有的史料实在不够用,只好置之于'神话'与'传说'之间,以俟将来史料的发现。"见顾颉刚:《答胡刘两先生书》引胡适来信内容,《古史辨》第一册,上海古籍出版社,1982 年,第 98 页。又如郭沫若在 1935 年撰文认为:"我们要断定夏代还是传说时代,可说是不成问题的。断定夏代是传说时代,并不是说夏代没有。有是有的,不过不会有多么高的文化,有的只是一点口头传下来的史影。"见郭沫若:《青铜时代》,科学出版社,1957 年,第 2 页。

两个方面。一是西方学者对 1949 年以来新中国考古在学术上的收获特别是夏商周的重大突破,似乎都不甚了解;二是西方学者注意的主要是工艺品或古文字之类。事实的确如此,改革开放以前,对外,中国几乎是封闭的,中外学术交流极少。西方学者对夏商周三代的了解,基本还停留在顾颉刚先生早年的认识上。到 1990 年,中国对外发行的考古学期刊仍很有限,外国学者到中国考古工地参观尚需报批,根本不能参加发掘。他们没法及时和较多了解中国重大考古发现。尤其是探讨考古学文化必须利用的出土遗物(主要是陶器),人家连看看的机会都极少,如何研究? 说实在,到现在为止,虽开放多年,西方学者通过遗物论述考古学文化的也很罕见。这实属客观条件的局限,未必是他们不想研究。那为什么西方学者对部分工艺品和古文字比较关注呢? 这也是有客观前提的,因为西方有不少国家收藏有中国工艺品和古文字方面的资料,如甲骨文、青铜器等,他们可以零距离接触,具备进行深入研究的条件。除客观原因外,也有主观原因,属意识形态领域。多数西方学者喜欢把中国学术与中国国家政权、民族主义捆绑在一起,认为你研究的目的不是纯学术问题,而是具有国家意志,是有政治目的,是民族情绪在作怪,所以结论不可信。这是西方学者长期以来的固有看法,一直延续到现在。

对于夏商周的认识,西方学者有自己的判断标准,就是要有当时的文字材料存在,而且这些文字材料记述了自己的属性。如晚商殷墟出土的甲骨文刻有商王的名字和大邑商地名等;周代遗址出土的西周金文记有西周人名、国别和事件等,而且它们都不同程度地见于历史文献记载。具备这样的条件,方可承认文献记载的真实性。至于殷墟之前,由于没有当时的自证属性的文字发现,所以,即使有历史文献记载和重大考古发现,也不能指称何者是早商文化、何者是夏文化。这就是为什么西方学者研究中国先秦史时从晚商开始,却将之前视为传说时代的主要原因。

因缺少当时自证属性的文字材料,即使证据再多,也不能得出百分之百准确的结论。我们应该承认,这种认识有其合理之处。但得不出百分之百准确的结论,并不等于所有证据都不可靠,连百分之一的可能都没有。彻底否定夏与早商王朝的存在,这显然有点极端,是不合适的。

按照殷墟甲骨文对商先公先王的祭祀系统("周祭"祀谱为主),商先公先王自上甲以来的世系基本与《史记·殷本纪》商世系吻合,若结合其他先秦文献记载,商先公还可前推再早一点。对此,王国维早在百年前就已揭破。既然承认殷墟甲骨文(武丁以来,盘庚三兄弟时有无甲骨文发现,学界尚有争议)是可靠的,相信文献所载商王武丁以来的晚商是存在的,是可信的,那么,我们接着可以提出这样的问题需要回答:武丁他爹小乙及其大爷小辛和盘庚是否一定不可信? 应属传说时代? 恐怕没人敢说是百分之百不可信。如果武丁的父辈可信,他爷爷祖丁又是否可信? 依次上推,更早的先公与先王又如何? 上溯到哪一代就不可信,属于传说时代了? 肯定没法界定。即使越早可信度越小,那也不能断然说武丁以前的所有先公先王都不可信,上甲等先公和成汤就没有一点可信度,早商文化与先商文化不能提,不用探讨。众所周知,上甲与"三报二示"早于成汤,属商先公时期,亦即商代以前,与夏同时。中国考古学家把这一时期称为先商时期,把其考古学文化称为先商文化予以探讨,总不能说是毫无根据的诡诞之谈吧。王国维据甲骨文肯定《史记·殷本纪》商世系之可靠,并进而推断《史记·夏本纪》之夏世系之可靠为"当然之事"的说法,也不会是痴人说梦。因此,在探讨先商文化的同时,探讨与之同时的夏文化,也是当然可行之事,是必不可少的内容。

　　依文献记载和考古发现,无论时间、地域,还是文化特征,与先商文化同时的二里头文化最大可能是夏文化。虽不能百分之百断定,但它的可能性最大也是毋庸置疑的。对于学术研究,只要有一定可能性,就应积极探讨而不是回避和放弃。

　　没有发现就一定不存在,这属默证,在历史研究中应慎用。比如商代,在殷墟发掘以前,也面临着同样的问题,当时虽无法判定商代社会性质,但学界没人否定它的存在,并积极予以探讨。如胡适就认为:"'九鼎'我认为是一种神话。铁固非夏朝所有,铜恐亦非那时代所能用。发现渑池石器时代文化的安特森近疑商代犹是石器时代的晚期(新石器时代)。我想他的假定颇近是。"[1] 他赞同把商代置之于新石器时代,以俟将来史料的发现予以证明。郭沫若在《中国社会之历史的发展阶段》一文中也认为:"在商代都还只是畜牧盛行的时代,那么商代的社会应该还

――――――――

[1] 胡适:《论帝天及九鼎书》,《古史辨》第一册,上海古籍出版社,1982 年,第 200 页。

是一个原始公社制的氏族社会,至少应该是这种社会的末期"[1]。该文写于1928年流亡期间,是年殷墟开始发掘。之后,当他得知殷墟墓葬有大量殉人等信息后,遂改变看法,认为商代属奴隶制社会。随着考古资料的不断丰富,逐渐贴近历史真实,使探讨更加多姿多彩。

其实周代也一样,尽管有关周代的历史文献记载较多,但按照必须有当时自证身份的文字材料出土才可定性与探讨,那么周代有很多问题不能提,也无需探讨,这显然难以使人接受。如文献记载周初分封了很多诸侯国,在各诸侯国没有文字材料出土之前,大家都相信他们的存在,并根据有关文献记载进行积极探寻,随着考古工作的开展,有多个诸侯国被确定下来,如燕、晋、应、曾以及甘肃东部的秦等,基本与文献记载吻合。而这些封国都是在自证身份的文字材料出土之前就被提出而予以探讨的。

总之,只要文献记载多少有一点道理,我们就不应该放弃,就应去积极探寻,夏文化探讨也当如此。

四、年代反思与另类可能

夏文化探讨若从1959年主动探寻夏文化算起,距今已60年。这期间,不管观点有多少,分歧有多大,二里头文化一直是探讨夏文化的主要对象。在[14]C测年技术运用之前,主要依靠考古学文化编年与推断的商代都城逐一对应,由晚商到中商,再到早商,之后及夏。亦即由殷墟文化(盘庚之殷)到二里冈文化(仲丁之隞)再到二里头文化晚段(汤之西亳),再往前的二里头早段自然属于夏文化。[14]C测年技术运用之后,多了一把绝对年代的尺度,将各文化的测年数据直接与推断好的历史年代对号即可。现在,[14]C测年有了新的数据,二里头文化偏早的年代进入夏代,偏晚阶段(三、四期)属于商代,于是回归到[14]C测年技术运用之前的判断,将二里头文化从中一刀两断,前后分属夏、商。

---

[1] 郭沫若:《中国社会之历史的发展阶段》,《中国古代社会研究》,人民出版社,1977 年,第 8 页。

考古学文化编年与 ^{14}C 测定的数据都是客观结论,然而,现在确定的夏商周(共和元年以前)历史年代则是推演出来的,有主观成分。据统计,西周的始年(或曰武王克商年)就有 40 多种说法,早晚相差百余年[1]。西周始年最晚,道理上说最易确定,可其说法之多尚且如此,则比西周更早的商、夏始年,当然更难确定。所以,即便是有众多专家参加的"夏商周断代工程",对于夏年,也只好直接引用古本《竹书纪年》的说法。可见,夏商周的各自起始年代仍然是待求的未知数,任何一种说法都不是定论。所谓夏代开始于公元前 21 世纪,仅是一个约略的说法而已,不能视之为绝对可靠。如果换一个角度思考,现在确定的夏商历史年代还真存在问题,至少有不合情理之处。

数年前,我在郑州召开的一次学术研讨会上曾就此发表过看法,大意如下。

关于夏代的开始年代,目前普遍的看法是公元前 21 世纪。这一结论的得出,无论是传统的研究,还是"夏商周断代工程"的研究,都是从周代开始,由晚及早进行推算的。即由东周始年依次叠加西周积年、商代积年和夏代积年而得出。由于文献记载的各代积年说法不一,研究者也或多或少地参考其他方面的论证以决定取舍,但结论仍然互有区别,其中公元前 21 世纪说占有主导地位。

以往各家取舍三代各自积年时,较普遍地忽视了由各代世数推算其积年的探讨[2]。我以为这是一个很好的视角,需要予以重视,在确定三代各自积年时不能不予以考虑。

三代世系在《史记》等文献中有明确记载,除夏世系外,商、周二代的世系还得到了当时文字材料的证实,如殷墟甲骨文之于商世系,逨盘之于周世系等。因此学界都承认其可靠性。至于夏世系的可靠程度,由于甲骨文对《史记》等文献所记部分商先公世系的确认[3],作为与之同时的夏世系,大家也认为是可信的。如前所述,此点,王国维早已揭破。所以,在推断夏商周三代各自积年时,各代世系便成为

---

[1] 最早是公元前 1122 年,最晚是公元前 1018 年。

[2] 日本学者有所关注,见饭岛武次:《夏殷文化の考古学研究》,山川出版社,1985 年。

[3] 关于商先公先王的界定,多数学者以成汤为界,其前为先公时期;汤以来为先王时期。少数学者依甲骨文"周祭祀谱",以上甲为界,其前为先公时期;上甲以来为先王时期。本文从前者。

基础,因为各代世数或王数,以及平均多少年为一代人,是推算各代积年很有效的途径,不能不予以重视。

要想据世数或王数推算各代积年,首先要明确各代世数与王数。依学界认可的《史记》的记载,三代世数与王数如下。

西周世数与王数:11 世 12 王(武王至幽王)。

商代世数与王数:17 世 29 王(汤至纣)。

夏代世数与王数:14 世 17 王(禹至桀)。

三代每世平均多少年,不得而知。但按常理并参考周代男子成年(成丁、加冠或成婚之年)标准估计,每世约 20 年,最多不过 30 年(壮年、而立之年)。若按每世平均 20 年计算,则三代各自积年约为:

1. 西周积年约:220 年。

2. 商代积年约:340 年。

3. 夏代积年约:280 年。

若把兄终弟及每世之数可能较父死子及每世之数稍长的因素计算在内,每弟及一世再加 10 年,如此,三代积年分别是:

西周弟及一世,加 10 年,西周积年约为:220+10=230 年。

商代凡 8 世为兄终弟及,共加 80 年,则商代积年约为:340+80=420 年。

夏代也有兄终弟及,凡 3 世,再加 30 年,则夏代积年约为:280+30=310 年。

如此,我们从东周始年前推,三代始年分别约为:

西周始年:约公元前 770+230=1000 年。

商代始年:约公元前 1000+420=1420 年。

夏代始年:约公元前 1420+310=1730 年。

考虑到 20 岁成婚未必当年得子,若以成婚后平均三年内可得长子,即按每世平均 23 年计算,则三代各自积年约为:

西周积年约:253+10(弟及部分)= 263 年。

商代积年约:391+80(弟及部分)= 471 年。

夏代积年约:322+30(弟及部分)= 352 年。

如此,三代始年分别约为:

西周始年:约公元前 770+263 = 1033 年。

商代始年:约公元前 1033+471 = 1504 年。

夏代始年:约公元前 1504+352 = 1856 年。

这一结论的得出是建立在对每世约有多少年的估算上,虽没有采用文献所见任何有关三代积年之说,也缺少真凭实据。但是,只要我们相信文献所记三代各自世数可信,那么就有必要从上述角度去思考和推算。尽管这一结论是约略的,也与传统说法出入较大,但对此不予考虑或回避是不妥当的。它至少为我们提供了一种可能。

在此不妨再举一个有点极端的例子进一步说明。

有关夏代积年,学界多相信古本《竹书纪年》之说,即"自禹至桀十七世,有王与无王,用岁四百七十一年"。"夏商周断代工程"于商、周二代不采古本《竹书纪年》之说,唯夏代积年用之,可见对此说的重视。**若夏代积年果真是 471 年,则依此推算,夏代 14 世 17 王,每世平均近 34 年。这是什么概念?这意味着各位夏王要到 30 多岁才可成婚得子。**即使按 17 世计算,每世平均亦达 27 年,每世之数仍然不少,多于中国历史上任何一个王朝[1]。虽然我们不能用今人的婚姻观去衡量夏人,但夏王如此提倡晚婚晚育,实情理难通。除非古本《竹书纪年》等文献所记夏王朝 14 世 17 王之说不可靠,遗漏了若干世[2]。

如果我们不仅认为夏王确实 30 岁左右才能成婚,而且要求商王和周王也如同夏王那样晚婚,即都按 30 年一世对待(兄终弟及因素可不考虑),那么三代各自积年约如下:

西周积年约:30×11 = 330 年。

商代积年约:30×17 = 510 年。

夏代积年约:30×14 = 420 年。

---

[1] 有学者统计,在中国历代王朝中,平均一代人年数最多者是清王朝,为 26 年。这与清朝有几位长寿皇帝有关。

[2] 其他文献有禹至桀三十一世之说。

据此推算三代始年分别约为：

西周始年：约公元前 770+330＝1100 年。

商代始年：约公元前 1100+510＝1610 年。

夏代始年：约公元前 1610+420＝2030 年。

这一结论与传统说法，与"夏商周断代工程"的说法相当接近。那么我们该不该对其相信？夏商周三代之王果真都 30 余岁才成婚吗？对此，虽然没有明确答案，但深感情理不容，难以让人接受。即使我们相信这一结论，显然三代各自起始之年只早不晚，都达到了最早极限。而我们今天对早期夏文化的探讨，正是以此为前提的。基此，应当认真思考这样一个问题：夏代起始之年很可能没有这么早，如前所述，若三代每世平均按 20 或 23 年计算，夏代始于公元前 18 或 19 世纪是很有可能的，这与 ^{14}C 新的测年结果亦大致吻合。

余 论

当前的夏文化探讨，主要集中在夏文化的首尾两端。虽论者不少，但尚有一些问题被忽略，需要认真思考，予以论证。对夏代积年的判定，也有继续探讨的余地，特别是考古材料的运用。兹提示如下。

关于夏文化之首，涉及龙山文化、新砦期与二里头文化一期的关系。对于新砦期与二里头一期的关系，目前学术界较普遍赞同赵芝荃先生最初提出的看法，即认为二者是早晚关系。至于二者的文化属性，或认为是同一文化之前后阶段；或认为是前后相接的两种文化，并由此推导出新砦一带龙山文化结束早，二里头一带龙山文化结束晚的结论，即新砦文化与二里头一带的龙山文化同时。无论哪种情况，都有问题需要进一步论述。比如，既然新砦文化与二里头一带的龙山文化同时（与其他方位的龙山文化亦如此），那么二者的分布范围以何处为界？既然二里头一带龙山文化比新砦一带龙山文化结束晚，两地龙山文化又有何区别？发生了什么变化？在中原地区的东部（偃师以东），于龙山文化和二里头文化之间存在一个新砦文化，二里头一带则不然。这种现象在黄河中下游其他地区如何？有没有普遍性？

也就是说,在龙山时代与二里头时代之间是否存在一个新砦时代? 还是属于偶然现象,仅限于新砦一带。

还有,一直以来,在夏商文化探讨中,不少学者认为政治事件的发生与考古学文化的变化不同步,如王朝更替后,旧王朝的文化不会马上结束,还会延续到新王朝早期或初期,因新王朝之初不可能形成自己特色的文化,此时的文化称之为"后某文化",如前述二里头文化四期就被部分学者称为商代的"后夏文化",此即所谓"文化滞后"的理论。夏王朝的建立,是否属王朝更替,很难定性。禹是禅让即位,启是世袭即位,尽管存在启和伯益"争"与"让"的纠葛,但与后来的王朝更替相比,似有很大区别,谈不上新、旧王朝更替。以"文化滞后"的理论解释此时的考古学文化,难度更大。不过,在夏代初年,发生了"穷寒代夏"的重大事件,夏王朝一度灭亡约四十年,这是大家都认可的。基此,在探讨早期夏文化时,应考虑这一事件发生之前与之后夏文化的变化,而且还要考虑到文化的滞后性。比如,穷寒期间的文化应该延续夏代初年——禹、启和太康时期的特征;少康复国以后一段时间内的文化应该沿用穷寒新文化特征。如果说新砦期具有东方文化因素,是"穷寒代夏"重大事件发生的结果,那么它的下限一定要滞后到少康复国以后一段时间,进入夏代中期方才合理。

关于夏文化之尾,涉及二里头四期与二里冈下层文化的关系。目前学术界有不少学者认为夏代结束于二里头文化三、四期之交,或四期早、晚段之交。如前文所述,四期或四期晚段进入商代,是商代夏文化,其与成汤西亳的偃师商城早商文化同时并存一期或一段时间。按照二里头遗址新的测年数据,二里头文化平均一期的年代长度,少说也有 60 多年,一段也有 30 多年。如果这种认识是正确的,那么同属商王朝统治之下,相距这么近的两个都邑性聚落,在长达 30 多年,或更长的时间内,彼此间总不能鸡犬之声相闻而毫无往来。两遗址中应该分别包含有对方的文化遗存,而且数量不会太少,可到目前为止,二里头遗址四期晚段基本不见典型的二里冈下层单位;偃师商城也基本不见典型的二里头四期单位,这是需要两遗址今后努力寻找的。

关于夏代积年,在相信古本《竹书纪年》与《史记·夏本纪》夏代自禹至桀 14

世17王,共471年记载可靠时,不仅要考虑每世多少年的问题,还要考虑当时人的寿命平均有多长。对于前者,涉及男性成婚的年龄,夏代不得而知,但先秦文献有关于周代的记载,多为二十岁以前加冠成丁,娶妻生子,可作参考。如《荀子·大略》云:"天子诸侯子十九而冠,冠而听治,其教至也。"《左传》襄公九年记载晋鲁之会时,当晋侯听说鲁侯12岁了,于是就说"十二年矣,是谓一终,一星终也。国君十五而生子,冠而生子,礼也。君可以冠矣"。说明周代不是晚婚晚育,二十岁以前可以成婚生子。夏商也当如此。

至于夏商时期人的寿命平均有多长(幼儿除外),也应该与成婚年龄有关,倘若当时平均年龄能达到花甲之岁,成婚晚点也还勉强可以理解;若寿命平均40岁左右,成婚年龄晚到30岁,等于自取灭亡,肯定行不通。究竟当时人的寿命有多长? 考古材料可以提供很好的证据,兹列举学界涉及的部分夏商时期典型遗址予以说明。

先看二里头文化时期,以二里头遗址和大甸子遗址为例。二里头遗址发掘墓葬不少,但经性别年龄鉴定的不多,以有随葬品的墓葬而言[1],将近10例,男、女年龄最大者均为45岁[2]。大甸子墓葬有600多座经过性别年龄鉴定,近一半人死于24~55岁间;35%死于6~23岁间;大于60岁者5人(2男3女),不足1%。70岁以上未见[3]。

龙山时期以陶寺遗址为例,有明确性别年龄鉴定结果的墓葬近800座,近一半人死于35~54岁间;30%死于15~34岁;60岁以上者仅2座(M2168,男,50~70岁;M1423,女,60多岁),不足0.3%。正如发掘报告所言,"死于青壮年者占70%以上,而鲜见55岁以上的老年人。据这片墓地鉴定结果所做研究,推知当时人的平

[1] 有随葬品者,说明墓主身份不是最低,可以排除因身份低而遭遇非正常死亡的干扰。高级贵族墓更好,但二里头文化时期缺乏。

[2] 中国社会科学院考古研究所:《二里头:1999~2006》伍,文物出版社,2014年,第59~62页,附表5-1。此前出版的二里头发掘报告,没有这方面信息。

[3] 中国社会科学院考古研究所:《大甸子:夏家店下层文化遗址与墓葬发掘报告》,科学出版社,1996年,第224页、第339~361墓葬登记总表。

均寿命只有 39 岁"[1]。

商代前期经性别年龄鉴定的墓葬材料不多,偃师商城有 29 座,最大年龄者 50 岁[2];藁城台西 22 座,"除十四五岁的少年外,成年人多在 20~50 岁之间"死亡[3]。最大年龄是 50~60 岁(M24),未见 60 岁以上者。

由上述夏商时期主要遗址人骨鉴定结果可知,当时人的寿命远不能与现在同日而语,绝大多数 55 岁以前死亡,过 60 岁的很少,平均寿命多不足 40 岁。因此,30 岁以后成婚是不可能的。有文献记载,夏代有四个王在位时间就各自多达四五十年[4],若此,其寿命都在 60 岁以上,这等于说,有近四分之一的夏王高寿(24%)。虽然夏王的生活质量高,可能比一般人长寿,但也不能相差太远。如上所述,二里头遗址有随葬品的墓葬,死者最大年龄才 45 岁。其他遗址过 60 岁者不足 1%,这与夏王过 60 岁者占 24%的比例相差太过悬殊。显然,这四位夏王的年龄之大远超常理,确实难以置信,至少不能全信。

总之,如果相信夏王朝 14 世 17 王是可靠的,那么夏代 471 年之数可能有误,即年数多了。反之,如果相信夏代 471 年之数可靠,那么夏王朝 14 世 17 王之说便可能有误,即世数少了。本人以为是前者。

(原文刊于《中国考古学六讲系列·夏商周考古》,山西人民出版社,2021 年)

---

[1] 中国社会科学院考古研究所、山西省临汾市文物局:《襄汾陶寺:1978~1985 年考古发掘报告》第二册,文物出版社,2015 年,第 425 页、第三册墓葬登记表。

[2] 中国社会科学院考古研究所:《偃师商城》第一卷下册,科学出版社,2013 年,第 741 页附录。

[3] 河北省文物研究所:《藁城台西商代遗址》,文物出版社,1985 年,第 106 页、第 110 页表二。

[4] 依古本《竹书纪年》,"禹立四十五年",启"即位三十九年亡,年七十八","后芬立四十四年","后芒陟位,五十八年"。见方诗铭、王修龄:《古本竹书纪年辑证》,上海古籍出版社,1981 年。

3

从墓葬陶器分析二里头文化的性质及其与
二里冈期商文化的关系

二里头文化的性质及其与二里冈期商文化的关系是近年来夏商文化探讨中争论的主要问题,争论的焦点是夏商两种文化的界限应该划在何处。归纳各家意见,可概括为两种:一种意见认为应划在二里头文化本身各期段之间[1],即二里头文化早期阶段是夏文化,晚期阶段是商文化。另一种意见认为应划在二里头文化与二里冈期商文化之间,即二里头文化是夏文化,二里冈期文化才是商文化。以往争论的双方,多偏重于对遗址材料的分析。我们认为,对于墓葬材料的分析也是不可忽视的一个重要方面,尤其是随葬品中的陶器,更是进行文化分期和区分文化性质时必须重点研究的对象。因此,本文试图通过对墓葬陶器的分析,来探讨二里头文化的性质及其与二里冈期商文化的关系。

一、二里头文化早、晚期墓葬陶器的比较

在二里头文化为夏、商两种文化诸说中,主张以二、三期之间为分界之说最为普遍,因此,在这里重点分析二里头文化早期(一、二期)和晚期(三、四期)的墓葬陶器。

到目前为止,经过发掘的二里头文化墓葬约 160 座,其中见于发表、资料较全的有 59 座,分别出自河南省偃师二里头[2],洛阳市东干沟[3]、东马

---

[1] 夏商文化的分界,有人认为划在一、二期之间;有人认为划在二、三期之间;还有人认为划在三、四期之间。

[2] 二里头遗址发掘简报较多,其中涉及墓葬材料者见《考古》1961 年第 2 期、1965 年第 5 期、1974 年第 4 期、1975 年第 5 期、1976 年第 4 期、1983 年第 3 期、1984 年第 1 期和第 7 期。

[3] 考古研究所洛阳发掘队:《1958 年洛阳东干沟遗址发掘简报》,《考古》1959 年第 10 期。

沟[1]、东杨[2],伊川县白元[3],陕县七里铺[4],郑州市洛达庙[5]、上街[6],荥阳县西史村[7]和山西省夏县东下冯[8]等遗址。

在以上 59 座墓中,随葬陶器的墓有 42 座。根据器物特征,可知 19 座属于早期,23 座属于晚期。早、晚两期共出陶器 132 件,器类有圆腹罐、豆、盉、鬶、斜腹盆、爵、平底盆、小口瓮、瓦足皿、觚、簋、甑、鼎、钵、斝、大口尊、缸、方杯等。对早、晚两期陶器进行统计和比较,发现以下一些现象。

首先,从主要器类来看,早、晚两期都存在的器类有圆腹罐、豆、盉、斜腹盆、爵、平底盆、小口瓮、瓦足皿和觚共九种。在早、晚两期中,这九种器物件数之和都占各期陶器总数的 90% 以上(表一)。由此可以说明,二里头文化早、晚两期的主要器类有一致性和延续性,并未发生太大的变化。

其次,从陶器特征来看,早、晚两期共同之处也很明显。比如,质地都以灰陶为主,只是陶胎逐渐变厚。纹饰都以绳纹为主,只是逐渐变粗和逐渐变得不太整齐。就每种器物来说,早、晚两期形体基本相同,仅局部稍有变化。为了进一步说明以上情况,兹将主要器物比较如下:

圆腹罐　　出土数量最多,是早、晚两期随葬品的主要器物,也是二里头文化的典型器物之一,其特征都是圆腹、凹圜底、饰绳纹,一般在唇外饰一周花边堆纹或一对小錾。领部由高变矮(图一,17、27)。

豆　　数量仅次于圆腹罐,类型较复杂,至少可分三型:A 型,矮柄,形似簋,盘较深(图一,13、23);B 型,细高柄,盘较浅(图一,14、24);C 型,高柄,柄上部加粗,盘浅,此型多见于早期。这三种类型的豆早、晚两期都有发现,只是形制稍有变

[1] 洛阳博物馆:《洛阳东马沟二里头类型墓葬》,《考古》1978 年第 1 期。
[2] 洛阳市文物工作队:《河南洛阳吉利东杨村遗址》,《考古》1983 年第 2 期。
[3] 洛阳地区文物处:《伊川白元遗址发掘简报》,《中原文物》1982 年第 3 期。
[4] 黄河水库考古工作队河南分队:《河南陕县七里铺商代遗址的发掘》,《考古学报》1960 年第 1 期。
[5] 河南省文化局文物工作队第一队:《郑州洛达庙商代遗址试掘简报》,《文物参考资料》1957 年第 10 期。
[6] 河南省文化局文物工作队:《河南郑州上街商代遗址发掘报告》,《考古》1966 年第 1 期。
[7] 郑州市博物馆:《河南荥阳西史村遗址试掘简报》,《文物资料丛刊》第 5 辑,文物出版社,1981 年。
[8] 东下冯考古队:《山西夏县东下冯遗址东区、中区发掘简报》,《考古》1980 年第 2 期。

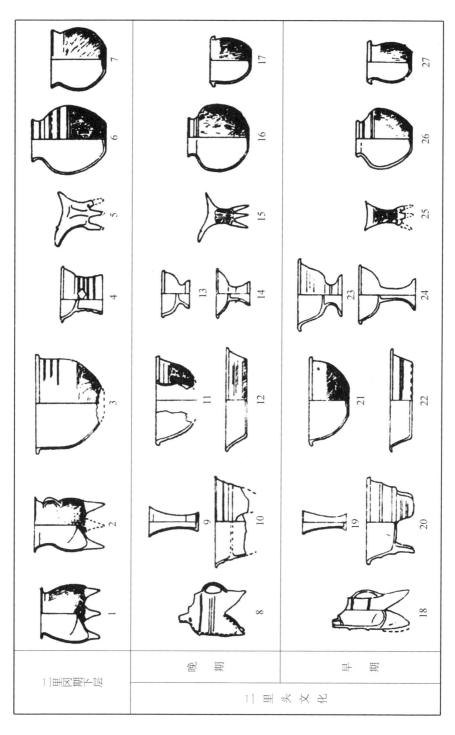

图一　二里头文化早、晚期和二里冈期文化下层墓葬主要陶器比较

化,豆盘由深变浅,盘腹折棱由明显到不明显。

盉　　用陶盉作随葬品,是二里头文化墓葬特有的现象,数量在早期居第三位。晚期较早期有所增加,器体由高瘦变为矮肥(图一,8、18)。

斜腹盆　　早、晚两期都为卷沿、圆唇、凹圜底,上腹有轮制痕,下腹饰绳纹,腹中部往往有一对鸡冠状錾,器腹由深变浅(图一,11、21)。

爵　　数量较多。早、晚两期风格相同,都为瘦腹,腹部和錾上常见羽状划纹(图一,15、25)。这种饰有划纹的爵在其他地区相当于二里头文化阶段的诸文化中也多有发现。

平底盆　　都为大平底浅腹,形似盘。早期较多,晚期减少。早、晚器形变化不明显,仅腹壁似逐渐变斜(图一,12、22)。以这种平底盆为随葬品也是豫西和晋南地区二里头文化墓葬中特有的现象。

小口瓮　　早、晚两期都为小口、高领、浑圆腹、凹圜底。变化不明显(图一,16、26)。

瓦足皿　　二里头文化的典型器物。早期比较常见,晚期逐渐减少。早期瓦足两侧内卷,上下约等宽(图一,20)。晚期腹部变浅,瓦足变高,两侧不卷,上宽下窄,呈舌形(图一,10)。

觚　　平底,束腰,早晚变化不明显(图一,9、19)。

通过上述分析,我们可以看出,主要器物中有近半数器类是二里头文化早、晚两期典型器物,它们不见或少见于其他考古学文化,从而体现出二里头文化的独特风格。各种器物特征从早到晚虽有所变化,但不是突变,有的器物甚至早晚难以区分,说明早、晚两期的联系是非常紧密的。

二、二里头文化晚期与二里冈期下层墓葬陶器的比较

资料发表较全的二里冈期墓葬共90余座。其中出陶容器的50余座,大部分属于上层(36座),下层仅见于河南省(16座),共出土陶器100余件,属于下层的40余件。由于二里头文化早晚期墓葬陶器特征有所变化,而二里冈期上下层墓葬

陶器特征也有所不同，所以在探讨二里头文化与二里冈期文化的关系时，应该把二里头文化晚期与二里冈期下层墓葬陶器进行比较。

表一 二里头文化早、晚期墓葬陶器统计

期别＼数量＼器类		圆腹罐	豆	盉（鬶）	斜腹盆	爵	平底盆	小口瓮	瓦足皿	觚	其他	合计
晚期	数量	15	5	11	8	8	2	6	1	3	6	65
	%	23	7.7	17	12	12	3	9.2	1.6	4.6	9.2	
	合计	共 59 件，占 90.8%										
早期	数量	12	19	6	3	3	8	3	6	3	4	67
	%	17.9	28.3	8.9	4.4	4.4	12	4.4	8.9	4.4	6	
	合计	共 63 件，占 94%										

1. 器物群体比较

从表二可以看到，二里头文化晚期比二里冈期下层陶器种类多，且有多种器物彼此不见，显然，在器物群体上两者存在很大差异。

表二 二里头文化晚期和二里冈期下层墓葬陶器群比较

文化＼数量＼器类		平底盆	瓦足皿	缸	甑	觚	盉	簋	爵	尊	小口瓮	罐	豆	盆	鬲	斝	钵	合计
二里冈下层	数量							1	1	1	1	5	5	13	11	4	2	44
	%							2.2	2.2	2.2	2.2	11	11	29.5	25	9	4.5	
二里头晚期	数量	2	1	1	1	3	11	3	8	1	6	15	5	8				65
	%	3	1.6	1.6	1.6	4.6	17	4.6	12	1.6	9.2	23	7.7	12				

再看各自出土数量最多的器物。二里头文化晚期是圆腹罐和盉，各占晚期陶器总数的 23% 和 17%。二里冈期下层则是鬲和盆，各占下层陶器总数的 25% 以上。很明显，二里头文化晚期和二里冈期文化下层各自数量最多的器物是大不相同的。

特别值得注意的是,在二里冈期下层墓葬中,鬲不仅出土数量多,而且出鬲的墓多于出其他任何一种器物的墓(表三)。可见,鬲是二里冈期文化墓葬中最突出的一种器物。然而,在各地区二里头文化早、晚期几十座墓葬中,却未发现一件陶鬲。同时,我们还注意到,二里头文化晚期出土数量较多的陶盉,在二里冈期下层墓中也并未发现。这两种器物的有无更能说明二里头文化和二里冈下层文化是迥然不同的。

表三　二里头文化晚期和二里冈期下层墓葬陶器组合比较

文化		数量　器类　单位	平底盆	瓦足皿	缸	甑	觚	盉	爵	簋	尊	小口瓷	罐	豆	盆	鬲	斝	钵
二里头文化晚期	三期	二里头 59M8					2	1	1									
		二里头 75YLⅥK3						1	△1									
		二里头 80YLⅢM2	1					1	1、△2									
		二里头 81YLⅤM3						1	1			2	1					
		二里头 80YLⅢM4						1	1				1					
		二里头 81YLⅤM1（残）						1	1									
		二里头 80YLⅤM3						1	1				3		1			
		西史村 M3											1	2	1			
		西史村 M16											1	2				
	四期	西史村 M1						1	1			1	1					
		东下冯 M401						1	1									
		二里头 73ⅢM?（盗）						1	?									
		二里头 80YLⅥM6				1		1					1					
		二里头 M51								1	1		1					
		二里头 M62								1			1					
		二里头 80YLⅥM2								1			1					

（续表）

文化		单位	平底盆	瓦足皿	缸	甗	舥	盉	爵	簋	尊	小口瓮	罐	豆	盆	鬲	斝	钵
二里头文化晚期	四期	二里头73ⅢM214											1		1			
		西史村M12											1					
		二里头80YLⅥM1		1				1						1	1			
		七里铺M301	1									1			1			
		二里头81YLⅤM6			1						1	1						
		二里头M59													1			
		西史村M7													1			
二里冈期下层		郑州CWM9									1			1	2	1	1	
		郑州C8M8												1	2	1		
		郑州CWM8							1					1	1	1		
		郑州CWM7												1	1			1
		西史村M9												1	1			
		七里铺M302																
		西史村M2							△1		1			1	1			
		郑州东里路M32							△1	1				1	1	1、△1		
		郑州二里冈M23													1			1
		七里铺M306													1			
		偃师商城M7													1			
		偃师商城M18									1	1			2	1		
		西史村M14												1	1			
		郑州CNM1											1	1				
		西史村M10											1					
		郑州C8M36												1		1		

注："△"表示铜器

　　其他器物,如二里头文化中很有特色的浅腹平底盆、瓦足皿和觚等,都不见于二里冈期下层;而后者的鬲形斝也不见于前者。以上差异不能不引起我们的注意。

2. 器物组合比较

　　从表三可以看出,在二里头文化晚期 23 座墓葬中,相伴出现的陶器是盉和爵。出陶盉的墓共 11 座,其中 8 座出有陶爵。另外 3 座未见陶爵的,一座(二里头 75YLVIK3)出有一件铜爵;一座(原报告未编号)被盗过[1],从该墓规模较大推测,很可能也有陶爵或铜爵;这样,只有一座(二里头 80YLVIM6)有盉而无爵。还应指出的是,盉、爵组合的墓在规模上一般较其他墓为大,多数还铺撒朱砂。显然,这种墓的规格和墓主的身份较其他墓为高。因此,用盉、爵作随葬品应具有特殊的含义,或与当时的礼制规定有关。

　　在二里冈期文化下层陶器墓中,陶盉还未发现,陶爵只出一件,而经常相伴出现的器物是鬲和盆,共有 8 墓,占下层陶器墓的半数,与二里头文化晚期墓葬也很不同。

3. 器物特征比较

　　二里头文化晚期的器物,一般陶胎较厚,绳纹偏粗;二里冈下层的器物,一般陶胎较薄,绳纹较细。在器物制作上,前者没有后者精细。二者的同类器物,特征也有区别。

　　盆　　二里头文化晚期多为斜腹盆,腹较浅。卷沿圆唇,沿面圆鼓。上腹部留有明显的手抹痕,表面粗涩不平(图一,11)。二里冈下层除斜腹圈底盆外,直腹盆(图一,3)和鼓腹盆也比较常见。

　　豆　　二里头文化晚期有前面提到的三种类型的豆,共同特征是柄较细,豆柄直径约小于盘径的 1/2(图一,13、14)。二里冈期下层只有一种类型豆,其特征与

---

[1] 中国科学院考古研究所二里头工作队:《河南偃师二里头遗址三、八区发掘简报》,《考古》1975 年第 5 期。

二里头文化晚期各类型豆都不相同。比较而言,豆柄要粗得多,其直径约是口径的2/3,且常饰有"十"字形镂孔(图一,4)。这种豆特征明显,是二里冈期下层的典型器物,在二里头文化中根本不见。

　　爵　　二里头文化晚期的爵,体较瘦,流较长,腹和鋬上往往饰羽状划纹(图一,15);二里冈期下层的爵,一般体较肥,流较短,不见划纹(图一,5)。

　　圆腹罐　　二里冈期下层发现很少,从发表的两件看,和二里头文化晚期的略有相似之处,都为圆腹,体较小(图一,7、17)。但后者常见的花边堆纹小罐和带鋬小罐在前者不见或极少见到。

　　小口瓮　　二里冈期下层仅一件,特征和二里头文化晚期的相似。但器体较后者为长,口部微内敛(图一,6、16)。

　　簋　　二里冈期下层亦仅一件,形态与二里头文化晚期者也稍有不同,前者圈足较直,沿面斜平,剖面呈三角形,与同期豆的风格相近。

　　二里头文化晚期和二里冈期下层墓葬陶器多数不共见,能做比较的只有以上几种。这几种器物,有的实际上名同形异,而真正相似的器物只有爵、圆腹罐、小口瓮、斜腹盆和簋几种。

三、关于夏商文化的分界

　　从以上比较,可知二里头文化早、晚两期墓葬的陶器,显然属同一文化系统,不可能划分成两种文化。而二里头文化晚期和二里冈期下层墓葬的陶器,无论在器物群体,还是在器物组合及特征上,都有着明显的差异。这种差异远比二里头文化本身早、晚两期之间的差异大得多,这绝不可能是同一文化本身不同阶段的自然演进所致,而应该是经过剧烈的文化变革的结果。就是说,最为明显的界限应在二里头文化晚期和二里冈期文化下层之间,而不在二里头文化本身各期之中。

　　其实,墓葬陶器的这种情况,在遗址中也是相同的。比如二里头文化晚期墓葬中的九种主要陶器都是该文化同期遗址中常见的。遗址中也是罐最多。在器物特征上,也是陶胎较厚,绳纹偏粗,圜底器较多。二里冈期文化下层墓中常见的几种陶器,同样是该文化下层遗址中的主要器物。墓葬中以鬲、盆最多,遗址中出土数量最多的器物也是鬲和盆(据《郑州二里冈》第 19 页,上、下层混合统计),其中鬲占陶器总数 26.08%。墓葬中鬲在陶器中所占的比例为 25%,与遗址中的统计相近。器物特征也是一致的,如陶胎均较薄,绳纹较细,制作较精,三足器颇多等等。

因此我们认为,无论墓葬还是遗址所出陶器,都说明二里头文化晚期和二里冈期文化下层之间的变化是主要的,文化的界限应该就划在这里;二里头文化各期之间的变化是次要的,应该不是两种文化的分界所在。

可是,在近年来的讨论中,有学者为了说明二里头文化晚期和二里冈期文化面貌相同,指出二者的陶器"同饰绳纹","器壁均较厚",甚至还强调二里头文化晚期"陶鬲和陶甗成为此期主要的炊器,其次才是陶罐和陶鼎"。这种说法显然与实际不符。据二里头遗址发掘简报介绍,二里头文化晚期陶器"纹饰多粗绳纹"[1],器壁较厚,而二里冈期文化下层陶器,据《郑州二里冈》的统计和描述,至少有 61.98%的器物饰细绳纹,器壁较薄,与二里头文化晚期的情况明显不同。至于说二里头文化晚期以鬲、甗为主,罐、鼎为次,更是没有根据的。遍查有关二里头文化各遗址发表的资料,没有找到一处二里头文化晚期鬲、甗比罐、鼎多的记述。相反,多数遗址(尤其是豫西地区)报告在介绍器类时,没有提到鬲和甗;凡在提及器物多寡时,往往只说罐较多。二里头遗址发掘简报明确指出早中晚"三期中有一共同特点是:陶鬲罕见,以一种深腹圜底罐为炊器"[2]。第四期的鬲虽然较第三期有所增加,"但仍少于同期的夹砂陶罐类,与二里冈期多鬲的情况也不同"[3]。二里头文化中的甗,发现就更少了。到目前为止,仅东下冯遗址发表过一件。二里头遗址近十篇简报中没有见到一块甗的陶片,而且极少提及,其数量多少可想而知。看来,二里头文化晚期的主要炊器绝不是鬲和甗,而仍然是罐。遗址和墓葬材料都说明了这一点。

---

[1] 中国科学院考古研究所洛阳发掘队:《河南偃师二里头遗址发掘简报》,《考古》1965 年第 5 期。

[2] 中国科学院考古研究所洛阳发掘队:《1959 河南偃师二里头试掘简报》,《考古》1961 年第 2 期。

[3] 中国科学院考古研究所二里头工作队:《河南偃师二里头早商宫殿遗址发掘简报》,《考古》1974 年第 4 期。

与此相反,在二里冈期下层,鬲的数量远比罐多,占陶器总数的 1/4 以上,甗也是常见之器。所以,真正称得上以鬲甗为主要炊器的文化乃是二里冈期文化,并非二里头文化。

当然,二里冈期文化也有一些因素来源于二里头文化,如大口尊、斜腹圜底盆、研磨盆、小口瓮、爵、器盖等,这也是很自然的。因为二里冈期文化直接取代了二里头文化,它不会也不可能把二里头文化的因素排斥干净。但这些相同的因素仅仅是一部分,若从整个文化面貌来看,无论是器物群体还是器物特征,则显出二者都有较大的区别,不能混为一谈。

既然墓葬和遗址材料都说明二里头文化晚期和二里冈期下层之间是主要的分界处,那么这个分界应该把前后二者区分为两种文化;而把二里头文化本身分成两种文化是说不通的。

最近偃师商城的发现,对于以上问题的认识提供了新的材料。

关于偃师商城的性质,目前也有两种意见,一种意见认为是成汤之西亳[1];另一种意见认为是太甲所放处之桐或桐宫[2]。但无论何者,均属商代早期。从考古学文化年代上来说,这两种意见是一致的。有了这个共同的认识,那么只要把该城的始建年代和使用年代在考古学文化中确定下来,则早商文化和夏文化也就可以确认了。

据发掘报告介绍,在城墙夯土内出有"稍晚于二里头四期"[3]的陶片。根据已知的考古学编年,二里头文化四期之后紧接着便是二里冈期下层。"稍晚于二里头四期",自然应属二里冈期下层。另外,在城墙内外侧具有"保护墙根的作用"的附属堆积中也有少数"可晚至二里冈期"[4]的陶片。因此,该城始建年代的上限

---

[1] 中国社会科学院考古研究所河南第二工作队:《1983 年秋季河南偃师商城发掘简报》,《考古》1984年第 10 期。

[2] 邹衡:《偃师商城即太甲桐宫说》,《北京大学学报》(哲学社会科学版)1984 年第 4 期。

[3] 中国社会科学院考古研究所洛阳汉魏故城工作队:《偃师商城的初步勘探和发掘》,《考古》1984 年第 6 期。

[4] 中国社会科学院考古研究所洛阳汉魏故城工作队:《偃师商城的初步勘探和发掘》,《考古》1984 年第 6 期。

不能早于二里冈期下层。

又据发掘报告得知,该城西城门(X2)内侧发掘的一批小墓都"叠压或直接打破城内的路土。这就从地层上表明,城墙的建造年代早于这批小墓"[1]。从这批小墓所出器物特征看,最早的墓如 M7 和 M18 属二里冈期下层。可见该城始建年代的下限也不能晚于二里冈期下层。

综上所述,偃师商城始建于二里冈期下层,这一结论是不会有什么疑问的。

关于该城的使用年代,现有材料表明,城内的堆积和出土遗物绝大部分属二里冈期文化。因此,可以认为二里冈期是该城的主要使用时期。

偃师商城的始建和使用年代既属二里冈商文化时期,而它又是早商最早的成汤之西亳或太甲之桐宫,那么二里冈期文化属早商文化的结论就可以肯定,而早于二里冈期文化的二里头文化自然属于夏时期的文化了。

（原文刊于《文物》1986 年第 6 期）

---

[1] 中国社会科学院考古研究所河南第二工作队:《1983 年秋季河南偃师商城发掘简报》,《考古》1984年第 10 期。

4

谈一个与早期文明相关的问题

关于人类古代文明社会形成的标志或要素,学术界已发现世界各地并不完全相同,中国古代文明社会形成的标志,除与他地类似者外,还有自己的个性。

中国古代文明社会形成于何时? 在回答这一问题时,学者们往往把它与中国早期国家的出现或形成联系在一起,有时甚或将二者等同。中国早期国家是何? 在 20 世纪 80 年代开始普遍讨论中国古代文明社会形成问题之前,中国早期国家的认定就早有了结论,至少在中国学术界如此,即夏商周三代是中国早期国家,不仅有文献依据,而且得到大量考古发现的支持。因此,在总结和概括中国古代文明社会形成的标志或要素时,夏商周三代的文明特质便成了依据,如青铜器、文字以及反映礼制等级的建筑、墓葬和器具,有时再加上聚落形态等等。

这些总结是有益的,它是我们进一步探讨文明发生至形成过程的基础。

无论文明的标志有多少,它所说明的社会状况都与社会的分层、人群的分等有关,包括财富的不均、权力的集中、礼制或其他规范的存在等,都在分等级的人与人之间、人群与人群之间体现。看来,在探讨古代文明发生与发展的时候,对社会等级的发生与发展尤其值得关注。对此,学界也做了不少研究。比如对聚落规模与形态的分析;对墓葬规模与葬品丰简的排比;对早期礼器的探讨;对青铜器的出现和文字发生的论述等等。但是,在考古材料中有一项与人直接有关,而且对说明社会等级出现与存在至为重要的内容却未引起学界足够的重视,这就是对三代及其以前见于各类遗迹中的非正常死亡者的系统研究。由于这些死亡者没有专门的墓地,有的也没有正常死亡者那样专门的墓坑,所以在利用墓葬材料论证社会等级时,往往甚少考虑。部分学者对这些见于各类遗迹中的非正常死亡者称为"灰坑葬"或"乱葬",并进行过分析探讨,得出了重要结论,但多限于其中某一现象、某一方面或某一时期[1]，缺少与历史的演进相联系并做长时段考察。这些死亡者是最低等的人，其中有不少人甚至如同动物那样被处置。这是说明社会分层、人群分等、人际或族际关系相当复杂的最佳材料，是人类社会发展到一定阶段的产物，是探讨中国古代文明发生与发展的重要方面。

对这些见于各类遗迹中的死亡者，我曾称之为"异类葬"，指导研究生做过相关论文[2]。称为"异类葬"未必合适，因为有不少死者谈不上葬，他们往往姿态怪异，或者肢体不全，凌乱不堪，此称仅是为了与正常的墓葬相区别而名之。

众所周知，商代已经是成熟的文明社会，学者所总结的中国古代文明社会形成的诸项标志在此时几乎都明确具备。恰恰是在商代，"异类葬"发展到了顶峰，我们可先简单总结一下商代的考古发现，把握一下这方面达到了什么程度，然后往前追溯，探究其发生与发展，看看与古代文明的发生与发展有何关系。

商代对这些"异类葬"死者的处置方式可分为以下3类。

1. 全尸。包括人殉、人牲。前者主要见于各等级贵族墓葬与车马坑中，多者近百人，如殷墟王陵 M1001 所见[3]。后者不仅见于大型墓葬，还见于专门的祭祀坑、奠基坑及其他遗迹中。祭祀坑者如著名的殷墟后冈圆坑、王陵东区祭祀场和江苏铜山丘湾祭祀场中大量的祭祀坑等。在后冈圆坑 73 具人骨中，有 37 具为全尸[4]。奠基坑者见于小屯多座建筑基址，发掘者认为在建筑过程的各环节都要杀人祭祀。例如小屯乙七门前（内？）有四墓，门东一座（M137），门西一座（M104），中间一座正对门（M101），其正南前方又有一座（M167）。前三墓居后，东西成一

［1］李建民：《略谈我国新石器时代的人祭遗存》，《中原文物》1981 年第 3 期；王克林：《试论我国人祭和人殉的起源》，《文物》1982 年第 2 期；郝铁川：《龙山文化乱葬坑尸骨身份辨析》，《中原文物》1983 年第 4 期；李伊萍：《新石器时代"灰坑葬"中所见祭祀现象》，《青果集》，知识出版社，1998年，第 162~166 页；王磊：《试论龙山文化时代的人殉和人祭》，《东南文化》1999 年第 4 期。

［2］雷英：《黄河中、下游地区早期异类葬研究》，北京大学考古文博学院硕士研究生学位论文，2006年。以下有关材料和数据引自此文，刘能：《商文化中非正常埋葬现象的考古学观察》，北京大学考古文博学院硕士研究生学位论文，2006 年。

［3］依黄展岳先生分类统计，M1001 至少有 90 个殉人。见黄展岳：《古代人牲人殉通论》，文物出版社，2004 年，第 89 页。

［4］中国社会科学院考古研究所：《殷墟发掘报告（1958~1961）》，文物出版社，1987 年，第 267~269 页。

排,相距各约 4 米。每墓各一人,面南而跪,各自手持一戈。最前面一墓(M167)也是一人,面北而跪,与前三者相对,一手执戈,一手执盾。依它们的布局和死者的情状分析,当属一次埋入。其埋于门前,应具守卫之意,或许在该建筑安门或落成后举行祭祀而埋入[1]。

其他遗迹所见完整尸体也很多,有不少肢体扭曲,或作挣扎状,远不及墓葬中那样规矩,在此不一一列举。这些尸骨,包括以下两项的尸骨未必全是祭祀之牺牲,但其遭遇与动物牺牲相近或相同。

2. 尸骨不全。此类情况最为复杂,多属人牲。除尸体稍有缺失者外(如因刖刑缺足者等),最常见的是身首分离的尸骨,即将头颅伐下后与肢体分别处置。头颅单放者非常普遍,见于贵族墓葬、祭祀坑、奠基坑、房址、灰坑、地层中等等。与头颅对应,无头肢体单放者也大体如此。就头颅单放者而言,如殷墟商王墓的填土中,多者一墓 70 余个,他们被分层放在填土中,其中墓道中的人头,摆放整齐,面部均朝向墓室,显然具有某种含义。在王陵东区祭祀场的祭祀坑中,"人头坑"数量最多。这些"人头坑"成排成群分布,每坑人头数量不等,多者有 32 个。在藁城台西多座房子内外发现数量不等的人头,有的埋于居住面下,或与奠基有关;有的位于居住面上,"可能是悬挂在屋檐下或室内墙壁、柱子上的,当房子被火烧毁后落于地面上或房子的积土中"[2]。各遗址所见单独放置的人头,成年男性较多。

其他遗迹所见尸体不全者也不少,如偃师商城宫城北部祭祀场(最初定为垃圾场,称为"大灰沟")一祭坑(H282)中,主要以人牲和牛、猪等动物牺牲为组合,"人牲有的被肢解,有的被腰斩,有的则为全尸"[3]。

3. 用作器具原料。这实在是特殊的一类,"异类葬"都谈不上,但其毕竟是处置人骨的一种方式,故单列一类。此类见于商代前期。首先是比较著名的郑州商城内东北部宫殿区发现的可能与制作人头杯有关的现象。在此发掘的一段长 15

[1] "中研院"历史语言研究所:《中国考古报告集之二·小屯·第一本·遗址的发现与发掘·乙编·殷墟建筑遗存》,1959 年,第 84 页插图三十、第 286 页。
[2] 河北省文物研究所:《藁城台西商代遗址》,文物出版社,1985 年,第 25 页。
[3] 中国社会科学院考古研究所:《河南偃师商城商代早期王室祭祀遗址》,《考古》2002 年第 7 期。

米,宽 2 米,深 0.8 米的壕沟范围内,发现近百个人的头盖骨,这些头盖骨不带面部和下颚骨,"都是从人头骨的眉部和耳部上端处横截锯割开后保留下来的头盖骨部分",绝大多数头盖骨的边缘处,锯痕明显。而壕沟内少见面部骨骸,更不见人的肢骨、肋骨等其他骨骼[1]。凡此都说明应与制作人头杯有关。21 世纪初,我们在登封王城岗发掘时,于早商时期的地层中,也发现有不带面部的人的头盖骨 4 件,边缘整齐,其中 1 号头骨与 4 号头骨均有砍痕(二者似将一头盖骨一分为二)[2],其性质与郑州商城者类似。其次是在郑州商城紫荆山早商制骨作坊发现不少骨器的制作是以人的肢骨为原料,所制器物有骨笄、骨镞、骨针等[3]。

以人骨作为骨器的原料,实属罕见。总之,他们应该都是,或者绝大部分是当时身份最低的人。与人牲相类,都被当作普通动物一样对待。

以人骨作为骨器原料的现象,目前所知仅限于商代前期,此前此后都未发现(也许考古工作有疏漏,需今后注意),可谓空前绝后。在探讨中国早期文明社会形态时,不能忽略不提。

以上是对商代"异类葬"的简单概括,下面再看一看商代以前如何。

约相当于夏代的二里头文化时期没有发现王墓,规模最大的墓还没有龙山时期最大的墓大[4]。在已发掘的中小墓中偶有人殉,如山西东下冯遗址 M401[5]。多数没有,包括二里头遗址发掘的一些规格稍高的墓,如 2002 年发掘的位于三号建筑庭院内的 M3[6],该墓随葬品较多,包括罕见的用 2000 余块各种形状绿松石

---

[1] 河南省文物考古研究所:《郑州商城——1953～1985 年考古发掘报告》(上册),文物出版社,2001年,第 476～482 页。

[2] 北京大学考古文博学院、河南省文物考古研究所:《登封王城岗考古发现与研究》(2002～2005)上,大象出版社,2007 年,第 272 页;本人田野日记。

[3] 河南省文物考古研究所:《郑州商城——1953～1985 年考古发掘报告》(上册),文物出版社,2001年,第 461～472 页。

[4] 二里头遗址二号建筑基址主体殿堂后面的墓(VD2M1)可疑,未必是墓。见中国社会科学院考古研究所:《偃师二里头——1959～1978 年考古发掘报告》,中国大百科全书出版社,1999 年,第157 页。

[5] 中国社会科学院考古研究所等:《夏县东下冯》,文物出版社,1988 年,第 66 页。

[6] 中国社会科学院考古研究所二里头工作队:《河南偃师市二里头遗址中心区的考古新发现》,《考古》2005 年第 7 期。

拼对成的龙形物。这样的墓不见殉人。据此推测,二里头文化时期中小墓殉人不普遍,似乎不及商代。至于规模更大的墓人殉及人牲如何,目前还难以得出较确切的结论,估计大墓中应该较多。

二里头文化时期人殉发现不多,但人牲却发现不少。比如,本阶段发掘了多座大型建筑基址,包括夏商周三代规模最大的建筑基址[1],由于基址不能发掘到生土(殷墟早期发掘不然),其下是否有以人奠基的现象,不得而知[2]。但基址上存在部分人祭现象是得到不少学者承认的。如邹衡先生根据二里头一号建筑基址发掘简报的介绍,认为其庭院内的几个填土纯净,埋有人骨和兽骨的灰坑"绝不会是普通的灰坑,而应该是祭祀坑。灰坑中的这些骨架显然都不是正常的埋葬,应该都是作为牺牲而埋葬的"。台基上一些所谓小墓,依其姿态,"应该与宫殿的建造有密切关系,也许是举行某种仪式的祭祀坑"[3]。黄展岳先生也有类似之说,认为一号宫殿基址内发现的五座葬式特殊、无葬具、无葬品的少儿墓,"应是这座宫殿建造或落成时举行祭祀用的人牲",宫殿附近的那些丛葬坑中无固定葬式,甚至身首异处,与牲畜同埋者,"应是用于祭祀宗庙的人牲"[4]。

二里头遗址的大型建筑基址,若与殷墟晚商宫殿区建筑相比,在规模上,二里头遗址一号基址最大;在数量上,殷墟晚商宫殿建筑比二里头遗址要多。但两处宫殿区所见人牲现象,殷墟还是远多于二里头遗址,这应该是历史实际,也就是说,虽然二里头文化时期人祭现象已发现不少,但尚未达到晚商时期的程度。时代介于二者之间的郑州商城宫殿区和偃师商城宫殿区少见人牲现象也可作为旁证。

据粗略统计,二里头文化时期,除上述商代第3类,即以人骨作为骨器原料者未发现外,另两类都有不少发现,共见于10多处遗址中,以二里头遗址为最多。其中尸体完整与不完整者最常见的是在地层与灰坑中,在手工业作坊(如制陶作坊)和废弃的房屋内也有少量发现。表明这一时期的"异类葬"确较普遍。不过,从发

[1] 指二里头遗址一号建筑基址,其规模仅次于洹北商城一号建筑基址。
[2] 根据王城岗龙山小城内发现的大量奠基坑推测,介于龙山文化与商文化之间的二里头文化时期,其大型建筑基址下应该有类似的奠基坑。
[3] 北京大学历史系考古教研室商周组编著:《商周考古》,文物出版社,1979年,第27~28页。
[4] 黄展岳:《古代人牲人殉通论》,文物出版社,2004年,第43~44页。

现地点来看,这些"异类葬"远没有晚商时期多。这也与通过对宫殿区的比较而得出的结论相符合。

早于二里头文化时期的龙山时期,"异类葬"亦较流行,主要见于各类遗迹中,多与人牲有关。至于墓葬中的殉人,龙山时代也有发现,但数量更少。

黄河流域龙山时期的墓葬有一奇怪现象,即中原地区发现很少,且随葬品匮乏[1]。而上游和下游发现很多,且葬品丰富;上游如马厂、齐家文化之墓;下游如山东龙山文化之墓。中原地区是考古工作开展最多的地区,发掘的龙山文化遗址也很多,墓葬所以少见,也许与中原地区此时行另外的葬法有关,这是需今后关注的课题。虽如此,近年来在中原地区也发现了龙山时期的殉人墓,即山西芮城清凉寺墓地[2]。该墓地的年代原以为属庙底沟二期,据测年结果,可能属龙山时期。看来,中原地区龙山时期已出现了人殉,只是比较罕见。若联系其他地区的发现,清凉寺的人殉还不是孤例,如在黄河上游齐家文化发现的多处殉人墓[3],特别是2008年发掘的甘肃临潭陈旗磨沟齐家墓中,有多座殉人墓,最多者一墓殉近10人[4]。

至于龙山时期人牲或其他弃尸的发现,在黄河中下游地区就见于近40处遗址中,其中以黄河中游地区发现地点最多,这与本地区缺少墓葬的现象形成鲜明对照。在此仅举几例典型者予以说明。在山西襄汾陶寺遗址一灰沟填土中,仅上部就分5层埋30余人,有的被砍头,有的被肢解。沟底还有一位年轻女子,其阴部被插入一硕大牛角[5];在山西曲沃东许遗址一灰坑底上放有6个人头[6],而不见躯

————————————

[1] 陶寺已属中原边缘,陶寺文化有诸多北方文化因素,其大墓随葬品较多,此葬俗未必全同中原地区。

[2]《山西芮城清凉寺庙底沟二期墓地》,《2004中国重要考古发现》,文物出版社,2005年。

[3] 齐家文化的上限属龙山文化时期,下限进入二里头文化阶段。

[4] 谢焱、毛瑞林、钱耀鹏:《甘肃临潭陈旗磨沟齐家、寺洼文化墓葬发掘》,《2008中国重要考古发现》,文物出版社,2009年;甘肃省文物考古研究所:《甘肃临潭磨沟齐家文化墓地发掘简报》,《文物》2009年第10期;钱耀鹏等:《略论磨沟齐家文化墓地的多人多次合葬》,《文物》2009年第10期。

[5] 中国社会科学院考古研究所山西队等:《山西襄汾陶寺城址2002年发掘报告》,《考古学报》2005年第3期。

[6] 山西省考古研究所、曲沃县博物馆:《山西曲沃东许遗址调查、发掘报告》,《三晋考古》(二),山西人民出版社,1996年。

体;在陕西西安客省庄的灰坑中亦埋一人或多人,同出还埋有其他动物骨骸[1];在河北邯郸涧沟一灰坑内杂乱地放有 10 具人骨,在一房址内还发现 4 件人的头盖骨,有的有明显的砍痕和剥头皮的切割痕[2],这已为学界熟识。在河南登封王城岗遗址更有著名的人牲奠基坑,一坑多者有 7 具人骨,亦分层放置,也有的坑单放人头[3]。在山东荏平教场铺[4]、泗水尹家城等遗址也有类似发现[5]。

由于已发掘的龙山时期的遗址多于二里头时期的遗址,所以在"异类葬"所见遗址的绝对数量上前者亦多于后者。若发掘遗址数量与面积相当,这一现象似乎在这两个时期都很普遍。

任何事物都有其发生与发展的过程,"异类葬"在龙山时期之前就有,现知最早者属磁山文化,在磁山遗址一灰坑中发现一具人骨[6],此后一直到仰韶文化时期,在陕、晋、豫、鲁等地也都有一些发现,数量呈增加趋势,但其总量远没有龙山时期多。从磁山文化到仰韶文化,时间跨度约 3000~4000 年,而龙山文化的时间跨度也就 1500~2000 年。由此可知,龙山文化时期是"异类葬"迅速发展的时期,此时"异类葬"的流行程度可能与二里头文化时期相当。龙山文化之前的仰韶文化时期应该是发生时期,而最初的萌芽或许还要早些。

如此看来。"异类葬"之发生、发展与鼎盛基本与早期文明发生、发展与成熟相同步,这应该不是巧合,乃历史演进之必然。

至于"异类葬"到何时衰落与消亡? 考古发现证明应属周代。进入西周时期,此前长时间大量见于各类遗迹中的"异类葬"变得极为罕见。即使墓中殉人,也主

---

[1] 考古研究所沣西发掘队:《1955~57 年陕西长安沣西发掘简报》,《考古》1959 年第 10 期。

[2] 北京大学、河北省文化局邯郸考古发掘队:《1957 年邯郸发掘简报》,《考古》1959 年第 10 期。

[3] 河南省文物研究所等:《登封王城岗与阳城》,文物出版社,1992 年,第 38~42 页。

[4] 《山东荏平教场铺龙山文化城址》,《2004 中国重要考古发现》,文物出版社,2005 年;中国社会科学院考古研究所山东队等:《山东荏平教场铺遗址龙山文化城墙的发现与发掘》,《考古》2005 年第 1 期。

[5] 山东大学历史系考古专业:《山东泗水尹家城遗址第四次发掘简报》,《考古》1987 年第 4 期;山东大学历史系考古专业教研室:《泗水尹家城》,文物出版社,1990 年,第 20 页。

[6] 邯郸市文物保管所等:《河北磁山新石器遗址试掘》,《考古》1977 年第 6 期。简报说"在灰坑 T21 内发现",可能编号有误。

要限于殷遗民贵族墓,在姬姓周人墓,包括姬姓诸侯级大墓也甚为少见,"异类葬"不是周王朝提倡的[1]。这一方面与周王朝的统治方略有关,同时也是历史发展的必然,"异类葬"到了周代迅速走向衰落,进入秦汉,基本消亡,即使有也是残余了,远不能和周代以前相提并论。

　　以上是对"异类葬"发生、发展与衰落的简单总结,我以为是探讨早期文明的一个重要方面。总结非常粗略,目的是抛出来引起学界重视。

(本文原刊于《中国历史文物》2009 年第 4 期)

---

[１] 韩巍:《西周墓葬的殉人与殉牲》,北京大学 2003 年硕士研究生学位论文。

商文化研究

5

商文化的纵横考察

一、商文化的发现与认定

商文化的发现和认识是从晚商开始的,之后追溯到早商与先商。

1. 晚商文化的发现与认定

晚商文化的发现与认定始于殷墟遗址。早在宋代,今安阳殷墟一带就有铜器出土,如吕大临的《考古图》有几件器物说是"得于邺郡亶甲城"(卷一),或说"在洹水之滨亶甲墓旁得之"(卷四;还有一件见卷五),已认为今殷墟一带是商代都城了,但从考古学上把殷墟判定为晚商都城则是晚近的事,是由甲骨文的发现引起的。

1899 年(光绪二十五年)当时显贵王懿荣在一个偶然的机会,从中药"龙骨"上第一次发现了甲骨文,并进行了收集和初步考订。王氏死后,又有刘鹗、罗振玉、孙诒让等人的收集和研究。从 1899 年开始,在甲骨文被发现的最初十年中,研究者都认为它是周以前的文字,但具体是什么时候,未得到统一。同时,甲骨出于何地,也仅仅是听信古董商人所言。当时最普遍的说法是出于汤阴(王、刘),有的则更具体地说出自古羑里城(在汤阴)。也有的认为出自卫辉(汲县)附近之朝歌城。直到 1908 年,罗振玉经过长期留意探寻,才获知甲骨出土地在安阳小屯,罗并派古董商直接去小屯收购,还派其亲戚去小屯采掘,所获很多。

确定甲骨文出自小屯,自然对进一步确定甲骨的时代和小屯殷墟为何王所都有很大的作用,经过罗振玉、王国维等不少学者的研究,终于认定甲骨乃晚商遗物,小屯殷墟就是古本《竹书纪年》所说的"自盘庚徙殷,至纣之灭,二百七十三年,更不徙都"的晚商都城——殷。

殷墟一名,在汉以前的文献中就有记载。《左传·定公四年》云:"分康叔以……殷民七族……命以康诰而封于殷虚。"可知其所在地属卫。《史记·项羽本纪》记述项羽与章邯会盟时提到,"项羽乃与期洹水南殷虚上"。这说明殷墟在洹水之南。又《水经注》洹水云"东过隆虑县北""又东北出山,迳邺县南"。隆虑县即今林县,林县东不远就是太行山与华北平原交接处,"东北出山"当指出太行山。《水经注》接下来说"洹水出山东,径殷墟北"。说明殷墟往西不逾太行,即在太行之东。又因洹水出太行之后,东径安阳,于内黄县境流入卫水,所以殷墟往东不逾内黄。从林县到内黄,此段基本上都在今安阳市境内,故殷墟应在安阳境内洹水南岸。李泰《括地志》就明确说:"旧邺城西南三十里有洹水,南岸三里有安阳城,西有城名殷墟,所谓北蒙(冢)者也。"唐安阳在今安阳附近,殷墟在其西,恰与今小屯一带的地理位置相合。

殷墟是由于该地本名殷,商亡之后才称之为殷墟。殷墟为殷代何王所都? 文献记载不一,主要有二说:一是盘庚之殷;二是河亶甲之相。盘庚说最早见《尚书·盘庚上》:"盘庚迁于殷。"古本《竹书纪年》:"盘庚自奄迁于殷,殷在邺南三十里。"(王国维认为后七字为注文,甚是)《括地志》也说:"相州安阳本盘庚所都,即北蒙(冢)殷墟,南去朝歌城百四十六里。"此说记述比较清楚,明言盘庚都殷。

甲骨文在殷墟的发现,引起世人的高度关注。

1928 年秋,"中研院"历史语言研究所成立考古组,同年 10 月,便开始了第一次对殷墟的发掘。

从 1928 年 10 月到 1937 年 6 月,十年总共发掘了 15 次,基本上对主要居址和墓葬都进行了发掘,如商王陵墓与宫殿等。

1949 年新中国成立,1950 年春就重新开始了对殷墟的发掘。多年以来,有关殷墟的重要发现和发掘很多,这里就不一一列举了。

2. 早商文化的发现与认定

甲骨文的发现和安阳殷墟商代晚期都城的发现,使人们对盘庚迁殷以后的商文化有了较详细的认识,但对盘庚迁殷以前的商文化却毫无了解。

　　1950年秋,河南省文物管理委员会的韩维周同志在郑州二里冈采集到一些陶片、卜骨和石器等,发现了二里冈遗址。1951年春,中国科学院考古研究所对其进行了调查,初步确定为殷代遗址[1],于是在1952年秋便开始了对郑州二里冈商代遗址的发掘(第一期训练班)。经过一年半的工作,到1953年底,搞清了该遗址的主要地层关系,并进行了文化分期,确定二里冈期上、下层文化是早于安阳殷墟商文化,晚于河南龙山文化的遗存[2]。1955年发现商城。由于二里冈期文化和殷墟文化的特征非常接近,因此,人们认识到殷墟文化并不来源于龙山文化(李济、梁思永曾认为来源于龙山文化),而来自二里冈期文化,而且还认为郑州商代遗址可能是仲丁所都之隞。但这些认识最初只是在发掘简报(或报告)的末尾予以提及。1956年,邹衡先生发表《试论郑州新发现的殷商文化遗址》一文(图一),详细论述了郑州商文化和殷墟商文化的分期与关系,这是第一次系统地整理和研究商文化,从而肯定了郑州商文化早于殷墟商文化的意见,肯定了盘庚以前商文化的存在[3]。

图一　《考古学报》1956年第3期封面、目录及邹文目次

---

[1]　安志敏:《一九五二年秋郑州二里冈发掘记》,《考古学报》第8册,1954年。

[2]　郑州市文物工作组:《郑州市殷商遗址地层关系介绍》,《文物参考资料》1954年第12期。

[3]　邹衡:《试论郑州新发现的殷商文化遗址》,《考古学报》1956年第3期;收入《夏商周考古学论文集》,文物出版社,1980年。

与郑州商代遗址的发掘时间相近的其他遗址,如辉县琉璃阁[1]、邢台曹演庄[2]、藁城台西[3]都发现有二里冈期早于安阳殷墟期的地层关系,这些发现都证明上述意见是正确的。

不过,长期以来大家都认为二里冈期商文化属商代中期,直到 1977 年,邹先生首次提出二里冈期文化属早商文化的意见后,中商说始发生动摇。这两种意见经过几年的争论,到 1983 年偃师商城发现和发掘后,才证明二里冈期早商说的意见是正确的。至此,早商文化得到了最后确定。当然这不是公认的定论,目前仍有少数人认为二里头文化晚期是早商文化。

二、商文化纵向考察——分期

最早对商文化进行全面、系统分期的是邹衡先生,其结论基本得到学界公认。

1956 年邹先生对商文化进行了第一次分期[4],上起二里冈文化,下迄殷墟晚商文化。此后,随着田野考古工作的开展,商文化的资料不断发现和增加,在此基础上,邹先生又进行了更详细的分期,他把整个商文化,即从先商到晚商分为三大期七大段十四组[5],时间跨度由商代拓展到先商(图二)。

安金槐先生也对二里冈期商文化进行了分期,把下层和上层各分为两期,兹将二人的分期对应关系概括为下表(粗体为安氏的观点):

表中早商期包括了三段 6 组,但这种分法还未引起人们的充分认识。目前,考古学界仍然习惯于把殷墟(第一期,即上表第 8 组)以前的二里冈时期遗存分为两大期,分别称为二里冈下层和二里冈上层。

---

[1] 中国科学院考古研究所编:《辉县发掘报告》,科学出版社,1956 年。

[2] 河北省文物管理委员会:《邢台曹演庄遗址发掘报告》,《考古学报》1958 年第 4 期。

[3] 河北省文物研究所:《藁城台西商代遗址》,文物出版社,1985 年。

[4] 邹衡:《试论郑州新发现的殷商文化遗址》,《考古学报》1956 年第 3 期;收入《夏商周考古学论文集》,文物出版社,1980 年。

[5] 邹衡:《试论夏文化》,《夏商周考古学论文集》第三篇,文物出版社,1980 年。

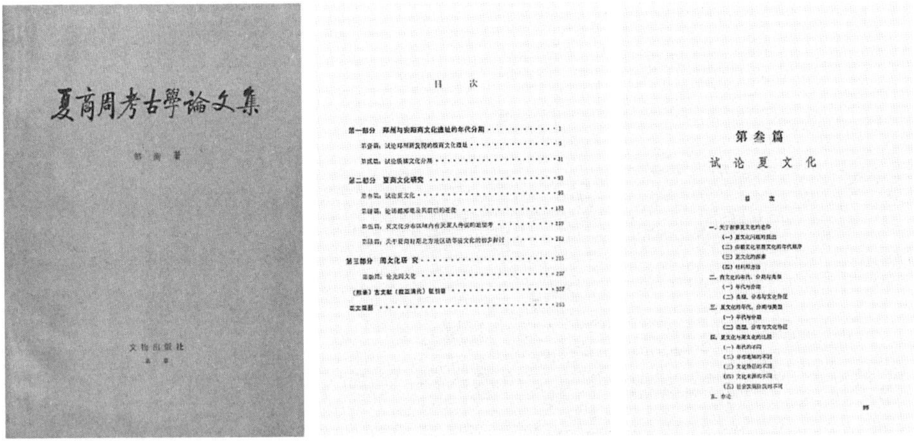

图二　《夏商周考古学论文集》书影、目录及《试论夏文化》目次

期	段	组	典型单位或遗址期别	先公与先王	安氏	董氏甲骨分期
先商期	第一段	第1组	下七垣第4层	先公时期		
		第1组	下七垣第3层,涧沟下层,界段营下层	先公时期		
		2	龟台寺下层,潞王坟下层,南关外期　二里冈下层	先公时期	二下一	
早商期	二	3	郑州CIH17	汤至阳甲(9代)	二下二	
	二	4	郑州CIH2乙　二里冈上层		二上一	
	三	5	郑州CIHI		二上二	
	三	6	郑州白家庄上层		二上二	
	四	7	台西商中期			
	四	8	殷墟一期	盘庚、小辛、小乙		
晚商期	五	9	殷墟二期	武丁		一
	五	10	殷墟二期	祖庚、祖甲		二
	六	11	殷墟三期	廪辛、康丁		三
	六	12	殷墟三期	武乙、文丁		四
	七	13	殷墟四期	帝乙		五
	七	14	殷墟四期	帝辛		五

对殷墟晚商文化的分期,早在新中国成立前就提出来了,但当时的研究是从不同方面进行的,比如甲骨、陶器、铜器、建筑遗迹等。[1] 其中除了甲骨文进行了分期外,其他方面都没有具体的分期结果,而且各方面的相互关系也未能解决。因此还谈不上对殷墟文化的分期。

不过,新中国成立前的这些研究,尤其是对部分器物发展演变的排序对后来的分期具有启发性的意义。

第一次运用地层学和类型学方法对殷墟文化进行分期的是邹衡先生。1956年,他在《试论郑州新发现的殷商文化遗址》一文中(《考古学报》1956 年第 3 期),把殷墟分为早、中、晚三期。此后,考古所安阳队以大司空村的发掘材料为依据,把殷墟阶段分为二期,即所谓大司空村Ⅰ、Ⅱ期(《考古》1961 年第 2 期)。再后,邹先生和安阳队又分别进一步分期,都分为四期。邹还分了段,共四期七段。其他先生也从不同角度对殷墟进行了分期,其中以当时的安阳队负责人郑振香先生的分期影响最大。我们可把邹与郑的分期结果排列为下表:

邹　衡			安阳队(郑振香)	甲骨文
一期	1 段	盘庚、小辛、小乙	盘庚、小辛、小乙、武丁前半	
二期	2 段	武丁	武丁后半 祖庚、祖甲	一期
	3 段	祖庚、祖甲		二期
三期	4 段	廪辛、康丁	廪辛、康丁	三期
	5 段	武乙、文丁	武乙、文丁	四期
四期	6 段	帝乙	帝乙、帝辛	五期
	7 段	帝辛		

邹的结论是通过对殷墟各方面材料进行综合分析得出的,他的分期范围包括

[1] 董作宾:《甲骨文断代研究例》,《庆祝蔡元培先生六十五岁论文集》上册,1933 年,史语所,第 323~424 页;李济:《殷墟陶器初论》,《安阳发掘报告》第一期,1929 年;李济:《记小屯出土之青铜器》,《中国考古学报》第三、四册,1948~1949 年;石璋如:《小屯》第一本,"中研院"历史语言研究所,1959 年。

了遗址和墓葬,也包括了铜器、陶器以及其他遗物;安阳队的每次分期都以某一发掘点的分期为代表,如大司空村的分期等。因此,可以说系统而全面的分期研究迄今只有邹衡先生。

根据两家意见可以看出这样一些问题:

1. 各家分期逐渐详细、具体。

2. 安阳队的意见越来越接近于邹的意见。

3. 安阳队和邹的不同之处,主要是武丁一世是否可以分属于两期,都属第二期,还是前半属一期,后半属二期。其他各项均相同。可知二者分歧并不太大,仅差 30 年左右(武丁在位以 59 年计),约相当于考古学分期中的半期。

4. 安阳队 1976 年前后有变化:武丁被一分为二,这与妇好墓的发现有关。

上述对商文化的分期方案都比较细,对更多的学者来说,在具体研究过程中不易把握。根据商文化的变化特征,一般又把这些分期概括为便于掌握的两或三个阶段。如邹衡先生把整个商文化概括为三个阶段,即先商、早商和晚商,后二者有时又分别称为商代前期和商代后期。商代前期包括二里冈下层晚段到殷墟一期(Ⅲ~Ⅷ组);商代后期包括殷墟二期到四期(Ⅸ~ⅩⅣ组)。而安金槐先生对二里冈文化的四期分法,也往往被概括为两大阶段,即二里冈下层和二里冈上层时期。邹和安在对二里冈文化分期后的认识上,有很大区别,邹把二里冈下层偏早阶段,即安的二里冈下层一期归入先商时期,其余二里冈各段为早商时期,而安认为二里冈文化各期均属中商时期。如第一讲所言,偃师商城发现之后,学术界多数学者的看法基本与邹先生的结论近同,二里冈文化中商说基本没人提了。

20 世纪末,随着安阳洹北花园庄一带的考古发现,当时安阳队的负责人唐际根先生,在邹先生分期的基础上,结合文献记载,提出新的"中商文化"概念[1],即

---

[1] 唐际根:《中商文化研究》,《考古学报》1999 年第 4 期。该文的中商分三期,第一期以白家庄上层和小双桥为代表;第二期以洹北早期和台西早期为代表;第三期以洹北晚期(如三家庄墓,即安阳队殷墟分期的殷墟一期早段)和台西晚期为代表。三期所包括的商王是从中丁到小乙。殷墟一期晚段—武丁前半属晚商。

认为从白家庄上层到殷墟一期早段(安阳队分期)属中商时期,也就是从中丁到小乙时期。殷墟一期晚段——武丁以来到殷墟四期属晚商,其晚商概念与邹先生相同。这是大家在阅读以往研究文章时应注意的。

三、商文化横向考察——分布

在研究有关商文化相关问题时,我们基本采用邹衡先生的分期法而稍有调整,早商文化分为两大期,即所谓二里冈下层和上层,后者的下限包括殷墟一期。因这两大期各方面都有较大不同,比较容易区分和把握,在分布上也是如此。

1. 二里冈下层文化的分布范围

北面包括山西南部和河北省中南部。在山西省,从南往北依次发现的主要遗址有:垣曲商城遗址[1]、夏县东下冯遗址[2]、侯马上北平望遗址[3]等。前两处遗址属运城地区,位于山西西南端,南与豫西,西与关中隔河相望;后一处遗址属临汾地区,南与运城相邻,往北逾太岳即进入晋中地区。运城和临汾两个地区的自然条件和生态环境至今都是山西最好的地区,特别是运城地区,垣曲商城所在的垣曲县有中原地区最大的铜矿——中条山铜矿;夏县之西有中国内陆最大的盐池——解州盐池。

垣曲商城位于中条山之阳,黄河之滨[4]。该城规模不大,"始建于商代二里冈下层时期,并延续使用到二里冈上层时期,与郑州商城和偃师商城的年代大体相当"[5]。

---

[1] 中国历史博物馆考古部、山西省考古研究所、垣曲县博物馆:《垣曲商城——1985~1986 年度勘察报告》,科学出版社,1996 年。

[2] 中国社会科学院考古研究所、中国历史博物馆、山西省考古研究所:《夏县东下冯》,文物出版社,1988 年。

[3] 侯马市博物馆:《山西省侯马市上北平望遗址调查简报》,《华夏考古》1991 年第 3 期。

[4] 垣曲商城现已被黄河小浪底水库淹没。

[5] 中国历史博物馆考古部、山西省考古研究所、垣曲县博物馆:《垣曲商城——1985~1986 年度勘察报告》,科学出版社,1996 年,第 274 页;中国历史博物馆考古部、山西省考古研究所、垣曲县博物馆:《垣曲商城(二)——1988~2003 年度考古发掘报告》,科学出版社,2014 年,第 692~698 页。

从垣曲商城往西沿黄河而上,不足 50 千米就是平陆县的前庄遗址[1],该遗址所处位置与垣曲商城颇为相似,垣曲商城位于黄河与亳清河交汇的三角洲上,前庄遗址位于黄河与石膏河交汇的三角洲上。1990 年在前庄出土一批二里冈上层时期的器物,其中铜器 7 件,还有陶器、石磬等,其性质若非近同垣曲商城,则便与垣曲商城有密切联系,是商人控制晋南的一处重要据点。

东下冯遗址也有一座商城,城内西南部有纵横成行成排的圆形建筑 40~50 座,每座建筑的直径在 8.5~9.5 米之间,气势不凡,为三代考古所仅见。东下冯商城亦始建于二里冈下层时期,二里冈上层时仍然使用。

目前发现的建于商代的城垣遗址已有 10 处,而运城这一面积不太大的地区就建有垣曲和东下冯两处,且都始建于商代早期。可见商王朝建国初期对这一地区是相当重视的。

临汾地区二里冈下层文化发现较少,侯马上北平望遗址的工作也很有限。不过,这已能说明二里冈下层商文化确实到达这一地区。

在二里冈下层文化之前,运城和临汾两地区属二里头文化东下冯类型的分布范围,典型遗址就是夏县东下冯和襄汾大柴[2]。这两个地区又是文献所记的“夏墟”所在[3],其中夏县还有安邑、鸣条之地。目前所知,二里冈下层文化和东下冯类型的分布范围基本重合,临汾以北(以霍太山为界)二者都没有发现。学术界较普遍认为二里头文化东下冯类型即夏文化,若此,则商人在占领太行山以西时,彻底占领了夏王朝故地。

至此可以想见,商王朝早期何以对“夏墟”之地重视非常,目的主要有二:一是掌控夏人。此乃情理中事,势所必然;二是占有资源。中条山之铜与解州之盐不能

---

[1] 卫斯:《平陆县前庄商代遗址出土文物》,《文物季刊》1992 年第 1 期;周有安:《山西商代前庄遗址又有新发现》,《中国文物报》2000 年 6 月 18 日第 1 版。

[2] 中国社会科学院考古研究所山西工作队:《山西襄汾县大柴遗址发掘简报》,《考古》1987 年第 7 期。

[3] 文献中的“夏墟”有虞地和唐地两说,分属今运城和临汾两地。虞地“夏墟”见《史记·吴太伯世家》“封周章弟虞仲于周之北故夏墟”。西周虞国在运城地区南端平陆县,东与垣曲相邻。唐地“夏墟”即《左传·定公四年》记封唐叔于夏墟者,为晋之始封地,在临汾地区。

不是觊觎之物,对此,已引起学界的重视。

　　在豫北和河北省中南部,相当于二里头文化晚期时是先商文化,即邹衡先生所谓漳河型与辉卫型;李伯谦先生谓之下七垣文化。这些看法基本取得学界共识。按照通常的推理,豫北与河北省中南部应该有较多二里冈下层早商文化存在,然迄今为止,这里所见与郑州二里冈下层文化基本相同的遗存甚少,似有违常理。原因是何? 我以为有两个方面:其一,目前确定的先商文化,其下限可能进入早商时期,为商人本土故有文化的自然发展,故先商、早商不易区分;其二,商王朝新拓疆域内的早商文化——二里冈文化是在吸收了大量被占区的文化因素,主要是二里头文化因素而形成的,故与商人本土的早商最早阶段(相当于二里冈下层文化时)的文化特征不尽相同[1]。

　　要之,二里冈下层文化在北方的分布范围限于今山西南部、河北中南部与河南北部,基本与古冀州之域相合。

　　西面发现的二里冈下层文化包括秦岭南北的关中东部和商州地区。前者以耀县北村遗址[2]为代表,其他遗址还见于西安老牛坡[3]、蓝田怀真坊[4]、华县南沙村[5]、大荔赵庄与白村等[6]。后者以东龙山遗址[7]为代表。如果我们把山西西南部也视为本阶段商文化的西境,则它西与关中隔(黄)河相望。无论陕西东部,还是晋西南,此前均属二里头文化的分布范围。比较二者各自在西部的分布,范围大体重合。此时,商文化的政治中心也由太行山东麓转移到河南中部,即转移到原二里头文化的中心地区郑(州)洛(阳)一带,郑州商城与偃师商城的新建就是最好

---

[1] 这与岳石文化分布范围内不见二里冈下层文化的原因有别,兹不赘述。

[2] 北京大学考古系商周组、陕西省考古研究所:《陕西耀县北村遗址1984年发掘报告》,《考古学研究》二,北京大学出版社,1994年。

[3] 刘士莪:《老牛坡》,陕西人民出版社,2002年。

[4] 樊维岳、吴镇烽:《陕西蓝田县出土商代青铜器》,《文物资料丛刊》(3),文物出版社,1980年;西安半坡博物馆等:《陕西蓝田怀真坊商代遗址试掘简报》,《考古与文物》1981年第3期。

[5] 北京大学考古教研室华县报告编写组:《华县、渭南古代遗址调查与试掘》,《考古学报》1980年第3期。

[6] 二里冈文化时期关中商文化遗址参考了张天恩先生的研究结论,参见张天恩:《关中商代文化研究》,文物出版社,2004年。

[7] 陕西省考古研究院、商洛市博物馆:《商洛东龙山》,科学出版社,2011年。

的证明。

为什么早商文化从一开始就往西全部占领二里头文化的分布地域,甚至位于秦岭之南的商州地区也不例外。除政治因素外,根据近年商洛地区绿松石矿的发现[1],很可能是为了获取绿松石等资源。

南面发现的商文化,曹斌、豆海锋有过较详细分析[2],二里冈下层文化主要见于湖北盘龙城[3],湖南岳阳铜鼓山遗址也有少许[4],即此时到达了长江沿岸。往东顺江而下,在江北黄梅意生寺遗址[5],江南赣北九江龙王岭[6]、荞麦岭遗址[7],也都发现有二里冈下层偏晚阶段的文化遗存。其中盘龙城遗址的内涵最为丰富,为学界熟识,大家普遍认为它是商文化的一个地方类型,属商王朝控制。至于二里冈早商文化在长江流域出现的原因,大家也都认为主要是为了获取铜矿资源,此推测应该符合实际。

这里值得注意的是,二里冈下层文化在东面的发现如何?到目前为止,二里冈下层文化在东面仅到达河南商丘西部(鹿邑栾台[8]),在岳石文化分布的山东全境和商丘东部迄今一直未见二里冈下层文化。也就是说在二里冈下层文化时期,这里依然是岳石文化的天下。

学界一般认为岳石文化是东夷集团的考古学文化,这应该没有问题。若此,在夏商之交黄河中下游地区的政治格局发生了重大变化。在夏代,黄河中下游地区主要有以下三种文化:一是二里头文化,即夏文化,在三者中位居最西,主

---

[1] 北京科技大学冶金与材料史研究所、陕西省考古研究院:《陕西洛南河口绿松石矿遗址调查报告》,《考古与文物》2016年第3期。

[2] 曹斌:《从商文化看商王朝的南土》,《中原文物》2011年第4期;豆海锋:《长江中游地区商代文化研究》,吉林大学博士学位论文,2011年。

[3] 湖北省文物考古研究所:《盘龙城——1963~1994年考古发掘报告》,文物出版社,2001年。

[4] 湖南省文物考古研究所、岳阳市文物工作队:《岳阳市郊铜鼓山商代遗址与东周墓发掘报告》,《湖南考古辑刊》(第5集),求索杂志社,1989年。

[5] 湖北省文物考古研究所纪南城工作站:《湖北黄梅意生寺遗址发掘报告》,《江汉考古》2006年第4期。

[6] 江西省文物考古研究所、九江市文化名胜管理处、九江县文物管理所:《九江县龙王岭遗址试掘》,《东南文化》1991年第6期。

[7] 饶华松:《江西九江荞麦岭遗址》,《2014中国重要考古发现》,文物出版社,2015年。

[8] 河南省文物研究所:《河南鹿邑栾台遗址发掘简报》,《华夏考古》1989年第1期。

要分布在豫西晋南;二是岳石文化,即东夷文化,位居二里头文化之东并与之相邻,主要分布在山东及其邻近地区;三是下七垣文化,即先商文化,南与二里头文化和岳石文化相邻,主要分布在河北省中南部,三者呈鼎足之势。到商代初年,即二里冈下层文化时期,因商对夏的取代,三足之势不复存在,则变成夷、商两势东西对峙。

至于商王朝初期为何不向东扩张,是东方缺少必要的资源? 还是夷商本为联盟集团? 抑或其他原因,这是颇值得思考的问题(图三)。

2. 二里冈上层文化的分布范围

到二里冈上层文化时期,该文化的分布范围进一步向四周扩展,并达到空前的程度。

在北方,太行山内工作开展很少,仅知晋东南地区属商文化分布范围,这也是正常的现象,因为晋东南与豫北、冀南相邻,应该有较多商文化遗址分布。经过发掘的遗址有长治小神[1],屯留西李高[2],沁县南涅水[3],时代相当于本阶段。笔者 1983 年和 1988 年在长治地区参观和调查,仅在长治市、长治县和屯留县就分别见到了二里冈文化遗物。如长治市郊中村遗址出有二里冈文化陶鬲、大口尊等。其他同时期遗址还有屯留县古城遗址,长治县吴村遗址。近年的调查中又发现一批遗址[4]。此外,长子县北高庙[5]、长治北郊西白兔[6]遗址还出土过一些商式铜器,属这一时期偏晚阶段[7]。

在太行山以西,商文化继前一阶段沿汾河而北上,至少到达晋中,甚至可抵溏

---

[1] 山西省考古研究所晋东南工作站:《长治小常乡小神遗址》,《考古学报》1996 年第 1 期。

[2] 山西省考古研究所:《山西屯留西李高遗址发掘》,《文物春秋》2009 年第 3 期。

[3] 中国国家博物馆、山西大学历史文化学院、山西省考古研究所:《山西沁县南涅水遗址考古发掘简报》,《华夏考古》2016 年第 3 期。

[4] 中国国家博物馆、山西省考古研究所、长治市文物旅游局:《浊漳河上游早期文化考古调查报告》,科学出版社,2015 年,第 344~352 页。

[5] 郭勇:《山西长子县北郊发现商代青铜器》,《文物资料丛刊》(3),文物出版社,1980 年。

[6] 王进先:《山西长治市拣选、征集的商代青铜器》,《文物》1982 年第 9 期。

[7] 郭勇:《山西长子县北郊发现商代铜器》,《文物资料丛刊》(3),文物出版社,1980 年,第 198 页。

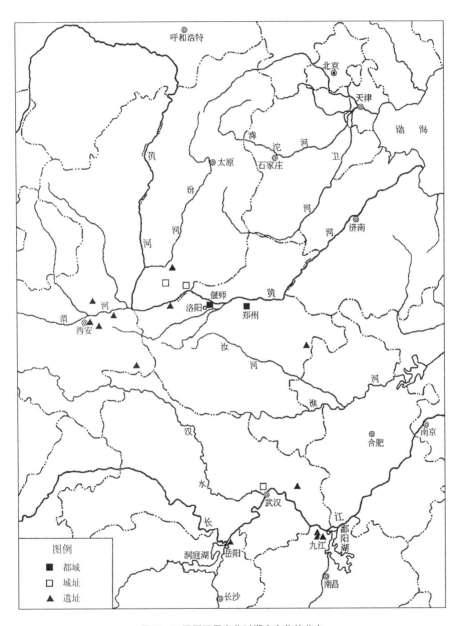

图三 二里冈下层文化时期商文化的分布

沱河流域的晋北忻州地区。晋中以太谷白燕遗址和汾阳杏花遗址的发现为代表。忻州则以尹村的发现为重要线索。

白燕遗址文化内涵丰富,包括若干时期遗存[1],其中第一地点第五期遗存主要属二里冈上层时期[2],少部分单位的年代属殷墟一期。之所以能得出如此具体的年代判断,就是因其第五期遗存中含有较多且特征明显的商文化器物,如典型的商式鬲、商式斝、商式真腹豆和假腹豆等。至于第五期遗存是否属商文化,因资料发表有限,无法考虑商文化因素所占比重之多少,故难以判断。按照简报作者的意见:白燕第五期遗存与商文化的关系大体有三种情况,一是吸收商文化的某些因素;二是与商文化某些因素高度融合;三是排斥商文化某些因素。总体来说,认为"源于第四期遗存的白燕第五期遗存既同商文化有着不同寻常的密切联系,又始终保持着浓厚的自身特征,显然是一种独特的考古学文化遗存"[3]。无论如何,商文化在这里的存在是显而易见的。

杏花遗址也是一处含有若干时期文化遗存的遗址,其第六期的时代与白燕第五期大体相当,已获资料以墓葬为主,居址较少。其中大部分材料,尤其是墓葬多属白燕第五期偏晚阶段。比较两遗址商文化的比重,杏花村墓地的商文化因素似乎显得更多、更突出。这种差异或与居址与墓葬之别有关;或与二者时代早晚有关;还可能与杏花遗址略偏南二者地域不同有关。若属时代早晚的变化,则说明商文化在本地区的发展越来越大,与本地区的关系越来越密切。

晋中地区在二里冈文化因素出现之前,是一种以高领、高锥足鬲为代表的遗

---

[1] 晋中考古队:《山西太谷白燕遗址第一地点发掘简报》《山西太谷白燕遗址第二、三、四地点发掘简报》,《文物》1989 年第 3 期。

[2] 白燕遗址第一地点第四期的第 2 段遗存出有极似二里冈下层文化的陶鬲,见第一地点简报图一一中 6 号陶鬲(H157∶3)。这是值得关注的现象,究竟有无二里冈下层文化因素存在,有待发表更多的材料才能确定。

[3] 晋中考古队:《山西太谷白燕遗址第一地点发掘简报》,《文物》1989 年第 3 期,第 20 页。相同的看法又见许伟:《晋中地区西周以前古遗存的编年与谱系》,《文物》1989 年第 4 期;张忠培、朱延平、乔梁:《晋陕高原及关中地区商代考古学文化结构分析》,《内蒙古文物考古文集》第一辑,中国大百科全书出版社,1994 年。

存,或称之为东太堡类型[1],时代属二里头文化时期。这类遗存在晋中地区已有多处发现,除太原东太堡外,还有太原许坦、狄村、光社[2];白燕四期早段;汾阳北垣底、峪道河、薛家会、杏花(五期);娄烦何家庄、罗家曲、史家曲、庙湾[3]等。在邻近的吕梁和忻州地区也有发现。其文化特征不同于二里头文化东下冯类型,也不同于二里冈文化,是晋中乃至更大范围内的一种独特的考古学文化。相对而言,这类遗存与太行山东麓的先商文化有较多相似之处。二里冈文化向北扩张时,能够在这类遗存的分布地域内迅速发展,或许与这种历史背景有关。

尹村遗址属晋北忻州市,1997 年北京大学考古学系与山西省考古研究所、忻州市文物管理处合作对该遗址进行了发掘。在所获资料中,最主要的是与东太堡类型基本相同的遗存。值得注意的是,这次发掘中还发现一座随葬有二里冈文化陶鬲的墓葬。该墓规模不大,所葬陶鬲无论陶质、陶色,还是器形与纹饰特征,与河南所出二里冈文化陶鬲完全相同,时代相当于二里冈上层偏早阶段。这种商式鬲目前虽在忻州地区仅此一见,但这无疑是一重要线索,给我们一重要启示:商文化因素在忻州地区是存在的,商人的势力一度到达这一地区,今后或许还会有更多的发现。

忻州西北与内蒙古河套地区相邻,后者著名的朱开沟遗址[4]发现有本阶段(偏晚)商文化因素器物,这是商文化因素器物在北方发现最边远的地点,引起学界高度重视。然这些商文化因素经何地而来? 在晋北未发现商文化因素之前,推测有三条路线值得关注,一是商文化从豫西溯黄河而上直接到达;二是商文化从冀西北张家口地区溯桑干河而上,经雁北再达河套地区;三是商文化从冀中石家庄地区溯滹沱河而上经忻州达河套地区。然黄河东西两岸,今吕梁与陕北都未见有与

[1] 宋建忠:《晋中地区夏时期考古遗存研究》,《山西省考古学会论文集》(二),山西人民出版社,1994 年。

[2] 解希恭:《光社遗址调查试掘简报》,《文物》1962 年第 4 期;高礼双:《太原市南郊许坦村发现石棺墓葬群》,《考古》1962 年第 9 期;山西省考古研究所:《太原狄村、东太堡出土的陶器》,《考古与文物》1989 年第 3 期;郭淑英:《太原东太堡出土的陶器和石器》,《文物季刊》1994 年第 1 期。

[3] 国家文物局、山西省考古研究所、吉林大学考古学系:《晋中考古》,文物出版社,1998 年。

[4] 内蒙古自治区文物考古研究所、鄂尔多斯博物馆:《朱开沟》,文物出版社,2000 年。

朱开沟同时乃至更早的商文化遗存,故第一条路线是否存在,至少现在不能肯定;至于桑干河雁北一条,面临同样的局面,在从张家口到河套地区漫长的地带,也无商文化遗存发现。忻州尹村商文化的发现,为第三条路线的成立提供了依据。当然,在这条路线的中间地带还有不短的距离,需要有更多的材料填补。

此外,尹村商文化的发现,还让我们想到商文化北上河套的路线更有可能是从晋南溯汾河而上,经忻州而实现的。由现有考古材料来看,尹村距白燕要比尹村距石家庄近得多,而且各自之间自然环境的阻隔程度也有很大不同,前者阻隔小而后者阻隔大。

在太行山以东,本阶段商文化发现相当普遍,最北到达太行山北端和燕山南麓。前者以河北张家口地区蔚县几处遗址为代表[1],如庄窠、前堡、四十里坡等;后者见于北京昌平张营遗址[2]。

蔚县诸遗址公布材料很少,是否属商文化还不便裁断,也许有如白燕第五期遗存的情状。若按简报作者意见,则是"含有北方文化因素的早商文化或早商文化的北方变体"[3],属商文化无疑了。张营遗址确有商文化因素器物存在,但数量甚少,不属商文化范畴。

既然商文化在张家口和昌平都有发现,其南的太行山东麓肯定也会存在。石家庄附近的藁城台西遗址已为大家熟识,属商文化一地方类型。介于石家庄和张家口之间的保定地区也有发现,如涞水富位遗址[4]。目前所见地点不多,估计今后还会有更多发现。

就本阶段商文化在太行山东麓的发现而言,保定以北的商文化均属本阶段偏早时期,缺少相当于殷墟一期者。说明商文化在殷墟一期时已从保定以北退出。

[1] 张家口考古队:《蔚县考古纪略》,《考古与文物》1982年第4期;张家口考古队:《蔚县夏商时期考古的主要收获》,《考古与文物》1984年第1期。

[2] 王武钰:《昌平张营发现一处商代遗址》,《北京考古信息》1990年第1期;郁金城、郭京宁:《北京市昌平区张营遗址考古新发现》,《古代文明研究通讯》2004年总第二十二期;北京市文物研究所、北京市昌平区文化委员会:《昌平张营:燕山南麓地区早期青铜文化遗址发掘报告》,文物出版社,2007年。

[3] 张家口考古队:《蔚县夏商时期考古的主要收获》,《考古与文物》1984年第1期。

[4] 拒马河考古队:《河北易县涞水古遗址试掘报告》,《考古学报》1988年第4期。

　　二里冈上层文化向西扩张相对较少。在前一阶段,商文化已到达关中东部,而本阶段仅向西推进到周原一带,可以说没有推进多少。而且周原的商文化与相距较近的位置稍东的朱马嘴遗址、北村遗址的商文化相比,商因素减少很多。在北村遗址,本阶段与中原商文化陶器相同者颇多[1],有鬲、甗、直腹盆、直腹簋、浅腹盆、假腹豆、大口尊、敛口瓮、直口红陶缸、贯耳壶等,还有一些特征类似,如鼎、小口瓮、釉陶尊、器盖等。商文化陶器可谓占了本阶段陶器的绝大部分。而在周原地区,以发表材料较多的扶风壹家堡遗址为例,与商文化相同的陶器只有鬲、甗、假腹豆。按照发掘者孙华先生的分析,这类商因素的器物与混合因素的器物之和占全数陶器的58%[2]。也就是说,纯属商文化因素的器物可能不足50%,在周原未必处于强势地位。

　　1999年以来,北京大学与陕西省考古研究所(院)、中国社会科学院考古研究所合作,在广义的周原地区进行了大规模的调查和发掘。在努力探讨周系考古学文化诸多问题的同时,对周原地区商文化的存在状况亦予以特别关注。发现本阶段这里的商文化因素不甚突出,不够典型。具体表现在以下两个方面:一是这类含商文化因素的遗存都不单纯,文化结构比较复杂,其中商文化因素所占比重犹如壹家堡遗址,不占主导地位。迄今为止,在周原地区还没有发现商文化因素明显占主导地位的遗址;二是这类含商文化因素的遗址在周原地区不太普遍,与之相关的其他方面的发现也较一般。基于这种状况,将这类含商文化因素的遗存确定为商文化的一个地方类型比较勉强。

　　总之,与前一阶段相比,本阶段商王朝对其西境基本属于维持原状,保持稳定,没有大的作为。这应与本阶段商王朝向其他三个方向的大规模扩张有关(图四)。

　　二里冈上层文化在南方发现非常普遍,正如曹斌所言,"是商文化大举南扩的一个时期。这一时期商文化在南方的分布,遗址数量多,控制范围大,出现了高等

---

[1] 徐天进:《试论关中地区的商文化》,北京大学考古系编:《纪念北京大学考古专业三十周年论文集》,文物出版社,1990年。

[2] 孙华:《陕西扶风县壹家堡遗址分析——兼论晚商时期关中地区诸考古学文化的关系》,北京大学考古系编:《考古学研究(二)》,北京大学出版社,1994年。

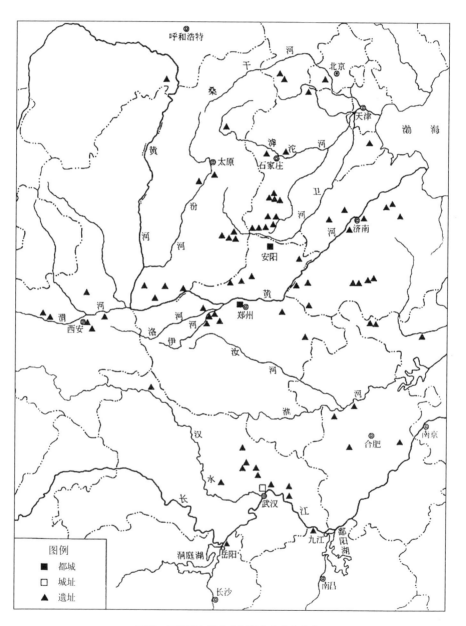

图四　二里冈上层文化时期商文化的分布

级的墓葬和城址。这一阶段是商文化在南方最强盛的一个时期"。具体而言,如长江两岸由西往东的重要发现有荆州荆南寺遗址[1]、石门皂市遗址[2]、岳阳铜鼓山遗址[3]。再沿江而下就是盘龙城遗址,至于盘龙城附近的鄂北地区,有不少本阶段遗址存在,兹不一一列举。再往东沿江的重要遗址有黄梅意生寺[4],长江以南赣北的九江龙王岭遗址[5]、神墩遗址[6]、荞麦岭遗址[7]、石灰山遗址[8]、陈家墩遗址[9],瑞昌市檀树咀遗址[10]、铜岭遗址[11]等。鄱阳湖之南则是著名的吴城遗址[12]。

　　长江沿线尚有这么多的发现,则江北的广阔范围内自然也不少,西南如湖北郧阳辽瓦店子[13];东南的安徽省境内,这一时期的遗址发现更多,有的被直接视为商

[1] 荆州博物馆:《荆州荆南寺》,文物出版社,2009年。

[2] 湖南省文物考古研究所:《湖南石门皂市商代遗存》,《考古学报》1992年第2期。

[3] 湖南省文物考古研究所、岳阳市文物工作队:《岳阳市郊铜鼓山商代遗址与东周墓发掘报告》,《湖南考古辑刊》(第5集),求索杂志社,1989年。

[4] 湖北省文物考古研究所纪南城工作站:《湖北黄梅意生寺遗址发掘报告》,《江汉考古》2006年第4期。

[5] 江西省文物考古研究所、九江市文化名胜管理处、九江县文物管理所:《九江县龙王岭遗址试掘》,《东南文化》1991年第6期。

[6] 江西省文物工作队、九江县文物管理所:《九江神墩遗址发掘简报》,《江西历史文物》1987年第2期;江西省文物工作队、九江市博物馆:《江西九江神墩遗址发掘简报》,《江汉考古》1987年第4期。

[7] 饶华松:《江西九江荞麦岭遗址》,《2014中国重要考古发现》,文物出版社,2015年;饶华松、徐长青:《从荞麦岭遗址看盘龙城类型商文化对赣北地区的影响》,《盘龙城与长江文明国际学术研讨会论文集》,科学出版社,2016年。

[8] 江西省文物工作队、德安县博物馆:《江西德安石灰山商代遗址试掘》《东南文化》1989年第4、5期;江西省文物考古研究所、江西省德安县博物馆:《江西德安石灰山商代遗址发掘简报》,《南方文物》1998年第4期。

[9] 江西省文物考古研究所、德安县博物馆:《江西德安县陈家墩遗址发掘简报》,《南方文物》1995年第2期;江西省文物考古研究所、德安县博物馆:《江西德安县陈家墩遗址第二次发掘简报》,《东南文化》2000年第9期。

[10] 江西省文物考古研究所、瑞昌市博物馆:《江西瑞昌市檀树咀商周遗址发掘简报》,《考古》2000年第12期。

[11] 江西省文物考古研究所、瑞昌市博物馆:《铜岭古铜矿遗址发现与研究》,江西科学技术出版社,1997年。

[12] 江西省文物考古研究所、樟树市博物馆:《吴城:1973~2002年考古发掘报告》,科学出版社,2005年。

[13] 王然、傅玥:《湖北郧县辽瓦店子遗址夏商时期文化遗存研究》,《石泉先生九十诞辰纪念文集》,湖北人民出版社,2007年,第170~199页;辽瓦店子考古队:《湖北郧县辽瓦店子遗址考古获重要发现》,《中国文物报》2008年1月9日第2版;湖北省文物局:《汉丹集萃——南水北调工程湖北库区出土文物图集》,文物出版社,2009年。

文化的地方类型,如大城墩类型[1]。近年在阜阳台家寺遗址还发现了本阶段的铸铜作坊[2]。看来,商王朝在本阶段向长江流域进行了大规模扩张,无论西南、正南,还是东南,全面推进,并跨过长江。向正南和东南方向拓展的目的,前面已经提到,而向西南方向拓展的目的可能与获取玉石和丹砂有关。

　　商文化最初在东方的出现是早商二里冈上层时期。在鲁北,本阶段商文化分布范围至少已达济南一带,以大辛庄遗址为代表。大辛庄遗址位于泰山北麓,今济南市东部,这里是通往胶东半岛的重要通道。该遗址商代遗存非常丰富,时代从二里冈文化上层时期开始,往后延续不断,一直包括整个晚商时期,历时较长[3]。目前,学术界一致认为大辛庄商代遗存属商文化一地方类型。由此可知,早在二里冈文化上层时期,商文化向东方的扩张,在鲁北确实已达济南一带。至于济南以东,出有这一时期商文化因素器物的遗址也有一些,但缺少足够的材料以确定商文化分布范围。如1965年北京大学考古专业61级同学在临淄实习期间,曾在淄弥流域进行考古调查,其中弥河组在寿光丁家店子至益都谭家坊之间的弥河两岸发现商代遗址25处,并对益都(今青州市)萧家等遗址进行了试掘,发现了典型的二里冈文化上层时期的陶器,有鬲、甗、盆、假腹豆、直腹簋、小口瓮等[4]。2003年,笔者参加临淄桐林遗址发掘,在少数层位中也发现典型的商文化陶器,有鬲和假腹豆等,时代属白家庄期。2008年冬,笔者到博兴东关遗址发掘工地参观学习,也发现有比较典型的商文化陶鬲,时代相当于安阳洹北花园庄早期。由这些发现可以肯

[1] 安徽省文物考古研究所:《安徽含山大城墩遗址发掘报告》,《考古学集刊》6,中国社会科学出版社,1989年,第83~99页;《东夷文化与淮夷文化研究》,北京大学出版社,1994年,第68页;唐际根:《中商文化研究》,《考古学报》1999年第4期。

[2] 武汉大学历史学院考古系、安徽省文物考古研究所:《安徽阜南县台家寺遗址发掘简报》,《考古》2018年第6期。

[3] 山东大学东方考古研究中心:《大辛庄遗址1984年秋试掘报告》,《东方考古》第4集,科学出版社,2008年,第288~521页;山东大学东方考古研究中心等:《济南市大辛庄商代居址与墓葬》,《考古》2004年第7期,第25~33页;山东大学历史文化学院考古系、山东省文物考古研究所:《济南大辛庄遗址139号商代墓葬》,《考古》2010年第10期,第3~6页。

[4] 北京大学考古文博学院1965年实习资料;王迅:《东夷文化与淮夷文化研究》,北京大学出版社,1994年,第18页;王恩田:《山东商代考古与商史诸问题》,《中原文物》2000年第4期,第10页。

定,商文化在二里冈上层时期或稍晚,已影响到潍河以西的淄弥流域。若结合晚商时期淄弥流域的考古发现(详下文),很可能在二里冈上层时期,这里已属商文化的分布区域。至于胶东半岛,迄今尚未发现本阶段商文化遗存。

在鲁南,包含有二里冈文化上层遗存的遗址往东已逾运河,在泗水流域及其以南有较多发现,但经过发掘者,内涵都不够丰富,比较而言,济宁潘庙遗址稍好[1],有学者称之为商文化潘庙类型[2]。此外,在济宁凤凰台[3]、泗水尹家城[4]和天齐庙[5]、滕州前掌大[6]等遗址也有零星发现。虽然鲁南地区本阶段商文化遗存发现不太丰富,文化面貌还不够完整与清晰,但根据本地区以南,即距中原商文化腹心之地更远的安徽与江苏二省的发现,可以证明介于其间的鲁南地区在二里冈上层时期应属商文化分布范围。

商文化遗存丰富的遗址在江苏还难以确指,由安徽商文化遗存,即上举大城墩类型的确定,可以推断介于安徽与鲁南之间的江苏西北部,即今徐州、邳州一带应存在商文化遗址。尤其应该引起特别注意的是,在盐城龙冈遗址,也发现有商文化因素器物,有鬲、甗、假腹豆等[7]。盐城地近黄海,已相当边远了。这里是否可划归商文化区,因现有资料太少,尚难定夺,但其受到商文化的影响是毋庸置疑的。因此,由龙冈的发现可以断定,在其以北的整个苏北地区,都受到了商文化的强烈影响,甚至可能属于商文化分布范围。

至于江苏境内长江下游地区,在商代则属湖熟文化的分布范围。虽然学界对

[1] 国家文物局考古领队培训班:《山东济宁潘庙遗址发掘简报》,《文物》1991年第2期,第69~80页。

[2] 唐际根:《中商文化研究》,《考古学报》1999年第4期,第405页。

[3] 国家文物局考古领队培训班:《山东济宁凤凰台遗址发掘简报》,《文物》1991年第2期,第55~60页。

[4] 山东大学历史系考古专业教研室:《泗水尹家城》,文物出版社,1990年。

[5] 国家文物局田野考古领队培训班:《泗水天齐庙遗址发掘的主要收获》,《文物》1994年第12期,第34~41页。

[6] 据笔者调查所见。

[7] 王爱东:《盐城首次出土一批商代文物》,《中国文物报》1996年9月29日;南京博物院:《江苏省考古事业五十年》,《新中国考古五十年》,文物出版社,1999年,第157页;韩明芳:《江苏盐城市龙冈商代墓葬》,《考古》2001年第9期,第87~90页。

湖熟文化年代与性质的研究尚存在分歧,但在其偏早阶段包含有商文化因素是非常明显的。这些商文化因素的出现时间,最早也属二里冈上层时期,所见器物有鬲、甗、刻槽盆等。显而易见,湖熟文化早期受到了商文化影响。

总之,由安徽与江苏两地商文化的发现,可以推断位居其北的鲁南地区应属商文化分布区。

总括二里冈上层文化在山东境内的发现,除上述胶东半岛还未发现外,鲁东南地区也未见这方面的报道。不过,由苏北的发现,特别是龙冈的发现,可以认为鲁东南地区即使不属商文化分布区,也应该受到了商文化的影响,相信会有商文化因素存在。如此看来,从二里冈上层文化开始,山东大部分地区纳入了中原文化的版图,结束了东方地区此前文化传统相对独立的局面。也就是说,是早商二里冈上层文化首次打破了东方地区与中原地区长期以来对立的格局,终结了东方地区相对独立发展的脚步,使该地区考古学文化除半岛之外与中原地区形成一致。这便是商王朝最初对东方地区的经略。

可以看出,商王朝在二里冈上层文化阶段,不仅第一次完成了对黄河中下游地区的统一,往南还把势力扩张到长江中下游一线,往北影响到三北地区(图四)。

3. 晚商文化的分布范围

到晚商时期,除东方外,商文化在其他三方都大范围退缩。尤其相当于殷墟三、四期时,中原地区黄河以南,特别是洛阳以西几乎没有发现,山西西南部也是如此,更西的关中地区可想而知[1]。本阶段商文化的分布范围主要是河南中部、北部、东部;晋东南;河北中、南部和山东大部。下面具体说明。

先看北方,按山西与河北叙述。

晚商文化在山西仅存晋东南一隅之地。晋东南地区考古工作开展少,本阶段遗存的材料几乎不见刊布。据笔者 20 世纪 80 年代的参观与调查所知,这里分布有较多晚商文化遗址,仅屯留县就见到三处,有中村遗址、垴张遗址、东庄遗址;长治县有

---

[1] 本人认为老牛坡不属商文化;袁家崖墓不属商代。

韩店遗址、景家沟遗址、郝家庄安城遗址等。在长治市博物馆还见到殷墟各期陶器。晋东南东出太行即商代晚期都城殷墟遗址,这里属商文化分布范围是很自然的。

那么商文化在山西分布的北界和西界各自到达何处?

其北界,因太行山区都没有做什么考古工作,难以确指。估计与邯郸、邢台相邻的区域,即浊漳河、清漳河上游地区应属其分布范围,往北或许可达今阳泉市。其西界可以说比较清楚,即可达太行山西麓。在晋西南地区,商王朝最早占领的运城、临汾两盆地也罕见商文化存在,而且这一地区也不见其他任何晚商时期的考古学文化遗存,似乎成为无人区。运城和临汾两地区是山西省考古工作开展最早、最多的地区,考古学文化编年序列自仰韶文化以来,基本齐全,唯独缺少殷墟阶段遗存。这当然不是考古工作开展少的缘故,应属客观实际。早在20世纪80年代我们在天马-曲村遗址发掘时,就特别注意到这一现象,每次发掘期间,都组织学生进行田野考古调查,调查的主要目的之一就是寻找殷墟时期遗存。调查范围涉及曲沃、翼城、襄汾、闻喜、洪洞数县,除洪洞有一点可疑线索外,它处都没有找到。此后,山西省的考古工作者在调查时也特别留意过,结果相类。

其实,类似的现象并不限于晋西南,在黄河以南,河南省洛阳以西同样缺少这一阶段的文化遗存[1]。往东即使到郑州一带,晚商遗存,特别是相当于殷墟三、四期时的遗存,发现也极少。洛阳和郑州乃商王朝早期统治中心,何以在晚商也会如此衰落?

晋西南运城、临汾地区的这种文化现象如何解释? 有学者认为是商王朝与西北方国在此经常发生战争所致[2]。对洛阳地区,有学者认为是因长期干旱引起突发事件(如瘟疫),进而在人们心理上产生恐惧而放弃,使该地区成为谈之变色的"死亡之地"或"禁地"[3]。这些解释都值得重视,若无原因,不可能出现这种现象。因此,很可能与不宜人类生存的主客观原因有关。因商王朝从这些地区撤出

---

[1] 陕西关中地区有晚商时期考古学文化,除各种说法指称的先周文化外,还有西安老牛坡类遗存,有学者认为属商文化。若是,亦与商王朝隔绝了。

[2] 孙华:《中原青铜文化系统的几个问题》,《中国考古学的跨世纪反思》(下册),商务印书馆(香港),1998 年。

[3] 王学荣:《偃师商城废弃研究》,《三代考古》(二),科学出版社,2006 年,第 311 页。

后,其他方国或集团也未乘虚而入。

在山西经过考古发掘的属于殷墟晚期商文化的遗址主要有三处,所获资料都以贵族墓葬为主:一处是灵石旌介;一处是浮山桥北;一处是闻喜酒务头。

灵石旌介位于太岳西麓,霍山之阴,汾水之东。共发掘四墓,其中两座完整,资料齐全,不少铜器上有徽识(或谓族徽),其中徽识"𗀲"占绝对多数。其文化归属,李伯谦先生有过专门研究,认为墓葬所反映的文化特征,与殷墟晚商文化大同小异,总体上属于商文化系统,但并非典型的商文化,"而是商文化在发展过程中吸收、融合当地及其他青铜文化的某些因素而形成的一个地方类型,也可以说是商文化的一个分支"。灵石一带很可能是该类型向北分布的最远的一个地点[1]。

浮山桥北位于太行山西麓,临汾盆地的东缘。浮山以东即属晋东南地区。1998~2002 年,该墓地被盗,在公安部门缴获的晚商铜器中,有 8 件铸有"𗀲"(先)字徽识。2003 年,山西省考古研究所进行了抢救发掘,清理 5 座殷墟时期单墓道大墓和 10 余座殷墟——西周时期中小墓[2]。以往所见晚商带墓道的大墓,除殷墟外,还有辉县琉璃阁、青州苏埠屯和罗山天湖三处,均属方国国君或高级贵族之墓。浮山桥北大墓也当如此,应该是"先"国国君的墓地。殷墟甲骨文的方国中有"先",学者考订即在山西境内,恰与桥北墓地的发现相合。桥北大墓盗扰惨重,但由发掘获取的资料仍可看出,在葬制与葬俗方面,与殷墟商文化亦大同小异。

闻喜酒务头墓地位于中条山(东接太行山)西麓,运城盆地东部边缘。2015 年,闻喜县公安局破获一起盗墓案,案犯指认盗掘地点为酒务头,这是一处前所未闻的墓地,经山西省考古研究所等单位钻探与发掘得知,墓地集中分布有五座单墓道"甲"字形大墓,还有附属车马坑和少量陪葬墓[3]。由仅存的一座未盗墓葬

[1] 李伯谦:《从灵石旌介商墓的发现看晋陕高原青铜文化的归属》,《北京大学学报》(哲学社会科学版)1988 年第 2 期。此文收入《中国青铜文化结构体系研究》,科学出版社,1998 年。

[2] 田建文:《初识唐文化》,《古代文明研究通讯》2004 年总第二十一期;田建文:《山西浮山桥北商周墓》,《2004 中国重要考古发现》,文物出版社,2005 年,第 61 页;桥北考古队:《山西浮山桥北商周墓》,《古代文明》(第 5 卷),文物出版社,2006 年。

[3] 马昇、高振华、白曙璋:《山西闻喜酒务头发现商代晚期大型高等级贵族墓》,《中国文物报》2018 年12 月 28 日。

（M1）可知，墓地时代属商代晚期，这与缴获的其他墓葬的盗掘物时代相符。有不少青铜器上铸有族徽铭文，其中以"匿"最多，推测应为该族的族墓地。墓主人的身份与桥北相同。

以往发现表明，这样的族墓地在商代晚期商文化的分布范围内有一些发现，其中分布在商文化边远地带的尤为特别，即往往包括有高等级带墓道大墓，如东方有苏埠屯 [图] "亚醜"（或释"亚酊" [1]）族墓地；南方有前掌大 [图] "史"族墓地和罗山天湖 [图] "息"族墓地；西北是山西浮山桥北"先"族墓地。如此布局，自有目的，酒务头和桥北均位于中条山西麓，一南一北，再往北是灵石旌介，则此三者呈南北一线，共同构成了商文化的西北屏障。其目的有三：一是直面晋西和陕北高原的族群（李家崖文化）；二是守护中条山内的铜矿资源，近年考古发现表明，中条山铜矿在夏代和早商时期就已开采；三是获取运城的食盐资源，因闻喜距运城盐池甚近。

晚商文化在河北的发现，较前一阶段有所收缩，现知商文化遗址最北以定州（原定县）北庄子为代表。

定州位于保定市与石家庄市之间，北去唐河不远。北庄子遗址位于定州西北郊，1991 年发掘商代中小墓葬 42 座，有 31 墓出有青铜器，共计 274 件。其中不少器物上铸有"[图]"形徽识，尤其较普遍的出现在鼎、觚、爵、戈上。这批墓葬的文化归属，诚如简报作者所言，"无论从其墓葬形制、埋葬制度，或者是铜器、陶器的造型、纹饰等方面看，都显示着和商王朝中心一带存在非常密切的关系，是商文化不可分割的组成部分" [2]。

另外，任邱市哑叭庄遗址似乎也有殷墟晚期商文化遗存。哑叭庄遗址位于任丘市西郊，西北距白洋淀约 15 千米。该遗址于 1989 年和 1990 年进行了两次发掘，得知包含多个时期的文化遗存 [3]，在河北境内华北平原上颇为少见。其中发掘报告所定"西周文化遗存"中的部分单位似属殷墟商文化晚期，如 90RYJ7 等。可惜

[1] 董珊：《释苏埠屯墓地的族氏铭文"亚醜"》，《古文字与古代史》第四辑，"中研院"历史语言研究所，2015 年。
[2] 河北省文物研究所、保定地区文物管理所：《定州北庄子商墓发掘简报》，《文物春秋》1992 年增刊。
[3] 河北省文物研究所、沧州地区文物管理所：《河北省任邱市哑叭庄遗址发掘报告》，《文物春秋》1992 年增刊。

资料太少,难以确定。若属殷墟晚期商文化,则它与北庄子是现知河北省境内此时商文化分布最北的两处遗址。另外,前不久到雄安新区开会,得知河北省文物考古研究所在容城县发掘,发现一处晚商遗址,出土的遗物属殷墟晚商文化。容城位于保定东北,任邱西北。看来晚商时期商文化已经到达保定一带。

以往发现表明,在商代晚期河北北部与京津地区是围坊三期文化。20 世纪 90 年代以来,随着新资料的不断发现,得知该文化的分布范围相当广泛。若不计燕山以北魏营子类型[1],在燕山以南,往西已达张家口地区,如宣化李大人庄遗址的发现[2];往南直达唐河流域,如唐县洪城遗址的发现[3]。在唐河以北,这类遗存还见于多处遗址,如涞水渐村[4]、北福地[5],北京平谷刘家河[6]、房山塔照等[7]。围坊三期文化有一套独具特色的器物,如高领花边堆纹鬲、敛口钵等,虽与商文化南北相邻,但与商文化特征相近者甚少。而与北方地区其他考古学文化有着某种联系,如高领花边堆纹鬲是北方长城沿线此时颇流行的器物。总之,围坊三期文化是现知晚商时期位于商文化北方并与之相邻的另一支考古学文化,其分布范围较广,文化特征亦较明朗,应属商王朝北方另一强大方国集团的物质遗存。它与商文化在保定一带错落分布。

统观晚商时期商文化在北方的分布范围,与前一阶段相比,向南收缩较大,太行山西侧尤为突出。表明此时商王朝对北方的统治已大不如前,疆域范围缩小很多。

晚商时期商文化分布范围的收缩,西方和南方更为明显。

如前所讲,到目前为止,在晋西南,即今临汾与运城两地区,除在太行山西麓边

---

[1] 魏营子类型与围坊三期是否属同一文化,尚有歧见。

[2] 张家口市文物事业管理所、宣化县文化馆:《河北宣化李大人庄遗址试掘报告》,《考古》1990 年第 5 期。

[3] 保定地区文管所:《河北唐县洪城遗址的调查》,《考古》1996 年第 5 期。

[4] 河北省文物研究所:《河北涞水渐村遗址发掘报告》,《文物春秋》1992 年增刊。

[5] 拒马河考古队:《河北易县涞水古遗址试掘报告》,《考古学报》1988 年第 4 期。

[6] 北京市文物工作队:《北京平谷刘家河遗址调查》,《北京文物与考古》第三辑,1992 年。

[7] 北京市文物研究所:《北京市拒马河流域考古调查》,《北京文物与考古》第三辑,1992 年;北京市文物研究所:《镇江营与塔照》,中国大百科全书出版社,1999 年。

缘发现三处晚商遗址外,它处仍未发现。在豫西,特别是洛阳以西,也极少见到这一阶段的商文化遗址,尤其是相当于殷墟三、四期的商文化遗址,更难确认[1]。是何原因,前面也讲过了。关键是河南以西的关中东部有无商文化。

按照以往普遍的看法,本阶段商文化分布的西至是关中东部,以西安老牛坡遗址三、四期遗存为代表[2],有学者称之为商文化"老牛坡型"[3]。关中东部以西已不属商文化范围。若此,则商文化向东退缩不多,差不多退到二里冈下层时期的程度。关中正位于豫西和晋西南以西,如果"老牛坡型"遗存属商文化,那么它与以安阳为中心的商文化之间便存在一个相当大的近乎空白的地带。其实,细审所谓"老牛坡型"的文化特征,尤其是器物特征,与殷墟商文化有很大区别。对此,即使主张其为商文化地方类型的学者,也认为它"不会是由殷墟文化发展起来的","是在二里冈型早商文化基础上,吸收其他文化的一些因素发展起来的,又与殷墟晚商文化有较明显差别的,具有一定特色的商文化遗存"[4]。这种看法已经认识到了此类遗存的特殊性,认识到了与殷墟商文化的区别。可能考虑到此类遗存与同遗址早商文化有一定关联,不能断然分开,故仍视之为晚商文化一个地方类型。现在看来,老牛坡遗址晚商时期的遗存属不属于商文化需要重新予以认识,地理上的阻隔对文化形成的影响不能不予以考虑。

若老牛坡晚商时期的遗存不属商文化,与早商时期相比,则此时商王朝西部疆域向东退缩了很多,基本要接近"右太行"的位置了[5]。

南方的退缩不亚于西方。此时的商文化遗址在江苏、安徽和湖北基本没有发现,所发现的都有强烈的地方特色,属新的本土文化。比如位于西南方的荆州一带,取代荆南寺类型遗存的是周梁玉桥文化;往东岳阳一带,取代铜鼓山类商文化的是费家河文化;再往东在湖北黄石一带有大路铺文化,这些新文化的下限或可进

---

[1] 河南省西端的灵宝县发现过晚商铜器,其实在关中东部,至少西安以东,明确属于晚商时期的遗址也极少。

[2] 刘士莪:《老牛坡》,陕西人民出版社,2001年。

[3] 张天恩:《关中商代文化研究》,文物出版社,2004年,第153页。

[4] 张天恩:《关中商代文化研究》,文物出版社,2004年,第154页。

[5] 《史记·孙子吴起列传》记述商纣之国的范围时云:"左孟门,右太行,常山在其北,大河经其南。"

入周初。在位于东南方的赣江流域则是著名的吴城文化,长江下游则是湖熟文化。

南方退缩到何处?现知比较明确的是两处晚商族墓地。一是集中出徽识"息"的河南信阳罗山县后李墓地[1],二是集中出徽识"史"的山东滕州前掌大墓地[2],二者位于晚商文化分布的南部边缘地带。如果说在前一阶段,商文化由郑州向南推进时有三条路线,即西南的南阳至荆州线,正南的盘龙城线和东南的大城墩线。那么到晚商阶段,西南线撤到何处尚不明朗,另两条线比较清楚,即正南一线北撤不多,东南一线则北撤明显。

当其他三个方位大范围收缩时,唯有东方到晚商时期非但没有退却,反而在前一阶段的基础上有所加强。在鲁北和鲁南都出现了更高等级的聚落遗址,成为商王朝的重点经营区。

在鲁北地区,商文化晚期遗址发现最多,其中以大辛庄和苏埠屯遗址等级最高,是商王朝经营东方时的重要居邑。

大辛庄遗址的商文化遗存一直延续到晚商时期,已发现的晚商遗迹有房址、水井、窖穴和贵族墓地。遗物中最引人关注的有青铜器、甲骨文、原始瓷器、白陶器、金箔残片等,这些都是高等级居邑的指示物。

贵族墓地约始于殷墟一期或稍早,即商文化在这里出现不久便有贵族存在,此后终商不断。这些墓葬多有殉人和大量殉狗,晚商时更多见腰坑,部分墓葬随葬有较多青铜器。其中殉狗之普遍和单座墓葬殉狗数量之多,为东部地区同时期同等级墓葬之最。如有一座规模稍大的墓(M74)竟殉狗 21 只[3]。

---

[1] 信阳地区文管会、罗山县文化馆:《河南罗山县蟒张商代墓地第一次发掘简报》,《考古》1981 年第2 期;信阳地区文管会、罗山县文化馆:《罗山县蟒张后李商周墓地第二次发掘简报》,《中原文物》1981 年第 4 期;河南省信阳地区文管会、河南省罗山县文化馆:《罗山天湖商周墓地》,《考古学报》1986 年第 2 期;信阳地区文管会、罗山县文管会:《罗山蟒张后李商周墓地第三次发掘简报》,《中原文物》1988 年第 1 期;河南省文物研究所等:《1991 年河南罗山考古主要收获》,《华夏考古》1992 年第 3 期。

[2] 中国社会科学院考古研究所:《滕州前掌大墓地》,文物出版社,2005 年;滕州市博物馆:《滕州市前掌大村南墓地发掘报告(1998~2001)》,《海岱考古》第三辑,科学出版社,2010 年;滕州市博物馆:《山东滕州前掌大遗址新发现的西周墓》,《文物》2015 年第 4 期。

[3] 山东大学东方考古研究中心等:《济南市大辛庄商代居址与墓葬》,《考古》2004 年第 7 期,第27 页。

　　墓地中规格最高的墓是 2003 年发掘的 M106 和 2010 年发掘的 M139,两墓都是本遗址时代偏早的墓。后者的规模稍大一些,墓口长 3.22 米、宽 2.24 米。椁内被盗,但二层台上尚存青铜器 10 余件,其中最大一件圆鼎口径约 40 厘米,在同时期圆鼎中属体量较大的,表明墓主身份较高。在其他葬品中,还有一件铜钺和一件石磬也很特别,铜钺高 29.5 厘米、刃宽 30.6 厘米,体量与苏埠屯之"亚醜"大铜钺相当,是现知商代最大的铜钺之一。石磬是山东境内考古发掘出土的时代最早的一件[1]。有学者研究,最早的石磬出现于龙山时代,见于陶寺遗址,此后逐渐增多并扩散,各时期凡出于墓葬者,都属贵族墓葬[2]。这两件器物都表明此墓等级较高。至于大辛庄所出商代甲骨文,则是商代第三个地点出土,也是山东此时唯一一处。另两处是安阳和郑州,都是商代都城遗址。此外,这里所见的原始瓷器和白陶器也都是商代高级贵族才能拥有之物。

　　比较而言,在相当于晚商偏晚阶段——殷墟三、四期时,大辛庄遗址墓葬的规格略有下降,文化特征亦有所变化。这一时期墓葬的规模,都没有超过 M106 和 M139,但随葬少量青铜器的墓葬依然存在。说明此地在晚商偏晚阶段仍是商王朝在东方的重要居邑,只是不及前一阶段显赫。

　　文化特征的变化主要表现在陶器上。从二里冈上层到晚商偏早阶段,大辛庄的陶器与中原商文化陶器共性更强,形态特征的相似程度更高。到晚商偏晚阶段,这些共性和相似程度都明显减弱和降低。比如殷墟遗址第四期最常见的两种器物,无实足根肥足鬲和厚唇簋,在大辛庄遗址极为少见,在墓葬中最常见的则是一种无明显实足根、绳纹到底的粗锥足鬲,形态与西周早期鬲更接近。陶器的这种变化,或许意味着本居邑相对独立性增强,也许与统治重心的转移有关。

　　苏埠屯遗址位于山东青州市(原益都县)东北十千米苏埠屯村村东,位置远在大辛庄遗址之东,即距殷墟更远。这是一处商代晚期高规格的墓地,与之相关的居

[1] 明义士曾在山东征集多件石磬,出土地点不明,有的或可与此磬同时,现藏山东省博物馆。见《中国音乐文物大系·山东卷》,大象出版社,2001 年。

[2] 郭明:《关于中国早期石磬的几个问题》,《早期夏文化与先商文化研究论文集》,科学出版社,2012年,第 428 页。

址还未找到,估计在墓地附近。早在 20 世纪 30 年代这里就出土过铜器,经考古发掘的商代墓葬有 10 座,还有一座车马坑。其中,有一座是四墓道大墓(M1),这是殷墟之外发现的唯一一座商代四墓道大墓。在殷墟几乎只有商王墓才设四个墓道,可见 M1 的墓主应该是一位与商王地位相当的人物,墓地等级之高可想而知。经发掘的其他晚商墓葬,还有单墓道"甲"字形墓 2 座,这在晚商墓中也是不多见的。除殷墟外,只有四个地点发现过。

苏埠屯墓葬多在早年被盗,但也有保存较好者,出土遗物较多。其中 M1 中出土有 2 件大铜钺,是现知晚商所见最大的几件铜钺之一。在多件铜器上有"亚醜"(或"亚酗")族徽,包括 M1 的大铜钺。另在墓葬 M8 中还出土一些铜器,上面铸有"融"字族徽。但学界较普遍认为,此墓地属亚醜族最高等级人物的墓地。

苏埠屯贵族墓都有腰坑,大墓有殉狗、殉人,其中 M1 殉人有 48 个,殉狗 6 只。墓中随葬的陶器与殷墟所见完全相同,特别需要强调的是陶冥器觚与爵,与殷墟所见没有任何区别。而这两种器物在殷墟墓葬中最为普遍,是分期断代的主要标准器,也是殷墟商文化的典型器物。可在殷墟之外的晚商墓地中,仅见于两处,即苏埠屯墓地和磁县下七垣墓地。而下七垣墓地距殷墟甚近,葬品特征与殷墟相同乃情理中事;可苏埠屯墓地距殷墟很远,至少要比济南大辛庄远很多,可在距殷墟相对较近的大辛庄相当于商后期的墓葬中却不见冥器化的陶爵与陶觚。这似乎从一个方面说明,苏埠屯墓地的主人与商王朝保持着更密切的关系[1]。同时也说明,到商代晚期,商王朝在鲁北的统治重心由大辛庄转移到苏埠屯,总体呈由西向东的发展态势,即进一步加强了对东部边疆的控制。联系到商文化分布范围从早到晚的变化状况,即商文化到晚商时期,其在北、西、南三方的分布范围均有程度不同的收缩,唯有东方——今山东地区之商文化在晚商时期不仅保持与商前期(后半)分布地域大致相同,而且进一步加强。由此可知,苏埠屯墓葬的特殊性并非偶然。

总之,各方面特征表明苏埠屯墓地与商王朝保持着高度的一致性。学术界普遍认为,该墓地的主人应是商王朝统治下的负责管理其所在地域的最高首领。

---

[1] 郜向平:《商系墓葬研究》,科学出版社,2011 年,第 284 页。

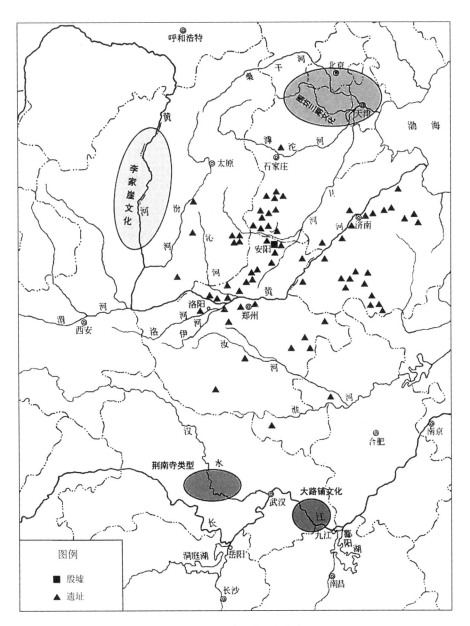

图五　晚商时期商文化的分布

关于鲁南地区,早商时就为商王朝占有,到晚商时,商王朝在这里设置的重要据点已发现一处,即滕州前掌大遗址。

前掌大遗址位于滕州市西南,这里已近山东省南部边缘,往南不远即进入江苏省。该遗址商代遗存从早到晚都有,但考古发掘主要是墓葬,时代属晚商到西周早期或稍晚。已发掘9次,共发掘晚商到西周的墓葬110余座,其中,"中"字形双墓道大墓3座,单墓道大墓9座。车马坑5座,马坑4座。大墓被盗,中小墓有保存完好者。墓葬亦多有腰坑、殉人,与商人葬俗相同。墓葬随葬的陶器,商文化因素器物一直较多,在出土的青铜器上,多有"史"之族徽。学术界一般认为,这是一处史族的墓地,墓主也是商王朝派驻此地的最高长官,其性质和地位与河南罗山县天湖"息"族墓地相类。前掌大一带是商王朝在东南边疆的一处据点(图五)。

总结商文化各阶段分布状况,其变化大致如下。

先商时期,即下七垣文化阶段,主要见于河北省南部,在其西部的太行山内也应存在。按照邹衡先生的说法,于先商末年进入豫北,并到达郑州。

早商前半,即二里冈下层时期,商文化主要向西、向南拓展,向西占有了原二里头文化分布的全部地区,包括晋南、关中东部和丹水流域。向南不仅占有了二里头文化分布的全部,更向南延伸到长江沿岸。唯有东面毫无进展,形成了与岳石文化东西对峙的局面。

早商后半,即二里冈上层到殷墟一期时,商文化进一步扩张,重点是东方,几乎占有了岳石文化的全部,岳石文化的分布范围在山东地区所剩无几。本阶段向其他三个方向也有不同程度的扩张,是二里冈上层文化最终完成了对黄河中下游的统一,其分布范围之广,前所未有,即使后来的周文化,也难以相匹。

晚商时期,商文化分布范围除东方外,其他各方都在收缩,西、南两面尤为明显。原因是何,值得思考。

(原文刊于《中国考古学六讲系列·夏商周考古》,山西人民出版社,2021年)

6
漫谈偃师商城西亳说的认识过程
——以始建年代为重点

引 言

运用考古材料探讨西亳,始于 20 世纪 50 年代末,迄今已有 50 多个年头。这期间,由于偃师商城的发现,就西亳说的多数学者而言,西亳的地点发生过重大变化,即由二里头遗址改为偃师商城。目前,偃师商城西亳的看法相当普遍,对史学界亦产生了重大影响。2013 年,《偃师商城》发掘报告出版,内容除宫城部分外,涵盖了 1983~2008 年的全部勘探和发掘资料,若结合以往刊布的有关偃师商城的诸多信息,为我们理清偃师商城西亳说的认识过程,特别是始建年代的认识过程提供了新的线索。本文主要就这方面展开论述,并探究其原因与方法,或许对认识偃师商城的性质会有所帮助。

由于文中穿插一些记事过程,行文也较随便,与严格的论文体例有别,故题目冠以"漫谈",请大家谅解。

一、发现与保密——二里头西亳说面临的难题

自 1959 年徐旭生先生提出二里头遗址可能与成汤西亳有关的说法以来,到 1977 年,此说被学界普遍认可,几成定论。然而,从 1977 年冬,邹衡先生在"登封告城遗址发掘现场会"发表"郑州商城即汤都亳说"的演讲开始,二里头遗址西亳说一家独大的局面被打破,由此也引发了二里头遗址西亳说持有者对郑州商城汤亳说(以下简称郑亳说)的围攻,双方展开了激烈的讨论,成汤亳都与夏商文化分界

的探讨进入一个新的阶段。有鉴于此,在 1981 年末召开的中国考古学会第三次会议上,学会决定第四次年会于 1983 年 4 月在河南郑州召开[1],会议的中心议题是关于商文化的研究与夏文化的探索,兼及中国各地的青铜文化。专门讨论夏商文化,这对论战一方的主角邹衡先生来说,无疑是非常重要的。遗憾的是,他因受张光直先生之邀,计划于 1982 年末前往哈佛大学讲学,为期 8 个月,没法参加这次会议。为了准确和全面掌握会议信息,他在出国前,专门找我和王迅谈话,要求我们参加会议并提交论文[2]。当时,我和王迅都是在读硕士研究生,没有资格成为会议代表,只能旁听,不过在先生的指导下,我们都向大会提交了论文。

1983 年 5 月 9 日至 5 月 17 日,中国考古学会第四次年会在郑州召开[3]。我和王迅旁听了会议,俞伟超先生还安排我在由他主持的小组会上宣读论文[4]。

需要特别注意的是:第四次年会在郑州召开之时,偃师商城已经发现,其最初阶段的大规模钻探与发掘几近结束,并初步定为商代前期城址。

依当时考古工地负责人段鹏琦(时为中国社会科学院考古研究所洛阳汉魏城队队长)所言,1983 年 3 月,为配合首阳山电厂选址,由他负责在今偃师县城西钻探。大规模钻探从 1983 年 3 月 15 日开始,到月底就探出部分城墙(按:指偃师商城大城,小城是十多年之后才发现的),包括大城的西北角,并"初步把新发现的古城判为商周城址,以为它具有较高学术价值",于是及时向所领导汇报,所领导对这一发现高度重视。4 月中旬,考古队接到国家文物局和考古研究所联合发出的文件,要求进一步扩大勘察区域,查明该城的全部范围、形制、时代和性质。于是从 4 月 22 日开始,启动后一阶段工作,共分两组进行,一组继续钻探,到 5 月 11 日,不仅探明了除南墙之外的其他三面城墙,还在城内探出大面积夯土建筑四处,"其中位于居中的一号基址面积尤大,可达 200×180 平方米,当为宫殿遗址(按:此即后来所谓宫城)";另一组进行发掘,同时在北、西城墙上各开探沟一条,于 5 月 15 日

---

[1]《夏鼐日记》卷九,华东师范大学出版社,2011 年,第 94 页。
[2] 先生建议把各自硕士论文的主要内容写出来。
[3] 本次年会分两个阶段,5 月 9 日至 13 日是学术会,14 至 17 日是理事会。
[4] 那天,夏鼐先生正好到俞先生组听会,坐在演讲席对面。

前后结束。从开始钻探到发掘结束,两阶段共历时整整 2 月,发掘后判定,此城"是商代前期的城址","商文化的二里冈期当是该城历史上的兴盛时期之一"[1]。

可见,在中国考古学会第四次年会召开之两月前,偃师商城即被发现,发掘单位领导已认识到它的重要性;年会召开时,再次勘探和初步发掘已进行半月有余,商城的年代基本明确。为确保无误,在第四次年会召开之前几天,夏鼐所长还专门选派考古所的田野高手到发掘现场目验[2]。在偃师新发现一座二里冈时期的大型城址,其学术意义之重要可想而知。按理说这恰好与年会讨论的中心议题相合,应该向大会介绍,甚或组织参观,可惜,如此重大发现却向大会严加保密,没有透露有关偃师商城的任何消息。与此相反,为配合本次会议的召开,河南省文物考古研究所还提前专门对王城岗遗址进行了再发掘,将以往发掘过的龙山时期的"奠基坑"揭露出若干。会议期间,专门组织与会代表前往参观。

为什么早在 1977 年"登封告城遗址发掘现场会"参观过的遗址,可以再次揭露,再次参观,而现成的最新重大发现——偃师商城工地却不能参观? 而且还要严加保密? 须知从郑州分别到这两处遗址的距离大体相当,路途远近不是理由。那到底为什么? 夏所长作为中国考古学界的最高权威,我们不能说他保守,之所以保密,一定有难言之隐,这就是突然遇上了难题,还没有找到合理的为其定性的答案。夏所长是在维护考古所的学术地位,避免把最初的解释权落入他家他人之手,作为一所之长,出此决策完全可以理解。

如上所述,在偃师商城发现之前,二里头遗址西亳说与郑亳说之争正如火如荼地进行,成为当时中国考古学界最热门的学术课题之一。考古研究所几乎是清一色的看法,即都认为二里头遗址是西亳,其理由经过 20 多年群策群力,不断思考和补充,可谓言之凿凿,大有盖棺论定之势。现在,同样是在偃师境内,又发现一座面积仅次于郑州商城,而且还有多处大型夯土建筑基址的二里冈时期的城址,它与二

[1] 段鹏琦:《偃师商城发现追记》,《偃师商城遗址研究》,科学出版社,2004 年。原文刊《河南文史资料》1998 年第 2 期。在如此短的时间内,不仅探明了大城的范围、城内主要建筑,还完成对城墙的两处解剖,工作效率之高可想而知。
[2] 郑州会议期间,我一位在二里头遗址工作的同学向我私下介绍了偃师商城发现的有关情况,并叮嘱我不可外泄,所里暂不对外公开。

里头遗址西亳是何关系？它会不会是真正的西亳？本来二里头遗址西亳说就存在将二里头文化腰斩和年代超出成汤的尴尬[1]，如果偃师商城是西亳，这种尴尬便会消除。可是，在其批驳郑亳说时，坚持二里头是西亳，二里头文化晚期（主要指三、四期）才是早商文化，二里冈文化是中商文化。若认为偃师商城是成汤始建的亳都，那就等于要否定自己苦心经营 20 多年的学术研究，不仅亳都要搬家，还要承认二里冈文化是早商文化的看法是正确的，这当然是很难为情的事情，需要足够的勇气。若不是西亳，那又是什么？当时又未找到能够自圆其说的答案。如果在第四次年会期间仅把偃师商城的发现公布，不予定性，则发掘单位之外的学人很可能会率先提出西亳的看法（当然也会提出其他看法），成熟的桃子就会被他人摘去。这对发掘单位和发掘者而言，就会显得非常被动和尴尬，更何况是国家级发掘单位。因此，在第四次年会期间之所以秘而不宣，这恐怕是最主要的原因。发掘者需要时间进行思考，以求得出不影响既往看法的满意解释。因为按照考古学界不成文的规矩，只要材料不公布，他人就不能有针对性的文章。

鉴于偃师商城的时代及重要程度，洛阳汉魏城队不适合继续承担田野考古工作。1983 年初秋，考古所专门新组建河南第二工作队（实即偃师商城工作队），接替汉魏城队，负责偃师商城的考古工作，队长由曾任二里头遗址发掘队队长，当时正在整理和编写二里头遗址发掘报告（1980 年之前的发掘部分）的赵芝荃先生担任，队员有钟少林（顾问）、黄石林、徐殿魁和刘忠伏。新考古工作队的组建，一方面显示出所领导对偃师商城的重视，另一方面等于把难题交给了以赵芝荃先生为首的新考古工作队。

二、压力与发声——试图两全的最初结论

1983 年秋季，新组建的商城工作队在偃师商城开展工作，田野考古于 10 月末

---

[1] 当时，二里头遗址西亳说的大部分学者认为属于第三期的一号大型建筑为成汤所建，故第三期是亳都的始建时期，属早商文化，此前的一、二期属夏文化。依当时的碳 14 测年数据，第三期的年代稍早于商代初年（以学术界较普遍说法，即公元前 1600 年为准），难与成汤吻合。夏商周断代工程以来的测年数据有变化，另当别论。

开始,12 月上旬结束,共在三个地点发掘,其中以西二城门的发掘最为重要,成为当时推断偃师商城始建年代的主要依据,一度影响甚大(详见下文)。同时还进行了较大规模钻探[1]。这是偃师商城发现以来第二次发掘,是新组建的工作队的第一次发掘。

偃师商城的发现,不仅其位置敏感,而且与当时最敏感的学术问题(亳都与夏商文化分界之争)直接关联。到 1983 年底,田野考古开展了将近一年,严格保密几无可能。到 1984 年 2～3 月间,不受考古规矩约束且嗅觉灵敏的记者们首先做出了反映,北京、河南和上海多家报纸抢先报道了偃师商城发现的消息,有的甚至说"商汤的都城在偃师找到了"[2],这给发掘者与发掘单位带来不小的压力。因为,若发掘者对其发现和性质等再不发声,再不给一个说法,其他学者也会根据报纸提供的信息发表看法。紧迫之下,新考古工作队在所领导的支持下,采取了积极应对措施,在有关偃师商城最初的勘探和发掘简报尚未发表之前,以最快的方式先把主要结论发表出来,以免被动。具体做法一是利用报纸发表,这是最快捷的方式,二是利用本单位刊物——《考古》发表,这更有保证且相当权威,更能突出其重要性。可谓双管齐下,成效显著。前者由黄石林、赵芝荃二先生撰写了《偃师商城的发现及其意义》一文(以下简称《意义》),在 1984 年 4 月 4 日《光明日报》上发表,代表发掘者的声音;后者以"本刊讯"之名,以"偃师尸乡沟发现商代早期都城遗址"为题(以下简称《遗址》),插在 1984 年第 4 期《考古》上发表,代表发掘单位的声音。二者结论是相同的,都应出自发掘者之手。这是两篇由偃师商城新工作队的发掘者最早发表的有关偃师商城发现和定性的文章,距离偃师商城第一篇发掘简报——《偃师商城的初步勘探和发掘》提前了两个月(本简报发表于《考古》1984 年第 6 期)。可谓资料未发,结论先出,实乃不得已之为也。

对学界来说,学者们除从报纸上了解点滴信息外,具体的材料并不清楚。由于

---

[1] 中国社会科学院考古研究所河南第二工作队:《1983 年秋季河南偃师商城发掘简报》,《考古》1984 年第 10 期。

[2]《河南日报》1984 年 3 月 4 日。

《意义》一文的两位作者,都是资深考古学家,都以研究夏商历史及其考古学文化见长,都是二里头遗址西亳说的赞同者,而且既是偃师商城的发掘者与主持者,又是东下冯遗址和二里头遗址的发掘者与主持者,所以,《意义》一文的结论对学界产生了非常大的影响,起到了先声夺人的作用,大多数学者相信他们的依据是可靠的,结论是合理的。再加上《考古》"本刊讯"是代表考古所发布的权威声音,其影响就更大了。

应该说,不少人之所以从一开始就相信从偃师商城为成汤西亳,这两篇文章起到了奠基作用。

且看这两文的结论和理由。

《意义》一文的结论非常明确,即肯定偃师商城是"一座商代早期的城址","是我国目前考古发现的商汤建国后的第一个王都","即汤都西亳"。得出这一结论的理由主要有两个方面,一是考古发现,即"偃师商代城址,是目前我国早期城址中年代最早、规模最大、保存最好的一座","这座城址的年代,从考古试掘情况看,发现个别城门(按:即后来在发掘简报中所说的"西二城门")曾被封堵,封堵后附近变成一片墓地。这批墓葬,有的打破了城墙,有的打破了城门内的路土。随葬品有陶鬲……这些陶器,有的属于郑州二里冈文化(商代前期)上层,有的则属于二里冈文化下层的遗物",因而"从考古地层学判明,城址的年代早于二里冈下层,应该是商代早期营建的",即属早商文化时期。二是文献与文字记载,所引都与论证二里头遗址为西亳相同,都是大家重复再三的材料,这里不再一一列举。唯一多出的证据是偃师商城"有一条名为'尸乡'的沟横穿城址,与文献记载如此吻合,绝非偶然之巧合。据此,我们认为这座城址即是商汤所都的西亳,殆无疑义"。

很明显,作者忍痛割爱,将成汤西亳从二里头遗址搬到了偃师商城。但细审田野考古方面的理由,这个家搬的并不彻底,对商城的年代上限还留有很大向前延伸的余地,还在设法维护和保留二里头文化偏晚阶段是早商文化的已有看法。

《意义》一文在判定偃师商城的始建年代时,完全依靠自己发掘的西二城门的地层现象,一点也没涉及汉魏城队第一次发掘的成果。

　　地层学是考古学家的拿手法宝,只要有地层学的支持,那就无可怀疑,大家都得相信。《意义》作者牢牢把握了这一法宝,即根据西二城门的考古地层,判明偃师商城的年代早于二里冈下层,属早商文化时期。如前所述,"早商文化"的概念在当时有两种说法,《意义》一文的作者都主张二里头文化偏晚阶段是早商文化,反对郑亳说提出的二里冈文化是早商文化的看法。既"早于二里冈下层",又属"早商文化时期",其年代只能是二里头文化时期。很明显,作者把偃师商城的始建年代推断在二里头文化晚期(三、四期),认为这是一座始建于二里头文化时期的城址,这等于说偃师商城的发现进一步证明二里头文化晚期是早商文化的说法是正确的,同时也等于否定了郑亳说所倡导的二里冈文化是早商文化的看法。

　　如果说《意义》一文用"早于二里冈下层"和"早商文化时期"表述商城的建筑年代还有点不够直白,让人理解起来颇费琢磨。那么,发掘负责人在1984年撰写的多篇文章中便明确指出,这是一座始建于二里头文化三或四期的城。比如在1984年3月,即与《意义》一文写作几乎同时,商城工作队赵芝荃先生应田昌五先生之邀,与本队同事刘忠伏先生联名为《华夏文明》第一集提交一篇关于偃师商城始建年代的论文[1]。此文亦根据西二城门的现象,认为"这就从考古地层学上表明,城址兴建的年代早于二里冈文化下层,应该是商代早期营建的"。"偃师商城的兴建年代不会早于二里头文化二期,有可能在三期,也可能在四期",并进一步分别对三或四期进行分析,探讨了偃师商城与二里头遗址的关系。曰:"如若从二里头四期兴建,那么就要把夏商文化的分界定在二里头文化三、四期之间。二里头遗址三期宫殿建筑属于夏代晚期,偃师商城属于商代初期。一废一兴,取而代之。""若从二里头三期所建,那么二里头遗址一、二号宫殿建筑和偃师商城同属于商代早期,两地相距仅五六千米,很可能共属西亳的范围,只是建筑形制和使用目的有所

[1] 赵芝荃、刘忠伏:《试谈偃师商城的始建年代并兼论夏文化的上限》,《华夏文明》第一集,北京大学出版社,1987年。王宇信在1984年3月为《华夏文明》第一集撰写的后记中,专门提到偃师商城的发现和书中收录有与之相关的文章。而《华夏文明》第一集有关偃师商城的文章只有赵文这一篇。只因当时出版周期较长,直到1987年7月《华夏文明》第一集才出版。

不同而已"。同年 10 月,全国商史学术讨论会在安阳召开,赵芝荃先生又与同事徐殿魁先生向会议提交了《河南偃师商城西亳说》一文,此文对偃师商城年代的论述,与《华夏文明》一文基本雷同,亦认为"偃师商城应建于商代二里冈期下层之前,有可能属于二里头文化三期,也有可能属于二里头文化四期"[1]。

类似的结论,《意义》作者之一在《中国考古学年鉴(1984)》中介绍 1983 年偃师商城发掘成果时也有阐释[2],写作时间与以上三文相当。

分析至此,《意义》一文的对偃师商城性质与年代的看法就都清楚了。

《遗址》一文因是以"本刊讯"的方式发表的,属临时采取的非常措施,意在加重分量,扩大影响,乃应急之举,故较短。不过对偃师商城的看法与《意义》一文完全相同,只是特意强调偃师商城早于郑州商城,在阐释自己观点的同时,不忘否定郑亳说。

西亳是搬了家,但动作不大,因为两遗址相距仅 6 千米,二者毕竟都在偃师,文献提到的西亳同样适合于偃师商城。就位置和距离而言,搬家之变属细微调整,别说大错,小错也算不上,仍可以与郑亳说抗衡。至于它的年代上限,地层学已判明,仍然比郑州商城早,属二里头早商文化。言下之意,即二里头遗址与偃师商城都属商文化,二者是一码事,仅仅是地点与功能不同而已,这层意思发掘队的一位成员在后来的文章中做过专门论述[3]。

这是一个可以两全的结论,既保证了西亳在偃师,又保证了二里头文化(第三或第四期)属早商文化,同时也起到了否定郑亳说的作用。难题基本化解,西亳胜算在握。"因此,偃师商城的发现,不仅可以填补商代早期(夏、商文化之间)文化的一个重要缺环,也将可以缩短对夏文化的认识距离。同时,关于西亳问题的争论,也就可以涣然冰释了"[4]。

---

[1] 赵芝荃、徐殿魁:《河南偃师商城西亳说》,胡厚宣主编:《全国商史学术讨论会论文集》,《殷都学刊》编辑部出版,1985 年。
[2] 赵芝荃:《偃师县尸乡沟商代早期都城遗址》,《中国考古学年鉴(1984)》,文物出版社,1984 年。
[3] 愚勤:《关于偃师尸乡沟商城的年代和性质》,《考古》1986 年第 3 期。
[4] 黄石林、赵芝荃:《偃师商城的发现及其意义》,《光明日报》1984 年 4 月 4 日;转引自《偃师商城遗址研究》,科学出版社,2004 年,第 42 页。

然而,当时以为两全的结论却并不能两全,第一次发掘与后来的发掘成果都证明,偃师商城大城的建造年代没有这么早,西二城门建筑年代的推断是错误的。这是后话,留待下文说明。

三、回避与面对——第一篇简报引发大城始建年代之争

年代直接关系到定性,要固守汤亳在偃师,不在郑州商城,年代早于郑州商城是关键,对此,所有西亳说都心知肚明。无论考古现象有多少,文化遗物如何区分,论证方法如何变化,该城的始建一定要早于郑州商城。上述几篇文章已经为此做出了努力。然而,1983年偃师商城第一次发掘的发掘简报,在对商城建造年代的判定上却与上述几篇文章的判定产生矛盾,由此也引发了学术界对偃师商城始建年代之争(案:当时仅限于偃师商城大城)。

如前所述,偃师商城的第一次勘探与发掘是由考古所洛阳汉魏故城工作队完成的,负责人是段鹏琦先生,他们是偃师商城的发现者和最初的发掘者,故偃师商城的第一次发掘简报由段鹏琦等先生执笔,以《偃师商城的初步勘探和发掘》为题(以下称《勘探》)在1984年第6期《考古》上发表。发表时间晚于前述《意义》和《遗址》等文。该简报除介绍勘探成果外,还据西城墙与北城墙所开两条解剖沟的材料,对城墙的建筑年代与商城的性质进行了推断。关于城墙的建筑年代,《勘探》是这样说的,城墙夯土中的陶片,"年代晚的稍晚于二里头四期";城墙附属堆积分三层,下层的陶片,多数"年代较早,少数可晚至二里冈期"。关于商城的性质,《勘探》基本采纳了《意义》和《遗址》两文的意见,只是在表述上没有以上两文那么肯定,而是比较委婉,留有适当探讨的余地。《勘探》云,"鉴于偃师商城的规模、形制及城内建筑布局情况,说它是商代前期诸亳之一,大概不会有什么问题。如果考虑到它的地理位置,甚至可以径直称其为西亳。至于它是否为汤所都之西亳,现在尚无做出明确判断的足够证据,但这并不是说该城没有是汤都西亳的可能性"。

很明显,在商城的性质上,简报《勘探》与《意义》及《遗址》基本保持一致,但在商城建筑年代上,《勘探》没有受《意义》和《遗址》两文的影响,而是依自己的认识

做出了独立的判断。所谓城墙夯土中的陶片,"年代晚的稍晚于二里头四期"。众所周知,在中原地区考古学文化编年序列中,无论采用哪家分期法,"稍晚于二里头四期"就一定是二里冈文化时期,其中最大可能是二里冈下层时期。这一结论比《意义》和《遗址》等文的结论晚了一到二期。

在学术界最关注的年代问题上,前后两个发掘队发出了不同的声音,《意义》和《遗址》等文章以论文形式出现,没有提供图像资料;《勘探》则以发掘简报形式出现,提供了图像资料。当仅有前者,没有后者的时候,大家只能相信前者,因为前者既是发掘者,又是长期专门从事夏商文化研究的著名学者。可当具有图像资料的发掘简报刊布后,对于关注夏商文化研究的考古学者来说,就要认真分析这些图像资料,做出自己的判定了。这是从事考古学研究的常规方法。果然,《勘探》一出,就有学者就偃师商城的始建年代发表了看法。

郑杰祥先生在仔细分析《勘探》公布的所有遗物与文化层的关系之后,认为"我们已可看到偃师商城的城墙、路土和城内最早的文化堆积,其时代基本上是一致的。这种基本上的一致,说明该城的建造和使用年代并不早于二里冈下层时期,而是最早当在二里冈下层时期。……总之,这是一座二里冈时期的城址应该说是明确无误的"[1]。

董琦先生根据当时的相关信息从三个方面集中分析了偃师商城的年代,其中考古方面同样是根据《勘探》公布的材料,认为这些材料"告诉我们:(1)偃师商城城墙的始建年代是二里冈期。(2)偃师商城内的主要堆积是二里冈期。(3)城内最大的1号宫殿遗址附近,是二里冈期文化层堆积最丰富的区域。这里要指出一点的是,晚于二里头四期意味着什么,应当意味着相当于二里冈期,确切地说,相当于二里冈下层文化。据此,我们可以确定:偃师商城的始建年代是二里冈下层"[2]。

《勘探》提供的资料是可靠的,对城墙等单位出土遗物的认识也是准确的,郑、

---

[1] 郑杰祥:《关于偃师商城的年代和性质问题》,《中原文物》1984年第4期。
[2] 董琦:《偃师商城年代可定论》,《中原文物》1985年第1期。

董两位先生的分析也很到位,偃师商城(大城)建于二里冈下层时期没有问题(这得到后来偃师商城发掘的证明,详下文)。但是,新组建的商城工作队却不以为然。1984年,在偃师商城第一次发掘的发掘简报《勘探》发表不久,第二次发掘的发掘简报(也是新组建的工作队的首次发掘)在《考古》第10期发表,标题为《1983年秋季河南偃师商城发掘简报》(以下简称《简报》)。本《简报》重点公布了《意义》和《遗址》提到的"个别城门"——西二城门(编号X2)及其附近(东侧)墓葬的有关材料。为了强调西二城门经过使用后曾被封堵,封堵后附近又变成一片二里冈时期的墓地这一过程如何长久,证明此前对大城年代推断的正确,《简报》除发表西二城门和附近墓葬的平面图之外(图一),还特意发表一张西二城门东侧的纵向剖面图,称为"商城X2城门东侧地层图"(图二)。

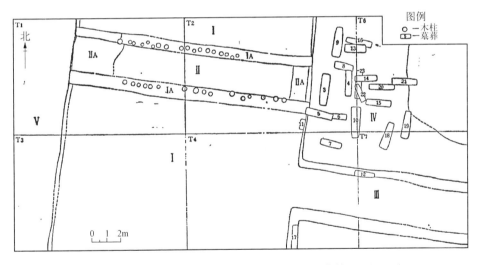

图一　偃师商城西二城门平面图(《考古》1984年第10期第873页图二)

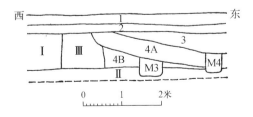

图二　偃师商城西二城门东侧地层示意图(《考古》1984年第10期第874页图三)

这张地层图,后来在整理和编写《偃师商城》发掘报告时,整理者发现根本不存在,经查询发掘者回忆,"发表于《简报》中的图三是参照发掘时的地层堆积状况而绘制的一张示意图,目的原本是为了说明城门道、城门道中封土墙、路土、M4、M3 和①~④层地层堆积关系"[1]。之所以创作这样一张地层图,就是为了"从地层上表明,城墙的建造年代早于这批小墓,城址应当是商代早期兴建的"[2]。毋庸置疑,如此而为,就是要给读者一个深刻印象:我们判定偃师商城可以早到二里头文化时期,是有考古地层学依据的。所以,前引《意义》和《遗址》两文都一再强调这一点。虽然这张地层图与原始记录的层位关系存在一定区别[3],但大的层位关系没有问题,即最早的小墓晚于城门的使用,是在城门封堵后埋葬的,而最早的小墓也确属二里冈下层时期。从遗迹单位先后形成的时间顺序上看,城墙与城门的形成与使用确实早于小墓。关键的问题是此处地层仅卡定了西二城门始建与使用的下限,没有卡住其始建的上限,其始建年代究竟比小墓早多少? 一定如《意义》一文作者判定的那样,比二里冈下层早一或二期,属二里头文化时期? 还是如郑、董二位分析的那样,属同一期别之内的早晚之差? 这张地层图——西二城门东侧的地层堆积并不能给出确切答案,这涉及对考古地层,或文化层堆积如何理解的问题。因为文化层堆积的形成过程很复杂,短期内可以形成很多层,长时间内也许形成不了几层。前举董琦先生在论述偃师商城年代一文中,就以郑州商城的发掘为旁证,证明即使有很多二里冈下层的文化层、灰坑和墓葬直接叠压或打破城墙,那城墙也未必一定要比这些二里冈下层单位早上一或二期[4]。

偃师商城西二城门东侧的层位到底属那种情况? 城墙比墓葬究竟早多少? 这

[1] 中国社会科学院考古研究所编著:《偃师商城》第一卷,科学出版社,2013 年,上册第 124 页注 1。
[2] 中国社会科学院考古研究所河南第二工作队:《1983 年秋季河南偃师商城发掘简报》,《考古》1984 年第 10 期。
[3] 中国社会科学院考古研究所编著:《偃师商城》第一卷,科学出版社,2013 年,上册第 124 页注 1。本报告整理者还发现,在此发掘的墓葬的个体记录中,对于各个墓葬的开口层位与原始的探方发掘记录和《简报》的说法都"有一定区别"。认为"发掘时对堆积的层位分割存在一定问题"。
[4] 董琦:《偃师商城年代可定论》,《中原文物》1985 年第 1 期。本文列举了郑州商城 20 余条城墙解剖沟的材料,有很多二里冈下层的文化层、灰坑和墓葬直接叠压或打破城墙,可城墙的修筑也属二里冈下层时期。

一地层堆积本身是不能解决的,可靠的答案需要由早于墓葬的单位——城墙内或城墙下的出土物来解决。很遗憾,新组建的商城工作队的发掘者,也就是《意义》《遗址》和《简报》的作者在西二城门发掘中拿不出这方面证据的时候,对已有证据——第一次发掘成果避而不谈。没有采纳段鹏琦先生的判断,而是另找理由进行推测。这是有意回避? 还是一时疏漏,不得而知。总之,对第一次发掘资料未能直接面对(也许与段鹏琦等第一次发掘者不是专门从事夏商考古研究有关),而是固执地依靠西二城门的现象片面推断城墙的修筑一定早于二里冈期,可以早到二里头三或四期,而且对这一结论坚持和强调了相当长一段时间。

到 20 世纪 90 年代,偃师商城的考古工作证明,西二城门所属的大城的年代,确实修筑于二里冈下层时期,属偃师商城分期的第三段[1],对此,没有人再提出异议。《意义》《遗址》和《简报》的年代判定确实错了。

四、误判在延续——对初掘宫城建筑始建年代的推断

继 1983 年两季发掘之后,紧接着在 1984 年到 1986 年对一号宫殿区的 4 号和5 号大型建筑进行了发掘,这是对偃师商城宫殿式建筑的初次发掘。其中 5 号建筑分上下两层(案:后来把下层建筑编为 6 号建筑),实为三座建筑。发掘者对三座建筑年代的判定如下:

4 号建筑,因可以"表明基址的建筑、使用年代的夯土、路土内的遗物甚少且碎",始建年代难以判定,"使用年代早于二里冈上层。"[2]"5 号宫殿上层基址的建筑年代晚于二里冈下层,废弃年代为二里冈上层偏晚阶段。"5 号宫殿"下层基址的废弃年代接近于南关外期中层,其建筑与使用的年代应早于南关外期中层"[3]。

[1] 中国社会科学院考古研究所编著:《偃师商城》第一卷,科学出版社,2013 年,上册第 116 页、下册第 727 页。

[2] 中国社会科学院考古研究所河南第二工作队:《1984 年春偃师尸乡沟商城宫殿遗址发掘简报》,《考古》1985 年第 4 期。

[3] 中国社会科学院考古研究所河南第二工作队:《河南偃师尸乡沟商城第五号宫殿基址发掘简报》,《考古》1988 年第 2 期。

可以看出,凡始建年代和使用年代明确的均属二里冈文化时期,始建年代不明确的有4号和5号下层基址,对前者未能大胆推断,对于后者推断其"建筑与使用的年代"早于南关外期中层。所谓南关外期中层,其年代属二里冈下层。如此,5号下层基址的建筑与使用年代即早于二里冈下层,这与《意义》一文推断大城早于二里冈下层的意思相类,目的也是相同的。

　　这三座大型建筑是偃师商城宫殿区内最先发掘的建筑基址,按照发掘者的推断,5号下层建筑基址与大城一样,也是始建于二里冈文化之前。这等于说,在二里冈文化之前,偃师商城不仅建造了城墙,还建造了大型宫殿式建筑,因而西亳的证据就更充分,其对学界的影响也就更大。事实亦确实如此,1988年发表5号宫殿建筑的发掘简报后,不少曾赞同二里头遗址西亳说的学者转而赞同偃师商城西亳说。比较有代表性的学者如杨育彬先生。杨先生长期从事郑州商城的发掘和研究,是郑州商城隞都说的支持者,对夏商文化研究论述颇多。当他看到上述有关偃师商城的资料和有关认识时,反对董琦关于偃师商城建于二里冈下层的看法,也认为偃师商城城墙和5号宫殿下层建筑的始建年代"要早于商代二里冈期下层,至少是二里头四期,甚至有可能早到二里头三期",主张"偃师商城作为一座王都,其始建年代又相当于二里头三、四期即商代早期,很可能就是汤都'西亳'"[1]。又如张文军等先生,他们根据1988年以前偃师商城的发掘资料,第一次对偃师商城进行了分期,共分2期4段,认为第1段"修筑和使用了城墙、东二号城门、西二号城门、四号宫殿和五号下层宫殿等主要建筑,这是商城的发展阶段",本段与二里头四期大致平行[2]。

　　后来偃师商城的考古工作证明,5号下层基址(即6号基址)的始建年代属二里冈下层,相当于偃师商城7段分期说中的第3段[3],并不早于二里冈文化。发掘者的当初推断也是错误的,并由此误导了很多人。可到现在,没有哪位西亳说学者因此而放弃西亳说,甚至连反思一下都没有。

[1] 杨育彬:《从近年的考古新发现谈偃师商城和郑州商城的几个问题》,《中原文物》1992年第3期。

[2] 张文军、张玉石、方燕明:《关于偃师尸乡沟商城的考古学年代及相关问题》,《青果集》,知识出版社,1993年。

[3] 杜金鹏:《偃师商城初探》,中国社会科学出版社,2003年,第122页;王学荣:《偃师商城第一期文化研究》,《三代考古》(二),科学出版社,2006年。

　　为什么专门从事夏商考古研究的资深学者——偃师商城的发掘者,也是《意义》一文的作者们会在如此重要的问题上一错再错? 相信了解当时有关亳都与夏商文化论战的学者,会明白个中原因,在此就不赘及了。这可以说是个沉痛的教训,值得引起学界借鉴。错是错了,改正便好。可在当时,这一错误结论却占据着主导地位,对扩大西亳的影响,争取更多的支持发挥了重要作用。尤其对那些不从事夏商考古学研究的学者来说,受到的影响可能至今都未消除。考古学研究有时就是这么怪异,自己的错误被纠正了,也许自己明白,但对其他受影响的学者是否能及时明白,那就未必了。可见,考古学家,尤其是从事田野考古工作,掌握第一手考古资料的考古学者,在下结论时一定要慎之又慎,以免误导他人。

五、诸说迭起——对偃师商城性质的不同认识

　　与其他重大考古遗迹发现一样,偃师商城从最初发现开始,其性质就是大家最关注的问题。发掘者在资料未发表之前就匆匆表态,判定该城为西亳,为达此目的,甚至不惜对考古现象做出错误推断,可见这一问题是何等重要。

　　由于在偃师商城发现之前,郑亳说与二里头遗址西亳说的争论已持续多年,偃师商城发现之后,除主张把西亳由二里头搬到偃师商城者外,原有两种说法的继续持有者都需要对其性质做出符合自己已有看法的解释。当然,不受以上两说约束的人还会提出其他看法。

　　最先对偃师商城西亳说提出不同见解的是邹衡先生。1983 年秋,邹先生回国,此时他已得知偃师商城发现的消息,但详情不明。由于这一发现关系到他的郑亳说体系,所以,他对偃师商城的任何新发现、新动态都十分关注。到 1984 年初,随着多家报纸的报道,特别是黄石林和赵芝荃《意义》一文的发表,提供了一些有关偃师商城的基本信息,经过思考,他撰写了《偃师商城即太甲桐宫说》一文,提出偃师商城"实为太甲所放处桐宫,乃早商时期商王之离宫所在"的看法[1]。在当时,

---

[1] 邹衡:《偃师商城即太甲桐宫说》,《北京大学学报》(哲学社会科学版)1984 年第 4 期。

邹先生所言之早商与《意义》作者所言之早商概念不同,邹先生之早商是指二里冈文化时期,而《意义》作者所言之早商是指二里头文化偏晚阶段。邹先生撰写此文时,偃师商城第一次发掘的简报还没发表,他之所以把偃师商城的年代定为二里冈时期,主要依据是《意义》所提供的信息,即商城西二城门东侧发现的墓葬有的可以早到二里冈下层时期。他相信黄、赵二位先生具有辨别二里冈文化上、下层的能力,当然更相信他们是辨别二里头文化的专家。因《意义》一文所提到的发掘实物全部属二里冈文化,一点二里头文化遗物也未提到,而后者又是《意义》作者极想得到的。虽然他们依靠西二城门东侧的二里冈下层墓葬进一步推断商城的建筑年代属于二里头文化时期,但毕竟没有实物证据。所以,虽然简报未发,但邹先生相信偃师商城的遗存可以早到二里冈下层时期,至于二里头文化时期的遗物,估计当时没有发现。而二里冈下层正是邹先生确立的早商时期,太甲乃成汤之孙,在考古学文化上同属早商时期是没有疑问的,这样在时间上二者正相吻合。至于桐地所在,因邹先生搜集和梳理过夏人传说与商人迁徙的有关历史地理资料[1],尤其如偃师这类与夏商研究存在密切关系的地方,更会特别留意。在先生最初萌生偃师商城或与"桐宫"有关的想法时,适逢我有事到他家去拜访,先生遂给我讲起桐地问题,说在文献记载中,桐有多个地点,并一一列举,偃师之桐最值得考虑。由于我自己在这方面知识贫乏,在先生列举的多处桐地中,我当时仅知山西闻喜一处,至于其他几处,包括偃师之桐,在记忆中毫无印象,都是第一次听说,所以没有太在意。大约距离那次拜访没过几天,先生突然来到我的宿舍——北京大学校内 21 楼204 房间,用肯定的口气对我说,他已经想好了,偃师商城应该是太甲之桐宫。还说会很快写一短文,把结论公布出来。至于放在哪儿发表,他也想好了,说放在北大校刊上。因为放在校外的刊物上,有诸多不放心。最后还特意叮嘱我,对他的看法先不要公开。可见,邹先生对偃师商城为太甲桐宫之说是很有信心,非常看重的。而在短时间内就能提出这一看法,正是其多年知识积累的结果,这是西亳说始料不及的。

---

[1] 邹衡:《夏商周考古学论文集》第四、五篇,文物出版社,1980 年。

　　较早对偃师商城性质发表不同看法且影响较大的还有以下几位先生。

　　如前述郑杰祥先生,他是郑亳说的支持者,当偃师商城第一次发掘的简报发表后,他是反应最快的一位,除肯定商城建于二里冈下层之外,认为该城不是西亳,应是成汤灭夏后"在这里建立的一座重镇,用以巩固商初西部边防并镇压夏人的复辟,也可以称之为商王朝的别都,而类似于周人灭商以后营造的东都洛邑"[1]。

　　再如郑光先生,当偃师商城发现时,他已担任二里头遗址考古队队长多年,是二里头遗址西亳说的力主者之一。偃师商城发现后,他在坚守二里头遗址西亳说的同时,认为晚于二里头遗址的偃师商城是盘庚所治之殷。说"在这个范围较大的尸乡里,商邑有二",即有两个亳,"一处亳距今偃师老城二十里或十四里,此是成汤之亳,今二里头遗址大体当之;一处亳距偃师老城约五里是盘庚所治的亳殷,偃师商城正值之"[2]。

　　又如杜金鹏先生,他在偃师商城发现之前,是二里头遗址考古队的成员,因"周围都是'二里头西亳说'的声音,耳濡目染",遂"渐渐接受此说,并在研究过程中,为此说寻觅新的证据"[3]。偃师商城发现后,他便站在维护二里头遗址西亳的位置上寻找答案,提出偃师商城是商中宗大戊新建之都的看法[4],意思是二里头和偃师商城同为西亳,"二里头遗址是西亳旧址,而偃师商城是西亳新城"[5]。1996年,杜先生开始担任偃师商城工作队的队长,正式全面主持偃师商城队的工作,观点才改变,并为偃师商城的发掘和偃师商城西亳说的巩固做出了突出贡献(详下文)。

---

[1] 郑杰祥:《关于偃师商城的年代和性质问题》,《中原文物》1984 年第 4 期。

[2] 郑光:《试论偃师商城即盘庚之亳殷》,(台湾)《故宫学术季刊》1991 年第八卷第四期。关于偃师商城为盘庚亳殷之说,在郑先生此文发表之前(郑文在后记中说,他的这篇文章完成于 1984 年冬,但未及时发表)已有学者提出。如田昌五:《谈偃师商城的一些问题》一文,在认为郑州商城和偃师商城都是商都的同时,还认为尸乡就是殷乡,因此,"盘庚迁于殷,说不定就是这个地方",见《全国商史学术讨论会论文集》,《殷都学刊》编辑部,1985 年。又如彭金章、晓田《试论偃师商城》一文,根据偃师商城的始建时间和修补现象,认为偃师商城最初是汤都之亳,后来都城迁到郑州商城,盘庚时又迁回偃师商城,见《全国商史学术讨论会论文集》,《殷都学刊》编辑部,1985 年。

[3] 杜金鹏:《偃师商城初探》·自序,中国社会科学出版社,2003 年。

[4] 杜金鹏:《偃师商城始建年代与性质的初步推论》,《华夏文明》第三集,北京大学出版社,1992 年。

[5] 杜金鹏:《偃师商城初探》·自序,中国社会科学出版社,2003 年。

　　赞同偃师商城为西亳的代表人物有安金槐和杨育彬二先生,他们主张的郑州商城隞都与偃师西亳是不可分割的整体,在偃师商城发现之前,必然是二里头遗址西亳说的积极赞同者。当偃师商城发现后,并被发掘者定为西亳时,他们表示认可,因为发掘者把偃师商城的年代定在二里头文化时期,早于郑州商城,与他们的愿望相一致。在他们看来,西亳的始建年代一定要早于郑州商城。否则,不利于隞都说,不利于自己奋斗一生的学术成果。所以,他们一直强调亳都在偃师,偃师商城的始建年代早于郑州商城[1]。

　　以上所列大都是以各自已有的认识为前提,对偃师商城性质做出的解释,也有不受任何约束对偃师商城性质做出推断的。如张锴生先生认为偃师商城与桀都斟鄩地望相合,"建于二里头四期晚段的'偃师商城',应是一座被早商利用的夏代城邑"[2]。赵清先生也发表了类似看法[3]。其他还有一些看法,如郑州商城与偃师商城同为都城,是中国最早的"两京制"[4];或认为郑州商城与偃师商城并为亳都,郑州商城是主都,偃师商城是辅都[5]等等,可以说是对以上诸说的补充。

　　对偃师商城性质的推断,主要如上所述。其中除个别学者后来改变看法,有所调整外,诸说依然并列。如果区分一下主次,则主张该城为西亳之说者占绝对优势,它很快便取代二里头西亳说的霸主地位,成为与郑亳说争夺汤亳的主角。

六、大规模发掘——寻找始建年代的新证据

　　从1983年到1995年,在10多年的时间里,偃师商城进行了不少发掘,包括对城墙(仍指大城)的再解剖和2号大型建筑(府库)的发掘,所见所有遗迹单位都属二里冈文化时期,而发掘队最希望得到的二里头文化时期的单位,却没有发现一个

[1]　安金槐、杨育彬:《偃师商城若干问题的再探讨》,《考古》1998年第6期。
[2]　张锴生:《偃师商城始建年代与性质的再探讨》,《中原文物》1995年第1期。
[3]　赵清:《偃师商城与桀都斟鄩》,《跋涉集》,北京图书馆出版社,1998年。
[4]　许顺湛:《中国最早的"两京制"——郑亳与西亳》,《中原文物》1996年第2期。
[5]　张国硕:《郑州商城与偃师商城并为亳都说》,《考古与文物》1996年第1期;张国硕:《论夏商时代的主辅都制》,《考古学研究》(五),科学出版社,2003年。

(至少在公布的材料中如此)[1]。第一次发掘简报确定的年代不仅没能推翻,而且得到不少人的认同,并由此引发出各种不同性质的判断,削弱了该城为西亳的地位。显然,仅靠一再的推理判定偃师商城的始建年代如何如何早就显得颇为乏力,这是最初 10 多年中偃师商城汤都西亳的短板。

要使偃师商城西亳站得住脚,就必须找到早于郑州商城始建年代的新证据。

1996 年,这是偃师商城考古工作发生转折的一年。是年,围绕偃师商城的工作有以下三件事几乎同时发生:一是商城工作队重新组队,新一任队长由杜金鹏先生担任;二是国家重大科学攻关项目"夏商周断代工程"启动,"偃师商城年代与分期研究"是专题之一,考古所把偃师商城列为"九五"期间田野工作重点,要求考古工作队"打破偃师商城几年来的沉寂,推出偃师商城考古工作的新高潮";三是由考古所承担的国家社科重点项目《中国考古学》开始撰写,根据夏商卷写作组的共识,"在构建夏商文化框架时,以偃师商城的始建作为夏商界标"[2]。此三者,无论从国家、单位还是个人来说,都为偃师商城工作的深入开展提供了保证。

新工作队的成员都是汤都西亳的力主者,他们相信偃师商城的始建年代可以作为夏商分界的界标,它一定早于郑州商城,这是在夏商文化框架尚未构建之前的共识。所以,打破以往工作的沉寂和不足,寻找偃师商城最早的商文化堆积作为始建年代的证据成为重点解决的问题,而且"迫在眉睫"。在 1996 年到 1997 年新一轮大规模田野考古发掘中(这两年工地领队是室主任王巍先生),宫城内北部"大灰沟"的发掘就是出于这一目的。

"大灰沟"早在 1983 年和 1986 年就发掘过两次,到 90 年代初,当时的发掘者在对偃师商城进行分期时,就把位于"大灰沟"最底层的ⅦT23 第⑨层(又细分为 9A、9B 两小层)列在第 1 段,定为商城的始建年代,具体相当于二里头四期,早于郑

---

[1] 在 1995 年召开的"中国商文化国际学术讨论会"上,在部分先生为大会提交的论文中,把"大灰沟"最下层定为偃师商城最早的商文化,认为相当于二里头文化四期时。文中提供了一些线图资料。会议论文集的出版则到了 1998 年。

[2] 杜金鹏:《偃师商城初探》·自序,中国社会科学出版社,2003 年。

州商城[1]，放弃了相当于二里头三期的最初推测。所以，当新一届考古队欲在这方面有所作为时，便采纳了老队长赵芝荃先生的建议，再次对大灰沟进行发掘。发掘结果非常理想，为"探索偃师商城始建年代和文化分期，提供了宝贵材料"[2]。1997 年冬，"夏商周断代工程"在偃师召开关于"夏代年代学的研究"和"商前期年代学的研究"两大课题研讨会，会议前半是参观和听取各工地发掘成果介绍，后半是研讨。偃师商城工作队向参会代表展示和介绍了"大灰沟"分期排队的实物，并由商城工作队队长杜金鹏先生在大会上做了关于偃师商城 1996~1997 年的发掘和初步研究成果的报告。当时把偃师商城的遗存暂分为 3 期 6 段，强调说这不是最后的分期结果，接下来还要再增加时段。在 3 期 6 段中，前面几段的典型单位都见于"大灰沟"内，而且这些单位正好依次叠压或打破。具体而言，如最早的三段，部分探方最下两层——第⑨与⑩层为第 1 段，第⑧层为第 2 段，灰坑 H90 为第 3 段。属第 1 段的单位仅见于"大灰沟"部分探方的第⑨与⑩层，属第 2、第 3 段的单位还见于其他发掘点。在会议后半的讨论中，高玮先生就偃师商城的分期做了进一步说明，重点谈了两个问题：一是关于夏商界标问题，大意是说二里头遗址的出土物与偃师商城的出土物是两套东西，分属两个文化，在二里头遗址近旁出现一座商城，应该是汤灭夏的结果，因此，偃师商城的始建年代可以作为夏商分界的界标；二是如何确定偃师商城的始建年代，认为偃师商城的第 1 段遗存是宫殿使用时期的堆积，即在第 1 段遗存形成之前，有的宫殿就已建成，其始建年代为二里头文化三、四期之交。同时，高先生还认为，二里头四期是夏文化，与之同时的偃师商城第 1 期是商文化，两种文化在偃师同时并存。对于杜、高两位先生所言，我当时在两个问题上有点想法，一是分期。新考古工作队 1996 年以来的分期，在期段数量上与

[1]　刘忠伏、徐殿魁：《偃师商城的发掘与文化分期》，《中国商文化国际学术讨论会论文集》，中国大百科全书出版社，1998 年；赵芝荃：《论偃师商城始建年代的问题》，《中国商文化国际学术讨论会论文集》，中国大百科全书出版社，1998 年。中国商文化国际学术讨论会召开于 1995 年，刘文和赵文都写于开会之前，刘文将偃师商城分为 2 期 5 段；赵文则分为 3 期 6 段。此时，他们已把偃师商城的始建年代确定在二里头四期，认为二里头三、四期之交是夏商分界，证明孙华先生早在 1980 年提出的看法是正确的。

[2]　杜金鹏：《偃师商城初探》"自序"，中国社会科学出版社，2003 年。

此前赵芝荃先生的分期相同,都是 3 期 6 段,按赵先生的意见,第 1 期是商城初创阶段,为成汤之时,第 3 期"为偃师商城再次繁荣阶段"。此种情况,就等于说 3 期 6 段都是亳都时期[1],亦即相当于成汤到仲丁迁隞,即共历 5 代 10 王(包括大丁在内,因有大丁未立而死之说,则为 9 王)。5 代 10 王的大致积年是可以估算的,我以为不超过 180 年。如按 6 段均分(考古学文化的期段年数是不可以均分的,但在长时段估算时采用此法亦不会大误),每段年数大约 30 年左右,这已贴近考古学文化分期的极限了。如果还要增加几段,就意味着每段 20 年左右或更短,恐怕目前的考古学家还达不到能够区分这么短时间段的能力。这是当时想到的第一个问题,在会议研讨发言时,我没有讲,而是会下与商城工作队一位我最熟悉的先生讲了,建议他不要增加太多期段,6 段已经不少了。考古学文化分期也有个度的问题,未必越多越好。第二个问题是商代早期夏文化与商文化在偃师并列共存一期之长的问题。对此,我感到有点难以理解。在会议研讨发言时,我就这一问题谈了自己的想法,向大家请教。发言大意是,二里头遗址和偃师商城相距仅 6 千米,有两种考古学文化同时并存一期之长的时间(整个二里头四期),大家可考虑过这一期有多长时间? 在这一期之长的时间内,能否有这种现象存在? 我当时还简单算了一笔账,根据当时的碳 14 测年,二里头文化一至四期约为公元前 1900～前 1500 年,平均每期约 100 年[2]。考虑到考古学文化各期年代长短不均,未必等同,我把第四期的年数打了折扣,算少了一点,按 70～80 年估算。那么,在 70～80 年之长的时间内,中原地区相距 6 千米的两处大型居邑,分别保持着各自独立的文化,而且二者还是都城与近郊的关系。我以为并存的时间有点长,难以理解,遂请大家思考解答。由于会议是随便发言,各唱各的调,各吹各的号,我提的问题没人回应。会下,

[1] 杜金鹏和王学荣后来对偃师商城作为亳都的下限年代有新的解释,与此有别,在他们所分 3 期 7 段中,认为第 6 段时亳都已废,沦为普通聚落。见杜金鹏:《偃师商城初探》,中国社会科学出版社,2003 年,第 138 页;王学荣:《偃师商城废弃研究》,《三代考古》(二),科学出版社,2006 年。
[2] 仇士华等:《有关所谓"夏文化"的碳十四年代测定的初步报告》,《考古》1983 年第 10 期,该文在当时影响很大,与现在的测年结果有区别。二里头文化一至四期的年代,现在的测年结果约是公元前 1750～前 1540,见仇士华等:《关于二里头文化的年代问题》,《二里头遗址与二里头文化研究——中国·二里头遗址与二里头文化国际学术研讨会论文集》,科学出版社,2006 年。

邹先生认为我提的问题有道理。第二天的会议上,商城工作队的负责人说没有考虑过我提的问题,至于以后是否考虑,没有说。

为什么说夏商分界是二里头文化三、四期之交?两文化并存一期之长?又凭什么说二里头文化四期一定与二里冈早商文化同时呢?二里头遗址和偃师商城都没有发现这方面的地层证据,之所以把偃师商城第1段商文化定在二里头四期时,是从两个方面论证的。一是所谓"一兴一废"说,即二里头夏都废于三期之末(主要是一号宫殿之废),偃师商城兴于四期之初,先废后兴,都是成汤干的事,所以偃师商城的兴建是商夏分界的标志,而且是唯一界标。此论在当时乃至现在都颇有影响,不少学者表示赞同,也为偃师商城西亳说争分不少。其实这纯属猜测,你怎么会知道这都是成汤建的呢?二里头遗址后来的发现表明,即使到第四期晚段时该遗址也没有衰废,而且还在大兴土木,相当繁荣[1]。如果二者同时并存,应该是和平共处,不是"一兴一废",前后相继。倘若现在还要继续强调"一兴一废",哪怕把兴废交替放在第四期早晚段之交,也是因对新材料没有及时把握,属时代的落伍者。二是把偃师商城与郑州商城的材料进行比对,推定偃师商城第1段与二里头四期同时。那么郑州商城的商文化又是如何排序,如何确定何者属二里头时期,何者晚于二里头时期呢?这方面郑亳说的创始者邹衡先生有过论述,因此,偃师商城西亳说在与郑亳说争抢汤亳时,直接与郑州商城的材料进行比较,并接受邹先生对部分单位时代推断的结论。比如,邹先生把郑州商城 H9 定为先商文化最晚段,在邹先生夏商文化演进的体系中,先商文化最晚段与夏文化二里头四期晚段同时,这样就使商文化与二里头文化的年代产生了对应关系。于是,偃师商城西亳说在把偃师商城新的分期与郑州商城分期进行比对时,同意邹先生把郑州 H9 定为与二里头四期晚段同时的结论,把与郑州商城 H9 约同时或稍早的偃师商城第1段定在二里头四期时。而且第1段遗存是偃师商城使用时的堆积,此时宫殿已经建成,因此,宫殿的始建还要再早一点。1998 年,偃师商城工作队的先生们在介绍 1996 年和 1997 年偃师商城发掘成果时,明确提出偃师

---

[1] 许宏、陈国梁、赵海涛:《二里头遗址聚落形态的初步考察》,《考古》2004 年第 11 期。

商城第 2 段与郑州商城 H9 同时[1]。众所周知,关于郑州商城的始建年代,以往普遍的看法是二里冈下层时期。而郑州商城 H9 是二里冈下层偏早的一个单位,郑州商城的始建年代不可能早于此时。可此时的偃师商城已初具规模,属于偃师商城的第 2 段了,而其始建年代是第 1 段。如此看来,偃师商城的始建年代至少比郑州商城早了 1 段时间。须知郑州商城 H9 与二里头四期同时是郑亳说创始人邹衡定的,西亳说完全同意。可经过与确定的郑州典型单位比较,偃师商城的始建年代至少比郑州商城早了一段。如此这般,两座商城的早晚就论定了,二里头第四期商代夏文化与偃师商城最早的商代商文化也就同时并存了。郑州 H9 之先商说也错了,应该属早商。这一论证方略可称之为以邹之矛攻邹之盾,既利用邹说,又否定和反对邹说,是很高明的一招。

　　1996 年和 1997 年的发掘,成果颇多,除"大灰沟"外,还有二处发掘对偃师商城的演变和进一步推论其始建年代取得突破性进展。

　　一处是对大城东北隅的发掘,开南北长 70 米、东西宽 15 米的大探沟,纵贯大城城墙及城壕[2]。本处发掘的重要发现与学术意义,商城工作队有总结[3],概括而言主要如下：1. 为比较准确地推断偃师商城大城的始建年代,找到了理想的地层关系。即在城墙护坡下发现 H8、H9、H10 三个灰坑,其中 H8 和 H9 的遗物特征与郑州商城 H9 者相同,属偃师商城第 2 段,确定大城的始建年代不早于二里冈下层,属偃师商城第 3 段。2. 在护城坡内和护城坡下的灰坑中发现陶范、铜渣等与铸铜作坊有关的遗存,说明在大城修筑之前,此附近有铸铜作坊,时代也属偃师商城第 2 段。3. 发现了商代早期的双轮车辙,证明我国在商代早期即有双轮车,由于此前在偃师商城发现过 1 件青铜车軎,推测车上装有铜构件(此构件后经专家鉴定,属东周,见《偃师商城》第 120 页注 1)。其中第 1 项纠正了以往据西二城门的地层

[1]　杜金鹏、王学荣：《偃师商城考古新成果与夏商年代学研究》,《光明日报》1998 年 5 月 15 日；杜金鹏、王学荣、张良仁、谷飞：《试论偃师商城东北隅考古新收获》,《考古》1998 年第 6 期。

[2]　中国社会科学院考古研究所河南第二工作队：《河南偃师商城东北隅发掘简报》,《考古》1998 年第 6 期。

[3]　杜金鹏、王学荣、张良仁、谷飞：《试论偃师商城东北隅考古新收获》,《考古》1998 年第 6 期。

现象推断大城建于二里冈下层之前的认识,肯定了第一次发掘简报对大城年代的正确判断。第 2 项则丰富了偃师商城第 2 段的文化内涵。

另一处是小城的发现与发掘。1996 年春,在偃师商城已工作数年的王学荣先生,"在工作中对一些过去已成'定论'的解释或一些往往不被人们所注意和重视的零碎的遗迹现象重新加以思考和探讨,并结合 1996 年春季的勘探情况,通过综合研究,提出并论证在原有城圈(大城)之内,还有一个中等规模的城圈(小城)"[1]。此后,工作队按照王先生的推断和建议,先后在小城北墙中部东段、小城东墙发掘,并把 1983 年秋季发掘的西二城门涉及小城城墙部分重新加以揭露,证明小城确实存在,大城是在小城的基础上扩建的。1983 年所见西二城门旁的所谓"马道",实为小城北墙西端[2]。这一发现无疑成为探讨偃师商城始建年代更加理想的选项,在此之前,大家就偃师商城的始建年代一直围绕着大城花费心血,本来第一次发掘简报的结论是准确的,可继任者就是有意回避,不予承认,非要另找理由,将其始建年代提早到二里冈下层之前。现在明白了,原来大城不是偃师商城最早的建筑遗存,在它之前还有一座小城。那么,小城建于何时,它是不是偃师商城最早的建筑? 这显然成为大家关注的问题。1997 年对小城北墙东段的发掘,"为了解小城城墙的年代提供了比较准确的层位关系",即在小城城墙下叠压一小沟——G2,可知小城的始建年代不会早于 G2 的形成年代。这是非常难得的一组层位关系,大城城墙解剖很多处,都极少遇上这么理想的层位关系,使得学者推测不断,而比大城还早的小城却遇上了可以卡其始建年代上限的层位,这太重要了。因此,发掘者特别留意沟内及叠压其上的堆积状况和出土物,并在发掘简报和有关论著中做了详细介绍。为使大家明了,这里也予以较详引录。

G2 在 1997YSⅣT53 中南北长 43.5 米,两端均未到头(实际长度在 57 米以上),基本呈正南北向(图三)。"北部被城外壕沟所打破,中部被夯土城墙及其南北两侧的附属堆积叠压,南部则被一半地穴式小型建筑(F9)所打破。城墙以北沟

---

[1] 王学荣:《偃师商城布局的探索和思考》,《考古》1999 年第 2 期。

[2] 中国社会科学院考古研究所河南第二工作队:《河南偃师商城小城发掘简报》,《考古》1999 年第 2 期。

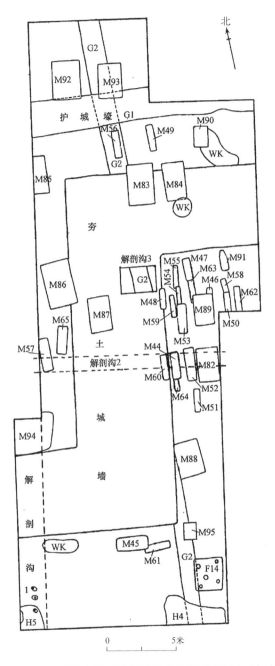

图三　1997YSⅣT53平面图(《偃师商城》第143页图九三[1])

<hr>

[1] 本图又见《偃师商城》第83页图六〇。结合剖面图与文字描述,可知本平面图上没有画城墙附属
　　堆积的范围。

宽约 1.5 米、深 0.5 米, 城墙以南沟宽约 1.2 米、保存深度约 0.2 米。沟内堆积大体上分两层, 沟底部分堆积厚约 0.1 米, 为黄褐色水锈土, 伴出一些螺壳; 水锈土以上

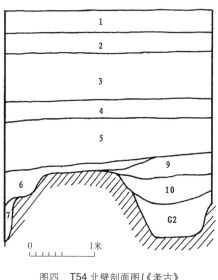

图四　T54 北壁剖面图(《考古》
1999 年第 2 期第 4 页图三)

堆积在城墙内、外两侧以及城墙和城墙附属堆积下三部分皆有显著区别。城墙及其附属堆积下水沟内的堆积为纯净的黏土, 并经夯实, 土色为黄色且略泛红; 城外壕沟以北部分则为黄褐色淤积土, 质地松软, 无出土物; 城墙内侧部分堆积为灰褐色土, 出土少量陶片"[1]。由于 T53 内 G2 上层"出土物少而碎, 难以判定时代", 1998 年, 又在 T53 探方之南 8 米的 G2 的延伸处开一探方 T54, 依发掘简报言, 此处"G2 开口于 T54 第 10 层下(图四), 沟口宽约 1.25~1.4 米、深约 0.3~0.5 米, 沟壁呈缓坡状。沟内堆积亦为灰褐色淤积土, 其下部厚约 0.1 米的堆积中含水锈较多。堆积中出土一些陶片和少量兽骨, 时代为偃师商城商文化第一期晚段(相当于郑州二里冈 H9 所代表的时期)"。《偃师商城》云:"1998YSⅣT54 内沟口距地表深约 3 米, 深 0.3~0.5 米, 底呈南高北低形状, 沟口东西宽 1.5 米, 清理长度南北 5 米, 清理出早期陶片, 有鬲片, 少量碎骨。"[2]根据沟内不同位置的堆积, 可知沟内下层堆积土质土色一致, 全部是为黄褐色水锈土, 伴出一些螺壳。沟内上层堆积则有不同, 城墙及城墙附属堆积下部分是夯土; 城外壕沟(G1)以北部分沟内上层是黄褐色淤积土, 无物; 城内部分沟内上层为灰褐土, 所出遗物属偃师商城早期晚段,

[1] 中国社会科学院考古研究所河南第二工作队:《河南偃师商城小城发掘简报》,《考古》1999 年第 2 期。本简报所谓 G2 南部被一半地穴式小型建筑(F9)所破, 在《偃师商城》第 83 和第 143 页的平面图上, 打破 G2 南部的有小型建筑 F14 和灰坑 H4, 不见 F9; 在第 231 页文字描述中, 又说 G2 被 H3、H4 和 F9 打破, 没提 F14, 还多出一个 H3, 未知孰是。

[2] 中国社会科学院考古研究所编著:《偃师商城》, 科学出版社, 2013 年, 第 232 页。本报告与简报有一些出入, 即使报告本身, 矛盾之处亦很多, 这里不做分析。

即偃师商城分期的第 2 段。关于 G2 与小城城墙的年代关系,发掘者根据沟内堆积情况,在研究论文中曾做出这样的推测,"该水沟在城墙建造之前即已存在,修筑城墙时,在城墙经过的地方用土填充了水沟并施夯;城墙以北地方的水沟,因城墙的阻截而变成'死沟',逐渐自然淤塞;而城内的水沟在城墙建成后,也变成了'死沟',人们不断地将生活垃圾倾倒进沟内,很快将其填平。若情况果真如此,那么,城内水沟中的上层堆积,即灰土堆积,应该是晚于城墙建造时间的文化遗存,其年代可视为城墙建造年代的下限,也即城墙使用年代的上限"[1]。由于城内水沟中的上层堆积属第 2 段,故接着"认为把小城的修建年代推定在当地商文化的第 1、2 段之际比较妥当,至迟是在第 2 段的偏早时候"。这样就把小城的始建年代定了下来。

总之,1996~1997 年的田野考古工作,在解决偃师商城始建年代问题上,较此前取得突破进展,建立了偃师商城新的分期;确定大城建于第 3 段,不早于二里冈下层;推测小城和部分大型宫殿建于第 2 段或更早,属成汤时期的建筑。

从 1996 年开始,偃师商城一号建筑群,即所谓宫殿区,连续进行了大规模发掘,主要建筑全部揭露。除个别建筑有发掘简报介绍,大都未见详细报道。对这些宫殿建筑的所属期别,包括始建年代和使用年代,部分发掘者有过论述[2],有的建筑被推定在偃师商城的第一期,参以"大灰沟"第 1 段遗存是最早宫殿使用者堆积的推测,认为有的宫殿可以早到第 1 段及其以前。"多数宫殿在商文化第 2 段的时候已在使用中,则宫殿的建造年代当不晚于商文化第 2 段"[3]。但在整个宫殿区,除"大灰沟"发现第 1 段堆积外,其他范围再未发现[4]。

[1] 杜金鹏、王学荣、张良仁:《试论偃师商城小城的几个问题》,《考古》1999 年第 2 期。
[2] 杜金鹏:《偃师商城初探》,中国社会科学出版社,2003 年;王学荣:《偃师商城第一期文化研究》,《三代考古》(二),科学出版社,2006 年;王学荣、谷飞:《偃师商城宫城布局与变迁研究》,《中国历史文物》2006 年第 6 期。
[3] 杜金鹏:《偃师商城初探》,中国社会科学出版社,2003 年,第 136 页。
[4] 在偃师商城的全部发掘材料中,第 1 段遗存除见于"大灰沟"底层局部外,在《偃师商城》报告中还提到两个单位与第 1 段有关,一个是 91YSⅤⅢT1M2,见报告第 320 页,说在"填土中出土陶鬲残片时代为偃师商城商文化第一期 1 段",亦仅能说明该墓不早于第 1 段;另一单位是 84YSⅤⅡH17,见报告第 726 页表八八,在此表中,84YSⅤⅡH17 被列在第 1 段,但在报告"附表二:偃师商城遗址灰坑登记表"中却找不到这个单位,而且所有灰坑没有一个属第 1 段。

七、始建年代新说——二里头文化四期早、晚段之交

西亳的始建年代直接涉及夏商文化分界问题,在偃师商城发现之前,西亳说主张二里头遗址是西亳,故夏商文化分界被划在二里头文化各期之间,其中以二里头文化二、三期之交分界说占绝对优势。所以在偃师商城发现之初,属此说的发掘者还在努力维护这一结论,认为偃师商城可能始建于二里头三期。随着偃师商城田野考古工作的开展和学术争论的深入,原希望偃师商城建于二里头三期的推测被放弃,确定其始建年代在二里头文化三、四期之交,这在前文已经提到。约从 1998 年始,偃师商城的始建年代又有小的微调,即认为建于二里头文化第四期早、晚段之间,往后调了一段。此说是以前未曾有过的,是"夏商周断代工程"以来出现的新说,且渐为更多的学者认同。

最初发表这一倾向性看法的是高炜、杨锡璋、王巍、杜金鹏等四位先生合写的论文[1],该文在全面分析 1998 年以前偃师商城的发掘成果后,认为"偃师商城第一期遗存中,尤其是宫城北部灰沟底层出土的陶片,多数呈现二里头文化特征,少数属于典型的早商文化遗物。正是这些数量虽少但特征鲜明的商文化遗物,证明商人势力已在此立足……经与郑州商城和二里头遗址相关典型单位出土陶器比较,可判明偃师商城第一期遗存的年代,大致同郑州二里冈 H9 一类遗存为代表的二里冈下层文化一期相当,又同二里头遗址五区 H53 以及三区 H23 等单位为代表的二里头四期(晚段)遗存相当"。这里在二里头四期之后加一括号,其内特注明是"晚段"。该文在接下来谈夏商文化分界时,又流露了同样的意思,云:偃师商城"研究成果的意义,在于它以系统、确切的地层和实物证据,有说服力地揭示出,至迟在二里头文化四期晚段已经完成了夏、商王朝的更替。这段历史进程在考古学上集中表现为二里头遗址近旁偃师商城的平地崛起。夏、商王朝交替考古学年代坐标的建立,使以偃师商城第一期为代表的最早的商文化得以认定,夏、商文化界

---

[1] 高炜、杨锡璋、王巍、杜金鹏:《偃师商城与夏商文化分界》,《考古》1998 年第 10 期。

定难题随之可望解决：二里头文化主体是夏文化，唯其第四期(至迟其晚段)已经进入商代早期……"，仍在第四期之后括号内注明"至迟其晚段"。就高文总体意向看，还是侧重于整个第四期属商代。因为第四期进入商代的长短是与偃师商城始建年代对应的，而且是由后者决定的。至迟四期晚段已经进入商代，也就是说偃师商城始建年代至迟可达二里头四期晚段之初，而商城建成之前还有一个灭夏毁宫(二里头一号宫殿建筑)、在亳阪择地建都，再到商城内最早废弃堆积的形成("大灰沟"最下层堆积)等环节，"期间也要有一个过程"。显然，作者还是倾向于认为偃师商城的始建年代还应提前，即早于四期晚段。这个括号一加，遂与文章的逻辑关系发生一定冲突。为什么在第四期之后要注明是"至迟其晚段"呢？数年之后，该文作者之一的杜金鹏先生有过说明："关于偃师商城始建年代、夏商文化更替表述中的'至迟'一词，是我的建议，为大家所采纳。这种表述有两层含义：其一，王朝更替与考古学文化现象(遗迹遗物)变化不会是完全同步的，尽管这个时间差我们无法衡量；其二，当时的考古资料表明偃师商城始建年代不会晚于二里头四期偏晚时候，用'至迟'是留有余地的措辞。我的本意是根据已有考古资料将偃师商城始建年代暂且推定在二里头文化四期偏晚时候，倘若新的考古发现证明偃师商城始建年代又可提前，则随时调整相关观点。"[1]

2001年，杜金鹏先生发文谈这一问题时，直接抹去高文中的括号，明言偃师商城的始建，直可上推到二里头文化第四期内。在偃师商城商文化新分的三期7段中，"其第一期1段文化遗存约与二里头文化第四期偏晚遗存年代相当"[2]，2003年，杜先生发表"夏商周断代工程"有关偃师商城课题的结题报告，进一步强调，"根据偃师商城历年发掘资料，尤其是最近两年的新成果，我们运用一系列确凿可靠的地层关系和出土文物，把偃师商城的建造时间推定在了偃师商城商文化第一期。而偃师商城商文化第一期早段(第1段)约与二里头文化第四期的晚段相当"。"偃师商城商文化第一期第1段，是最早的商文化遗存。偃师商城的始建，是

---

[1] 杜金鹏：《夏商分界研究中"都城界定法"的理论与实践》，《三代考古》(二)，科学出版社，2006年。
[2] 杜金鹏：《偃师商城与夏商周断代工程》，《中原文物》2001年第2期。偃师商城三期7段的新分期，在1999年1月召开的"夏商周断代工程"有关"商前期年代学的研究"的一次研讨会上公布过。

夏商文化的界标"[1]。

至此,偃师商城始建年代新说——二里头文化第四期早、晚段之交的说法诞生。

偃师商城始建年代新说的论证过程,除沿用与郑州商文化进行比较的方法外,还增加了直接与二里头文化进行比较的方法,这是此前不曾有的,是一项创新。具体而言,就是上举高炜一文所说,"经与郑州商城和二里头遗址相关典型单位出土陶器比较,可判明偃师商城第一期遗存的年代,大致同郑州二里冈 H9 一类遗存为代表的二里冈下层文化一期相当,又同二里头遗址五区 H53 以及三区 H23 等单位为代表的二里头四期(晚段)遗存相当"。在这里,二里头遗址五区 H53 以及三区 H23 被视为二里头四期晚段的典型单位,成为判定偃师商城第一期年代,或确切地说是判定偃师商城第一段年代的参照物,自此以后,凡论述偃师商城始建年代为二里头文化四期早、晚段之交者,常常会提到这两个单位。

到现在为止,关于偃师商城西亳始建年代的认识,此说占主导地位,并被越来越多的赞同偃师商城西亳说的学者接受,尤其是中青年学者。与此相应,二里头四期早、晚段之交为夏商分界说产生,并基本取代了二里头三、四期之交夏商分界说,成为西亳说的主流观点。

1996 年以来,伴随着偃师商城始建年代的调整,为突出偃师商城的重要性,偃师商城西亳说还一再强调偃师商城的始建是区分夏商文化的唯一和准确的界标。对此,本人提出过质疑,认为它既不唯一,也不准确,更不典型[2]。

八、缺陷和不足——需要完善的几个方面

以上梳理了西亳说自偃师商城发现以来的认识过程,不论何时发掘何处,也不

---

[1] 杜金鹏:《偃师商城初探》,中国社会科学出版社,2003 年,第 146、153 页。书中关于断代工程结题报告一文,定稿于 1999 年。

[2] 见本人:《再论偃师商城是不准确的界标》,《东南文化》2003 年第 1 期;《夏商文化分界探讨的思考》,《考古学研究》(五)·上册,科学出版社,2003 年;《夏商文化分界与偃师西亳的若干问题》,《考古学研究》(八),科学出版社,2011 年。

论以何理由,做何推测,有何调整,商城的始建年代是一直被强调的,而且一定是早于郑州商城。为什么? 因为这里是汤亳。

通过以上梳理,我们发现,要想坐实偃师商城为汤都之亳,还存在若干疑问和不足,需要进一步完善和解决。

首先,第 1 段遗存太少,远不能与成汤之都匹配。

如上所述,偃师商城商文化后来被分为三期 7 段,第 1 段是商城的始建期,即成汤已都于此的时期。考古学文化 1 段的时间有多长? 前面已提到过,即使到周代,1 段大约 40 年,且时代愈早每段的时间愈长。考虑到段与段未必等长,也考虑到偃师商城万一特殊或例外,第 1 段比较短,故我们可把偃师商城第 1 段少算一点,按 30 年估算,那么以成汤"十一征而有天下"的经历,则商城第 1 段的时长亦可包含他的后半生,很可能还包括了短命的大丁(或曰未即位而死)、外丙、中壬三兄弟,甚至太甲之初[1]。如果第 1 段在 40 年以上,包括这几位的可能就更大。在这 30 或 40 年的始都期间,尽管商王朝初建,百废待兴,能量欠缺,但作为都城,30 多年总应该有相当多的配套设施存在,文化遗存再不丰富也应该比较多了。可到目前为止,经过大规模发掘的偃师商城,虽各方面内涵非常丰富,但是,唯有第 1 段遗存极少,一直仅限于"大灰沟"局部的最下二层。除此之外,在整个宫殿区、府库区、池苑区和解剖过的大、小城城墙等所有发掘范围内,再无发现。新出版的《偃师商城》发掘报告中也没有提供本段的新材料。须知本段遗存可是发掘者努力寻找,极想获得的,唯越多越好,就怕太少。可实际的材料表明,目前所知第 1 段的材料实在少得可怜。据此,我们能说第 1 段就是汤都吗? 二者显然不能匹配,这是不能用商代初建,百废待兴,能量有限来解释的。有发掘者大胆推测,说"大灰沟"是宫殿区堆放垃圾的场所,有第一段垃圾堆积,就一定有成汤营造的大型建筑,因而成汤都此便可成立。考古学是最重实证的,若真有第 1 段大型建筑存在,那么在宫殿区就一定有此时的遗存,可宫殿区全部

---

[1] 依《史记·殷本纪》的记载,大丁、外丙和中壬都很短命。《殷本纪》曰:"汤崩,太子太丁未立而卒,于是乃立太丁之弟外丙,是为帝外丙。帝外丙即位三年,崩,立外丙之弟中壬,是为帝中壬。帝中壬即位四年,崩,伊尹乃立太丁之子太甲。太甲,成汤嫡长孙也。"

发掘了,除建筑本体外,还有不少其他遗迹,如灰坑、水井、排水道等等,没有一个单位是第 1 段的,可见,仅凭"大灰沟"局部最下层的一点堆积就推断出有第 1 段建筑存在,得出汤已都此的结论,想象成分太大,实不合考古学研究常理,难以令人信服。因此,若坚持第 1 段是成汤亳都的看法,必须充实第 1 段的材料,必须找到与汤亳匹配的比较丰富的遗存,这是商城工作队今后面临的艰巨任务。否则,第 1 段汤都亳就太过勉强,以它作为夏商分界之界标也显得太过乏力和单薄。

其实,对"大灰沟"的认识有一个特殊的过程,最初推断它是因兴建宫殿建筑取土而形成的沟状遗迹,"被用来作为专门储存宫殿区内生活垃圾的场所",故称之为"大灰沟"[1]。于是得出先有此沟,再有宫殿建筑,后有沟内垃圾的推断。依此推断,只要把沟内最早垃圾的时间确定,便卡定了挖此沟、建宫殿的下限,至少从宫殿建筑方面卡定了商城始建年代的下限。这也是商城主要的两届工作队为什么把"大灰沟"作为重点发掘对象的原因。后来,随着发掘工作的进一步开展,才得知此沟并非用来作为专门储存宫殿区内生活垃圾的场所,而是属于神圣的祭祀遗迹[2]。我们可以反过来思考,如果最初发现此沟是祭祀遗迹,不是按垃圾沟对待,还能得出上述先有此沟,再有宫殿建筑,后有沟内垃圾的推断吗? 恐怕很难。现在,尽管没人再强调此沟是垃圾场了,可当初的这种推断及其所得结论依然存在,而且一直作为偃师商城始建年代的唯一证据被强调再三,把推测变成了实证,使很多人深信不疑。

对于在宫殿近旁挖一个大沟作为垃圾场的说法,我曾根据当初公布的有关大沟的资料[3],提出过疑问,因该"沟"四周围绕有宽约 1 米的夯土围墙,"中有门道

---

[1] 中国社会科学院考古研究所河南二队:《河南偃师商城宫城北部"大灰沟"发掘简报》,《考古》2000年第 7 期。

[2] 王学荣等:《偃师商城发掘商代早期祭祀遗址》,《中国文物报》2001 年 8 月 5 日第 1 版;中国社会科学院考古研究所:《河南偃师商城商代早期王室祭祀遗址》,《考古》2002 年第 7 期。

[3] 赵芝荃:《论偃师商城始建年代的问题》,《中国商文化国际学术讨论会论文集》,中国大百科全书出版社,1998 年;中国社会科学院考古研究所河南二队:《河南偃师商城宫城北部"大灰沟"发掘简报》,《考古》2000 年第 7 期。

相通"。在发掘范围内,保存较好的北壁"较整齐陡峭"。"由此可见,它并不像随意取土形成,而是一处经过规划的特殊设施。在田野考古中,对任何特殊现象都需慎重对待,到目前为止,有围墙的垃圾坑似未见过"。究竟"是专为修建宫殿、宫城取土形成,还是专门有意挖成的一个具有特别用途的坑状设施,抑或二者兼而有之,颇值得深思"[1]。我当时以为特殊设施的可能性更大,后来的发掘证明,它不是垃圾场,而是祭祀场。为什么要把位于宫殿近旁,已经出现特殊现象——夯土墙围绕且有门道的遗迹解释成垃圾场? 我以为这不是缺乏田野考古经验的问题,如前文所言,当时的发掘者是长期从事夏商时期田野考古发掘的著名学者,面对特殊现象而不考虑其特殊性,而是简单地理解为垃圾场,原因是受已有观点的影响或制约,总想着这里是亳都,这里的城墙、这里的宫殿建筑都早于郑州商城;总想着如何把本商城的始建年代提早。上举最初把大城始建年代和五号下层建筑(后编为六号)的年代推断在二里头三或四期是这一原因,把用于祭祀的"大灰沟"解释成垃圾场也是这个原因。先入之见,影响了正常思维,影响了正常判断,这也是个教训,对从事田野考古工作的学人来说,不应当被先入之见左右一切,可以大胆设想,但务必小心求证。

其次,小城始建年代推测不全面,未考虑另外一种可能。

前文提到,1997 年在小城北墙东段发掘时,在小城城墙下发现一条小水沟——G2,沟内堆积大体分上下两层,下层堆积厚约 0.1 米,为黄褐色水锈土,伴出一些螺壳,全沟基本一致;上层堆积在城墙内、外两侧以及城墙和城墙附属堆积下三部分则有不同,即城墙及其附属堆积下水沟内的上层堆积经过夯打,是墙的底部夯土;城外壕沟(G1)以北的水沟,因城墙的阻截而变成"死沟",逐渐自然淤塞;而城内的水沟在城墙建成后,也变成了"死沟",其上层是小城内的人们不断地将生活垃圾倾倒进沟内的堆积。如此,城内水沟的上层堆积就晚于城墙的建造时间,也就是说,先有小城城墙,后有城内水沟的上层堆积,沟内上层堆积的年代可作为城

---

[1] 刘绪:《夏商文化分界探讨的思考》,《考古学研究》(五)·上册,科学出版社,2003 年。

墙建造年代下限的证据[1]。

有关 G2 与小城城墙上述信息的最初发布也是在"夏商周断代工程"一次研讨会上[2]，因未到现场，也未见图像资料，对 G2 与小城城墙的具体情况缺少全面了解，故当时对这种推测也有疑问。在会歇期间，我向一位商城工作队最年轻的成员了解详情，大意有二：一是了解此小沟的体量，有多宽？多深？二是了解所发掘的城墙内侧小沟是否紧靠城墙？比较遗憾，因当时商城发掘地点较多，这位年轻学人对 G2 与小城城墙的详细情况不太了解。1999 年，有关小城与 G2 的发掘简报在《考古》上发表（未发表二者关系平面图），得知 G2 在城墙内侧靠近城墙一段（T53内），宽约 1.2 米、保存深度约 0.2 米，确属小沟，而且很浅。由于这段沟内上层遗物既少又碎，无法判断其形成期段，但发掘者已判定它是城墙建成后的垃圾堆积，自然非常重要。为了确定此层垃圾堆积的年代，于是又在 T53 南面 8 米处 G2 的延伸位置上布方发掘了 T54。在 T54 内，G2 长 5 米、口宽 1.25~1.4 米（《偃师商城》为 1.5 米），自深 0.3~0.5 米，沟口被 T54 第 10 层叠压，简报还发表一幅 T54 内具有 G2 剖面的地层图（图四），并依出土物确定了第 10 层和 G2 上层堆积的期别时段，第 10 层属商城分期的第 3 段，G2 上层堆积属第 2 段。在近年出版的《偃师商城》发掘报告中，对 G2 与小城城墙的信息又有补充，并发表有 T53 内 G2 与城墙的平面图和涉及二者的解剖沟的剖面图（图三、图五、图六），得知此沟位于小城北墙一转折处，很规整，较直，基本呈正南北方向，已知长度在 57 米以上，沟底微呈南高北低。在城墙内侧，G2 与城墙交接处位于 T53 南部，正好是城墙由东西走向转而向北的转角处。根据解剖沟的剖面图和文字说明可知，图三所示城墙范围是城墙基部或基槽口的范围，附属堆积的范围在本平面图上没有显示。因此，本平面图上 T53 南部的 G2 部分，其北半是被附属堆积叠压的。由于这部分在图上用实线表示，也许其上的附属堆积被发掘掉。依图三标识的比例推算，T53 南部的 G2 部分南北长约

[1] 杜金鹏、王学荣、张良仁：《试论偃师商城小城的几个问题》，《考古》1999 年第 2 期。

[2] 1999 年 1 月 20~22 日，"夏商周断代工程"项目组在郑州召开"商前期年代学研究"课题研讨会，会上杜金鹏先生介绍了偃师商城的新成果，其中之一就是小城北墙下压 G2 的发现，并展示了 G2 的陶片。

12 米,其中北半约 6 米被附属堆积叠压,南面 6 米被 F14 和 H4 打破。在城墙外侧,
G2 与城墙交接处位于 T53 北部,方内发掘部分长约 11 米,约在中部被护城壕 G1
打破[1],遂形成壕南与壕北两部分。护城壕以南部分大体位于附属堆积下,护城
壕以北部分长约 5.5 米,被 M93 打破。

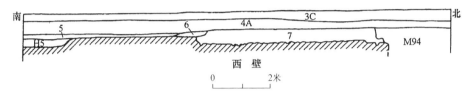

图五　1997YSⅣT53 解剖沟 1 剖面图(《偃师商城》第 142 页图九二)

6. 城墙附属堆积　7. 城墙、城墙基槽及被基槽打破的文化层[2]

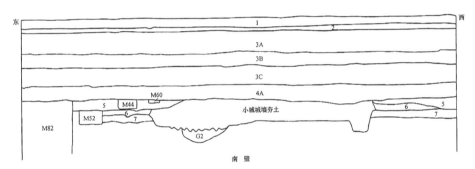

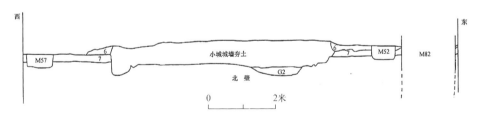

图六　1997YSⅣT53 解剖沟 2 剖面图(《偃师商城》第 145 页图九四)

6. 城墙附属堆积　7. 被城墙基槽打破的文化层

[1] 依《偃师商城》第 209～210 页所言,经 2007 年钻探,得知小城北墙外确有护城壕,其余几面墙外是
　　否有,有待今后工作解决。
[2] 《偃师商城》在第 144 页介绍 T53 解剖沟时,说第 7 层"厚 0.15～0.2 米,被城墙基槽夯土打破",而
　　在本图上,第 7 层显然是城墙与城墙基槽,报告的图与文字不一致。图上 7 层可能包括了城墙、城
　　墙基槽和被城墙基槽夯土打破的文化层,后二者之间漏画一条线。

有了以上信息,我们便可做进一步详细分析。

按照田野考古通常的理解,一个单位被另一个单位叠压,则前者一定早于后者,不论前者本身还是其内的堆积,都应如此,尤其当前者体量不大时,更应如此。偃师商城 G2 被小城城墙与城墙附属堆积叠压,还被城外的护城壕打破,则 G2 及其沟内的堆积也应该早于城墙和护城壕,然而,发掘者放弃了这种可能,而是把 G2 内的两层堆积分别对待,沟内下层早于城墙存在,沟内上层相反,在所分三部分中,城内外 G2 上层堆积晚于城墙形成,并且把它当成唯一结论,作为确定城墙建造年代下限的证据。若无充分理由,这是一个很危险的判断。在此,我们权且认同发掘者的说法,依据上述信息还原一下当时筑城的情景:

在小城北墙修筑之前,这里有一条小水沟——G2,长 57 米以上,口宽 1.2~1.5 米,其下部已堆积有厚约 0.1 米的黄褐色水锈土,包含一些螺壳。上部尚有大约 0.1~0.4 米深(发掘完得知沟自深 0.2~0.5 米,减去下层 0.1 米后之数)未填,裸露于地表。于是筑城的人们按照规划在 G2 处先挖城墙基槽。从公布的 T53 中的三个解剖沟剖面图可知,城墙基槽打破生土,其底比较平整,因此,在挖城墙基槽时,也必然会把当时敞着口的 G2 的口部挖掉一部分,未挖掉的敞口部分则填土夯打,然后一直向上夯筑城墙基槽和主体城墙,并在城墙内外侧夯筑附属堆积,同时在城外挖出护城壕(G1)。这期间,城墙内外的小沟 G2 虽然既窄又浅,却一直敞着口保持原状,即使紧靠城墙附属堆积部分也未因城墙和城壕施工而被填满或填掉一部分,是后来城墙筑完使用期间,G2 城内部分才被城内生活的人们堆放垃圾填实,G2 城外城壕以北部分则被逐渐自然淤塞。

以上是按照发掘者的解释,结合已有信息进行的复原。下面分析一下发掘者的解释是否合理,是否唯一。

大家试想一下,G2 处的城墙正是转折之处,工程量相对较大,施工技术相对复杂,尽管如此,在整个施工过程中,包括挖掘基槽时会有大量的土需要临时堆放等,却一点也不将城墙内外两侧紧靠城墙的沟填实,而是一直让其保持敞口状态,等待城墙建完之后堆放垃圾。此沟浅的地方只有 10 厘米。这么浅的小沟,无需专门去填,仅筑城的人们来回走动也会将其踩平。因此,一直敞着口的说法是很难让人信服的,除非筑城时在沟口盖有木板一类加以遮挡,这恐怕连发掘者也不会同意,因为此沟废而不用,实在没有必要这么做。我觉得这种一直敞着口,直到整个城墙筑完并开始使用才逐渐填满的可能几乎是零(如果离城墙很远,也许还有点可能)。当年询问城内发掘的小沟体量多大,是否紧靠城墙就是出于这种考虑。再退一步讲,即使当时确实有遮挡物,那么按照发掘者的推测,城墙筑完后,此沟城内部分逐渐被小城内的人们的生活垃圾填满,城外部分被自然淤塞。如果属这种情况,则城内侧的沟内垃圾堆积和城外侧的沟内自然淤塞土一定分别与城墙附属堆积下的沟内夯土间各有一分界线,其中城内侧沟内垃圾堆积经过清理。若此,还可通过垃圾堆积与沟内夯土的交接面判断沟内垃圾堆积是否叠压沟内夯土。比较遗憾,《偃师商城》发表的平面图上(图三),没有这条分界线(在平面图上附属堆积的外围线全部没有画),非常关键的一组地层叠压关系没有表现出来。而在发掘报告的文字描述及所有论述本沟与城墙关系的文章中,也都没有涉及这一非常重要的地层证据,而是另行推测。估计田野发掘时没有找到这一证据,或者找了不理想,甚或压根就没找。

　　另外,以往所见商周时期大型建筑处理地基的方法,常常会把地基处的早期单位内的虚土挖去,再填上纯净的土夯筑。发掘报告说城墙下 G2 的上层是夯土,或许属这种情况。也比较遗憾,在发掘报告提供的 T53 解剖沟 2 的两个地层剖面图上(图五、图六),G2 内都没有画出上层夯土与下层黄褐色水锈土的分界线,给人的感觉好像沟内没有夯土,与城墙基槽之底是截然分开的。此线是发掘者特别强调的一条分界线,为什么没画? 是当时疏忽? 还是后来的推测?

　　其实,城墙外侧的护城壕 G1,在判定小城的建造年代上与城墙同等重要,因为它与城墙是同时形成和使用的,它也打破 G2。依《偃师商城》文字描述和平面图比例测算,G1 在探方 T53 内长约 16 米,口宽 2.5 米,深 0.9 米,"距小城北城墙 3.5 米"。南北两壁向下内收。其内填土分三层,但出土陶片较碎,时代笼统地断为"二里冈下层时期"[1],表明其废弃年代不晚。按照发掘者的说法,城墙外侧的 G2,因

[1]　见《偃师商城》第 209 页。

城墙的阻隔,使其变为"死沟",其一直敞着口的部分遂逐渐自然淤塞。按照 G2 一直敞口之说,结合《偃师商城》的文字描述和平面图,我们也可复原城墙北侧 G2 的实际情况:修筑城墙和挖护城壕时,G2 一直敞着口不被填实,护城壕 G1 从其中间穿过,将其分为南北两段,南段长 3.5 米(即 G1 口的南缘与城墙主体的距离),其靠近城墙主体部分位于墙外附属堆积之下,其内是夯土;靠近护城壕口部大约还有 1 米左右仍然敞着口与护城壕相通;G2 在护城壕北面一段长约 5.5 米,也一直敞着口与护城壕相通。护城壕南北两段 G2,都与城壕相通,都不是完全的"死沟"。当城墙与城壕使用时,它很难实现一致的"自然淤塞"。估计发掘者在得出"自然淤塞"这一结论时,没有考虑到中间还有一条较 G2 更宽大的护城壕存在。如果护城壕南北两段的 G2 上层堆积一致,均属淤塞土,那恰好说明在挖掘护城壕时,G2 已经填满,不存在还有一部分敞口没填。

至于城墙内外 G2 内上层堆积之不同,也并非只有发掘者解释的一种可能,凡参加田野发掘较多的学人,大都会想到,在长达 50 多米的小沟内,人为的堆积不一定全部相同(除非像沟内下层那样的淤积层),北端与南端相距较远,其堆积有别是正常现象。

总之,G2 紧靠城墙内外侧部分从筑城挖基槽开始,直到城墙全部筑完一直敞着口的说法不可理解,在建筑过程中难以实现。实际情况应该是,在筑城时,G2 已经全部填满了,其内所有堆积的形成时间都早于小城城墙。因此,目前不能肯定地说小城一定早于第 2 段,最早也不过是第 2 段之末。

发掘者之所以放弃通常的可能,对沟内两层堆积做出曲折的推测,而不提供直接的地层证据,并非不知道通常的原则,相反,恰恰是因对通常的原则非常清楚,才设想出这种曲折的解释。倘若按通常的理解去对待,则小城必然晚于 G2,那就不利于提早小城的始建年代,就会缺失一项支持汤亳的证据。

第三,分期与推理不能吻合,还需进一步补充或调整。

按照偃师商城西亳说的推测,属第一段的"大灰沟"局部最下两层是宫殿的主人们堆放的垃圾。也就是说,它是宫殿使用时期的堆积,自然,宫殿的建造时间会更早。该说还认为,从成汤灭夏,平毁二里头一号建筑,到在二里头附近为亳都选址,挖沟建造宫殿等也需要一个过程[1]。若这一推测成立,则"大灰沟"最下两层的形成时间上距成汤灭夏还有一段距离,当然不是商代最早的考古学文化,其前还可增加一段。

偃师商城西亳说还主张,考古学物质遗存变化比历史事件发生时间要滞后,此种认识在学术界非常普遍,具体而言就是夏王朝被推翻之后,虽然进入商代,但考古学文化不会很快发生变化,夏文化还要滞后一段时间才被商文化取代,这段滞后的夏文化被称为商代夏文化,或曰"后夏文化",相当于二里头文化第四期或第四期晚段。今看偃师商城,其第1段——"大灰沟"局部最下两层的文化面貌,虽二里头文化因素很多,但典型的商文化因素出现,故发掘者将其定为商文化,并强调是现知最早的商文化。这一结论没问题,属商文化是大家都认可的。既然能看出属商文化,说明商文化已在一定程度上取代了商代初年的"后夏文化",达到了可以辨识的程度。因此,在偃师商城,第1段遗存还不是商代最早的文化遗存,比它早的文化遗存——"后夏文化"才是该遗址商代最早的文化遗存,至于这段"后夏文化"在偃师商城延续多长时间,虽然任何人都说不清楚,但至少包括了从成汤灭夏,平毁二里头一号建筑,到在今商城处挖沟建造宫殿这段时间。我们不仅要谈理论,而且要与实践结合。所以,偃师商城的分期,在第1段之前,还应补充1段,此段属"后夏文化"。目前偃师商城仅发现有零星的二里头文化遗物,还没发现二里头文化第四期的遗迹单位。我们总不能一再肯定"后夏文化"的存在,可在实践中却连一个单位都没有找到,须知这可是成汤兴建宫殿时期,好歹也得有点遗存吧。因此,这是需要继续寻找的,是偃师商城今后工作的一项任务。如果找到了本段遗存,且与成汤之初的亳都在规模与数量上匹配,那就是一个了不起的学术贡献。

在1997年冬召开的关于"夏代年代学的研究"和"商前期年代学的研究"两大课题研讨会上,偃师商城工作队把偃师商城商文化分为三期6段,并强调说还要增加一些期段。根据他们当时对成汤灭夏,先平毁二里头一号建筑,后在偃师商城挖沟建造宫殿需要一段时间的推测,我以为他们会在其第1段之前再增加1段,这样

---

[1] 高炜、杨锡璋、王巍、杜金鹏:《偃师商城与夏商文化分界》,《考古》1998年第10期。

就与推测相符了。至于其他段增加在何处不得而知。后来,商城工作队在新的分期中,没有增加太多的期段,仅增加了一段,即由原来的三期6段,改为三期7段,原来每期2段,增改后,第一、二期未变,各2段,第三期增加1段,为3段。把增加的1段放了后面,而不是开头。这是我当初没有想到的。不过,到目前为止,我仍然认为在开头增加1段"后夏文化"才能与推理相合,才能自圆其说。

简短的总结

1983年春天,偃师商城在偶然中发现,最初发现的是大城和城内的大型建筑基址,经对城墙解剖发掘,判定其始建年代属于二里冈下层时期。因其时代和地理位置特殊,给二里头西亳说出了一个难题,一时无法定性,故在发掘之初对外严加保密。因发现者不是从事夏商考古的学者,同年,发掘单位专门挑选长期从事夏商文化考古研究的学者组成新的考古工作队,进行新的发掘。

约一年之后,消息外泄,多家报纸报道。无奈之下,发掘单位采取紧急措施,在第一次发掘简报发表之前,匆匆发表文章,确定其为西亳,使其早于郑州商城。对大城的始建年代,不顾第一次发掘资料和发掘者的判断,错误的上推至二里头文化第三或第四期,从此开始,为确保偃师商城西亳说的成立,其始建年代早于郑州商城便成为历届发掘者论证的重点。

第一次发掘简报发表后,引起学术界对其始建年代的争议,有学者同意第一次发掘简报的看法,认为不早于二里冈下层时期。同时,对其性质的认识也出现不同说法。

约到1985年,对大城的始建年代,当时的发掘者已倾向于第四期,认为"尸乡沟商城应建于二里头文化三期之后,二里冈期下层之前"[1],"一兴一废"说出现。

差不多在偃师商城发掘的最初十年中,发掘者忙于推测和论证偃师商城的始

---

[1] 赵芝荃、徐殿魁:《河南偃师商城西亳说》,胡厚宣主编:《全国商史学术讨论会论文集》,《殷都学刊》编辑部,1985年。

建年代如何可以早到二里头文化时期,保证早于郑州商城,没有建立自己的分期体系,因此,在强调其始建年代早于郑州商城时,便显得有点乏力。进入 90 年代,偃师商城开始建立自己的分期体系,"大灰沟"最下两层再次引起关注,并得出它是宫殿主人所扔垃圾的结论。

从 1996 年开始,随着"夏商周断代工程"等重大科研项目的启动,偃师商城的田野考古工作进入一个新的阶段,取得多项成果。尤以 1996 年和 1997 年的成果最为突出。如通过对"大灰沟"的进一步发掘,为偃师商城新的分期奠定了基础;通过对大城东北隅的发掘,确定大城的始建年代属偃师商城分期的第 3 段,证明第一次发掘简报的判断是正确的;发现了小城和叠压于小城城墙下的小沟 G2,认为小城建造的时间早于沟内上层形成的时间;对宫殿区的大型建筑进行了大规模发掘,还发掘了宫殿区北部的所谓池苑遗迹等等。在分期的基础上,最后认为第 1 段是商城的始建年代,是商代最早的商文化,是夏商文化分界的界标。其具体年代则相当于二里头文化第四期晚段,因而夏商分界被确定在二里头文化第四期早、晚段之交。

但是,偃师商城西亳说的上述结论,还存在若干缺陷,需要进一步完善。如商文化第 1 段遗存太少,到目前为止,仍然仅限于"大灰沟"局部最下两层,这都远不能与成汤时期之亳都匹配,需要努力去寻找;对小城与 G2 关系的理解有误,至少是不全面,忽略了小城晚于 G2 上层填土的可能;分期与推理不能吻合,在偃师商城已分期的第一段之前还应补充一段,此段属商初的"后夏文化",只有这样才能与王朝更替与文化发生变化不同步的理论相符。目前,偃师商城还没有发现"后夏文化"的单位,也需要努力寻找,予以补充。这些问题不解决,就视之为成汤亳都,别人不能信服,自己心里也不踏实。

2015 年 8 月初稿于北京寓所

9 月 19 日修改于长沙铜官窑考古基地

10 月 19 日改定于郑州东赵

（原文刊于《古代文明》[第 10 卷],文物出版社,2016 年）

7

再论偃师商城是不准确的界标

——兼答方酉生先生

《东南文化》2002 年第 1 期发表的方酉生先生《偃师商城为夏商年代分界界标完全符合历史实际》一文(以下简称《方文》),对我在《中国文物报》发表的一篇短文(《偃师商城——不准确的界标》)进行了严厉的批评,指责我的学术态度不严肃,不负责任;讨论问题"主观武断,装腔作势,吓唬别人";所得结论"脱离具体历史事实""毫无学术价值"等等。缄口不语等于默认,只好走上梁山,就《方文》涉及的若干学术问题商讨如下,不妥之处,请方先生继续批驳,也希望有更多的对这些问题有兴趣的学者积极参与,以明辨是非,推动学术发展。

《方文》开始就把拙文与"夏商周断代工程"的成果对立起来,其用意不言自明。因此我首先要郑重声明,本人无意否定"断代工程"的成果,拙文只是说偃师商城不是一个准确的夏商分界界标,并没有否定它可以作大体准确或相对准确界标的资格。"夏商周断代工程"属学术研究,"工程"所做结论未必全是终极真理,十全十美,不需要继续探讨。即使有不同意见发表亦属正常的学术讨论。

一、夏商年代分界与夏商文化分界的关系

《方文》批评拙文"将夏商二代年代的分界界标,任意改成为'夏商文化分界'",认为"夏商周断代工程"的要求"是划分出夏商二王朝的年代,而不是所谓的'文化的分界'"。进而强调"年代"与"文化"是两个完全不同的概念,"'年代'是一种突变,而'文化'是一种渐变",夏商二朝的年代分界就是"某一天即可完成"的商汤灭夏桀的突发事件。于是方先生从考古学找到了解决夏商二朝年代分界的所

谓汤灭夏突发事件的证据,即"偃师二里头遗址第三期第一、二号宫殿建筑的废弃,以及偃师商城在其东面6千米处的崛起,这一兴一废,明确无误地反映出夏商二王朝的更替和兴衰"。

《方文》把夏商二朝更替的年代分界限定在某一天时间之内,讲的相当准确。从历史角度考察,此说颇有道理。正如商周二朝的准确分界就是武王伐纣年某月的甲子那一天一样,做为两个朝代的分界,这应该是绝对准确的时间。

可是这个年代如何确定呢?《方文》自己也承认"在缺乏有关文献记载的前提下,是有困难的。因此学术界将希望寄托到考古学方面来"。于是《方文》以二里头遗址一、二号宫殿废毁和偃师商城兴建的考古材料作为夏商二朝年代分界的界标。《方文》再三强调年代与文化不是一回事,不能混为一谈,意在说明夏商文化分界与夏商年代分界是两回事,彼此无关。但不知《方文》用以解决夏商二朝年代分界的二里头一、二号宫殿和偃师商城属不属于考古学文化范畴?它们的兴废年代离开考古学文化的分期与年代又如何得知?把这些大型遗迹确定为夏和商是不是考古学文化属性的区分?如果不先从考古学文化方面判明何者属夏文化,何者属商文化;不先判明夏商文化更替的先后顺序,不将这两种文化区分开来,如何得知一兴一废能"明确无误地反映出夏商二朝的更替和兴衰"?

夏商年代分界与夏商文化分界的确是两个概念,但在文献不足征的前提下,夏商年代分界的确定离开夏商文化分界的确定是难以实现的。"夏商周断代工程"在推定夏商年代分界时也是把二者结合起来论证的。其结合的具体方法"一是由已知的武王克商年,根据我们考定的商代积年上推;二是在考古学上确定夏商分界,根据^{14}C测年数据推定其年代范围,最后将二者加以整合"[1]。"在考古学上确定夏商分界"当然是指夏商文化分界的确定,没有这方面的研究结论,又怎能与推算出的夏商年代分界整合!方先生在确定夏商年代时同样依靠了考古学文化的材料,过去把二里头一、二号建筑定为汤都遗迹时,将夏商文化的分界线划在二里

---

[1] 夏商周断代工程专家组:《夏商周断代工程1996~2000年阶段成果报告·简本》,世界图书出版公司,2000年,第73页。

头遗址的第二期与第三期之间,现在把偃师商城指定为汤都时,又把"夏商文化的分界线定在二里头遗址的第三期与第四期之间[1],并明确说偃师商城的兴建作为夏商二代年代分界的界标"是符合历史实际的",也是把夏商年代分界与夏商文化分界联系在一起的。

任何一种考古学文化有它特定的年代范围,在考古学文化三要素中,年代是其中之一,夏商文化也不例外。所谓夏商文化分界主要是指二者的年代分界和文化性质的区分。夏文化属夏王朝时期,商文化属商王朝和商先公时期,怎能说夏商文化的分界与夏商年代分界无关。《方文》把"夏商文化"缩写为"文化",去掉"夏商"这一年代明确的前提,然后讨论"文化"与"年代"的不同,实乃有意混淆概念。

从方先生以往的研究文章中可以看到,方对夏商二朝年代分界的论证并未把夏商文化的区分放在首位,而是首先肯定汤都一定在偃师,随后把某大型建筑遗迹指定为汤所建就可以了。有了这一结论,该大型建筑的文化属性无须论证便可直接定为早商文化。即使论证也是围绕该结论展开的。在偃师商城发现以前,指认二里头遗址第三期的一、二号大型宫殿建筑遗迹为汤都西亳的遗迹;偃师商城发现以后,"经过认真的分析、对比和研究",又指认偃师商城是成汤亳都。显然,方先生最注重的是把大型建筑遗迹与汤亳对号。由于方法特别,所以随着西亳的搬迁,方先生把自己长期坚持的二里头文化第三期为早商文化的观点轻而易举地改为夏文化,把二里头遗址汤都出尔反尔地改为桀都(方曾极力否定过二里头遗址桀都说)[2]。随着新资料的发现,修正学术观点是应该的,确实值得欢迎和肯定,但这种修正仅是结论的更换,论证方法并未改变。《方文》所谓新材料仍然是指大型建筑遗迹,即偃师商城城墙及城内建筑。因为从该城发现的能够充分反映文化特征的文化遗物来看,与郑州商城所见没有什么不同,均属二里冈文化。至于二里头文化也未因什么新材料改变属性,两文化之遗物除了数量上增加外,都没有可使文化

---

[1]　方酉生:《论二里头遗址的文化性——兼论夏代国家的形成》,《华夏考古》1994 年第 1 期。

[2]　方酉生:《夏都探索》,《中国史研究》1980 年第 4 期。

特征改变的新发现,更没有达到可把二里头文化三期由商文化改为夏文化的程度。我们从方先生的文章中看到的只是亳都的易位,并没有看到用新材料从文化特征上论证为什么把二里头文化第三期早商文化改为夏文化。可方先生在1985年以前的文章中为说明二里头文化三、四期为早商文化,曾从多方面举例,强调二里头文化"第一、二期与第三、四期之间,无论从分布的范围,堆积的厚薄和文化的内涵都是有一定差别的"[1];"第一、二期文化的共性较多,尚保留有河南龙山文化的遗痕。特别是炊器皆以深腹罐和鼎为主。第三、四期文化的共性较多,特别是炊器以鬲、甗为主,文化面貌与一、二期有明显的变化";"二里头三、四期和二里冈下层文化面貌是相同的,二里冈期文化下层是二里头第三期文化直接发展来的,二里头第三四期文化和二里冈下层文化是一脉相承发展下来的同一种文化"等等[2]。1985年以来,这类话在方的文章中基本消失了,为什么? 因为实在没有新材料可使方先生改变以上论述,如果用已有的材料重新论证改变后的结论,那只能承认自己过去的论证错了。

　　方先生对自己的错误结论是如何修正的,由方先生发表的一系列文章中可以看到,兹不备举。以下仅就引用资料方面的错误略举二三,这些错误都不能用所谓新材料纠正。

　　其一,方先生过去为论证二里头文化第三期是早商文化,第一、二期是夏文化,对考古材料进行了总结,其中特别列举炊器以说明二、三期之间区别很大,说第一、二期炊器"以深腹罐和鼎为主",第三、四期炊器"以鬲、甗为主"(见前面引文)。可实际情况是否如此呢? 依《偃师二里头》报告的总结可知,方先生对第一、二期炊器的总结是对的,但对第三期炊器的总结完全错了。报告称第三期的炊器"以深腹罐和圆腹罐为主,鼎、甗的数量比较多一些,鬲、斝极少见,开始出现陶鬲"。方先生自称"曾长期地参加和主持二里头遗址的考古发掘工作和发掘报告编写"[3],按常

[1] 方西生:《谈夏文化探索中的几个问题》,《河南文博通讯》1980年第1期。
[2] 方西生:《河南龙山、二里头与二里冈》,《考古与文物》1984年第3期。
[3] 方西生:《偃师二里头遗址第三期遗存与桀都斟鄩》,《考古》1995年第2期,又见《夏文化研究论集》,中华书局,1996年。

理这样的错误是不该出现的,可出现了,原因是什么? 熟悉夏商文化研讨的学者都很清楚,就不必明言了。

其二,《方文》把二里头遗址一、二号宫殿建筑的废弃作为夏王朝灭亡的标志,并说"这两座宫殿建筑基址始建于第三期,废弃于第三期之末"。查一、二号宫殿建筑基址发掘报告和有关发掘者的论述,方先生把二号宫殿建筑基址的废弃年代说错了。发掘简报说二号基址的"废弃年代应在二里头四期偏晚或二里冈期上层偏早"[1],并非三期之末。后来,二里头发掘队负责人赵芝荃先生又说二号宫殿"经历二里头文化四期、二里冈商文化下层,直到二里冈商文化上层时期",并疑与"夏社"有关[2]。在《偃师二里头》报告中,由方先生自己编写的宫殿建筑部分,也说二号宫殿建筑的"废弃年代当在二里头遗址的四期之后"。不知方先生改在三期之末的新根据是什么?

其三,《方文》称二里头遗址"第三期遗存的时间,根据^{14}C 标本测定的年代为公元前 1700~前 1600 年。这恰与文献上记载夏王朝的下限年代是相符合的"。《方文》没有注明此年代数据出自何处,据"夏商周断代工程"最新测年成果,二里头遗址第三期年代在公元前 1610 年~前 1555 年之间[3]。与《方文》所言相差约百年。方先生是最推崇"夏商周断代工程"最新成果的,如果相信"夏商周断代工程"测年正确,那么《方文》所说就肯定错了。

其四,《方文》称"经过认真的分析、对比和研究之后,得到偃师二里头遗址中期,即以后分为四期的第三期是夏桀都斟鄩时期的物质文化……"对二里头遗址分期稍微熟悉的人都知道,该遗址最初分为早、中、晚三期,后来又分为四期。前后分期的对应关系是最初所分早、中、晚三期分别相当于后来四期中的一、二、三期,即中期相当于第二期。唯有方先生说中期相当于第三期,不知方先生指定的桀都究竟属哪一期?

---

[1] 中国社会科学院考古研究所二里头队:《河南偃师二里头二号宫殿遗址》,《考古》1983 年第 3 期。

[2] 张立东、任飞编著:《手铲释天书》(赵芝荃部分),大象出版社,2001 年。

[3] 夏商周断代工程专家组:《夏商周断代工程 1996~2000 年阶段成果报告·简本》,世界图书出版公司,2000 年,第 73 页。

　　以上所举资料性错误,其中三项涉及二里头文化分期与年代。既然分期与年代都没搞清楚,那么在此基础上探讨夏商年代分界和夏商文化分界还有什么意义,其结论又怎能谈得上"完全符合历史实际"!

二、文献和考古材料中的西亳与南亳

　　有关汤亳的文献记载很多,这些文献以两汉之际为界,前后有所不同。

　　西汉与先秦文献乃至甲骨卜辞中单称"亳",不见"西亳""南亳"之称。其中有的文献明言成汤伐夏是从亳出发,灭夏后又回到亳。有关亳都的这类记载说明两个问题:一是灭夏前亳都已存在,地点不应在夏人腹地,尤其不应在桀都斟鄩近旁;二是成汤至少在灭夏之初仍以该亳为都。至于成汤后来是否迁都,先秦文献中亳无信息,两汉文献也未明言。

　　亳在夏人腹地出现的记载始自东汉末年,即郑玄注《书序》所云:"亳,今河南偃师县,有汤亭。"因西汉与先秦文献所言之亳不可能在偃师,故在郑玄之后不久,出现了汤灭夏前先南亳灭夏后迁西亳之说(西晋皇甫谧),以调和与先秦文献亳都之地的矛盾。此后,这类说法普遍起来,直至被今西亳说者沿用。

　　在夏商文化探讨中,汤亳之地在何处,形成两种对立看法。郑亳说重点引用西汉与先秦文献;西亳说重点引用汉以来文献。《方文》引用近 20 条古今文献,绝大部分属东汉以来文献,先秦文献几乎不见。表面上看,两种看法对文献材料的引用各有侧重,实际上涉及对早晚文献可信度的认识。面对不尽相同的早晚文献,是首先相信早的文献还是首先相信晚的文献? 对此双方都没说明,但从各自研究方法、引文侧重已看的比较清楚。

　　《方文》在列举汉以来大量汤都西亳的文献记载之后总结说"我们历来对商汤灭夏以前都南亳,灭夏以后迁新都西亳,无论从文献记载到考古实物资料都交代得详详细细,清清楚楚",无需怀疑。笔者认为并非如此,无论文献记载还是考古实物资料,方先生及其他西亳说者都有很多没有交代清楚的地方,兹列举如下:

先谈文献。

其一,被《方文》视为与西亳有关的最早一条记载出自西汉董仲舒《春秋繁露》。董的原文是先讲成汤"作宫邑于下洛之阳",接着又讲文王、武王、成王分别作宫邑于丰、镐和洛阳。并没有讲成汤"作宫邑于亳"或"作宫邑于西亳",可《方文》却把"作宫邑于下洛之阳"理解为"此即商汤灭掉夏桀建立商王朝后,在偃师尸乡沟修建的新王都西亳",比董仲舒所言确实详细、具体、清楚。既然董氏知道偃师尸乡沟为成汤之亳都,那他为什么不如同讲文、武作宫邑于丰、镐那样,直接讲成汤"作宫邑于西亳",却非要改讲"作宫邑于下洛之阳"呢? 他有没有必要把鼎鼎有名的亳都舍弃,而以"下洛之阳"取而代之? 有的西亳说者注意了这条记载中成汤、文王、武王、成王四者并列而言的关系,但只强调了成汤在下洛之阳作宫邑,有如文王、武王在丰、镐作宫邑,都是指首都而言。而把与成王"作宫邑于洛阳"的并列关系弃之不论。众所周知,成王确实在洛阳营建了都城——洛邑,但洛邑是陪都,不是首都。西周的首都一直在镐。成汤在下洛之阳所作宫邑究竟是首都还是陪都,《春秋繁露》的话并不能肯定属哪种性质,怎能说它一定是指成汤"新都西亳"! 由董仲舒不直称"作宫邑于西亳",而是称作宫邑于"下洛之阳"分析,理解为陪都比理解为首都更为合理[1]。

有西亳说者把司马迁《史记·封禅书》"昔三代之君(居)皆在河洛之间"一句话也理解为汤的首都西亳在河洛之间,其实这句话与董仲舒的话类似。三代包括周代,河洛之间在西周和东周时期都是周王朝的统治中心,西周为陪都所在地,东周为首都所在地。商代属哪种性质,依《史记》这句话也难判明。但我们注意到,司马迁在《史记》里,一方面认为"三代之君(居)皆在河洛之间",另一方面又认为成汤"既绌夏命,还亳"(《史记·殷本纪》),灭夏后即回到他已有的亳都了,这个亳显然不在夏人腹地河洛之间。在他看来,汤之首都名亳,距夏人腹地还有一段距离,而河洛之间又是商王朝的重要统治地区之一。符合这种条件,又可与周之洛邑相提并论者只能理解为商王朝的陪都。司马迁与董仲舒约为同时人,司马迁的话有

---

[1] 董琦:《关于古代文献记载中的汤亳》,《中国文物报》2002 年 4 月 5 日 7 版。

助于对董仲舒一段话的理解。若西汉时河洛之间还有"西亳"之称,则司马迁在记述成汤灭夏后"还亳"时,应该说"还故亳",或"还南亳""还北亳"等等,以表示与河洛之间"西亳"的区别,可他与董仲舒一样,也没有提到西亳。西汉时期,河洛之间有无一个名为西亳的地点很值得怀疑。

其二,被《方文》视为与西亳有关的次早的另一条记载是东汉班固在《汉书·地理志》河南郡偃师县下的一条注文,即"尸乡,殷汤所都"之谓。在此,班固仍然没有提到"亳"或"西亳",而是把"尸乡"当成了汤都之名或汤都之地。这是最早把偃师明确称为汤都的记载。

《汉书·地理志》是专讲西汉州、郡、县及封国地理的,其对各郡的介绍,主要内容是先概括户籍、人口及县数,再于各县下列举该县重要地名、川泽等。比如在河南郡洛阳县下,列举了成周;在河南县下列举了王城,并注明是"故郏鄏地";在成皋县下列举了"虎牢"等等。而偃师县下仅列举"尸乡"一名,并未列"亳"或"西亳"之名。在河南郡其他县也未提到"亳"或"西亳"。可见,班固所知道的河南郡各县没有"亳"或"西亳"的地名,他仅知偃师县有个叫"尸乡"的地方被当时人称为汤都。班固和司马迁一样,都是著名的史官,他作为兰台令史,长住东汉首都洛阳,不可能不知道西汉与先秦文献中关于亳为汤都的记载,也不可能把洛阳附近流传下来的重要地名,尤其像"西亳"这样的地名遗漏。他既然说偃师为汤都,地点叫"尸乡"而不提"西亳",说明当时偃师境内并无"西亳"之地名。"尸乡"若为汤都,最大的可能是陪都,而非首都。陪都、首都皆可称都,班固的话没有错。但把"尸乡"改为"西亳"是不合适的,我们不能把自己的看法强加给班固。

其三,《方文》力主成汤先都南亳,灭夏后又迁都西亳,说"这在文献上记得清清楚楚"。若说西晋以来的文献记载是这样,还可以说得过去。若说汉代以前的文献,则根本没有先南亳后西亳的记载,这也是清清楚楚的。汉代以前文献所显示的是成汤灭夏后归亳,并没有迁都之说。

有关商先公、先王迁都的记载,在汉代与先秦文献中也有一些,史称"殷人屡迁,前八后五",即成汤立国之前迁过八次,立国之后迁过五次。对此,前人已有不少研究,其中成汤之都只有一处,即亳,被归入"前八"。从唐代孔颖达到清代梁玉绳、王国维等皆如此[1]。

那么,成汤立国后是否迁过都?"后五"中是否有西亳?近人研究结论也比较一致,即成汤立国后的五迁中不包括亳都,未把成汤迁西亳列入五迁之内[2]。

关于成汤以后商王朝迁都的记载,最早见于《书·盘庚上》:"先王有服,恪谨天命,兹犹不常宁,不常厥邑,于今五邦。"学术界普遍认为"于今五邦"是指成汤以后至盘庚时共迁过五次都。这五次迁都的商王与地点在《古本竹书纪年》中都有记载[3]:

一迁:"仲丁即位,元年,自亳迁于嚣"

二迁:"河亶甲整即位,自嚣迁于相"

三迁:"祖乙滕即位,是为中宗,居庇"

四迁:"南庚更自庇迁于奄"

五迁:"盘庚自奄迁于殷"

类似的记载,在《史记》和《书序》中也有,都没有涉及成汤迁都于西亳的内容。

在探讨商王朝迁都的问题上,上述文献记载应该是最重要、最需首先考虑的内容,可方先生及其他西亳说者未予论及,而是引用西晋以来的文献大谈汤迁西亳是如何清清楚楚,无可置疑。按照方先生的说法,成汤灭夏之后商王朝的迁都就不是"于今五邦",而应该是"于今六邦"。《书·盘庚上》、《古本竹书纪年》等文献都记得不清楚,甚至记错了,这是否符合历史实际?

其四,《方文》云"查阅文献记载,历史上的新兴势力,一旦在夺取政权以后,无不要到新的统治中心去建新都的,商代是这样,周代也是如此。周人的老家在岐山周原,随着周人势力的扩大,周文王迁都丰京,周武王灭商以后,迁都镐京,周成王又在洛阳建立新都叫成周"。为肯定这是古今惯例,还以中国共产党建立新中国之前在延安,建国后定都北京为例予以说明,进而强调成汤建国后不迁都的情况"在我国历史上并不存在"。

---

[1] 在晋代《竹书纪年》出土以前,有人把商和亳归入"后五",如马融、郑玄。

[2] 王力之:《商人屡迁中的汤亳》,待刊(后刊于《考古与文物》2003年第4期)。

[3] 方诗铭、王修龄:《古本竹书纪年辑证》,上海古籍出版社,1981年。

新王朝建立后是否"无不要到新的统治中心去建新都",且看汉以前的史实,其中包括《方文》所强调的周代。

成汤灭夏之后是否迁都,目前尚在探讨之中,任何一说都不成定论,不足为凭。

关于周代,武王迁都于镐是在灭商之前,还是灭商之后,文献中并没有明确的记载,不知《方文》根据什么文献记载说迁镐在灭商之后。即使是灭商后迁镐,则镐与丰仅一河之隔,今天还被视为同一遗址,仍然是灭商前的旧地,谈不上是在"新的统治中心"建立的新都。终西周之世,周王朝的首都并未迁出关中。成王虽然在洛阳营建了成周,但属陪都,而非首都。《方文》的概念真不可理解。

西周被犬戎所灭,犬戎也未把都城迁到关中。平王倒是迁都了,但与《方文》所说情形完全相反。

秦始皇灭掉关东六国并兼天下,可秦始皇也未把都城迁到关东去,仍以咸阳为都。

上述都是历史常识,得不出"历史上的新兴势力,一旦在夺取政权以后,无不要到新的统治中心去建新都"的结论。

再看考古材料。

其一,二里头文化第三、四期被《方文》分别定为夏桀和成汤时期,分属夏文化和早商文化,这与方先生过去把二里头文化一分为二成两种文化一样,只是把分界向后移动了一期。可按照《方文》"商汤灭夏桀在某一天即可完成,但商代的文化要在原来夏族人居住的地方渗透进去,或被吸收和融合,则需要有一段时间,有一个过程,这是一个渐变的过程"的理论,二里头文化第三、四期应属同一文化,很难把二者区分为夏、商两种文化。到底二者是同一文化,还是分属两种文化? 也难以让人理解。在考古学文化研究中如何把握文化的渐变程度? 旧王朝的文化到什么时候就被新王朝的文化全部渗透? 二者之间有没有分界可言? 如有,则分界的标准又如何确定?《方文》除用此理论说明产生这一理论的二里头文化本身,没有告诉我们具体实施的方法。由于文化是渐变,那就等于说王朝更替并不能很快使文化性质改变,商代夏,周代商,秦统一等等只有年代之分,而无文化之别,即使有文化之别,大概也需要安排一个"渐变期"才能行得通。否则,真不知道如何进行前后两王朝文化性质区分,准确的界标又如何判定。

由于有这种理论作指导,所以方先生依靠指认某大型建筑是成汤所毁,某大型建筑是成汤所建就可确定夏文化与商文化,就可不考虑王朝更替会引起考古学文化改变,忽而把夏商年代分界划在二里头文化二、三期之间,忽而划在三、四期之间。因为夏商文化更替是渐变,划在哪里也都是一种文化——二里头文化。

其二,《方文》力主成汤灭夏前都南亳,并言称在考古实物资料方面也交代的详详细细,清清楚楚。我们对方先生发表的大部分文章进行了拜读,发现方先生对汤都西亳的论述的确非常多,有些内容在各文中频频出现。但用考古材料对南亳的论述却极为罕见,谈不上清楚,更谈不上详细。众所周知,在所谓南亳一带,除坞墙遗址发现有少量与二里头文化第二期相类似的遗存外[1],还没有发现二里头文化三、四期遗存和二里冈下层文化遗存,这段时间恰好包括方先生所说成汤都南亳的时间。不知方先生已交代清楚的是什么考古材料。也许方先生是指由他人提出的岳石文化为先商文化而言,可在南亳一带既未发现岳石文化的大型建筑遗迹,也未发现其他与都城相关的重要遗存,这些都是方先生确定都城的标准,真不知南亳的考古证据何在。

其三,《方文》把二里头遗址一、二号大型建筑的毁坏与偃师商城的兴建视为夏商二代间突发事件最明显的例证,都是成汤所为。一座大型建筑的毁坏,原因可能是多方面的,有人为破坏,也有自然破坏。在没有充分的考古证据判断其真实原因时,应该持审慎态度,即使提出某种倾向性意见,也应对另外的可能予以分析、说明。二里头一号建筑毁于三期之末,二号建筑毁于四期之末或更晚,有什么"明确无误"的理由能肯定一号建筑肯定是人为破坏,而且一定是成汤所为?那么二里头遗址还有其他大型建筑,其毁坏又如何解释?

《方文》是把一号建筑之毁坏与偃师商城的兴建联系起来推断的。在偃师商城发现之前,方先生对一号建筑的毁坏原因没有认识,没有解释,只强调他是成汤所建,而今突然又说是成汤所毁,对为什么不是成汤所建毫无交代,是否太随意了。

---

[1] 商丘地区文物管理委员会等:《河南商丘县坞墙遗址试掘简报》,《考古》1983 年第 2 期。

如果没有偃师商城发现,方先生是否也会改成汤所建为成汤所毁呢? 恐怕不会。方先生判断一号建筑的兴、废标准不是一号建筑本身及其所属的考古学文化,而是取决于其他发现。可见,其对一号建筑的毁坏原因的说法如同当初指认一号建筑为成汤所建一样,都是一种大胆的猜测,怎能说"明确无误"!

三、偃师商城作为夏商分界界标的准确性

王朝分界的界标如何确定是讨论问题的前提,准确不准确取决于从什么角度来分析和解释。就当前讨论而言,角度有二。

一是从历史事件的角度解释,即《方文》所指"年代分界"的界标。如此,夏商分界的界标是指成汤灭夏的那一年,甚至是灭夏的那一天或灭夏后归亳"即天子之位"(《逸周书·殷祝解》)那一天。有如武王克商年之某月甲子日为商周分界界标一样,这是最准确的界标,是以历史事件为标准确定的。虽然现在还不能确定夏商分界是公元前何年何月何日,但从逻辑上严格地讲应这么分析和对待。

二是从考古学文化角度解释,即《方文》所指"文化分界"的界标。考古学文化的时间单位是期或段,各期、段的年代是相对年代,各期、段的时间跨度未必等同。任何一座遗迹都属某文化某期某段,他的年代也只能用考古学文化的期、段来表示。因此,在考古学文化上确定的夏商分界的界标只能是相对准确或大致准确的界标。

我在《中国文物报》上发表的短文所以认为偃师商城是夏商分界不准确的界标,也是从上述两个角度分析和考虑的。只要用考古材料去解释历史事件,就必须把这两个方面联系起来,把二者的时间关系搞清楚。

《方文》用考古学文化现象作为夏商之间重大历史事件的界标也是两种概念、两种角度的结合。但两种概念有联系或可以结合不等于彼此等同,不等于彼此可以替代。《方文》恰恰把二者等同了,在二者之间划了等号。

重大历史事件,如汤灭夏或汤即位之日,是从历史角度确定的准确的夏商分界界标。我们以此衡量一下偃师商城的兴建之日或为都之日是否在时间上与之同

步。按照西亳说的普遍认识,从成汤灭夏,毁其建筑和择地建城到正式迁都有一个过程,就是说偃师商城正式为都之日上距灭夏之日尚有一段时间。《方文》也承认成汤灭夏后暂时回到南亳。显然,偃师商城开始兴建之日或开始为都之日都不是夏商二代分界的准确界标。我们不能因为这些客观存在的时日无法确定就不讲原则地将其混为一谈,甚至忽略不计,以为明确这些历史时日之间的早晚关系是多余的,是有意为难西亳说。

从考古学文化角度分析,偃师商城的始建年代是用该城分期中最早的一期或一段表示的。如上所述,由于该城为都或始建之日上距灭夏还有一段时间,因此其最早一段并不是最早的早商文化。若以该段作为夏商文化分界的界标当然是不准确的,只能说相对准确或接近于准确。

以上是把偃师商城内最早一段遗存当作性质明确的商文化而言的,如果按照《方文》所说"商代的文化要在原来夏族人居住的地方渗透进去,或被吸收和融合,则需要有一段时间,有一个过程",而且这个过程"是一个渐变的过程",即偃师一带的夏文化在商代初年还要保留一段时间,典型商文化一时难以形成,偃师商城内最早一段遗存应属夏文化,或者是过渡形态的夏文化。那么从考古学文化上要确定夏商分界就更困难,甚至无法实施。等到商城内文化性质完全变成典型商文化,变成"具有强烈鲜明对比的夏商分界的实物资料"时,则上距灭夏之日就更加遥远了,若以这时的商文化为界标就更不能说准确。

考古学文化的期段确实无法达到数年或更短,这是学科的局限。我之所以说偃师商城不是准确的界标,并非要求突破这一局限,使一段达到数年或更短。我从上述两个角度分析后,觉得就历史事件而言,建都或迁都上距灭夏有间隔和空白;就考古学文化而言,现知偃师商城最早一段不能包括这段间隔和空白,即偃师商城内最早一段商文化不是商代最早的商文化。我在那篇短文中曾经说过"由灭夏到从故亳都迁至偃师新亳都,尽管其间所历时日也许短到数年,甚至数月,难以用考古学方法来判断,但新都的始建和最初的使用毕竟不是准确的商代起始",正是由这两个角度分析的结果,考古学方法无法做到,无法判断的不等于可以讲清的历史过程不存在,因而就可以将这一过程忽略不计。

有学者认为在故亳旧地,因先商文化与早商文化族属相同,时间上前后紧密衔接,将二者区分开来很难。如果仅从先商文化到早商文化单线条分析研究,此说有一定道理,将二者区分开来确实较难。但考古学文化性质的区分,族属的探讨不能仅限于纵向单线条研究,还应有横向多线条的比较。先商文化与早商文化的区分,离不开夏文化与先商文化,夏文化与早商文化的区分。以往对夏商文化分界的研究,不少人(包括方先生)只注意了纵向单线条的研究,而忽略了横向的比较。二里头遗址西亳说本身之所以有分歧,把早商文化之始分别定在二里头文化二、三、四期,就是这个原因。笔者孤陋寡闻,还真没有看到哪位西亳说者对早商文化、先商文化与夏文化进行过系统、详细的论证。

在偃师商城发现之前,二里冈文化为早商文化就被提出,但遭到当时西亳说的一致反对,其中方先生是最坚决的一位。二里冈文化为早商文化是如何提出的? 西亳说并没有从研究方法上认真推敲,他们以为在单线条上指定一处大型遗迹为成汤所建就可以了。过去指定二里头遗址某大型建筑为汤所建,现在又指定偃师商城为成汤所建。好像二里冈文化为早商文化是偃师商城发现之后才提出来的。明知二里冈文化为早商文化早已提出而佯作不知,有意回避、淡化,甚至移植他人研究成果。把这一结论说成是经过自己"认真分析,对比和研究"后得出的。倘若偃师商城还没有发现,方先生等二里头遗址西亳说会承认二里冈文化是早商文化吗? 肯定不会! 西亳说真应该从研究方法上进行深刻的思考。

属二里冈时期的偃师商城出现在夏人腹地确实有其"得天独厚的优越条件",表现在学术上的重要意义之一是以特殊的地理位置的材料证明了二里冈文化是早商文化,而非中商文化。使争论多年的分歧趋于一致。

对于把二里头西亳改为偃师商城西亳的学者来说,承认二里冈文化为早商文化已是一件痛苦的事情,若再舍弃西亳之说,岂不是对自己以往研究的全面否定。因此,西亳之说是绝不能放弃的。自偃师商城发现以来,对于它的始建年代就成为各方关注的焦点。偃师商城西亳说为确保该城为亳都,使之早于郑州商城,努力提早其始建年代。无论对考古现象的解释,还是文化遗物的分期,都进行了周密的推测和编排。本来段鹏琦先生对该城大城始建年代的最初认识是正确的[1],即晚于二里头文化第四期,可后来一度被推翻了,非要把其始建年代定为二里头文化第三或第四期[2]。直到 1997 年在大城东北隅发掘之后才纠正过来[3]。再后又强调宫城和宫城内部分建筑的始建年代早于郑州商城,是最早的早商文化。近年来又将其确定为夏商分界的唯一准确的界标,似乎其他地点不可能有最早的早商文化了。凡此都是以往认识的继续,是由西亳必在偃师决定的。

（本文原刊于《东南文化》2003 年第 1 期）

---

[1] 中国社会科学院考古研究所洛阳汉魏故城工作队:《偃师商城的初步勘探和发掘》,《考古》1984 年第 6 期。

[2] 赵芝荃:《河南偃师商城西亳说》,《全国商史学术讨论会论文集》(《殷都学刊》增刊);1985 年;又见《试谈偃师商城的始建年代并兼论夏文化的上限》,《华夏文明》第一集,北京大学出版社,1987 年。

[3] 中国社会科学院考古研究所河南第二工作队,《河南偃师商城东北偶发掘简报》,《考古》1998 年第 6 期。

8

夏商文化分界探讨的思考

对夏文化与早商文化分界的探讨已进行了数十年,考古材料在不断丰富,研究论著在日渐增多,各种观点异彩纷呈。近年来,虽在部分问题上有趋同倾向,但距离统一为时尚远。形成这种局面的原因是多方面的。其中与每位研究者自身的学术状况有直接关系。同样是二里头文化,是否可以将其区分为夏商两种文化? 分又分在哪两期之间却有不同说法;同样是郑州商城和偃师商城的材料,孰早孰晚结论却完全相反。凡此种种,让圈外人莫名其妙,甚至对考古学的科学性产生怀疑。夏商文化之分的探讨进展到这种程度举步维艰,实难继续深入。笔者在学习和研究这一问题时曾就其研讨过程,各家研究方法和论点进行过反复思考,产生了一些疑问和体会,现不揣浅陋,写出来与大家共同探讨。

一、夏商文化分界研讨过程的回顾与思考

20 世纪 20 年代,当中国近代考古学刚刚起步的时候,正巧王国维受甲骨、金文研究的启发,提出了著名的"二重证据法",此说直接涉及夏商历史的研究。王氏在《古史新证》第三、四章对商先公、先王及商诸臣考证之后,特意加写了如下一段案语:

> 右商之先公先王及先正见于卜辞者大率如此,而名字之不见于古书者不与焉。由此观之,则《史记》所述商一代世系,以卜辞证之,虽不免小有舛驳而大致不误。可知《史记》所据之《世本》全是实录。而由殷周世系之确实,因之推想夏后氏世系之确实,此又当然之事也。……然则经典所记上古之事,今日

虽有未得二重证明者,因未可以完全抹杀也。

由于文献中商世系被地下材料所证实,因而王氏进一步想到文献中关于夏世系的记载当然也是可信的。王的论述在史学界产生了巨大影响,直到现在,人们在论述夏王朝存在时还不加引录地重复他讲过的大意。至于在二三十年代,其影响就更大了。不少学者努力在实践用地下之材料"补正纸上之材料"。特别是 1928年殷墟的发掘,第一次确认了晚商文化,为探讨更早的商文化及夏文化确定了已知点。以此为准,学者们几乎把 20 年代经过发掘的考古资料都与夏商文化扯上了关系。仰韶文化为夏文化,"史前勃海系文化"为商文化之说[1]就是在这一学术背景下产生的。

20 世纪 30 年代初,城子崖的发掘和后冈三叠层的发现,使人们认识到在以彩陶为特征的仰韶文化之后,殷墟商文化之前还有龙山文化存在。随着材料的增加,于是又出现龙山文化为夏文化之说,仰韶夏文化说很快成为历史。无论把考古材料解释为夏文化还是商文化,在 20 世纪 50 年代以前,其论述者以历史学家为主,其论证方法是把考古发现与文献记载做简单的时空排比。进入 20 世纪 50 年代,中国考古学有了长足的发展。首先是二里冈文化与郑州商城的发现,依其时代、特征和郑州附近有关仲丁隞都的记载,郑州商城很快被学术界确定为仲丁隞都,二里冈文化被确定为中商文化。几乎与此同时,在登封、郑州、洛阳等地发现了被后来称为二里头文化的遗存,其时代早于二里冈文化,晚于河南龙山文化,当时称为"洛达庙类型"。因"洛达庙类型"的文化面貌与二里冈文化有一定区别,故该类型属早商文化还是属夏文化抑或属先商文化都不能不予以考虑。同时还涉及龙山文化的归属。面对这么多考古学提出的新问题,历史学家已显得无能为力,它的解决只能由考古学家来完成。于是考古学界开始了主动探寻夏文化的工作,其标志是徐旭生先生 1959 年的夏墟调查。如果说在此之前对夏商文化的解说主要出自历史

---

[1] 徐仲舒:《再论小屯与仰韶》,《安阳发掘报告》1931 年第 3 期;翦伯赞:《殷族与史前渤海系诸民族的关系》,《中国史论集》,国际文化服务社,1951 年。

学家,那么在此之后,历史学家在这一舞台上逐渐退居从属地位,而考古学家迅速成为主角。徐先生本人就具有两重性,起到了桥梁的过渡作用。不过,1959 年"夏墟"调查的结果有点出乎意料,本意是寻找夏文化,结果夏文化未能明确,汤都西亳却找到了线索,这就是包涵大量"洛达庙类型"遗存的二里头遗址的发现。徐先生初步推断该遗址可能是成汤亳都。这一推断恰好与二里冈文化为中商文化的认识相呼应,也与"洛达庙类型"早于二里冈文化的年序相合。显然,若成汤亳都被确定,早商文化也就可以确定,夏文化的门槛就更加临近了,其重要意义远非亳都本身。因此,调查的同年秋天就对二里头遗址进行了发掘,丰富的晚期(即后来的第 3 期)遗存增强了发掘者确定该遗址为西亳的信心,在第一份二里头遗址发掘简报中明确提出晚期或许相当于商汤建都阶段[１]。不久,晚期又发现了大型夯土建筑基址——一号大型建筑基址[２]。该基址规模之大,到现在为止在已发现的夏商文化建筑基址中仍然首屈一指,至于在发现时的 20 世纪 60 年代初期,更加惊人。于是,一号大型建筑基址便很自然地被视为汤都西亳最有力的依据。自此开始,二里头遗址为西亳,二里头文化晚期为早商文化;郑州商城为隞都,二里冈文化为中商文化的看法在考古学界得到了普遍认同,几成定论。与此同时,二里头早、中、晚三期又被当作同一文化,其中早、中期(即后来一、二期)被推断为夏文化或先商文化。直到 20 世纪 70 年代前半,这些结论少有异议。

由上述结论的认识和论证过程可以看出,当时考古学家的研究方法并没有比历史学家过去的研究方法提高多少,无论中商文化还是早商文化的判定,除年序上相符不悖外,最主要的根据是特殊遗迹(郑州商城与二里头一号大型建筑)与文献记载(隞都与西亳)的结合。至于对考古学文化本身的认识还远不够深入,以至于同一文化——二里头文化被一分为二成夏商两种文化这样明显的矛盾也未被觉察。此种研究方法到现在为止仍被不少学者沿袭。最典型的例证就是偃师商城发现后,有些原力主二里头遗址西亳说的学者又轻而易举地把亳都从二里头搬到了

［１］中国科学院考古研究所洛阳发掘队:《1959 年河南偃师二里头试掘简报》,《考古》1961 年第 2 期。
［２］中国科学院考古研究所洛阳发掘队:《河南偃师二里头遗址发掘简报》,《考古》1965 年第 5 期。

偃师商城,他们显然觉得这规模宏大的城址作为亳都要比一座大型建筑作为亳都更为有理有力。过去为强调二里头为西亳,曾振振有词,如今改偃师商城为西亳,仍然理直气壮。尽管他们也涉及考古学文化分析的内容,但忽此忽彼,并没有客观标准。

20 世纪 70 年代中期,河南省考古工作者在传说禹都阳城的登封县发掘出一座小城堡——王城岗城堡,时代属河南龙山文化。城堡虽小,但地望与阳城相合,而且龙山文化为夏文化之说早已有人提出,按照特殊遗迹与文献记载套合的方法,王城岗小城堡很自然地与禹都之迹对号入座,河南龙山文化的偏晚阶段也被定为早期夏文化。这一结论与已得到普遍认同的二里头文化早期为夏文化、晚期为早商文化,二里冈文化为中商文化的排序亦相符合。按此结论,夏商文化的辨认基本得到解决,当时的分歧仅在于夏商分界划在二里头文化一、二期还是二、三期之间,一期之差,认识相当接近了。在这种情势下,1977 年在登封召开了"河南登封告城遗址发掘现场会",实际上这是第一次夏文化学术研讨会。然而会上讨论的结果与会前所意料的完全相反,认识非但没有向统一靠拢,反而愈加分歧和复杂。会上邹衡先生发表了与众不同的演讲,他否定多数人所主张的二里头遗址为成汤亳都,郑州商城为仲丁隞都的看法,认为郑州商城为成汤亳都,二里冈文化是早商文化,二里头文化一至四期均为夏文化[1]。这出人意料的观点使基本统一的结论受到挑战并发生动摇,因此也招致西亳说者相继不断的诘难,引发了一场围绕亳都和夏商文化分界问题的激烈论争,使夏文化探讨进入一个新的阶段。在此后的讨论中,明显形成了两大派:一派是久已存在的二里头遗址西亳说;另一派是新出现的以邹衡先生为代表的郑亳说。

到 20 世纪 80 年代初,正当两派争论相持不下时,一个颇有戏剧性的新发现给争论双方出了一道难题,这就是偃师商城的发现。该城时代与郑州商城相当,亦属二里冈文化时期,其规模约当郑州商城的三分之二,在当时已知的商城中仅次于郑州商城。其位置恰在偃师,但偏离二里头遗址,二者相距 6 千米。这一发现迫使双

---

[1] 邹衡:《关于探索夏文化的途径》,《河南文博通讯》1978 年第 1 期。

方必须重新审视各自的已有体系,给偃师商城一个符合自己体系的合理解释。就二里头遗址西亳说而言,喜忧参半。喜的是偌大一个辉煌的商代城址在偃师发现,以此为西亳之据显然比以二里头夯土建筑基址为西亳之据更为得力,郑亳说将更难对其否定。忧的是如何把强调以久,论证再三的亳都从二里头遗址搬迁到偃师商城,这一搬不要紧,还涉及如何把早商文化开始的年代由二里头某期改变为二里冈下层。如此一改又意味着承认了郑亳说主张的二里头文化一至四期为夏文化,二里冈文化为早商文化的观点,而这又是争论中自己极力否定的,若改,岂不是自打嘴巴!对于经过长期坚持、周密论证的观点进行改动绝非易事,需要具有自我否定的勇气,尤其对一些几乎一辈子专门从事夏商文化研究的学者来说,改动更是痛苦的,那等于否定了自己一生的大半成果,连早商文化都认错了,还谈什么夏文化!面对严酷现实,二里头遗址西亳说产生分裂。就郑亳说而言,在偃师发现一座规模不太小且时代与郑州商城相当的城址,若不是西亳又应该是什么? 也是必须回答的难题。

然而双方都找到了新的答案。

二里头遗址西亳说分裂之后,一部分学者勇敢地放弃旧说,"开始认真地去思考和分析它(案:指偃师商城)与偃师二里头遗址的关系问题","得出偃师尸乡沟城址为商都西亳,偃师二里头遗址第三期遗存是桀都斟鄩的新结论"[1]。我们可称此说为新西亳说。另一部分学者坚持旧说,继续强调二里头遗址为西亳,我们可称其为旧西亳说,但旧西亳说对偃师商城性质的解释又有分歧,或认为西亳先在二里头遗址,嗣后又迁于偃师商城,二者都属早商亳都[2];或认为偃师商城是大戊在"旧亳邑(案:指二里头遗址)东北"所建的新都[3];或认为偃

---

[1] 方酉生:《论偃师尸乡沟商城为商都西亳》,《中国商文化国际学术讨论会论文集》,中国大百科全书出版社,1998年。

[2] 安金槐:《对于偃师二里头早商遗址和偃师商城"西亳"说的进一步认识》,《洛阳考古四十年——1992年洛阳考古学术研讨会论文集》,科学出版社,1996年。与此说相近者又见黄石林:《关于偃师商城的几个问题》,《中原文物》1985年第3期;《对偃师商城的再认识》,《中国商文化国际学术讨论会论文集》,中国大百科全书出版社,1998年。黄还认为偃师商城先为成汤之亳都,后为盘庚之殷都。

[3] 杜金鹏:《偃师商城始建年代与性质的初步推论》,《华夏文明》第三集,北京大学出版社,1992年。

师商城为盘庚所都之殷[1]；或认为偃师商城与二里头遗址晚期同时，同为西亳的有机组成部分[2]。

郑亳说对偃师商城的解释虽小有区别，但在年代与文化归属上是一致的，即都认为该城属二里冈早商时期。至于其性质，或认为是太甲所放处之桐宫，为早商时期商王之离宫所在[3]；或认为是成汤灭夏后所建的一座重镇，也可称之为商王朝的别都[4]；或认为偃师商城和郑州商城都为成汤所建之亳都，为中国最早的"两京制"[5]。

可以看出，两种意见仍然对立，而且愈显复杂。尤其是对偃师商城性质的看法，多达5、6种之多，仅旧西亳说就提出三种方案（成汤、大戊、盘庚之都）。除上述西亳和郑亳说各种意见外，对偃师商城和郑州商城性质的认识还有其他看法[6]，不过这些意见并未引起更多学者重视，最主要的争论一直在西亳说与郑亳说之间展开。

1996年夏商周断代工程启动以来，偃师商城和郑州商城都进行了大规模发掘，都获得一批新的资料。对进一步认识两座城址的年代，深入探讨二里头文化和二里冈文化的关系起到了推动作用，使西亳说与郑亳说的分歧在一定程度上缩小。比如，新西亳说的多数学者不再坚持二里头文化三、四期为早商文化，同意郑亳说二里头文化一至四期为夏文化，二里冈文化为早商文化的看法[7]。但在亳都问题

---

[1] 郑光：《论偃师商城即盘庚之亳殷》，《故宫学术季刊》1990年第八卷四期。相近之说又见彭金章等：《试论偃师商城》，刊《全国商史学术讨论会论文集》，彭认为偃师商城先为汤亳，后为盘庚之殷都。

[2] 愚勤：《关于偃师尸乡沟商城的年代和性质》，《考古》1986年第3期。

[3] 邹衡：《偃师商城即太甲桐宫说（摘要）》，《北京大学学报》（哲学社会科学版）1984年第4期。全文刊《纪念北京大学考古专业三十周年论文集》，文物出版社，1990年。

[4] 郑杰祥：《关于偃师商城的年代和性质问题》，《中原文物》1984年第4期。

[5] 许顺湛：《中国最早的"两京制"——郑亳与西亳》，《中原文物》1996年第2期。

[6] 有认为偃师商城为桀都斟鄩说：张锴生：《"偃师商城"为夏桀都邑说》，《夏文化研究论集》，中华书局，1996年；赵清：《偃师商城与桀都斟鄩》，《跋涉集》，北京图书馆出版社，1998年。有认为郑州商城非亳非隞，为商代管邑，见杨宽：《商代的别都制度》，《复旦学报》（哲学社会科学版）1984年第1期。

[7] 赵芝荃：《论夏文化起、止年代的问题》，《夏文化研究论集》，中华书局，1996年；高炜等：《偃师商城与夏商文化分界》，《考古》1998年第10期。

上,死守西亳不弃。自 1996 年以来,新西亳说为此做出了不懈的努力。

如何才能保住成汤亳都之说呢? 在双方都承认偃师商城与郑州商城均属二里冈早商文化这一前提下,两城址谁的始建年代早谁就属于成汤,亳都就可成立。因为汤是商王朝之始,是早商文化之始,对此,凡论汤亳者都很明白。不管在具体论证时各自列举多少条理由,但要使汤亳成立,必须证明其始建年代为早商文化之初,属二里冈文化最早阶段,同时还要强调早于对方所主张的亳都。若此点不能论定,理由再多也只能说是都城,而未必是汤之亳都。这就是近些年为什么讨论两座城址始建年代尤为突出的原因。旧西亳说在这方面占有优势,因为二里头文化第三期早于二里冈文化,早于郑州商城,不需要为争最早煞费苦心。对新西亳说就不然了,他们在把西亳从二里头遗址搬到偃师商城之后,必须设法论证偃师商城早于郑州商城。尽管他们在论证前声称可以先摆脱郑、偃二城孰为亳都、孰主孰从、孰早孰晚的争执与成见,从其他思路予以考虑,表明自己先摆脱了这些成见。可实际上虚晃一招之后又回到未摆脱的位置,仍然把亳都及其始建年代放在了第一位。所谓新思路是在未论证之前首先把偃师商城确定为"夏王朝灭亡和商王朝确立的标志",把偃师商城的始建年代确定为夏商王朝交替的界标[1]。这与明确说偃师商城就是成汤亳都有什么区别呢? 不仅没有先摆脱孰为亳都、孰主孰从、孰早孰晚的成见,而是一开始就定偃师商城为亳都。既然先下了结论,其他的论证或理由要说明什么也就可想而知了。为了确保偃师商城早于郑州商城,现今,新西亳说把偃师商城的始建年代确定在二里头文化第四期之初,形成了早商文化与夏文化在同地同时并存一期的奇怪现象,对此,下文将做详细分析。

如果比较一下郑亳说和西亳说的研究途径和方法,就会发现二者有很大区别。郑亳说由邹衡先生提出,其研究方法在《夏商周考古学论文集》中有详细反映。该说结论的得出首先是基于对夏商时期考古学文化全面系统的研究,既有纵向的分期编年,又有横向的类型比较(迄今为止,西亳说还没有任何人从事过这样的系统研究),在此基础上确定早商文化、先商文化和夏文化,然

---

[1] 高炜等:《偃师商城与夏商文化分界》,《考古》1998 年第 10 期。

后与文献记载及出土文字资料相结合,得出郑州商城为成汤亳都的结论。西亳说则不然,自从徐旭生先生依文献记载定下基调以后便成不移之论,西亳说大都是以文献记载和特殊遗迹为据,先确定亳都,然后再分析考古学文化其他方面以适应其说。当二里头遗址第三期发现大型夯土基址时,就定第三期为亳都,夏商分界就划在二、三期之交;当二里头遗址第二期也发现大型夯土基址时,就又有人主张第二期为亳都,夏商分界划在一、二期之交;当在偃师境内发现二里冈时期的城址时,就将亳都从二里头搬至该商城,夏商分界又随之更变。比如有一位西亳说者就这样说:

> 在偃师尸乡沟商城未发现以前,我们认为二里头遗址第三期中发现的第一号、第二号宫殿建筑基址是商汤都西亳时期的遗迹,因此,将夏商文化的分界线划在二里头遗址的第二期。1983 年春季在偃师县尸乡沟发现的这座商城位置恰与文献记载中之西亳相合……属于二里头遗址的第四期……夏商文化的分界线当在二里头遗址的第三期(之末)[1]。

到 20 世纪 90 年代末,更有西亳说者在论证之前先指定偃师商城为商王朝确立的标志,是夏商王朝交替的界标[2]。我们遍查所有西亳说者的论著,发现都缺少像郑亳说代表邹衡先生那样对整个夏商文化做全面而具体的研究,他们论证夏商文化的材料都比较单一,范围有限。在 1983 年以前,主要是二里头遗址和郑州商城的材料,1983 年以后,又补充了偃师商城的材料。即使对这有限的材料,其认识程度也颇让人怀疑,否则怎么会对同一文化——二里头文化时分时合,对早商文化的认定忽早忽晚!至于对先商文化和晚商文化的系统研究就更谈不上了,有人甚至长期指认先商文化为夏文化的一个地方类型。

从 20 世纪 50 年代末到现在,虽然考古学家在夏商文化研究的舞台上扮演了

---

[1] 方酉生:《论二里头遗址的文化性质——兼论夏代国家的形成》,《华夏考古》1994 年第 1 期。
[2] 高炜等:《偃师商城与夏商文化分界》,《考古》1998 年第 10 期。

主角,但在研究方法上还很不完善,不少学者不是先从全面研究考古学文化开始,用考古材料去验证文献记载正确与否,而是先依文献记载做出结论,然后对考古材料做相应解释。在对待考古材料时,往往先给大型特殊遗迹定性,指认某大型建筑为某王所建,接着再对其他考古遗存给予符合己说的解释。在考古学研究中,此种研究方法是否合适,到底如何把考古资料与文献记载相结合,在夏商文化研究中亦值得深思。

二、关于偃师商城始建年代的思考

偃师商城发现于 1983 年春天,4 月开始第一次发掘,当本次发掘将近结束时,适逢中国考古学会第四次年会在郑州召开,会议研讨主题是"商文化研究和夏文化探索",与偃师商城的发现有密切关系,然而会上获知这一信息的人很少,只有少数知情人在私下里小声议论。之所以不向大会公开,是因涉及对偃师商城的定时定性,涉及与二里头遗址的关系,包括对西亳的重新认识等与夏商文化讨论有关的一系列问题。刚刚发掘,要就这些问题做出明确解答显然还有困难。

偃师商城的发现和第一次发掘者是中国社会科学院考古研究所洛阳汉魏故城工作队的先生们,他们在第一次发掘的简报中指出,(大城)夯土城墙内所出陶片有的"稍晚于二里头四期"(《考古》1984 年第 6 期)。按照大家都承认的考古学编年,可知大城始建年代的上限早不到二里头文化第四期,即不早于二里冈下层。对此,不少学者给予肯定。可是,紧接着接替并主持偃师商城发掘的赵芝荃先生却未采用这种意见,而是将大城的始建年代推断为二里头文化第三或第四期[1]。后来的发掘证明,大城的始建年代确实早不到二里头文化第四期[2],第一次发掘简报的结论是正确的。赵先生曾长期主持二里头遗址的发掘,对二里头文化相当熟识,

---

[1] 赵芝荃等:《河南偃师商城西亳说》,《全国商史学术讨论会论文集》,1985 年;又见《试谈偃师商城的始建年代并兼论夏文化的上限》,《华夏文明》第一集,北京大学出版社,1987 年。

[2] 中国社会科学院考古研究所河南第二工作队:《河南偃师商城东北隅发掘简报》,《考古》1998 年第 6 期。

田野考古经验丰富,可在最初对偃师商城大城始建年代的推断上出现这样的错误,不能说是因对资料生疏,或者对田野考古现象判断有误,主要原因恐怕是为确保偃师商城为西亳,不能使之晚于或同时于郑州商城。要不然怎会在如此宽泛的时间跨度和选择余地(两期之长)上出错,恰恰把第一次发掘简报得出的正确结论舍弃呢! 西亳之见,根深蒂固,干扰和影响了正常的思维认识。到底是第三期还是第四期,终归需要明确。经过一段彷徨之后,在 1985 年召开的中国考古学会第五次年会上,赵先生的文章已倾向于第四期,他在总结偃师商城新发现之后推断,"尸乡沟商城应建于二里头文化三期之后,二里冈期下层之前"。约当与此同时,赵先生对二里头遗址和二里头文化的认识也发生了变化[1],接受了孙华先生最初提出的主要看法,认为二里头文化第一至三期属夏代,为夏文化;第四期属商代,但属夏文化还是商文化,未像孙华先生那样明确。之所以如此划分的主要理由也与孙华所举相同:二里头遗址一号宫殿建筑的毁废与商灭夏事件有关;[14]C 测年数据表明二里头文化第四期与二里冈下层大体相当;二里头文化第四期出现的新因素属商文化系统[2]。这一变化与他推断偃师商城始建于二里头文化第四期的看法是相呼应、相一致的。同样是为汤都西亳,为使偃师商城早于郑州商城服务的。约到 20 世纪80 年代末,赵先生进一步明确提出二里头文化第四期属商代夏文化[3]。至于这一期为什么不属商文化,他采用了被不少人强调过的所谓社会变革或王朝更替在前,考古学文化变化产生在后的推理予以解释[4]。我在这里特别举出赵先生是因为他不仅曾是二里头遗址和偃师商城发掘的主持人,而且他一直是西亳说的力主者。他的身份和学术地位在西亳说中起着决定性作用,对缺少深入研究的人产生有很大影响。如果西亳说推举一位权威代表,赵先生当之无愧。他在 20 世纪 80年代末与 90 年代初重新形成的一整套有关夏商文化研讨的结论自成体系,大部分在 20 世纪 90 年代被新西亳说者继承并发扬光大。有关新西亳说的论著很多,虽

[1] 赵芝荃:《关于二里头文化类型与分期的问题》,《中国考古学研究——夏鼐先生考古五十年纪念论文集(二)》,科学出版社,1986 年。

[2] 孙华:《关于二里头文化》,《考古》1980 年第 6 期。

[3] 赵芝荃:《探索夏文化三十年》,《中国考古学论丛》,科学出版社,1995 年。

[4] 赵芝荃:《论夏文化起、止年代的问题》,《夏文化研究论集》,中华书局,1996 年。

不可能彼此完全相同,但基本观点与赵一致[1],这里不便逐一列举。其中最具代表性的文章是《考古》1998 年第 10 期发表的《偃师商城与夏商文化分界》(以下简称《分界》)一文。该文是新西亳说的代表作,2000 年获中国社会科学院优秀科研成果奖。

《分界》继承赵的主要结论有:1. 偃师商城为西亳,其始建年代为二里头文化第四期;2. 二里头文化第四期为商代夏文化,或称商代夏遗民之文化;3. 夏商分界在二里头文化三、四期之交;4. 偃师商城可分为 3 期 6 段。二者的区别是:赵把偃师商城第一期定为具有商因素的夏文化,与二里头四期夏文化相同;《分界》把这一期直称为商文化,与二里头四期夏文化同时而有别。在研究途径、方法及推论方面,《分界》与其他西亳说也无多大区别,其所谓新思路仍然是先肯定偃师商城为西亳,排斥和放弃其他可能,所谓新只是变换一种表述方式,称偃师商城是"发生于夏商之际的一次重大历史事变,即中国历史上的第一次王朝更迭——夏王朝灭亡和商王朝确立的标志",偃师商城的始建为夏商王朝交替之界标。这与把二里头遗址一号宫殿的出现(或毁坏)视作商王朝确立(或夏王朝灭亡)的标志,视作夏商王朝交替之界标的思路没有什么不同。有了这个先决认识(见《分界》一、二部分),然后便设法论证其始建年代早于郑州商城(见《分界》第三部分)。由于郑州商城的始建年代公认不晚于二里冈下层时期,所以偃师商城的始建年代一定要早于二里冈下层,如上所述,这是所有西亳说必然坚持的。新西亳说绝不会例外。早到何时为好?早到二里头四期之初最好。这样既早出郑州商城不多,可避免因早出太多带来新的问题,又能与二里头一号宫殿之毁坏相衔。"一兴一废",恰到好处,于是夏商分界便可划定在二里头文化三、四期之间。为达这一目的,《分界》进行了一连串的推论,兹概括如下:

从偃师商城小城、宫城(一号建筑群)及宫城内宫殿建筑的布局推断最初的宫殿和宫城是商城的第一批建筑物(此为推论一)。宫城内北部有一条原为建筑宫

---

[1] 方酉生:《论二里头遗址的文化性质——兼论夏代国家的形成》,《华夏考古》1994 年第 1 期。方酉生先生认为夏商分界在二里头文化 3、4 期之间,第 4 期为商文化。

殿取土挖成的大沟(此为推论二),沟内堆积为宫殿建成后使用时形成(此为推论三)。而沟内最下层所出陶片是商城内已知最早的商文化遗存,属商城分期的第一期(早段),但多数呈二里头文化特征,时代与二里头四期(晚段)和郑州二里冈 H9 同时(此为推论四)。又因宫殿建造时间早于使用时间,同时还考虑到商人灭夏,平毁二里头一号建筑,为亳都选址等需有一个过程(此为推论五)。考虑到考古学物质遗存变化比历史事件发生时间滞后的因素(此为推论六),则灭夏和建造第一批宫殿的时间当然早于二里头四期晚段。到底早到什么时候,《分界》没有进一步说明,但按照上述六个推论,至少可以早到二里头四期早段。只不过这一阶段的遗存很少,有待今后补充。如此夏商之交划在二里头文化三、四期之间便顺理成章了。

下面让我们分析一下这些推论是不是都合理、正确,有无其他可能。

关于推论一——"最初的宫殿和宫城应属商城的第一批建筑物"。宫殿和宫城是贵族的处所,如果想一想这宫殿是由什么人建造的,这些建造者的活动场所是否会更早,就会发现推论一所言若就一号建筑群本身而言尚可成立,因各单体建筑形成过程有早有晚。但就整个商城来说,该组建筑中最早者未必是商城内最早的建筑。即使在期别上无法将建造者的活动场所和宫殿区分开来,但客观实际应该如此。

结合《分界》一文在推论前已下结论——商城的始建为商王朝确立的标志,可知推论一的意思换句话说是:最初的宫殿和宫城应属成汤所建。为什么第一批建筑就一定是成汤所建? 二里头遗址一号宫殿不是也被一部分学者视为成汤所建吗? 看来都是一种猜测,缺少充分证据。

关于推论二——宫城内北部的大沟(又称大灰沟)是为建筑宫殿与宫城取土挖成的。对此,董琦先生已有详细分析[1]。根据已发表的考古发掘资料,此大灰沟与宫城城墙和宫殿基址没有直接的地层叠压、打破关系。即使都打破生土,或者都介于某两个层位之间,则大灰沟与宫殿、宫城建筑的关系也有三种可能:大灰沟早于宫殿、宫城;大灰沟晚于宫殿、宫城;大灰沟与宫殿、宫城同时。究属哪种可能,

---

[1] 董琦:《再析〈偃师商城与夏商文化分界〉的研究脉络》,《中国历史博物馆馆刊》1999 年第 2 期。

需要有充分的考古学证据。对此《分界》和以往发表的材料都没有涉及，也未论证。我们不能理解，为什么这么复杂和关键性的问题，仅强调其重要和推测性结论，而不把证据提供给学术界。凭什么说它是为建筑取土挖成的？应该说出来让大家信服。根据新近公布的有关大沟的资料看[1]，该"沟"是专为修建宫殿、宫城取土形成，还是专门有意挖成的一个具有特别用途的坑状设施，抑或二者兼而有之，颇值得深思。依其结构，特殊设施的可能性更大。该沟东西长 120 米，南北宽 14 米，沟深约 2.6 米。沟的四周围绕有宽约 1 米的夯土围墙，"中有门道相通"。在发掘范围内，保存较好的北壁"较整齐陡峭"。由此可见，它并不像随意取土形成，而是一处经过规划的特殊设施。在田野考古中，对任何特殊现象都需慎重对待，到目前为止，有围墙的垃圾坑似未见过。不能为了提早宫殿始建年代，随意把特殊遗迹解释为垃圾坑。如果大灰沟发现和发掘于宫殿基址之前，也许新西亳说就是另外一种解释。至于坑内之土取出后干什么用，未必只有修建宫城、宫殿一种可能。再说在一个并不太大（约 200 米长宽）的宫城内，且距宫殿不远处为建宫殿挖一条一百多米长的大沟也未必合适。为什么不在宫城外或更远的地方取土？商人在建造宫城时就如此随便？不讲任何布局？在宫殿近旁挖一条存放垃圾的大沟有什么益处？为了堆放垃圾方便？成汤等商王又不会自己倒垃圾，他们图的是什么？除了脏、乱和出入不便还有其他吗？

　　关于推论三——大灰沟内堆积为宫殿建成后使用时形成，其意思是说大沟取土挖成后就成为宫殿区主人们堆放垃圾的地方。推论三是在推论二的基础上推论的，推论二说大沟的形成与部分宫殿的形成同时——取土建宫殿；推论三接着说大沟当垃圾坑使用的时间也就是宫殿的使用时间，即宫殿和大灰沟同时形成又同时使用。所以如此推断，旨在用沟内堆积的时代作为判断宫城和宫殿始建年代的下限，以强调宫城和部分宫殿的始建年代早于大沟作为垃圾坑使用的年代。且不说这围有一米宽围墙的大沟是不是垃圾坑已如上述，即使是垃圾坑，《分界》仍然没

―――――――――――

[1] 中国社会科学院考古研究所河南二队：《河南偃师商城宫城北部"大灰沟"发掘简报》，《考古》2000
　　年第 7 期；赵芝荃：《论偃师商城始建年代的问题》，《中国商文化国际学术讨论会论文集》，中国大
　　百科全书出版社，1998 年。

有提供作为宫殿主人们使用的依据,只好让我们相信作者切实已掌握了充分证据,因为考古学家所做的任何结论都是有据可依的,决不会凭空杜撰,不说出来是让大家猜猜看。比如沟内堆积中的遗物都是或大部分是与宫殿主人相称的东西,而与同时期一般居址的遗物有别。具体而言如沟内多见精美装饰品残件,像玉器、骨器残件,或者还有青铜礼器残件和原始瓷残件等等。即使陶器,大概也比一般居址的精致。否则,我们很难想象用什么样的遗物来区分像成汤这样的人物与普通平民在垃圾方面的区别。可从新近公布的大沟所出遗物看,与普通居址所出没有什么不同,也许更精美、更能说明这一关键问题的东西留待来日发表。此外,根据大沟与宫殿的相对位置以及大沟的结构,从沟内堆积的分布层次与走向上能看出这些堆积物有可能来自宫殿的主人们。发掘简报称大灰沟"不同地段的地层堆积状况及包含物年代稍有差异",或许就是这个意思。如沟内堆积的层次呈南高北低(宫殿在南面)坡状倾斜,而且最早的层位,如 T28 第⑩层(最下层)是在紧靠南壁最下面,而不是在大灰沟底部中间及其以北(水淤除外)。因大沟口部有围墙,墙上开门,近门处此种堆积状况更为明显等等。究竟是否如此,我们只能乱加猜测,除此之外真不知还有什么"系统、确认的地层和实物证据",可以说明大沟是宫殿主人们的垃圾场,希望能尽快公布。

关于推论四——宫殿主人们最先扔进大沟内的垃圾——最下层堆积至少与二里头四期(晚段)和二里冈 H9 同时。这是在进一步确定大灰沟使用年代,亦即部分宫殿的使用年代,以说明至迟在二里头文化第四期晚段或二里冈 H9 时部分宫殿已建成使用,其始建年代当然还要早些。偃师商城发掘队最近发表的意见就明确指出,大灰沟最下层堆积(T28⑨、⑩层)早于二里冈 H9[1]。比《分界》推测得更早。

以《分界》为代表的新西亳说特意提到郑州二里冈 H9 是有特别用意的。

二里冈 C1H9,南关外 H62,以及二里冈 C1H17 等单位是邹衡先生研究商文化分

---

[1] 中国社会科学院考古研究所河南二队:《河南偃师商城宫城北部"大灰沟"发掘简报》,《考古》2000年第 7 期。

期时确定的几个典型单位,在此之前无人对这些单位高度重视。其中 H9 被邹先生定为先商文化最晚一组,与夏文化最晚阶段——二里头文化四期之末同时,是商人刚刚南下到郑州的遗存,即黄河以南最早的商文化。就 H9 与二里头四期的年代关系而言,《分界》接受了邹先生的研究结论,但进行了改造,把 H9 和二里头四期定为商代,而非夏代。改造的目的是用邹的成果说明偃师商城比郑州商城的始建年代更早。你说二里冈 H9 与二里头四期晚段同时,对,我承认。商人刚到郑州,则郑州商城的始建年代再早也不能早过 H9 吧! 那就好了,我偃师商城现知最早的堆积——大灰沟底层比你 H9 还早! 这才是黄河以南最早的商文化,而偃师商城的宫殿在此时早已建成了,此大灰沟底层的出土物更早。你郑亳没办法再早了,投降吧!

近些年来,新西亳说者在不少文章中引用二里冈 H9、南关外 H62 以及二里冈 H17 以推断偃师商城部分遗迹的年代,目的大都如此。

事实上,大灰沟最下层的年代根本早不到二里冈 C1H9 或二里头四期晚段。在大灰沟发掘简报公布的大灰沟最下层所出陶器中,有的明显晚于 C1H9 及二里头四期。如 T28 第⑩层所出口径明显大于肩径的大口尊、T32⑨层所出口微敛的高领瓮等。研究者可以自己认真比对一下,做出裁断。

学术界普遍的看法,商人灭夏的过程是由东向西。新西亳说视偃师商城发现的最早的商文化为夏商文化分界的界标,为商王朝建立以来最早的商文化。但不知成汤由何处到的偃师? 凭什么可以肯定在偃师以东一定没有早于或相当于偃师商城最早阶段的商文化遗存!

关于推论五,此推论与推论六,同在说明一个问题,即偃师商城始建年代比推论四所言宫殿使用年代——二里头四期晚段要早。始建年代早于使用年代是可以肯定的,问题是在考古学文化期别上如何体现,能早多长时间,用什么标准和证据来说明。按《分界》的观点,偃师商城已知最早的遗存——大灰沟底层堆积为二里头四期(晚段),这是第一批宫殿的使用时间,而成汤灭夏及最初宫殿的始建年代为二里头三、四期之交,亦即四期之初。为了说明这一过程,于是列出推论五、六。因各推论内容有别,这里分别予以分析。

推论五说从成汤灭夏,平毁偌大的二里头一号宫殿,经过一段时间又在其上挖坑、埋墓;商人灭夏,在亳阪一带择地营都再到大灰沟堆积物出现,其间要有一个过程。这个过程有多长,按《分界》的说法推算,相当于二里头文化四期早段,即从二里头三、四期之交到四期晚段之初。二里头文化共分四期,依西亳说常引用的^{14}C测年结果,每期的年代长度约 100 年[1]。早、晚段各自长度约 50 年。不知《分界》作者在做推论五、六时,是否做过估算,是否考虑到这一时间长度。我以为从成汤灭夏,到在亳阪择地建城与居住不可能用 50 年时间。这 50 年,长寿的成汤住在什么地方? 除非他灭夏后"复归于亳",回到他灭夏前的亳地,接着在偃师一带建城,约用了 50 年时间才开始居住。不论成汤灭夏后离未离开偃师一带,这 50 年只要作为都城初建期总应该有大量文化遗存,可实际并非如此。按《分界》所言,商城现知最早的遗存属二里头四期晚段,而且数量很少。堂堂商王朝的都城,竟然有 50 年的遗存未发现,着实让人费解。是考古工作有限的缘故吗? 不是。从 1983 年以来,偃师商城经过长期大规模发掘,发掘位置大部在宫殿区等与商王有直接关系的地点。不可能有而未被发现,我认为推论五、六原本就是错误的,偃师商城最早一批宫殿的始建年代不可能早到二里头四期之初。

推论五还认为二里头一号宫殿被毁到其上出现灰坑、墓葬也有一个过程。可这一过程实在没有证据可以说明一定是 50 年左右,也许几年就够了。类似的推论,其他西亳说也曾有过,如有先生就曾根据偃师商城西二城门发掘的考古现象推断大城始建年代为二里头三期或四期,认为从大城始建到西二城门使用需经过一段时间,然后再到该城门被封堵并在城内一侧辟为墓地又有一个过程。因西二城门内侧最早的墓为二里冈下层时期,故推测大城始建于二里头三或四期。从逻辑上看,这种推测并非没有道理。可实际上却错了,后来的发掘证明,这一过程很短。建筑大城与后来辟为墓地的发生时间在考古学文化上属同一期段之内。前车之鉴,不能不虑,可以推测,但不能绝对,更不能随意把两处遗址的现象推测成同一事件所致。从成汤灭夏到偃师商城第一批宫殿的出现其间所距

---

[1] 赵芝荃先生在上注多篇文章中,引录仇士华先生《有关所谓"夏文化"的碳十四年代测定的初步报告》(《考古》1983 年第 10 期)一文的结论,推算每期长约 100 年。

时间可能很长,也可能很短。以上是按照新西亳说的观点,把二里头一号宫殿之毁坏视作成汤灭夏政治事件的结果进行的分析。其实,把这两者连在一起本身就没有任何根据,有先生早就指出过,一座建筑毁坏的原因是多方面的,有自然毁坏,也有人为毁坏[1]。在人为毁坏中,可能是敌对的外族,也可能是本族人反目或不慎(如失火)导致。况且敌对的外族未必只限于商人,有什么理由一定认为是成汤灭夏所为? 这与一度把二里头一号宫殿建筑视作成汤始建一样,可信度极小。不能为了坚守西亳说,随便认为某些大型建筑的兴废一定与成汤有关,并且还以此作为断定西亳的根据。

关于推论六,即所谓考古学物质遗存的变化比历史事件发生时间滞后的理论。这是在夏商文化讨论中被不少学者再三强调的理论,各自表述有别,但大意相同,综合而言如下:王朝更替(历史事件)在前,其发生或完成是一朝一夕的事,而考古学文化因此发生的变化在后,非一朝一夕完成,要有一个过程。这一过程中的考古学文化属前朝遗民的文化,称为"后某(夏、商、周等)文化"。

从逻辑上讲,这一理论有一定道理,可在考古学文化中如何把握却很难,甚至无法做到。持此论者都是用这一理论来解释产生这一理论的材料,比如,新西亳说把二里头文化四期定为商代夏文化,由此产生了王朝变而物质文化未变的理论,回过头来又说因为有这种理论,所以二里头文化四期才是商代夏文化。循环论证。没有任何一位持此论者舍此而以其他考古学文化为例证成其说。

这一理论明显有两点不妥。

第一,历史事件的发生,特别是改朝换代与考古学文化的变化本来就不是同一概念,不能等同,缺少可比性,没有人把二者说成是一回事。是发明此说者强把二者扯到了一起。历史事件的完成时间可短至一朝一夕,可考古学家能辨认的考古学文化的时间单位,则是一期或一段,再短就难以辨认,无能为力了。只要能看出有变化,就能划分出期别或段别来。而考古学文化一期的时间长度,如上所述,在二里头文化阶段约 100 年,一段的时间约是 50 年,这么长的时间应该会发生变

---

[1] 郑光:《二里头遗址与夏文化》注 3,《华夏文明》第一集,北京大学出版社,1987 年。

化。考古学家就是以这么长的时间单位来分期分段,区分不同的考古学文化的。在这一时间跨度内如何变化,是最初? 还是其后? 变到多大程度,很难判断,但不能否认从此跨度最初就会发生变化的可能。因此,说考古学文化不会马上随事件完成而变化也是相对的,一朝一夕可能未变,数年、十数年变不变? 恐怕持这一理论的人也不敢肯定地说不变! 不能因为考古学方法难以识别数年、十数年甚至再长一点时间的文化遗存就否认在这么长的时间内考古学文化不发生变化,一定要延长到一期或一期以上的时间。新西亳说就是这样,他们把整个二里头文化四期统统视为商代夏文化,就等于约有 100 年时间夏遗民保持自己独立的文化特征,尽管二里头一带处在商人统治之下,其周围都被商文化占领,而且东去 6 千米就是典型商文化所在地亳都。真不可思议,在这种情势下夏遗民与统治他的商人 100 年老死不相往来,夏文化未受同时期商文化影响发生根本变化。这是仅就偃师境内而言,若放大一点,在二里冈下层文化分布范围内,所有发现二里头文化第四期遗存的遗址都属这类情形,那商王朝的天下是个什么样子? 到处都有夏遗民封闭式独立生存百年之久,可能吗?

第二,按照这一理论,不同性质的考古学文化便无法区分。商代夏有个"后夏文化"阶段,那么,周代商,秦统一也都会有个"后商(或殷)文化","后周文化"阶段等等。结果是王朝更替只有年代之分,而无文化之别,夏商周同源了。在这种理论下,不知"后夏文化"后到什么时候就彻底变成了商文化? 夏遗民的独立自治保持多长时间结束? 在考古学文化分期断界上如何把握? 是取决于统治者的政策? 还是与前朝遗民的顽固性有关? 这些又如何知道,在考古学文化上如何体现? 凡此,持此论者都难以说清。

考古学重实际,是与非只能用实证来说明。有关夏遗民文化的问题,因尚在讨论之中,属被证实对象,而不能作为根据。西周早期与秦代文化则是已确认无疑的考古学文化,故可以周灭商、秦统一之后的考古学文化来验证上述理论是否成立。大约 5 年前,笔者曾就这一问题发表过看法[1],现转引如下:

---

[1] 刘绪:《关于西亳说的几个问题》,《夏文化研究论集》,中华书局,1996 年。

周灭商并完成对商土的占领没有用多长时间,放宽说,不出西周早期。那么按照上述论点,在西周早期这段时间内,原商土之地还不可能出现周文化,仍应为"后商文化"或其他后什么文化。可考古材料表明,在周初分封的东土诸国中,都有周文化发现。比如封在晚商腹地的卫国,西周早期就有典型的周文化遗存,辛村卫墓是最好的说明。再如封在山西南部的晋国,这里晚商是唐地,周围还有戎狄等部族分布,可这里发现的西周早期文化遗存几乎与沣镐地区的周文化完全相同,根本不存在"后唐文化"。又如燕国,它是周初封国中距宗周最远的诸侯国,晚商时期是燕亳之地,若以远近论文化影响或文化变更之大小,这里在西周早期更不应有周文化存在,而应该是典型的"后燕文化"。可事实上在周初燕国始封地北京琉璃河遗址,西周早期的文化遗存具有很浓的周文化特征,与周邻的土著文化有明显的区分。这些都不能不是改朝换代和政权变更在考古学文化上的反映。至于秦的统一为时更短,即使从公元前249年秦灭洛阳两周算起,至公元前207年秦亡于汉也仅仅40余年,即不足考古学文化一期的年代。在这段时间里,秦文化在关东诸国之地有无遗留,特征是否明显,此乃人所共知之事,无须赘言。这又当如何解释?

引文所举周、秦之例是关于王朝更替后,被统治区异族文化很快(不到考古学文化一期之长)便发生了变化的实证。以下再举一例统治者本土也因王朝更替而发生了变化。如周人灭商后,在周人都城沣镐地区就是如此。邹衡先生在系统研究先周文化和西周文化的论著中,曾依60年代初沣西马王村两座有叠压关系的灰坑——H11和H10中出土物特征,把二者区分为先周文化和西周早期文化[1]。1997年在沣西发掘中,又一次发现了西周初年与先周文化的层位堆积[2],成为近年来周文化考古中比较重要的发现。验证了邹先生的区分是正确的。在

---

[1] 邹衡:《夏商周考古学论文集》第三部分,文物出版社,1980年。
[2] 中国社会科学院考古研究所丰镐工作队:《1997年沣西发掘报告》,《考古学报》2000年第2期。

97SCMT1 中,叠压在下面的 H18 属先周文化,叠压其上或打破它的 T1④层、H11 和 H16 属西周早期典型周文化。二者变化的主要特征是 H18 陶器不见商式器物,而 T1④层、H11、H16 及 H15 等西周早期单位则出现为数不少的商式器物,如商式簋、商式豆等。同时还出现既不见于商文化,又不见于先周文化的新器类,如联裆仿铜陶鬲等。据发掘者研究,属先周文化的 H18 的年代当在文王迁丰与武王克商之间的先周最晚阶段;属西周早期的 T1④层、H15 相当于武、成时期,H11 等相当于康、昭时期。按 ^{14}C 测年结果[1],H18 内最上层堆积的年代在公元前 1052~前 1016 年间,西周早期的 T1④层在公元前 1040~前 1002 年间。即在不到 50 年的时间内考古学文化因王朝更替发生了变化,前段是先周文化,后段属西周文化。可见,王朝更替不仅被征服者的文化会很快发生变化,而且征服者自身也会发生一定变化,这种变化并能达到使考古学家可以识别的程度。以上所举实证不知该理论的持有者有何解释,希望提出反证予以探讨。

由以上分析可知,《分界》的一连串推论或属无据臆测,或与事实相左,由此得出的结论当然不牢靠。西亳说要成立,必须另找理由,并对已有的推论重新做认真的推敲。

三、偃师商城分期的思考

出于要使偃师商城的始建年代早于郑州商城的目的,新西亳说用偃师商城的材料建立了自己的分期标尺,并在不少文章中强调该分期的重要性,强调偃师商城的分期"扩展了以二里冈文化为代表的早商文化的年代范畴"[2],重新认定了最早的早商文化,因而是夏、商、周三代考古史上的再次革命和认识研究的再一次飞跃。结论是由目的决定的,分期肯定会比已有的郑州商文化分期详细。对其年代

[1]　夏商周断代工程专家组:《夏商周断代工程 1996~2000 年阶段成果报告·简本》,世界图书出版公司,2000 年。

[2]　中国社会科学院考古研究所河南二队:《河南偃师商城宫城北部"大灰沟"发掘简报》,《考古》2000 年第 7 期。

的估定也一定会早于郑州最早的商文化,此乃愿望使然,不如此西亳说就失去了存在的基础。

目前对偃师商城的分期略有分歧,但都出自发掘队同仁之笔,故分歧不大。有2期5段[1]、3期6段[2]和3期7段[3]三种,其中3期6段最为普遍,据说3期7段是新近对3期6段的进一步扩展,但未见详细论述。以下分析3期6段之说。

偃师商城的年代与3期6段的关系是:该城"始建于偃师商城一期之初,废弃于三期之末"[4],仅一号建筑群的宫殿就"分别建成和使用于偃师商城的第一期、第二期和第三期"[5]。显然这三期是亳都的使用期,往后就迁到其他地点(隞)了。我们以此为准,看一看此3期6段详细到什么程度,每段约多长时间,在田野考古分期研究中的可操作性有多大。

先看三期总年数及各期段年数。

一期之始当然是成汤灭夏都亳之时;三期之末应终于大戊,因《古本竹书纪年》云"仲丁即位,元年,自亳迁于隞",西亳说也同意仲丁迁隞(隞)的记载。从成汤到大戊,共历5世9王(大丁未立不记,下同)。整个商代从汤至纣共17世30王(或29王),总积年史说不一,常引录者有496年(《古本竹书纪年》)、"五百有余岁"(《孟子·尽心下》)、"载祀六百"(《左传》宣公三年)等。夏商周断代工程折衷取约数为554年(公元前1600~前1046)[6]。若取最少与最多之数换算,一代(世)人的年数平均为29~35年,与通常一代人的年数相比,此数略偏高,因商代多行兄终弟及,或接近于实际。依此可进一步推知,亳为商都之年数——汤至大戊5

---

[1] 刘忠伏等:《偃师商城的发掘与文化分期》,《中国商文化国际学术讨论会论文集》,中国大百科全书出版社,1998年。

[2] 赵芝荃:《论偃师商城始建年代的问题》,《中国商文化国际学术讨论会论文集》,中国大百科全书出版社,1998年;高炜:《偃师商城与夏商文化分界》,《考古》1998年第10期。

[3] 中国社会科学院考古研究所河南二队:《河南偃师商城宫城北部"大灰沟"发掘简报》,《考古》2000年第7期。

[4] 赵芝荃:《论偃师商城始建年代的问题》,《中国商文化国际学术讨论会论文集》,中国大百科全书出版社,1998年。

[5] 高炜等:《偃师商城与夏商文化分界》,《考古》1998年第10期。

[6] 夏商周断代工程专家组:《夏商周断代工程1996~2000年阶段成果报告·简本》,世界图书出版公司,2000年。

代人年数约在 145~175 年间,这也是偃师商城 3 期 6 段从兴至废的年数。那么平均每段年数为 24~29 年。若按新成果 3 期 7 段平均,每段 20~25 年。

考古学文化分期已达到可以判定 20 余年的水平,比 ^{14}C 测年还要精确。我们不能随便怀疑和否定新西亳说在考古学文化分期上的成果,很可能在偃师商城一系列的重大的突破性贡献中,也包含有突破性的分期方法和手段。我们希望新西亳说者也能将它介绍给学术界。

据笔者体会,夏商周三代考古学文化分期,愈晚愈细,各期年代跨度相对会较短[1]。因为愈晚社会发展的速度愈快,同时可资引证的依据,如文献、文字资料愈多。比如殷墟的分期,最详细者是 4 期 7 段[2]。依《古本竹书纪年》,自盘庚至纣为 273 年,平均每段约 40 年。又如西周考古文化分期,几处分期最详细的遗址比较一致,均分为 3 期 6 段,见于沣镐遗址[3]、天马-曲村遗址[4]和琉璃河遗址[5]。西周积年依《古本竹书纪年》为 257 年,平均每段亦 40 余年。至于二里头文化分期,前面已提到,每期约 100 年。再早的各地龙山文化、仰韶文化分期,一期有多长,就无需一一列举了。介于二里头文化与殷墟商文化之间的偃师商城早商文化每段达到 20 余年,实在出人意料。

按照上举《分界》一文的意思,现知商城内最早的商文化遗存是一号建筑群内大灰沟底层堆积,属 6 段中最早一段,而这一段又属宫殿使用时的垃圾堆积。在此之前还有一段灭夏择都,兴建宫殿、宫城的过程。至少还可填补一段,甚至增补二段也未可知。若果真如此,则平均一段的年代长度将是 10 多年。是否太离谱了,笔者生性保守,在未看到系统的分期资料之前,实难接受。

由偃师商城精细的分期,还让我想到与之同时,相距 6 千米的二里头第 4 期为什么未分(前三期亦然)成几段。二里头文化发现近 50 年了,二里头遗址的发

---

[1] 短到多长时间,当然有一定极限——40 年左右,再短就很难把握了。

[2] 邹衡:《夏商周考古学论文集》第一部分第贰篇,文物出版社,1980 年。

[3] 蒋祖棣:《论丰镐周文化遗址陶器分期》,《考古学研究》(一),文物出版社,1992 年。

[4] 邹衡主编:《天马-曲村》(1980~1989),科学出版社,2000 年。

[5] 夏商周断代工程专家组:《夏商周断代工程 1996~2000 年阶段成果报告·简本》,世界图书出版公司,2000 年。

掘并不少于偃师商城。东面的商都在约 150 年时间内 5 代人分了 6 段,可谓日新月异。那么西面的夏遗民在 100 年时间内也应分出来 3 或 4 段吧。可几十年来,未见分出,是什么原因形成了这样大的反差? 不是二里头文化材料欠缺的原因,也不是发掘主持人能力强弱的原因,因赵芝荃先生既主持过二里头遗址的发掘和研究,也主持过偃师商城的发掘和研究;二里头文化分为四期有他的贡献,偃师商城分为 3 期 6 段也是由他最先发明。是夏遗民太过冥顽不灵,不如商人有进取精神? 还是研究者本身出了问题,不顾其他一味地提早偃师商城的年代所致? 我以为是后者而不是前者,大灰沟最下层遗物被错定为早于二里冈 H9 就是例证。

由于新西亳说过分地关注偃师商城的始建年代而忽略了它的废弃的过程,因而在商城分期的研究中就自然地出现了"顾头不顾尾"的现象,

任何一座都城都有其始建、使用和废弃的过程,新西亳说对偃师商城的始建和使用深思有余,对其废弃过程却未能熟虑。就亳都的时限来说,3 期 6 段指其兴与废,颇为恰当。但作为一座城市,不可能因迁都而彻底废弃,全部消失得无影无踪。文献中又没有留下迁都是因亳都遭受了毁灭性的天灾人祸的记载,废弃也应该有一个过程,同样不是一朝一夕的事情。商人灭夏还让夏都的臣民继续生存了百来年,更何况这是商人自己迁都。因此,偃师商城若为亳都,他的分期就应考虑到迁都以后的文化遗存。

然而,偃师商城的考古工作已开展多年,所获资料已相当丰富,没有发现 6 段以后的遗存,或 6 段以后的遗存极少,这种现象或许正反映了商城的真实情况。说明现知 3 期 6 段有头有尾,确实与宫殿、宫城的兴废吻合,紧接其后确实没有遗存或骤然变得极少。若属这种情况,我们也可分析一下,该城应是一座什么性质的城邑。是因都城搬迁所致? 还是它原本就不是都城,而是一座军事重镇类城邑,因设防的取消而很快消失。后一种可能并非没有。

总之,完整的分期将为推断城址的性质提供依据。对偃师商城始建与使用年代的解释要圆满,同时对其废弃年代的解释也要合情合理。不能只在争最早上费心思,忽略了对废弃年代的探讨。

四、关于夏商王朝交替界标的思考

所谓夏商王朝交替的界标,实际上仍然是亳都问题。哪里是成汤始居之亳,哪里就能确定商代最早的商文化。由此便可进一步确定夏文化及先商文化,夏、商王朝之交替也就可以界定了。汤始居之亳定不下来,这个界标也难以确定。

汤亳在何处?学术界讨论热烈,分歧颇多。在考古学界有郑州商城亳都说、二里头遗址亳都说(旧西亳说)、偃师商城亳都说(新西亳说)和垣曲商城亳都说[1]。因此,在亳都地望未取得共识之前,任何一说都可以说自己所认定的亳都可作为夏商王朝交替的界标,但不能成为定论,提出来大家讨论而已。

近年来,新西亳说在努力争抢这一“界标”。声称这一界标只能有一个,且非偃师商城莫属,实际上还是说亳都非偃师商城莫属。亳都不存,界标焉附?因上述诸亳说的存在,自然诸界标都可提出。如郑亳说可以认为郑州商城的始建为夏、商王朝交替的界标;“两京制”说也可以认为郑州商城和偃师商城各自的始建都是夏、商王朝交替的界标;二里头遗址亳都说也可以某一宫殿之始建为夏、商王朝交替的界标。与新西亳说视偃师商城为界标一样,都是在坚持自己的一种意见,是不同观点的各自陈述,属正常的学术讨论。可新西亳说不这么理解和对待,为否定他说,指责对方搞“泛界标”,“对‘都城’和‘界标’概念的界定不明确”。力主夏、商王朝交替的界标只能有一处,就是偃师商城。只要不服从,不同意西亳说就是不懂什么是夏、商王朝交替的界标。其实,新西亳说自己对如何确立夏、商王朝交替的界标都未完全搞清。比如,他们所坚持的偃师商城始建为唯一夏、商王朝交替界标的提法就有以下两点值得商榷。

第一,偃师商城的始建是不是夏、商王朝交替的唯一界标。

“夏、商王朝交替”不仅体现在商王朝的建立,还体现在夏王朝的灭亡。新西亳说在论述偃师商城始建年代时,也是把它和二里头遗址一号宫殿建筑的废毁联系

---

[1] 陈昌远:《商族起源地望发微——兼论山西垣曲商城发现的意义》,《历史研究》1987年第1期。

在一起的,即所谓"一兴一废"。按照新西亳说的这种体系,偃师商城的始建既可作为界标,以表示"兴";则二里头遗址一号宫殿建筑的废毁也可作为界标,以表示"废"。二者合一才构成完整的夏、商交替。如此,偃师商城被视作"唯一"界标就不妥了,至少不全面。二里头遗址也有资格作为界标。因新西亳说一味考虑偃师商城在夏商文化研究中的重要性和一系列突出贡献,故而宁可把自己涉及的另一处界标——二里头遗址丢掉,也要片面地突出偃师商城的"唯一"。

第二,汤亳始建与夏都毁废的关系。

一提到成汤亳都的始建,新西亳说就有一个固定概念,即它是在灭夏之后才开始兴建的。上引《分界》一文还有条不紊地讲述了灭夏之后在亳阪择地建亳都的先后过程。好像这是一个无需考虑,自然而然的问题;好像新王朝最初都城的兴建一定要在推翻旧王朝,毁坏旧王都之后。我们不明白依据什么说亳都兴建一定在桀都被毁之后。到现在为止,新西亳说在这个问题上没有对有关亳都的文献记载做系统论证,而是据部分较晚的文献记载排列了二者的先后关系,对更早的有关汤始都亳的记载不予理会。

有的西亳说者把春秋齐器叔夷钟铭文"咸有九州,处禹之堵"解释为"处禹之都"。认为二里头为桀都斟鄩,偃师商城为亳都,二者相距只有 6 千米,与铭文记载相符[1]。这种解释非常勉强。"堵"未必是"都",郭沫若先生释"土"[2],其意与《诗·商颂·长发》"洪水茫茫,禹敷下土方"之土相近,不是指具体的都城。铭文在"处禹之堵"前云"咸有九州"也可以说明。在周代,禹是一位被神化了的夏代帝王,当时的观念普遍认为:谁占有禹的领地谁就顺应天命,正统合法,可以王天下。周之先祖后稷"奄有下土,缵禹之绪"(《诗·鲁颂》)。周公号召周人"其克诘尔戎兵,以陟禹之迹,方行天下"(《尚书·立政》)。身居齐国的宋人顺扬其高祖成汤:"又严在帝所,专受天命,□伐夏祀……咸有九州,处禹之堵。"远居西垂的秦人亦赞

---

[1] 方酉生:《论偃师尸乡沟商城为商都西亳》,《中国商文化国际学术讨论会论文集》,中国大百科全书出版社,1998 年。
[2] 郭沫若:《两周金文辞大系图录考释》·叔夷钟,上海书店出版社,1999 年。

美其皇祖"受天命, 鼏宅禹迹"[1]。"处禹之堵"和"鼏宅禹迹"的意思应该相同, 都是泛指禹或夏王朝的疆域, 并非指禹的都城。退一步说, 即使把"堵"解为"都", 则铭文明言是"禹之堵", 而非"桀之堵"。更何况在文献所记有关禹的都城中, 并无斟鄩之说。虽"安邑"是禹和桀共有的都城, 可惜不在偃师。总之, "处禹之堵", 不能说明亳与斟鄩都在偃师, 也不能说明灭夏在前, 建亳在后。

较早的文献中有没有反映成汤都亳与灭夏在时间上先后顺序的记载呢? 有, 而且比偃师汤亳的有关记载更早。对此, 新、旧西亳说都很清楚, 只因于己不利故避而不谈。在夏商文化研讨中, 郑亳说在依文献对偃师商城做出解说之后, 还不止一次列举若干文献, 以说明成汤在灭夏前已都亳, 灭夏是从亳出发, 灭夏后又回归亳。依此向西亳说提出质疑, 证明成汤始都之亳不在夏人腹地偃师, 应在其东的郑州。西亳说对此没有一人给予回答和解释, 反而就都亳与灭夏之先后关系编排出另外一套所谓唯一正确的说法来, 大胆地对一些考古现象进行逼真的解说, 而且这种说法迷惑了不少人, 并在继续蔓延和扩展。为了辨明是非, 以清耳目, 兹将郑亳说引录的可以说明都亳与灭夏先后关系的主要文献摘抄如下:

《逸周书·殷祝解》云: "汤放桀而复薄。"

《尚书·汤诰序》: "汤既黜夏命, 复归于亳。"

《史记·殷本纪》: "既绌夏命, 还亳。"

《吕氏春秋·慎大览》: "伊尹奔夏, 三年, 反报于亳。……汤犹发师以信伊尹之盟, 故令师从东方出于国西以进, 未接刃而桀走。"

以上文献记载已很清楚地说明, 成汤在灭夏之前已都于亳。不是如新西亳说编排的那样, 先灭夏再建亳。从这一点来说, 汤亳最早的遗存属灭夏前的先商文化, 而非早商文化。因此, 以亳都始建之年为早商之初的结论压根就是错误的, 把它视为夏、商王朝交替之界标也只能是错上加错, 至少很不确切。

---

[1] 郭沫若: 《两周金文辞大系图录考释》·秦公簋, 上海书店出版社, 1999 年。

明确了亳都始建与夏桀亡国的先后顺序,也就搞清了在确立夏商王朝交替界标时,亳都始建该如何理解和对待,不能以为亳都始建就是最精确的界标。

在新西亳说对上举诸多文献不予理会的情况下,以上分析应该是必要的,舍此而论证亳都,论证界标的唯一是片面的。商人灭夏之后在夏人腹地兴建一些城邑乃情理中事,史料把它们与成汤联系起来也很正常,属此类者并非偃师一地。即使成汤果真将亳都迁到偃师,那也不能在论亳都时笼而统之言称灭夏在前,建亳在后,将灭夏前亳都的存在一笔勾销,依此来强调灭夏后所建亳都的唯一。新西亳说所以这样做,是有意回避和淡化早由郑亳说提出的二里头文化一至四期为夏文化,二里冈文化是早商文化的结论,以便突出新西亳说才是认定和解决早商文化及夏商分界的唯一正确代表,好像在偃师商城发现之前,学术界有关早商文化与夏商分界的讨论毫无成就,唯偃师商城的发现和新西亳说才使这一重大学术问题迎刃而解。而且唯有如此,别无其他。

偃师商城的发现确是夏商文化研究中的大事,偃师商城的发掘确实取得了辉煌成绩,其最重要的学术意义之一是证明了二里冈文化是早商文化,使争论多年的夏商文化分界的讨论趋于一致。因为无论它是西亳,还是桐宫,抑或成汤的别都、重镇等,均属商代初期。

笔者并不完全否定以亳都作为夏、商王朝交替界标的意见,只是觉得新西亳说在确立这个界标时仅强调灭夏与迁亳,模糊了始建之亳与后迁之亳的关系,也模糊了建亳与灭夏的先后顺序,没有把界标的尺度把握准确。我以为这个界标是相对的,因为最后用以表示和说明它的是考古学文化,时间再短也需用一期或一段来衡量。再说,不论建亳还是灭夏乃至迁亳,它的完成者都是成汤,能把考古学文化的某一期段确定在这一时期就可以了。目前,郑亳说和新西亳说在这方面比较接近,即都认为二里冈下层早段是郑州和偃师一带最早的商文化,约当成汤之时,以此为商代初年的标志是双方都能接受的,大可不必再为谁早谁晚争论不休,并衍生出诸多错误推论来。

如果新西亳说执意要坚持偃师商城为成汤之亳都,那么出路有两条:一是全面否定上举有关成汤灭夏归亳的记载;一是走部分旧西亳说的老路,承认在偃师之外还有一个更早的亳都,诸如南亳、北亳等。若走前一条路,讨论将无法继续;若走后一条路,则偃师之亳必然是由更早之亳迁去,或作为更早之亳的陪都而存在。即使走后一条路,偃师商城始建之时也未必是商代起始之时,偃师商城最早的商文化也不是最早的早商文化。借用新西亳说的说法,因为灭夏,毁其建筑和择地建城有一个过程,更何况文献明确记载成汤灭夏后先回到了已存在的亳都,显然最早的早商文化应该在此,而不在尚未建成的偃师商城。由灭夏到从故亳都迁至偃师新亳都,尽管期间所历时日也许短到数年,甚至数月,难以用考古学方法来判断,但新都的始建和最初的使用毕竟不是准确的商代起始。因此,无论偃师商城性质如何,其始建的时间都不是夏、商王朝交替的准确界标。

(原文刊于《考古学研究》[五]·上册,科学出版社,2003 年)

9
夏商文化分界与偃师西亳的若干问题

　　2003 年,在庆祝邹衡先生七十五寿辰论文集中,笔者发表了《夏商文化分界探讨的思考》一文[1],之后,有学者就拙作中提出的问题进行了商榷,我虽很少回应,但一直在关注这一问题。近年来,有关夏商文化分界的讨论又有一些新动向,其中还涉及对邹衡先生的批判。时值邹先生逝世五周年之际,兹将近年来个人对夏商文化分界以及偃师西亳等方面的再思考做一简要梳理,形成本文,一则纪念先生,二则求教方家。

一、夏商文化分界新说的创立

　　有关夏商文化分界之争[2],在 20 世纪 80 年代初,各种说法就都已出炉。偃师商城发现之后,伴随着学术争论的深入与当时[14]C 测年结果的影响(详下文),一些原主张夏商文化分界在二里头文化二、三期之交的学者始改变看法,赞同三、四期之交为夏商分界的观点[3]。在"夏商周断代工程"期间(1996~2000 年),经过现场对实物的观察和研讨,使更多的学者认识到二里头文化一至四期均属夏文化,但第四期进入商代,是商代夏文化,或称"夏遗民的文化""后夏文化"。从此,将二

---

[1] 刘绪:《夏商文化分界探讨的思考》,北京大学考古文博学院编:《考古学研究》(五),科学出版社,2003 年。

[2] 不论研究者对夏商文化如何理解与区分,这种所谓分界,更多的时候是指夏商二代之分。恕不详细列举。

[3] 如赵芝荃先生,他在接受《手铲释天书》编者提问时说:"'文化大革命'前后,探索夏文化主要是两种意见,一是考古所二里头工作队主张二里头一、二期文化为夏,三、四期文化为商,这也是我的观点。"1986 年出版的《中国考古学研究》(二)中,赵先生发表文章"关于二里头文化类型与分期问题",改变了观点,认为新砦期、二里头一、二、三期属夏文化,四期已进入商代纪年范畴。

里头文化一分为二的主要意见发生了大的变化,此前占优势的二、三期之交分界说,坚持者渐少,而三、四期之交分界说,支持者渐多。不久,三、四期之交分界说又有小的微调,即认为夏商分界应划在二里头文化第四期早、晚段之间,早段属夏代,晚段属商代[1]。此说是以前未曾有过的,乃“夏商周断代工程”以来出现的新说,且渐为更多的学者认同,目前,此说与“郑亳说”倡导的分界说成为夏商分界的两大主流观点。

为何要做这样的微调,论者依偃师商城的发现列举了诸多理由,兹不重复。但有一点未能涉及,就是商代夏文化,即所谓“后夏文化”不能延续时间太长,亦即偃师商城的早商文化与二里头遗址的“后夏文化”不能同时并存时间太长,越长越不合情理。

最初提出早商文化与“后夏文化”并存的问题,是“夏商周断代工程”的一次研讨会。

1997 年 12 月,“夏商周断代工程”办公室在偃师县组织召开关于夏、商年代学课题研究的学术研讨会。会上,各子课题汇报本课题进展与最新研究成果之后,大家展开讨论。其中高炜先生根据偃师商城发掘的最新成果,谈了他对偃师商城始建年代与文化属性等方面的看法[2],部分内容大意是:偃师商城始建年代可作为夏商分界的界标,具体始建年代为二里头文化三、四期之交。二里头文化一至四期一脉相承,属夏文化,唯第四期进入商代,是商代初年夏遗民的文化遗存;偃师商城第一期的年代约与二里头第四期同时,但文化特征与二里头第四期有别,属商文化。笔者有幸参加了这次会议,收获颇多,其中对我触动最大的是高先生把确定为同时的二里头遗址第四期和偃师商城第一期分别划归为两种考古学文化——夏文化与商文化。我觉得这样的结论有难以理解的地方,于是在轮到我发言的时候,就把个人的想法提了出来。大意是:二里头遗址与偃师商城遗址相距仅 6 千米,在考古学文化一期之长的时间内,有两种文化在这么近的距离内同时并存,可能性有多

[1] 杜金鹏:《偃师商城初探》,中国社会科学出版社,2003 年,第 186 页。
[2] 高炜先生是代表《中国考古学·夏商卷》主要成员发言,发言主要内容成文后,以四人名义联名发表。见高炜、杨锡璋、王巍、杜金鹏:《偃师商城与夏商文化分界》,《考古》1998 年第 10 期。

大？我在发言中还简单算了一笔账，即根据以往对二里头遗址的[14]C测年，二里头文化一至四期约为公元前1900~前1500年，平均每期约100年[1]，考虑到考古学文化各期年代未必等同的因素，第四期的年数打点折扣，比平均数少算一点，按70~80年估算。接下来我提的问题是，在70~80年之长的时间内，中原地区相距仅6千米的两处大型居邑，分别保持着各自独立的文化，而且两遗址还是首都与近郊的关系，感觉上时间有些长了，这种可能很小，有点想不明白。因此，提出来让大家共同思考，帮助释疑解惑。我仅是凭感觉提的问题，自己找不到真凭实据来说明这种可能一定很小。第二天继续开会，杜金鹏先生提到我前一天的发言，并说刘先生提的两遗址并存一期之长的问题有点超前，我们没有考虑过。会下，邹衡先生对我说：你提的问题比较合理，他们今后可能会考虑的。

高炜先生的看法在1998年《考古》第10期上以《偃师商城与夏商文化分界》（以下简称《分界》）为题发表，作者除高先生外，还有杨锡璋、王巍和杜金鹏三位先生。文章主旨基本与高先生在会上的发言近同，但在二里头文化第四期是否全部进入商代有所保留，文中做了这样的描述"至迟在二里头文化四期晚段已经完成了夏、商王朝的更替"，"二里头文化主体是夏文化，唯其第四期（至迟其晚段）已经进入商代早期"，不是很明确地说第四期全部进入商代，而是"至迟在二里头文化四期晚段"或在"第四期"之后加一括号，其内专门注明是"至迟其晚段"进入商代。就全文总体意向看，还是侧重于整个第四期属商代。因为第四期进入商代的长短是与偃师商城始建年代对应的，而且是由后者决定的。至迟四期晚段已经进入商代，也就是说偃师商城始建年代至迟可达二里头四期晚段之初，而商城建成之前还有一个灭夏毁宫（二里头一号宫殿建筑）、在亳阪择地建都，再到商城内最早废弃堆积的形成（"大灰沟"最下层堆积）等环节，"期间也要有一个过程"。显然，作者还是倾向于认为偃师商城的始建年代还应提前，即早于四期晚段。为什么在第四期之后要注明是"至迟其晚段"呢？数年之后，《分界》作者之一的杜金鹏先生有过

---

[1] 仇士华等：《有关所谓"夏文化"的碳十四年代测定的初步报告》，《考古》1983年第10期。有关夏文化的年代，在"夏商周断代工程"之前，该文结论影响很大，是探讨夏文化年代的主要参考文献，被不少学者引用，笔者当时也以此为据进行分析。近年来的测年结果与此有别。

说明:"关于偃师商城始建年代、夏商文化更替表述中的'至迟'一词,是我的建议,为大家所采纳。这种表述有两层含义:其一,王朝更替与考古学文化现象(遗迹遗物)变化不会是完全同步的,尽管这个时间差我们无法衡量;其二,当时的考古资料表明偃师商城始建年代不会晚于二里头四期偏晚时候,用'至迟'是留有余地的措辞。我的本意是根据已有考古资料将偃师商城始建年代暂且推定在二里头文化四期偏晚时候,倘若新的考古发现证明偃师商城始建年代又可提前,则随时调整相关观点。"[1]这种微妙的调整在我看来是很重要的,尽管《分界》作者们有点犹豫不定,可能没有考虑我提出的问题。但二里头文化第四期早段未进入商代的意向已经萌生,从我思考问题的角度看,"后夏文化"与商文化在偃师(也涉及其他地区)并存一期之长的疑惑有望减轻或解除,夏商分界的探讨或将向前迈进一步。

2003 年,杜金鹏先生明确说:"最新考古工作告诉我们,偃师商城作为都城,证据更加充分;偃师商城始建于商文化一期 1 段,至第 2 段时已初具规模,也有确凿的地层依据和遗迹实证。因此,我们现在所说的偃师商城为夏商'界标',是把年代相当于二里头四期晚段的偃师商城商文化第 1 段,作为最早的商文化,而此前的二里头文化遗存则属于夏文化。"[2]在这里,"至迟"被取消了,商代最早的商文化与二里头四期晚段同时并存,此前的二里头文化四期早段被划归夏代夏文化。至此,新的夏商分界说——二里头文化第四期早、晚段之交分界说诞生。我不能理解的夏、商文化在偃师境内并存一期之长的疑虑基本解除,该分界说应更贴近实际与合乎情理。至今,此说被越来越多的主张偃师西亳说的学者接受,尤其是中青年学者,在二里头文化一分为二诸分界说中基本成为主流。所以,个人以为,杜金鹏先生是近十年来在夏商分界探讨中研究最深入、思路最清晰的一位。至于目前还在坚持二里头文化三、四期之交为夏商分界,整个四期都属商代夏文化的学者,远没有跟上杜先生的步伐。

二里头文化第四期早、晚段之交分界说一出,我对邹先生说:先生,此说与你

[1] 杜金鹏:《夏商分界研究中"都城界定法"的理论与实践》,《三代考古》(二),科学出版社,2006 年。
[2] 杜金鹏:《偃师商城初探》,中国社会科学出版社,2003 年,第 185 页。

的看法更接近了,仅有半期之遥[1],可以说基本近同了。先生以为夏文化在商代早期一座商城近旁存在半期之长还是有点长,虽然我也有同感,但觉得要对半期长的考古学文化做出属性辨析,难度太高,已经到了考古学方法难以把握的程度。因此,我安慰先生说,夏文化争论到这样的结果,基本可以了。反正先生首先提出的二里头文化都是夏文化的观点,已得到绝大多数学者的认同。至于其第四期晚段属夏代还是属商代,留待以后去探讨吧。

难以把握,并不等于分歧不存在。二里头文化第四期早、晚段之交为夏商分界,晚段属商代夏文化的结论仅是主要观点之一,确是需要今后继续探讨的。

这里,我要特别提出两个问题,以引起今后研究注意。第一个问题,即二里头文化四期或四期晚段是商代夏文化的提出,是建立在一种未经验证的所谓考古学"理论"之上的推断,此"理论"得到学术界较普遍认可,这就是所谓王朝更替与考古学文化现象变化不完全同步,也可谓"文化滞后说"。对该"理论"的认识及其在考古学研究中的可操作性,本人有过较详细论述[2],兹不重复。本人寡闻,至今仍未看到赞同此说者有人列举旁证(更早时期的除外)以证明此说的正确与合理。仅在上举偃师那次学术研讨会上,遇到一位先生以湖北一带在秦代还是楚文化,不见秦文化为旁证,证明王朝更替,考古学文化没有很快发生变化之理论的正确。结果当场遭到俞伟超先生的反驳,俞先生列举了一系列湖北发现的秦文化遗存,指出秦灭楚,楚地考古学文化很快发生了变化。

无论二里头文化四期是商代夏文化,还是四期晚段是商代夏文化,这些结论仍然属于推理,是需要继续论证的问题。"后夏文化"后到何时成为商文化,很难把握。实际上,连赞同该说的学者也认为王朝更替与考古学文化现象变化不完全同步的时间差"无法衡量",难以判定。因此,我们且不可以此结论为据,认为该"理论"已得到了验证,是容易衡量和操作的。须知,得出此结论的材料,也是得出该"理论"的材料,这其中难免有循环论证之嫌。该"理论"要成立,还需有其他实证

---

[1] 指二里头文化第四期晚段归夏代还是归商代的区别。

[2] 刘绪:《夏商文化分界探讨的思考》,北京大学考古文博学院编:《考古学研究》(五),科学出版社,2003 年,第 192~194 页。

来证明。

第二个问题,即偃师商城最早的商文化与二里头遗址第四期晚段商代夏文化同时,二者文化性质不同,而且考古工作者能够辨识出来,若商代夏文化解释为文化滞后,是"后夏文化",那前者就不能说是文化滞后了,因为它与二里头遗址的"后夏文化"同时且属商文化。这样一来,所谓王朝更替与考古学文化现象变化不完全同步的滞后理论就变得复杂起来,就会出现王朝更替后,有的地点文化滞后,不会很快发生变化,为"后某文化"(如二里头遗址);也有的地点则会很快发生变化,而且还能成为新时代的标志(如偃师商城)。若离开如桀都与汤亳这类可以先予指认的历史人物和地点,我们不知道如何去判断何地文化滞后,何地不滞后。所以,"文化滞后论"即使成立,也不可随意套用。

二、夏商文化分界旧说的泛起

夏商文化分界旧说有多种,上文已提到。唯二里头文化二、三期之交分界说近年有泛起之势。

二、三期之交分界说应该说资格最老,它萌芽于二里头遗址第一篇发掘简报,尽管当时还没有今天夏商分界的概念。这篇简报第一次将二里头遗址文化遗存分为早、中、晚三期,此三期分别相当于后来四期分法的一、二、三期。简报根据当时的认识,在结语中做了这样的推测:"根据文献记载,传说偃师是汤都西亳,而此遗址内以晚期(即洛达庙类型)文化层分布最广,这是值得注意的,或许这一时期相当于商汤建都的阶段。更早的文化遗存可能是商汤建都以前的。"[1] 显然,简报已经有了晚期是成汤建都阶段,晚期以前则早于成汤的概念。同时也有了晚期属早商文化的结论(当时学界已有了洛达庙类型属早商文化之说),至于早于晚期的早、中期属何文化,简报没有明确说法,但认为可能进入"商汤建都以前","商汤建

---

[1] 中国科学院考古研究所洛阳发掘队:《1959年河南偃师二里头试掘简报》,《考古》1961年第2期,
第81页。

都以前"自然是夏代。此后不久,许顺湛先生在简报的基础上,结合郑州等地类似遗存的发现,于 1964 年发表了《夏代文化探索》一文,明确提出二里头遗址晚期属早商文化,是成汤以来的西亳时期;二里头遗址早、中期是夏文化。这是最早一篇运用二里头遗址发掘资料论述夏文化和早商文化的文章,从这方面来说,本文也可谓是最早明确提出二里头文化中(后来之第二期)、晚期(后来之第三期)之交为夏商分界的文章[1]。再后,随着二里头等遗址材料的增加,这种看法逐渐被大多数学者接受,此即所谓"二里头遗址西亳说"。到 1977 年冬"登封告成遗址发掘现场会"召开前夕,二里头遗址为成汤所都西亳,二里头文化二、三期之交为夏商分界之说几成学界共识。1978 年初,殷玮璋先生发表《二里头文化探讨》一文[2],对这种说法进行了补充论证。应该说,在当时持本说的所有文章中,殷先生这篇文章具有代表性,在学术界影响较大,估计殷先生也非常看重。也正是在 1977 年冬召开的"登封告成遗址发掘现场会"会议上,邹衡先生首次提出二里头遗址不是西亳,二里头文化一至四期均为夏文化;郑州商城是成汤亳都,二里冈下层文化才是早商文化的看法。夏商分界被划定在二里头文化第四期之末与二里冈下层文化晚段之间。邹先生的观点被学界称为"郑亳说"。郑亳说一出,立即遭到固有说法即二里头遗址西亳说的围攻。在偃师商城发现之前,虽然也有其他分界说提出,但都未成为主流意见。论战主要在郑亳说与以二里头文化二、三期之交分界说为代表的二里头遗址西亳说之间展开。后来,如上文所述,由于偃师商城的发现,不少赞同二里头遗址二、三期之交为夏商分界的学者陆续弃之而改存它说,坚持者寥寥,其主流地位很快被三、四期之交分界说所替代,也就是说,二里头遗址西亳说的主流地位很快被"偃师商城西亳说"替代。因而,论战主要转变成郑亳说与偃师商城西亳说的论战。二里头遗址西亳说很少有人信从了。

　　可见,在旧有夏商分界诸说中,资格最老且曾一度一说独大的二里头遗址西亳

──────────

[1] 许顺湛:《夏代文化探索》,《史学月刊》1964 年第 7 期。在诸多总结夏文化探讨的论著中,对此文没有予以足够的重视,欠妥。

[2] 殷玮璋:《二里头文化探讨》,《考古》1978 年第 1 期。殷先生在 1984 年还发表过两篇类似文章,见《文物》1984 年第 2 期;《考古》1984 年第 4 期。

说首先受到郑亳说的挑战,继而又遭遇偃师商城西亳说的争夺。这对曾经力主二里头遗址西亳说,尤其是对该说发表过有影响文章的个别学者来说,很难接受,总会寻找理由和机会重振旧说。

果然,自 2005 年以来,亦即邹衡先生逝世之后,曾积极赞同二里头遗址西亳说的殷玮璋先生连续发表五篇文章(仅一篇发表于邹先生逝世前)[1],并在多次学术会议和其他学术活动中发表演讲,对邹衡先生否定二里头遗址西亳说、创建郑亳说的有关论述进行了严厉批评,指责邹先生在研究思路与研究方法上存在先天缺陷,不按科学规程操作,"不尊重客观存在的基础材料,不重视证据及论证在研究中的作用,一味地用非主体材料,凭借主观解释而进行推测,不可避免地落入纯粹的假设与推理的怪圈之中"。"未能摆好物质第一性的位置,重观点而轻材料,甚至用观点去指认材料的属性与年代,使材料的属性与年代随作者的观点出现变化而跟着变化,由此而给出的结论必然与历史真实越来越远"[2]等等。附带也对偃师商城西亳说给予了批驳,坚持二里头遗址西亳说。殷对邹先生的批评是否恰当、合理和正确,邹先生的学术研究水平是否如殷文所说的这么低,已有多位学者给以评判[3],大家可以查阅,本文不拟再费笔墨。

殷先生何以对故去的邹先生如此不客气,如果没有个人情感方面的因素,那主要原因当是邹先生倡导的郑亳说最早削弱乃至否定了殷先生赞同的二里头遗址西亳说,而且郑亳说的支持者越来越多。若使二里头遗址西亳说恢复旧势,批判郑亳

---

[1] 殷玮璋:《郑州商城的年代问题》,《安金槐先生纪念文集》,大象出版社,2005 年;殷玮璋:《再论早商文化的推定及相关问题——断代工程结题后的反思(一)》,《二里头遗址与二里头文化研究·中国二里头遗址与二里头文化国际学术研讨会论文集》,科学出版社,2006 年;殷玮璋:《夏文化探索中的方法问题——"夏商周断代工程"结题后的反思(二)》,《河北学刊》2006 年第 4 期;殷玮璋:《探索研究必需按科学规程操作——"夏商周断代工程"结题后的反思》,《纪念世界文化遗产殷墟科学发掘 80 周年考古与文化遗产论坛会议论文》,中国安阳,2008 年 10 月;殷玮璋:《考古研究必需按科学规程操作(节录)——"夏商周断代工程"结题后的反思》,《中国社会科学院古代文明研究中心通讯》2009 年第 17 期。

[2] 殷玮璋:《考古研究必需按科学规程操作(节录)——"夏商周断代工程"结题后的反思》,《中国社会科学院古代文明研究中心通讯》2009 年第 17 期第 12、13 页。

[3] 王琼、钱燕:《也谈考古研究中的方法问题——兼与殷玮璋先生商榷》,《中国历史文物》2009 年第 6 期;李维明:《邹衡先生与"郑亳说"创建历程》,《南方文物》2010 年第 1 期。

说则是第一要务。殷在批评中主要谈论所谓研究方法、研究思路、规程操作等,意在从根基上摧毁郑亳说。至于对夏商文化的认识则仍延旧说,没有运用新的考古材料做进一步论证。之所以反复批判郑亳说,重新强调二里头遗址是西亳,二里头文化三、四期属早商文化,其唯一的新证据是"夏商周断代工程"中的¹⁴C 测年数据。

统观殷先生的五篇文章,几乎无一不谈"夏商周断代工程"期间的¹⁴C 测年数据,特别强调"夏商周断代工程"以来,¹⁴C 测年精度提高,其测定的年代是研究者立论时的一个必要前提。所以如此,是因为二里头遗址第三期的年代,"夏商周断代工程"以来的¹⁴C 测年结果最早不超过公元前 1610 年[1],这无论与学术界传统的关于商代初年的说法,还是与"夏商周断代工程"关于商代初年的结论都是极其接近的,也与二里头遗址西亳说的看法极为吻合,而与郑州商城和偃师商城的始建年代不合。这是最新科技手段测定的结果,所以,殷先生频频强调,大谈特谈。

对¹⁴C 的测年结果,作为考古学者没有理由和能力说三道四,只能面对。可是,当我们将这些测年数据与考古学文化研究结论结合时,也会发现一些矛盾,产生一些疑惑和不解,同样也是需要相互沟通和切磋的。"夏商周断代工程"关于夏商时期的测年结果就存在这样的问题。

2000 年,《夏商周断代工程 1996~2000 年阶段成果报告·简本》(以下称《简本》)发表后,笔者发现《简本》在考古学文化编年与¹⁴C 测年数据之间存在矛盾,适逢《中原文物》就"夏商周断代工程"的初步成果组织笔谈稿,于是简单写了几点看法刊出[2]。为方便读者和下文论述,先将当时我的部分笔谈要点概括如下:第一,《简本》根据多方面考证,估定商代始年为公元前 1600 年,同时确定二里冈文化下层早段为商代初年的考古学文化遗存,分别以郑州商城二里冈下层一期早段和偃师商城商文化一期一段为代表,并对其炭样进行了测年。测年结果是两处遗址的数据比较接近,大部分落在公元前 1600~前 1525 年之间(《简本》表 15、16),上

---

[1] 夏商周断代工程专家组:《夏商周断代工程 1996~2000 年阶段成果报告·简本》,世界图书出版社,2000 年,第 77 页表二十。

[2] 刘绪:《有关夏代年代和夏文化测年的几点看法》,《中原文物》2001 年第 2 期。

限基本与估定的商代始年相符。然而对二里头遗址各期测年的结果表明,二里头文化第三期的年代也落在这一时间段内,为公元前 1610~前 1555 年(《简本》表 20),如此,二里头文化第三期与二里冈下层文化同时了,也属商代初年。这与考古学界公认的二里头文化第三期早于二里冈下层文化的结论相矛盾,所以,我当时认为"如果没有特殊原因,则两组测年结果肯定有一组不可靠,应该重新测定"。第二,《简本》还公布了郑州商城遗址洛达庙类型晚期的^{14}C 测年数据,约在公元前 1740~前 1540 年间(《简本》表 14、15),其上限早于二里冈下层,也早于二里头文化第三期的年代。而洛达庙类型晚期也就是二里头文化晚期,亦即二里头文化三、四期。这又是一个矛盾,"不知为什么同属二里头文化三、四期的遗存,郑州商城遗址的测年早于二里冈下层,而二里头遗址的测年却与二里冈下层同时"。按照常理,这些矛盾属于很简单的错误,可在《简本》中出现了。我当时怀疑有些测年结果可能受到人为因素的干扰,所以笔谈中专门在指出"两组测年结果肯定有一组不可靠"之前,特意加了"如果没有特殊原因"数字。笔谈刊出后,有传言说我是有意在向断代工程发难,其实我也是该工程普通参加者之一,无意与工程作对。《简本》有错应当及时改正,以免出《繁本》时再错。

对于《简本》中存在的上述问题,若站在绝大多数考古学者的角度去判断,不可靠的测年结果可能出在二里头遗址第三期,因为绝大多数考古学者不同意该期是早商文化,郑亳说与偃师商城西亳说者皆然。《简本》也认为晚于该期的二里冈下层文化才是早商文化。只有二里头遗址西亳说者例外,会积极赞同二里头遗址第三期的测年结果是正确的,不可靠的测年结果是二里冈下层。我是站在绝大多数考古学者的角度去判断的,以为不可靠的测年结果可能出在二里头遗址第三期。我在笔谈中没有将这种判断点明,是以为重测后的^{14}C 年代应该如此。

然而,后来的测年结果完全相反。

《华夏考古》2001 年第 3 期发表了新的测年数据[1],洛达庙类型晚期的年代比《简本》公布的数据晚了,年代在公元前 1580~前 1485 年间,约与二里头遗址第

---

[1] 张雪莲、仇士华:《关于夏商周碳十四年代框架》,《华夏考古》2001 年第 3 期。

四期相当;郑州商城二里冈下层一期最早的年代是公元前 1509 年(表五),也比《简本》晚了很多。至于偃师商城最早的年代,测年专家说它与郑州商城"均不早于公元前 1560 年~前 1580 年"。新的测年成果消除了《简本》中的矛盾,但偃师商城与郑州商城的最早年代都不及《简本》所定的商代始年——公元前 1600 年,因而都不是商代最早的商文化,都失去了成汤亳都的资格。只有二里头遗址第三期的年代与商代初年相符,属早商文化。成汤之西亳自然以二里头遗址最为合理,二里头遗址西亳说得到了新的自然科学手段测定结果的证明。此后,测年专家们又陆续公布一些新的测年数据,并与考古学文化结合,发表了支持二里头遗址西亳说,支持偃师商城早于郑州商城的看法。如张雪莲等先生在《中原文物》2005 年第 1 期发表文章,在总结新的测年结果之后说"洛达庙中期和二里头三期的年代均在公元前 1600 年左右","郑州商城二里冈文化的年代上限和建城的年代在公元前 1500 年前后。而偃师商城小城和宫城的年代相当于偃师商城一期,要早于郑州商城。但偃师商城早期仍未到公元前 1600 年"。"由上述情况看,考古学界不得不面对这样一些问题,即假如历史上夏商年代的分界大约在公元前 1600 年,那么二里头文化三、四期,洛达庙文化中、晚期还能都是夏代文化吗? 郑州商城还能是汤亳吗? 如果商朝是从二里冈文化开始的,那么目前测出的年代只能到公元前 1500 多年。"[1]话音颇类殷先生。仇士华等先生在谈二里头文化新测年代后也说:"根据现有的考古资料和年代测定,二里冈文化不可能是最早期的商代文化。二里头文化在时间上跨越了夏代晚期和商代早期。"[2]也就是说,二里头文化前半——一、二期是夏代晚期文化,后半——三、四期是商代早期文化,这也与殷先生坚持的二里头遗址西亳说的看法完全相同,颇符合殷先生的意愿。所以殷先生再三强调新的 ^{14}C 测年成果非常重要,是夏商文化研究者立论的必要前提。

正如殷先生所说,要"正确面对今日的研究成果,尊重物理学家们在提高测年技术方面做出的贡献。他们为提高精度而付出的汗水与辛劳,应该受到尊重",这

---

[1] 张雪莲、仇士华、蔡莲珍:《郑州商城和偃师商城的碳十四年代分析》,《中原文物》2005 年第 1 期。
[2] 仇士华、蔡莲珍、张雪莲:《关于二里头文化的年代问题》,《二里头遗址与二里头文化研究·中国二里头遗址与二里头文化国际学术研讨会论文集》,科学出版社,2006 年,第 324 页。

确实是不移之论。若相信新的¹⁴C测年成果,相信商代起始于大约公元前1600年,那么,二里头文化三、四期就是早商文化,二里冈文化就不是早商文化,无论郑州商城还是偃师商城自然不可能是成汤之亳都。这样一来,目前夏商分界探讨中的两大主流观点,即郑亳说和偃师商城西亳说都应宣告失败,"夏商周断代工程"《简本》中关于夏文化与早商文化的结论也当修改。这当然不是一件容易的事,我以为郑亳说和偃师商城西亳说都不会轻易放弃自己的看法,二里头遗址西亳说也不会因此成为定论,讨论还将继续下去。比如说,《简本》是"夏商周断代工程"阶段性成果,也包括测年专家们在提高测年技术方面做出的贡献,可测年结果仍有问题或失误。谁敢相信已有的测年数据就完全正确? 没有失误? 如果《简本》刊布之后的测年结果没有问题,完全正确,而大多数学者定二里冈文化为早商文化也是对的,那么问题就可能出在商代始年的推断上,所谓公元前1600年本来就是一个约数,也许商代始年没有这么早。

三、夏商文化分界界标的再分析

关于夏商文化分界界标的讨论是由偃师商城的发现才突显起来的,讨论的焦点集中在两个方面:一是偃师商城作为分界界标是否准确;二是偃师商城作为分界界标是否唯一。偃师商城西亳说者认为既准确,又唯一,我们则以为不然。2001年,我曾发表一短文,认为偃师商城是不准确的夏商分界界标[1],2003年又做了详细阐述[2]。据说"此言一出,学界愕然"。学界是否愕然,很难说,偃师商城西亳说者愕然是肯定的。因为偃师商城西亳说中有几位先生批驳了我的看法。此后,我除对个别先生的批驳有所回应外[3],没有再发表文章涉及这些问题。时至今日,彼此看法仍然存在分歧,有必要再做分析。

---

[1] 刘绪:《偃师商城——不准确的界标》,《中国文物报》2001年8月5日第7版。
[2] 刘绪:《夏商文化分界探讨的思考》,北京大学考古文博学院编:《考古学研究》(五),科学出版社,2003年。
[3] 刘绪:《再论偃师商城是不准确的界标——兼答方酉生先生》,《东南文化》2003年第1期。

　　第一，偃师商城作为夏商文化分界界标的准确度。

　　夏商文化分界界标的讨论，目的是解决夏商二代的分界，是用考古材料探讨历史问题。在这里夏商文化分界与夏商二代分界密切相关，但又是两个不同的概念。将二者结合或互相说明时，则一定要把二者关系梳理清楚。偃师商城之所以被定为夏商分界的界标，前提是认定它是成汤灭夏后所迁之西亳，二里头遗址是夏桀之都。至于偃师商城是否为西亳，理由是否充分，学界尚在探讨之中，本文在下面也会谈到。姑且暂认为它是汤迁之西亳，那么按照偃师商城西亳说自己的解释，看一看现在被认定的可以作为其始建年代标识的遗存是否具备区分夏商文化分界准确界标的条件。按照偃师商城西亳说较权威的说法，现知商城内最早的文化堆积是宫城内"大灰沟"最下两层遗存，亦即偃师商城 6 段或 7 段分期的第 1 段遗存。而这些"遗存所标识的年代，只是二里头夏都被毁与偃师商城始建年代的下限"，因为成汤灭夏，"二里头一号宫殿被毁，需经过一段时间，才有可能在台基上挖灰坑、埋墓葬；商人攻占夏都，扫灭夏王朝，在亳阪一带择地营建新都，再到宫殿区北面大沟内出现成层的废弃物堆积，其间也要有一个过程"[1]。既然商城内现知最早的遗存是偃师商城始建年代的下限，那么实际的始建年代就要早于这些遗存，二者之间尚有一点时间差，显然，商城内现知最早的遗存也不是如偃师商城西亳说者所说的那样，是商代最早的商文化，自然不具备准确界标的条件。至于偃师商城真正的始建年代上距灭夏的时间有多长，不得而知，但这个过程肯定也是存在的，也有一定时间差。有学者说我对准确界标的要求太苛刻，准确的界标现在没有，将来也不会找到，考古学乃至其他学科都解决不了这个问题。解决不了是学科的局限，不可强求，但道理需要讲清楚，我们不能因此就把灭夏至建都的时间差忽略不计，把考古学文化下限遗存当作准确界标。而且偃师商城西亳说者还认同"物质遗存同相关历史事件比较，往往在一定程度上呈现出滞后现象"的理论，若商城内的文化遗存也存在滞后现象，那么商城内出现商文化的时间上距灭夏的时间就会更远，以此种商文化为夏商文化分界的界标就更不准确。

---

[1] 高炜、杨锡璋、王巍、杜金鹏：《偃师商城与夏商文化分界》，《考古》1998 年第 10 期。

现在看来,若以商城内现知最早的商文化遗存——"大灰沟"最下两层遗存为夏商文化分界的界标,只能说是大致准确的界标,以它确定的偃师商城的始建年代也只能是大体接近夏、商王朝更替的年代。

其实,这个大致准确的界标仅仅是就时间而言的,若就文化特征而言,它还不是典型的商文化。"大灰沟"发掘简报说,其最下两层的遗存"一方面包含有大量二里头文化因素,如圜底深腹罐、大口尊……;另一方面,又包含一组具有鲜明下七垣文化特征的器物"[1],高炜先生等也对"大灰沟"底层陶片进行了概括,说其"多数呈现二里头文化特征,少量属于典型的早商文化遗物"。两种概括大同小异,同者是都认为二里头文化因素为主,商文化因素为次。按照通常判定文化性质的标准,文化属性应由主要文化因素来确定,如此,"大灰沟"最下两层遗存应属二里头文化。到底属何种文化? 即使在偃师商城西亳说者内部也有不同看法。如赵芝荃先生认为偃师商城第一期与二里头文化第四期,"同时包含夏、商两种文化内涵,二者的文化性质是相同的",是"自二里头第三期夏文化发展成为商代二里冈文化的过渡阶段"[2],文化性质好像似夏非夏,似商非商的样子,也好像具有"后夏文化"的意思。而其他偃师商城西亳说的先生们多认为属商文化,实际等于说是一种以夏文化因素为主的商文化。可以想见,以这样的一类文化遗存作为夏商文化分界的界标,是很难把握的。若没有此前对二里冈早商文化的认识,恐怕没人敢把它归入商文化。所以,从商文化特征看,这个界标不典型。

第二,偃师商城作为夏商文化分界界标是否唯一。

对这一问题我也曾经提出过不同意见,因为夏、商王朝更替,"不仅体现在商王朝的建立,还体现在夏王朝的灭亡。新西亳说在论述偃师商城始建年代时,也是把它和二里头遗址一号宫殿建筑的废毁联系在一起的,即所谓'一兴一废'。按照新西亳说的这种体系,偃师商城的始建既可作为界标,以表示'兴';则二里头遗址一号宫殿建筑的废毁也可作为界标,以表示'废'。两者合一才构成完整的夏、商交

---

[1] 中国社会科学院考古研究所河南二队:《河南偃师商城宫城北部"大灰沟"发掘简报》,《考古》2000年第7期。
[2] 赵芝荃:《论夏、商文化的更替问题》,《考古与文物》1999年第2期。

替。如此,偃师商城被视作'唯一'界标就不妥了,至少不全面,二里头遗址也有资格作为界标"。我的意见发表后,有学者在认同二里头遗址也可找到夏商分界界标的同时,仍在坚持偃师商城的唯一,这就难以令人信服了。

按照偃师商城西亳说"一兴一废"的意思,夏商分界界标不是一个,而是两个。一是二里头遗址一号宫殿建筑的废毁,为夏商分界上限界标;一是偃师商城的始建,为夏商分界下限界标。如果说这两个界标都成立,哪个更合情理? 这涉及从废到兴这一时间段归夏代还是归商代的问题,我以为归夏不及归商合理。因为这段时间夏王朝已不存在,即使不兴建偃师商城,成汤不宣誓"即天子之位",而商王朝存在的局面已经形成,实际的商王朝已经出现。很明显,我们不能强行把这段时间划归夏代,而划归商代是符合实际的。从这个意义上说,夏王朝的灭亡就是商王朝的建立,这与周武王克商年是西周王朝起始之年一样,我们总不能把武王灭商后在洛阳兴建成周当作周代的起始。所以,若在二里头遗址一号宫殿建筑的废毁与偃师商城的兴建两个界标中选一个更近情理者,显然是前者而不是后者。如果一定要找一个唯一界标,二里头遗址一号宫殿建筑的废毁更具资格,其准确度也优于偃师商城的始建。

以上是依偃师商城西亳说的基本看法进行的推理,也许有先生会说灭夏毁宫与择地建都均属成汤所为,考古学文化没法辨识和分清,是我又在苛求。如上所述,考古学文化辨不明,分不清的,不等于史事过程说不清。既然能指认二里头遗址一号宫殿建筑为成汤所毁,偃师商城为成汤所建,就应该在二者当中选一更近情理者作界标。偃师商城西亳说者没有这么做,若不是一时疏忽,则当另有其他什么原因。

四、偃师西亳应该思考的若干问题

目前,学术界有不少先生认同偃师商城为成汤所迁之西亳,而对它作为西亳存在的问题很少思考。这些问题又是不可回避的,以下列举若干,供参考。

首先,偃师商城成汤时期的考古遗存是否与汤都匹配?

　　偃师商城若为西亳,那就意味着它是早商时期的都城,目前考古所见是经过五代九王经营的结果,并非成汤一世之作。是不是成汤的西亳,关键要看其最初阶段的考古遗存是否具备都城的条件,是否与成汤的身份地位匹配。有不少视偃师商城为西亳的学者,对商城遗存不分早晚,看见既有大城,又有小城、宫城,宫城内还有多座大型建筑等等,就以为与成汤的西亳蛮匹配的,好像都是成汤时建成的。仔细分析偃师商城公布的材料,其实其最早阶段——成汤时的遗存发现还是有限的。

　　偃师商城经过考古学文化分期,目前分的最细的是三期七段。成汤时期当然属最早的一段,即上述夏商文化分界界标的第一段。可到目前为止,经过多次大规模发掘的偃师商城,可以确定为第一段的遗存仅限于宫城内“大灰沟”最下两层堆积。至于此时的大型建筑,是由“大灰沟”最下两层堆积推理出来的,即所谓“大灰沟”是建造最初的宫殿取土挖成,然后住在宫殿里的主人们又往沟里丢弃垃圾,故沟里最下两层堆积是最早宫殿的主人们(包括成汤在内)的废弃物,所以有第一段或早于第一段的宫殿建筑。究竟最早的宫殿——第一段的宫殿是哪几座?因无地层依据,不能确知。可在宫殿区范围内(“大灰沟”在宫殿外)迄今未见报道有第1段遗物,最早遗物属第2段。宫城内发掘规模很大,所有建筑基本都发掘了,保存都还比较好,除建筑外,还有其他遗迹,如灰坑、水井等,其中偏偏不见第一段遗物,这就不能不引起注意。为什么推断有此时建筑而不见此时遗物?这是需要偃师商城西亳说者给以解释的。由于缺少第一段的物证,所以可以认为,目前还不能肯定地说确有第1段或更早建筑的存在。不过,我们可退一步对待,姑且将属于第一期的建筑不分一、二段,笼统视作成汤始建时期建筑。即使如此,根据已有报道,属于最早阶段——第一期的建筑,数量也不多。

　　为了将最早阶段的大型建筑遗存梳理清楚,我们先参考杜金鹏先生对遗迹的分期,将各大型建筑的建造期段概括如下。

　　大城:建于第二期第三段偏晚时。

　　小城:建于第二段偏早或在第二段偏早时已建成。

　　宫城:宫城经过多次扩建,最初者建于第一期,位于小城内中部偏南处。

　　宫城内宫殿:建于第一期的宫殿有一号、二号、四号、七号四座。其他宫殿建于一期之后。

宫城内其他设施："大灰沟"建于第一段,位于宫城内北部。水池建于第三段偏晚,也位于宫城内北部。

府库:约与宫殿的始建、改建、扩建同步,位于小城内西南角。

青铜冶铸遗存:属第二段[1],位于小城外东北部,后来大城北城墙附近。

总结上述建筑等遗存,属于第一期的遗存有:小城、宫城和宫城内四座建筑、"大灰沟"、府库及铸铜遗存。而大城、水池和其他规模更大的建筑还未兴建。

如此,我们可以大概得知西亳在成汤初建时的基本状况如下。

小城面积约81万平方米,这就是成汤始建西亳都城的规模;宫城面积约4.5万平方米,宫城内有四座建筑,这就是成汤(也可能晚到太甲时)居住、处理政务及相关活动的主要场所。宫城北部即宫殿后面有"大灰沟",是成汤等堆放垃圾或举行祭祀的地方。小城内还有府库;小城外东北部可能有铸铜作坊。

成汤所建西亳究竟多大,不得而知,也许就是81万平方米。若认同偃师商城是成汤之西亳,那么在谈及成汤始建西亳时,就不能以后来扩建的大城面积——约200万平方米取而代之。至于宫城内的宫殿建筑,成汤初建时也没有后来那么多,仅四座,在谈及成汤始建西亳时,也不能以晚充早,把宫城内所有建筑都视为成汤所建。其实,这四座一期建筑,四号被推断为宗庙,一号被推断为"东厨"[2],供成汤居住和处理政务的建筑只有七号和二号两座了,活动空间很有限,这与都城、与成汤的身份是否匹配? 也是值得偃师商城西亳说者认真思考的。当然,对于这种现象,也可以用成汤初灭夏,政局不稳、财力不足或者其他理由来解释,但都是推测。成汤之后,偃师商城进行了扩建,扩筑了大城,增建了宫殿。即使按照偃师商城西亳说的意见,与此同时,郑州商城也已建成或在建设中,都是由成汤之后不久的某位或某几位商王完成的,说明此时商王朝政局已稳,财力已足。可为什么要把

---

[1] 杜金鹏:《偃师商城初探》,中国社会科学出版社,2003年,第115~126页。

[2] 杜金鹏、王学荣:《偃师商城近年考古工作要览——纪念偃师商城发现20周年》,《考古》2004年第12期;王学荣:《制度革新与文化融合——王朝更替与考古学文化变革关系的个案分析,以二里头和偃师商城遗址为例》,《二里头遗址与二里头文化研究——中国·二里头遗址与二里头文化国际学术研讨会论文集》,科学出版社,2006年,第486~488页。

自己常住的都城西亳建小——近200万平方米,而把非都城的城(郑州商城)建的很大——仅内城就近300万平方米[1]。这是不能用早晚发展变化或逐步强大来解释的,那原因又是什么?郑州商城在当时的性质是何?

其次,对汤都偃师有关文献的理解是否全面?

在以往有关西亳的讨论中,涉及早晚文献可信度的争论。有学者认为,就可信度和史料价值而言,时代早的文献要优于时代晚的文献。也有的学者在承认这一原则的同时,又认为这不是唯一原则,将文献分成这样的等次,是用简单方法解决复杂问题,很值得商榷。分歧的起因是因文献中"西亳"一名出现较晚(西晋),西晋以前的文献仅单称"亳",没有南亳、北亳、西亳之分。于是便有了早晚文献可信度大小的分歧。前者认为早的文献可信度大,西晋以前偃师一带不见亳或西亳的记载,就不当确信成汤之都一定在偃师。后者显然认为不然,晚的文献也有可信之处,而且还列举了汉代与成汤居地有关的记载,断定成汤之西亳在偃师。本文不拟就此再发议论,皇甫谧之言对与不对,实难裁断,分歧还将持续下去。这里仅就西亳说经常列举的几条与成汤居地有关的最早文献,分析一下其是否毫无疑问,有没有值得思考的地方,西亳说的理解是否全面。

第一条,西汉董仲舒《春秋繁露》所记成汤"作宫邑于下洛之阳",这是西亳说者引用的与成汤居偃师有关的最早一条文献,被西亳说者理解为是指成汤建西亳于下洛之阳。这种理解必须思考以下两个问题。其一,《春秋繁露》在记载成汤作宫邑于下洛之阳后,接着又说文王、武王和成王分别作宫邑于丰、镐和洛阳。众所周知,文王与武王的首都确实分别是丰与镐,但成王的首都可不是洛阳,也是镐京,周初在洛阳兴建的是陪都,而不是首都,文献中多称"洛邑",金文中称为"成周"。在汉代与先秦文献中,凡记述周初圣王时,往往文、武并列而言,把成王也列在其中者并不多见。董仲舒在这条记载中专门把成王作宫邑于洛阳列出,是别有特殊含义?还是画蛇添足?我们今天在理解这条文献时,是否需要考虑,成汤作宫邑于下洛之阳的性质有两种可能,一是如文、武之丰、镐一样,是建首都;一是如成王之洛

---

[1] 若以外郭城计,面积逾千万平方米。

邑一样,是建陪都。不应该仅与文、武之丰、镐相提并论,而对成王之洛邑视若无睹,置之不理。理解文献一定要全面。其二,董仲舒若知成汤之都叫西亳,为什么避而不提,不明确如说文王、武王作宫邑于丰、镐,成王作宫邑于洛阳那样,明确说作宫邑于西亳,而要用"下洛之阳"替而代之?难道说赫赫有名的西亳,连这位鼎鼎大名的董仲舒都不知道?

第二条,西汉司马迁《史记·封禅书》所言,"昔三代之君(居)皆在河洛之间"。这句话也被西亳说者理解为成汤的首都西亳在河洛之间,与偃师商城位置相符。三代包括周代,河洛之间在西周和东周时期都是周王朝的统治中心,如上所述,西周为陪都,东周为首都。商代属哪种情况,依《史记》这句话很难判明,至少不能绝对地认为与东周相同,是指首都而不是陪都。实际上,司马迁对三代之君重要成员成汤的首都叫什么是清楚的,他一方面笼统地说"昔三代之君(居)皆在河洛之间",另一方面又确切地说成汤"既绌夏命,还亳"(《史记·殷本纪》),明确说成汤灭夏后回到亳都,这与其他更早的文献记载是一致的。在司马迁看来,这个亳显然不在夏人腹地河洛之间,但河洛之间又是三代重要统治地区,符合这两个条件,并能与周之洛邑相提并论者只能理解为商王朝的陪都。司马迁与董仲舒约为同时人,司马迁的话有助于对上举董仲舒那段话的理解。若西汉时河洛之间有"西亳"之名,且知道为成汤灭夏后所迁之首都,则司马迁在记述成汤灭夏后"还亳"时,应该说"还南亳",或"还北亳""还故亳"等,以表示与河洛之间"西亳"的区别,可他与董仲舒一样,也不提"西亳""南亳"等。为什么?难道他也是明知西亳在河洛之间而故意回避?西汉时期,河洛之间究竟有没有一个名为"西亳"的地点?西亳说者也应对此进行深入思考,给出合理的解释。

第三条,东汉班固《汉书·地理志》河南郡偃师县下的一条注文,即"尸乡,殷汤所都"。这是最早、最明确的一条把成汤之都定在偃师的记载,也是偃师西亳说最有力的文献依据。可在班氏的这条注文中,仍然没有提到"亳"或"西亳",而是把一个叫"尸乡"的地方当作成汤之都。《汉书·地理志》是专讲西汉州、郡、县及封国地理的,其对各郡的介绍,主要内容是先概括户籍、人口及县数,再于各县下列举该县重要地名、川泽等。比如在河南郡洛阳县下,列举了"成周";在河南县下列举了"王城";在成皋县下列举了"虎牢"等等。而在偃师县下仅列举了"尸乡"一名,并未列"亳"或"西亳"之名。难道班固也是明知有西亳之名而故意不提吗? 他作为东汉兰台令史,应该常住东汉首都洛阳,不应该把洛阳附近流传下来的重要地名,尤其像西亳这样的地名遗漏。他既然说偃师为汤都,地点叫"尸乡",而不提"西亳",我们能说当时偃师境内确有"西亳"之地名吗? 能把"尸乡"与"西亳"完全等同,甚至用"尸乡"取代"西亳"吗? 当然,班固的话也许没有错,因为"尸乡"若为汤都,未必一定是首都,也可以是陪都。陪都、首都皆可称都。

再次,成汤是否迁过都?

偃师西亳说的立论前提就是亳都有二,即所谓先商方国之亳与早商王国之亳。一般又认为先商方国之亳即南亳(或北亳);早商王国之亳即偃师西亳。这等于说成汤灭夏前都南亳(或北亳),灭夏后迁到西亳。

成汤是否迁过都,在皇甫谧之前是不见其迁都记载的。有关商先公和先王迁都的记载,汉代与先秦文献中也有一些,史称"殷人屡迁,前八后五",即成汤灭夏前,商先公们迁过八次;成汤灭夏后,商先王们迁过五次。对此,前人有过不少研究,兹不赘述,其中成汤之都只有一处,即亳,被归入"前八"。若成汤灭夏后迁都西亳,则当然应该包括在"后五"之中,然而,无论早期文献记载,还是后来诸多学者的研究,成汤灭夏之后商王朝的五迁中,不包括西亳,未把成汤迁西亳列在其中[1]。

关于成汤灭夏之后商王朝迁都的记载,最早见于《书·盘庚上》:"先王有服,恪谨天命,兹犹不常宁,不常厥邑,于今五邦。"学术界普遍认为"于今五邦"是指成汤以后至盘庚时共迁过五次都,这五次迁都的商王与地点在《古本竹书纪年》中都有记载[2]:

一迁:仲丁即位,元年,自亳迁于嚣。

二迁:河亶甲整即位,自嚣迁于相。

三迁:祖乙胜即位,是为中宗,居庇。

[1] 王力之:《商人屡迁中的汤亳》,《考古与文物》2003 年第 4 期。
[2] 方诗铭、王修龄:《古本竹书纪年辑证》,上海古籍出版社,1981 年。

四迁：南庚更自庇迁于奄。

五迁：盘庚自奄迁于殷。

类似的记载，在其他的文献中也有，都没有涉及成汤自南亳迁都于西亳的内容。在探讨商王朝迁都的时候，上述文献和前人研究成果是应该考虑的。力主成汤先南亳（或北亳）后迁偃师西亳的学者可曾考虑过？如果相信成汤迁都西亳，那么成汤灭夏以来商王朝的迁都就不是"于今五邦"，而是"于今六邦"，难道早期文献偏偏把成汤的一次迁都遗漏了？总之，要坚持偃师西亳的成立，就必须解决西亳与上述文献间的矛盾，至少也应对这种矛盾做出合理的解释，不能不予以考虑，甚至避而不谈。

最后，南亳（或北亳）的考古证据如何？

偃师西亳说者认为，文献中所说成汤灭夏之初所归之"亳"，即南亳。关于南亳的地望，学术界的认识比较一致，多认为在今商丘市之东南谷熟镇一带。长期以来，围绕这一问题学者们也在商丘地区从事过不少考古工作，这里自龙山文化以来的考古学文化，除坞墙遗址发现有少量与二里头文化第二期类似的遗存外[1]，还有岳石文化和二里冈上层文化，至今不见二里冈下层文化遗存，二里头文化第三、四期遗存也甚罕见。

按照偃师商城西亳说者的看法，南亳一带应该既有先商文化，又有早商文化。何谓先商文化？目前学术界尚有一定分歧，本文不拟讨论。至于何谓早商文化，上文已有提及，郑亳说与偃师商城西亳说都认为二里冈文化是早商文化。可商丘地区的二里冈文化，仅见二里冈上层时期遗存，而不见二里冈下层时期遗存。这一现象在鲁西南，乃至山东更大范围内都存在。也就是说在商丘和山东境内至今未见早商文化偏早阶段的遗存，地域恰恰是南亳与北亳之所在，时间又恰好包括成汤在内。对这一现象又该如何解释？是因成汤迁都吗？可迁都仅限一城一地，总不会有这么大的范围因迁都而荒无人烟吧。是考古工作有限，实际存在尚未发现？或发现了而不认识？好像也解释不通。还是在商丘及其以东地区，岳石文化的下限

---

[1]　商丘地区文物管理委员会等：《河南商丘县坞墙遗址试掘简报》，《考古》1983 年第 2 期。

可与二里冈上层文化相衔,这一带不属二里冈下层文化的分布范围? 若属这种情况,岳石文化与二里冈下层文化之关系又该如何解释? 除此,其他还有什么原因? 偃师西亳说者可曾考虑过? 在主张成汤先南亳,后西亳时,也应对此有个交代吧。

以往从考古学文化方面论证南亳者不多,有学者由"南关外下层"遗存追溯,认为岳石文化是先商文化,可对岳石文化分布范围内为什么不见二里冈下层文化的现象未予探究[1]。也有学者用商丘以西邻近地区的所谓先商文化作为推断南亳的根据[2],但这类所谓先商文化毕竟不在商丘,不能张冠李戴。至于二里冈下层文化的分布范围往东是否到了商丘与山东,论者更未提及。总之,即使商丘地区有成汤灭夏之前的先商文化,不论是岳石文化,还是其他什么文化,同时也应该有商代最早的商文化,即二里冈下层文化。缺少最早阶段早商文化的南亳,还能让人相信吗? 莫非成汤灭夏后复归于亳的文献记载是错的?

用二里头遗址或偃师商城遗址的考古资料与文献记载相结合探讨西亳是必要的,这方面的研究成果已很多,不少学者倾注了很大精力。但要使偃师西亳更令人信服,上述几个方面的问题不可回避,必须予以解答,我们在期待中。

(本文刊于《考古学研究》[八],科学出版社,2011 年)

---

[1] 栾丰实:《试论岳石文化与郑州地区早期商文化的关系——兼论商族起源问题》,《华夏考古》1994
　　年第 4 期。
[2] 李锋:《商代前期都城研究》,中州古籍出版社,2007 年,第 3~29 页。

10

夏末商初都邑分析之一

——二里头遗址与偃师商城遗址比较

目前,以二里冈下层偏早阶段,即偃师商城第一期为商代初年,已成为学界最普遍的认识,在这一认识的框架内,部分学者还提出这样一种看法:偃师商城始建于二里头文化三、四期之交或第四期早、晚段之交,即偃师商城的第一期(或第一段)与二里头遗址第四期(或晚段)同时,偃师商城是成汤新建之亳都,而此时的二里头则沦为夏遗民的居邑,也可称为夏旧都,二者的考古学文化分属商文化和夏文化(或称后夏文化、夏遗民文化)[1]。

近10多年来,二里头遗址和偃师商城都进行了大规模勘探与发掘,各自都取得一系列重要收获,为我们深入研究两遗址的关系,探讨夏商分界等重大学术问题提供了新的资料。对此,已有不少学者予以论及。但对两遗址所谓同时期遗存——二里头四期和偃师商城一期遗存的详细比较还较缺乏,加强这方面的研究,将有助于更加准确的为二遗址定位,确定二者的关系,也有助于成汤亳都的探讨。

基此,本文拟对二里头遗址第四期遗存和偃师商城第一期遗存进行比较,按照二者同时并存的观点,再现这两处都邑的景况,为判断二者的关系、属性等提供帮助。

一、二里头遗址第四期时的景况

1999年以来,二里头工作队对二里头遗址开展了全面的钻探和发掘,基本廓

---

[1] 高炜、杨锡璋、王巍、杜金鹏:《偃师商城与夏商文化分界》,《考古》1998年第10期,第75页;至于二里头文化第四期属商代夏文化之说,最早为田昌五先生提出(见《夏文化探索》,《文物》1981年第5期,第19页)。之后赵芝荃等先生也有类似之说(见赵芝荃:《论夏文化起、止年代的问题》,《夏文化研究论集》,中华书局,1996年,第281页)。

清了遗址的现存范围,发现了路网系统,大体查明了宫城的建筑结构与范围,还揭露出多座大型建筑基址等等。这一系列突破性的重要发现丰富了我们的视野,"使我们对作为都城的二里头遗址的总体面貌以及中心区结构、布局有了进一步的认识"[1],也为重新认识二里头遗址的变迁,重新认识第四期时的景况提供了依据。

按照此前曾长期参加过二里头遗址发掘,并编写过《偃师二里头》发掘报告的学者的认识,二里头遗址在三、四期之间发生了重大变化。认为该遗址发展到第三期,"成为二里头文化的最繁荣阶段。二里头四期文化不及三期繁荣,但又出现一些新的内容,最后发展成为二里冈期文化"[2]。"二里头遗址第三期,该文化已经有很大的发展,进入它的繁荣、鼎盛阶段,二里头文化自身的特色,在此时已充分地表现出来。此期的遗存,不但分布面积大、文化层堆积厚,而且遗迹和遗物都十分丰富多彩。而到二里头遗址第四期,该文化的发展,已由盛而衰,走下坡路了,有些器物已开始具有二里冈商文化的特征"[3]。"二里头一至四期文化一脉相承,连绵不断。其一期文化为形成期;二期文化为发展期;三期文化为繁盛期;四期文化为尾末期,发展到衰落阶段"[4]。特别是一号大型宫殿建筑,"气势宏伟,可以视为王权之象征。这座宫殿建于三期之初,使用于三期之际,发展到四期被毁,上面堆积着灰土坑、烧陶窑址、小型墓葬和散乱的人骨。一期之隔,竟有天渊之差,如不经历重大政治变动,似无可能。……二里头遗址废弃于二里头三期文化之末"[5]。言下之意是在三、四期之交,二里头遗址遭遇了毁灭性破坏,昔日辉煌的夏宫被辟为墓地、窑场,被随意挖坑损毁,遗弃人骨,满眼一幅兔出狐没之荒芜景象。如此天渊之差的变化,应与成汤灭夏的重大政治事件有关。这是自偃师商城发现以来,为解释二里头遗址与偃师商城的关系,提早偃师商城始建年代,由曾经长期主持或参

---

[1] 许宏:《二里头遗址发掘和研究的回顾与思考》,《考古》2004年第11期,第34页。

[2] 赵芝荃:《关于二里头文化类型与分期的问题》,《中国考古学研究(二集)》,科学出版社,1986年,第47页。

[3] 方酉生:《偃师二里头遗址第三期遗存与桀都斟鄩》,《考古》1995年第2期,第163页。

[4] 赵芝荃:《论夏文化起、止年代的问题》,《夏文化研究论集》,中华书局,1996年,第281页。

[5] 赵芝荃:《论二里头遗址为夏代晚期都邑》,《华夏考古》1987年第2期,第204页;又见中国社会科学院考古研究所编著:《偃师二里头》结语部分。

加二里头遗址以及偃师商城考古工作的学者提出来的,因而在学术界产生了重大影响。人云亦云,认同者多多。

然而,1999 年以来的发现表明,二里头遗址在第四期时并未衰落,不仅遗址规模没有缩小,而且宫殿区的范围有所扩大,还增筑了新的大型建筑,且"宫殿区范围内此期遗存的丰富程度远远超过三期"[1],"种种迹象表明,二里头遗址在这一时期尚在发挥着重要的作用"[2]。兹将第四期时的基本景况概括如下。

1. 遗址规模

二里头遗址第四期的规模有多大,在发表的资料中没有确切数据,但从现二里头工作队有关成员的论著中可以推知其不少于 300 万平方米。如许宏先生云:"从第二期开始,聚落的面积已达 300 万平方米以上,宫殿区(约 12 万平方米)出现纵横交错的大路,兴建起了大型宫室建筑。"第三期时,"这处都邑持续兴盛,由宫殿区、铸铜作坊及围垣作坊区等构成的总体城市布局一仍其旧"。同时筑起了宫城城垣和两组大型宫殿建筑,铸铜作坊开始生产作为礼器的青铜容器。"所有建于第三期的宫室建筑与宫城,绿松石器作坊,铸铜作坊及其外的围垣设施,以及四条垂直相交的大路都沿用到了二里头文化第四期,而且这一时期还在兴建新的大型建筑物。出土于第四期墓葬中的铜礼器在数量、种类和质量上都超过了以往"[3]。虽然第四期的遗存"在遗址中心区分布密集,周围地区则较此前有所减少,但遗址规模并未缩小"[4]。可见,二里头遗址第三期的规模是在第二期 300 万平方米的基础上持续兴盛,进一步发展,而第四期的规模也未比第三期缩小,说明第四期时,遗址的规模仍然不少于 300 万平方米[5],而且中心区还在兴建新的大型建筑物,遗

---

[1] 许宏、陈国梁、赵海涛:《二里头遗址聚落形态的初步考察》,《考古》2004 年第 11 期,第 29 页。

[2] 中国社会科学院考古研究所二里头工作队:《河南偃师市二里头遗址宫城及宫殿区外围道路的勘察与发掘》,《考古》2004 年第 11 期,第 12 页。

[3] 许宏:《最早的中国》,科学出版社,2009 年,第 66~67 页。

[4] 许宏、陈国梁、赵海涛:《二里头遗址聚落形态的初步考察》,《考古》2004 年第 11 期,第 29 页。

[5] 许宏先生依现有资料分析,二里头遗址的"北缘最大可能位于现洛河河床内,估计原聚落面积应在 400 万平方米左右"。见《最早的中国》,科学出版社,2009 年,第 65 页。

址内的贵族墓进一步增加。

2. 宫殿区外围道路与宫城

宫殿区外围道路发现于 1976 年,但当时仅探出 200 米长一段。2001 年,二里头考古队循此线索继续追探,结果发现四条垂直相交的大路,最长的一条已探出近700 米。"其围起的空间恰好是已知的大型夯土建筑基址的集中区,面积逾 10 万平方米"。这些大路使用时间很长,从二里头第二期一直使用到第四期偏晚阶段[1]。

宫城发现于 2003 年,平面呈纵长方形,沿 4 条大路的内侧修筑。东、西城墙的复原长度分别约为 378 米和 359 米;南、北城墙的复原长度分别约为 295 米和 292米,面积约 10.8 万平方米。墙体上宽 1.8 米~2.3 米,底部最宽逾 3 米。根据层位关系与出土物可知,宫城城墙和新发现的并与城墙相衔连的 7 号、8 号建筑基址的"始建年代应为二里头文化二、三期之交,一直延续使用至二里头文化四期晚段或稍晚"[2]。在第四期时,"宫殿区仍延续使用,范围甚至有所扩大。1、2、4、7、8 号等始建于三期的夯土基址、宫城城墙及周围大路等均未见遭遇毁灭性破坏的迹象。宫殿区范围内此期遗存的丰富程度远远超过三期"[3]。

3. 宫殿区大型建筑

就始建与使用时间来说,与第四期有关的大型建筑可分为两类:一类是沿用前期继续使用的建筑;一类是第四期开始兴建的建筑。

沿用前期继续使用的大型建筑主要是一号、二号、四号、七号和八号建筑。

一号建筑位于宫城内西南部,大致近方形,唯东北角内收。长边(南)107 米,短边(北)90 米,面积近一万平方米,是现知夏商周三代两座规模最大的宫殿式建

---

[1] 中国社会科学院考古研究所二里头工作队:《河南偃师市二里头遗址宫城及宫殿区外围道路的勘察与发掘》,《考古》2004 年第 11 期,第 7 页。

[2] 中国社会科学院考古研究所二里头工作队:《河南偃师市二里头遗址宫城及宫殿区外围道路的勘察与发掘》,《考古》2004 年第 11 期,第 11 页。

[3] 许宏、陈国梁、赵海涛:《二里头遗址聚落形态的初步考察》,《考古》2004 年第 11 期,第 29 页。

筑之一,仅次于安阳洹北商城一号建筑。关于本建筑的年代,分歧较大。1974年发表的发掘简报,认为一号建筑属二里头三期,该简报云"宫殿台基上面有二里头遗址四期的灰坑和墓葬,下面有二里头遗址二期的灰坑,上下地层关系清楚,这座宫殿建筑是二里头遗址三期的",并按当时最流行的认识,确定其为早商时期的宫殿建筑,"为汤都西亳提供了有力的实物证据"[1],即成汤灭夏后兴建的建筑。依该简报的表述,一号建筑似建于三期,也毁于三期,第四期时就不存在了。但研究者对台基上四期的灰坑和墓葬等遗迹,有不同解释,或认为属一号建筑使用时形成,是一号建筑的组成部分,并据此推断一号建筑是宗庙[2]。或以为是一号建筑废弃后形成,与一号建筑无关,并由此引发出三、四期之交为夏商分界之说[3]。1999年《偃师二里头》发掘报告对一号建筑年代的推断与简报相同,唯讲的更为具体和明确,该发掘报告在结语中云"此宫殿建于三期初,上面堆积着四期的灰坑、陶窑和小型墓葬",即四期时已被毁坏了。报告进而依此推断整个"二里头遗址废弃于二里头三期文化之末"[4]。发掘报告与发掘简报也有不同之处,那就是将一号建筑由成汤时所建改为成汤时所毁。可谓建也成汤,毁也成汤。为什么要改? 如上所述,与偃师商城的发现密切相关,若无偃师商城的发现,恐怕至今也不会发生改变。

一号建筑建于三期之初,毁于三期之末的结论流行了相当长的时间。直到2006年才出现了不同的看法,这种不同主要在于其废弃的时间上。首先是杜金鹏先生,他结合自己对夏商文化的认识体系,在详细分析发掘简报和发掘报告的资料后,就一号建筑的始建年代、使用年代和废弃年代提出了与自己认识体系相呼应的看法,认为"一号宫殿建造于三期之初",其"始建年代之上限为二里头二期、三期之际",这与发掘简报和发掘报告的意见近同。但对于一号建筑的使用年代与废弃年代,杜先生发表了不同看法。认为发掘简报与报告视之为一号建筑废弃的最有力证据——其上的灰坑、陶窑和小型墓葬等,"大部分是分布在宫殿建筑的外围,它

[1] 中国社会科学院考古研究所二里头工作队:《河南偃师二里头早商宫殿遗址发掘简报》,《考古》1974年第4期,第248页。
[2] 北京大学历史系考古教研室商周组编著:《商周考古》,文物出版社,1979年。
[3] 孙华:《关于二里头文化》,《考古》1980年第6期。
[4] 中国社会科学院考古研究所编著:《偃师二里头》,中国大百科全书出版社,1999年,第394页。

们并未直接打破宫殿建筑本体,纵或破坏了宫殿的夯土台基的边缘部分,也难以作为宫殿已经废弃的可靠证据"。台基上的"这些所谓的灰坑和墓葬实乃祭祀遗存,是宫殿使用过程中留下的遗迹。它们的存在,是宫殿正在使用中的实证","因此,一号宫殿的使用年代进入了二里头第四期"。至于废弃于四期何时,他仅推断说是"二里头四期晚段"[1],究竟是晚段偏早?偏晚?抑或中间?没有明言,可能比较难定。不过,其倾向性意见,也许与认为二号宫殿的废弃时间一样,属于四期晚段偏早,或曰四期早晚段之交。因为杜先生主张二里头四期晚段已进入商代,与偃师商城商文化第一段同时,而二里头四期早段则属于夏代[2];也认为一、二号宫殿的废弃,是夏商王朝更替之历史事件在考古学上的反映[3]。

在杜先生论证一号宫殿年代之后不久,许宏先生对以往的原始材料做了进一步检讨,并结合近年的有关新发现,发表了略异于杜先生的看法。许先生认为"1号基址的始建年代不早于三期早段,在整个第四期的时间里继续使用。……似乎第四期才是其主要的使用时期"[4]。其具体理由可概括为以下几个方面:一是一号基址区域内四期时使用的部分遗迹属四期晚段;二是属一号建筑使用的位于其西墙外侧的二口水井,始掘于二里头四期晚段;三是从宏观角度看,不唯一号宫殿在四期偏晚阶段仍在使用,其他如二、四、七、八号建筑,以及宫城、大路等此时也在使用。显然,许先生是把一号建筑的废弃年代定在了四期之末甚或更晚,这就是许先生与杜先生不同之处,两人仅有一段之别,总体上比较接近,即一号建筑在四期时还在使用,至少使用了一段时间才废毁。

许宏先生的结论值得重视,因为他的论据增加了近十多年来二里头遗址考古工作的最新成果,相信他的认识应更加接近实际,不会存在大的偏差。因此,可以

[1] 杜金鹏:《二里头遗址宫殿建筑基址初步研究》,《考古学集刊》第16集,科学出版社,2006年,第196~205页。
[2] 杜金鹏:《偃师商城初探》,中国社会科学出版社,2003年,第185页。
[3] 杜金鹏:《二里头遗址宫殿建筑基址初步研究》,《考古学集刊》第16集,科学出版社,2006年,第235页。
[4] 许宏:《二里头1号宫殿基址使用年代刍议》,《二里头遗址与二里头文化研究——中国·二里头遗址与二里头文化国际学术研讨会论文集》,科学出版社,2006年,第76页。

认为二里头遗址一号建筑的废弃年代为四期之末或更晚,第四期仍然是其主要的使用时期。

二号建筑倚宫城东墙而建,南北长72.8米,东西宽57.5~58米,其始建与使用时间,无论发掘简报、正式发掘报告,还是后来的研究者都没有太大分歧,比较一致。如发掘简报云"各处的地层证明,整个宫殿是建筑在二里头二期地层之上,它的上面叠压有三期、四期的路土及略晚于四期的地层。宫殿基址夯土中所出陶片属二里头三期,因此本宫殿的始建时代在二里头三期。其废弃年代应在二里头四期偏晚或二里冈期上层偏早"[1]。二里头遗址发掘报告则云"从层位关系来看,第二号宫殿基址叠压在二里头遗址二期文化层之上,并且在它的上面叠压有三期和四期的路土层及晚于二里头遗址四期的文化层。而第二号宫殿基址的本身所出的陶片均属于二里头遗址的三期。因此,第二号宫殿建筑无疑是属于二里头遗址三期。宫殿建筑的废弃年代当在二里头遗址的四期之后"[2]。虽然简报和报告对二号建筑始建年代与废弃年代的表述比较笼统,不够准确和具体,但其大意是清楚的,即其始建于三期某一时段,四期继续使用,废于二里头四期偏晚或四期之末乃至二里冈期上层偏早阶段。此后,杜金鹏先生根据简报和报告提供的信息与自己的分析,做出了这样的判定"二号宫殿始建于三期之初,使用年代为三、四期,最迟在二里冈下层早段时候已经废弃"[3]。杜先生对二号建筑始建年代的判定非常明确和具体,对废弃年代的判定似留有余地,若结合杜先生对偃师商城始建年代与夏商分界的看法,所谓"最迟在二里冈下层早段时候已经废弃",是指最迟在二里头四期早、晚段之交时已经废弃,即二号建筑在二里头四期早段时还在使用。

总之,所有的看法比较接近,都认为二号建筑在二里头三期时建成,四期时继续使用,在四期之末或四期早、晚段之交废弃。

---

[1] 中国社会科学院考古研究所二里头队:《河南偃师二里头二号宫殿遗址》,《考古》1983年第3期,第210~211页。

[2] 中国社会科学院考古研究所编著:《偃师二里头》,中国大百科全书出版社,1999年,第158页。

[3] 杜金鹏:《二里头遗址宫殿建筑基址初步研究》,《考古学集刊》第16集,科学出版社,2006年,第224页。

四号建筑"位于 2 号建筑的正前方,二者拥有统一的建筑中轴线。因而可推断其与 2 号基址有较为密切的关系,二者应属同一建筑组群"[1]。四号建筑由主殿和东庑组成,主殿台基平面呈长方形,东西长 36.4 米,南北宽 12.6 米~13.1 米。东庑南北残长 15 米,东西宽 6.7 米~6.9 米。由于四号与二号建筑属同一组建筑,故二者始建与使用年代亦大体相同,其中"主殿台基至少延续使用至二里头文化四期偏晚"。

七号建筑跨建于宫城南墙西段上,北与一号建筑的南大门正对,基址东西长 31.5 米,南北宽 10.5 米~11 米。八号建筑跨建于宫城西墙南端,其南部似被村庄占压,原规模或与七号建筑相当。两基址与宫城城墙的层位关系以及所在位置表明,它们的建造年代与使用年代与宫城城墙相同,即"始建年代应为二里头文化二、三期之交,一直延续使用至二里头文化四期晚段或稍晚"[2]。

二里头第四期兴建的建筑主要有六号建筑。

六号建筑位于二号建筑北墙后面,亦倚宫城东墙而建,规模较大。整个建筑基址近方形,东西长 50 余米,南北宽 40 米~50 米,面积 2500 余平方米。由北殿、西庑和东、南围墙及庭院组成[3]。

4. 其他设施

第四期兴建以及延续前期并继续使用的其他设施主要有围垣设施、铸铜作坊、绿松石制造作坊和祭祀场所等。

围垣设施位于宫殿区之南,与宫城南墙平行,二者以宫城外的大路相隔,相距约 18 米~19 米。现已确认的长度达 200 余米,西端被民宅所压,实际当更长。墙体宽 2 米左右,下有宽且深的基槽,夯筑质量高于宫城城墙,表明建造者对本建筑非常重视。发掘者根据此墙南北两侧的堆积状况,推测此墙可能是宫城以南另一

---

[1] 中国社会科学院考古研究所二里头工作队:《河南偃师市二里头遗址 4 号夯土基址发掘简报》,《考古》2004 年第 11 期,第 22 页。

[2] 中国社会科学院考古研究所二里头工作队:《河南偃师市二里头遗址宫城及宫殿区外围道路的勘察与发掘》,《考古》2004 年第 11 期,第 11 页。

[3] 许宏:《最早的中国》,科学出版社,2009 年,第 99 页。

围垣设施的北墙,"该墙始建年代为二里头文化四期偏晚,不久即遭废毁"[1]。

铸铜作坊在 20 世纪 80 年代发掘多次[2],据时任队长郑光先生云,二里头遗址的铸铜作坊似不止一处,其中第四发掘区(宫城以南)的一处面积最大,在一万平方米以上。内涵相当丰富,"有一座座工场式的作坊,有一些与铸造青铜器相关的器具,如各种形式的坩埚、炉壁、许多各式各样的陶范,其中不少是用来铸造一些造型奇特或器形相当大的铜器的[3],有的还有精美的花纹"。其年代从第二期开始,到第四期时还在继续生产[4]。对此,二里头遗址第四期发现的较多随葬青铜器的墓葬亦可得到证明(详下文)。现任二里头工作队队长许宏先生也认为其"使用时间自二里头文化早期直至最末期",并指出,"有证据表明,在二里头都邑衰微后,这处在当时唯一能够制作礼器的铸铜作坊应被迁于郑州商城"[5]。

新发现的绿松石制造作坊也位于宫殿区之南,看来当时的主要手工业作坊可能相对集中在这一区域。这处绿松石制造作坊发现于 2004 年,在发掘的一座绿松石废料坑中(04VT85H290),"出土了数千枚绿松石块粒,相当一部分带有切割、琢磨的痕迹,还有因钻孔不正而报废的石珠"[6]。"经钻探得知,此坑附近及以南不小于 1000 平方米范围内集中见有绿松石料"[7]。这些迹象表明,这里肯定是一处绿松石制造作坊。本作坊开始于何时,现未究明,但已发掘的这座废料坑"属二里

---

[1] 中国社会科学院考古研究所二里头工作队:《河南偃师市二里头遗址宫城及宫殿区外围道路的勘察与发掘》,《考古》2004 年第 11 期,第 12 页。

[2] 郑光等:《偃师县二里头遗址》,《中国考古学年鉴(1984 年)》,文物出版社,1984 年,第 128~129 页;郑光:《偃师县二里头遗址》,《中国考古学年鉴(1985 年)》,文物出版社,1985 年,第 163 页;郑光等:《偃师县二里头遗址》,《中国考古学年鉴(1987)》,文物出版社,1988 年,第 178~180 页。

[3] 最大者直径达 36 厘米,见郑光等:《偃师县二里头遗址》,《中国考古学年鉴(1984 年)》,文物出版社,1984 年,第 128 页。

[4] 郑光:《二里头遗址的发掘——中国考古学上的一个里程碑》,《夏文化研究论集》,中华书局,1996 年,第 67、71 页。或认为可以早到二里头文化一期时,见陈国梁:《二里头文化铜器研究》,《中国早期青铜文化——二里头文化专题研究》,科学出版社,2008 年,第 207 页。

[5] 许宏:《最早的中国》,科学出版社,2009 年,第 166~167 页;参见陈国梁:《二里头文化铜器研究》,《中国早期青铜文化——二里头文化专题研究》,科学出版社,2008 年,第 207~208 页。

[6] 中国社会科学院考古研究所二里头工作队:《河南偃师市二里头遗址宫城及宫殿区外围道路的勘察与发掘》,《考古》2004 年第 11 期,第 12 页。

[7] 许宏:《最早的中国》,科学出版社,2009 年,第 176 页。

头文化四期偏晚"。

祭祀场所位于宫城之北Ⅵ、Ⅸ发掘区的南部,其范围东西延绵二三百米,场面宏大。祭祀现象可分为两类,一类是高于当时地表的土台,可称为坛,平面大致呈圆形,直径一般在5米以内;另一类是低于当时地表的呈半地穴状的坎,有学者称之为墠[1]。在这两类祭祀场所范围内,都发现有不少墓葬,有的还随葬青铜礼器,多位学者认为这些墓葬与祭祀活动密切相关[2],即二者是同时存在的。由于这处祭祀场所没有发表发掘报告,仅在相关研究论文中有概括性介绍,因而对两类祭祀现象的使用年代还难知详情。不过,根据李志鹏先生对二里头文化墓葬的系统研究,他认为第二类祭祀现象,即半地穴式坎内不同层次间所埋的墓葬,"年代从二期到四期皆有"[3]。若信从李的判断,则说明这处祭祀场所,至少第二类祭祀场所在第四期时还在使用。遗憾的是,我们不知道各期段的规模都有多大。

5. 墓葬

墓葬是二里头文化重要发现之一,但在探讨夏商文化关系时往往被忽略。对二里头文化墓葬的研究,迄今为止,以前引李志鹏先生《二里头文化墓葬研究》一文最为全面。依他的统计和研究,在2004年之前(依该文引文推知),二里头文化共发现墓葬500多座,其中二里头遗址墓葬400余座。在500多座墓葬中,可以分期的墓葬265座,其中二里头遗址墓葬146座。属第四期的墓共85座,其中二里头遗址45座。所有随葬青铜器的墓全部见于二里头遗址,共19座。这19座随葬青铜器的贵族墓葬,依李志鹏的分期,第二期3座,第三期和第四期各8座[4],第四期贵族墓并未减少。

---

[1] 中国社会科学院考古研究所编著:《中国考古学·夏商卷》,中国社会科学出版社,2003年,第129页(本部分杜金鹏执笔)。

[2] 见前引杜金鹏、许宏先生相关文章,李志鹏先生亦赞同此说,见李志鹏:《二里头文化墓葬研究》,中国社会科学院考古研究所编:《中国早期青铜文化——二里头文化专题研究》,科学出版社,2008年,第46页。

[3] 李志鹏:《二里头文化墓葬研究》,中国社会科学院考古研究所编:《中国早期青铜文化——二里头文化专题研究》,科学出版社,2008年,第45页。

[4] 李志鹏:《二里头文化墓葬研究》,中国社会科学院考古研究所编:《中国早期青铜文化——二里头文化专题研究》,科学出版社,2008年,第58~59页。

另据陈国梁的统计,二里头遗址随葬青铜器墓共有21座,其中第二期3座,第三期8座[1],第四期10座[1],第四期还有所增加。至于各期青铜器的类别,陈先生也有概括(含其他遗址),即一期时仅有小型工具铜刀;二期时有刀、锥、凿、铜铃和牌饰;三期时器类大量增加,墓中新出现爵、戚、戈和圆形器,居址中新出现锛、锯、鱼钩、纺轮和镞;四期时,除以上器类外,又新出现了鼎、盉、斝、觚、罍、钺等[2]。在第四期新出现的铜器中,斝出于郑州,其他几种器物都出于二里头遗址,而且都是前所不见的重要礼器。可见到第四期时,二里头遗址墓葬的规格较此前有增无减。

总之,最新成果表明,二里头遗址第四期时,遗址的规模并未缩小,仍然不少于300万平方米。宫殿区外围道路与宫城以及该遗址规模最大的建筑——一号和二号建筑等在第四期时仍在使用;绿松石制作作坊和铸铜作坊仍在生产。而且中心区还在兴建新的大型建筑。遗址内的贵族墓进一步增加,出土的铜礼器无论数量、种类,还是精美程度都超过了以往。此时的景况并非如以往所认识的那样,几乎沦为一派荒草牛羊野的败象,而是呈现出生机勃勃、欣欣向荣的态势。

二、偃师商城第一期时的景况

偃师商城经过近三十年的考古工作,"几乎在城区内所有文化遗存丰富的地点都进行过科学发掘,对重要地区甚至不止一次进行了大规模发掘工作"[3],所获资料非常丰富,尤其是最主要的遗迹——宫城区的建筑基本得到全面揭露。在此基础上,发掘队的各位先生进行了不同程度的分期,其中最详细的分期是三期七段[4]。按照最新研究结论,七段中的一至六段属成汤以来、仲丁以前,即整个所谓西亳时期;第六段

[1] 陈国梁:《二里头文化铜器研究》,中国社会科学院考古研究所编:《中国早期青铜文化——二里头文化专题研究》,科学出版社,2008年,第153~154页。该文资料亦止于2004年。
[2] 陈国梁:《二里头文化铜器研究》,中国社会科学院考古研究所编:《中国早期青铜文化——二里头文化专题研究》,科学出版社,2008年,第152页。
[3] 王学荣:《偃师商城第一期文化研究》,《三代考古》(二),科学出版社,2006年,第275页。
[4] 中国社会科学院考古研究所河南二队:《河南偃师商城宫城北部"大灰沟"发掘简报》,《考古》2000年第7期;中国社会科学院考古研究所:《中国考古学·夏商卷》,中国社会科学出版社,2003年,第174~184页;杜金鹏:《偃师商城初探》,中国社会科学出版社,2003年,第107~138页。

或第七段时沦为一般聚落[1]。对于各期段所包含的主要文化遗存,各位先生也有不同程度的推断,这为我们复原各期景况提供了依据。以下按照三期七段的分期,参照杜金鹏和王学荣两位先生对各遗迹所属期别的看法[2],特别是王学荣先生对第一期文化遗存专门性的研究成果[3],将第一期,即第一、二两段的景况概括如下。

第一期第一段的遗存很简单,到目前为止,可以确定为第一段的遗存仅限于宫城内"大灰沟"部分位置最下两层堆积。至于此时的大型建筑等遗迹,因缺少直接证据,尚难确指。

有学者推断,"大灰沟"是因建造宫殿时取土形成的,沟内的堆积是住在宫殿里的主人们丢弃的垃圾。既然"大灰沟"内有第一段垃圾堆积,那就应该有第一段的宫殿建筑,但这仅仅是一种推测。"大灰沟"南面的宫殿区经过大规模发掘,所有建筑基本都发掘出来,大部分保存都比较好。而且在宫殿区还发现不少灰坑、水井等遗迹,出土物也非常丰富,可唯独不见第一段遗物,而本段遗物又是发掘者极想得到和充实的。这种现象似非偶然,"大灰沟"以南的整个宫殿区不见第一段遗物,就等于没有直接证据能证明有的宫殿一定建于第一段。我以为,现有的材料,还不能得出肯定的结论,即使有,大概也很少。如果按照田野考古的常规判断,"大灰沟"与整个宫殿区在层位上没有发生关联,而保存较好的宫殿区不见第一段遗存,有谁敢说宫殿建筑就一定始建于第一段?

实际上,偃师商城第一期遗存,可以肯定的主要属第二段。

1. 遗址规模

遗址的规模,现知限于小城和小城外的铸铜遗存。

小城建于第二段偏早。平面大致呈长方形,已知三面墙体都不成直线,有轻度转折。小城南北直线距离约 1 100 米,东西约 740 米,面积约 81 万平方米(图一)。

---

[1] 杜金鹏:《偃师商城初探》,中国社会科学出版社,2003 年,第 143 页;王学荣:《偃师商城废弃研究》,《三代考古》(二),科学出版社,2006 年。

[2] 杜、王二先生是迄今为止对偃师商城资料最熟悉、发表有关论文最多的学者。

[3] 王学荣:《偃师商城第一期文化研究》,《三代考古》(二),科学出版社,2006 年;王学荣、谷飞:《偃师商城宫城布局与变迁研究》,《中国历史文物》2006 年第 6 期。

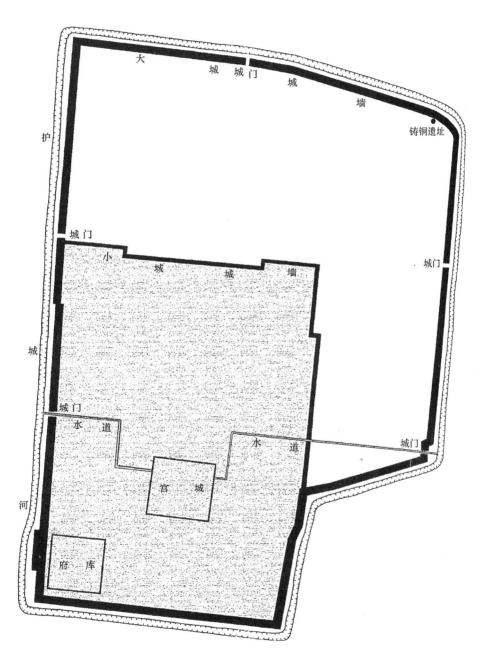

图一　偃师商城平面图(阴影部分为小城)

(采自王学荣文,见《三代考古》二·第 260 页)

依发掘部分可知,墙体宽 6 米~7 米,墙基槽较浅,深度一般不足 0.5 米[1]。

在小城外东北部,发现有铸铜遗存,但所出遗物不多,规模有多大,尚未查明。

2. 宫城

宫城位于小城内中部偏南处,先后经过多次扩建,最初者建于第一期[2]。关于宫城的面积,因无正式发掘报告介绍,难以确知最初及不同扩建期的数据,但据已有信息仍可分别求其大概。

信息 1,偃师商城最初勘探和发掘于 1983 年春天,该次勘探和发掘简报说一号建筑群,即后来所谓"宫城"的"围墙范围近方形,北墙长 200 米,东墙长 180 米,南墙长 190 米,西墙长 185 米。墙宽 3 米左右,夯土厚 1 米~1.5 米"[3]。在该简报的结语部分,作者推测一号建筑群"可能即是当时的宫殿区"。

信息 2,1983 年下半年,偃师商城进一步钻探和发掘,得出与信息 1 类似的结论,指出一号建筑群(YSJ1)"平面近于正方形,长、宽各约 200 米,总面积达四万余平方米,基址四周环绕 2~3 米厚的围墙,南面正中有一座宽敞的门道,围墙内已探出多块夯土基址,形成一座独立的小城",并认为"很可能是一处宫城性质的建筑"[4]。

信息 3,在偃师商城五号宫殿基址发掘简报的前言中,指出一号建筑群"南北长约 230 米,东西最长为 216 米。四周环绕 2 米厚的夯土墙,南面正中设有门道"[5]。

---

[1] 中国社会科学院考古研究所河南第二工作队:《河南偃师商城小城发掘简报》,《考古》1999 年第 2 期。

[2] 王学荣:《偃师商城"宫城"之新认识》,《中国商文化国际学术讨论会论文集》,中国大百科全书出版社,1998 年;杜金鹏:《偃师商城初探》,中国社会科学出版社,2003 年,第 86~91 页;王学荣:《制度革新与文化融合——王朝更替与考古学文化变革关系的个案分析,以二里头和偃师商城遗址为例》,《二里头遗址与二里头文化研究——中国·二里头遗址与二里头文化国际学术研讨会论文集》,科学出版社,2006 年。

[3] 中国社会科学院考古研究所洛阳汉魏故城工作队:《偃师商城的初步勘探和发掘》,《考古》1984 年第 6 期,第 491 页。

[4] 中国社会科学院考古研究所河南二队:《1984 年偃师尸乡沟宫殿遗址发掘简报》,《考古》1985 年第 4 期,第 322 页。简报中所谓"南面正中有一座宽敞的门道",很可能是把扩建后 3 号与 5 号建筑的间距当成了门道,因南墙正中的门道宽 2 米(或曰 3 米),并不宽敞。

[5] 中国社会科学院考古研究所河南第二工作队:《河南偃师尸乡沟商城第五号宫殿基址发掘简报》,《考古》1988 年第 2 期。

　　上述三种信息均为钻探与发掘简报所提供,都是未加分期,未分早晚的概括性数据,都应该指的是最外围范围,即宫城扩建后的范围。虽彼此数据不尽相同,但出入不太大。由此可以想见,第一期宫城的范围应小于这些数据。有关宫城扩建的问题,王学荣先生进行过详细分析[1],兹不重复。

　　至于第一期宫城的具体尺度和面积,杨鸿勋、杜金鹏和王学荣三位先生在他们的论著中都有不同程度的涉及,都提供了较详细的平面图等信息,也可帮助我们了解其大概。

　　信息4,杨鸿勋先生视宫城为"王宫",其范围尺度直接沿用上述信息3的结论。同时,杨先生在文章中还附有宫城平面图,图下标有比例尺[2](图二)。这是

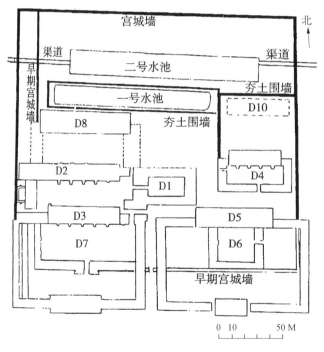

图二　偃师商城宫城平面图

(采自杨鸿勋文,见《宫殿考古通论》第45页)

[1] 王学荣:《偃师商城"宫城"之新认识》,《中国商文化国际学术讨论会论文集》,中国大百科全书出版社,1998年。

[2] 杨鸿勋:《宫殿考古通论》,紫禁城出版社,2001年,第45页图三二。

首次发表的偃师商城宫城平面图。我们发现,此图的尺度与信息3的尺度存在很大出入。依信息3,一号建筑群南北长约230米,东西最长为216米。可按杨文平面图比例推算,其扩建后最大值南北长约232米,东西长约237米。南北之长与信息3接近,东西之长区别较大,而且东西之长稍大于南北之长,而不是相反——如信息3那样南北之长大于东西之长。若考虑西墙后来的进一步扩建(见下文),东西长度会更大。就东西之长稍大于南北之长而言,则与信息1比例相符,此点优于信息3。以上是对宫城扩建后最大尺度的推算和比较。杨文所附平面图上还显示有早期宫城,即第一期宫城的范围,依图上比例推算,其最大值,东墙南北长近198.4米,北墙东西长近204.8米,面积近4.06万平方米。

信息5,杜金鹏先生没有对宫城的尺度做详细介绍,仅笼统地说"总面积超过4万平方米"[1]。但在其《偃师商城初探》一书第五部分也附有宫城平面图,图下未标比例尺[2]。此图又收入杜先生《夏商周考古学研究》一书,图下标有比例尺(图三)[3]。杜书所附宫城平面图与杨鸿勋先生之图完全相同,由于杜是偃师商城当年发掘的负责人,故杨图虽发表在先,但源自杜[4]。依杜先生《夏商周考古学研究》附图比例推算,无论最初的宫城——第一期宫城城墙尺度,还是扩建后宫城范围的尺度,都与上文所引各种说法存在很大误差。其中扩建后南北与东西长度相当,约139米,面积约1.9万平方米。第一期宫城城墙尺度,北墙和东墙也基本相同,推算均长约120米,面积约1.44万平方米。都比上文各种说法的范围小了很多,显然是将比例尺标错了。图上比例尺标的20米可能是30米之误。若按30米推算,则扩建后南北与东西长度各约208米,面积约4.3万平方米,与上述诸说接近,也与杜先生"总面积超过4万平方米"之说相合。看来,此图按30米比例推算

---

[1] 杜金鹏:《偃师商城初探》,中国社会科学出版社,2003年,第144页。

[2] 杜金鹏:《偃师商城初探》,中国社会科学出版社,2003年,第82页图6。

[3] 杜金鹏:《夏商周考古学研究》,科学出版社,2007年,第376页图六。

[4] 杜金鹏:《二里头遗址宫殿建筑基址初步研究》,《考古学集刊》第16集,科学出版社,2006年,第188页注3;王学荣、谷飞:《偃师商城宫城布局与变迁研究》,《中国历史文物》2006年第6期,第7页。

是对的[1]。那么依此比例推算第一期宫城的尺度自然也是贴近实际的。经推算可知,第一期宫城北墙和东墙各长约 180 米,面积约 3.24 万平方米。

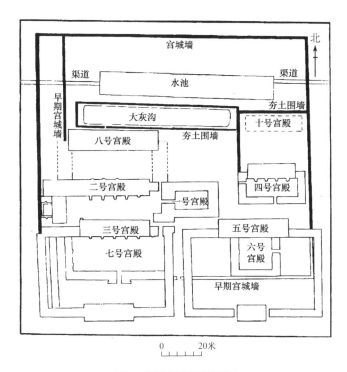

图三　偃师商城宫城平面图

(采自杜金鹏文,见《夏商周考古学研究》第 376 页)

信息 6,王学荣先生的文章提供了宫城的约略尺度,谓一期宫城"四面围墙长度皆约 200 米",并附有宫城第一期主要遗迹平面示意图和宫城早晚三期城墙及主要遗迹平面示意图[2],遗憾的是,他在图下没有附比例尺,无法进一步推算(图四)。不过,由示意图可知第一期宫城确为方形,这一点与杜、杨之图是一致的。

[1] 下文有关偃师商城诸遗迹的数据,凡没有报道的均据此推算,不另注。

[2] 王学荣:《偃师商城第一期文化研究》,《三代考古》(二),科学出版社,2006 年,第 261 页图二;王学荣:《制度革新与文化融合——王朝更替与考古学文化变革关系的个案分析,以二里头和偃师商城遗址为例》,《二里头遗址与二里头文化研究——中国·二里头遗址与二里头文化国际学术研讨会论文集》,科学出版社,2006 年,第 485 页图六。

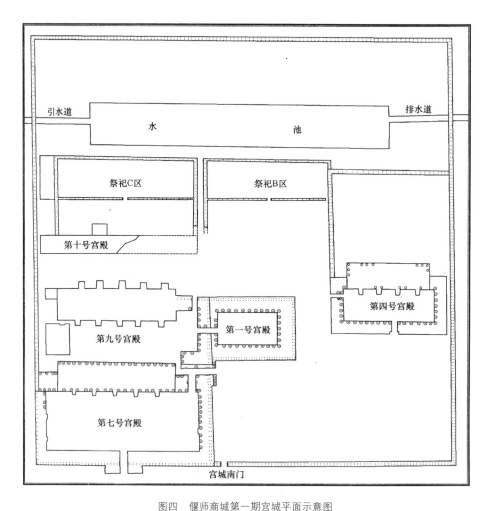

图四   偃师商城第一期宫城平面示意图

（采自王学荣文,见《三代考古》二·第261页）

以上是对第一期时宫城城墙尺度与范围的推断,即接近4万平方米,也可能是3.24万平方米左右。

一期时宫城城墙还有以下两个方面颇为特殊,值得特别关注,一是城墙的筑法,二是门道的开设。

关于宫城城墙的筑法,已发表的简报和论著中也没有具体介绍。我们在对照王学荣和杨鸿勋二位文章提供的有关偃师商城宫城及其他建筑平面图时,发现宫城城墙的建造方法与常见城墙的建造方法不同,而与偃师商城二号建筑群围墙[1],宫城内大型建筑1号、2号(9号)、5号、7号廊庑后墙,以及4号建筑北面的两堵围墙的建造方法相同[2],即在墙体内竖有比较密集的成对的双柱,属夹柱墙,也可称之为木骨墙。这种墙体最早见于二里头遗址4号建筑基址的北墙[3],还见于稍晚的洹北商城一号、二号大型宫殿式建筑廊庑的后墙或其他部位的墙体[4]。偃师商城宫城城墙大部分厚约2米,其厚度也许较这些大型宫殿式建筑的墙体稍厚一些,但其建造方法是相同的,此法不是更厚的城墙墙体所需。因此,作为商城中第一期宫城城墙,显得有点单薄。宫城城墙下有基槽,横剖面呈倒梯形,口宽约3.25米,底宽约3米,深约1米。

关于第一期宫城的城门,开设也比较特殊,真正开在城墙上的门仅有一处,位于南墙中间。从发表的所有宫城平面图上看,它应是第一期宫城城墙上开设的唯一的城门。此门门宽约2米(或曰3米),进深约2米(即墙的厚度),门旁未见其他附属设施,结构简单。除此门之外,进入宫城还可通过7号建筑的南大门。在各信息发表的平面图上,7号建筑的南大门不仅比城门宽,而且有意加长进深,其进深是城门的3倍多,结构也比城门复杂(图四)。比较而言,作为宫城城门,尽管位居南墙正中,却显得相当简陋。7号建筑的南大门位居城门西侧,即南墙西段近中部,但如果就建筑规模与结构排列一下主次,显然,居侧的7号建筑的南大门为主,居中的宫城城门为次。这与后代的主门——正门居中,次门——旁门居侧不同。其实,主门不居中而居于侧的实例在二里头遗址宫城上已经出现了。二里头遗址宫城在筑建南墙时,专门在南墙西段兴建了7号建筑,往北正对1号大型宫殿建筑

[1] 王学荣:《河南偃师商城第Ⅱ号建筑群遗址研究》,《华夏考古》2000年第1期。关于宫城城墙的筑法,笔者在电话中请教过王学荣先生。

[2] 王学荣:《偃师商城第一期文化研究》,《三代考古》(二),科学出版社,2006年,第261页图二。

[3] 中国社会科学院考古研究所二里头工作队:《河南偃师市二里头遗址4号夯土基址发掘简报》,《考古》2004年第11期;杜金鹏:《偃师二里头遗址4号宫殿基址研究》,《文物》2005年第6期;许宏:《最早的中国》,科学出版社,2009年,第98页。

[4] 中国社会科学院考古研究所安阳工作队:《河南安阳市洹北商城宫殿区1号基址发掘简报》,《考古》2003年第5期,第19~21页;中国社会科学院考古研究所安阳工作队:《河南安阳市洹北商城宫殿区二号基址发掘简报》,《考古》2010年第1期,第10~12页。

的南大门，"它与 1 号宫殿的主殿、南大门共享同一中轴线"。据勘探与发掘所知，二里头遗址宫城城墙上，仅东墙发现有 2 个小门，南墙上除 7 号建筑外，未见开设其他门。许宏先生已经指出，这座"跨建于宫城南墙上的 7 号建筑可能是宫城正门的门塾遗迹"[1]，应是不移之论。虽然偃师商城一期宫城 7 号建筑与二里头遗址宫城的 7 号建筑在结构、布局方面有别，但它们都建于南墙西半部，所处位置是相同的，二者之间似乎存在一定关联。因此，偃师商城一期宫城的主门不居中是可以理解和成立的[2]。

3. 宫城内的宫殿式建筑与其他设施

建于第一期的宫殿式建筑有 1 号、4 号、7 号、9 号、10 号五座。

1 号建筑位于宫殿区的中部，在四座同期建筑中规模最小，为长方形，东西长约 42 米，南北宽约 26.5 米[3]。中间是一长方形小庭院，没有明显的主殿，结构特殊。庭院外围四周的柱网分布与另外三座建筑的廊庑类似，唯更宽。朝西有一门，通往 9 号(后经扩建，又编为 2 号)建筑的庭院，二者关系密切。杨鸿勋、杜金鹏与王学荣先生都认为属"东厨"[4]。

4 号建筑位于宫殿区东中部，相对独立，东距宫城城墙 2.25 米～2.4 米。4 号建筑亦呈长方形，规模大于 1 号建筑，但较 7 号、9 号建筑小。东西长约 51 米、南北宽约 32 米。主殿在北，正门朝南，侧门朝西[5]。主殿的后面——北

---

[1] 许宏：《最早的中国》，科学出版社，2009 年，第 83、94 页。

[2] 即使扩建后的偃师商城宫城，南墙中间的城门仍然不是主要之门，此不赘及。

[3] 据信息 5 之图，以建筑基址最外边缘计，比例按 30 米推算。7 号尺度亦据信息 5 推算。

[4] 杨鸿勋：《宫殿考古通论》，紫禁城出版社，2001 年，第 46 页；杜金鹏：《洹北商城一号宫殿基址初步研究》，《文物》2004 年第 5 期，第 59 页；杜金鹏、王学荣：《偃师商城近年考古工作要览——纪念偃师商城发现 20 周年》，《考古》2004 年第 12 期；杜金鹏：《二里头遗址宫殿建筑基址初步研究》，《考古学集刊》第 16 集，科学出版社，2006 年，第 188 页；王学荣：《制度革新与文化融合——王朝更替与考古学文化变革关系的个案分析，以二里头和偃师商城遗址为例》，《二里头遗址与二里头文化研究——中国·二里头遗址与二里头文化国际学术研讨会论文集》，科学出版社，2006 年，第 488 页。

[5] 中国社会科学院考古研究所河南二队：《1984 年春偃师尸乡沟商城宫殿遗址发掘简报》，《考古》1985 年第 4 期。关于 4 号建筑的始建和使用年代，本发掘简报称"在基址的下面没有发现文化层。能表明基址的建筑、使用年代的夯土、路土内的遗物甚少且碎。目前只能说 D4 基址的（转下页）

面,用围墙封闭[1]。杨鸿勋先生认为与起居活动有关,称之为"寝殿别院"。[3]杜金鹏与王学荣先生认为可能属宗庙建筑[3]。

7号建筑位于宫城西南隅,在一期建筑中规模最大,东西长约82米,南北宽约48米。主殿在北,正门在南,后门在北廊东端,其余四周为廊庑,是一座相对独立的建筑。后门可与9号建筑院落相通,因7号与9号在南北同一中轴线上,二者亦关系密切。杜金鹏与王学荣先生认为是"前朝后寝"的前朝之外朝[4]。

9号建筑建于一期,第三段时向西扩建,则编为2号建筑。9号建筑位于7号建筑的北面,没有封闭完整的廊庑,为开放式建筑。其主体部分的规模与7号建筑的主殿相当,东西长约52米,南北宽约14.4米。另外,9号建筑南、北向都有登堂入室之阶,不同于4号、7号建筑仅南向有阶,北向无阶,显得比较特殊。杜金鹏与王学荣先生认为是"前朝后寝"的前朝之内朝[5]。

10号建筑(编为D32号夯土基址)位于9号之北,破坏严重,仅残存部分夯土基槽,此残基槽"南北最宽约8米、东西残长约57米",发掘简报推测其形制结构及功能性质与建于第二期的8号建筑相同,属多间长排形建筑,10号在二期时已废毁,8号是10号的替代物[6]。而多数偃师商城的发掘者又认为8号建筑属"前朝

(接上页)建筑,使用年代早于二里冈上层"。没有确定它的始建年代。到1999年,赵芝荃先生在论证偃师商城始建于二里头文化四期时,根据4号建筑"西庑址外侧底部有加固层(第6层)",出土的一些陶片,认为"与二里头文化第四期的相同",因而定4号建筑的建造年代属二里头文化第四期。见赵芝荃:《再论偃师商城的始建年代》,《中原文物》1999年第3期,第25页。赵先生主笔的发掘简报没有提到加固层(第6层),也没提到这些可确定始建年代的陶片,赵的论文也没有发表这些陶片的图像资料,无法验证。而且后来在宫城内的发掘也再没有遇到类似的二里头文化第四期单位。因此,4号建筑未必始建于二里头文化四期。

[1] 依信息6之图。

[2] 杨鸿勋:《宫殿考古通论》,紫禁城出版社,2001年,第46页。

[3] 杜金鹏、王学荣:《偃师商城近年考古工作要览——纪念偃师商城发现20周年》,《考古》2004年第12期。

[4] 杜金鹏、王学荣:《偃师商城近年考古工作要览——纪念偃师商城发现20周年》,《考古》2004年第12期;王学荣:《偃师商城第一期文化研究》,《三代考古》(二),科学出版社,2006年,第261页。

[5] 杜金鹏、王学荣:《偃师商城近年考古工作要览——纪念偃师商城发现20周年》,《考古》2004年第12期。

[6] 中国社会科学院考古研究所河南第二工作队:《河南偃师商城宫城第八号宫殿建筑基址的发掘》,《考古》2006年第6期,第7~12页。

后寝"的寝,故 10 号也当如此。认为 8 号建筑是寝,有一定道理,但认为 10 号是寝则完全是推测。依发掘简报介绍,在 10 号建筑与祭祀 C 区南墙之间是一个宽阔的广场,二者平行,东西有墙封堵(D29 夯土基址与 D33 夯土基址)。对此,王学荣先生有更明确的描述"位于宫城西北部第 32 号夯土基址(第十号宫殿建筑)与第 33号夯土基址(夯土围墙)、第 29 号夯土基址(夯土围墙)应属同期建筑,时代不晚于偃师商城商文化第一期早段(1 段),三者和祭祀 C 区南部围墙共同包围形成一个封闭的院落,即祭祀 C 区南部广场"[1],这在王学荣先生刊布的偃师商城第一期主要遗迹平面示意图上也表示的很清楚(图四)。显然,10 号建筑与祭祀 C 区的关系更为密切。8 号建筑建于 10 号毁坏之后,若 8 号是 10 号的替代建筑,则可以在原址重建,原址无需重新挖筑基槽,应该更为省时省力。原址重建和扩建的现象在偃师商城其他建筑中并不鲜见,可 8 号建筑并非如此,而是北移至原广场(或院落)的北端,与祭祀 C 区南围墙紧邻,二者相距仅 1.8 米~2 米。8 号的兴建,使祭祀 C 区南部的广场消失,二者之间变成了一个狭长的过道。正如发掘简报所言,是 8 号破坏了先前的布局。因此,8 号与 10 号的功能未必相同,10 号是否属寝,难成定论。

我们还注意到,8 号建筑的排房,仅朝南设门,朝北无门。如果 10 号与之相同,则 10 号与祭祀 C 区之间的封闭广场便无法进入,祭祀 C 区南墙上所开之门就形同虚设。要进入这个广场,一是在东、西墙上开门(即 D29 夯土基址与 D33 夯土基址);一是 10 号建筑既有朝南之门,也有朝北之门。由王学荣先生提供的平面示意图上看,东、西墙上没有门,而在 10 号建筑北缘处,恰有一方形基址,发掘简报编为31 号基址,它与 10 号建筑方向一致。所以,31 号基址很可能是 10 号基址的组成部分,也许与进入祭祀 C 区有关。如此,10 号建筑与 8 号建筑在结构上也是有区别的,结构不同,功能就可能不同,10 号未必一定属寝。

宫城内其他设施主要是所谓祭祀设施和池苑设施,二者位于宫城内北部。统观一期宫城各类建筑与设施的分布,若将 B、C 祭祀区南面的广场划归祭祀设施,则以广场南缘划一条东西直线,则整个宫城便可分成面积相当的南北两大功能区,

---

[1] 王学荣:《偃师商城第一期文化研究》,《三代考古》(二),科学出版社,2006 年,第 258 页。

南区是宫殿类建筑区，北区即祭祀设施和池苑设施区。祭祀设施和池苑设施能占去宫城的一半面积，几与宫殿区平分秋色，这在各时期宫城建筑中是绝无仅有的，足见两类设施之重要及本宫城之特殊。

祭祀设施最初被判定为是因兴建宫殿建筑取土而形成的沟状遗迹，之后，"又被用来作为专门储存宫殿区内生活垃圾的场所"，称之为"大灰沟"[1]。再后来，随着发掘工作的进一步开展，才被确定为祭祀遗迹[2]。

"大灰沟"祭祀设施共分 A、B、C 三区，由东往西呈直线排列。其中 B、C 二区属一期，各自独立，均呈长方形，东西并列，形制相同，相距约 3 米。四周都有夯土围墙，门道设在南墙中部。B、C 二区东西全长近 120 米，B 区面积约 1100 平方米，C 区面积约 1200 平方米，所以定其为祭祀设施，是因其内埋有较多完整或不完整的动物，以猪为最多，其他还有牛和羊等。

池苑设施在祭祀设施之北，由中部的水池和东、西两端的水道组成。水池东西长约 128 米，南北宽 19 米~20 米。一期时，水池口部用石块围护，池底西高东低。水道以石砌筑[3]。

4. 府库

府库位于小城内西南隅。府库围墙亦近方形，长、宽均约 200 米，面积或曰 3.5 万平方米[4]，或曰 4 万多平方米，略大于宫城[5]。府库内的长条形排房经过翻

[1] 中国社会科学院考古研究所河南二队：《河南偃师商城宫城北部"大灰沟"发掘简报》，《考古》2000年第 7 期。

[2] 王学荣等：《偃师商城发掘商代早期祭祀遗址》，《中国文物报》2001 年 8 月 5 日第 1 版；中国社会科学院考古研究所：《河南偃师商城商代早期王室祭祀遗址》，《考古》2002 年第 7 期。

[3] 中国社会科学院考古研究所河南第二工作队：《河南偃师商城宫城池苑遗址》，《考古》2006 年第 6 期。

[4] 中国社会科学院考古研究所河南第二工作队：《偃师商城第 II 号建筑群遗址发掘简报》，《考古》1995 年第 11 期，第 963 页；刘忠伏：《偃师商城遗址》，《中国考古学年鉴（1992）》，文物出版社，1994 年，第 236 页；刘忠伏：《偃师商城再次发掘大型建筑基址》，《中国文物报》1992 年 12 月 20 日第 3 版；王学荣：《河南偃师商城第 II 号建筑群遗址研究》，《华夏考古》2000 年第 1 期。

[5] 王学荣：《河南偃师商城第 II 号建筑群遗址研究》，《华夏考古》2000 年第 1 期，本文云第 II 号建筑群的围墙"大致为方形，长、宽各 200 多米"；王学荣：《河南偃师商城遗址的考古发掘与（转下页）

建,发掘者认为下层建筑建于一期。

需要说明的是,池苑设施和府库都经过大规模发掘,在发表的资料中未见第 1 段遗物,即使努力希望增加第一段遗存的学者,在他们的诸多论著中也未提到。想来一段遗物确实没有发现。因此,它与宫殿建筑一样,也不能认为一定始建于第一段。

5. 铸铜遗存

发现于小城外东北部,当时还未修筑大城。发现有木炭、铜渣、坩埚、铜块和陶范等,数量都较少。属第二段,未见第一段遗物[1]。

6. 墓葬

偃师商城发现的二里冈文化时期的墓葬都比较零散,据邰向平先生统计,至 2008 年底,共计百余座,正式发表的有 79 座[2]。至于属第一期的墓葬有多少,还缺少这方面的信息。粗略分析一下零散发表的资料,则以二、三期为多,一期者较少。而且所有墓葬很少随葬青铜礼器,一期墓中更是不见。也就是说,这些墓葬的等级都不高,属于中小贵族的墓葬非常罕见。诚如王学荣先生在 1996 所言"至今,城内已发现并发掘的墓葬总数不足百座,而且墓葬的规模和等级较低,皆为小型土坑竖穴墓,墓室面积在 3 平方米以下,葬具简陋,随葬品数量少,品类和规格等级较低,绝大多数为日用陶器,这无疑是社会下层民众的归葬之处"[3]。这是就所有二里冈文化时期的墓葬而言的,一期墓葬自然包括在内。最近十多年来,也未听说偃师商城有重要墓葬发现。我们还注意到,在众多论证偃师商城为成汤亳都的论著

（接上页）研究述评》,《考古求知集》,中国社会科学出版社,1997 年,第 293 页;王学荣:《偃师商城第一期文化研究》,《三代考古》(二),科学出版社,2006 年,第 264 页。

[1] 中国社会科学院考古研究所河南第二工作队:《河南偃师商城东北隅发掘简报》,《考古》1998 年第 6 期;杜金鹏:《偃师商城初探》,中国社会科学出版社,2003 年,第 115～126 页。

[2] 邰向平:《商系墓葬研究》,科学出版社,2011 年,第 20 页。

[3] 王学荣:《河南偃师商城遗址的考古发掘与研究述评》,《考古求知集》,中国社会科学出版社,1997 年,第 292 页。

中都没有以墓葬材料作为论据,也没有提到一期时青铜器的出土情况,因为这可以和已发现的铸铜遗存相呼应,互为说明本阶段之重要。然而,没有任何人涉及,显然是缺少这方面的材料。当然,作为一座早商时期较大的城邑,发掘者们也想到,与其"规模及使用时间相匹配,在城内以及城的周围应有大片的墓地存在。多年来,我们也一直注意寻找,但收效不佳"[1],迄今为止仍未发现大片墓地,也未发现规格稍高一点的墓葬。

以上是对偃师商城第一期景况的简要概括,对这些一期遗存的判定,本文基本采用了偃师商城主要发掘者的意见,因为在此基础上探讨相关问题,更容易相互交流和认可,也容易被更多的西亳说信从者理解。由于发掘者都希望把偃师商城的始建年代提早,希望找到丰富的第一段的遗存,这样才能与成汤之时匹配,使成汤迁都西亳具有充分证据。即使如此,通过概括可以发现,迄今为止,属于第一期第一段的遗物,仅见于"大灰沟"——祭祀设施最底层,而在其他所有遗迹内,如宫殿区、池苑设施、府库和铸铜场所都未见第一段遗物。至此便可明了,与成汤相匹配的遗存实在少得可怜,被不少学者认同的汤亳,其考古学证据竟是如此的单薄。

考古学研究最注重实证,判定任何遗迹的形成、使用及废弃年代,都离不开层位关系和所属遗物。偃师商城已发掘的"大灰沟"之外的各类重要遗迹内都未见第一段遗物,它们又未被"大灰沟"打破或叠压,怎敢一定说形成于第一段?可以大胆假设,但不可以不小心求证,在发掘规模颇大的宫殿区、池苑设施和府库建筑以及其他地段,都不见第一段遗物的前提下,就敢肯定地说它们始建于第一段,并进而得出此时即是成汤亳都的结论,显然大胆有余而求证欠慎。此做法不宜提倡,其结论不可轻易信从。

如果认为偃师商城第一段与二里头第四期(或晚段)同时,则两者的景况便没有必要进行比较了,因为两者相差太过悬殊,谁是都城,谁是居邑,不比自明,本文就该到此结束。但考虑到不少学人认为偃师商城第一期与二里头第四期同时,偃

---

[1] 王学荣:《河南偃师商城遗址的考古发掘与研究述评》,《考古求知集》,中国社会科学出版社,1997年,第292页。

师商城是汤都,二里头遗址是商初夏遗民的居邑,所以,我们可退而求其次,放宽比较的时限,延长成汤的寿命和在位时间[1],看一看偃师商城第一期与二里头遗址第四期时的景况,孰主孰次,孰都孰邑。

三、二里头遗址第四期与偃师商城第一期景况比较

为了便于比较,更加直观明了,先将二里头遗址第四期与偃师商城第一期景况分类列为下表(见下页)。

下表是成汤时期(或稍后),夏遗民居邑——夏旧都(二里头遗址第四期)和成汤西亳(偃师商城第一期)景况的简略比较,都属看得见的表面现象。以下就这些表象的各个方面,探讨一下背后的相关问题。探讨之前,需要再强调一下讨论的前提,即二者相距六千米,同时并存而文化面貌不同,分属夏文化和商文化。也就是说,彼此是相对独立存在的。

就两者规模而言,夏遗民居邑仍然保持亡国前的规模,至少没有发生太大变化,约300万平方米。而成汤西亳以小城范围为主,约为81万平方米,另在小城外东北部有铸铜作坊。汤都的规模约是夏旧都的四分之一,此时西亳还未修筑大城,相比之下,显得有点以小临大,以弱临强之感。

在此还需说明的是,有不少知名学者在赞同偃师商城为成汤西亳时,仍沿用旧说,往往以大城的规模,即近200万平方米为成汤之西亳,忽略了偃师商城先筑小城后筑大城的过程,显然欠缺对考古材料与研究方法的把握。由于偃师商城最先发现的是大城,而且发掘者想努力提早其始建年代,以便早于郑州商城,有利于成汤之亳的成立,于是便得出了大城为成汤始建的结论。后来发现了更早的小城,新

---

[1] 有不少汉以来的文献记载了成汤灭夏前即位和灭夏后在天子之位的年数以及寿终之数,虽不可尽信,但可参考。多数文献,说他灭夏后在天子之位共 13 或 12 年,百岁而崩,兹不赘举。若果真如此,13 年还不及考古学文化分期的一段时间,也就是说,活了一百岁的成汤死于偃师商城第一段期间。如果把第二段也归入成汤,那就等于延长成汤的寿命,让他多在位,多活二三十年。否则,成汤迁来,真不知该住在何处了。

类别	二里头遗址第四期景况	偃师商城第一期景况
遗址规模	约 300 万平方米	约 81 万平方米,再加上铸铜遗址
宫城	10.8 万平方米	约 3.24~4 万平方米
宫殿类大型建筑	1 号建筑面积:本址最大,长宽在 90~107 米间,面积:9585 平方米 2 号建筑面积:$72.8×57.5 \sim 58 ≈ 4200$ 平方米 4 号建筑面积:约 527 平方米(其中主殿面积:$36.4×12.6 \sim 13.1 ≈ 460$ 余平方米;东庑面积:$6.7×15$(残)$≈ 100.5$ 平方米) 6 号建筑面积:本期兴建;50 余$×40 \sim 50 ≈ 2500$ 平方米 7 号建筑面积:$31.5×10.5 \sim 11 ≈ 339$ 平方米 8 号建筑面积:约与 7 号相当[1] **以上建筑之面积合计:17523.5 平方米**	1 号建筑面积:$42×26.5 ≈ 1113$ 平方米 4 号建筑面积:$51×32 ≈ 1632$ 平方米 7 号建筑面积:本期本址最大,$82×48 ≈ 3936$ 平方米 9 号建筑面积:$52×14.4 ≈ 749$ 平方米 10 号建筑面积:残,复原约 700 平方米 **以上建筑之面积合计:8130 平方米**
手工业作坊 铸铜作坊	1 万平方米以上,内涵丰富	范围不大,内涵一般
手工业作坊 绿松石作坊	1 千平方米以上	未发现
墓葬	共 45 座,其中随葬铜器的墓 10 座,出土铜器数量和种类都较多,包括多种青铜礼器	墓葬数量很少,未见青铜器墓
其他设施 祭祀	范围东西长二、三百米,宽度不详	一期有 B、C 二区,东西长约 120 米,面积 2300 平方米
其他设施 池苑	未发现	规模大
其他设施 府库	未发现	规模大
其他设施 围垣设施	规模大,东西长 200 米以上,南北宽待考	不明。另在宫城外东北部有一组建筑(三号建筑群),有的发掘简报视之为府库[2];是否属第一期,不明

[1] 依许宏《最早的中国》平面示意图估计,8 号建筑可能被四角楼村民居叠压。

[2] 中国社会科学院考古研究所河南第二工作队:《河南偃师商城小城发掘简报》,《考古》1999 年第 2 期,第 1 页图一。

材料证明,大城是后来扩建的,建于偃师商城分期的第三段[1]。此时成汤已经作古,大城属成汤的孙辈所为[2]。在小城发现之前,视大城为成汤之亳,尚能自圆其说,但在小城发现之后,再这么认识就不确切、不严谨了。成汤时的西亳远没达到200万平方米之数,视大城为早商之西亳则可,但视之为成汤之西亳则不可,这是两个不同的概念。我们不能移花接木,无端扩大成成汤的伟业。若认同偃师商城是成汤之西亳,那么在谈及成汤始建西亳时,就不能以后来扩建的大城面积——约200万平方米当之。成汤始建之西亳,仅80多万平方米,比起近旁的夏遗民居邑要小很多很多。

关于成汤建此小城于夏王朝的腹地,夏旧都近旁,并以之为首都的目的,西亳说者都认为是为了镇抚夏遗民,巩固新政权。至于它为什么很小,则认为与商王朝初建,政局不稳、人力财力匮乏有关。如果这些推测不误,说明成汤具有过人胆识和冒险精神,他竟敢在夏旧都——当时规模最大的居邑近旁建一个小很多的城为都,并发挥镇抚的作用,而且还允许旧都及各个聚居点的夏遗民独立存在一期(或一段)之长。虽然彼此相距仅6千米,但文化特征不同。可谓鸡犬之声相闻,彼此甚少往来。二者的关系显得既紧张,又和谐,好像成汤占领了夏地而未统治夏民,这种现象令人莫名,颇费琢磨。

就宫城规模而言,二里头遗址第四期还在使用的宫城,面积为10.8万平方米,而偃师商城第一期时,其宫城面积最多约4万平方米,不足前者的一半。

就宫城内宫殿类建筑而言,由上表统计可知,二里头遗址第四期使用的新、旧宫殿建筑,面积合计多达17500多平方米,而偃师商城第一期所有宫殿建筑的面积合计为8130平方米,不及前者的一半。各自最大的建筑,前者为1号建筑,面积近万平方米;后者为7号,面积为3936平方米,也不及前者的一半,而且也小于前者2号建筑的面积。

比较的结果是,夏遗民贵族仍然享受着旧有的待遇,而且继续兴工动土,增

---

[1] 杜金鹏:《偃师商城初探》,中国社会科学出版社,2003年,第115页。

[2] 王震中先生就认为是大庚所为,见宋镇豪主编,王震中著:《商代都邑》,中国社会科学出版社,2010年,第2、35页。

设建筑,他们居住和举行相关重大活动的场所远比成汤亳都的建筑气派和辉煌。商王朝初建,虽然人力财力匮乏,但成汤并未占有夏都,将其据为己有,坐享其成。也未阻止其大兴土木,支援亳都建设,而是克服困难,在其近旁另外兴建较之规模小一些的宫室建筑,数量约5座。在此还需再次提醒一下,今后在谈及成汤始建西亳时,也不能早晚不分,把宫城内二、三期增建的所有建筑都视为成汤所建。其实,第一期的5座建筑,4号被推断为宗庙,1号被推断为“东厨”,供成汤居住和处理政务的建筑只有7号、2号和10号三座,活动空间很有限。

就手工业作坊而言,两者都有铸铜作坊,二里头遗址者规模大,内涵丰富,范围逾万平方米;偃师商城者规模小,内涵一般。如果二者同时,则它们都是现知中国早期铸铜作坊(二里头遗址发生时间更早)。当时的铸铜业与制陶业不同,属高科技产业,其产品属高消费产品,它应归各自所在地的最高贵族所有。依现有资料,二里头遗址确有与铸铜作坊同时匹配的青铜器发现,且种类多样,数量可观,计有礼器、乐器、兵器、工具和装饰品等。可在偃师商城,其第一期时,铜器发现很少。当然,这与两遗址墓葬的发现状况密切相关(见下文)。两相比较,这一现象更耐寻味。在成汤统治下,在今偃师境内存在两处相距很近的铸铜作坊,规模大、产品全的夏旧都铸铜作坊归夏遗民的贵族所有;规模小、产品少的亳都铸铜作坊则归成汤所有。面对这种状况,我们不能不想到以下问题,夏旧都如此高水平的现成作坊,成汤灭夏后为什么尽弃而不用? 反而在其近旁另起炉灶,新建一个水平一般的铸铜作坊?

至于制作绿松石的作坊,仅见于二里头遗址,偃师商城还未发现。

就墓葬而言,两遗址都没有发现高等级的墓葬[1],这与各自其他各方面高规格的发现不相匹配,都有待今后发现。依现有资料的比较,二里头遗址发现的墓葬,不仅规格高于偃师商城,而且数量也多于偃师商城,这方面相差比较悬殊。

---

[1] 二里头遗址二号宫殿建筑主体殿堂后面有一特殊遗迹,最初被确定为墓葬(编号M1),规模较大,长宽5米左右。后来被否定,今存疑不论。

与此相关,在遗物方面,二里头遗址所见亦远比偃师商城丰富多彩。其他且不论,单看青铜器,偃师商城第一期几乎谈不上有什么像样者,可在二里头遗址第四期,上面已经提到,礼器、乐器、兵器、工具和装饰品等都有。同样都不是高规格墓葬,为什么悬殊会这么大? 是资料的局限? 是葬俗之别? 还是其他什么原因?

就其他设施而言,两遗址不够对等,互为有无,共计四类。

一是祭祀设施。两遗址都有,规模都很大。二里头遗址者位于宫城外北部,东西长二、三百米,虽南北宽度不明,但其规模是相当可观的。偃师商城者位于宫城内北部,规模也很大,一期时有两个祭祀单元,东西总长约 120 米,面积约 2300 平方米。应该说夏、商两王朝对祭祀都很重视。在成汤时期,两者各自独立存在,夏旧都的夏遗民继续在原地举行祭祀,成汤则在自己新建的祭祀设施内祭祀。唯两者的祭祀形式不同,前者有坛、坎两种;后者只有坎而不见坛,表明祭祀对象也有区别。

二是池苑设施。偃师商城有,且规模较大,建造讲究,乃商城遗址中重要特色之一。二里头遗址还未发现。

三是府库。偃师商城有,规模也很大,建造也很讲究,其范围与宫城相当,也属本商城遗址之重要特色。二里头遗址还未发现。看来,成汤在建造该城时,对池苑和府库非常重视。

四是其他围垣设施。二里头遗址宫城之南的围垣兴建于四期晚段,东西长超过 200 米,南北宽度不明。垣体夯筑质量高于宫城城墙。偃师商城宫城和府库之外的围垣设施,可能还有 3 号建筑群,但是否始建于第一期,不清楚,其规模也没有二里头者大。二里头遗址这一考究的围垣设施,修筑时间与本址 6 号建筑同属四期,即与偃师商城第一期同时。这就是说,当成汤开始修筑偃师商城时,夏旧都的夏遗民也没有因为亡国而停止旧都的建设,他们既兴建宫室类建筑(6 号),又修筑新的围垣。如上所述,亦呈现出一派欣欣向荣的景象。

以上是对同时并存的成汤亳都与夏旧都的简略比较,总体而言,除府库和池苑不见于夏旧都,为汤亳特殊设施外,其他诸多方面,汤亳均较夏旧都逊色。如果仅从考古现象判断,不涉及桀都与汤都,那么这两处同时的遗址,何者为主,何者为次? 何者是都,何者是邑呢? 请大家判断。

简短的结论

以上是根据现有材料,按照部分研究者的看法——二里头遗址第四期和偃师商城第一期同时进行的比较分析,结论可概括为以下两点。

第一,若成汤都亳属偃师商城第一段,则本段考古遗存仅见于"大灰沟"——祭祀设施底部堆积,其他地段尚未发现。所谓此时建有宫城、宫殿等说法,均为推断,缺少直接证据。依此为前提,偃师商城第一段的考古遗存和二里头遗址第四期遗存便失去了比较的基础,因为二者的丰简程度相差太过悬殊。考古学研究最重实证,即使"大灰沟"底部堆积与二里头遗址第四期同时,那也不敢说其他建筑等遗迹也与二里头遗址第四期同时。我以为,仅依靠"大灰沟"底部的一点遗存,就断定此时汤亳建成,实在太过大胆。

第二,放宽成汤在位的时限,把偃师商城第一期,即包括第二段在内均视作成汤时期,那么将偃师商城此期遗存与同时的二里头遗址第四期遗存比较,结果是,除府库和池苑为汤亳特殊设施,不见于夏旧都外,其他诸多方面,如遗址面积、宫城和宫殿建筑规模、墓葬数量和随葬品的丰简程度、手工业作坊的规格等等,汤亳均较夏旧都逊色。凡承认偃师商城第一期是汤亳,并与二里头遗址第四期同时者,就得承认这一客观现象。为什么成汤的亳都会比夏旧都逊色? 为什么相隔六千米,夏文化和商文化还能同时并存一期之长? 所有研究二里头遗址和偃师商城的学者,对这些客观现象和问题都应该有清醒的认识和深层的思考,做出更合乎情理的解释。

最后需要声明,本文是在部分学者看法的基础上进行的比较分析,对这些学者的看法,笔者并不完全赞同,所以在比较分析过程中,容易产生困惑和不解,因而提出以上诸多疑问。依本人愚见,偃师商城第一期与二里头第四期不当同时,即使二者同时一段时间(半期)也有点偏长。至于成汤是否以偃师商城为首都的问题,该商城第一段遗存太少,不支持汤都之说。即使该商城第一期遗存,虽比较丰富,但视之为成汤首都仍显得勉强。

2013 年 3 月 6 日改定

（本文刊于《中国国家博物馆馆刊》2013 年第 9 期）

11

从夏代各部族的分布和相互关系看商族的起源地

据文献记载,当夏之时,黄河流域还存在许多部族,他们有着各自的活动地域,并相互接触和来往。因此,系统地整理和分析这类资料,可以从整体上了解夏代各部族间的相邻关系和分布状况,从中确定早期商族的所在位置。

一、和夏有关系的部族及其分布

有夏一代,一般认为始于启而终于桀[1],其中心统治区在豫西和晋南一带。这一点学术界意见比较一致。现把和夏有关系的其他部族分述如下:

启和伯益　启和伯益继承禹位的事,虽然有相争和相让的不同记载,但伯益能和启争让继承权,说明该族是夏初比较强盛的部族。伯益,又作"柏翳",史载其为"秦、赵之祖,嬴姓之先",属东方夷人。有的文献又说他与皋陶是父子关系。

伯益居地,《墨子·尚贤上》曰"禹举益于阴方之中",但阴方之地不可考。至于《孟子·万章上》所说他"避禹之子于箕山之阴"的处所亦很难说是该族的活动地区。伯益之居虽难考定,然皋陶之所尚可探寻。《帝王纪》云:"皋陶生于曲阜。"《皇览》云:"皋陶冢在庐江六县。"[2]其后代的封地,《史记·夏本纪》云:"封皋陶之后于英、六,或在许。"这些地点,曲阜与今地同,属鲁西南;英,亦作蓼,依《汉书·地理志》《括地志》记载,在今河南信阳地区固始;六,即《汉书·地理志》六安国六

---

[1] 传统的教科书认为始于禹,但禹属禅让制时期,他有意让位给益,这样就出现了其子启与益争位之事,最终启上位。因启为禹子,看上去是世袭,实际益也有资格继位。要说世袭制的开始,启合适。

[2] 《史记·夏本纪》,《正义》《集解》引。

县,今属皖西;许,《括地志》云"许故城在许州许昌县南三十里"[1],在今许昌一带。以上诸地,都在豫东周围。可见皋陶、伯益及其后裔是活动在夏王朝东方的部族。

启和有扈　此事始见于《尚书·甘誓》:"大战于甘,乃召六卿,王曰:'嗟！六事之人,予誓告汝:有扈氏威侮五行,怠弃三正,天用剿绝其命。'"《甘誓》未指明誓师之王是谁,《史记》说是启。有扈氏敢于反对启的统治,并遭到启的大肆征讨,表明该族也很强大,其活动地域可从扈和甘两个地点得知。

扈的地望,史有二说:一说最早见于《汉书·地理志》,右扶风有"鄠,古国。有扈谷亭。扈,夏启所伐"的记述。地在今陕西户县。另一说最早见于《春秋》庄公二十三年:"十有二月甲寅,公会齐侯,盟于扈。"此扈在《左传》里凡十余见,是关东诸国多次盟会的地方。说明该地所在位置便于诸参盟国聚会。据杜预注云:"扈,郑地,在荥阳卷县西北。"即今河南省原阳县西原武镇附近。这里确实具备关东诸国盟会方便的条件。另据《古本竹书纪年》"河绝于扈"[2]的记载,也可证明郑地确有名扈之地。因为黄河多次决口和改道的地方正在原阳西境。

既然郑地之扈东周时已有,其出现时代远比《汉书》所言为早。那么有扈氏的居地就未必在陕西,很可能在原武一带。

甘的地望也有不同说法,一般认为在陕西户县或洛阳市西南[3]。但从夏和有扈氏的方位来看,甘作为交战地应在二者之间。户县和洛阳都不符合这个条件。近年来,郑杰祥先生认为"在今郑州市以西的古荥甘之泽和甘水沿岸","其地北距原武镇地区的有扈氏故国仅数十里"[4],恰在夏和有扈之间,郑说可从。

扈、甘既在原武或其附近,显然有扈氏也是位于夏王朝东方的部族。

穷寒代夏　这是夏代历史上最大的一次事件,文献记载很多。启战胜伯益、有扈等东方部族不久,至其子太康时,由于"盘于游田,不恤民事",结果仍被来自东方

---

[1]《史记·夏本纪》,《正义》《集解》引。

[2]《水经·河水注》引。

[3] 顾颉刚、刘起釪:《〈尚书·甘誓〉校释译论》,《中国史研究》1979 年第 1 期。

[4] 郑杰祥:《"甘"地辨》,《中国史研究》1982 年第 2 期。

的部族有穷氏推翻,演出了长达数十年之久的亡国悲剧。这一重大事件的发生,使黄河中下游某些部族的占领地域发生了变化,有的入居夏地,而夏王朝的残存势力则流亡在他处。他们所涉及的地域大致如下:

鉏、穷石。《左传·襄公四年》云:"昔有夏之方衰也,后羿自鉏迁于穷石,因夏民以代夏政。"后羿的居地鉏和穷石,是该族先后活动地域的中心。

鉏,《括地志》云"故鉏城在滑州韦城县东十里"[1],在今河南省滑县境。

穷石亦作穷谷,简称穷。所在地望有四说:一是《左传》昭公二十七年楚救潜,"与吴师遇于穷"之穷,地在今安徽霍邱一带。二是《淮南子·墬形训》所记:"赤水之东,弱水出自穷石。"地在今甘肃境内。三是《水经·河水注》之说"平原鬲县故城西","故有穷后国也"。地在今山东平原县北。四见于《晋地记》:"河南有穷谷,盖本有穷氏所迁也。"[2]此穷谷即《左传·定公七年》"单武公、刘桓公败尹氏于穷谷"之穷谷,曹子建《洛神赋》作"通谷",地近洛阳。按后羿是"自鉏迁于穷石",然后"因夏民以代夏政",显然是向夏的腹地靠近并占领之,而不是越迁离夏越远。故上列安徽、甘肃和山东三说都难成立,而以洛阳附近之说为是。可见羿的这次迁徙是沿着黄河(古)西进的。所以《楚辞·天问》明确说"阻穷西征,岩何越焉",正与从滑县到洛阳的方位相合。

寒、斟郭、斟灌、过、戈。后羿代夏为时不长,即因"不修民事,而淫于原兽",导致杀烹之祸,又被寒浞取代。《左传·襄公四年》:"寒浞,伯明氏之谗子弟也……浞因羿室,生浇及豷,恃其谗慝诈伪,而不德于民。使浇用师灭斟灌及斟郭氏,处浇于过,处豷于戈。"这里涉及不少族名和地名。

寒,《续汉书·郡国志》记载北海平寿城"有寒亭,古寒国,浞封地"。地在今山东潍县附近。

斟郭,其地所在主要有二说:一是山东说,见于《汉书·地理志》等,在今山东潍坊一带。二是河南说,见于《说文》《水经·洛水注》等,在今河南巩县附近。

----

[1]《史记·夏本纪》,《正义》《集解》引。
[2]《史记·夏本纪》,《正义》《集解》引。

另外还有先在河南后迁山东之说,当是指夏以后的事。斟鄩和夏同姓,按《古本竹书纪年》记载又是太康和桀的居地,故不可能远在潍坊地区,应以河南巩县说为是。

斟灌是帝相的流亡地[1],灌或作观[2],其地有四说:一在山东寿光,地近寒,见《汉书·地理志》应劭注等。二在山东安邱,地亦近寒,见《水经·汶水注》等。三在河南洛汭,即《国语·楚语上》韦昭注:"观,洛汭之地。"四在河南观城,即今范县,见《左传·昭公元年》杜注、《水经·河水注》。斟灌和斟鄩一样,亦与夏同姓[3],而且是夏后相寄居之地,自然不应在与之为敌的寒国附近。因此,以上四说,后两说近是,或在洛水流域,或在观城。

过,《左传》襄公四年杜注:"过、戈皆国名,东莱掖县北有过乡。"此说又见《晋地道记》等[4],在今山东掖县附近。另杨伯峻先生认为可能在今豫东太康县东南[5]。若从少康"灭过、戈,复禹之绩"一条分析,过当距戈不远。戈在豫东(见下文),则过在太康是可能的。

戈,《左传》哀公十二年:"宋、郑之间有隙地焉,曰弥作、顷丘、玉畅、喦、戈、钖。"杜预也说:"戈在宋、郑之间。"说明地在今豫东。

缗、仍、虞、纶。寒浞子浇灭掉二斟,流亡于斟灌的夏后相被杀,其妻"后缗方娠,逃出自窦,归于有仍,生少康焉,为仍牧正。惎浇,能戒之,浇使椒求之,逃奔有虞,为之庖正,以除其害。虞思于是妻之以二姚,而邑诸纶。……遂灭过、戈,复禹之绩"[6]。这是关于少康出生、成长、复禹绩的记述,在他这一时期的经历中,也涉及不少族或地名。

缗,即《汉书·地理志》山阳郡之东缗县,地在今鲁西南金乡县附近。陈梦家先

---

[1]《左传·襄公四年》杜注斟鄩、斟灌云:"二国,夏同姓诸侯,仲康之子,后相所依。"

[2] 丁山:《由三代都邑论其民族文化》,《"中研院"历史语言研究所集刊》第五本第一分,1935年,第88页。

[3]《左传》襄公四年杜注斟鄩、斟灌云:"二国,夏同姓诸侯,仲康之子,后相所依。"

[4]《史记·吴太伯世家》索隐引。

[5] 杨伯峻:《春秋左传注·襄公四年》注。

[6]《左传·哀公元年》。

生认为缗即卜辞的昆,亦即蒙山[1]。金乡距蒙山不远,看来缗确在这一带。

仍,亦作任,春秋时任国[2]。在今山东济宁附近,地近缗。

虞和纶,少康奔有虞而邑诸纶,表明两地相距不远,但虞和纶都有二说:一是山西晋南的虞和纶。此虞见《汉书·地理志》等,在今平陆县东北;纶地见《博物志》《太平寰宇记》等,在今万荣县境。二是河南豫东的虞和纶,文献记载较多,如《左传·哀公元年》杜注、《水经·获水注》等,二地均属今商丘虞城。

根据《左传·哀公元年》等记载推知,相和少康的流亡地点比较集中,而少康的复国是从灭过、戈开始的。过、戈既在郑、宋之间,则虞和纶绝不会远在山西,应以商丘说为合理。

总之,在穷寒代夏期间,与夏有关系的部族的分布地点有以上十余处。其中除穷石和二斟在豫西,是穷寒二族代夏之后所居之地外,余皆在原夏人统治中心地区以东,尤以鲁西南、豫东及其附近最为集中。

自少康复国到夏桀即位,这一阶段夏王朝与外族关系的记载很少,所见主要是夷人,如畎夷、于夷、方夷、黄夷、白夷、赤夷、玄夷、风夷、阳夷等,有时统称为"九夷""诸夷"。他们的分布,虽具体地望难以详考,但大致范围一般认为以今山东省为主要地区。

夏桀时期,夏与外族关系的记载比较具体和丰富,但由于桀与汤同时,此时的商族开始进入先王时期。因此,不论述桀与其他部族的关系并不影响对汤以前商族活动地域的探讨,故在此略而不谈。

总观与夏有关系的各部族的活动地域,都位于夏王朝东方。其范围北抵黄河(古),南达淮水,包括了今山东大部,江苏和安徽一部及河南东部的广阔地区。其中可以考定地望者主要分布在豫东和鲁西南。

从上述族际关系看出,几乎在整个夏代,夏王朝的外族威胁均来自这些东方部族。他们敢于和夏王朝为敌,甚至一度取而代之占据中原,说明其势力相当强盛,

---

[1] 陈梦家:《殷虚卜辞综述》,科学出版社,1956年,第596页。
[2] 顾颉刚:《有仍国考》,《禹贡》五卷十期。

是当时黄河中下游地区最强大的部族,当然也是该地区的占有者。

需要注意的是,分布在上述地区的部族虽然很多,也很强大,但却不见商族。而且文献中也不见这些东方部族与商族有交往的记载。因此,早期商族是不是这一地区的占有者,很值得怀疑。至少在族际关系的记载里,还找不到早期商族活动在这一地区的证据。

二、和商有关系的部族及其分布

商先公和其他部族的关系,文献所见不多,主要有以下两则。

契和戎狄　《史记·殷本纪》云:"殷契,母曰简狄,有娀氏之女。"《诗·商颂·长发》云:"有娀方将,帝立子生商。"契母简狄为有娀氏之女,娀即戎[1],其分布一般认为在北方,即今河北和山西等地。可见这位商人的始祖就出生在北方,属戎狄之后裔,而不属东方夷人。契以后的子姓封国,据司马迁说,有"殷氏、来氏、宋氏、空桐氏、稚氏、北殷氏、目夷氏"。他们的地望除来氏、稚氏难以考究,宋氏在周代宋地之外,其余四者均在北方地区。

空桐氏,《逸周书·王会解》云:"正北空同、大夏、莎车、姑他、旦略、豹胡、代翟、匈奴、楼烦。"《尔雅·释地》云:"北戴斗极为空桐。"《史记·赵世家》还说赵襄子"娶空同氏,生五子"。空桐之地有甘肃、豫东之说,但都与这几条记载不符。空桐既在北方,又与赵通婚,说明它应在赵地或其附近。依《战国策·秦策》所记,赵地本属"杂民之所居",空桐氏也许是其中之一。战国初年之赵,在今山西中北部和河北南部一带。

殷氏和北殷氏,在上引史迁所言的子姓封国中,前有"殷氏",后有"北殷氏"。显然后者冠以"北"字,是为区别于前者。北殷当在殷之北。殷即今安阳,此无疑问。那么北殷当在安阳以北的河北省境内。

目夷氏,《史记·伯夷列传》索隐按:"《地理志》孤竹城在辽西令支县。应劭云

---

[1] 唐兰:《用青铜器铭文来研究西周史》,《文物》1976 年第 6 期,注 14。

伯夷之国也。其君姓墨胎氏。"《括地志》云："孤竹故城在平州卢龙县南十二里,殷时诸侯孤竹国也,姓墨胎氏。"[1]墨胎,《世本》作"目夷",属子姓。其地在今河北卢龙县。

以上四个子姓国均在今山西、河北等地。虽然他们在商先公时未必都已存在,其分布也未必与商先公完全相同,但如此多的子姓国见于北方,应该与商人源自戎狄之族有关。

实际上,分布在北方地区的子姓戎狄之族也确实存在。比如《史记·赵世家》记载有人对赵简子说:"主君之子将克二国于翟,皆子姓也。"又如被赵所灭的中山国,本为白狄,春秋时称鲜虞,《续汉书·郡国志》就说他是子姓。《风俗通·姓氏篇》和鲜于璜碑碑文还说他是箕子之苗裔。东周时期子姓狄人尚能立国,可见其势力非同一般,自当有其发生发展的过程和历史根源。若与契母简狄自称为狄相联系,就会想到他们之间很可能是远世亲族关系。

商人属戎狄之族,这在周人的言论中亦可找到证据。《尚书·康诰》云"殖戎殷"、《国语·周语》云"戎商必克"、《逸周书·世俘篇》云"谒戎殷于牧野"等等。总是把商人称为戎,商人起源于北方戎狄之地是没有问题的,这种亲缘关系直到商人灭夏以后,仍然长期保持着。殷墟甲骨刻辞所见"娄毓幼"[2]便是说明。难怪商亡国不久,箕子"不忍周释",北走朝鲜;武庚反周失败,也是向北逃跑,因为北方有其立足之根据,那就是商人在这里久远的基础和势力。

王亥父子和有易　《山海经·大荒东经》云:"王亥托于有易、河伯仆牛。有易杀王亥,取仆牛。"郭璞注引《竹书纪年》云:"殷王子亥,宾于有易而淫焉。有易之君绵臣杀而放之。是故殷主甲微假师于河伯,以伐有易,灭之,遂杀其君绵臣也。"有易之名因易水而来。易水,旧说多以为即今保定地区的易水。邹衡先生根据《路史》《太平寰宇记》等文献以及汉代"易亭"陶文的出土地点,认为今滹沱河、漳河都曾有易水之称[3]。无论何者,有易的活动区总不会超出此三水之地,也就是说,其

［1］《史记·周本纪》《正义》引。

［2］于省吾:《略论图腾与宗教起源和夏商图腾》,《历史研究》1959年第11期。

［3］邹衡:《夏商周考古学论文集》,文物出版社,1980年,第215页。

活动范围当在今河北省中南部及其邻境的太行山一带。

至于河伯,由于他和有易同与王亥发生接触,后又为主甲微假师去伐有易,所以他距有易不会太远。河伯之名不限于一地,而最著名的一处恰属有易水之称的漳河,这就是大家都知道的西门豹所治邺地的河伯。

从以上商先公和其他部族关系的记载看出,商人的母系就属北方部族;契以后的子姓封国也大部分在北方;和商有关系的另一些部族都分布在古黄河以北的河北省中南部,而且有的商先公就活动在这里。显然,河北省中南部及其附近是早期商族的活动地域。

有意思的是,文献中不见任何有关夏人活动在河北省中南部及其以北的记载,也不见和商族有关系的部族与夏王朝发生接触的记载,这说明夏人未曾涉足此地。

三、夏、商两族的关系

夏和商族的接触文献记载也不多,主要有两个时期,一是禹和契;一是桀和汤[1]。

禹和契　史传禹和契同时,均任职于尧舜,禹为司空,契为司徒[2]。《史记·殷本纪》还说"契长而佐禹治水有功","契兴于唐、虞、大禹之际"。在这些有关禹和契的记载中,大部分人物和事迹属于传说,如尧舜等。还有一些人物不可能与他们同时,如后稷等。至于司空、司徒之类的称谓,更属晚出,显系附会之辞。总之,所有关于禹和契有联系的记载都含有这些不真实的成分,很难置信,禹和契时期夏商两族是否有过接触,大可值得怀疑。

退而言之,如果早在禹和契时两族已有交往,那么在禹之后的夏王朝时期,两族的接触还会有一些,可实际上正与此相反,在夏桀以前,极少见到两族接触的记载。虽然我们不能据此否认禹和契的存在,但关于他们相互交往的传说是不可

---

[1] 中间有冥佐夏治水之说,具有传世性质,且地点不详。
[2] 《史记·五帝本纪》。

信的。

桀和汤　文献中关于桀以前夏商两族接触的记载虽然极少,可有关桀与汤接触的记载却相当丰富。因此,可以认为夏商两族广泛的接触开始于夏代末期。至于两族接触的内容,主要是汤伐桀及夏亡商兴的过程.这些内容不仅屡见于先秦及汉代文献,而且在春秋金文中也有记载。以下仅谈两个可以说明夏商地域的问题。

第一,关于成汤伐夏的路线。谈到汤伐夏的路线,大家常引录《诗·商颂·长发》所言"韦顾既伐,昆吾夏桀"一条,认为汤征伐的先后次序是韦—顾—昆吾—夏桀。这一路线反映了夏亡前夏商两族的位置。

韦,亦作豕韦。其地望文献所见无异说,都以为在今河南滑县东南之故韦城。

顾有二说:其一在河南范县,如《元和郡县图志》范县条云:"故顾城在县东二十八里,夏之顾国也。"其二认为在河南原武,即《左传》郑地屡见之扈,卜辞又作雇。是乙、辛时征人方经过的地方,其地滨于河[1]。

昆吾,名昆吾之地颇多,如山西、陕西、新疆皆有,但这些昆吾距韦和顾太远,与成汤征伐者无关。成汤所伐之昆吾有两种意见:一在卫境,即今河南濮阳。见《左传》及杜注、《世本》等;二在郑境,即"旧许"之地,在今河南新郑附近。见《左传》及杜注、《路史》等。

顾和昆吾,据《国语·郑语》所记,昆吾为夏与国,因此它应该位于夏的中心地区豫西周围。另外,《国语·郑语》又说昆吾和顾、苏、温、董同属己姓,这表明后四者也可能是夏与国,在分布地域上也应该与豫西毗邻,而且彼此之间不会相距很远。苏、温地望可知,均在温县一带。范县之顾和濮阳之昆吾距温县都较远,而原武和新郑距温县较近,且地邻豫西。所以顾在原武,昆吾在新郑是合理的,此二者均在韦地之南。

从军事角度分析,成汤的征伐,应是向夏的腹地步步逼近。若顾和昆吾在韦地东北的范县和濮阳,则反而距夏越来越远;若在原武和新郑,则恰好距夏越来越近,也说明顾在原武、昆吾在新郑更为合理。

---

[1] 陈梦家:《殷虚卜辞综述》,科学出版社,1956年,第305页。

　　韦、顾、昆吾的地望既已确定,则成汤灭夏的路线亦不言自明。他虽然是自北而南先渡河(古)占领滑县(韦),再南下攻取原武(顾),继之又南下攻取新郑(昆吾),最后折而向西,直取夏桀。这一征伐路线表明灭夏前商族活动中心,应在韦地之北的豫北和冀中南一带,而不在豫东和鲁西南地区。

　　第二,关于夏王朝的东北界至(桀时)。《史记·孙子吴起列传》说东为河济,北为羊肠。据我们考证[1],河济是指河济相交之处或距相交处不远的地方,也就是说夏的东界大约可从今河南荥阳、武陟间起往东沿河而下一段距离。由于这段河水在济水之北,自然在这一带夏域北不逾河。

　　羊肠是南起河南沁阳(怀)之太行山口,往北经山西晋城、壶关,抵达黎城和河北涉县的一条阪道。如果把河济和羊肠相连,作为夏王朝的东北界至,则河北省中南部及其邻境的河南省北部正在界外。这与上述该地区未见夏人足迹以及汤伐夏从这里出发的结论均相符合。看来夏王朝的东北界至河济羊肠主要是对夏和有易等族而言的。

　　总之,以上两个问题都说明在夏代末期,夏商二族有着各自的占领地域,其中商族占领着古黄河以北、太行山羊肠以东的地区。

四、结语

　　通过以上对夏代各部族关系和分布的论述得知,在桀以前,和夏有关系的部族分布在夏王朝东方古黄河以南的范围内,其中尤以鲁西南和豫东最为集中。但在这些部族中不见商族。可是,按照学术界最流行的说法商族早在相土之时就完成了对这些地区的占领,并成为最强大的部族。根据夏、商世数排定,相土以前的商族约与少康以前的夏王朝同时。如本文第一节所述,这一阶段正是夏和东方各族斗争激烈的时期。如此就会出现这样的情形:山东和豫东一带既是商族的统辖

---

[1] 刘绪:《论卫怀地区的商夏文化》,《纪念北京大学考古专业三十周年论文集》,文物出版社,1990年。

区,又是伯益、有扈、穷寒等族的占领地,而且还是夏后相等人的流亡之处。商族和这些强大的部族在同一地区共存和相遇,他们之间必然会发生冲突或有所交往。可史实却不然,在夏与本地区各部族频繁的接触中,于桀以前根本不见商族,也不见商族以及和商有关系的部族与本地区各部族间的接触,显然,商族起源山东和豫东之说与史实形成了难以解释的矛盾。

其实,早期商族的活动范围在古黄河以北的河北省中南部及其附近。若仔细分析一下前人对商先公八迁之地的考证,就会发现诸说涉及的地点也以这一地区最多。如蕃在平山;商或商丘在漳南;砥石在隆平宁晋间[1];殷在安阳等等,这当然不是巧合。同时,成汤伐夏的路线和夏王朝的东北界至也说明桀以前的商族是这一地区的占有者。

对于商族发祥地的探讨,自王国维、傅斯年以来,有不少人进行论述,结论大都不出王、傅之说。其中最普遍的意见认为在山东和豫东地区。本文通过分析夏代的族际关系和各族的分布,得出了不同的结论,认为商族的发祥地在河北省中南部及其邻境地区。

(本文原刊于《史学月刊》1989 年第 3 期)

---

[1] 丁山:《由三代都邑论其民族文化》,《"中研院"历史语言研究所集刊》第五本第一分,1935 年,第101 页。

12

昭明之居与元氏铜器

探讨商族早期的活动地域历来以商先公八迁之地为主要依据,而在这八迁之居中,较早文献可以确定的几处,如蕃、砥石和商(或商丘)都属最早的二位先公——契和昭明所居。因此,对这几处居地的确定实际上就是对商先公最初活动地域的确定,也就是对名副其实的商族发祥地的确定。

依文献记载,在夏代,即商先公时期[1],"天下万国",虽然此数不能尽信,但当时黄河中下游地区部族邦国林立是可以肯定的。在这种情势下,无论哪一部族的迁徙都不会骤然迁得很远,尤其是前后相邻的迁徙更应如此。由此可知,昭明之居砥石(《世本》《荀子》)既不会距其父所居之蕃(《世本》)或商(《史记》)很远,也不会距由他迁居并被其后代长期沿用的商或商丘(《荀子》《左传》)很远。因此,砥石的确定有助于对蕃和商二地的确定,是探讨商先公活动地域的关键所在。

砥石在何处?近代以来的考证主要有以下三种意见:

一是在今河北省石家庄与邢台之间的泜河附近,主此说者甚多[2]。

二是在辽河发源处,即今昭乌达盟克什克腾旗的白岔山[3]。

三是在黄河三门峡,即砥柱山[4]。

关于第二种意见,有学者指出,克什克腾一带属夏家店下层文化分布范围,而

---

[1] 关于商先公时期的界定,史家不一。有认为成汤以前为先公时期,成汤以来为先王时期。也有认为上甲以前为先公时期,上甲以来为先王时期。本文赞同前者。

[2] 丁山:《由三代都邑论其民族文化》,《"中研院"历史语言研究所集刊》第五本第一分,1935年;又见《商周史料考证》。从此说者还有张荫麟、陈梦家、邹衡等。

[3] 金景芳:《商文化起源于我国北方说》,《古史论集》,齐鲁书社,1982年。

[4] 郑杰祥:《夏史初探》,中州古籍出版社,1988年。

夏家店下层文化与大家公认的商文化无任何渊源关系,不属先商文化。至于第三种意见,因三门峡位于晋南和豫西之间,这里是夏人腹地,是二里头文化分布范围,亦与先商文化无涉。只有第一说不仅在文献上有较多证据,而且能得到考古材料的支持。对此,不少学者有过论述,无需重复。本文仅补充有关金文方面的证据。这就是河北省元氏县西张村出土的有铭铜器。

1978 年初,元氏县西张村出土铜器 34 件,在一件铜簋和一件铜卣的铭文中分别提到"軝"和"軝侯"[1]。有学者考证,此二器属西周早期,軝是一个位于邢国之北的不见经传的诸侯国,铜器出土地点恰在古泜水(今称槐河或北沙河)之滨,"軝"应读为"泜",軝国实由泜水而得名[2],此说至确。这很自然使我们想到被丁山等先生考证的昭明之居砥石。丁认为砥石即泜石之误,是泜水和石济水的混名。石济水是泜水的支流。丁所指的泜水即今泜河,位于元氏县东南的隆尧县。今泜河与槐河虽非一流,但都注入宁晋泊,两水南北相邻,间距甚近。有文献称槐河为北泜水,如此则位于其南的今泜河应为南泜水。显然这一带均属周初軝国之域。西周早期此地已称軝,而且是出土的金文材料,这当然比砥石的其他诸说更为可信。丁氏的考证得到了新材料的有力证明。

若全面考察西周早期的诸侯国,有不少诸侯国的国名沿用了商代旧名,因此,我们可进一步推测,在古今泜水一带商代就有一个名軝的方国存在,其由来甚或更为久远,早到商代以前并非没有可能。若此种推测不误,则昭明居于泜水一带更为可靠。

昭明之居既已明确,则可在其附近探寻蕃和商。蕃的地望也有不少解说,如山东滕县、陕西渭滨、山西蒲坂、河北平山等,还有认为蕃与亳通,涉及地点更多。其中平山距元氏最近,相距百余华里,而且都在太行山东麓,最符合当时迁居的条件。关于商地的解说,涉及地点也不少,主要有河南商丘、陕西商洛、河北漳水诸说。联系蕃与砥石的地望,以漳水附近之说最为妥当。如此可知,商族在契与昭明时活动

---

[1] 河北省文物管理处:《河北省元氏县西张村的西周遗址和墓葬》,《考古》1979 年第 1 期。

[2] 李学勤、唐云明:《元氏青铜器与西周的邢国》,《考古》1979 年第 1 期。

在河北省南部,这里确是商族的发祥之地。

　　(本文刊于《中国文物报》1998 年 10 月 21 日第三版;又见《三代文明研究》[一],科学出版社,1999 年)

周文化研究

13
周代墓地族系分析
—— 以腰坑、殉与牲现象为主

引 言

最早对周代墓葬进行族系辨识的学者是郭宝钧先生。1952 年,为配合全国第一届考古工作人员训练班的实习,由郭先生主持,在洛阳发掘了 39 座墓葬,其中 20 座被郭先生定为"殷遗民"墓,又称之为"殷人墓",另外还有西周墓、战国墓和唐墓[1]。

所谓"殷遗民"墓是相对西周时期的周系墓而言的。为什么属"殷遗民"墓,是因为墓葬部分因素与殷墟商代墓葬相同。郭先生列举了多项相同因素,其中有殉人、腰坑、殉狗、画幔等。这种认识首先由郭先生提出并非偶然,回顾一下 1949 年以前中国考古学的发展历程,就会发现,郭宝钧先生既多次参加或主持了殷墟的发掘(1928~1937 年),还主持了浚县辛村西周姬姓诸侯国——卫侯墓地的发掘(1932、1933 年),前者是典型商系墓,后者是典型周系墓。在当时,唯有郭先生同时对这两系墓葬熟悉。1950 年春,他又主持发掘了安阳商王陵东区的武官村大墓,对商代高级贵族墓的葬俗有了进一步认识。所以,当 1952 年在洛阳发掘时,很容易就能把属商系的殷遗民墓判断出来。此后,洛阳的考古部门还陆续发掘了很多西周墓葬,

---

[1] 郭宝钧、林寿晋:《一九五二年秋洛阳东郊发掘报告》,中国科学院考古研究所编:《考古学报》第九册,1955 年。该报告引用《尚书·多士》认为武王灭商后,发生过一件大事,即迁殷顽民于洛邑,故把 20 座墓定为"殷遗民"墓,"仍保持殷俗"。这里的殷遗民是指广义的殷遗,不限于子姓殷遗民。但同时认为洛阳一带"在殷代恐早已划入当时的政治控制区域以内了",因此把本次发掘的两座灰坑定为殷代。由于把灰坑定为殷代,故对个别墓葬的时代也怀疑"或在周人尚未克殷之前"(摆驾路口 2 号墓)。这等于说洛阳在西周时期的殷遗民,有原住殷遗,也有新迁来的殷遗。依此后的众多发现,现知均属新迁来的殷遗。可在当时,能把一些商因素很重的墓葬,依文献记载断定为西周,也是很了不起了。

都参照郭先生的标准去确定墓葬的族属。不过,学术界也有不同意见,认为这些判定"殷遗民"墓的标准,如腰坑、殉狗等,未必仅限于殷系墓,周人墓也用[1]。

继洛阳殷遗墓判定之后,受其启发,西周墓地考古发掘报告中再次提出殷遗民墓者主要有两处墓地,其结论引起学术界普遍关注。

一是曲阜鲁故城的墓葬[2]。20世纪70年代,曲阜鲁故城发掘两周墓葬129座,分布在四个地点。依发掘者分析,这些墓葬同时并存,分属两类,分别称之为甲类和乙类,二者除分布地点不同外,其他方面也有区别。"乙组西周墓随葬的陶器主要是仿铜器的鬲和罐,完全没有豆、簋,不用腰坑,也不殉狗,这些都与灭商以前的周人墓的作风相一致",而且出有"鲁伯□""鲁仲齐"铭文的铜器。故"断定乙组西周墓是周人墓"。而"甲组西周墓的作风与乙组西周墓迥然有别,随葬的陶鬲早期用明器,中晚期用实用器,不见乙组墓那种仿铜陶鬲;流行豆、簋等圈足器,腰坑殉狗的风气兴盛。凡此都与商人墓的作风相似,可以肯定甲组西周墓,不是周人墓,估计是当地原有住民的墓葬"。[3] 晚商时期,曲阜一带属商王朝的领地,进入周代后,当地原住民自然属殷遗民。

二是琉璃河燕国墓葬。该遗址的墓葬发掘过多次,其中20世纪70年代发掘的61座西周墓及车马坑的资料已发表,依其分布,发掘者将其分为两区:Ⅰ区和Ⅱ区。Ⅰ区在北,Ⅱ区在南,经过比较,发掘者认为两区墓葬在多方面存在差别。Ⅰ区的32座墓中,"有随葬器物的墓葬,陶器组合基本上以鬲、簋、罐为主,在埋葬习俗上,墓坑上部及棺下腰坑中都有殉狗。……这些现象都和商代晚期的殷人墓埋葬习俗相同"。"墓主很可能是殷的遗民,或是周灭商前与商王朝有密切联系而生活在当地的燕人,后归顺周,故在埋葬习俗上仍保留着殷人的遗风"。而在Ⅱ区的29座墓中,随葬陶器的墓"以鬲、罐为主。在埋葬习俗上除ⅡM202在南墓道东壁上有一殉葬人头外,其余各墓都未发现人殉现象"。"这与Ⅰ区墓葬在陶器组合方面、埋葬习俗方面均有着较明显的差别。这种差别应是族属不同的一种反映。因

---

[1] 胡谦盈:《关于"殷人墓"的商榷》,《考古通讯》1956年第3期。
[2] 山东省文物考古研究所等编:《曲阜鲁国故城》,齐鲁书社,1982年。
[3] 山东省文物考古研究所等编:《曲阜鲁国故城》,齐鲁书社,1982年,第214页。

此，Ⅱ区的墓葬(ⅡM254、ⅡM264 除外)应是灭商后被分封的燕地的周人墓葬"。又因本区有大墓和带有燕侯铭文的铜器出土，故进一步认为"Ⅱ区的墓葬应是燕侯家族的墓地"。[1]

鲁、燕两遗址殷遗民墓和姬姓周人墓的区分，是对洛阳殷遗民墓结论的有力支持，至少得到考古学界较普遍的认同。三处遗址殷遗民墓的标准是有殉人，有腰坑及殉狗；随葬陶器有自己的组合，不同于周系墓葬。

2003 年，韩巍的硕士论文《西周墓葬的殉人与殉牲》，第一次系统分析了西周墓葬的殉人与殉牲(包括腰坑)现象，并通过与商代周系和商系墓葬的比较，进一步肯定了上述辨别西周时期殷遗民墓葬的标准，并补充了一项，即殷遗民贵族墓常见用整条动物腿骨——主要是牛、羊、猪的前腿随葬的习俗。该论文同时也得出了姬姓周人墓不见这些葬俗的结论[2]。

由于韩巍的硕士论文没有发表，知者较少。因此，对西周殷遗民墓的辨识标准及结论，人们仍将信将疑。近十多年来，因特殊原因，又发掘了不少周代墓葬，以往所得结论得到充分验证，完全可以成为定论了。以下首先重点分析铜器铭文可以自证族系的西周墓葬，然后与商代先周文化墓葬和商文化墓葬比较，确定殷遗民墓与姬姓周人墓的区别，明确判定殷遗民墓的标准。

由于随葬铜器并有殉与牲的墓葬都是贵族墓葬，所以下文的分析主要针对贵族墓葬。

一、西周非姬姓贵族墓葬

1. 山东滕州前掌大墓地

前掌大墓地位于滕州市南 25 千米处，西距周代薛故城 1 千米。1981~2001 年

[1] 北京市文物研究所：《琉璃河西周燕国墓地(1973~1977)》，文物出版社，1995 年，第 251 页。因 20 世纪 80 年代在琉璃河遗址还发掘过 200 多座西周墓葬，其中包括出土克盉、克罍的燕侯墓 M1193，而本报告出版于 1995 年，故报告的这些结论可能也受到 80 年代资料的启发或支持。
[2] 韩巍：《西周墓葬的殉人与殉牲》，北京大学考古文博学院硕士学位论文，2003 年。

间,中国社会科学院考古研究所在这里发掘 9 次,其中 1981~1998 年间的发掘成果,见《滕州前掌大墓地》发掘报告[1]。1998~2004 年间,滕州市博物馆在前掌大村南多个地点进行了抢救发掘[2]。

该墓地范围很大,可分若干墓区,应属不同族系。其中前掌大村北区有"中"字、"甲"字形大墓,还有车马坑、马坑和大量中小墓。大墓相对集中,分布在本墓区中部。腰坑和殉狗普遍,部分大墓有殉人(包括腰坑内),有的墓上有建筑。所出铜器,常见"史"及"史辛"的徽识。因此,该墓区应是"史"族墓地(图一,1、2)。

前掌大墓地的时代,学界普遍认为属晚商到西周早期或稍晚,属商文化系统。有学者认为与西周的薛国有关[3],若此,为任姓。

2. 陕西泾阳高家堡戈族墓地

泾阳东南与西安相邻,因此,高家堡距西周首都镐京不远。该墓地经钻探得知规模不大。共 6 座墓,分别于 1971 年和 1991 年两次发掘完毕。6 座墓都属西周早期,延续时间很短。其中 5 座是铜器墓,墓底均有腰坑,其内殉狗或有或无,2 座墓有殉人、殉狗。很多铜器上有"戈"之徽识,也有"戈父己""戈父癸"等铭文。有"戈"之徽识的铜器多见于商代,殷墟就出土过若干件,属商文化系统。高家堡戈族墓地当是商代戈族的后裔,武王灭商后由东方迁来[4](图二,1、2)。

3. 山西绛县横水倗伯墓地

该墓地前所未闻,2004 年因盗墓而发现。墓地有 1200 余座墓葬,已全部发掘。墓地从西周早期沿用到春秋早期,延续时间长。墓葬规模大、中、小都有,等级比较

---

[1] 中国社会科学院考古研究所:《滕州前掌大》,文物出版社,2005 年。

[2] 滕州市博物馆:《滕州前掌大村南墓地发掘报告》,《海岱考古》(第三辑),科学出版社,2010 年,第 227~375 页;滕州市博物馆:《山东滕州前掌大遗址新发现的西周墓》,《文物》2015 年第 4 期。

[3] 张学海:《论四十年来山东先秦考古的基本收获》,《海岱考古》第一辑,山东大学出版社,1989 年,第 335 页。

[4] 陕西省考古研究所:《高家堡戈国墓》,三秦出版社,1995 年。

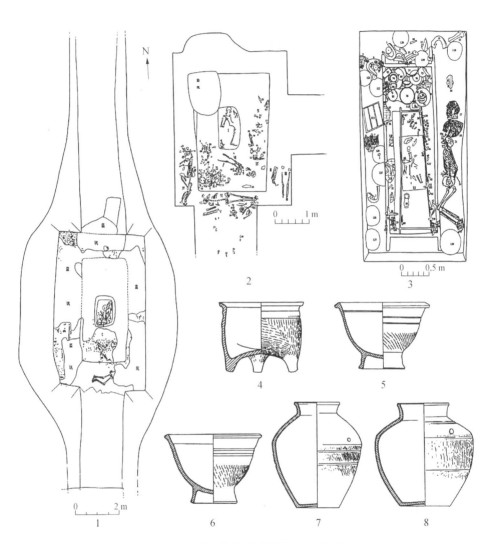

图一-1 滕州前掌大墓地葬俗及出土陶器

1. M205 墓葬平面　2. M201 墓葬平面　3. M11 墓葬平面　4. M15：4　5. M15：7　6. M14：1
7. M11：17　8. M11：18

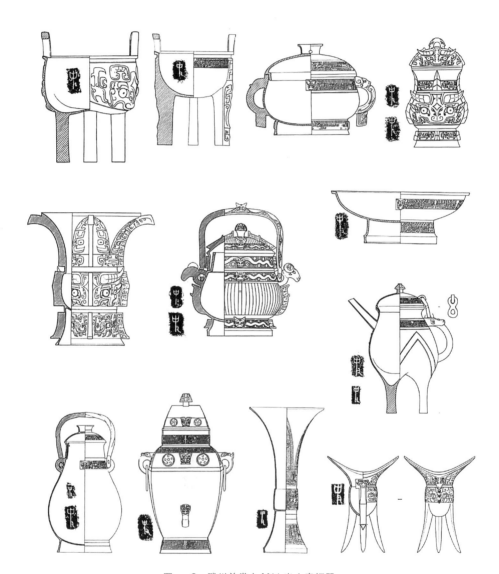

图—-2　滕州前掌大 M11 出土青铜器

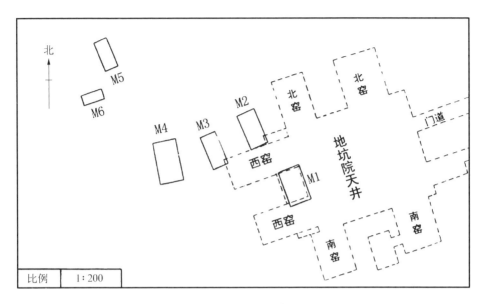

图二-1 泾阳高家堡墓地平面图

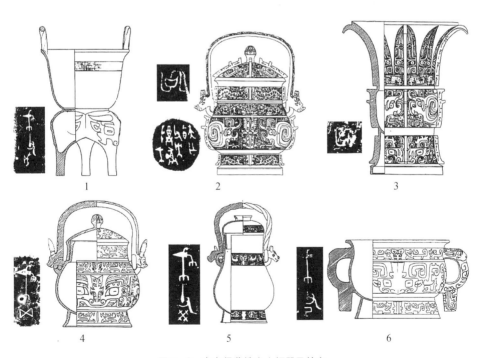

图二-2 高家堡墓地出土铜器及铭文

1. M1:3 2. M1:7 3. M1:6 4. M1:8 5. M3:6 6. M4:20

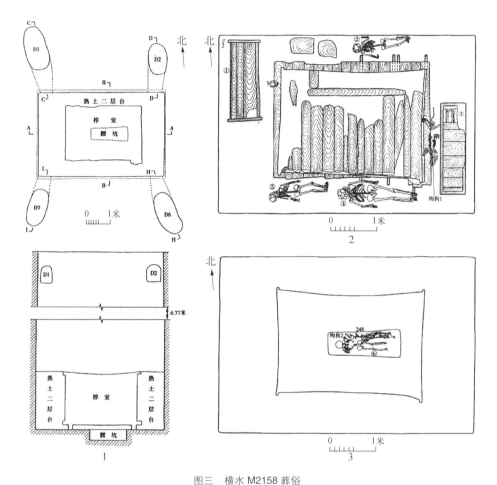

图三　横水 M2158 葬俗

1. 墓葬平剖面图　2. 椁盖板平面图　3. 墓底平面图

齐全,极为罕见,其中有墓道的大墓 3 座(图三)。多座墓随葬有倗伯铜器[1]。

该墓地有以下几点值得特别注意。

一是墓葬绝大部分为东西向,墓主头向多朝西。二是大中型墓常见殉人,多者可达 7 人。三是大中型墓多有腰坑,坑内殉狗,个别殉人。四是不少男性墓墓主为

---

[1] 宋建忠等:《山西绛县横水西周墓地》,《2005 中国重要考古发现》,文物出版社,2006 年,第 70～77 页;山西省考古研究所等:《山西绛县横水西周墓发掘简报》,《文物》2006 年第 8 期;山西省考古研究所等联合考古队:《山西绛县横水西周墓地 M2158 发掘简报》,《考古》2019 年第 1 期。

俯身葬,与殷墟所见相同。五是部分大中型墓的口部四角有斜洞,有的在墓室之东还有两个与墓室东壁平行的柱洞,应是墓葬的组成部分。这些特征多不同于姬姓贵族墓,依 M1 出土的铜鼎(M1∶212)铭文"倗伯作毕姬宝旅鼎"(簋铭亦如此),可知倗伯非姬姓(因同姓不婚)。又传世铜器倗仲鼎铭文云"倗仲作毕媿媵鼎,其万年宝用"(《集成》02462),表明倗为媿姓,与姬姓(毕)联姻。

4. 山西翼城大河口霸伯墓地

该墓地亦前所未闻,西距天马-曲村晋侯墓地约 18 千米。2007 年因被盗而发现并开始发掘,据勘探,墓地有墓约 2200 座[1]。第一阶段发掘墓葬 600 余座,车马坑 24 座。第二阶段发掘从 2014 年夏开始,现已发掘完毕。墓葬的时代,从西周早期到春秋早期[2](图四)。

大河口墓地的主要特征,多与横水墓葬相同,如墓葬方向、墓主头向、部分大墓东部有车马坑、流行腰坑和殉狗、有的大墓墓口四角有斜洞等。唯大河口墓地无带墓道大墓,不见俯身葬,也不见殉人。

在墓地出土的大量青铜器铭文中,"霸伯"器物最多,还有"霸仲"之器。因霸伯墓地多方面特征与倗伯墓地相同,故有学者认为其亦为媿姓,属晋国附庸"怀姓九宗"之一。另,在曲村晋国墓地 M6197 中出土的一件铜簋上有"霸伯作宝尊彝"铭文,墓主为一 25~30 岁女子。该墓与 M6195 平行并列,M6195 为一 30 岁左右男子,二者均为东西向,头朝东,均属西周早期,应为夫妇并列而葬,男左(在南)女右(在北)。M6197 墓主或为霸伯家族嫁到晋国的女子,如此,也说明霸非姬姓。

---

[1] 陈海波、王金平、谢尧亭、李永敏:《山西翼城大河口西周墓地的再次发掘》,《中国文物报》2017 年6 月 2 日第 8 版。

[2] 谢尧亭、王金平:《山西翼城大河口西周墓地》,《2008 中国重要考古发现》,文物出版社,2009 年,第 54~57 页;谢尧亭:《山西翼城县大河口西周墓地获重要发现》,《中国文物报》2008 年 7 月 4 日第 5 版;山西省考古研究所大河口墓地联合考古队:《山西翼城县大河口西周墓地》,《考古》2011 年第 7 期;山西省考古研究所等大河口联合考古队:《山西翼城大河口西周墓地 1017 号墓发掘》,《考古学报》2018 年第 1 期;山西省考古研究所等大河口联合考古队:《山西翼城大河口西周墓地2002 号墓发掘》,《考古学报》2018 年第 2 期。

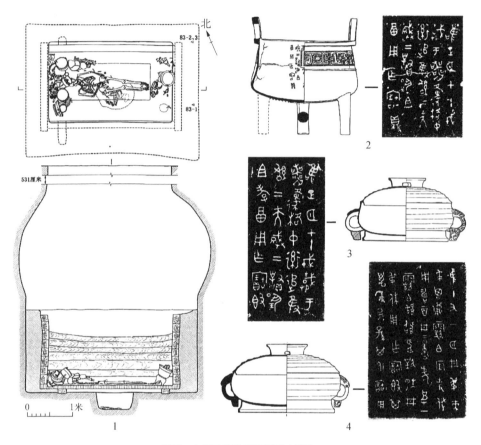

图四　大河口墓地葬俗及出土器物

1. M2002 平剖面图　2、3. M2002：9、8　4. M1017：8

5. 山西绛县雎村墓地

该墓地亦前所未闻,西南距横水倗伯墓地 15 千米。2010 年 3 月村民发现有人盗墓,上报文物部门,追缴回一些文物。经省考古研究所人员现场调查与鉴定,认为属西周墓地,但未及时抢救发掘。此后盗掘不断,到 2013 年,省考古研究所进行了钻探,探出墓葬 380 余座、车马坑 3 座,仍未采取保护措施,直到 2015 年 7 月才开始发掘。可以想见,经过 5 年的盗掘,整个墓地破坏殆尽,发掘结果证明确实如此。但有些信息不属盗墓者的对象,通过发掘仍可获取,于学术研究仍非常重要。总体来说,墓地主要属西周时期,特征与倗伯墓地相同,如墓葬为东西向,墓主头向以西向为主,个别向东。有的大墓在墓口附近有柱洞和斜洞。有殉人、腰坑和殉狗等[1]。据此可知,雎村墓地也是"怀姓九宗"之一的墓地。

结合上述横水与大河口墓地,已知"三宗"墓地了,若真为九宗,则尚有六宗待发现。

6. 陕西宝鸡強伯墓地

強伯墓地位于宝鸡市西部,共见于三个相距不远的地点,即纸坊头、竹园沟和茹家庄,分别位于渭河两岸。发掘墓葬近30座,其中大部分出有较多青铜器,有两座墓各有一条墓道,多座墓葬有殉人,个别墓葬有腰坑和殉狗。墓地的时代,前两个地点都属西周早期,中期便消失,后一个地点则到西周中期,约相当于穆、恭之时。

除个别墓葬出有较多不同徽识铭文的铜器外,多数墓葬随葬有"強伯"铭文的铜器,故该墓地为強伯家族墓地。其中茹家庄2号墓出有多件铸有"強伯作井姬"某器铭文的铜器,故学界认为井姬乃強伯之夫人,井伯或井叔之女,为姬姓女子。強伯自然属非姬姓族[2](图五,1、2)。

7. 山东济阳刘台子墓地

该墓地自1979年以来进行过三次发掘,共发掘四座墓,时代均属西周早、中期。其中偏小的一座墓(M3)有腰坑,内有殉狗,且其中三墓铜器上有相同的徽识"夆"。该墓地应该是"夆"族之墓地[3]。

文献中于商周时期有"逄"国,《左传》有"逄伯陵",《国语·周语》有"逄公",

---

[1] 王金平:《绛县雎村西周墓地》,《中国考古学年鉴2016》,中国社会科学出版社,2017年;段双龙、王金平:《绛县雎村西周墓地》,《中国考古学年鉴2017》,中国社会科学出版社,2018年。

[2] 卢连成、胡智生:《宝鸡強国墓地》,文物出版社,1988年。

[3] 德州行署文化局文物组等:《山东济阳刘台子西周早期墓葬发掘简报》,《文物》1981年第9期;《山东济阳刘台子西周墓地第二次发掘》,《文物》1985年第12期;山东省文物考古研究所:《山东济阳刘台子西周六号墓清理报告》,《文物》1996年第12期。

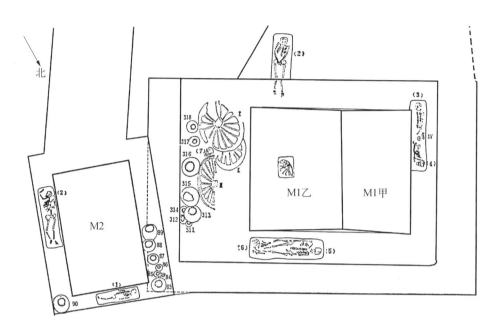

图五-1 宝鸡茹家庄 M1、M2 平面图

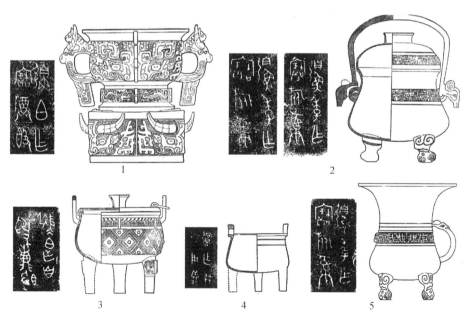

图五-2 弜伯墓地出土铜器及其铭文

韦注"伯陵之后,太姜之侄,殷之诸侯,封于齐地"。诸说都在山东,刘台子墓地的发现表明,西周早期"夆"族在济阳(图六)。

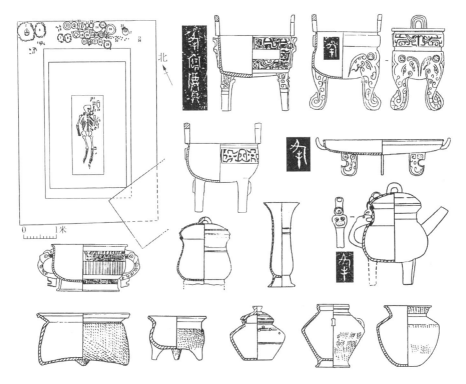

图六　济阳刘台子 M6 及出土器物

8. 河南鹿邑太清宫"长子口"墓

1997 年末在鹿邑太清宫发掘一座"中"字形大墓,保存完好。椁室为"亞"字形,与殷墟王墓同。有腰坑,内有一人(男,40~60 岁)一狗,也与商王墓相同。该墓有较多殉人与殉狗。其中墓室南部有殉人 8 人,东西二层台各 1 人,东西棺椁间各 1 人。这些殉人有男有女,包括儿童和青少年。此外,"在南墓道北部填土之上,清理出马骨架 5 匹",在南墓道南端"近墓道底的夯土层中,出土一男性人骨架,头向南,腰部以下部分被斫去,应是人牲"。该墓出土大量随葬品,很多铜器上铸有"长子口"三字(图七)。从墓葬各方面特征看,时代属周初,族系属典型殷遗,身份与诸侯相当[1]。鹿邑西周属宋,此墓应为周初一代宋君之墓。有学者认为"长子口"就是"微子启"[2],很有可能。

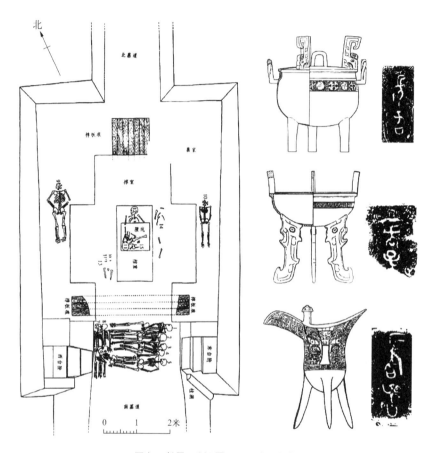

图七　长子口 M1 平面图及出土器物

9. 山东高青陈庄齐墓

陈庄遗址因南水北调工程的水渠从遗址穿过,遂于 2008~2010 年进行了大规

---

[1] 河南省文物考古研究所等:《鹿邑太清宫长子口墓》,中州古籍出版社,2000 年。

[2] 该墓是否为微子墓,存在分歧,但都认为属商系墓。王恩田:《鹿邑太清宫西周大墓与微子封宋》,《中原文物》2002 年第 4 期;王恩田:《鹿邑微子墓补证》,《中原文物》2006 年第 6 期;松丸道雄:《文献与考古学的邂逅》,《中国文物报》2004 年 2 月 6 日;林沄:《长子口墓不是微子墓》,《黄盛璋先生八秩华诞纪念文集》,中国教育出版社,2005 年。

模勘探和抢救发掘。其中发掘西周墓葬14座，车马坑1座、马坑5座。

　　在14座西周墓葬中，有两座是"甲"字形单墓道墓（M35、M36），3座为儿童瓮棺葬，其他属中小墓。这些墓都没有腰坑及殉狗，也不见殉人。部分墓和车马坑属西周早期，并出多件铸有"齐"或"齐公"铭文的铜器。根据墓葬、车马坑规模和铜器铭文，知其为齐国公室卿大夫级的家族墓地。齐为姜姓，周初封于东土，是周王朝最东边的封国。其不见殉人、腰坑的现象，值得注意[1]（图八）。

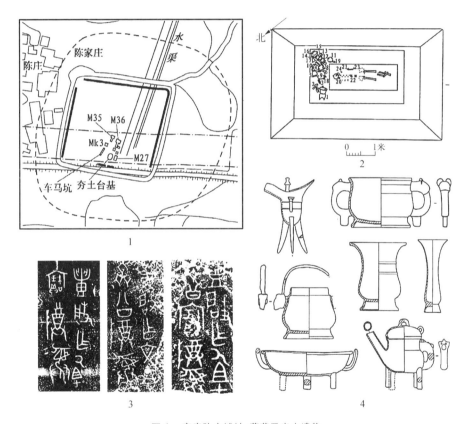

图八　高青陈庄城址、墓葬及出土遗物

1. 城址及墓葬分布图　2、4. M27平面图及出土铜器　3. M18出土铜器铭文

[1] 郑同修、高明奎、魏成敏：《山东高青陈庄西周城址发掘》，《2009中国重要考古发现》，文物出版社，2010年；山东省文物考古研究所：《山东高青县陈庄西周遗址》，《考古》2010年第8期；山东省文物考古研究所：《山东高青县陈庄西周遗存发掘简报》，《考古》2011年第2期；李学勤等：《山东高青县陈庄西周遗址笔谈》，《考古》2011年第2期；另有部分材料见山东省博物馆陈列展。

以上9处非姬姓贵族墓地,前8处普遍有腰坑及殉狗,部分有殉人,个别还有
人牲。后一处姜姓墓地则不见这些现象。

二、西周姬姓贵族墓

1. 北京琉璃河燕国墓地

琉璃河燕国墓葬如前述,分南北两区,在墓地南区(Ⅱ区)的包括燕侯墓在内
的200多座墓葬中,仅一墓有腰坑(M264),另在M202南墓道东壁处有一人头。由
此可知,本区与北区在葬俗上确实有别,腰坑与殉人、殉牲都罕见。据琉璃河
M1193中出土的克罍、克盉铭文可知,燕国为姬姓,是召公奭之子的封国,与《史
记・燕召公世家》记述一致[1](图九)。

图九　克罍及克盉

2. 山西天马-曲村晋侯墓地

1992~2000年,该墓地共发掘晋侯夫妇墓9组19座,其中18座有墓道。除

---

[1] 北京市文物研究所:《琉璃河西周燕国墓地》,文物出版社,1995年;中国社会科学院考古研
究所、北京市文物研究所琉璃河考古队:《北京琉璃河1193号大墓发掘简报》,《考古》1990
年第1期。

8 座被盗外,其余保存完好。墓地上限可到西周早、中期之际,下限到春秋初年。在已发掘的西周诸侯级墓葬中,晋侯夫妇墓编年最为完整、清楚,材料也最丰富,提到"晋侯"的有铭铜器就有数十件,其中有 6 位晋侯冠有名号,即晋侯燮马、晋侯喜父、晋侯對、晋侯斷、晋侯苏、晋侯邦父。晋侯墓地不见腰坑,殉狗较少。仅在最早一代晋侯墓 M114 和陪葬墓 M110 中各有一殉人。晋为姬姓封国[1](图十,1、2)。

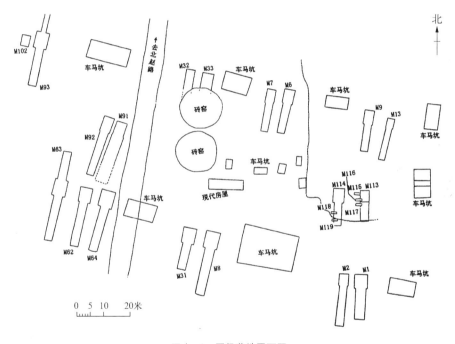

图十-1　晋侯墓地平面图

[1] 关于晋侯墓地的发掘简报见:北京大学考古学系、山西省考古研究所:《1992 年春天马-曲村遗址墓葬发掘报告》,《文物》1993 年第 3 期;北京大学考古学系、山西省考古研究所:《天马-曲村遗址北赵晋侯墓地第二次发掘》,《文物》1994 年第 1 期;山西省考古研究所、北京大学考古学系:《天马-曲村遗址北赵晋侯墓地第三次发掘》,《文物》1994 年第 8 期;山西省考古研究所、北京大学考古学系:《天马-曲村遗址北赵晋侯墓地第四次发掘》,《文物》1994 年第 8 期;北京大学考古学系、山西省考古研究所:《天马-曲村遗址北赵晋侯墓地第五次发掘》,《文物》1995 年第 7 期;北京大学考古文博学院、山西省考古研究所:《天马-曲村遗址北赵晋侯墓地第六次发掘》,《文物》2001 年第 8 期。

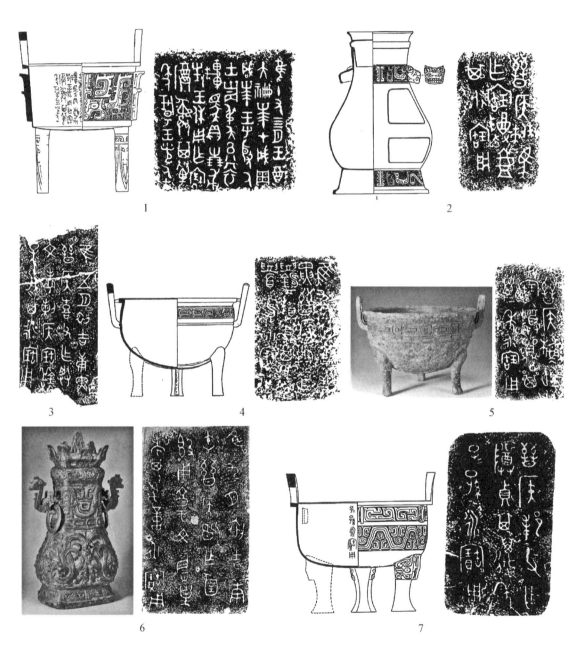

图十-2　晋侯墓地出土的部分具铭铜器

1. 叔虞方鼎(M114：217)　2. 晋侯僰马壶(M92：4)　3. 晋侯喜父盘铭文(M91：169)　4. 晋侯对鼎(M92：9)　5. 晋侯苏鼎(上海博物馆藏)　6. 晋侯斯壶(M8：23)　7. 晋侯邦父鼎(M64：130)

3. 山西黎城楷(黎)侯墓地[1]

黎城位于晋东南,长治市东北,东出太行为河北涉县,距殷墟不远。墓地位于县城西关,因被盗,2006 年进行了钻探,并抢救发掘 10 座墓葬,包括 2 座带墓道大墓 M1 和 M10,时代均属西周晚期。其中两座带墓道大墓均为南北向,无腰坑,被盗严重。M10 墓道与近旁埋有 57 具动物,以马为主,还有狗、羊、牛和猪,情状与天马-曲村晋侯墓地最晚三位晋侯墓以及羊舌晋侯墓南墓道上的祭祀坑类似[2]。另有一座未盗的中型墓 M8,墓底有腰坑及殉狗,其出土的铜壶上有铭文"楷侯宰□作宝壶永用",依古文字学家考证,楷即黎。证明周代黎国确在今黎城一带,与文献记载相合。

楷(黎)侯属姬姓还是非姬姓?学界说法不一。如杨伯峻注《左传》宣公十五年"黎氏"云:"黎,《说文》作𥠇,本殷商古国。《尚书》之西伯戡黎,即此。"视《左传》之黎氏为商系。张天恩根据《吕氏春秋》的记载,认为黎是帝尧之后,为祁姓[3]。李学勤根据清华简《𦅸夜》和献簋等铜器铭文,认为黎侯是姬姓[4]。

根据两座诸侯级大墓提供的信息,从考古学视角来看,黎侯属姬姓封国的可能更大。因黎城一带属殷商故地,故该封国也存在殷遗民。

4. 河南浚县辛村卫侯墓地

辛村墓地在淇县西约 35 千米,紧靠淇水北岸。1931 年 4 月至 1933 年 12 月,

---

[1] 张崇宁:《山西黎城黎国墓地》,《2007 中国重要考古发现》,文物出版社,2008 年;张崇宁、杨林中:《山西发掘黎城西周墓地》,《中国文物报》2007 年 4 月 25 日第 2 版;高智、张崇宁:《西伯既戡黎——西周黎侯铜器的出土与黎国墓地的确认》,《中国古代文明研究通讯》2007 年总 34 期;侯彦峰、张崇宁、马萧林、王娟:《山西城黎城楷侯墓出土祭祀动物骨骼鉴定与分析》,《江汉考古》2013 年第 4 期。

[2] 有关黎城两座大墓的信息,发表的资料有限。本讲最初根据已有信息 M8 有腰坑和大墓 M10 墓道中埋有很多动物而将其视为非姬姓墓,归入商系。陈小三博士在初审本讲文稿时,明确说两座大墓没有腰坑,并引用李学勤等先生文章(如李学勤:《从清华简谈到周代黎国》),认为楷侯(黎侯)为姬姓。楷侯究竟属姬姓还是非姬姓?学界说法不一。为了从考古学方面进一步论证,本人专门就两座大墓有无腰坑,以及 M10 墓道中动物的埋葬现象请教了发掘负责人张崇宁先生。从考古学角度来看,楷侯属姬姓的可能更大。在此特别感谢陈小三与张崇宁二位先生。

[3] 张天恩:《晋南已发现的西周国族初析》,《考古与文物》2010 年第 1 期。

[4] 李学勤:《从清华简谈到周代黎国》,《出土文献》第 1 辑,中西书局,2010 年。

前"中研院"历史语言研究所在这里进行了四次发掘,主持人郭宝钧。共发掘墓葬82座,基本都属西周时期,少部分可能到东周初年。被盗严重。

这82座墓葬可分大、中、小三类。其中大型墓8座,均有墓道,主墓道朝南。最大的一座是M1,墓室口部南北长10.6米,宽9米;南墓道长30.8米,北墓道长15.5米,全长56.9米。在已发掘的西周墓葬中,至今M1仍是规模最大的墓葬。在82座墓中,只有一座小型墓(M71)有腰坑。大型墓M1墓室填土中和M17的北墓道内各有一殉人,后者还有殉狗一只。可知本墓地高级贵族不设腰坑,殉狗较少,罕见殉人。因本墓地出有"卫""侯"字铭文的铜器,如"卫师鍚","卫夫人"鬲、"侯"戟等,而浚县又属文献记载的西周卫国封地,因此,学界一致认为辛村墓地是卫侯夫妇的墓地。卫属姬姓封国[1](图十一)。

5. 河南平顶山应侯墓地

应侯墓地位于平顶山市西滍阳岭上。1982年出过一组铜器,内有"应事"铭文[2]。1986年墓地被盗,遂进行考古发掘,其中有带墓道大墓。墓地年代包括整个西周时期,在已发表的19座墓中,多座出土有"应伯""应侯"等铭文的铜器。这些墓都不见殉人、腰坑和殉狗[3]。《左传》僖公二十四年记载富辰追述周初分封时,提到"邘、晋、应、韩,武之穆也",表明应国为周武王之子的封国。应国墓地M8出土一件两周之际常见的铜鼎,铭文为"应公作尊彝簟鼎,武帝日丁,子子孙孙永宝",是应国国君祭祀武王的器物,与文献记载的应国是武王之子的封国是一致的(图十二)。

6. 湖北随州叶家山曾侯墓地

叶家山曾侯墓地位于随州市东北不远处,有墓100余座,都已发掘,除个别被

---

[1] 中国科学院考古研究所编辑,郭宝钧著:《浚县辛村》,科学出版社,1964年。

[2] 张肇武:《河南平顶山市出土西周应国青铜器》,《文物》1984年第12期。

[3] 平顶山市文管会:《河南平顶山市发现西周铜簋》,《考古》1981年第4期;张肇武:《平顶山市出土周代青铜器》,《考古》1985年第3期;河南省文物考古研究所、平顶山市文物管理局:《平顶山应国墓地Ⅰ上》,大象出版社,2012年;河南省文物考古研究所、平顶山市文物管理局:《河南平顶山应国墓地八号墓发掘简报》,《华夏考古》2007年第1期;河南省文物考古研究院等:《河南平顶山应国墓地M257发掘简报》,《华夏考古》2015年第3期。

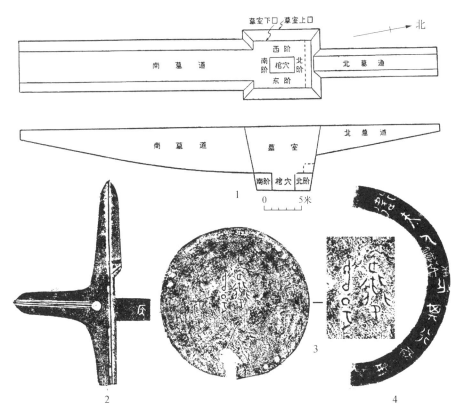

图十一　辛村大墓及出土遗物

1. M1平剖面图　2. "侯"戟(M2:81)　3. 卫师錫(M68:2)　4. 卫夫人鬲(传M5)

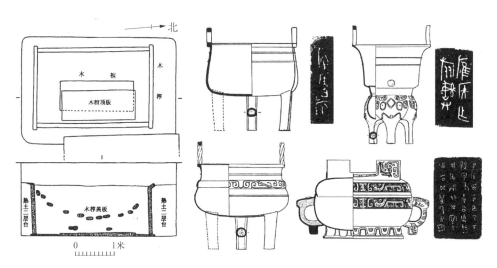

图十二　平顶山应国墓地M84及其出土器物

扰乱外,均保存完好,其中2座是有一条墓道的大墓。墓葬大部分属西周早期,仅2座中小墓有腰坑,不见殉人与殉牲。除个别墓葬出有较多不同徽识铭文的铜器外,在多座墓葬中随葬有曾侯铜器,其中冠有名号的有两位,即曾侯犺和曾侯谏。根据M111出土铜簋上"犺乍剌(烈)考南公宝尊彝"铭文,结合文峰塔东周墓M1青铜编钟上的铭文[1],知曾侯应属姬姓诸侯[2](图十三)。

图十三　叶家山墓地所见的曾侯铭文

1~3. 曾侯谏鼎(M2：6、M65：47、M28：157)　4. 曾侯犺簋(M111：60)

----

[1] 湖北省文物考古研究所、随州市博物馆:《随州文峰塔M1(曾侯舆墓)、M2发掘简报》,《江汉考古》2014年第4期。

[2] 湖北省文物考古研究所、随州市博物馆:《湖北随州叶家山西周墓地发掘简报》,《文物》2011年第11期;李学勤等:《湖北随州叶家山西周墓地笔谈》,《文物》2011年第11期;湖北省文物考古研究所、随州市博物馆:《湖北随州叶家山M65发掘简报》,《江汉考古》2011年第3期;黄凤春、卫康叔:《叶家山与"曾国之谜"》,《中华遗产》2012年第1期;湖北省文物考古研究所、随州市博物馆:《湖北随州叶家山M28发掘报告》,《江汉考古》2013年第4期。

7. 沣西张家坡井叔墓地

在沣西张家坡墓地西南部,发掘了4座东西成列且相距甚近的带墓道大墓,这些墓都没有腰坑,除最大的墓葬 M157 可能有殉人(盗扰严重,出有"王君穴"下颌骨)外,余不见殉人。有2墓殉狗。因多座墓中出有"井叔"铭文的铜器,故学界普遍认为这里是井叔墓地,并认为井叔属姬姓[1](图十四)。

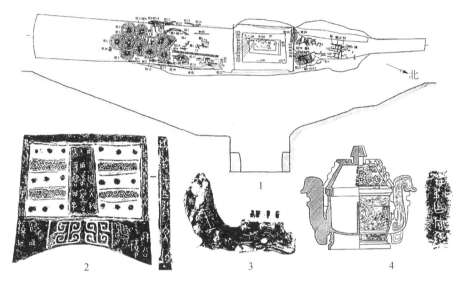

图十四　张家坡井叔墓地葬俗及出土遗物

1. M157 平剖面图　2. 井叔钟(M163:14)　3. "王君穴"下颌骨(M157)　4. 井叔旅簋(M170:54)

以上7处姬姓贵族墓地,其中最高等级墓葬,即诸侯夫妇墓葬近40座,无一有腰坑及殉狗,殉人仅见3例(卫侯2例,晋侯1例)。另有二例或与殉牲有关,即井叔墓 M157 的"王君穴"下颌骨与燕侯墓地 M202 的头骨,都属特例,原因不明。总之,在腰坑及殉狗、殉人方面,明显与除姜姓之外的其他非姬姓贵族墓不同,它不是姬姓周族实行的葬俗。

高青姜姓齐国贵族墓不见腰坑殉狗与殉人,与姬姓周族相同,而与上述其他非

---

[1]中国社会科学院考古研究所:《张家坡西周墓地》,中国大百科全书出版社,1999年。

姬姓族相异。若联系临淄齐故城河崖头春秋晚期齐景公墓(M5)[1]亦不见腰坑、殉人的现象,估计姜齐一直没有这样的习俗。为什么姜齐无此类葬俗而与姬周相同? 这当与姬、姜同属西土集团有关。由此可以进一步推想,灭商前的姬、姜等西土集团可能也没有这样的习俗,因而到西周时期也相延不变。

三、商代贵族墓

商代墓葬的腰坑殉狗、殉人与殉牲,在地域上明显有西土与东土之别。按照周人的认识体系,西土是指周人灭商前自己占有的地区,相当于今关中及其以西地区;东土是指关中以东灭商后新开拓的地区,灭商前又称东国。

先看西土地区。

商代西土地区的考古学文化,偏早时,周原以东属商文化,周原以西属早期先周文化。偏晚时——相当于殷墟偏晚阶段,西安以东属老牛坡类型,西安以西属晚期先周文化,其族系以姬、姜为主体。商文化墓葬随后讨论,这里先谈先周文化墓葬。对先周文化的认识,学界有很大分歧,概言之分两种看法:一是以袋足鬲为代表的一类遗存,见于周原及其以西,往北包括长武碾子坡类遗存;二是以联裆鬲为代表的一类遗存,称为郑家坡类型,分布地域在前者之东。前者发掘较多,后者发掘较少,但都缺少高等级墓葬。

关于袋足鬲类的先周文化墓葬,见于周原、碾子坡和宝鸡多处遗址中,已发掘数百座,均不见殉人,有腰坑殉狗的墓只有一座,即碾子坡晚期墓 M163,且该墓随葬一件袋足鬲。依传统认识,只要出袋足鬲,时代就属先周。可近年宝鸡石鼓山墓葬的发现,打破了传统认识,袋足鬲确能沿用到西周早期[2]。碾子坡 M163 的袋足鬲,依其形态或可进入西周。至于以联裆鬲为代表的郑家坡类型的墓葬,发现较

---

[1] 山东省文物考古研究所:《齐故城五号东周墓及大型殉马坑的发掘》,《文物》1984 年第 9 期。但五号墓在椁上填土中有殉狗 30 只、猪 2 头和其他家畜家禽 6 只。

[2] 陕西省考古研究院、宝鸡市考古研究所、宝鸡市渭滨区博物馆:《陕西宝鸡石鼓山商周墓地 M4 发掘简报》,《文物》2016 年第 1 期。

少,也不见腰坑殉狗与殉人。看来,无论是哪种先周文化,都不存在腰坑殉狗、殉人的习俗。

在上述两类先周文化的分布范围内,还有一种以花边分裆鬲为代表的遗存,有学者称之为孙家类型,见于旬邑、彬县一带,经过发掘的遗址有孙家[1]和断泾[2]两处遗址。在断泾遗址发掘了4座墓葬,其中两座有腰坑殉狗,内中一座还有3个殉人(M4,腰坑内1狗1鸡,脚坑内1人,二层台上2人)。因孙家类型与先周文化有别,其腰坑殉狗、殉人之俗或与老牛坡有关,也可能时代属西周而不属先周。

此外,沣西张家坡有三座随葬高领袋足鬲的墓葬均有腰坑殉狗,其中两座还有殉人,以往被定为先周时期,属文王迁丰到武王克商之间。从袋足鬲特征来看,属该类鬲的最晚形态,时代当进入西周[3]。如上所述,由于以袋足鬲为代表的数百座先周文化墓葬中罕见这种葬俗,因此,这三墓的腰坑殉狗与殉人当是受老牛坡类型或由东方迁来的殷遗的影响,不宜归入先周文化的范畴。

总之,在晚商时期,以姬姜为主体的西土集团不存在腰坑殉狗与殉人、殉牲的习俗。至此便可以明白,为什么进入西周之后,姬姜贵族不设腰坑殉狗,殉人和殉牲也极少见,因为他们延续了旧俗。

再看东土地区的商代贵族墓葬。

东土商代贵族墓发现很多,除殷墟大量存在之外,其他地区都有发现,分布范围很广。殷墟贵族墓普遍有腰坑殉狗,并有大量殉人和殉牲(包括人),已为学界熟识。如西北岗王墓M1001,墓底有腰坑和角坑9个,内有人和狗。整个墓内与墓旁的殉人(全尸)和牲人(无头肢体)共计152人,墓道填土中还分层摆放73颗人头。即使小贵族墓,也有腰坑殉狗和殉人。殷墟之外,具有这些葬俗且族属明确的墓地可举以下若干,以说明其普遍性。

---

[1] 参看雷兴山:《先周文化探索》,科学出版社,2010年,第82~84页。
[2] 中国社会科学院考古研究所泾渭工作队:《陕西彬县断泾遗址发掘报告》,《考古学报》1999年第1期。
[3] 路国权、侯纪润:《张家坡M89年代为西周说——论西周高领袋足鬲》,《文博》2009年第4期,第36~39页。

1. 山东青州苏埠屯墓地

苏埠屯村位于青州市东北约 20 千米,墓地在村东土岭上,原属益都。早在 1930~1931 年该墓地就遭盗掘,1935 年这里出有"亚醜"铭文的铜器 4 件。1965 年 秋至 1966 年春,山东省博物馆发掘了 4 座大墓和 1 座车马坑,其中 1 号墓有四条墓 道,墓室面积 165 平方米,深 8.25 米,南墓道长 26 米。这是商代晚期殷墟之外规格 最高的墓葬。墓内有殉或牲人 48、狗 6 只。腰坑内有一人,为跪姿。M1 被盗,但墓 底北端对称摆放两件大钺,其中一件上有徽识作 形,通常释"亚醜",或释"亚 酓"[1]。1986 年进行了全面勘探,又发掘商墓 6 座。两次共掘 10 墓和 1 座车马 坑,墓葬多有腰坑、殉人和殉狗。这是商代晚期东方最边远的有明确徽识的高级贵 族墓地[2](图十五)。

2. 山东滕州前掌大墓地

前已论及,该墓地范围很大,其中前掌大村北区有"中"字、"甲"字形大墓,还有车马 坑、马坑和大量中小墓。大墓相对集中,分布在本墓区中部。腰坑和殉狗普遍,部分大 墓有殉人(包括腰坑内),有的墓上有建筑。所出铜器,常见"史"及"史辛"的徽识,作 形。因此,该墓区应是"史"族墓地。它是商代晚期东南方最边远的贵族墓地[3]。

3. 河北定州北庄子墓地

北庄子墓地位于定州西北郊,1991 年发掘 42 座晚商墓葬。墓底都有腰坑,几

[1] 董珊:《释苏埠屯墓地的族氏铭文"亚醜"》,《古文字与古代史》第四辑,"中研院"历史语言研究 所,2015 年。
[2] 祁延霈:《山东益都苏埠屯出土铜器调查记》,《中国考古学报》第二册,1947 年,第 167~177 页;山 东省博物馆:《山东益都苏埠屯第一号奴隶殉葬墓》,《文物》1972 年第 8 期;殷之彝:《山东益都苏 埠屯墓地和"亚醜"铜器》,《考古学报》1977 年第 2 期;山东省文物考古研究所等:《青州市苏埠屯 商代墓发掘报告》,《海岱考古》第一辑,山东大学出版社,1989 年,第 254~273 页;王恩田:《益都 苏埠屯亚醜族商代大墓的几点思考》,《金玉交辉——商周考古、艺术与文化论文集》,"中研院"历 史语言研究所,2013 年,该文介绍了 1966 年发掘的 2 号大墓的基本情况。
[3] 中国社会科学院考古研究所:《滕州前掌大墓地》,文物出版社,2005 年。

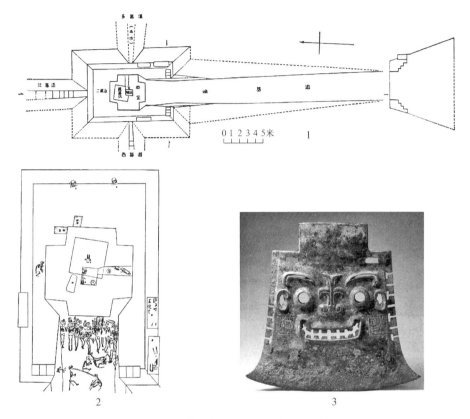

图十五　苏埠屯 M1 平面图及出土亚醜钺

1. 墓葬平面图　2. 墓内殉人及人牲　3. 亚醜钺

乎都有殉狗,多者可达 10 只。较大的墓有 1~2 个殉人。出土各类青铜器 274 件,其中在多座墓葬、多种铜器上有"瞿"的徽识,作 形,故该墓地应是"瞿"族墓地。这是商代晚期最北边的贵族墓地[1](图十六)。

4. 山西灵石旌介墓地

灵石地处吕梁与太行两山之间,旌介墓地位于灵石县城东北,旌介村东北的高地上。1976~1987 年间,在旌介先后发掘 4 座晚商墓葬和 1 座车马坑。其中保存

[1] 河北省文物研究所、保定地区文物管理所:《定州北庄子商墓发掘简报》,《文物春秋》1992 年增刊。

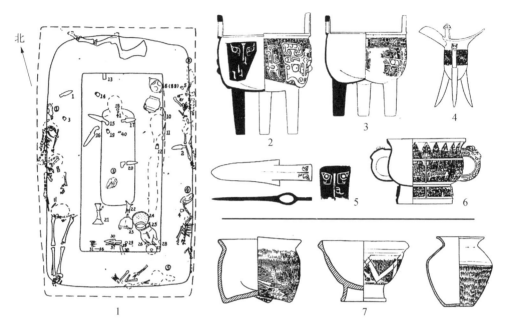

图十六　定州北庄子商墓及其遗物

1. M5 平面图　2. M95：1　3. M5：6　4. M98：3　5. M83：3　6. M67：33　7. M93 出土陶器

完好的 2 座均有腰坑、殉狗和殉人，3 墓都葬有较多青铜器，很多铜器上有"丙"的徽识，作 形，学界普遍认为这是"丙"族的墓地[1]，也是商代晚期西北方向最边远的一处贵族墓地[2]，其下限或可进入西周初年(图十七)。

5. 山西浮山桥北墓地

桥北墓地位于浮山县城东北，桥北村西南。这里地处太行山西麓，临汾盆地的东部边缘；北距旌介墓地约 100 千米。

20 世纪末，该墓地被盗，本世纪初进行考古发掘。这是一处包括晚商和西周时期的墓地，其中 5 座"甲"字形大墓集中分布，均属商代晚期，是山西境内发现的

[1] 山西省考古研究所：《灵石旌介发现商周及汉代遗迹》，《文物》2004 年第 8 期；山西省考古研究所：《灵石旌介商墓》，科学出版社，2006 年。

[2] 李伯谦：《从灵石旌介商墓的发现看晋陕高原青铜文化的归属》，《北京大学学报》(哲学社会科学版)1988 年第 2 期。

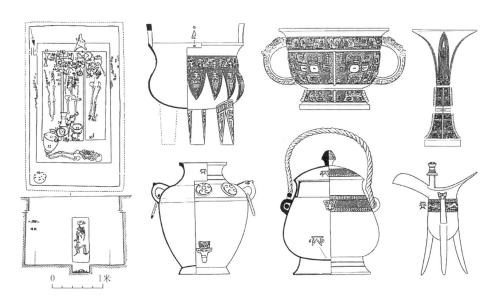

图十七　灵石旌介 M1 平剖面图及其出土遗物

等级最高的商墓。5 座大墓被盗严重,均有腰坑、殉狗和殉人。M18 一墓殉狗 36 只,数量之多实属少见。当地公安部门从盗墓者手中缴获有该墓地出土的铜器,多件铜器上有"先"的徽识,作 形。流散的带"先"字铭文的器物数量很多,多数是从桥北墓地盗掘出土的[1]。总之,浮山桥北墓地是"先"族墓地,大墓应是先族方国国君之墓(或包括其夫人墓)[2]。"先"见于殷墟甲骨文,为晚商方国,以往有学者考证在山西境内[3],今得证实(图十八)。

6. 闻喜酒务头墓地

闻喜酒务头墓地位于中条山(东接太行山)西麓,运城盆地东部边缘。2015年,闻喜县公安局破获一起盗墓案,案犯指认盗掘地点为酒务头。这是一处前所未闻的墓地,经山西省考古研究所等单位钻探与发掘得知,墓地集中分布有五座单墓

[1] 流散的"先"铭铜器,参看崎川隆:《先族铜器群初探》,《饶宗颐国学院院刊》创刊号,2014 年 4 月。
[2] 桥北考古队:《山西浮山桥北商周墓》,《古代文明》第 5 卷,文物出版社,2006 年。
[3] 张亚初:《殷墟都城与山西方国考略》,《古文字研究》第十辑,中华书局,1983 年,第 396 页。

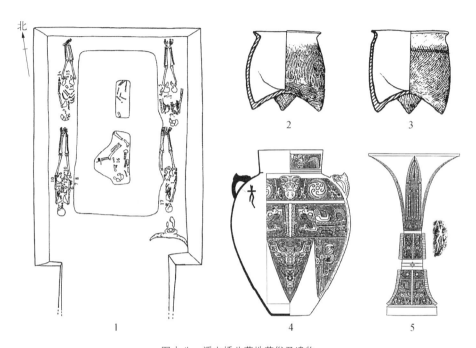

图十八　浮山桥北墓地葬俗及遗物

1. M9 平面图　2. M13：2　3. M27：2　4、5. 临汾博物馆藏　（2、3 为陶器；4、5 为铜器）

道"甲"字形大墓,还有附属车马坑和少量陪葬墓[1]。大墓均有腰坑殉狗和殉人。
由仅存的一座未盗墓葬(M1)可知,墓地时代属商代晚期,这与缴获的其他墓葬的
盗掘物时代相符。有不少青铜器上铸有族徽铭文,其中以"匿"最多,推测应为该族
的族墓地。墓主人的身份与桥北相同(图十九)。

7. 河南罗山天湖墓地

罗山地处河南南部,属淮河流域。天湖墓地(或曰蟒张后李墓地)位于罗山县
城东南竹竿河西岸的坡地上。1979 年以来发掘 4 次,发掘晚商墓葬 42 座(或 37
座,简报说法不一),其中一座为"甲"字形。"大部分墓都有腰坑并殉狗",少部分
墓发现有殉人。

---

[1] 马昇、高振华、白曙璋:《山西闻喜酒务头发现商代晚期大型高等级贵族墓》,《中国文物报》2018 年
12 月 28 日。

图十九 闻喜酒务头 M1 出土铜器

这些墓多为铜器墓,在多数墓多种铜器上有"息"的徽识,作 形,也可断定为息族墓地[1]。息,也见于殷墟甲骨文,为晚商方国。这也是甲骨文方国中得到考

[1] 信阳地区文管会、罗山县文化馆:《河南罗山县蟒张商代墓地第一次发掘简报》,《考古》1981年第2期;信阳地区文管会、罗山县文化馆:《罗山县蟒张后李商周墓地第二次发掘简报》,《中原文物》1981年第4期;河南省信阳地区文管会、河南省罗山县文化馆:《罗山天湖商周墓地》,(转下页)

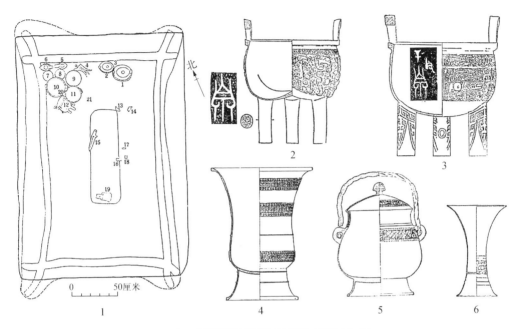

图二〇　天湖 M28 平面图(1)及出土器物(2~6)

古证实的一处墓地[1]，地处晚商时期商文化分布区的南部边缘(图二〇)。

8. 济南大辛庄墓地

大辛庄遗址已发掘不少墓葬，其中贵族墓随葬较多青铜器，且多有腰坑，有殉人和大量殉狗[2](图二一，1、2)。

(接上页)《考古学报》1986 年第 2 期；信阳地区文管会、罗山县文管会：《罗山蟒张后李商周墓地第三次发掘简报》，《中原文物》1988 年第 1 期；河南省文物研究所等：《1991 年河南罗山考古主要收获》，《华夏考古》1992 年第 3 期。

[1] 李伯谦、郑杰祥：《后李商代墓葬族属试析》，《中原文物》1981 年第 4 期。

[2] 山东大学东方考古研究中心：《大辛庄遗址 1984 年秋试掘报告》，《东方考古》第 4 集，科学出版社，2008 年；山东大学东方考古研究中心等：《济南市大辛庄商代居址与墓葬》，《考古》2004 年第 7 期；山东大学历史文化学院考古系、山东省文物考古研究所：《济南大辛庄遗址 139 号商代墓葬》，《考古》2010 年第 10 期。需要说明的是，大辛庄一些规格高的铜器墓，时代相当于殷墟一期或稍早，此时，徽识文字尚未流行。

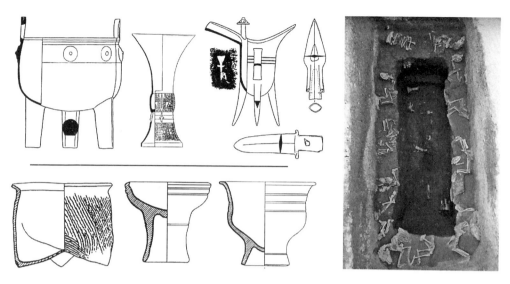

1. 大辛庄 M72 及其出土铜器与陶器

2. 大辛庄 M139 及其出土铜器

图二一

9. 河南正阳傅寨闰楼墓地

闰楼墓地被盗严重,2008~2009 年间抢救发掘商墓 142 座,大者 5~6 平方米,稍小者约 3 平方米,均有腰坑,并殉狗 1~6 只不等。多件铜器上发现有"亚禽"的徽识,应是晚商贵族"亚禽"族的墓地[1](图二二)。

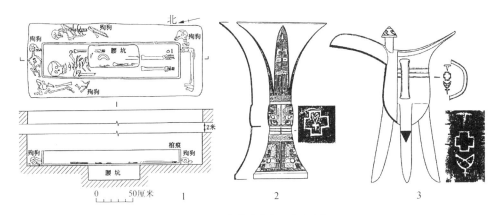

图二二　闰楼墓地葬俗及出土遗物

1. M15 平、剖面图　2. M71:1　3. M71:2

10. 河南荥阳小胡村(又称黄河大观)墓地

1993 年,这里出土一些有徽识的铜器[2]。2006 年墓地被盗,河南省文物考古研究所进行了抢救发掘,其中晚商墓 58 座。大部分墓葬有腰坑,其内动物可辨者为狗。每座墓都有殉狗,多者可达 7 只。在所出铜器上"发现不同的铭文单字 4 个,其中有一个字出现频率最高,可隶定为'舌'字",作🌿形,可知这是一处晚商贵族"舌"族的墓地[3](图二三)。

[1] 刘文阁等:《河南正阳闰楼商代墓地》,《2009 年中国重要考古发现》,文物出版社,2010 年;驻马店市文物管理所:《河南驻马店闰楼商代墓地发掘报告》,《考古学报》2018 年第 4 期。

[2] 河南省文物管理局、郑州市文化局:《辉煌的历史记忆——郑州配合基本建设考古成果展精品图录》,香港国际出版社,2002 年,第 13 页。

[3] 贾连敏等:《河南荥阳小胡村晚商贵族墓地》,《2006 年中国重要考古发现》,文物出版社,2007 年;河南省文物考古研究院:《河南荥阳小胡村墓地商代墓葬发掘简报》,《华夏考古》2015 年第 1 期。

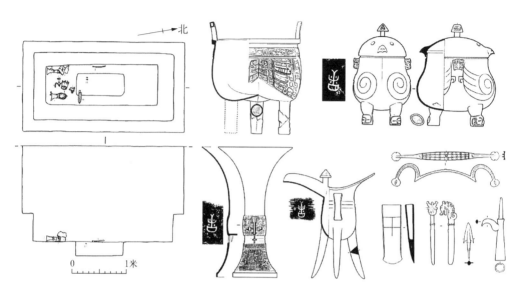

图二三　荥阳小胡村 M28 平面图及出土器物

由以上十处贵族墓地和殷墟的墓葬材料可以看出,东土地区在商代晚期,腰坑殉狗、殉人乃至殉牲(包括人牲)的习俗非常普遍,可以说在商文化分布范围内的贵族墓中,无一例外。

四、结语

通过以上分析,可得出如下结论。

1. 西周姬姓贵族和姜姓贵族墓不见腰坑殉狗,殉人亦极少,在近 40 座诸侯夫妇墓中,殉人仅见 3 例。确切的牲人一例未见。这些方面显然不是姬、姜族系的埋葬习俗。

2. 在商代晚期,处于西土的以姬、姜为主体的先周文化也不存在腰坑殉狗与殉人、殉牲的习俗。所以,在进入西周之后,姬姜贵族仍不设腰坑殉狗,殉人和殉牲也极少见,这是对故有葬俗的延续。

3. 西周时期,姬、姜之外的其他族系的贵族墓葬,普遍有腰坑殉狗,殉人比较常见,个别墓葬可见人牲。

4. 在商代晚期。地处东土的商文化贵族墓葬,则全部有腰坑殉狗,而且人殉普遍,人牲多见。这与西周时期姬、姜之外的其他贵族墓葬的葬俗基本相同。因此,将西周时期具有这些葬俗的墓葬视为"殷遗民"墓的认识是合理的。据此,可以对众多缺少文字材料的西周墓葬进行族属分类。

余　论

在以上结论的前提下,还可以进一步提出如下问题,即由考古现象到社会状况的深入考察。

首先,西周早期,在西土地区突然出现很多腰坑殉狗与殉人墓葬,有的族属明确,如上举弳伯墓地、戈族墓地,还有一些族属不明确者,如甘肃东部崇信于家湾、灵台白草坡、旬邑下魏洛墓地,包括新发现的宁夏姚河塬墓地等。它们都属殷遗民墓葬,表明在西周早期,周王朝在封邦建国时,为了强化统治,采取了大规模移民的措施。一方面是把姬、姜贵族大量分封到东方,另一方面又把殷遗民封迁到各地。这可能是中国历史上第一次大规模移民。

其次,在西周时期,居统治地位的姬、姜贵族不行腰坑殉狗、殉人与殉牲之俗,而允许殷遗民继续实行。这表明周王朝没有干涉殷遗民的习俗,任其存在。这与不少学者认为的周王朝立国后对殷遗民采取了怀柔政策的结论相符。

最后还需说明,以上对先周文化墓葬的分析,仅限于中小墓,真正的先周文化贵族墓尚未发现。如果先周文化贵族墓不存在上述葬俗,则本文的结论是对的;若先周文化贵族墓也存在上述葬俗,那只能说灭商后,周王朝在葬俗上进行了重大改革。究竟如何,有待先周文化贵族墓的发现。

（本文原刊于《中国考古学六讲系列·夏商周考古》,山西人民出版社,2021 年）

14

西周疆至的考古学考察

——兼及周王朝的统治方略

引　言

运用考古材料复原西周国家形态，以往学者有过不同程度的专题性研究，取得了可喜成果。但运用考古材料，系统考察西周王朝的疆至范围还很薄弱，约 20 年前，本人曾撰写《西周早期考古学文化与周初分封》一篇短文，[１]主要探讨了西周早期周王朝在东方分封的地域范围，依据主要是陶器，即在东方大凡出现周文化因素陶器的地方，就很可能属于周王朝的封国范围。近 20 年来，因中国特殊的社会原因，周代的考古资料迅猛增加，其中有很多是有铭文的国别明确的青铜器，这无疑是探讨周初分封和周王朝疆域更理想的材料，远比陶器更有说服力，使一些历史文献说不清、道不明的问题日渐明朗，如西周晋国始封地是在太原，还是在晋南；燕国始封地能否远达幽州之地；[２]汉阳诸姬究竟有没有等等。

考古材料证实的西周封国很多，有的见于历史文献，有的则不为历史文献所载。本文重点在于运用考古发现的西周封国的材料，对西周王朝统治疆域四至进行考察；考虑到周人灭商后对新拓辽阔领土统治的难度，文中亦就周王朝的统治方略予以适当涉及。囿于考古材料的局限与个人认识，所论不可能全面，也未必正确，欢迎批评指正。

---

[１]　刘绪：《西周早期考古学文化与周初分封》，《文化的馈赠——汉学研究国际会议论文集》考古学卷，北京大学出版社，2000 年。

[２]　如吕思勉先生就不同意召公奭所封之燕在幽州之说，认为"此燕为南燕，在今河南延津县"，北燕是后来北徙，逐渐至易、至蓟。见《先秦史》，上海古籍出版社，1982 年，第 131、217 页。

一、周人对灭商前后统治疆域认识的变化

众所周知,周人灭商前的活动地域主要在今陕西关中泾渭流域,这里可谓周人的腹心之地,其居邑之邰、豳、周原和丰等,都在这一范围内。相对于商王朝来说,周人自称为"西土之人"。如《尚书·牧誓》开篇描述武王伐商陈师牧野时,"王左杖黄钺,右秉白旄以麾曰:'逖矣! 西土之人'",自叹是来自距牧野很远的西土之人。远在何处? 在当时周人的观念里,洛阳一带尚被视为"东国"的范围,如《尚书·康诰》说武王灭商后不久,"周公初基,作新大邑于东国洛"。新大邑即洛邑、成周,在今洛阳,说明在周人心目中,灭商之前天下为东西二分,自己在西面,是西土。往东到洛阳不属西土周人所有,而属东国。这是灭商前周人自己的地理概念。灭商后,周王朝向东大举扩张,不仅占领了商王朝所有领土,还占领了其他政治集团的领地。在这里封建诸侯数十,并在洛阳营建陪都新大邑成周,自此以后,周人对其疆域的认识发生了变化,视原"东国洛"一带为天下之中,即中土,称之为"中国"(何尊《集成》6014),洛邑成周地区不再属东国,而成为四土的中心(图一)。

图一　何尊及其铭文拓片

这种变化和调整,春秋时期周王使臣詹桓伯有过比较准确的描述,这就是经常被大家引用的《左传》昭公九年詹桓伯对晋人说的一段话:"我自夏以后稷,魏、骀、

芮、岐、毕,吾西土也。及武王克商,薄姑、商奄,吾东土也;巴、濮、楚、邓,吾南土也;
肃慎、燕、亳,吾北土也。"可以发现,詹桓伯在讲周王朝疆域时,是以武王克商为分
界的,克商以前,只有西土;"及武王克商"以后的疆域,除西土之外,将新拓疆土,亦
即原来被其视为东土或东国之地的外围一分为三,分别称为东土、南土和北土,完
整的四土概念形成。詹桓伯特意强调这是指克商之后的情境,所列地点倾向于疆
域之至。由于他的重点是讲四土的地域,故未提"中土"或"中国"。实际上,在新
拓疆域内,当然包括洛阳一带的"中国"在内。

我们现在在探讨中华文明起源与形成时,经常提到早期中国如何如何,从文字材料
来看,最早提到中国的就是西周早期何尊铭文,具体指哪儿? 就指洛阳一带,并不包括
其他地方,这是西周早期开始形成的观念,是周人的观念。至于现在学界对早期"中国"
的解释,如"最早的中国""最初的中国"等,则包含了解释者的引申含义,与周代有别。

二、西周王朝的疆域四至

我们先看看新拓疆域在西周前期的北、东、南三土疆至,实际上,这也是西周王
朝的北、东、南三土疆至。然后看西土疆至。

(一) 新拓疆土的疆至

1. 北至的考察

北方最远的封国是燕,以北京琉璃河遗址的发现为证。该遗址在西周早期,大量
出现周文化因素的器物,在居址中周式联裆鬲是主要炊器之一;[1] 1996 年的发掘
中,还出土了刻有"成周"字样的卜甲。[2] 墓葬中几乎是清一色周文化特征,[3]
而且发现有西周早期燕侯墓地,出土很多铸有"燕侯"字样的铜器,如 M1193 大墓

---

[1] 北京大学考古学系等:《1995 年琉璃河周代居址发掘简报》,《文物》1996 年第 6 期;琉璃河考古
　　队:《琉璃河遗址 1996 年度发掘简报》,《文物》1997 年第 6 期。
[2] 琉璃河考古队:《琉璃河遗址 1996 年度发掘简报》,《文物》1997 年第 6 期。
[3] 北京市文物研究所:《琉璃河西周燕国墓地(1973~1977)》,文物出版社,1995 年。

出土的克盉与克罍铭文明确提到周王"命克侯于燕"[1]；董鼎铭文提到燕侯派董到宗周去觐见太保召公等等(图二)。这与文献记载周之"北土"疆域相符,也与召公封燕的记载相合,召公始封幽燕说可成定论。

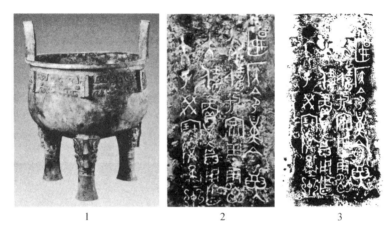

图二　董鼎及其铭文

　　由北京往南,沿太行山东麓一线发现不少包含周文化因素的西周遗址,其中可以早到西周早期者,有涞水张家洼、[2]满城要庄、[3]元氏西庄村[4]和邢台南小汪[5]等,再往南则是卫,[6]进入中原。这些遗址有的可在历史文献中找到对应的封国,如邢台一带为西周邢国。1993～1997年,河北省文物研究所等单位在邢台葛家庄发掘5座有墓道的西周大墓,应为邢侯墓地。[7] 经勘察,从葛庄到南小汪一线是一处面积达300万平方米的西周遗址,"南小汪出土的西周刻辞卜骨和葛庄高等级规模的西周大墓,无不显示着南小汪——葛庄西周遗址群的性质非凡,应与西

［1］ 中国社会科学院考古研究所、北京市文物研究所琉璃河考古队:《北京琉璃河1193号大墓发掘简报》,《考古》1990年第1期。

［2］ 北京大学考古学系调查资料。

［3］ 河北省文物研究所:《河北满城要庄发掘简报》,《文物春秋》1992年增刊。

［4］ 河北省文物管理处:《河北元氏县西张村的西周遗址和墓葬》,《考古》1979年第1期。

［5］ 河北省文物研究所等:《邢台南小汪周代遗址西周遗存的发掘》,《文物春秋》1992年增刊。

［6］ 中国科学院考古研究所编辑,郭宝钧著:《浚县辛村》,科学出版社,1964年。

［7］ 任亚珊、郭瑞海、贾金标:《1993～1997年邢台葛家庄先商遗址、两周贵族墓葬考古工作的主要收获》,《三代文明研究》(一),科学出版社,1999年。

周邢国始封地相关",[1]这一推断是合理的,西周邢国都城当在这一范围之内或其附近。有的遗址则是历史文献失载的封国,如元氏西张村发现的臣谏簋(《集成》4237)铭文中有"……井侯搏戎,臣谏□□□亚旅处于軧"(图三),同墓出土的叔趯父卣(《集成》5428)铭文中提到"軧侯"(图四),说明墓葬所在的西张村当为周代軧国封地;[2]涞水张家洼出有"北伯"(《集成》1911、5299、5890)铭文的铜器,[3]

图三　臣谏簋及其铭文拓片

图四　叔趯父卣及其铭文拓片

[1]　段宏振主编:《邢台商周遗址》,文物出版社,2011年,第280页。

[2]　河北省文物管理处:《河北元氏县西张村的西周遗址和墓葬》,《考古》1979年第1期;李学勤、唐云明:《元氏铜器与西周的邢国》,《考古》1979年第1期。

[3]　王国维:《北伯鼎跋》,《观堂集林》卷十八,中华书局,1984年。

当是北伯封地。

太行山之内及其西麓,同类遗址亦有不少发现。其中以翼城和曲沃县的天马-曲村遗址、[1]洪洞县的坊堆-永凝堡遗址[2]最为典型。这两处遗址都做过大量工作,其中天马-曲村遗址的晋侯墓地先后埋有9代晋侯及其夫人,出土的铜器铭文证明,这9代晋侯始于燮父,终于文侯(或殇叔),与《史记·晋世家》所记晋侯的世系相合。因而,该遗址被认定乃晋国早期都城。其西周早期的文化面貌与宗周地区完全相同,这当然是周初分封的结果。近年来,在绛县横水还发现倗伯墓地;[3]在翼城县大河口发现霸伯墓地;[4]在绛县雎村也发现一处西周墓地,目前性质尚不明确;[5]

[1] 北京大学考古专业商周组等:《晋豫鄂三省考古调查简报》,《文物》1982年第7期;关于晋侯墓地的发掘简报见:北京大学考古学系、山西省考古研究所:《1992年春天马-曲村遗址墓葬发掘报告》,《文物》1993年第3期;北京大学考古学系、山西省考古研究所:《天马-曲村遗址北赵晋侯墓地第二次发掘》,《文物》1994年第1期;山西省考古研究所、北京大学考古学系:《天马-曲村遗址北赵晋侯墓地第三次发掘》,《文物》1994年第8期;山西省考古研究所、北京大学考古学系:《天马-曲村遗址北赵晋侯墓地第四次发掘》,《文物》1994年第8期;北京大学考古学系、山西省考古研究所:《天马-曲村遗址北赵晋侯墓地第五次发掘》,《文物》1995年第7期;北京大学考古文博学院、山西省考古研究所:《天马-曲村遗址北赵晋侯墓地第六次发掘》,《文物》2001年第8期。

[2] 畅文斋、张吉先:《山西洪洞县坊堆村及永凝东堡发现古代文化遗址》,《文物参考资料》1953年第12期;畅文斋:《山西洪赵县坊堆村在古代遗址下部发现了很多铜器》,《文物参考资料》1955年第3期;山西省文物工作委员会:《山西洪赵县坊堆村古遗址墓群清理简报》,《文物参考资料》1955年第4期;畅文斋、顾铁符:《山西洪赵西县坊堆村出土的卜骨》,《文物参考资料》1956年第7期;解希恭:《山西洪赵县永凝东堡出土的铜器》,《文物参考资料》1957年第8期;山西省文物工作委员会等:《山西洪洞永凝堡西周墓葬》,《文物》1987年第2期;临汾地区文化局:《洪洞永凝堡西周墓葬发掘报告》,《三晋考古》第一辑,山西人民出版社,1994年。坊堆-永凝堡遗址或为杨国封地。

[3] 宋建忠等:《山西绛县横水西周墓地》,《2005中国重要考古发现》,文物出版社,2006年,第70~77页;山西省考古研究所等:《山西绛县横水西周墓发掘简报》,《文物》2006年第8期;山西省考古研究所等联合考古队:《山西绛县横水西周墓地M2158发掘简报》,《考古》2019年第1期。

[4] 谢尧亭、王金平:《山西翼城大河口西周墓地》,《2008中国重要考古发现》,文物出版社,2009年,第54~57页;谢尧亭:《山西翼城县大河口西周墓地获重要发现》,《中国文物报》2008年7月4日第5版;山西省考古研究所大河口墓地联合考古队:《山西翼城县大河口西周墓地》,《考古》2011年第7期;卫康叔:《大河口西周墓地:小国的"霸"气》,《中华遗产》2011年第3期;山西省考古研究所等大河口联合考古队:《山西翼城大河口西周墓地1017号墓发掘》,《考古学报》2018年第1期;山西省考古研究所等大河口联合考古队:《山西翼城大河口西周墓地2002号墓发掘》,《考古学报》2018年第2期。

[5] 王金平:《绛县雎村西周墓地》,《中国考古学年鉴2016》,中国社会科学出版社,2017年;段双龙、王金平:《绛县雎村西周墓地》,《中国考古学年鉴2017》,中国社会科学出版社,2018年。

在太行山深处的黎城县还发现"楷侯"(即黎侯)[1]墓地。前三者或以为属西周封国，或以为属晋之"怀姓九宗"；后者与文献所载周代之黎在今黎城之说相合。2013年，山西长子县又有类似新发现，遗憾的是大墓被盗一空，墓地形制不明。[2]

2. 东至的考察

东方最远的主要封国是齐。以临淄后李、[3]寿光涡宋台、[4]广饶五村、[5]青州凤凰台、[6]昌乐河西[7]与高青陈庄等遗址[8]的发现为证，其时代都可早到西周早期，出土有数量颇多的典型周文化器物联裆鬲(图五)。特别是陈庄M18出土铜器上有多件铸有"齐公"字样的铭文，如"丰肇作厥祖甲齐公宝尊彝""丰肇作文祖齐公尊彝"等。学者多认为此齐公就是赫赫有名的太公望。近来，在临淄齐故城近旁又出土西周早期铜簋，其上铭文为"酉作太公宝彝"，[9]这是首次发现有"太

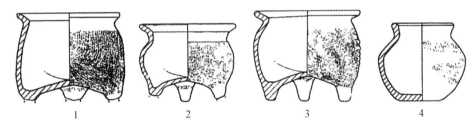

图五　高清陈庄遗址出土的部分陶器

1~3. 鬲(H216∶1、M17∶2、M26∶8)　4. 罐(M26∶3)

［1］张崇宁：《山西黎城黎国墓地》，《2007中国重要考古发现》，文物出版社，2008年，第40~45页。
［2］山西省考古研究所：《山西长子县西南呈西周墓地发掘简报》，《考古》2016年第3期。
［3］济青公路文物考古队：《山东淄博后李遗址第一、二次发掘简报》，《考古》1992年第11期。
［4］寿光县博物馆：《寿光县古遗址调查报告》，《海岱考古》第1辑，山东大学出版社，1989年。
［5］山东省文物考古研究所等：《广饶县五村遗址发掘报告》，《海岱考古》第1辑，山东大学出版社，1989年。
［6］山东省文物考古研究所等：《青州市凤凰台遗址发掘》，《海岱考古》第1辑，山东大学出版社，1989年。
［7］潍坊市博物馆：《山东昌乐县商周文化遗址调查》，《海岱考古》第1辑，山东大学出版社，1989年。
［8］郑同修、高明奎、魏成敏：《山东高青陈庄西周城址发掘》，《2009中国重要考古发现》，文物出版社，2010年，第38~43页；山东省文物考古研究所：《山东高青县陈庄西周遗址》，《考古》2010年第8期；山东省文物考古研究所：《山东高青县陈庄西周遗存发掘简报》，《考古》2011年第2期；李学勤等：《山东高青县陈庄西周遗址笔谈》，《考古》2011年第2期；山东省博物馆陈列展。
［9］据张光明先生在"山东地区周代考古工作座谈会"上的发言介绍。会议于2015年4月2日在新泰召开。

公"字样的西周早期青铜器,其在临淄出土绝非偶然,此太公应该就是太公望。高青、博兴和临淄一带很可能与齐国早期都城营丘及薄姑有关。显然,周王朝的统治疆域已到达此地。这与文献记载周之"东土"疆域相符。

周王朝的势力,往东甚至波及山东半岛,如黄县归城[1]和长岛珍珠门遗址[2]都有周式联裆鬲出土,学者们认为前者可能与莱国有关。

3. 南至的考察

依近年新发现的考古材料,南方最远的封国有鄂和曾等。前者以湖北随州安居羊子山鄂侯墓地为证[3](图六);后者以随州叶家山曾侯墓地为证。[4] 此二者时代均属西周早期,均位于汉水之阳。其中叶家山曾侯犺墓(M111)出土青铜簋有"犺作烈考南公宝尊彝"铭文(图七),而在随州文峰塔墓地出土的春秋晚期曾侯與青铜编钟铭文中,称其先祖南公在西周初年曾辅佐文王、武王,帮助周王朝抚定天下,并被封在周的南土江夏一带[5](图八)。据此,可以认为曾侯犺的父亲就是曾侯與的先祖。东周时期位于汉水之阳的曾属姬姓,因此,叶家山的曾侯亦属姬姓。

---

[1] 李步青、林仙庭:《山东黄县归城遗址的调查与发掘》,《考古》1991 年第 10 期;中国社会科学院考古研究所等编著:《龙口归城》,科学出版社,2018 年。

[2] 北京大学考古学系资料;严文明:《东夷文化的探索》,《文物》1989 年第 9 期。

[3] 随州市博物馆:《随州出土文物精粹》,文物出版社,2009 年;张昌平:《论随州羊子山新出鄂国青铜器》,《文物》2011 年第 11 期。

[4] 湖北省文物考古研究所、随州市博物馆:《湖北随州叶家山西周墓地发掘简报》,《文物》2011 年第 11 期;李学勤等:《湖北随州叶家山西周墓地笔谈》,《文物》2011 年第 11 期;湖北省文物考古研究所、随州市博物馆:《湖北随州叶家山 M65 发掘简报》,《江汉考古》2011 年第 3 期;黄凤春、卫康叔:《叶家山与"曾国之谜"》,《中华遗产》2012 年第 1 期;湖北省文物考古研究所、随州市博物馆:《湖北随州叶家山西周墓地》,《考古》2012 年第 7 期;湖北省文物考古研究所、随州市博物馆:《随州叶家山第二次发掘的主要收获》,《江汉考古》2013 年第 3 期;湖北省文物考古研究所、随州市博物馆:《湖北随州叶家山 M28 发掘报告》,《江汉考古》2013 年第 4 期。

[5] 湖北省文物考古研究所、随州市博物馆:《随州文峰塔 M1(曾侯與墓)、M2 发掘简报》,《江汉考古》2014 年第 4 期。其中 M1 残存青铜编钟和铜鬲、铜鼎等铜器,编钟与铜鬲都有铭文,为"曾侯與"所铸。其中一件编钟铭文云:"隹(唯)王正月吉日甲午,曾侯與曰:白(伯)适(适)上帝,左右文、武(正面钲部),达殷之命,抚殷天下,王遣命南公,鶑宅汭土,君此淮夷,临有江渶(夏)。周室之即(既)卑(正面左鼓)⋯⋯";另一件编钟铭文有"曾侯與曰,'余稷之后也'(或释"余稷之玄孙")"字样。

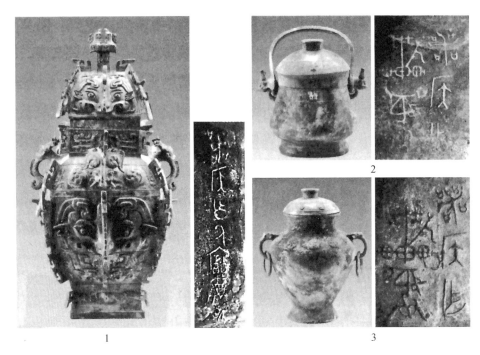

图六　羊子山 M4 出土部分带噩侯铭文铜器

1. 方罍　2. 卣　3. 罍

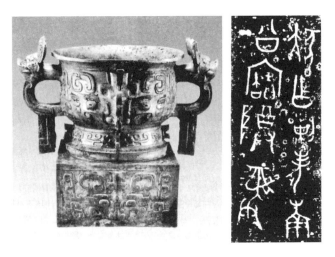

图七　叶家山 M111 出土犹簋及其铭文拓片

图八　曾侯舆甬钟铭文拓片

而且铭文所言南公,有学者认为可能就是文献记载中的南宫括。[1]可见,随州一带在西周早期便纳入了周王朝的统治版图,汉水之阳确有姬姓诸侯国存在。

在羊子山与叶家山两墓地发现之前,在湖北汉水之阳已发现多处具有周文化因素的遗址,并且可以早到西周早期,如安陆晒书台,孝感聂家寨、殷家墩,[2]黄陂鲁台山,[3]汉川乌龟山,[4]随州庙台子,[5]枣阳毛狗洞[6]等遗址。其中鲁台山还发现有西周早期带墓道大墓,其各方面特征与中原地区发掘的姬姓诸侯大墓相同,也应是西周初年与曾侯同时分封到汉水之阳的另一姬姓诸侯国之

[1] 黄凤春、胡刚:《说西周金文中的"南公"——兼论随州叶家山西周曾国墓地的族属》,《江汉考古》2014年第2期;黄凤春、胡刚:《再说西周金文中的"南公"——二论叶家山西周曾国墓地的族属》,《江汉考古》2014年第5期;李学勤:《曾侯臧(舆)编钟铭文前半释读》,《江汉考古》2014年第4期;方勤:《曾国历史的考古学观察》,《江汉考古》2014年第4期。

[2] 北京大学考古专业商周组等:《晋豫鄂三省考古调查简报》,《文物》1982年第7期。

[3] 黄陂县文化馆等:《湖北黄陂鲁台山遗址与墓葬》,《江汉考古》1982年第2期。

[4] 湖北省文物考古研究所:《汉川乌龟山西周遗址试掘简报》,《江汉考古》1997年第2期。

[5] 武汉大学考古教研室 方殿:《随州西花园、庙台子遗址试掘简报》,《江汉考古》1984年第3期。

[6] 襄樊市博物馆:《湖北枣阳毛狗洞遗址的调查》,《江汉考古》1988年第3期。

诸侯墓。[1]

依历史文献记载,西周王朝在汉阳有较多封国,多为姬姓,史称"汉阳诸姬"(《左传》僖公二十八年)。而考古所见表明,在西周早期,具有周文化因素的遗存恰恰以这一带最为集中,而且还发现了姬姓诸侯国的墓地,这当然不会是巧合,西周早期确有若干姬姓诸侯被封在汉水之阳(图九)。

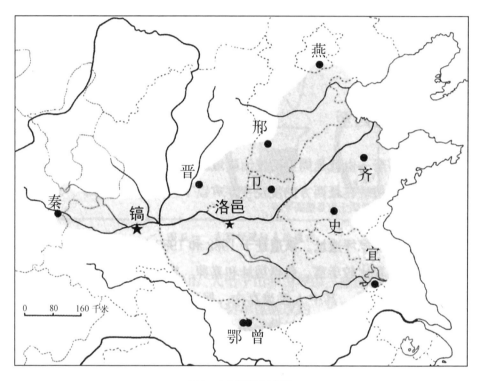

图九　西周疆域示意图

(二) 西土疆至的考察

如上所述,周人灭商前的活动地区东不出陕境,以关中及其西部为腹心之地,此为周人本土,被其自称为西土之地。灭商之后,大举封建诸侯是在今陕西以东。

---

[1] 早在 20 世纪 80 年代初,张亚初先生根据出土铜器铭文,就提出了这种说法。见张亚初:《论鲁台山西周墓的年代与族属》,《江汉考古》1984 年第 2 期。

至于周人本土——西土之地,则没有分封诸侯国,至少历史文献中找不到这样的记载,考古也没有这方面发现。那么,西周王朝的势力范围在西土地区外围有无扩张?扩到何处?这也需要用考古材料来说明。

1. 西土的西至

西土的西至,也就是周王朝统治疆域的西至。据现有材料,具有周文化因素遗存的遗址在最西方的发现主要有以下三处遗址(群),均位于甘肃东部天水地区。

一是甘谷毛家坪遗址。该遗址于1982年和1983年进行过两次发掘,其中周代文化遗存比较丰富,包括居址和墓葬。发掘负责人赵化成先生对其进行了分期和分类,其中A类遗存中,居址和墓葬的一、二期都被推断为西周时期,最早一期是居址第一期,被定为西周前期或西周早期[1](图十)。这一推断基本接近实际。至于该类遗存的文化属性,被赵先生定为早期秦文化,此亦得到学界的普遍认同。之所以判定其为早期秦文化,主要依据是墓葬葬俗。毛家坪西周墓葬的葬俗与东周秦墓葬俗基本相同,如屈肢葬、墓西向等。至于居址和墓葬出土的西周陶器,则与关中地区西周时期周文化陶器相同或相似。即使将周文化和秦文化区分为两种文化,但秦文化中包含有大量周文化因素也是显而易见的。

近年,毛家坪遗址又进行了大规模勘探和发掘,说明这里到春秋时期仍是秦人高级贵族的聚居地。[2]

二是礼县遗址群,见于西山、大堡子山和山坪山三座山城遗址及其附近。2004年以来,由两所高校和三家科研单位组成的"早期秦文化联合考古队",在礼县进行了大规模调查和发掘,发现这三座相距不远的山城,并于城内及其附近获得大量周代遗存,其上限可早到西周中、晚期。文化性质与毛家坪相同,属早期秦文化。其陶器所反映的文化面貌,除含有少量寺洼文化因素外,主要陶器"具有明显的周

---

[1] 甘肃省文物工作队、北京大学考古学系:《甘肃甘谷毛家坪遗址发掘报告》,《考古学报》1987年第3期;赵化成:《甘肃东部秦与姜戎文化的考古学探索》,《考古类型学的理论与实践》,文物出版社,1989年。

[2] 依北京大学赛克勒考古与艺术博物馆2014年末至2015年初"秦与戎"展览。

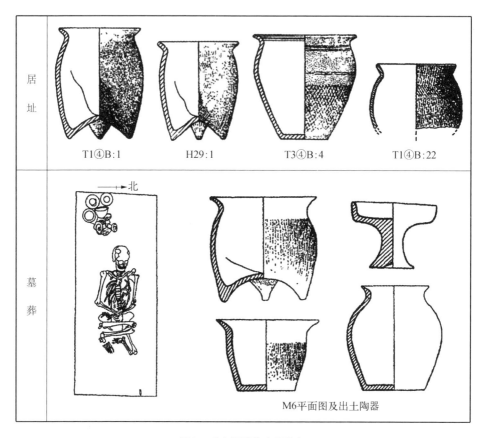

居
址

T1④B:1　　　H29:1　　　T3④B:4　　　T1④B:22

墓
葬

M6平面图及出土陶器

图十　毛家坪遗址 A 组遗存

文化风格。构成器物群的常见器类有鬲、甗、盆、豆、罐、三足瓮等,都是周文化的典型陶器,其形态和一些细部特征与同时期关中西部周文化基本一致"。[1]

三是清水县李崖遗址。2009~2011 年,早期秦文化联合考古队对其进行了发掘,其中发掘西周时期墓葬 19 座、灰坑 20 余座。[2] 在 19 座墓葬中,除 4 座属寺洼文化墓葬外,另 15 座被定为早期秦墓。后者的具体时代以西周中期为主,少数进入西周早期和晚期。这 15 座墓都为东西向,墓主头向西,直肢,有腰坑及殉狗,葬

[1] 早期秦文化联合考古队:《甘肃礼县三座周代城址调查报告》,《古代文明》第 7 卷,文物出版社,2008 年,第 353~354 页。

[2] 早期秦文化联合考古队　赵化成等:《甘肃清水李崖遗址考古发掘获重大突破》,《中国文物报》2012 年 1 月 20 日第 8 版。

俗与东周高级秦墓相同,是现知最早的一批秦墓。而随葬的陶器只有极少部分属寺洼文化,绝大部分与关中地区典型的周文化陶器相同,如鬲、簋、盆、罐等,即周文化因素占据了主导地位。

由以上三处遗址可知,从西周早期开始,周文化已波及甘肃东部的秦文化,表明两者已建立了密切关系。如果仅就陶器而言,则以周文化因素为主,将其视为周文化的一个地方类型也是可以的。依历史文献和出土文献记载,学者多认为西周时期的秦在甘肃东部天水地区,只不过在整个西周时期,虽然秦归周王朝统辖,但周王朝对秦没有给予足够的重视,没有分封其为诸侯,直到宣王时才封秦仲为大夫。

2. 西土的北至

在关中的北面,包含有周文化因素的遗址,最边远的发现在以下两个地区。

其一位于宁夏南部,主要发现有两处,即 1981 年在固原县城西北孙家庄林场清理的 1 座西周墓葬和 1 座残车马坑[1](图十一);2017 年在彭阳发现的姚河塬遗址。[2] 孙家庄林场清理的西周墓为南北向(165 度),有椭圆形腰坑和殉狗。随葬品有铜鼎、铜簋和陶鬲各一件,还有兵器戈、戟各一件;车马器中有軎、辖、轴饰、銮铃、当卢和衔、镳等。这些器物均属西周早期,习见于关中及其他地区西周早期墓葬中,亦属典型周文化特征。至于墓主人的族系,发掘简报的作者考虑到这里距关中尚有一段距离,属于族系比较复杂的地区,墓主人究竟"是周人还是与周人文化有密切关系的少数民族,还有待进一步考证"。此结论在当时是客观合理的。

彭阳属固原所辖,位于六盘山东麓。姚河塬遗址发现有城址、墓地和手工业作坊,时代属西周早中期。其中墓地中有两座"甲"字形大墓,相当于诸侯级别,还有一些中小墓葬以及属于大墓的车马坑、马坑和祭祀坑。几乎所有的墓葬都有腰坑及殉狗。手工业作坊已发现的有铸铜与制陶作坊。此外,墓地内还发现有多块甲骨(上有文字)。城址、大墓、铸铜作坊和甲骨均属西周早期。依现有的考古发现,

---

[1] 固原县文物工作站:《宁夏固原县西周墓清理简报》,《考古》1983 年第 11 期。
[2] 李政:《商周考古的重要发现——宁夏彭阳姚河塬遗址发现西周早期诸侯级墓葬、铸铜、制陶作坊等重要遗迹》,《中国文物报》2017 年 12 月 5 日。

图十一　固原孙家庄西周早期墓出土遗物

1. 铜簋　2. 车轴饰　3. 銮铃　4. 害辖　5. 陶鬲

同时具有这几项发现的西周遗址,即使在周王朝统治的腹心地区也难得找到,可见姚河塬遗址的发现多么重要(图一二、一三)。

在固原、彭阳之南的甘肃平凉与庆阳的南部,即与陕西相邻的一线,以往发现有灵台白草坡(图一四)、[1]崇信于家湾[2]和宁县焦村西沟徐家村三处墓地,[3]墓主与"㵞伯"(或释"泾伯"[4])或"㜑伯"等有关,时代都属西周早中期。他们位

[1] 甘肃省博物馆文物组:《灵台白草坡西周墓》,《文物》1972 年第 12 期;甘肃省博物馆文物队、灵台县文化馆:《甘肃灵台县两周墓葬》,《考古》1976 年第 1 期;甘肃省博物馆文物队:《甘肃灵台白草坡西周墓》,《考古学报》1977 年第 2 期;史可晖:《甘肃灵台县又发现一座西周墓葬》,《考古与文物》1987 年第 5 期。

[2] 甘肃省文物考古研究所:《崇信于家湾周墓》,文物出版社,2009 年。

[3] 庆阳地区博物馆:《甘肃宁县焦村西沟出土的一座西周墓》,《考古与文物》1989 年第 6 期。

[4] 李学勤:《西周时期的诸侯国青铜器》,《中国社会科学院研究生院学报》1985 年第 6 期;刘钊:《泾伯器正名》,《文物研究》第 5 辑,黄山书社,1989 年。

图一二　彭阳姚河塬遗址发现的墓葬及车马坑

1. M4　2. 刀把形马坑　3. 长方形车马坑

图一三　彭阳姚河塬遗址出土遗物

1. 铜觯盖　2. 陶鬲　3. 原始瓷豆　4. 陶罐　5、6. 陶范

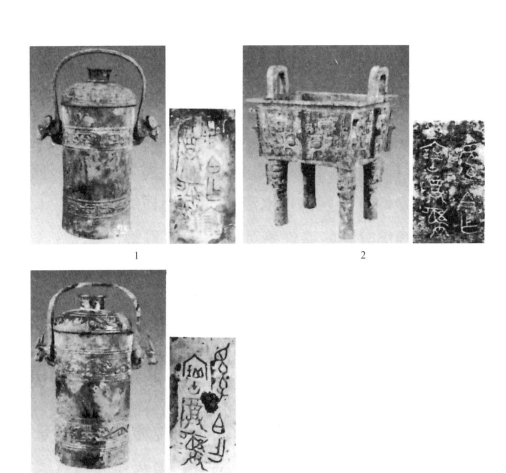

图一四 灵台白草坡墓地发现的铜器

1、3. 卣（M1∶13、M2∶9） 2. 鼎（M2∶2）

于从关中到宁夏的中间地带,彼此密切相关。

其二是陕北洛川县于 1997 年发现的一座西周早期墓,该墓材料没有发表,根据李峰先生参观所见,墓中"随葬的一件青铜鼎和一件陶鬲均为典型的西周早期风格"。[1] 因李先生对西周时期的考古材料相当了解,其判断应该无误。洛川位于

---

[1] 李峰:《西周的灭亡:中国早期国家的地理和政治危机》,上海古籍出版社,2007 年,第 65 页。李先生还说他在子洲县也看到一件西周中期风格的陶鬲,考虑到子洲的地理位置远在延安以北,而延安以北迄今尚难确定一处西周时期的遗址,故该鬲是否属西周时期,暂存疑。

陕北的南部边缘,距周王朝首都丰镐不太远,若此,洛川一带可能也属周文化分布范围,或者属周文化影响的地区。到目前为止,洛川以北的整个陕北地区,见于发表并能够确定下来的西周遗址,几乎没有,这是需要今后关注和思考的问题。这至少说明,周王朝对陕北大部分区域没有产生太大的影响,更谈不上实质性控制。在历史文献中也不见周王朝封建诸侯于陕北的记载。考古不见,文献不载,二者暗合,似非偶然,应该是历史真实。可知周王朝对其腹心之地的北方,也未予以重视。

3. 西土的南至

在关中地区以南,即秦岭以南,仅在偏东的商洛地区的丹水上游发现有一些西周时期的具有周文化因素的遗址,如商县紫荆遗址、[1]商南县过风楼遗址[2]和商州东龙山遗址[3]等,可能都与丹水下游早期楚文化有关,周文化因素的传播路径未必是由关中跨越秦岭直接到达丹水流域的。而在偏西的汉中和安康两地区具有周文化因素的西周时期的遗址更难确定。依宝鸡強伯墓地的发现,墓中随葬品有些具有蜀地风格,据此,学界已认为两地存在一定联系。因此,汉中和安康也应有周文化因素存在,有待今后留意。不过,依目前缺少这方面遗址的现象推测,汉中和安康即使有周文化因素存在,所占比重也不会太高(凤县有发现,如此),这也与此地不见周人封国的记载相符。

总之,虽然陕南与关中南北毗邻,但周文化对这里大部分地区的直接影响甚微,此情形或与陕北类似。不过,其影响甚微的原因,除周王朝未予重视外,秦岭的天然阻隔也是重要因素。

统观西周王朝对其西土疆域的经略,除往西封秦,稍有拓展外,对西土的南、北

---

[1] 商县图书馆、西安半坡博物馆、商洛地区图书馆:《陕西商县紫荆遗址发掘简报》,《考古与文物》1981 年第 3 期。

[2] 张天恩:《丹江上游西周遗存与早期楚文化关系试析》,《周秦文化研究论集》,科学出版社,2009 年。

[3] 陕西省考古研究院、商洛市博物馆:《商洛东龙山》,科学出版社,2011 年。

两个方向拓展甚少。而且在西土一律不封建诸侯国。[1] 这与其对东方的苦心经营形成鲜明对照!

三、周王朝的统治方略

如上所述,西周王朝的新拓疆域,最北可抵燕山南麓,最东几近东海之滨,最南则达汉水之阳。仅这新拓疆域的范围,就远远超出了商代晚期商文化的分布范围,更是周人灭商前本土疆域的数倍之多。面对如此广阔的新拓疆土,周人如何予以有效统治,确是一道难题,是对其聪明和才智的严重考量。统治方略是多方面的,前人有过不少论述,涉及宗法制度、礼乐制度、官爵制度、巡省与朝觐、婚姻观念以及天命观等意识形态领域。若从考古视角观察,以下三个方面亦非常重要。

第一,封国的布局。

关于周初封国的布局,有学者依文献记载进行过讨论,[2] 有其合理之处。本文则结合考古发现,予以探讨。由上述对新拓疆土最边远之地的封国便可看出,北土是召公奭,东土是太公望,南土是南公括。召公与太公在周王朝中的政治地位,已为学界熟识,他们与周公都是辅助周王的重臣,并列周初三公,兹不赘及。至于南公括,亦颇受武王重视。依《史记・周本纪》记载,武王灭商后,"命召公释箕子之囚。命毕公释百姓之囚,表商容之闾。命南公括散鹿台之财,发钜桥之粟,以振贫弱萌隶。命南公括、史佚展九鼎宝玉"等等,似乎所有财物都由南公括掌管,地位之高可想而知。随州文峰塔墓地新出春秋晚期曾侯舆青铜编钟铭文,进一步说明这位南公在商末周初确曾辅佐文王、武王,帮助周王朝抚定天下,确实地位显赫,证明《史记・周本纪》所言不虚。为何将其封在南土,目的与封召公于北土、太公于东土是一样的。

显而易见,周王朝将这些重量级的人物分别封在新拓疆土的最边远之地(尽管

---

[1] 李峰:《西周的灭亡: 中国早期国家的地理和政治危机》,上海古籍出版社,2007 年,第 67~68 页;
张天恩:《论西周采邑制度的有关问题》,《考古与文物》2008 年第 2 期。
[2] 杨宽:《西周史》,上海人民出版社,1999 年,第 385 页。

本人未必亲自就封），充分表明对边疆地区的重视，唯有如此，才能真正起到蕃屏周室的作用。此种布局无疑是经过精心谋划的。

除对边疆封国重视之外，对统治疆域内封国的布局也是颇有针对性的，因为大量的殷遗贵族都还存在，有的还被封为诸侯，对其加以防范乃情理中事。比如邢和卫，都是姬姓封国。邢，"周公之胤也"（《左传》僖公二十四年），其封地前已述及，在河北南部邢台。卫乃"周武王同母少弟"康叔封之封国，地在今河南浚县与淇县一带，浚县（今归鹤壁市所辖）辛村卫侯墓地可以确证。[1] 而晚商都城——今殷墟遗址正好位于邢、卫之间，对其形成南北挟持监控之势。尤其是卫，本来就是成王命周公平三监之乱后，"以武庚殷余民封康叔为卫君，居河、淇间故商墟"（《史记·卫康叔世家》），受封目的非常明确，就是直接接管商都一带的殷遗。

再如对今山东地区的封国，可以说重视程度最高。这与山东地区商王朝势力强大有关。考古发现表明，商王朝自早商二里冈上层时期占领今山东大部分地区以来，直到被周王朝取代为止，山东地区一直是商王朝的主要控制范围和势力所在，查晚商有铜铭徽识的族墓地，山东发现最多。因此，西周初年对"薄古商奄"东土之地的分封尤为重视。

如在鲁北的东端，也是商王朝领土的东端，有益都（今归青州）苏埠屯晚商"亚醜"（或释"亚酌"[2]）的墓地[3]和"益都侯城"晚商"⟨符号⟩"的墓地。[4] 其中苏埠屯1号墓有四条墓道，是迄今为止殷墟王陵之外发现的唯一一座带四条墓道的墓葬，是商代晚期殷墟之外规格最高的墓地。墓地的各方面特征，包括陶觚、陶爵这些殷墟墓葬中最常见的陶器，特征都和殷墟的完全相同。墓地的主人很可能是商

---

［1］中国科学院考古研究所编辑，郭宝钧著：《浚县辛村》，科学出版社，1964 年。

［2］董珊：《释苏埠屯墓地的族氏铭文"亚醜"》，《古文字与古代史》第四辑，"中研院"历史语言研究所，2015 年。

［3］祁延霈：《山东益都苏埠屯出土铜器调查记》，《中国考古学报》第二册，1947 年，第 167~177 页；山东省博物馆：《山东益都苏埠屯第一号奴隶殉葬墓》，《文物》1972 年第 8 期；殷之彝：《山东益都苏埠屯墓地和"亚醜"铜器》，《考古学报》1977 年第 2 期；山东省文物考古研究所等：《青州市苏埠屯商代墓发掘报告》，《海岱考古》第 1 辑，山东大学出版社，1989 年，第 254~273 页。

［4］寿光县博物馆：《山东寿光县新发现一批纪国铜器》，《文物》1985 年第 3 期。1983 年，在寿光城北约 10 千米之"益都侯城"遗址出土一批晚商铜器，不少器物上有"⟨符号⟩"的徽识。

王的至亲,也有学者认为可能是薄古氏之君的墓地。墓地的下限年代,有学者以为进入西周初年,[1]言之成理。"益都侯城"应该是另一方国贵族——"己"的领地,其与苏埠屯东西相邻。而益都之西就是齐的封地临淄,看来,周初封太公于益都两个晚商方国"亚醜"与"己"的近旁,不仅仅是为了守护周王朝的东大门,同时也具有监管这一带殷遗的目的。

　　在鲁南的南端,考古发现了山东境内迄今为止规模最大的晚商至西周早期的族墓地,即滕州前掌大"史"族墓地。[2]该墓地可分若干墓区,应属不同族系。其中前掌大村北区有带墓道"中"字形、"甲"字形大墓多座,还有车马坑、马坑和大量中小墓。所出铜器,常见"史"及"史辛"的徽识,因此,该墓区应是"史"族墓地,它也是现知晚商时期商文化在东南方最边远的一处方国贵族墓地。因商周时期带墓道大墓都是高等级墓葬,所以,前掌大应是商王朝在其东南边疆设立的重要据点。周灭商后,对其予以保留,有学者认为与西周的薛国有关。[3]总之,这是一处考古材料可以肯定的年代跨越商周两代的商系高级贵族墓地。依文献记载,西周分封的滕国也在今滕州。滕和鲁一样,都属"文之昭也"(《左传》僖公二十四年),肯定是周初的重要封国。在滕州庄里西一带,多次出土铸有"滕侯"或"滕公"铭文的铜器,[4]表明这里应属滕国所有,很可能是一处滕国公室的墓地,滕国都城就在其附近。庄里西和前掌大同在今滕州,相距之近不言自明。将文王之子封在殷方国旧族近旁,用意也是很清楚的。

　　滕公之滕与太公之齐,分据鲁南、鲁北,其监管对象都是分布在原商王朝领土

[1] 黄川田修:《齐国始封地考——山东苏埠屯遗址的性质》,《文物春秋》2005年第4期。

[2] 中国社会科学院考古研究所:《滕州前掌大墓地》,文物出版社,2005年;滕州市博物馆:《滕州前掌大村南墓地发掘报告》,《海岱考古》第3辑,科学出版社,2010年,第227~375页;滕州市博物馆:《山东滕州前掌大遗址新发现的西周墓》,《文物》2015年第4期。

[3] 张学海:《论四十年来山东先秦考古的基本收获》,《海岱考古》第1辑,山东大学出版社,1989年,第335页。

[4] 万树瀛、杨孝义:《山东滕县出土西周滕国铜器》,《文物》1979年第4期;万树瀛:《滕县后荆沟出土不其簋等青铜器群》,《文物》1981年第9期;滕县博物馆:《山东滕县发现滕侯铜器墓》,《考古》1984年第4期;杜传敏、张东峰、魏慎玉、潘晓庆:《1989年山东滕州庄里西西周墓发掘报告》,《中国国家博物馆馆刊》2012年第1期。

边缘的方国贵族,而更多的殷遗贵族分布在鲁中及其周围,更需防范,因而监管的责任更大。这一点,武王在灭商之初就认识到了,因商奄之民,遂"封周公旦于少昊之虚曲阜"(《史记·鲁周公世家》)。由于周公留佐武王,由其子伯禽就封。西周前期鲁国的都城尚未确定,鲁侯墓地也未发现,但学界普遍认为今曲阜鲁故城一带应是鲁的封地。其所在位置基本属于晚商文化分布范围的中央。如果说周王朝视成周为天下之中,那么曲阜便是东土之中,在镇抚东土殷遗时发挥着不可替代的作用。

终西周一代,周王朝对东方的经营是成功的,通过有目的地广封诸侯,达到了蕃屏周室的目的。如前所述,西周王朝在苦心经营东方的同时,却忽略了对大后方西土地的守护,一个诸侯国也不封,封的一些采邑还有不少是殷遗,结果是为其亡于西土近邻——犬戎留下了隐患,这不能不说是西周王朝在封邦建国时的严重失误。

第二,迁殷遗民。

运用历史文献对这一问题进行探讨,学界早已有之。但用考古材料予以初步论证,则始于 1952 年洛阳东郊的发掘。该次发掘团成员颇多,但资历最深者是郭宝钧先生。郭先生是殷墟发掘最早的参加者,并于 1936 年主持了殷墟的第 13 次发掘,对商文化和商代墓葬的特征已有认识。在此之前,他还于 1932~1933 年分四次主持发掘了浚县辛村西周卫侯夫妇的墓地,因此,他也是中国最早发掘西周诸侯级墓葬的人,故对周文化和西周墓葬的特征也有了解。所以,在 1952 年洛阳东郊的发掘中,凭着已有的知识,他就从所发掘的墓葬中区分出 20 余座"殷人墓",认为这些殷遗民墓的"墓形、夯土、画幔、腰坑、狗骨、殉人、铜弓饰、铜铲、铅戈、陶鬲、陶盂、陶卣、陶瓿、蚌鱼、车痕等迹象,都可于殷墟中找到其类型""多保持殷俗。可见他们畎田继居,自成聚落的情况"。[1] 并结合《尚书·多士》等文献记载,首次总结出周初迁殷顽民于洛的考古证据。现在来看,因时代的局限,虽然所列证据不完

---

[1] 郭宝钧、林寿晋:《一九五二年秋季洛阳东郊发掘报告》,《考古学报》第九册,1955 年,第 103、115 页。按:林寿晋没有参加发掘。

全准确,但最主要的方面是可信的。随着洛阳地区考古工作的开展,其结论得到了学界广泛认可。受其启示和影响,此后发掘的其他西周遗址也区分出了一部分殷遗墓葬,如琉璃河燕国墓地Ⅰ区殷人墓和Ⅱ区周人墓的区分,[1]曲阜鲁故城甲组原住民墓和乙组周人墓的区分等。20 世纪 80 年代中期以来,商周墓,特别是高级贵族墓葬又发掘了很多,材料相当丰富。据此,有学者专门对商周墓葬进行了较全面的比较研究,进一步指出,在葬俗方面,殉人、腰坑和大量殉狗是商代非常流行的葬俗,到西周早期,非姬姓的殷遗贵族仍然保留,而姬姓贵族之墓则极少见到。[2]当然,这里所谓殷遗贵族是广义的殷遗,并非专指子姓殷遗。目前,这些认识已得到学界较普遍的赞同。

按照这些认识,除洛阳、琉璃河、曲阜鲁城外,还可识别出一批西周时期的殷遗墓葬,而且他们有的是在西周早期突然出现在某些地区。如属于西土的有前述甘肃崇信于家湾墓地、灵台白草坡潶伯或霱伯墓地,以及宝鸡强伯墓地、[3]泾阳高家堡"戈"族墓地。[4] 其葬俗与西土地区先周时期墓葬有很大不同。其实,在周原遗址和都城丰镐遗址也都有不少殷遗墓葬,时代亦属西周,他们自然也是由他地迁来的。有几位学者经过对周原青铜器窖藏出土青铜器铭文研究之后发现,西周时期,周原乃非姬姓贵族的聚居地,其中包括由东方迁来的殷遗民,如微氏家族。再如属于晋西南的绛县倗伯墓地[5]和翼城大河口霸伯墓地。[6] 由于晋西南晚商时期遗址极少发现,所以,这里的西周早期遗存都是突然出现的,不仅包括倗伯、霸伯

[1] 北京市文物研究所:《琉璃河西周燕国墓地(1973~1977)》,文物出版社,1995 年,第 251 页。

[2] 韩巍:《西周墓葬的殉人与殉牲》,北京大学考古文博学院 2003 年硕士学位论文;张明东:《商周墓葬比较研究》,北京大学考古文博学院博士学位论文,2005 年。

[3] 卢连成、胡智生:《宝鸡强伯墓地》,文物出版社,1988 年。

[4] 陕西省考古研究所:《高家堡戈国墓》,三秦出版社,1994 年。

[5] 宋建忠等:《山西绛县横水西周墓地》,《2005 中国重要考古发现》,文物出版社,2006 年,第 70~77 页;山西省考古研究所等:《山西绛县横水西周墓发掘简报》,《文物》2006 年第 8 期。

[6] 谢尧亭、王金平:《山西翼城大河口西周墓地》,《2008 中国重要考古发现》,文物出版社,2009 年,第 54~57 页,又见《中国文物报》2008 年 7 月 4 日;山西省考古研究所大河口墓地联合考古队:《山西翼城县大河口西周墓地》,《考古》2011 年第 7 期;卫康叔:《大河口西周墓地:小国的"霸"气》,《中华遗产》2011 年第 3 期;山西省考古研究所等大河口联合考古队:《山西翼城大河口西周墓地1017 号墓发掘》,《考古学报》2018 年第 1 期;山西省考古研究所等大河口联合考古队:《山西翼城大河口西周墓地 2002 号墓发掘》,《考古学报》2018 年第 2 期。

这些非姬姓贵族,也包括封于唐地的姬姓周人,他们都是周初迁此的外来户。其实洛阳地区与晋西南的情况相同,大量殷遗和周人的出现,也都是在灭商之后、营建成周之时开始的。根据中国社会科学院考古研究所偃师商城工作队的调查,在洛阳乃至整个豫西地区,晚商遗址,特别是相当于殷墟三、四期时期的遗址极为少见。洛阳附近自偃师商城衰落之后,还未见到殷墟偏晚阶段的遗存,这是该地区自仰韶文化以来,第一次出现文化断裂,原因为何?已引起学术界关注。[1] 可伴随着周初成周的兴建,这里再度繁荣,突然同时出现了两大族群,即来自东方的殷遗和来自西土的周人。过去多以为洛阳一带在晚商属商王朝所有,20 世纪 50 年代初洛阳东郊发掘时,郭宝钧先生就持这种认识,所以他把一部分遗迹单位归为商代。可以说,偃师商城队的工作为修正以往的判定作出了贡献。至于琉璃河燕国都城的殷遗和周人,也是随着燕国的分封才出现的,在商代,这里既不属商,更不属周,而是属围坊三期文化的人们。

以上是通过可论证的考古材料来说明在西周早期确实发生过大举分迁殷遗民的事件,多属于晚商时期不属商文化分布的区域。至于原属商文化的地区,在西周早期,除宋国长子口墓外,还难以区分何者属原住殷遗,何者属新迁来的殷遗。如分给鲁与卫的"殷民六族""殷民七族"就属这种情况,但其中应该包括由他处迁来的殷遗。

总之,大举迁徙殷遗已得到诸多考古材料的证实,周王朝为巩固其统治确曾采用过这种措施。

第三,怀柔政策。

这里所谓的怀柔政策,是指姬周王朝对其他族类的习俗和信仰予以尊重和保留,甚至对其统治政策亦予以适当采纳,不向他们强力推行自己的习俗和信仰。对此,文献中也有一些记载,如卫国"启以商政",晋国"启以夏政,疆以戎索"(《左传》定公四年),齐国更是"简其君臣礼,从其俗为"(《史记·鲁世家》)。此怀柔政策,多属意识形态方面,故其物化表现既难且少。因此,在考古材料中,能够说明周王

---

[1] 王学荣:《偃师商城废弃研究》,《三代考古》(二),科学出版社,2006 年。

朝实施怀柔政策的依据并不多,主要就是上述墓中殉人与殉牲的习俗。

前文已经谈到,殉人和人牲是商代非常流行的现象,这一现象有其发生与发展的过程,早在龙山时期就已出现,其中人殉如山西芮城清凉寺龙山文化墓葬;[1]甘肃秦魏家、皇娘娘台齐家文化墓葬所见。[2] 此后经二里头文化和二里冈文化时期,到商代晚期发展到顶峰,可以说,在商代,大凡贵族墓不论身份高低,多有殉人。然进入西周,除殷遗民贵族墓葬保留这一习俗外,统治集团的姬周所有成员,包括诸侯级的高级贵族(周王墓尚未发现),基本不用人殉。[3] 也就是说,在周王朝统治的同一片蓝天下,虽然统治者周人死不用殉,但他不干涉、也不阻止其他异族用殉,秉持顺其自然的态度,任其存在。这当然是对异族习俗的尊重,是怀柔政策的表现。若统计一下西周墓葬的殉人,有这样一个变化过程,即从早到晚,逐渐减少(东周稍有反复),原因当与统治者不提倡有关。

至于人牲,也是在商代发展到顶峰,到西周就更为罕见了。

人殉与人牲和其他现象不同,它是中国早期国家发生、发展与形成阶段的特殊现象,是社会分层的重要体现,经历了漫长的过程,周代以后很快就消失了。这与西周统治者不用人殉、人牲的导向直接相关,可以说在摒弃人殉与人牲上,西周统治者开了一个好头,发挥了重要作用。仅就这方面而言,商代文明乃是充满暴力、血腥和残酷的文明,在中国早期文明社会的发展过程中属于低级阶段,且已步入尾声。到西周发生了重大变化,统治者更加珍惜生命,关爱人性,崇德尚仁,文明社会步入一个新的阶段。若论商周制度之变革,这是最突出的一个方面,可补王国维先生所论之欠缺。[4]

(本文原刊于《中国考古学六讲·夏商周考古》,山西人民出版社,2021 年)

---

[1] 薛新明:《山西芮城清凉寺庙底沟二期墓地》,《2004 中国重要考古发现》,文物出版社,2005 年,第17~20 页;山西省考古研究所等:《清凉寺史前墓地》,文物出版社,2016 年。

[2] 黄展岳:《古代人牲人殉通论》,文物出版社,2004 年。

[3] 韩巍:《西周墓葬的殉人与殉牲》,北京大学硕士研究生学位论文,2003 年。

[4] 王国维先生曾就殷周制度之不同发表过精彩论述,见《殷周制度论》(《观堂集林》卷十,中华书局,1984 年)。

15

周原遗址分期与布局研究引发的若干问题

　　一说起周原,人们马上就会想到太王迁岐,就会想到成批成批出土的青铜器窖藏,就会想到多处可见的大型夯土建筑与无以数计的大量墓葬,还会想到迄今为止出土数量最多的西周甲骨文。这些发现是西周时期任何一处遗址都难以相匹的,包括西周首都沣镐遗址在内。因此,周原被认为既是周人的发祥地,又是西周时期高级贵族的特殊居邑,一直受到学术界的高度关注。

　　20世纪20~30年代对晚商都城殷墟的发掘,推动了中国田野考古学的发展,也诱发了史学界探讨先秦都邑的热潮。20世纪30年代初,新成立的北平研究院史学研究所把探讨周秦都邑及其文化作为首选重点课题,因为中研院发掘了晚商都城殷墟,如果把重点课题选在晚商以前,依当时中国的历史研究与考古资料,显然难度更大,而选晚于殷墟的周秦则肯定稳妥和有把握。于是以徐炳昶(旭生)所长亲自挂帅,于1933年到周秦之地陕西开展田野考古工作。比如他在1933年4月25日调查冯村,于村北断崖中获一残短足瓦鬲。26日,调查沣东斗门镇遗址,沿途发现"灰土及绳纹瓦","东北行七、八里至丰镐村",将其定位"丰镐遗址"。[1]　6月9日,去了周公庙。他据《凤翔府志》知岐阳为太王初迁之地,站在眉县远眺周原,表示一定要前往。后因故未能实现。当时,围绕先秦都邑的探讨是学界高度关注的问题。1935年,丁山《由三代都邑论其民族文化》发表。[2]　1936年,有李景聃到豫东寻找商人早期之都的调查与发掘。[3]　再后,虽遭战乱之苦,然石璋如仍为寻找周人早期之都对陕西诸多遗址进行了调查(1943),半路险遭不测,周原便是其

---

[1]《国立北平研究院院务汇报》1933年第4卷第6期。
[2]丁山:《由三代都邑论其民族文化》,《"中研院"历史语言研究所集刊》第五本第一分。
[3]李景聃:《豫东商丘永城调查及造律台黑孤堆曹桥三处小发掘》,《中国考古学报》第二册,1947年。

中之一。因为都邑遗址文化内涵最为丰富,提供的信息更全,反映的历史问题更多,对考古工作者来说也最容易出成果。因此,对先秦都邑考古的重视经久不衰,至今仍是考古工作的重点。

然而,自20世纪40年代石璋如对周原遗址进行调查后,在以往60余年间,由于各种原因,[1]周原的考古工作时断时续,较大规模的发掘实际上主要有两个阶段,一是20世纪70年代中叶,一是20世纪与本世纪之交。各自连续发掘了数年,皆收获丰硕。此外便是为数不少的偶然发现或零星发掘。若从所获资料的丰富程度而言,在周代遗址中首屈一指,然而发表的资料却很零碎。专门的发掘报告除凤雏甲骨和个别窖藏铜器外,到20世纪末,可以说没有一本。这种现象本身就说明有关周原的基础研究还很薄弱,其中遗址的分期与布局便是基础的基础,到20世纪末仍不甚明了,这直接影响到周原诸多问题的深入研究。

一

1999年至2004年,北京大学考古文博学院、陕西省考古研究所和中国社会科学院考古研究所合作,连续对周原遗址进行了较大规模的发掘与调查。[2] 本阶段工作的主要目的就是先解决周原遗址的分期与布局,进而探讨其他相关问题。

周原遗址周文化的分期可分两大部分,一是先周时期考古学文化的分期,一是西周时期周文化的分期。

---

[1] 主要是陕西省考古研究所和中国科学院(现为社科院)考古研究所都想独立发掘,因文物法规定,凡拟发掘的遗址,首先需经过省方同意,上报国家文物局后,再由科学院考古所给出同意与否的意见。这样谁都单干不成。丰镐遗址现在就是以沣水为界,分而治之,陕西不希望周原也这样。零星发掘多属特殊原因,如夏商周断代工程需要在周原发掘,两家谁也挡不住。

[2] 促成本次三家合作,全靠李伯谦先生,他先分别与社科院考古研究所和陕西省考古研究所领导沟通,都同意合作发掘。后来社科院考古所不希望北大参加,我省所领导韩伟先生商量,韩先生说已经答应了李先生,不能变了。后来社科院考古所领导又找国家文物局,提出他们自己单干。国家文物局回答是你们三家自己商量合作形式,但要统一规划,是一码事。鉴于实习时间临近,不能久拖,北大得知这一消息后,只好赶紧与省方商量,我们两家先行开工,人家社科院咋办,那是人家的事。当我们把全体师生赴陕车票买妥,社科院得知之后,才同李先生解释说是误会,还是三家一起合作。

先周时期的考古学文化(新石器时代文化除外)共分为4期6段。[1]

第1期包括第1、2段,商文化因素明显,属商文化京当型,时代相当于殷墟二期或略早。

第2期包括第3、4段,商文化因素陡然减少甚或消失,以袋足鬲为代表的器物群占据主导地位,给人以全新之感,显然不属商文化。究竟属何种文化,命以何名,尚在讨论之间。这当然与商人势力的退出,一支或数支新势力的涌入有关。本期时代约相当于殷墟三期或略早。

第3期仅一段,即第5段,仍以袋足鬲器物群为代表,各种器物仅是自身的发展演变,整个文化面貌并没有发生质变。本期时代相当于殷墟四期偏早阶段。

第4期也仅一段,即第6段,为第3期的延续,两期仍属同一文化。时代相当于殷墟四期偏晚阶段。

西周时期周文化分为早、中、晚3期,[2]每期又分两段,共6段。

西周早期第1段与先周时期最后一段,即第4期第6段紧密相衔而区分明显。最大区别是以联裆鬲为代表的器物群占据主导地位,并有少量商式器物出现,与先周最晚一期形成明显不同。按照以往的认识,袋足鬲、横绳纹联裆鬲不复存在。据近年发掘材料,有迹象透露,这些器物未必一刀切,绝不见于西周之初,但其数量大为减少则是事实。总之,西周早期周文化发生了巨大变化。

早期之后,周文化的发展演变比较均衡,期与期之间尚可明确区分,段与段之间则比较微妙,变化仅限于少部分器物。不过,比较而言,早、晚区分甚为明显,中期两段较难把握。这种现象也见于其他遗址,或许中期时间跨度相对较短,早、晚两期时间跨度较长,值得思考。形成这一现象的历史原因,是否与中期发生过较大社会变革有关? 有待研究。类似的现象也见于青铜器,似非偶然。

周原先周时期考古学文化的分期自成系列,与其他各种先周文化说所指的先周遗址的分期相比,有其独特的依据和可靠性。比如周原遗址的分期前有商文化

---

[1] 雷兴山:《先周文化探索》,北京大学博士学位论文,2002年。

[2] 周原考古队:《1999年度周原遗址ⅠA1区及ⅣA1区发掘简报》,北京大学中国考古学研究中心等编:《古代文明》第2卷,文物出版社,2003年。

居首可定上限,后有西周早期文化相接可定下限。这二者都是容易辨认的已知数,先周时期考古学文化的跨度是确定无疑的。而所谓的其他先周遗址,如郑家坡、岸底和碾子坡等遗址,都缺少商文化,西周早期文化不明或不典型,致使其年代跨度众说不一。尤其是郑家坡类遗存,早晚之说相差数百年之多。因此,周原遗址先周时期考古学文化的分期是最可靠的分期,可作为关中其他同时期遗址分期的标志。

周原西周考古学文化的分期长期没有解决,偶有涉及也很粗疏。1999 年的发掘进行了较详细的分期,既有墓葬,又有居址。若与其他西周遗址的分期进行比较,周原的分期也是最全面、最完整的。

以往进行过详细分期的西周遗址为数不多,主要有丰镐遗址、琉璃河遗址和天马-曲村遗址,各遗址也都分了 3 期 6 段。但丰镐遗址和琉璃河遗址的分期主要是墓葬,居址的材料发表较少,没有达到 6 段的程度,只有天马-曲村遗址墓葬和居址都分了 3 期 6 段。可见,周原遗址西周考古学文化的分期至少在关中地区是最完备的,亦可作为其他遗址分期的标志。

二

先周文化是近 20 多年来学术界探讨的热门课题之一,但结论五花八门,在所有研究者中几乎没有完全相同的观点。分歧之大令圈外人感到莫名其妙。如上所言,对郑家坡的分期与年代判定就是典型一例,早者上可达二里头文化时期,晚者以为不早于西周。至于何种文化是先周文化,见仁见智,难以统一。如何才能解决这些问题,使先周文化的研究有所推进,我以为对周原遗址先周时期考古学文化遗存的全面认识和分期断代是关键。

首先,根据文献的记载,周族在灭商立国之前的居邑,唯周原地点明确,且学界没有分歧。而更早的居邑,如后稷之邰、公刘之豳便有山西和陕西之争,即使在陕境,地点也仅知大概,难以确指。而且后稷和公刘分别相当于何时也有不同说法,世数有疑。相对而言,始迁于岐地周原的太王则时代比较明确,世数可靠。他为文王祖父,相当于商王康丁前后。凡此,无论时间还是地域,都是没有歧异的已知数。所以,周原是探讨先周文化的突破点和关键。这一点过去在探讨先周文化时没有引起足够的重视,往往多在周原外围下功夫、作文章。虽然也利用了周原的材料,如贺家、刘家遗址的发掘成果等,但多限于墓葬,居址材料极少,显然不能代表周原遗址先周文化全貌。

周原有广义、狭义之分,本课题所言是指狭义周原,太王所迁之居邑是否即此,虽从文献方面研究尚未断定,但不出广义周原范围是可以肯定的。承认此点,则从考古学方面运用狭义周原的材料去探讨先周文化就行之有效,合于情理。因为广义周原的范围并不太大,狭义周原又近乎居其中部,二者的考古学文化应该是一致的。

如此,根据上述周原遗址先周时期考古学文化的分期和断代,周原先周时期考古学文化的第2期偏晚阶段与太王时代相当,该阶段与第3、4期文化遗存应属先周文化,不论其文化特征是何种模样,都当如此认识。

前已论及,周原先周时期第2至4期是以袋足鬲为代表的器物群,而非以联裆鬲为代表的器物群。这就与传统的按照相同文化因素由晚及早可以推求该文化源头的理论模式相悖。因为按照以往的认识,至少太王以来的先周文化应该由西周早期文化上溯,凡与西周早期相衔,且文化因素大体相同者就是先周文化。众所周知,西周早期文化是以联裆鬲为代表的器物群,而不是以袋足鬲为代表的器物群,周原也是如此。可现在在周原找到的与太王以来相当的考古学文化却与传统推断模式的设想相矛盾。二者肯定有一方出了差错:要么太王以来周人不在周原居处;要么传统推断模式并非放之四海而皆准,不合于由西周推先周。我以为是后者而非前者,理由可从两方面说明。

传统推断模式产生的依据,可能主要来自商文化由晚到早推断成功的经验,具体而言就是殷墟晚商文化被认识之后,按照早商文化应与之相同的设想,确实推断出二里冈文化为早商文化(最初认为是中商文化),并成为定论。由此便形成了同族考古学文化应该文化因素相同,早晚传承明显,有量变而无质变,其发展乃同一文化之循序渐进。中原地区早商与晚商文化的关系的确如此,然其他地区、其他族类的考古学文化是否也如此,不得而知,需要小心求证。若看看早商与先商的关系,就会发现此二者之间的差别远大于早晚商之间的差别,这也是发生在中原地区且同属商人。早商与先商差别相对较大,当然应有其历史原因。

我们再看看西周与先周文化。先周文化地处陕西,其早期阶段更在关中西部(源于山西说不可靠),这里与甘肃紧邻。说到甘肃,学界都知道商周以前各时期考古学文化的复杂性。如晚商至西周时期寺洼文化与辛店文化的关系,此二者与早期秦文化的关系,与刘家类型、碾子坡类型的关系,等等,都未形成统一的认识。甚至辛店文化本身甲、乙两组孰早孰晚都难判定。关中西部商代晚期诸多个性特征明显的文化遗存的存在,就说明这里与甘肃地区的情况相同。族系构成非常复杂,人群的变动也较频繁。周原地区商文化的退出与袋足鬲拥有者的出现应是族群变动的结果。据多处遗址的发现,更早的袋足鬲来自周原以西,邹衡先生称其为姜炎文化,颇有道理。从这一点来说,周原相当于殷墟三、四期的考古学文化应属以姜炎文化为主体的考古学文化。然而太王不属姜炎集团,属姬姓周族,他又确实由豳迁到了周原。若承认此点,那只能说姬姓周族迁到周原之后融入姜炎文化之中。同时还有另一种可能,即豳地之文化亦属姜炎文化的范畴。碾子坡遗址就位处豳地,其文化特征确实应归入西部袋足鬲系统。

前已述及,周原先周时期考古学文化第二期,即袋足鬲器物群突然出现相当于殷墟三期或稍早,此后直到武王灭商以前没有发生突变。我们无法确知太王相当于此期偏早还是偏晚。若偏早,则商文化退出周原,袋足鬲器物群突然出现于周原与太王迁岐相合,也与太王"实始翦商"的记载相合;若太王迁岐相当于殷墟三期偏晚,属周原袋足鬲器物群正常演变过程之中,这一现象只能用迁岐的姬周族融入先前已占有周原的姜炎文化之中来解释。相对而言,姜炎集团已是原住族,太王之周族是外来族,虽然他们到周原的时间间隔并不长,况且豳地文化也属袋足鬲系统。再说太王迁岐之后,姬姓族与姜姓族互为婚姻,且世代相延,在西土共同结成联盟集团,来自豳地且以使用袋足鬲为主的周人与姜姓文化融为一体也顺理成章。

那么,为什么武王灭商后周文化又发生一次突变,袋足鬲器物群骤然减少,联裆鬲器物群突然成为主体,且有商文化因素存在呢?

先看联裆鬲为何突然成为主体。

联裆鬲器物群突然为主的原因需依文献记载并结合考古发现来解释。

在周原之东,相当于商代晚期的考古学文化是郑家坡文化,它与周原先周文化东西同时并存。依文献记载,早在王季时,姬姜集团就开始了向东发展。王季征伐过若干"戎"系集团,如"燕京之戎""余无之戎""始乎之戎"等等,大体考来皆在今山西境内,且以晋南山地为主。文王时继续东进,并将都城东迁至丰。在周人不断向东发展的过程中,郑家坡联裆鬲集团所在地武功是必经之路。尤其是文王东迁,亦属一大事件。郑家坡位居周原与丰京之间,属周人控制无疑,周人袭用郑家坡文化也完全可能。从制陶工艺来看,郑家坡联裆鬲的制作要比袋足鬲的制作容易得多,兹不赘述,去繁就简也是一种改革或进步。

再看西周时期商文化因素的存在。

商文化因素在周初在西土地区和非商文化地区出现也容易理解,这可从两个方面来说明。一是周灭商,占有商人疆域,在原商占区承袭商人部分因素是很自然的事。二是依文献记载,周灭商后还大规模迁殷遗民之事,不少殷遗被迁到周人新占领的非商文化地区,这些地区也会出现商文化因素的器物。兹举以下三地区为例说明。

一是关中即西土地区(这里指西安以西,因老牛坡的文化归属有争议),这里在晚商不属商王朝统辖范围,可到西周早期,与殷墟四期商文化相同的商式陶器突然出现,具体而言有两种器物最为典型。一是宽沿无足根鬲:宽沿方唇上翻,分裆,空肥足无足根。体矮,一般饰粗绳纹,与殷墟四期者很难区分。此类鬲发现很少,依笔者过目者,见于周原和周公庙二遗址,后者到西周晚期还可见到。位居更东面的西周首都丰镐遗址肯定也有。[1] 一是厚唇簋:侈口较高,厚唇,腹微鼓,矮圈足。腹中部往往饰一周细绳纹及三角划纹,也与殷墟晚期最常见的簋相同。这两种陶器特征明显,最易识别和把握,其在关中地区的出现对于区分先周与西周的分界有着特殊的意义。

---

[1] 今按:印象中好像在发表资料中见过,因条件所限,现无法查找。

　　我们发现,在各家论证的诸多先周文化中,没有任何一种先周文化发现这两种商式陶器,[1]即使在晚商阶段的老牛坡类型中也不存在。这是颇耐人寻味的现象。为什么与晚商文化同时并存而不见商文化因素?对于晚商时期老牛坡类型的文化属性,不少学者认为属商文化。然而,若从陶器方面考察,其与殷墟商文化陶器相似者可谓少之又少,是否属商文化实在需要重新探讨。这是一个比较复杂的问题,待后专文论述。

　　二是与关中紧邻的山西西南部的运城和临汾两盆地内,长期以来未见晚商遗址,[2]形成了"真空"地带,即使其北面的临汾地区也发现极少,这早已成为学界关注的问题。

　　其实,类似的现象并不限于晋西南,在黄河以南,与关中接壤的河南省洛阳以西地区同样缺少这一阶段的文化遗存。往东甚至到郑州一带,晚商遗存,特别是相当于殷墟三、四期时的遗存,发现也很少。对此,尚未引起学界关注。而晋西南和豫西恰恰位于豫北——晚商统治中心区与关中地区之间。洛阳和郑州乃商王朝早期统治中心,晋西南也是早商文化发达的地区,这样的地方何以在晚商会如此衰落?是有而未发现吗?当然不是,因为豫西和晋西南是中原地区考古工作开展最早、最多的地区。衰落的缘由在此不论,然这一事实为说明关中地区为什么在晚商时期不见商文化因素存在找到了答案:商文化与关中地区失去了直接联系,其间有相当大的空白地带将二者阻隔开来。难怪王季东征可跨过晋西南深入晋东南地区(余无之戎,今屯留一带);文王更远达晋东南的东部边缘(黎,今长治、黎城一带),同时还跨过豫西,到达今沁阳地区(邘)。这些地方皆近逼殷都,而距周都较远,一路过来想必无甚阻拦,可谓长驱直入。因为所经之地并不属商王朝统辖,甚至人烟稀少。

---

[1] 中国社会科学院考古研究所丰镐工作队:《1997 年沣西发掘报告》,《考古学报》2000 年第 2 期。第 240 页认为 97SCMH18:111、112 号器"有殷墟四期陶鬲风格",依发表线图看,此判断较勉强。

[2] 今按:近些年在临汾和运城地区都有重要晚商文化发现,即浮山桥北墓地和闻喜酒务头墓地,墓主等级很高。但这两处墓地都位于太行山麓,属临汾盆地和运城盆地的东部边缘。真正的盆地内,晚商遗址发现极少。有学者不加细分,看见临汾与运城字样,就以为这两个盆地全属商文化范围,这是不妥当的。

　　上述两种商式陶器突然在关中出现则发生于西周早期。有关这方面的材料，沣西遗址有发现，[1] 周原和周公庙遗址也有发现，其中鬲较少而簋较多。商式陶器不见于先周而突现于西周早期，这显然与西周王朝建立有关，与周初分殷遗民有关。与此类似的现象曾见于晋西南和京津地区，前者以天马-曲村遗址为代表，后者以北京琉璃河遗址为典型。

　　前已述及，晋西南几乎不见晚商文化遗存，然天马-曲村西周早期晋文化中却含有少量商式陶器；京津地区晚商时期是围坊三期文化（该文化有早晚之别，可分期），不见商文化或商文化因素陶器，可在琉璃河西周早期燕文化中却含有大量商因素陶器，致使一度被推定为商代。这种现象自然让我们想到了周初分封"授民授疆土"，授分殷遗民的史事，也让我们想到上述两种商式陶器在一定地域范围内——晚商时期无商文化存在的地区内，可以作为区分商、周二代的断代标准器。[2] 考古发现表明，这一断代标准也适合于关中地区。

　　上述所谓晚商时期关中地区不见商式陶器，商式陶器一旦出现就进入西周的结论，还涉及对 78 袁家崖墓葬的认识。[3] 袁家崖墓葬出土 2 件铜器和 6 件陶器，其中 2 件铜器和 3 件陶器属商式器物，故学者都认为该墓属于商代。据上述结论，我们认为属于西周早期。对此，雷兴山先生有专文讨论，此不多赘。

三

　　周原西周文化分期的完整和全面，文化因素的详细区分，也让我们发现了一些学术问题。

　　其一，同属西周时期之周文化，周原与丰镐相比，在总体相同的前提下，亦有小的差别。尤其是西周早期，周原遗址器物的种类要比丰镐遗址多，显得更加复杂。在居址中，窄沿鬲（多为褐色）、小体直领鬲、一直大量存在的红陶甗、小体球腹罐

---

［1］中国社会科学院考古研究所丰镐工作队：《1997 年沣西发掘报告》，《考古学报》2000 年第 2 期。

［2］赵福生、刘绪：《西周燕文化与张家园上层类型》，《跋涉集》，北京图书馆出版社，1998 年。

［3］巩启明：《西安袁家崖发现商代晚期墓葬》，《文物资料丛刊》(5)，文物出版社，1981 年。

等,周原多见,丰镐极少或不见。墓葬陶器组合也稍有差异,如周式簋在周原墓中一直存在,早晚变化明显,是分期的理想器物,在西周中、晚期往往每墓中成对相配。在丰镐墓中,仅早、中期有少量发现,晚期极为少见。周原西周中期还有一种不见于居址、仅见于墓葬的分裆鬲,每墓亦成对存在。这也不见于丰镐墓葬。而丰镐墓葬西周晚期所见之疙瘩足鬲,在周原极少。其他器物,丰镐有者也大都见于周原。由此可知,周原的人群构成要比丰镐复杂。此外,在西周早、中期,周原墓葬中有不少随葬仿铜陶礼器,其特征与真的同类器相同,而丰镐墓葬比较少见,其他遗址的西周墓也未见这种情况,这是周原墓葬的一个特殊现象。何以如此? 大量的考古材料表明,各地墓葬中大量随葬仿铜陶礼器始于春秋中期,与礼制的破坏直接相关。而周原在西周早、中期常见,晚期反而不见,当然不能用礼制破坏来解释。这应是居住在周原的一些特殊族类的葬俗,而且很可能属殷遗民之墓,因殷墟四期墓葬就存在这类仿铜陶礼器。据学者们对周原窖藏铜器的研究,周原居住的主要是非姬姓贵族,其中包括殷遗在内,或有道理。

其二,若把周原墓葬陶器与其他封国墓葬陶器相比较,还会发现一个特别有趣的现象。即上述周原一直流行的周式簋,在诸封国中,唯鲁国和燕国与之接近,在西周中、晚期时都很常见(其特征圈足渐细,腹渐浅小)。其他封国,即使距周原较近者如晋国,在西周中、晚期也不见这种簋。如上所述,甚至在丰镐遗址西周晚期也少见这种簋。由此我们想到,鲁与燕分别是周公和召公的封国,此二位未亲自就封,就封者是其长子。周公和召公另有采邑在岐地,即广义周原范围内。考古现象与文献记载的相符或许不是巧合,说明鲁与燕都与其居于周原的家族有着密切的联系。琉璃河墓葬出土的西周早期铜器堇鼎铭文就记述了燕侯命堇去宗周觐见召公(太保)之事,可能类似的事情在西周时期一直发生。鲁国也当同此。

其三,按照以往的认识,袋足鬲与横绳纹鬲只见于先周不见于西周,因此,这两种器物的有无成了区分先周和西周的重要标尺之一。据近些年的发掘和分期,有迹象表明这两种器物可能沿用到周初。2001 年在岐山贺家的发掘,遇到这样的单位(H8、H9),所出器物以联裆鬲为主,但也有少量袋足鬲残片,由于同出者还有商式器物,故属西周早期无疑。整理时因陶片不太多,未敢肯定。这是需要今后注意的。2004 年周公庙的发掘提出了与此相关的更为重要的问题,在出长篇甲骨文的灰坑中,出有袋足鬲陶片;在出大量陶范的房子里出有横绳纹鬲陶片。如果按照以往认识,这些单位属于先周时期,如此,则先周时期周人已有发达的甲骨文,还有了发达的青铜铸造技术。特别是后者,过去多以为周人灭商以前很落后,能否铸造青铜器,除邹衡先生辨别出少部分外,他人不置可否。[1] 周公庙铸铜作坊若属先周,则证明了邹先生的论断是可信的。当然,也不敢完全排除这两个单位属于西周的可能。所以,以往简报的介绍用"商周之际"称之,实属无奈之举。

四

周原各类遗迹的分布既有规律又较复杂。与已知其他商周遗址相比多不相同。有些现象略如殷墟。

先周时期的遗存虽较普遍,但比较零散。沟西相对较多,沟东较少。即使沟西,成规模、范围较大的地点也不多,而且没有发现大型建筑(凤雏 F1 时代不明)。因此,徐天进先生认为周原遗址未必是太王所迁之居邑,有一定道理。至少现有的材料不能说明太王居此。那在何处? 近年来,我们与陕西省考古研究所合作,在广义周原的西半部进行了大量调查,发现了若干重要遗址,其中周公庙遗址最为学界重视。从已获取的材料得知,周公庙遗址显非一般聚落,时代跨度长,包括先周和西周。至迟在商周之际已是一处重要居邑,此时有大型建筑,可能有铸铜作坊,有甲骨文等等。西周时期,存在有目前所知等级最高的墓葬。若与文献记载相结合,西周时期这里最大可能是周公的采邑。先周时期是否为太王居邑,尚难判定。

周公庙的一系列重要发现与周原考古学文化的分期和分布的研究有直接关系。

周原遗址西周时期的文化遗存非常丰富,不少地段居址墓葬相间叠压,说明这

---

[1] 因邹先生的结论已得出多年,因此,数年前,我曾让一位博士生梳理现知可以肯定的先周铜器,看能否写篇文章。梳理结果是没增加多少,类别也未超出邹先生的范围。

　　些地段时而为居地,时而为墓地,变化比较频繁。这很可能与土地所有者不断易主有关(手工业作坊区除外)。据文字学家研究,周原范围内居住着若干非姬姓贵族,密度很大,各自领地肯定有限。周原出土的个别铜器铭文还记述了因土地占有发生纠纷的事,应是周原土地紧张的真实反映。这与上述考古现象正相符合。

　　作为周代高级贵族的聚居地,周原所见与之相称的遗迹也确实很多。其中大型建筑一项,就数量、规模、保存状况而言,在已发现的各西周遗址中,没有任何一处可以相比。这些大型建筑的形制与结构多种多样,如凤雏 1 号建筑是长方形封闭式院落,有如后代的四合院。[1] 由南进门是一小庭院,紧接庭院之北是主体建筑——前堂。穿过前堂进入后院,后院由两个天井组成,中间是通往后寝的短路。院内两侧从最北到最南各有 8 间厢房,大小相近,东西对应。厢房的后墙也就是院墙。凤雏建筑以往多以为是宗庙,有待继续探讨。

　　云塘与齐镇间的两组建筑结构奇特,这是专门夯筑有围墙的封闭式建筑。[2]居西面的云塘一组保存较好,由南进门是一比较大的庭院,庭院之北是主体殿堂,规模大于凤雏之前堂。主体殿堂的左、右前方各有一单体建筑,东西对称。这三座建筑平面构成一“品”字形,其外围筑墙环绕,围墙不是长方形,而呈“凸”字形,为先秦建筑仅见之型式。主体殿堂与北墙之间,约在殿堂中轴线的位置有一石板铺底的烧坑。殿堂面南呈“凹”字形,中间有二阶。进大门有用小河卵石铺成图案的石子路直通两阶。就门墙内三建筑之布局,类似者也见于东周时期秦雍城、今凤翔马家庄 1 号建筑和晋国城邑、今侯马北坞古城内 25 号建筑。由于马家庄 1 号建筑的庭院里存在大量祭祀坑,故学界认为该建筑可能是秦在雍城的宗庙,有先生由此进而推断云塘建筑也是宗庙。然云塘建筑庭院内未见祭祀现象(也许周秦有别,另当别论),而且东西并列两组,不同于雍城者。是否为宗庙,也有待继续研究。

　　据我们发掘期间调查,在云塘、齐镇二建筑之南,也有大型建筑。村民讲,人民公社时在这里取土,在同一高度挖出一条石子路,石子比云塘庭院内的石子路的石

---

[1] 陕西周原考古队:《陕西岐山凤雏村西周建筑基址发掘简报》,《文物》1979 年第 10 期。

[2] 周原考古队:《陕西扶风县云塘、齐镇西周建筑基址 1999~2000 年度发掘简报》,《考古》2002 年第 9 期。

子大一些,不排除这里还有类似建筑。若此,在云塘、齐镇间至少有三组相同的建筑,也许还要多些。按照文献记载,天子七庙,诸侯五庙,卿大夫三庙。[1] 云塘建筑若为宗庙,可能属这种建造格局,即几组相同的建筑建在一起,构成一个建筑群,完全有此可能。

召陈建筑是周原规模较大的另一处建筑群,依 20 世纪 70 年代的局部发掘,得知又是另外一种布局。[2] 所发掘的数座建筑,彼此有别,各不相同,规模有大有小。大者显然也是集体活动场所,未必适合生活起居之用。也许,这里的建筑包括了各种功用者。

周原建筑还有四个共同特点。

一是凡属规模较大的建筑,往往为"四注四霤",即四阿屋顶。如云塘、齐镇各 1 座,召陈最少 3 座。若按清人研究,"四注四霤"之四阿顶建筑乃天子标准,有如今存之故宫太和殿。由于周原此类建筑较多,未必都属周天子,清人的考证不合于西周时期。

二是凡规模较大的建筑都较多地使用瓦,之所以说周原有很多地点有大型建筑,除可以看到夯土或柱础坑外,主要是依据瓦的发现地点确定的。瓦在丰镐遗址、周公庙遗址也有较多发现。而关东西周封国遗址所见甚少,仅在天马-曲村和琉璃河二遗址有少量发现。实际上,先周时期可能就已使用了瓦,而且还使用了板砖和空心砖。据近年发现,早在齐家文化时就发明了瓦,地点是泾水上游陕甘交界处灵台一带。这里恰在豳地附近,看来周人于建筑上使用砖瓦可能有其更早的渊源,这仅是推测,因齐家文化与先周之间时间空白较大。若再考察一下商代建筑,如殷墟与洹北商城,均属商代后期都城,都有王室大型建筑,但没有发现使用砖、瓦,仍属"茅茨土阶"建筑。再早一点的商代前期,如郑州商城和偃师商城,也都发现不少大型建筑,亦未用瓦(郑州发现过所谓瓦,但很窄,未必是屋顶用瓦)。商人

---

[1] 文献记载不一,或曰天子五庙等等。对其建筑布局多理解为在同一大型建筑内,即宗庙内再分若干庙室。

[2] 陕西周原考古队:《扶风召陈西周建筑群基址发掘简报》,《文物》1981 年第 3 期。本人以为也可能是若干独立建筑组成的建筑群。

不是砖瓦的发明者。砖瓦的发明者应是西土集团,包括周人在内。他们为中国式建筑作出了重要贡献。[1]

三是凡大型建筑,其主要承重部位的柱础都采用特殊处理:础坑很深,最深者近 3 米,础坑内一层大河卵石、一层夯土,二者层层相间,多者各有 5、6 层,即所谓"磉墩"。最上一层石块的中间放一体大且上面较平的石块以承木柱。这种础坑的营造法也不同于商代,在上举商代各都城发现的大型建筑中,大型础坑有很多,都是在础坑底部置一大石块(或数块),不分层放置。可见,周人大型建筑的础坑营造有自己的特征,当然这也可能是西土集团的共有特征。

四是这些大型建筑多毁于西周晚期,或与犬戎入侵、西周灭亡有关。这与前人对周原铜器窖藏埋藏原因的解释相符。

其他遗迹,周原还发现有铸铜作坊、制石(玉)作坊和制骨作坊。这些作坊都经过考古发掘,证实确凿无误。铸铜作坊不止一处,其中位于李家村旁一处,时代包括整个西周时期,出土大量陶范,所铸器类多样,有礼器、兵器、车马器、工具等。[2]以往发现的西周铸铜作坊极少,只有洛阳北窑一处规模较大,陶范数量多。其他遗址仅有少量陶范发现,只能说可能有铸铜作坊,包括丰镐遗址也不例外。因此,现知西周时期的铸铜作坊,就规模和发现陶范数量而言,周原李家所见仅次于洛阳北窑。就包含时代而言,北窑仅限于西周前期,而李家包括整个西周时代。这从一个方面表明,周原终西周之世,都有高级贵族居住。此点与青铜器窖藏的发现相符,也与古文字学家的研究结论相符。制石作坊位于齐家村西北,发现制石工具、半成品和石料甚多,属制石作坊无疑。[3] 在西周各遗址的发掘中,类似的发现还没有第二处。本作坊的产品以石圭为主,说明其他石器的制作当另有作坊。制骨作坊位于云塘村南,成堆成堆的骨料曾被老乡挖出当龙骨一车一车地卖掉。考古工作

---

[1] 近年在陕北石峁和芦山峁等遗址发现龙山文化时期的瓦,但距先周晚期尚远,其间相当长时间未发现砖瓦。

[2] 周原考古队 2003、2004 年度发掘资料。

[3] 周原考古队 2002 年度发掘资料。陕西省考古研究院、北京大学考古文博学院、中国社会科学院考古研究所:《周原——2002 年度齐家制圭作坊和礼村遗址考古发掘报告》,科学出版社,2010 年。

者曾进行过发掘,收获颇丰。[1] 西周时期可以确定的制骨作坊很少,云塘所见是规模最大一处。

五

在周原所有发现中,铜器窖藏是最受学术界关注的。自宋以来,这里先后出土过数十处铜器窖藏,地点北抵岐山脚下,南达渭河岸边。各窖藏铜器数量不一,多者逾百,少者一、二。以往学者研究甚多,尤其是对有铭文的铜器研究更多。内容涉及窖藏与建筑的关系,埋藏原因,铜器族属,铜器分期,铭文内容及相关问题,等等。本课题亦有专门研究部分,在此不重复。[2] 以下谈几点学界很少涉及的看法。

首先是与西周铜器分期有关的问题。据过去的研究,一般认为西周铜器到西周晚期时发生了大的变化,器形简陋轻率;花纹简化,以几何纹为主等,直到春秋中期才告一段落,再次发生变化。所以多把这一阶段视为青铜器的"退败期"(郭沫若),好像较其前后都落后了。其实,这种看法未必全面,尤其是以为此时"器制简陋轻率"(容庚)之说,更是如此。以往对铜器的研究,多据传世品,而传世品之器有不少出自墓葬。西周晚期以来,墓葬所葬铜器有不少是专为死者而铸的器物,有的甚至是明器,的确简陋草率。若笼统来看,便很容易给人一种简陋轻率之感。我们知道,墓葬所出之物有不少与居址有别,铜器如此,陶器也如此。居址铜器主要就是窖藏铜器,这是当时生活、礼仪的实用器。周原窖藏铜器大半属西周晚期,是认识西周晚期铜器的最好材料。从这些铜器可以看出,制器并不简陋轻率,多数还是相当精美的。其中有铭文之器,铭文最长者几乎都出自周原窖藏,而墓葬中长铭文的铜器就少见了。另一方面,制器之精与粗,还与制器者的身份、所属作坊有关,不能一概而论。

---

[1] 陕西周原考古队:《扶风云塘西周骨器制造作坊遗址试掘简报》,《文物》1980 年第 4 期。
[2] 课题名为"周原遗址的分期与布局研究"。

其次是西周用鼎制度问题。有先生据文献记载,结合墓葬材料认为西周用鼎制度是存在的,其等级差别有如部分文献记载,即天子九鼎八簋、诸侯七鼎六簋、卿大夫五鼎四簋,上士三鼎二簋。[1] 也有先生提出不同看法,认为文献记载的情况比较复杂,并不单一,即使同一人,可能不同的场合用鼎之数也会有别。[2] 此说有一定道理。据周原窖藏铜器的发现,还能推翻上述所谓天子九鼎八簋、诸侯七鼎六簋……等级之说,至少可以说明当时这种礼制规定确实不单一。如周原窖藏铜器中至少有两套铜簋(列簋),都是 8 件。一是庄白窖藏之兴簋,属西周中期;一是董家窖藏此簋,属西周晚期。两套铜簋都有铭文,据铭文可定,器主分别是兴和此,不是周天子。可按照上述说法,八簋配九鼎,是天子才能使用的标准。兴和此不仅不是天子,是否是诸侯级的人物也还难说。总之,周代用鼎制度确实比较复杂,不可用单一模式来解释。

最后是关于窖藏铜器的组合问题。周原窖藏铜器虽多数属西周晚期,但同一窖藏中各件铜器的铸造年代并不相同,有的甚至西周早、中、晚期都有。如庄白一号窖藏103 件铜器中,西周早期 10 件,西周中期 83 件,西周晚期 10 件。[3] 有多处窖藏铜器包括有西周中、晚期铜器。学界都承认,同一窖藏应该属同一家族。如此看来,各家族中保存和使用前代铜器是普遍存在的事情。这也与铜器铭文所言"子子孙孙永宝用"的愿望相合。也正由于在世时有此习惯或风尚,故当本家有人去世需要随葬铜器时,便可能将已保存在手的选出随葬。所以,同一墓葬中也往往出土不同时代的铜器。这是需要仔细区别、认真对待的问题。不能以为同一墓的铜器一定同时,不加区分地作为分期与断代的标准。

周原遗址的分期和布局研究开始不久,到目前为止,分期做得比较完善,已经由此引发和解决了不少问题。但布局研究还仅仅是个大概,甚至很粗疏。一处大型遗址,上下延续数百年,要想廓清从早到晚的详细变迁,需要大规模勘探与发掘

---

[1] 俞伟超、高明:《周代用鼎制度研究》,《北京大学学报》(哲学社会科学版)1978 年第 1、2 期,1979 年第 1 期。
[2] 林沄:《周代用鼎制度商榷》,《史学集刊》1990 年第 3 期。
[3] 尹盛平主编:《西周微氏家族青铜器群研究》,文物出版社,1992 年。

才能实现,非短期所能为。随着工作的不断开展,其布局演变也会逐渐明晰起来。

　　附记:本文是北京大学中国考古学研究中心、教育部人文社会科学研究重大项目《周原遗址的分期与布局研究》第十章内容,标题是"对周原遗址的几点思考",由本人执笔,其中部分内容以"周原考古札记四则"为题,发表于《俞伟超先生纪念文集(学术卷)》上。现将该章稍加修改发表,题目改为现名。

2020 年 6 月 18 日

16
晋与晋文化的年代问题

年代与分期是考古学文化研究中首先要解决的问题，年代判定的正确与否，直接关系着其他方面研究结论的正确与否。在晋文化研讨中，有若干年代问题含混不清，未予认真考究，在一定程度上影响了对该文化的深入探讨。本文结合历史文献，对晋与晋文化的有关年代给以判定，以期对晋文化的探讨有所助益。

一、晋国的起止年代

晋国的年代，起始于叔虞被封，终止于晋君被三家废黜。但叔虞封于何王，三家所废为何君，都存在不同意见。

叔虞受封之王，有两种说法。一是成王说，见于历史文献，并明确记载叔虞为成王弟；一是武王说，为近人提出，并认为叔虞是武王弟，根据是晋公盆铭文对唐公叔虞功绩的一段描述。[1] 对于前者，虽然“桐叶封地”的故事近乎儿戏，难以置信，但叔虞为成王弟并受成王之封则在史籍中颇为一致，不能轻易否定。对于后者，乃是近人对晋公盆铭文的一种解说，这种解说是否完全正确，不妨先看看该器铭文对叔虞事迹的描述：

> 隹王正月初吉丁亥，晋公曰：“我皇祖昜公(唐公)，□受天命，左右武王，

[1] 高去寻：《晋之始封》，《大陆杂志》第一卷第四期；童书业：《晋公盆铭“□宅京师”解》，《中国古代地理考证论文集》，中华书局，1962 年。

□□百蛮，广司四方，至于大庭，莫不事□，□命易公，□宅京师，□□□邦……"

这是东周时某晋公的自述，[1]内容应该无可置疑。从这段铭文中我们只能看到唐公是武王时一位功绩显赫的人物，他服百蛮，治四方，宅京师，确实起到了左右武王的作用。这种情形，一方面说明他在武王时可能还未受封于唐，另一方面也说明此时他已成年。铭文中所称唐公乃春秋时称谓，并不等于武王时已有此称。所谓武王弟、武王封，铭文中并未指明。"左右武王"者不一定就是武王之弟，其子亦可如此。《史记·管蔡世家》云"唯发、旦贤，左右辅文王"，武王和周公都是文王之子，并非文王之弟，他们不是也能左右文王？过去有人把铭文中的"京师"解释为九京、九原，并进而认为是晋之首都。根据克钟、多友鼎铭文得知，泾水之东不远处也有一地称为京师，可见，京师之地并非一定在山西。总之，从晋公盆铭文中还看不出叔虞一定是武王弟，并受武王封的内容。此点不能确认，自然也难以否定历史文献中成王封叔虞的记载。至少在未得到新的地下文字资料之前，还是以成王封叔虞之说为妥。

韩赵魏所废黜的晋君，文献记载也不一致。《史记·晋世家》以晋静公为末代晋君，说他在即位第二年被迁为家人，从此"晋绝不祀"。是年为周安王廿六年，即公元前376年。《古本竹书纪年》以晋桓公为末代晋君，说他于魏惠王元年（晋桓公二十年）被迁往屯留，"已后更无晋事"。[2] 魏惠王元年为周烈王七年，即公元前369年。《史记》所记战国时各国世系颇多矛盾，如对晋君被废之年，《晋世家》与《魏世家》就不一致。因此，在以上两说中，《纪年》说更为可信。

综上所述，晋国的存在，始于叔虞终于桓公，相当于周成王至周烈王。其下限年代是公元前369年；上限年代，因共和元年以前周王与晋侯在位年数不全，难以确知。不过，根据有关记载，可推定其最晚年代。

---

[1] 铭文中的晋公，多数人认为是晋定公，少数人认为是晋平公。参见李学勤：《晋公盆的几个问题》，《出土文献研究》，文物出版社，1985年。

[2]《水经·浊漳水》注引《竹书纪年》："梁惠成王元年，韩共侯、赵成侯迁晋桓公于屯留"；《史记·晋世家》索隐：《纪年》云："桓公二十年，赵成侯、韩共侯迁桓公于屯留，已后更无晋事。"

叔虞既曾左右武王,又受封于成王,那么其受封时间当距武王克商之年不远。因为克商后没有几年武王便亡故,[1]成王就即位了。关于武王克商之年,史说不一,近世学者考论甚多,约有 20 余种意见。最早者定为公元前 1122 年,最晚者定为公元前 1018 年,[2]早晚相差百余年。我们姑且不论何者为是,何者为非,仅以稳妥计,取最晚一说(并非赞同此说),则成王即位和叔虞受封的年代不应比这一年——公元前 1018 年再晚很多。这可以作为最晚的年代估计。另据《左传》昭公十二年记,叔虞子燮父与鲁伯禽、齐吕伋等同时,他们"并事康王"。我们知道,伯禽以后各位鲁公的在位年数《史记·鲁世家》均有记载,依此推算,伯禽卒年为公元前 998 年,若将叔虞和燮父的在位年数(伯禽死以前)按 20 年左右计算,则亦当公元前 1018 年前后。这是一种保守的估计,受封的实际年代可能稍早。[3]

二、晋靖侯以前的晋国年代和世系

晋国年代,晋靖侯(含靖侯)以后"年纪可推",而靖侯以前只有晋侯世系而无在位年数,故司马迁云:"自唐叔至靖侯五世,无其年数。"晋国总积年之所以无法确定,就是由于靖侯以前五世的年数不明。上文已对叔虞受封的最晚年代做了估计,由此便可推知靖侯以前五世的最少积年。

《史记·晋世家》云:"靖侯十七年,周厉王迷惑暴虐,国人作乱,厉王出奔于彘。"此年为公元前 841(或 842)年,则靖侯元年(或即晋厉侯卒年),当为公元前 857(或 858)年。由此年上溯至公元前 1018 年共积 160 年,这可作为靖侯以前五世的最少积年。

晋靖侯以前五世的世系见于《史记·晋世家》,五世均为父子传承,其世次是:

---

[1] 武王克商后在位年数,最多为七年,一般认为是三年。

[2] 何幼琦:《西周年代学论丛》,湖北人民出版社,1989 年;周法高:《武王克商的年代问题》,《"中研院"历史语言研究所集刊》第五十六本第一分。

[3] 据《史记·周本纪》记载:"成康之际,天下安宁,刑错四十余年不用。"虽然叔虞和燮父的在位年数不与此完全等同,但叔虞封于成王、燮父服事康王的事实表明,他们的年数也应接近于此数。依此推算,叔虞受封之年当比公元前 1018 年稍早。

叔虞——燮父——武侯——成侯——厉侯

五世积年 160 年,平均每世在位年数不少于 32 年。按通常的计算,每 20 年至 25 年约为一代人,可每位晋侯在位年数就多达 32 年,不符合正常规律。如果武王克商年或成王封叔虞之年更早,那么每世晋侯在位的平均年数将比 32 年更多,那就根本不可能了。有学者统计了中国主要朝代各帝王在位的平均年数,[1] 最多者是清代,每位帝王在位的平均年数为 26.8 年,其余者多数在 20~25 年之间,这是符合实际的。晋靖侯以前的晋侯远大于此数,除非实行晚婚晚育,但晋靖侯以后的晋国世数证明并非如此。晋国从靖侯立至桓公被废,共 20 世 32 公,年代相当于公元前858 年至前 369 年,共历 489 年,平均每世仅 24.4 年。即使考虑到东周时期弑君篡位等非正常继承因素,也仍然与靖侯以前的平均在位年数相差悬殊。

那么问题究竟出在何处?我以为《史记·晋世家》所记晋靖侯以前晋国世系不全,五世传承不确,肯定遗漏了某些晋侯。对此,若与西周王世相比,会更为明了。

上文提到,晋靖侯与周厉王同时,那么晋国自叔虞至厉侯,相当于西周成王至夷王(晋厉侯卒年可能在厉王世)。成王至夷王共 7 世 8 王,比晋国自叔虞至厉侯多出 2 世 3 王。这应该不是偶然现象,靖侯以前的晋国世系遗漏两三代晋侯是完全可能的。从文献记载分析,叔虞和燮父事迹所见稍多,并且说他们相当于成、康之时,而武侯、成侯、厉侯所见事迹极少,因此,所缺晋侯很可能在武侯至厉侯间或其前后。

三、春秋战国之交的年代划分

在东周时期考古学文化研究中,通常用春秋某期、战国某期表示相对年代。可春秋战国之交应该划在何年,史书与近世学者却说法不一,考古学界在进行文化分

---

[1] 饭岛武次:《夏殷文化の考古学的研究》第九章,(日本)山川出版社,1985 年。

期时也未就此取得统一意见。在这些不同的说法中,年代早晚相差70余年,约相当于这一阶段考古学文化分期中一期的年代。显然,由于没有统一的界说,所谓春秋某期、战国某期的年代,诸说必然互有差异。尤其对介于春秋战国之交的文化遗存,就会出现按此说划归春秋,而按彼说定为战国的情形,这自然给比较研究带来不便和麻烦。因此,在考古学界有必要就此确立一个统一的标准。

史书和近世学者对春秋战国之交年代的划分主要有以下四种意见。[1]

1. 公元前481年,是年为鲁哀公十四年。根据是《春秋》一书绝笔于此年。

2. 公元前476(或475)年,是年为周元王元年。根据是《史记·六国年表》,该表名为"六国年表",实际上列有周和战国七雄的时事,表中以周元王元年为起始之年。

3. 公元前453年,是年韩赵魏共灭智氏,三分其地。《左传》记事止于此年,并以智氏之丧为终。

4. 公元前403年,是年周威烈王命韩赵魏为诸侯,三家名正言顺跻于七雄之列。《资治通鉴》记事就从这一年开始。

在历史文献中,这些年代不一定表示春秋战国之区分,或者说并不是为了这一目的。它们或出于偶然(如第1说),或缘于某一历史事件(如第3说),或由于其他原因。只是近世研究者在探讨古代社会发展阶段时才赋之以分期的意义,实际上社会的发展是渐进的,而且各地区不平衡,很难用某年来划分。

历史阶段的划分并不等同于社会阶段的划分,它们分属两个概念,不可混为一谈。前者可以重大历史事件为标志,确切地用某一年来界定,后者却难以如此,如果一定要以某年区分,那也是约略的,当然也是不确切的。

春秋战国的划分,本属历史阶段的划分。可自从社会发展史研究者给他们戴上奴隶社会、封建社会的帽子后,划分的标准便发生了变化。从考古学文化命名、分期的角度来说,与之紧密相关的首先应该是历史阶段的划分。比如商和西周是

[1] 北京大学历史系考古教研室商周组:《商周考古》,文物出版社,1979年;杨宽:《战国史》,上海人民出版社,1981年。

两个历史阶段,其分界可确定在武王克商之年,那么商代文化和周代文化的年代划分也应该以此年为标准。其他如夏商秦汉无不如此,他们都属历史阶段,相互间的区分都以重大历史事件为标志。春秋战国的划分显然属此类。众所周知,战国之所以不同于春秋,是因他以七雄鼎立的局面为主要特征,而七雄中的齐、楚、秦、燕在春秋时就已存在,显然,战国的出现关键在于三晋分立态势的形成。这种态势是实际的,而不是名誉的。从这方面来说,在上述四说中,唯第 3 说最为合理,其他诸说均欠妥帖。

第 1、2 说的年代,属晋国六卿兼并时期,距三家分立尚有二三十年,第 4 说虽与三晋有关,但此时韩赵魏的鼎足之势已形成近半个世纪,晋侯早已名存实亡,仅有曲沃和绛区区之地了。周天子之"命"只是对事实的认可而已。因此,以公元前 453 年韩赵魏共灭智氏、三家分立格局的形成作为战国之始最为合理。

四、晋文化的年代

由于晋文化是文献中晋国的考古学文化,所以,严格地讲,晋文化的年代就是晋国存在的年代,其上下限应以叔虞被封和桓公被废为标志。叔虞以前为唐或其他某种文化,桓公以后则分属韩、赵、魏三文化,统称三晋文化。但考虑到韩赵魏三家均出自晋,他们对晋君的取代不同于夏商周王朝的更替,在考古学文化方面并未因晋君被废而发生本质变化,这就有如田齐取代姜齐一样。因此,广义地说,三晋文化也属晋文化。基于这个原因,我们可把晋文化的下限断在三晋最后一家被亡之年——公元前 225 年。

在近年来的晋文化探讨中,晋文化的年代尤其是上限年代在无限延伸,最远者已上溯到二里头文化东下冯类型或龙山文化陶寺类型,这显然是不妥当的。第一,在晋西南地区的考古学文化编年中,早于西周时期晋文化的考古学文化,除晚商阶段不明外,往前依次是二里冈文化、东下冯类型和陶寺类型。二里冈文化是商文化,从无异说;东下冯类型多认为是夏文化;陶寺类型或以为是夏文化,或以为唐尧文化。如果把他们都视作晋文化,就等于把他们合并为同一文化,结果是取消了夏商周文化的区分,取消了考古学文化、类型的区分,这与客观实际是不相符的。第二,晋西南地区晚商阶段考古学文化几无发现,文化面貌不明,文化属性不清,与西周早期晋文化有何关系,也无法比较和确定。在这一问题未解决之前,不宜舍近求远,把更早的考古学文化当作探讨晋文化渊源的对象。第三,从现有资料来看,西周时期晋文化的主要因素与陕西宗周文化相同,本地传统因素较少,所以有人认为"早期晋文化是宗周文化的分支",[1]相当于周文化的一个类型,这与文献中叔虞被封的记载一致。若说晋文化渊源,周文化才是其主流。

当然,任何一种考古学文化的存在都不是孤立的,必然与当地的固有文化和周邻其他文化有或多或少的联系,但这并不意味着该文化与其他文化不能区分,在时间上可以无限延伸,在地域上可以无限扩大。

五、晋文化的分期

晋文化分期的大致序列目前已基本建立,西周时期以天马-曲村遗址的材料为主;[2]东周时期以侯马地区的材料为主。[3] 对西周和东周各期文化绝对年代的估计,由于晋文化本身缺少比较准确的断代材料,基本都是参照其他地区的分期成果而进行的。

西周时期,天马-曲村的材料分为五段,也就是五期。其中二、三段之间"可能有1~2段的缺环"。[4] 依西周积年,并参考沣西地区西周文化分期,[5]估计最多

［1］北京大学历史系考古专业山西实习组等:《翼城曲沃考古勘察记》,北京大学考古系编:《考古学研究》(一),文物出版社,1992年。

［2］北京大学历史系考古专业山西实习组等:《翼城曲沃考古勘察记》,北京大学考古系编:《考古学研究》(一),文物出版社,1992年。

［3］叶学明:《侯马牛村古城南东周遗址出土陶器的分期》,《文物》1962年第4、5期;山西省考古研究所:《山西侯马上马墓地发掘简报》,《文物》1989年第6期;吴振禄:《侯马地区几项晋文化考古工作的回顾》,《晋文化研究座谈会纪要》,山西省考古研究所编,1985年。

［4］北京大学历史系考古专业山西实习组等:《翼城曲沃考古勘察记》,北京大学考古系编:《考古学研究》(一),文物出版社,1992年。

［5］中国社会科学院考古研究所沣西发掘队:《1967年长安张家坡西周墓葬的发掘》,《考古学报》1980年第4期。

只缺一段,如此,西周时期晋文化可分六段。每段所含年代,较短时限是 50 年左右,再短很难把握。如果按 50 年一段计算,六段共积 300 年,已接近或超出西周积年,即晋文化起始之年相当于西周之初。看来,西周时期的晋文化分为六段已到极限,不可能再增加期段了。

东周时期,侯马材料的分期基本是按春秋早中晚和战国早中晚的标准划分的,这种分期法在东周其他文化中也被普遍采用,各期年代的确定大都参考《洛阳中州路》(以下简称《中州路》)的分期标准。

《中州路》是大家公认的较好的考古报告,尤其在墓葬分类和器物组合研究方面辟出一条新的途径。对东周墓葬的系统分期,该报告是第一次,多年来一直起着标尺作用。但是,该报告对各期年代的估计不确切,即这把标尺有偏差,并不完全准确可靠。自然用他量定的年代就不可能不出问题。《中州路》把东周时期的墓葬分为七期,概括为六段(第五、六期合为一段),其中春秋和战国各三段。总的年代,报告云:“约当自平王东迁(公元前 770 年)到秦统一(公元前 221 年)整个东周期间”,每段年代“约占百年”。百年之数显然是取了总年数的平均值,因为从公元前770 年到公元前 221 年共积 550 年,实际每段平均为 91 年稍强,即接近于百年。然而这种算法是不妥当的,因为春秋年数比战国年数多,把二者打通再平均分摊,势必缩短了春秋而增长了战国年数,使二者积年由不等变为相等,报告的作者忽视了这个道理。为更加明了,不妨按以上每段平均值,把六段的绝对年代计算为下表:

历史阶段	春　　秋			战　　国		
期别	早	中	晚	早	中	晚
年代(公元前)	770~679	678~588	587~496	495~404	403~313	312~221
积年	275			275		

从表中可以看出,春秋战国之交的年代是公元前 495 年,比公元前 453 年早了 40 余年。可见,《中州路》所谓的战国早期,实际有几十年属春秋晚期。

众所周知,寿县蔡侯墓是公认的春秋晚期的典型墓葬,研究者也往往把他视为可靠的标尺,因为不论该墓墓主是哪位蔡侯,都超不出蔡都州来(今寿县)的几位蔡侯。蔡都州来的绝对年代是公元前493年(迁都州来)至公元前447年(蔡被楚灭)。这一年限正属上表所示战国早期前半。同一年限的考古学文化,《中州路》定为战国早期,蔡侯墓定为春秋晚期,结论大不相同。

蔡侯墓的下限与公元前453年接近,属春秋晚期是可信的。问题是《中州路》各期年代分配不确切,对此,学术界一直未引起注意,东周时期晋文化分期在参照《中州路》时也是如此。这是今后应该避免的。

如果春秋战国各分三期,那么晋文化各期的大致年代应如下表所示:

历史阶段	春　　秋			战　　国		
期别	早	中	晚	早	中	晚
年代(公元前)	770~665	664~559	558~454	453~377	376~300	299~225
积年	317			229		

春秋积年317年,每期年数为105年左右;战国积年229年,每期年数为76年左右。在实际的期别中,每期年数不一定与此完全吻合,但应大体相符,不能相差太远。

(本文原刊于《文物季刊》1993年第4期)

17

天马-曲村晋侯墓地

——早期晋文化探索的重要成果

引 言

山西简称晋,源自历史上著名的晋国。晋国的历史是一段辉煌的历史,它的辉煌史,不仅仅见于史书中,还深深植根于地下。这些地下的材料,就是一处处晋国文化遗址,包括一座座晋国墓葬。海拔 1400 米的塔儿山位于襄汾、翼城、曲沃三县之间。山之阴,是著名的陶寺遗址,那是被部分学者定为唐尧时期所建立的早期"中国"之所在;山之阳,即是在考古学界声名赫赫的天马-曲村遗址。早期晋国的最核心秘密,就埋藏在这里。

早在 1979 年,北京大学历史系考古专业与山西省文物工作委员会合作,在翼城和曲沃两县进行了大规模的考古勘察,认识到了天马-曲村晋文化遗址的重要性,邹衡先生曾经在勘探后评价:"其规模之大,埋藏之丰富,气势之雄伟,远非一般晋邑可比!"

自 1980 年开始,北京大学和山西省组成联合考古队,对天马-曲村遗址进行了长期连续的大规模的发掘。1992 年,久为考古和历史学界关注和期盼的晋侯墓地终于被发现,直到 2000 年,共发掘出 9 组 19 座晋侯及夫人大型墓葬。在 1992、1993 年连续两年,晋侯墓地考古"中国十大考古发现"榜上有名。晋侯墓地的发掘不仅为全面、系统研究周代葬制提供了极其珍贵的资料,而且还建立了可靠的晋文化考古学编年,这是周代其他考古发现难以相比的。

一、发现与发掘

1. 墓地位置

曲村-天马遗址位于"河汾之东"的翼城县和曲沃县交界处,东距翼城县城约12 千米;西南距侯马新田遗址约 25 千米;北倚塔儿山,南望绛山,汾河在其西,浍河在其南,滏河从遗址东南边缘绕过。

遗址东西范围约 3800 米,南北约 2800 米,包括翼城县天马和曲沃县曲村、北赵、毛庄 4 个自然村。晋侯墓地位于遗址的中部,因土地归属于北赵村,所以发掘简报上又把它称为北赵晋侯墓地。

2. 晋侯墓地发现之前的考古工作

1962 年,国家文物局谢元璐、黄景略和山西省文物工作委员会陶正刚、张守中等先生,在围绕与侯马晋国遗址有关的晋南考古调查中,于翼城县发现天马遗址(当时称天马遗址)。

1963 年秋天,北京大学历史系考古专业 4 位本科生在山西省文物工作委员会张万钟先生带领和指导下,在此实习。他们分别在毛张古城、天马村西和村北、北赵村西和村东各开一条探沟,这可以说是第一次对天马-曲村遗址的发掘。

1971 年,侯马工作站吴振禄先生在曲村清理一座被破坏的西周铜器墓,这是天马-曲村遗址发掘的第一座西周墓葬。

1979 年秋,北京大学历史系考古专业与山西省文物工作委员会合作,由邹衡先生主持,带领吉林大学进修教师许伟老师和 8 位北大本科生,再次对天马-曲村遗址进行全面调查和试掘。发现遗址规模很大,包括上述四个自然村。同时在曲村发现了西周墓地,并发掘了其中几座。于是将该遗址命名为"天马-曲村遗址"。但是现在有关的报告上标明的是曲村-天马遗址,这是由于 20 世纪末申报国保单位时,申报材料由曲沃县准备,曲沃相关单位在报告中称之为"曲村-天马遗址",国家文物局审定后亦以"曲村-天马遗址"之名公布,遂成为法定名称。我这里还习惯称旧名,即天马-曲村遗址。

1980年下半年,北京大学考古专业恢复高考后的第一届本科生(77级)在这里实习。在曲村一带发掘周代居址和墓葬,其中西周墓61座。此后又分别于1982、1984、1986、1988、1989、1990年进行了6次发掘实习。考古工作是与山西省考古研究所一起来完成的,20世纪80年代的考古成果已于2000年发表,即由邹衡先生主编的《天马-曲村》考古发掘报告(图一)。

图一　天马-曲村遗址1984年发掘现场

3. 晋侯墓地的发现

20世纪80年代中期,盗墓现象首先在晋南一带出现,很快蔓延开来。曲村墓地被盗始于1987年,因1986年实习时,未闻盗墓之事;1988年实习时,则盗洞随处可见,连我们雇人看守的、发掘的墓葬也被盗了一件石圭,[1]至今也未破案。

1992年春节期间,侯马考古工作站的学者听说曲村有大墓被盗,盗墓者有枪支武器,挖出的东西是用汽车拉的,将这一情况电告北京大学李伯谦先生。

---

[1] 我们请曲村派出所所长和曲村村长找的工地看护人,据说都是他们的亲属。

　　1992 年 3 月 16 日,邹衡先生和徐天进先生离京,到太原省考古所联系天马-曲村发掘报告绘图之事。在太原期间,田建文先生亦告知天马-曲村有大墓被盗的信息,[1]内容与李伯谦先生所获信息相同,但明确了地点是北赵村南,时间是 1991年农历腊月。3 月 19 日,邹、徐二先生到达曲村工作站,继续整理 80 年代资料,编写《天马-曲村》发掘报告。约一周后的 3 月 26 日,我亦到曲村,整理自己负责的报告资料。4 月 3 日,徐天进、王伟华和我三人到现场勘察,[2]得知确实有大墓被盗,因盗掘地点有不少未填的盗洞,有的盗洞周围还有大量木炭,其间夹杂有碎铜片,可知应是大型积炭墓被盗。墓葬所在地是一处还在烧砖的砖厂。我们三人回工作站向邹衡先生做了汇报。次日(4 月 4 日)上午,徐天进和我又陪同邹衡先生到现场勘察。据居住在砖厂的外地窑工(浮山人)讲,4 月 2 日晚有人炸墓,3 日晚还发生了枪战。盗墓的来后还敲了敲他们的门,并警告说:不许出来,老实在屋里睡觉! 鉴于事态的严重,邹先生决定马上找曲沃县领导反映。恰好 4 日午饭后,有洛阳文物队来车接邹先生去洛阳参加“洛阳考古四十年学术研讨会”,[3]当日下午,徐天进和我就陪同邹衡先生借乘洛阳来车赶到曲沃县人民政府,因县里主要领导外出,于是找到王震副县长的办公室。他的办公室为内外两间。进入办公室,秘书在外屋接待,我们做了自我介绍,并特别向秘书强调邹先生是北大著名教授。秘书听后遂进里屋向王副县长汇报,结果是向我们索要介绍信或证明。邹先生一听,顿时火冒三丈,他很气愤地提高嗓门对秘书说:我们没带任何证明,我以一个中华人民共和国普通公民的身份向你们县领导反映曲村盗墓问题,管不管! 这一嗓子果然见效。话音刚落,王副县长就从里屋出来了。邹先生很严肃地向他介绍了曲村大墓连续几天被盗的情况,并说今天晚上肯定还会盗,强调了问题的严重性和紧

---

[1] 田建文作为山西省考古所代表,常驻曲村工作站,当时正整理枣园发掘资料。

[2] 王伟华先生是北京大学考古文博学院博物馆方向教师,他当时到曲村是办理 1980 年代在曲村发掘的铜器墓文物移交手续。此事由李伯谦先生与山西省考古所王克林所长协商后,再经山西省文物局批准而实现。

[3] 本次会议另一目的是庆祝张政烺先生(1912 年生)80 华诞与宿白先生(1922 年生)70 华诞,这两位都是邹先生的老师。而且邹先生以北京大学考古专业副博士研究生的身份参加了 1952 年洛阳的发掘。

迫性,并强烈要求采取措施予以保护。

　　4月5日一早,曲沃县公安局驻曲村调查组负责人张顺生到我们工作站来找邹先生,解释昨天与王副县长发生的误会,算是承认不妥。并说4日晚确实又有人炸墓,但当他们赶到现场时,作案者已逃之夭夭,他建议早点发掘。接待完张,邹先生愈感问题的严重,当即安排徐天进当日回京,向国家文物局领导汇报,并提出抢救发掘申请。随后,他赴洛阳开会,我留守工作站继续整理资料。

　　徐天进于6日到京后,马上向国家文物局领导做了汇报。局领导非常重视,当即命正在北京参加全国文物局局长会议的山西省文物局局长张希舜回省处理此事,[1]并同意由北京大学考古系和山西省考古研究所联合组队进行抢救发掘。

　　4月8日下午,一溜车队浩浩荡荡来到曲村考古工作站,来人中有的我认识,是文物系统省、地领导,其中临汾地区文化局局长祁建文给我和这批来者的负责人相互做了介绍,这位负责人是山西省监察厅唐桂莲处长。她说,省里6日接到国务院办公厅电话,说曲村有大墓被盗,他们是来了解情况的,希望我能介绍一下。我一听来头不小,但不明咋就捅到国务院了。于是向他们做了简要介绍,着重强调了两点,一是天马-曲村遗址墓葬已被盗多年,我们向有关部门反映过多次,都没有效果。二是近来盗墓更加猖獗,有非常重要的大墓被盗。因来人复杂,尤其是有曲沃县的人,我没法细说。我简单介绍之后,唐处长提出到现场看看。出发时,她特意让我坐她的中巴车,上车后发现,车上只有4个人,司机、她和她的秘书(或助手)王女士,再就是我。坐定,她对我说:这车上都是省里的人,没有地区和县里的,您可以把您了解的情况再讲详细和具体一点。于是我就把参与盗掘大墓的人员包括曲沃县4名国家干部,其中有县公安局局长谢天才的儿子,一位县委副书记的亲属等等,说给她听。她听后说,希望我能写个书面材料给她,我说可以,但今天没时间了,只能晚上写。她说明天一早让小王来取。看完现场之后,大队人马回县城,顺

---

[1] 据说张希舜回太原后,大发雷霆,说这是给山西文物工作脸上抹黑,并质问下属,谁让北大来的?让他们滚。张是从省委大院出来的人,刚任省文物局局长不久,他对北大与山西的长期合作不甚了解。他的指令在本年下半年的发掘(第二次)中得以落实,他派省考古所一位副所长到工地叫停正在进行的发掘,当时被盗的8号墓刚刚露出大件铜器(椭方壶),主持该次发掘的执行负责人孙华先生一怒之下,对该副所长进行了斥责。这是另外一回事,当由孙华来讲,兹不赘。

道回临汾的地区文化局。祁建文局长负责把我送回工作站,在车上,祁局长向我介绍了国务院办公厅致电山西省政府的大致内容:有北大教授反映,山西曲村遗址有大墓被盗,参加人员有县公安局局长等多位国家干部。我听了一头雾水,北大了解这事的教授没有这么大的能量啊!

回到工作站,我向祁局长了解今天来的都是什么人,我准备写材料,总不能仅知道负责人是谁,其他人也应知晓。祁局长给我做了详细介绍,我进行了笔录。下面仅列出正职,其他副职即随员从略:

山西省检察厅唐桂莲处长、公安厅李荡生处长、文物局柳晋霖处长,临汾地区检察局张家俊局长、文化局祁建文局长、公安局尹科长、曲沃县检察局常副局长。

从全部人员构成来看,以省、地区两级检察、公安、文物三部门为主,曲沃县仅检察局一人(省检察厅对口的基层单位),明显把曲沃公安、文物,乃至县委与县政府甩开。可以验证祁局长所言不虚,国务院办公厅的电话属实。

4月12日邹衡先生从洛阳回到曲村,(我)方知国务院办公厅电话的由来。

邹先生于4月5日到洛阳后,向与会代表介绍了天马-曲村大墓(即晋侯墓)被盗情况,引起与会代表极度震惊和气愤。但该咋办? 没办法。当时参加会议的林小安先生说他来想想办法,看看能不能管用。[1] 林先生当即给中宣部廖井丹副部长打电话(廖同时兼任国家文物委员会主任)说明情况,结果是廖让其夫人电告了国家文物局马自树副局长(曾在中宣部任职,认识廖的夫人),马又让国家文物局文物处电告山西省文物局处理此事。林先生得知这一结果后,觉得向下走肯定不管用,必须往上走。于是马上又给薄小莹打电话。[2] 打电话之前,他又征求了宿白先生的意见。宿先生说,你打吧! 就说我让你打的。林在电话中除说明盗墓情况外,特别强调了不能向下反映,要向上反映才管用。经过薄的努力,遂把电

---

[1] 林小安先生的父母是红军时期的老同志,他认识不少国家高层领导及其子女。但他既未凭关系走向仕途,也未下海经商,而是走上了学术之路,为徐中舒和张政烺二位先生的研究生,从事古文字与先秦史研究。张先生晚年的外出学术活动,几乎都由他陪同照顾,因此,历史与考古圈内的老先生们他认识很多,包括邹衡先生。向上反映曲村大墓被盗之事本人曾向林先生求证过,并征得林先生同意公布于此,在此深表感谢。

[2] 薄小莹,薄一波之女。1978级北京大学考古专业本科生,之后攻读宿白先生的研究生。

话打到了国务院办公厅。当日,国务院办公厅就通报给山西省政府,要求调查处理。

尚方宝剑果然厉害,省政府不敢怠慢,于是便有了上述省检察厅、公安厅和文物局等一行车队于 7 日赶到县城,8 日来到曲村调查之事,行动可谓相当神速。

问题是如何防范和制止盗墓继续发生。接下来获知,山西省政府给临汾地区政府下达命令,要求采取措施,避免盗墓事件再次发生。若有发生,对主要领导予以撤职处分。此法被下级逐级效仿,最后落实到北赵村村书记和村长的头上。虽然村书记和村长是最小的官,但他们也不愿丢了乌纱帽。于是组织村里民兵进行夜间巡逻,这招当时还起了点作用,但不可能长久,民兵纯属尽义务,没人给他们付工资。

后来了解得知,墓地始盗于 1990 年夏天麦收之前,到 1991 年底已有多座墓葬被盗,其中 1、2 号晋侯夫妇墓盗于 1991 年 12 月 23、24 日,盗墓团伙成员牵涉上述多个国家干部或干部子弟。

4. 晋侯墓地发掘

1992 年 4 月,国家文物局批准抢救发掘。于是组成了以北京大学考古系李伯谦教授为队长,山西省考古研究所罗新先生为副队长的联合考古队。4 月 15 日,李伯谦先生、罗新副所长和徐天进先生三位到曲村,经过一段紧张筹备之后,[1] 于 4 月 19 日开工,首先对被盗的 1、2 号墓展开发掘。1 号墓由我和孙庆伟负责,2 号墓由徐天进和张奎(山西省考古所)负责。因墓葬被盗严重,工作进展较快,于 6 月 7 日结束发掘。此即第一次对晋侯墓地展开发掘。

因时值盛夏,天气太热,本次发掘暂停。结果盗墓贼又来,8 月 31 日,正当盗墓贼盗掘 8 号墓(晋侯苏)得手之时,被北赵村巡逻的民兵发现,民兵于是召集村民将

---

[1] 因为我们上报到了国务院办公厅,结果是虽有积极的一面,即让地方政府知道北京大学考古队能量不小,但也有消极的一面,即惹怒了各级地方政府,他们虽然不敢与我们对着大干,但在接下来的具体发掘过程中,想方设法予以刁难。张希舜让停工,让北大考古队滚蛋就是一例。至于曲沃县委和县政府,刁难的花样更多,为首的是县委书记翟某,这里就不啰嗦了。总之,他们对我们是既恨,又气,又怕。

盗墓贼赶跑。由于形势严峻,不得不继续发掘,9 月筹备并再次开工。自此,工地安全由考古队出资,初聘临汾武警部队,后聘临汾县公安局人员负责,直到 2008 年最大的车马坑发掘完,晋国博物馆开建才结束发掘。10 多年间,共发掘 8 次,发掘晋侯夫妇墓 9 组 19 座、车马坑 2 座,以及为数不多的陪葬墓和祭祀坑。这期间,负责看护晋侯墓地的临汾县公安局会同民警监守自盗,将一座最早的晋侯墓(M114)盗掘。

在 19 座晋侯夫妇墓中,被盗 8 座;陪葬墓被盗 9 座;部分车马坑也受到不同程度的盗扰。

二、主要收获

1. 保存状况

在 19 座晋侯夫妇墓中,除了晋穆侯的墓葬是 3 座一组,即有两个夫人与之并列而葬,其余都是 2 座一组,即晋侯与其夫人。晋侯夫妇墓除被盗的 8 座外,其余都保存完好。虽然受到了较大的损失,但还是有很多珍贵的资料保存下来,具有极重要的学术价值。晋侯墓地是晋国最高级别的墓地,其各方面特征真实地反映了姬姓晋人的葬俗。

2. 基本特征

（1）布局

晋侯墓地的墓葬分布集中,这是西周时期诸侯墓地的共同特征,与商代贵族墓地的特点相同。几代晋侯的墓葬组成独立的陵园,具有很典型的"集中公墓制"的特点。到了战国时期,诸侯墓地的范围扩大,在分布上,诸侯墓之间逐渐疏离,相距较远,并各有各的"独立陵园",有学者称之为"独立陵园制"。西汉的帝陵也是这样,整个帝陵范围东西长约几十千米。实际上,这些独立的陵园仍然属于一个大的陵区,也可称之为"松散公墓制"。

北赵晋侯墓地约分三排,夫妇成组并列而葬。还有少量陪葬墓和祭祀坑(图二)。祭祀坑主要见于最晚的三组墓,都位于墓室之南,甚至位于墓道上,由于它打破了墓道填土,所以可知,当时是把墓葬填好后再举行祭祀活动的。这与文献记载的"古不墓祭"现象不相符合。除此以外还有车马坑,每一组晋侯墓的东边都有单独的车马坑,这是山西南部西周时期墓葬共同的特点,并不为晋侯墓地所独有。

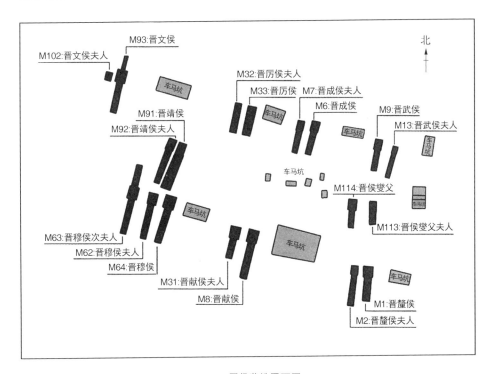

图二　晋侯墓地平面图

(2) 形制

晋侯墓地的墓葬均为土坑竖穴墓,不同于后来战国时期中原地区发现的土洞墓。土坑墓与当时其他地区的西周贵族墓葬的普遍规制相吻合,墓葬的形式也比较讲究。各墓墓室形制都很规整,墓壁表面光平,看不出任何工具痕,显然经过仔细加工修整,有的还涂抹了一层细泥。

在夏商周墓葬中,墓道的设置是墓主人等级身份的重要标志。19 座晋侯及其夫人墓葬,绝大多数为"甲"字形单墓道墓,即墓葬只有向南的一条墓道,但是也有3座墓葬例外,最晚的一组晋侯墓的夫人墓M102没有墓道,M63(晋穆侯次夫人墓)和M93(文侯抑或殇叔)为"中"字形双墓道墓。这与目前所发现的周代诸侯级墓葬大多一条或两条墓道的现象是一致的。墓道的多少是判断墓主人等级身份的重要标志,如现在发现设有四条墓道的墓葬基本都是王一级墓葬。商代晚期,殷墟王陵都是四个墓道;西周时周公庙陵坡墓地也有,应为周公家族墓地;春秋早期,洛阳发现一座,疑似东周早期某王之墓。战国中晚期,个别诸侯国称王后僭越礼制,如秦王的墓葬也采用了四条墓道。西汉的帝陵也同样设置了四条墓道。

结合相关史籍记载,晋侯墓地应当是山西地区这一时期等级最高的墓葬了(图三)。

图三　晋侯墓地 M113、M114 发掘场景

(3) 葬具与封护

谈到周代的棺椁制度,人们都会引录《荀子》《庄子》和《礼记》等文献的记载,尽管各自解说不一,但多数人认为周代存在如同用鼎制度那样等级分明的棺椁制

度。但是根据周代墓葬棺椁的已有发现,各地区所见各级贵族棺椁之数很少能与文献记载相符。

晋侯墓地中多用木质葬具,有一椁一棺或一椁二棺两类。其中有一座墓在田野发掘中被认为有三个棺,但目前尚存疑。对于棺,大家都熟悉,椁则未必了解,椁指的是套在棺外面的最外一层"大棺"。晋侯夫妇墓的椁室都很高大,一般长4米左右,宽3米左右,高约2米,各墓相差无几。棺椁之间空隙较大,以便于陈放随葬品。椁下有垫木2或3根。古人对待椁是非常认真的,一般先在地上拼接组装,经死者家属负责人检查后再拆开,运至墓内重新安装。椁是一种很特殊的葬具,两周时期墓中有椁的现象很普遍,大量春秋晚期以来的陶器墓中,多数也使用一椁一棺,或一椁二棺,说明即使身份较低的人也有棺有椁。在当时,大概对于所有国民而言,无论死者属何等级,除有棺之外,还尽量要有椁。墓主人身份等级高低与墓中棺椁葬具的数量没有必然的联系。

据文献《论语·先进篇》记载:"颜渊死,颜路请子之车以为之椁。子曰:'才不才,亦各言其子也。鲤也死,有棺而无椁。吾不徒行以为之椁,以吾从大夫之后,不可徒行也。'"从颜渊父为子求椁的故事可以看出当时人们对死后葬椁是非常重视的。

封护,指的是对墓主人棺椁下葬后的处理,一般填土并夯打结实。在偏晚的晋侯墓中,也用积石积炭作填充物的,这样的处理方式一直延续到东周时期。

(4)墓主

墓主人大多保存得不好,一般来讲,墓越大,棺椁越大,里面陪葬品越多,人们希望墓主人能保存长久的愿望就越难实现。晋侯墓地墓主人的骨骸多已腐朽成粉末,只有少数可辨性别和年龄(依牙齿)。不过我们结合铜器铭文和随葬品类别,如礼器、兵器、乐器、腰带、梯形牌串饰等,可确定何者为晋侯,何者为夫人。例如用鼎数量不同,兵器和乐器的有与无。质地为骨或玉石的梯形牌串饰位于墓主人的肩部,则墓主为女性。盛满小玉器的铜盒也只有女性墓有。黄金或青铜质地的腰带置于死者腰部,只有男性墓有。部分随葬品分布位置之不同,说明死者着装有别,有男女之分。另外出现于西周中期的玉覆面在晋侯墓地中也比较常见(图四)。

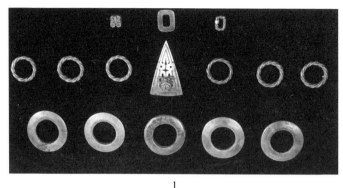

图四　晋侯墓地出土的随葬品

1. 晋侯墓地 M8(晋献侯)出土的金带饰　2. 晋侯墓地 M31(晋献侯夫人)出土的玉牌联珠串饰

（5）殉人与殉狗

殉人流行于商代，男性墓主殉人多为年轻女性，女性墓主则男女殉人均有。在周代，不同于殷遗民墓葬中常见殉人的现象，姬姓高级贵族墓殉人很少，等级低的贵族更加罕有。同其他姬姓诸侯一样，在 19 座晋侯夫妇墓中，殉人极少，仅在最早的晋侯墓 M114 有一例，置于墓底北端专门挖的浅坑中，为一青年女子（22～24岁）。在其余的西周中晚期的晋侯墓中无一再有殉人（一座陪葬墓有殉人）。像曾侯乙墓中殉葬 21 个年轻女子的现象，在西周姬姓贵族墓中还未发现。

晋侯贵族墓中的殉狗现象见于 M114、M9、M6、M91 四位晋侯墓和 M112，这些墓都属于西周早中期，每墓多者两具，少者一具，个体都较大，姿势规矩，多为卧式。置于墓主足端"二层台"上，或近墓室的墓道底部。狗颈上多戴有项圈，其上串有铜铃、铜珠或海贝。这些狗显然是墓主身前的宠物，下葬时处死，在封盖椁顶之后放入。晋侯墓地的殉狗现象表明，在西周早中期只有贵族男子才殉狗，而妇女，即便是晋侯夫人都不殉狗。在当时，狗是贵族们珍爱的宠物。在周原云塘一座西周建筑的台基内，发现一狗的颈上居然戴着玉项圈，其形制与质料竟与晋侯一位夫人颈部戴的项链相同！再如战国中山王墓的殉狗在脖子上戴着金、银管串成的项饰。在春秋战国之际流行于三晋地区铜器上的线刻写实图案中，狗与马车是狩猎图的主要内容，这些证据都可以证明狗是备受重视的。《战国策·冯谖客孟尝君》

中记载:"君(孟尝君)云'视吾家所寡有者'。臣窃计,君宫中积珍宝,狗马实外厩,美人充下陈。君家所寡有者以义耳! 窃以为君市义。"冯谖在列举孟尝君所拥有的珍贵财富时,特别提到了狗和马,且与珍宝、美女等相提并论,狗、马在当时人们心目中的分量可想而知。冯谖所述当不限于孟尝君一人,此种情况在高级贵族中普遍存在。

(6)随葬品

类别可概括为两大类:装饰品与器具。装饰品主要是墓主身上的饰物,如玉器等,自然位于棺内墓主人周身;器具大部分置于棺椁之间。因为晋侯墓地年代久远,考古发现时,棺与椁都朽烂得非常严重,与青铜器、漆器、陶器,以及棺饰等混在一起。也有些车、陶器等随葬器具置于二层台上或填土中。

① 墓内葬车

晋系墓中有葬车的现象,它们位于墓道或椁室顶部,既有整车随葬在墓中,也有的拆车而葬。M91以前各组墓,无论晋侯还是晋侯夫人,普遍会葬车。从M92开始,以后的晋侯夫妇极少葬车。这种葬俗的变化约发生在晋侯喜父前后,亦即西周中晚期之际。晋侯夫妇所葬的车,在大小与数量上有明显区别,晋侯都葬大车,车辆的规格与在车马坑中发现的相近,数量往往多于夫人。夫人墓中所葬的车均为小车,且每位夫人只有一辆。小车的轮径仅有1米左右,而大车的轮径为1.4米左右。其他构件如轴和舆的尺寸也比大车小很多。其高度和体量明显不宜驾马,而只能驾以羊、鹿等动物,当然也可人挽。因此,这类小车很可能就是高级女性贵族专用的娱乐车。什么人才可以有车呢? 刚才我提到颜渊父亲为其子向孔子求椁的故事,孔子就以自己当过鲁国大夫,出行需配车辆而委婉拒绝了。可见大夫一级是可以有车的。那么等级再低些的贵族还有没有? 在我们前文中提到的冯谖的故事中也有有关车的记载,冯谖投靠孟尝君,曾以"食无鱼、出无车、无以为家"为理由而要求提升待遇,从这些记载中也可以看出,高等级的士,也是可以有车坐的。考古发现与史籍记载的情况基本吻合,曲村墓地中发现有多座仅葬一辆车的车马坑,有的位于诸墓之间,无法明确判定属于哪座墓,结合周边墓葬情况,这种仅有一辆车的车马坑,可能属于某一家族,其周围的墓主,有一位(或多位)应是上士级贵族。

车的制作非常复杂,不是任何人都能拥有的。依《考工记》记载"一器而工聚焉者,车为多",一车之制作,涉及木工、青铜工、皮革工、玉石工、漆工诸项手工业,属于当时的"高科技"产品。

② 青铜器和玉器

晋侯墓地出土的青铜器主要有礼器、乐器、兵器、车马器等。依文献记载,西周的礼制反应在社会的各个方面,但与考古发现可以对应的只有列鼎制度,其余的很多制度都有出入,例如我们前面提到过的棺椁制度。史籍所载诸侯应当"五重棺椁",但是根据考古的实际发现,晋侯的棺椁数都小于这个数字。

关于列鼎制度,史籍中记载列鼎制度"礼祭天子九鼎,诸侯七,卿大夫五,元士三也",这在西周很多考古发现中得到印证,但列鼎(形状、花纹相同,体量逐次递减或者逐次递增)现象出现于西周中期。在晋侯墓地,从西周中期开始,晋侯为5鼎4簋;夫人为3鼎2簋(或4簋),较晋侯低一级。如果没有簋的话以盨代替,其中簋(或盨)的数量不很严格,但其一定为双数。按照文献记载,诸侯应为7鼎6簋,可晋侯为5鼎,也许是因为晋侯为偏侯的缘故吧。晋侯墓地青铜礼器的组合变化规律与西周其他诸侯国相同,基本组合是鼎簋,属于食器。其他还有水器,中期偏早及以前还有酒器等。

乐器作为两周时期重要的青铜礼器的一部分,在晋侯墓地中也有出土,主要有编钟、编磬(石质)。除此之外还有不少青铜兵器。它们共同的规律是都出现在晋侯的墓葬中,夫人墓中则没有发现。

M8的墓主人晋侯苏是唯一可以与史籍直接对应的晋侯,墓中随葬了非常具有代表性的青铜礼器组合,为5鼎4簋。因被盗,晋侯苏墓里仅剩1件鼎,现存山西省考古研究所。另4件被盗走,其中最大的两件被曲沃县公安局追回,现存于曲沃县博物馆。剩余两件,一件流到香港,被上海博物馆买回,另一件被美籍华人范季融买走,后捐赠给国家文物局,好像由国家文物局拨给了上海博物馆。至于簋,墓中留存2件,后来在其他地方发现了与墓中铜簋相同的另外两件:一件存于上海博物馆,一件在私人收藏家手中。簋上所铸晋侯名号为甗,有学者认为,甗和苏应当都是这位晋侯的称呼,很可能是一名一字。

盨同样是当时与鼎相配套的礼器,在晋侯墓地中发现有盨代替簋使用的现象。如 M2 的 4 盨均被盗走,在墓中仅剩下 1 个盨的盖纽。4 盨中有 3 件由上海博物馆从香港买回,盨纽与墓中的相同,其中一件盨正好残缺一组,由此可知,这三件盨确为 M2 中出土。还有一件相同的盨,也是范季融买走又捐赠给国家文物局,现藏上海博物馆,这样四盨重新团聚。这四件盨中都铸有同样的铭文:"唯正月初吉庚寅,晋侯对作宝尊彶盨,其用田狩,甚乐于原隰,其万年永宝用。"(图五)

图五　晋侯对盨 及其铭文

水器盘和匜,或盘与盉,它们配套使用,是西周时期高级贵族青铜礼器的组成部分,晋侯墓地都有出土。匜用来倒水,盘用来盛接。西周早期多用圆体盉,西周晚期多用匜或扁体盉。除此之外还有体量较大的器具,如晋侯邦父墓和晋侯苏墓出土的椭方壶,是用来盛酒的。

晋侯墓中还出土有一些形象逼真的动物形铜器,概称为牺尊。最著名的就是 M114 出土的鸟尊,因为 M114 被盗墓者用炸药炸毁,鸟尊和其他放在一起的器物均被炸成碎片,这些碎成一堆的残器是整体套箱提取,运往北京大学考古文博学院进行清理和修复的。当时鸟尾巴还没找全,因上海博物馆急着办展览,于是暂且将尾巴修复为内卷上扬的造型,至于鸟尾究竟是向内还是向外的,还有疑问。目前,尾巴缺失部分已找到,对于是否重新进行修复尚在考虑中。另外,由山西省考古研究所商彤流先生负责的 M113 出土了一件造型逼真的猪尊。M8 出土了 3 件兔尊,

根据 M64 兔尊的发现,全套兔尊应为 4 件,所以 M8 被盗走 1 件,后来发现缺失的 1
件兔尊在一位台湾私人收藏家手中。在 M63 晋穆侯的次夫人墓中发现了 1 件立
鸟人足铜盒,底座内还悬挂有两只小铃铛,造型十分精美(图六)。

图六　立鸟人足铜盒

晋侯苏墓出土有一套编钟,共 16 件,其中最小的 2 件未被盗走,留在墓中,另
14 件被盗走后,很快流落香港,后由马承源先生买回,现收藏于上海博物馆。这套
编钟上刻有长篇刻铭,记载了在西周晚期,晋侯苏奉周王之命讨伐夙夷,折首执讯,
大获全胜,周王劳师,并两次嘉奖赏赐晋侯苏的史实。这套编钟非常重要,曾被列
为夏商周断代工程中的一个重要课题。
这也是第一次在西周时期青铜器上发现
刻铭。

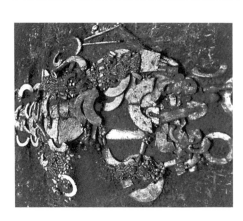

图七　M63 出土玉器图

晋侯邦父墓出土了楚公逆钟,因为
西周时期发现的楚墓很少,所以楚公逆
钟是研究西周楚文化非常重要的材料。
M63 晋侯邦父夫人墓出土玉鹿、玉组
佩、玉覆面等玉器,该墓是目前所发现的
出土西周玉器最多的墓(图七)。

③ 一号车马坑(图八)

图八　晋侯墓地车马坑清理场景

附葬车马坑是商周贵族墓的特有现象,在晋侯墓地中,每一组晋侯夫妇墓的东面都有车马坑,我们发掘了其中两座。2007年年底发掘完毕的一号车马坑分东西两部分,中间以夯土墙相隔,东部置马,西部陈车。西部陈车48辆,分6排。车均为单辕(辀),绝大多数车轨东踵西。所有车辆皆整车放入,且保存较好,为复原当时马车的结构提供了难得的材料。车舆结构不完全相同,有大有小;有横长方形,也有纵长方形,还有圆形。舆外有的包一层青铜甲片,有的加一重漆绘围板。多数舆内还放有车马器与兵器。马为处死后放入,相互叠压,纵横不一,比较杂乱,数量不少于105匹。经鉴定均为成年公马,这与《诗经》中所记载"四牡骙骙"相符。晋侯墓地一号车马坑是迄今为止考古发掘的西周时期规模最大的车马坑,也是葬马与葬车数量最多的车马坑。

④ 陪葬墓与祭祀坑

每组晋侯夫妇墓的近旁都有几座陪葬墓,多为女性。祭祀坑见于最晚三组墓,主要位于晋侯墓南墓道及近旁。坑内祭牲主要是马,每坑1匹。这三组墓祭祀坑现象的分布规律是愈晚愈多。到吉琨璋先生主持发掘的羊舌晋侯墓地时,祭祀坑的数量更多,时为春秋早期。这种现象延续到何时? 在战国乃至更晚时期是否流行? 则需要进一步的考古工作证实。

3. 时代推断

根据墓葬各方面特征,可知9代晋侯下葬的前后顺序是:

M114→M9→M6→M33→M91→M1→M8→M64→M93

各墓对应的晋侯如下表:

墓号	114	9	6	33	91	1	8	64	93
晋侯	燮父	武侯	成侯	厉侯 僰马	靖侯 喜父	釐侯对	献侯苏	穆侯 邦父	文侯 (或殇叔)

根据墓葬的位置和晋侯的对应关系可以发现与文献记载的昭穆制度不符。

三、重要学术意义

在经过科学发掘的西周时期诸侯墓葬中,天马-曲村晋侯墓地的资料最为系统和全面,学术意义极其重要,主要表现在以下三个方面。

一是数量多。这处晋侯墓地包括9代晋侯及其夫人墓葬,共19座。这是现知同时期高等级墓葬中数量最多的。此外还有附属车马坑、陪葬墓和祭祀坑。

二是时代长、序列清。此处晋侯墓地的时代从西周早期偏晚到春秋早期,连续相沿两百多年。由于出土铜器上有不少可以确定年代的文字,这为确定墓葬序列和探讨墓葬各方面的发展演变提供了可靠的依据,为周代考古学文化编年确立了可靠的标尺。

三是保存好。周代诸侯级墓葬虽有一些发现和发掘,但大部分在历史上就遭盗掘,天马-曲村遗址晋侯墓地历史上未遭盗扰,实属罕见。

总之,与经过发掘的西周各诸侯墓地相比,其他诸侯墓地没有一处同时具备以上三个条件。正因为重要,该墓地曾于 1992 年和 1993 年连续两年被评为该年度中国十大考古发现,还被视为 20 世纪中国重大考古发现之一。

余　论

1. 寻找晋之始封地——唐

以往看法:

A. 太原与晋南两说。但是从考古发现来看,太原地区及太原地区以北尚未发现较为明确的西周时期的遗址,更多的考古证据还是在晋南。从史籍记载"河、汾之东"考虑,不应该在今天运城地区,往南不会超过绛山,我们认为是在曲沃、翼城一带。最早持这种看法的是明末清初学者顾炎武先生。另外,如何理解"唐"的概念也是一个值得探讨的问题,"唐"究竟是一个大的地域概念? 还是一个比较小范围的都城的名字? 这些都值得我们继续研究。

B. 是否为天马-曲村遗址,也存在两种看法。叔虞子燮父改唐为晋,何以改名? 因唐地有晋水,燮父自唐徙晋水旁,故改唐为晋。此说得到新出铜器"觉公簋"铭文证实。簋铭曰:

> 觉公作妻姚簋,遘于王
> 令(命)易(唐)白(伯)侯于晋,
> 唯王廿又八祀,∞

既然是"命唐伯侯于晋",说明唐与晋是两地,这位唐伯先在唐,后到晋,由唐伯改称为晋侯。这与文献所言燮父自唐徙晋水旁,故改唐为晋之说若合符节。唐在何处? 需要继续寻找。

2. 寻找被盗文物的下落

本晋侯墓地有 8 座晋侯夫妇墓和部分陪葬墓被盗。盗走的文物,有的已经找到,部分还能确定出自哪座墓葬。如上海博物馆购买的大部分,美籍华人范先生捐回的几件等。也有的可以确定出自哪座墓葬,但已流往日本、中国台湾等地,还有的在大陆私人藏家手中。而更多的尚未面世,下落不明。这部分尚未面世的文物,如果没有铭文,也许永远不能确定其出自本墓地。但是,如果发现有"晋"字,或者铭文显示与已知晋侯墓有关联者,时代又属西周,则最大可能是盗自本墓地。如有这方面信息,欢迎报告给我们,以期对这处晋侯墓地有更加全面的认识。

谢谢!

(本文在山西省博物院"晋界"系列讲座讲稿的基础上修改而成,原文刊于《"晋界"讲坛文集(2016~2017)》,三晋出版社,2019 年)

18

晋侯邦父墓与楚公逆编钟

晋侯邦父墓及所出楚公逆编钟在《文物》1994 年第 8 期发表的晋侯墓地第四次发掘简报中有简单介绍,尔后黄锡全[1]和李学勤[2]二先生著文进行了论述。笔者对古文字缺少研究,但作为晋侯邦父墓的发掘者之一,也曾就相关问题做过一些思考,现不揣浅陋,提出以求方家斧正。

晋侯墓地共有晋侯夫妇墓 9 组 19 座,其中 8 组为夫妇两墓东西并列,惟有一组为夫妇三墓东西并列,即晋侯邦父(M64)和其两位夫人(M62、M63),在整个墓地中显得比较特殊。该组墓位于晋侯墓地南排最西端,在晋侯墓地早晚排序中为第 8 组,其前面一组是与之紧邻、位于其东的第 7 组——晋侯苏(M8)组;其后面(北面)一组是墓地最后一组——第 9 组 M93 和 M102 夫妇。

晋侯邦父墓共出编钟 8 件,属甬钟,位于东侧棺椁之间。其中 6 件为楚公逆钟,另 2 件无论纹饰还是铭文都与楚公逆钟有别,个体也最小。编钟一套 8 件是西周晚期前后诸侯级墓习用之数,晋侯邦父墓用两种编钟凑成 8 件,显属有意而为。查晋侯墓地之发现,除被盗不明者外,西周晚期的晋侯墓随葬 8 件或 8 之倍数——16 件编钟已成定制。如比晋侯邦父墓早一组的晋侯苏墓出晋侯苏编钟 16 件,依器形可分两类,两类之音阶恰分属两组,"前 8 枚为一组,大小成编,五声音阶,具有两列八度音";[3]另外 8 枚为一组,亦大小成编。又如比晋侯邦父墓晚一组的晋侯 M93 所出编钟亦为 16 件,这 16 件也是"可分大、小两套,每套 8 件"。[4]

[1] 黄锡全、于炳文:《山西晋侯墓地所出楚公逆钟铭文初释》,《考古》1995 年第 2 期。
[2] 李学勤:《试论楚公逆编钟》,《文物》1995 年第 2 期。
[3] 马承源:《晋侯苏编钟》,《上海博物馆集刊》第七期,1996 年。
[4] 北京大学考古学系等:《天马-曲村遗址北赵晋侯墓地第五次发掘》,《文物》1995 年第 7 期。

　　楚公逆钟出自晋侯邦父墓,时代亦属西周晚期。当时楚公所用编钟是否也是8件一套,限于材料难以论定,但达到6件是可以肯定的。

　　晋侯邦父墓所出6件楚公逆编钟亦大小相次,各器铭文内容几乎完全相同。体大者铸于钲间和左侧鼓部;体小者除钲间外,还见于钲上边、枚边与左右侧鼓部。各器铭文锈蚀程度不一,但可相互校对,复原全铭。兹以最清晰的96号钟为主(图一),参以其他各钟,将全铭释读如下。

图一　晋侯邦父墓出土的楚公逆编钟铭文

　　唯八月甲午,楚公逆祀厥先高祖考,夫工四方首。楚公逆出,求厥用祀四方首。休,多擒,鍰鼗内卿赤金九万钧,楚公逆用自作穌(錫)钟百飲。楚公逆其万年寿,用保厥大邦,永宝用。

　　各钟铭文可辨者多以"永宝"为全铭之结尾,惟98号钟以"永宝用"结尾,铭末多出一个"用"字。

对铭文内容，黄、李二先生都有很好的解释，笔者再作些门外之谈。

八月甲午

楚公逆其人，学者都认为是熊鄂，为西周晚期周宣王时楚国国君。其在位九年，相当于公元前799年至公元前791年。黄锡全先生疑楚公逆钟"八月甲午"与宋代所出楚公逆镈"八月甲申"为同月干支，即逆钟与逆镈铸于同年八月，逆钟比逆镈晚铸10天。黄先生据周正推算该年当在熊鄂元年（前799）或七年（前793），以七年可能性为大。按西周晚期楚行何种历法不得而知，若依云梦睡虎地秦简所记楚历，楚建正与周有别，楚之正月相当于周正十二月、夏正十月，与秦之建正相同，属颛顼历。若以此复原西周晚期楚历，用同样的方法查知，[1]楚公逆（熊鄂）在位九年中于八月同见甲申、甲午之年有3个年份：二年（前798）、五年（前795）和六年（前794）。

夫工四方首

黄先生释"夫工"为"夫壬"，读为"敷任"，作分担理解；释"四方首"为四方首领。全句解为楚公逆祭祀其先高祖考所需物品分担给四方首领。李先生释"夫工"为"大工"，意思是大臣；"四方"指四方之神；"首"为首级。把"大臣"和四方之神与先高祖考并视为祭祀对象。全句解为楚公逆对自己的祖先、父亲，以及先世大臣和四方之神举行用人首祭祀的典礼。

"夫工"二字，93号钟为"大工"，说明夫、大相通，李释"大工"是对的。我以为"大工"可能是"大攻"之意。联系下文看，应指军事行动。"四方首"应以黄说为是。本句连同下句的意思是楚公逆祭祀其先高祖考，意在向四方首领大举进攻，获取更多的祭祀物品。接下来是"大攻"的结果。

休，多擒

此种语例也见于其他铜器铭文，如不其簋铭："女休，夫以我车陷于艰，女多擒，折首执讯。"冒鼎铭："晋侯令冒追于偪，休，有擒。"[2]内容都与战事有关。楚公逆

---

[1] 张培瑜：《中国先秦史历表》，齐鲁书社，1987年。

[2] 朱启新：《不见文献记载的史实》，《中国文物报》1994年1月2日第3版。

钟之"休,多擒"也应作如是解。表明楚公逆这次出征取得成功,收获很大。

鎮齺内郷赤金九万钧

鎮齺,黄先生解为"钦明"之意。李认为是人名或族名。联系上文应为四方诸族之一,解为族名为好。

"九万钧",黄、李都认为是实数,并依东周衡制推算,约今一百多万斤,亦即600吨左右,数量大得惊人。我以为此"九万钧"很可能是虚数。九乃阳数之极,往往用以形容很多,在楚地似乎尤为突出,《楚辞》中颇多见。很难想象仅一族一次就向楚国纳享一百多万斤铜块。下句的"百飤"也属此类用语,未必正好百飤。再说九万钧铜块不可能正好铸造一百肆编钟。

穌𧆒钟

鍚上之 形,黄解为"齐",李解为"燮"。据诸钟可见者, 距鍚都很近,二者似为同一字,即鍚的异体。

西周时期的楚国,文献记载较少,对于楚公逆的记载更少,又因其在位时短,显得庸庸一般。然逆钟铭文表明,楚公逆亦非平庸之辈。其实,至少在西周晚期,楚国已相当强大。楚公逆的父亲熊徇就已功德"盖其先王",雄霸一方了。

楚公逆钟出在晋侯邦父墓中,说明楚公逆早于或同时于晋侯邦父。楚公逆,论者都认为是熊鄂;晋侯邦父,多数人认为是晋穆侯。查《史记·十二诸侯年表》,熊鄂在位之年,即其元年至九年相当于晋穆侯十三至二十一年,二者同时且晋穆侯在位更晚。可见确定楚公逆为熊鄂,晋侯邦父为晋穆侯,于文献记载和考古发现均相符不悖,应该是可信的。

晋侯墓地的材料发表以后,不少人对墓主及墓葬排序进行了研究,但很少有人把逆钟与晋侯邦父联系起来,把晋侯邦父墓视为一个已知点。这是今后研究中应予重视的。

(原文刊于《长江流域青铜文化研究》,科学出版社,2002年)

19

晋乎？卫乎？

——琉璃阁大墓的国属

在汲县和辉县境内有大量不同等级的东周墓葬,分布在多个地点,分属不同墓地。20 世纪 30 年代和 50 年代初,共在这一带各地点发掘各种等级的东周墓葬约 115 座、车马坑 6 座,其中大部分属琉璃阁墓地,共计 80 座。与其他地点的墓葬相比,琉璃阁墓葬的时代多偏早,大型墓墓主身份亦偏高,仅次于固围大墓墓主。对于琉璃阁墓葬的具体年代和国属,以往学者均有论述,但存在歧异,本文亦就此谈谈看法,范围主要限于大型墓。

一、琉璃阁大墓概况

由于历史的原因,琉璃阁所掘 80 座东周墓葬的资料发表不够全面。据已有信息可知,所掘墓葬相当分散,整个墓地的平面分布很不清楚。在随葬青铜礼器的墓葬中,若以随葬 5 鼎为大型墓标准,除因被盗而器数不明者外,5 鼎以上的墓共有 7 座,即墓甲、墓乙、M80、M55、M60、M75 和 M76,其中至少有 2 座为 9 鼎墓。这些大墓最东和最西者相距约 600 米,若中间地带相连,墓地规模比较可观。

兹将大墓的主要特征概括如下。

1. 都为竖穴土坑,无墓道。都为东西向,墓主头朝东。车马坑位于主墓之东,有的平面呈曲尺形。

2. 往往成对瘗埋,即两两南北并列。所知皆一男一女,男左(在南)女右(在北)。

3. 青铜礼器主要有鼎、鬲、甗(?)、瑚、簋、豆、盘、匜、铺、鉴、壶。其他还有罍、

盉、瓠壶,多见于男性墓。鼎的种类多样,除最大一件镬鼎外,其余各自奇数成列;
鬲、瑚、簋、豆、壶、罍多偶数伴出;盘、匜相配成组,多为一组;甗与瓠壶都为一件;鉴
无定数。

4. 乐器仅见于男性墓,种类多样且有规律。各墓计有镈钟、甬钟、钮钟和石磬。
各种乐器的数量在各墓中亦基本相同:镈为 4 件一套;甬钟 8 件一套;钮钟多 9 件
一套(有的墓葬两套);石磬 10 或 11 件。

5. 兵器亦见于男性墓(女性乙墓有 4 件铜镞,特殊),主要是戈、矛、剑、镞。剑
成为必具之器。

6. 铜器上常见镶嵌或线刻写实内容的纹样,多见包金铜贝,不见带钩。

二、琉璃阁大墓时代

原报告认为这些墓葬从东往西,由早到晚,时代全部属战国时期,并限定在公
元前 445 年(魏文侯立国)至公元前 225 年(秦灭魏之年)。[1] 对于报告的这一判
定,学者多认为从东到西、由早到晚的结论是对的,但时代定得太晚。如俞伟超、高
明先生认为"墓甲与 M60 是春秋中、晚期之际的墓",墓乙时代略晚于墓甲,M76 属
春秋末年。[2] 邹衡先生则将墓甲、墓乙、M80、M55 和 M60 定为春秋中期。[3] 至
于 M75 和 M76 的年代,邹先生没有说明,若与其他大墓相比较,估计不会定在战
国。李学勤先生认为墓甲和墓乙应列为春秋中期,M80 和 M55 应为春秋晚期之
初,M60"晚于 80、55 号两墓,应定为春秋晚期"。M60 以西的 M1、M75、M76 等墓,
年代更晚,"当属战国前期"。[4] 除报告意见外,其他各家意见,仅对最西一组墓
是否进入战国有分歧,对其他墓没有太大分歧,基本都定在春秋中、晚期。

各位先生在推断诸墓年代时,多未列举较多的理由,有的仅就个别青铜容器的

[1] 郭宝钧:《山彪镇与琉璃阁》,科学出版社,1959 年。
[2] 俞伟超、高明:《周代用鼎制度研究》,《北京大学学报》(哲学社会科学版)1978 年第 1、2 期,1979
年第 1 期。
[3] 北京大学历史系考古教研室商周组编著:《商周考古》,文物出版社,1979 年,第 258 页。
[4] 李学勤:《东周与秦代文明》,文物出版社,1984 年,第 71~72 页。

时代做了简单论述。究竟这些大墓属于何时，我以为上限不早于春秋中期晚段，下限则为春战之际。[1] 限于篇幅，这里不拟对大量器物分期排比，只举几类在分期断代时较少重视的特殊器物予以说明。

首先值得注意的是在男性大墓中葬有吴越式铜剑或类吴越式铜剑。周代墓中葬剑，西周早期便有，如北京琉璃河燕墓、宝鸡强国墓、沣西张家坡墓等，但为扁体柳叶形，与琉璃阁大墓所出不类；到西周晚期和春秋早期，周系墓中葬剑减少，远不及琉璃阁大墓这么普遍，此时所见为柱脊剑，形状也不同于吴越式剑。如上村岭虢国墓、洛阳中州路墓等所出。春秋中期，剑在周系墓中仍不普遍，如属于5鼎墓的侯马上马墓地M13、长治分水岭M269等出兵器之墓就都不见。约到春秋晚期，吴越式剑才在中原贵族墓中逐渐多起来，如年代比较明确的太原赵卿墓（春战之交）就有出土。进入战国，此类剑更为流行。到战国中晚期，有的陶器墓也随葬青铜剑。琉璃阁男性大墓较普遍的随葬吴越式铜剑或类吴越式铜剑，故其年代上限不早于春秋中期晚段，当以春秋晚期为宜。

中原周系墓葬何以在春秋中、晚期之际始见吴越式铜剑？这应与晋吴交好有关。据《史记·晋世家》记载，晋景公十一年楚国巫臣盗夏姬奔晋，晋以巫臣为邢大夫。到晋景公十六年，因楚将子反怨巫臣而灭其族，巫臣为报仇由晋赴吴，"令其子为吴行人，教吴乘车用兵，吴晋始通，约伐楚"，此事也见《史记·吴太伯世家》，称"吴于是始通于中国"。晋景公十六年为公元前584年，时当春秋中期晚段。故吴越剑在中原地区较普遍出现的时间应以此为上限，这与已有发现也是一致的。1976年，辉县百泉文物管理所回收1件吴王夫差剑，据了解出自琉璃阁墓区，是解放前盗出的。[2] 夫差在位时间是公元前495～前473年，属春秋晚期，说明琉璃阁墓葬有的相当于此时或更晚。由此我们还会想到著名的季札挂剑的典故，事情发生在徐国，是因当初徐君爱上了季札所佩之剑又"弗敢言"，才引起了后来挂剑的事。徐与吴为近邻，徐君尚且如此，再远一些的中原诸国要想得到吴剑难度就更大

[1] 本文东周时期考古学文化分期，以公元前453年为春秋、战国分界。春秋、战国各分三期，设备期年代相当。
[2] 崔墨林：《河南辉县发现吴王夫差铜剑》，《文物》1976年第11期。

了,他们即使模仿吴剑自行铸造,恐怕也不会比季札之时早去太多。季札初使中原诸国(其中有卫、晋)过徐是吴王余祭三年,为公元前545年,约当春秋晚期之初。凡此都说明,吴越式剑在中原地区流行不会早于春秋中期晚段。

其次值得注意的是琉璃阁大墓不见带钩。就目前所知,春秋中期的带钩,还难以确指。在中原地区,一些被定为春秋中期的高等级墓葬都未发现,如长治分水岭M269、M270,侯马上马M13,闻喜上郭诸墓等。带钩有较多发现是在春秋晚期晚段时,进入战国便迅速流行开来,成为贵族墓中必具之物。如春战之交的太原赵卿墓出有12件;一般认为属战国早期的山彪镇M1则出8件,甚至墓中每个殉人都至少有1件。楚地也基本如此,淅川下寺楚墓属春秋中、晚期,带钩仅在春秋晚期晚段的M11中随葬1件,早于M11的其他墓都未随葬。而属战国早期的曾侯乙墓则随葬了20件。琉璃阁大墓均不见带钩,不会是偶然现象,说明其时代很可能未到战国。

最后看看编镈的使用情况。在3座男性大墓中都葬有4件编镈,各自又与8件甬钟和9件钮钟成组相配。现有资料表明,编镈在黄河流域最早出现于西周晚期,为3件一套,见于陕西眉县杨家村。[1] 稍后则见于春秋早期,也是3件一套,共见两套,均属秦。其一是1978年1月宝鸡太公庙村出土的秦公镈,[2]因铭文有"秦公曰:我先祖受天命,赏宅受国。烈烈邵文公、静公、宪公不坠于上……"的内容,故此秦公应为宪公之子出公或武公,时当春秋早期。其二是2006年甘肃礼县大堡子山乐器坑出土的秦子镈,同坑还出有编钟和编磬。[3] 此坑乃大堡子山已发掘的秦公大墓的陪葬坑,时代属春秋早期。由此三套编镈推知,早期编镈的组合很可能就是3件一套。[4] 然而这三套早期编镈都发现在西部的陕、甘境内,在关东地区,西周晚期和春秋早期尚未发现,如保存完好的晋侯墓和虢国墓等。4件一套的编镈最早发现在新郑李家楼郑伯大墓,与编钟相配成组。20世纪90年代在新郑

---

[1] 刘怀君:《眉县出土一批西周窖藏青铜乐器》,《文博》1987年第2期。
[2] 卢连成等:《陕西宝鸡县太公庙村发现秦公钟、秦公镈》,《文物》1978年第11期。
[3] 早期秦文化考古联合课题组:《甘肃礼县大堡子山早期秦文化遗址》,《考古》2007年第7期。
[4] 不排除3件一套是秦人特征,这需要春秋中、晚期秦镈的发现证实。

又连续发掘出 11 组编镈和编钟,每组编镈也都是 4 件,相配的编钟皆两套共 20
件,每套 10 件。新郑所见 12 组编镈、编钟的时代,学界没有太大分歧,一般认为不
出春秋中、晚期。

进入战国时期,中原地区每墓编镈之数变得没有固定规律,属春战之交的侯马
上马 M5218 葬有 13 件,太原赵卿墓(M251)多达 19 件。[1] 而规模与之相当的琉
璃阁诸大墓一套编镈却为 4 件,与新郑 12 组相同,似表明与后者的时代相当。

总之,由以上几个方面可以看出,琉璃阁诸大墓的年代主要属春秋晚期。

三、琉璃阁大墓国属

关于琉璃阁大墓的国属,原报告认为属魏,且推测其为魏国贵公子的墓地,这
与报告作者将墓葬年代定为战国时期有关。俞伟超、高明先生把这些大墓定在春
秋中、晚之交到春秋末年,又据文献记载,认为自春秋中期以来,"晋公室弱,六卿
强,各占大片领地,辉县一带便归范氏所有",[2]琉璃阁墓地"非范氏卿族的墓地
莫属",并进一步指出"墓甲和 M60 的墓主,当为某两个范子"。李学勤先生认为
"琉璃阁墓葬群既然是从春秋延至战国前期,就只能是卫国的",是卫国都于楚丘
后开辟的,"肯定是卫国公室的墓地"。还认为墓甲当属卫君,墓乙可能属其夫人;
80 号墓和 55 号墓是卫国公子墓等。[3] 其他学者的看法亦不出上述三说,如朱凤
瀚先生从卫国说,[4]宋玲平博士从范氏说。[5] 比较诸位学者对何以属卫或何以
属范氏的考究,唯宋玲平博士较为详细,理由更合情理。据她对文献的排比,公元
前 660 年,即鲁闵公二年,狄人伐卫,卫师败绩,遂灭卫。于是卫之遗民及共、滕两

[1] 山西省考古研究所等:《太原晋国赵卿墓》,文物出版社,1996 年。
[2] 俞伟超、高明:《周代用鼎制度研究》,《北京大学学报》(哲学社会科学版)1978 年第 1、2 期,1979
　　年第 1 期。
[3] 李学勤:《东周与秦代文明》,文物出版社,1984 年,第 71~72 页。
[4] 朱凤瀚:《古代中国青铜器》,南开大学出版社,1995 年,第 875、878 页。
[5] 宋玲平:《晋系墓葬制度研究》,科学出版社,2007 年,第 17~20 页。

地之民济河而逃,一起立戴公于曹。[1] 公元前 658 年,卫在齐的帮助下迁都于楚丘(滑县)。共地所在,一般认为是辉县一带,与卫国早期都城朝歌(淇县)同在古黄河以西,相距甚近。可见,早在春秋中期之初,辉县一带已不属卫。

《左传》宣公十六年(前 593)记:"晋士会帅师灭赤狄甲氏及留吁铎辰。"士会,《左传》宣公十二年称其为"随武子",宣公十七年则称其为"范武子"。据此,清人顾栋高以为是因士会灭赤狄甲氏及留吁铎辰有功而受封于范,[2]于是由随武子改称范武子。范,即今范县。不论顾氏对受封原因的推测是否正确,范县一带在公元前 592 年属晋,归范氏控制是可以成立的。士会所灭的赤狄诸部的活动地区一般认为在今晋东南长治一带,而辉县(共)和淇县(朝歌)正位于晋东南与范县之间,范既属晋,共和朝歌自然不能例外,而且属范氏的可能性最大。公元前592 年相当于春秋中期晚段。文献所记此后发生在朝歌一带的史事,亦可证这一带确实属晋,并与范氏关系密切。如《左传》襄公二十三年(前 550)云:"齐侯遂伐晋,取朝歌,为二队,入孟门,登大行。"《左传》定公十三年云:"荀寅、士吉射奔朝歌。"十四年(前 496)云"晋人围朝歌,公会齐侯、卫侯于脾、上梁之间,谋救范、中行氏""冬十二月,晋人败范、中行氏之师于潞,获籍秦、高彊。又败郑师及范氏之师于百泉"。百泉就在今辉县。凡此都说明辉县和淇县一带在春秋晚期属晋之范氏而不属卫。

若此,辉县琉璃阁大墓应属晋之范氏而不属卫君。

这一结论,除上述文献记载的证据外,于考古材料也能找到旁证。

琉璃阁大墓均为东西向,这一特征与当时姬姓贵族墓葬不符。查西周、春秋姬姓墓葬,凡高级贵族墓(不包括中、小墓)都为南北向。如包括诸侯墓在内的北京琉璃河燕国贵族墓、山西天马-曲村晋国贵族墓、河北邢台邢国贵族墓、河南平顶山应国贵族墓、陕西岐山周公庙贵族墓、河南新郑郑国贵族墓。与诸侯等级相当者有陕西沣西张家坡井叔墓、河南三门峡虢国贵族墓等。尤其值得注意的是,河南浚县辛

---

[1]《左传》闵公二年。
[2] 顾栋高:《春秋大事表・春秋列国疆域表》,中华书局,1993 年,第 515 页。

村西周大墓是公认的卫侯夫妇墓，也都是南北向。到目前为止，凡可确定属姬姓贵族的墓葬，无例外都是南北向，这应是姬姓贵族墓葬葬制之一。而琉璃阁大墓与此葬制不合，与辛村卫侯夫妇墓不合，因此不是卫国贵族墓葬，也不是其他姬姓贵族墓葬。

范氏为祁姓，恰恰不属姬姓，这应该不是巧合。按照范氏族人自己的说法，其远祖为陶唐氏，在周为唐杜氏，[1]也就是说与周族有别。我们也注意到，两周时期的非姬姓高级贵族墓，有很多不是南北向，而是东西向。如大家最熟悉的诸秦公、秦王陵；[2]山西太原赵卿墓和河北邯郸赵王陵，还有近年发掘的山西绛县倗伯墓。楚国令尹、封君与其他大夫级以上的墓大部分也是东西向。[3] 他们都不是姬姓贵族墓。看来在墓葬方向上，范氏与这些姓氏相同。

琉璃阁春秋大墓既为范氏墓地，其墓主又是范氏何等人物？俞伟超先生认为墓甲和M60的墓主，当为某两个范子，这是据此二墓用鼎的等次推出的结论。这一结论基本是可信的，我们再从墓葬规模上补充一点证据。

就现有考古资料所见，在西周与春秋时期，凡畿外封国有墓道的墓，其墓主都是诸侯级人物（个别例外，应有特殊原因），低于诸侯者未见设有墓道。辉县本属卫，属畿外，辛村卫侯夫妇墓就有墓道，而晚于辛村卫侯夫妇的琉璃阁大墓却未设墓道，其墓主肯定不是卫侯夫妇，当然也不会是其他某诸侯夫妇，应是身份低于诸侯的贵族。范氏乃晋国六卿之一，身份仅次于晋公。对春秋时期晋国六卿墓葬的发掘与认定，目前看法比较一致的是山西太原赵卿墓，[4]时代属春战之交，与琉璃阁大墓时代相近。我们可以赵卿墓为参照，确定琉璃阁男性大墓墓主的身份，看看是否与晋卿范子相符。

墓室规模：

---

[1]《左传》襄公二十四年，范宣子曰："昔匄之祖，自虞以上为陶唐氏……在周为唐杜氏，晋主夏盟为范氏。"

[2] 如甘肃礼县大堡子山秦公墓、陕西凤翔南指挥秦公墓、陕西临潼秦王陵。

[3] 大型楚墓东西向者如淅川下寺、荆门包山、信阳长台关、江陵望山、枣阳九连墩、淮阳平粮台，有墓道者均位于墓室之东。也有个别墓道位于墓室之南，如江陵天星观M1，墓主可能不是芈姓。

[4] 该墓墓主有赵简子和赵襄子两种意见，无论是谁，都是晋卿。

太原赵卿墓　　　墓口：11×9.2 米。

琉璃阁墓甲　　　墓口：11×10.3 米。

琉璃阁 M60　　　墓口：7×5.1 米。

琉璃阁 M1　　　　墓口：7.5×6 米。

琉璃阁 M75　　　墓口：7×6.3 米。

由墓室规模可以看出，墓甲略大于赵卿墓，其余则小于赵卿墓。按两周墓葬规模的变化，同等级别的墓葬愈晚墓室规模愈大。琉璃阁墓甲时代早于太原赵卿墓，而墓室规模反而更大。在器用制度方面，二者也大体相当。据此可以肯定其墓主身份显然不会低于赵卿，属某位晋卿范子无疑。

1950 年，在琉璃阁墓地近中部发掘了 1 座车马坑（M131）[1]，该车马坑方向、形制、结构与陈放车、马之方式与太原赵卿墓之车马坑极似。二者均为曲尺形，底有一生土隔梁将其一分为二，西置车，东陈马。车坑都为东西向。均置车两排。但琉璃阁之车马坑的规模与置车的数量都大于或多于太原赵卿墓之车马坑。兹比较如下。

赵卿墓车马坑：车马坑东西总长 14.8 米，车坑南北宽 6 米，置车最多 18 辆。[2] 马坑宽 2.75~3、长 12.6 米。

琉璃阁车马坑：车马坑东西总长 21 米，车坑南北宽 7.8 米，置车 19 辆。马坑发掘不完整，仅知宽 2.8 米，长度不明。

据发掘时了解，琉璃阁此车马坑（M131）之西原有一大墓，1938 年正月被盗，出土物很多，仅编钟就 24 件。按晋系大墓之车马坑都位于主墓之东（墓甲、墓乙之东也应有更大的车马坑），此说应该不妥。太原赵卿墓出编钟（属铸钟）19 件，而此

---

[1] 中国科学院考古研究所编著：《辉县发掘报告》，科学出版社，1956 年，第 46 页。

[2] 该车马坑的车坑部分被破坏，现存车 15 辆，依其范围复原，最多 18 辆。

墓为 24 件。可以认为,这座墓的规模很可能也大于太原赵卿墓,也是一位晋卿范子。[1]

至于琉璃阁其他三座男性墓墓主是否也是晋卿,难以论定。这不仅仅是因这些墓葬的详细资料尚未发表,即使发表了,也只是墓地的一小部分。若想进一步作深入探讨,还要期待开展更多的考古工作。

（本文原刊于《中原文物》2008 年第 3 期）

---

[1] 在晋系墓葬中,大型车马坑的主墓一定有一位是男性。

20

春秋时期丧葬制度中的葬月与葬日

一、序言

周代有一套繁杂而又严密的礼乐制度,丧葬制度就是其中之一,它在先秦及汉代文献,尤其是"三礼"中有不少记载。这些记载是否与周代实况相符,有的可以运用考古材料予以证实,如族坟墓、棺椁制度、用鼎制度等等。有的则是难以用考古材料证实的,葬月与葬日便属这一类。然而,如果我们把有关周代葬月与葬日的记载采撷下来,进行排比分析,亦可恢复它的原貌,并进而验证礼书的记载正确与否。周代葬月与葬日的记载主要见于《春秋》经中,所涉及的对象以诸侯王为主。因此,本文主要论述春秋时期丧葬制度中诸侯王的葬月与葬日,至于其他等级以及西周和战国时期的情形,因缺少必要的材料,仅略做推测性探讨。

二、葬月与卒月的关系

葬月即埋葬之月,卒月即卒死之月。葬月的确定既与死者身份有关,又与卒月有关。下面先把《春秋》经文中明确记有卒月和葬月的诸侯全部摘出列为表一。

表一 《春秋》所见诸侯卒、葬表

序号	鲁纪年	卒 月	葬 月	丧 月 (未含闰月)	丧 日 (卒至葬天数)	死 者
1	隐公三年	八月庚辰	十二月癸未	5	124	宋穆公
2	八年	六月己亥	八月	3		蔡宣公

（续表）

序号	鲁纪年	卒　月	葬　月	丧　月（未含闰月）	丧　日（卒至葬天数）	死　者
3	桓公十年	正月庚申	五月	5		曹桓公
4	十一年	五月癸未	七月	3		郑庄公
5	十二年	十一月丙戌	十三年三月	5		卫宣公
6	十四年	十二月丁巳	四月己巳	5	133	齐僖公
7	十七年	六月丁丑	八月癸巳	3	77	蔡桓公
8	十八年	四月丙子	十二月己丑	9	254	鲁桓公
9	庄公元年	十月乙亥	二年二月	5		陈庄公
10	二年	十二月乙酉	三年四月	5		宋庄公
11	八年	十一月癸未	九年七月丁酉	9	255	齐襄公
12	廿一年	五月辛酉	十二月	8		郑厉公
13	廿三年	十一月	廿四年三月	5		曹庄公
14	卅二年	八月癸亥	闵公元年六月辛酉	11	299	鲁庄公
15	僖公十二年	十二月丁丑	十三年四月	5		陈宣公
16	十七年	十二月乙亥	十八年八月丁亥	9	253	齐桓公
17	廿七年	六月庚寅	八月乙未	3	66	齐孝公
18	卅二年	十二月己卯	卅三年四月癸巳	5	135	晋文公
19	卅三年	十二月乙巳	文公元年四月丁巳	5	133	鲁僖公
20	文公六年	八月乙亥	十月	3		晋襄公
21	十八年	二月丁丑	六月癸酉	5	117	鲁文公
22	宣公十年	四月己巳	六月	3		齐惠公
23	十四年	五月壬申	九月	5		曹文公
24	十八年	十月壬戌	成公元年二月辛酉	5	120	鲁宣公
25	成公二年	八月壬午	三年二月乙亥	7	174	宋文公
26	二年	九月（依《左传》）庚寅	三年正月辛亥	5	142	卫穆公

（续表）

序号	鲁纪年	卒　月	葬　月	丧　月（未含闰月）	丧　日（卒至葬天数）	死　者
27	九年	七月丙子	十一月	5		齐顷公
28	十四年	十月庚寅	十五年二月	5		卫定公
29	十五年	六月	八月庚辰	3		宋共公
30	十八年	八月己丑	十二月丁未	5	139	鲁成公
31	襄公四年	三月己酉	七月	5		陈成公
32	十五年	十一月癸亥	十六年正月	3		晋悼公
33	廿九年	五月庚午	九月	5		卫献公
34	卅年	四月	十月	7		蔡景公
35	卅一年	六月辛巳	十月癸酉	5	113	鲁襄公
36	昭公三年	正月丁未	五月	5		滕成公
37	七年	八月戊辰	十二月癸亥	5	116	卫襄公
38	十年	七月戊子	九月	3		晋平公
39	十年	十二月甲子	十一年二月	3		宋平公
40	十一年	四月丁巳	十三年十月	31		蔡灵公
41	十二年	三月壬申	五月	3		郑简公
42	十六年	八月己亥	十月	3		晋昭公
43	廿年	十一月辛卯	廿一年三月	5		蔡平公
44	廿五年	十一月己亥	廿六年正月	3		宋元公
45	廿七年	十月	廿八年三月	6		曹悼公
46	廿八年	四月丙戌	六月	3		郑定公
47	卅年	六月庚辰	八月	3		晋顷公
48	卅二年	十二月己未	定公元年七月癸巳	8	215	鲁昭公
49	定公四年	二月癸巳	六月	5		陈惠公
50	四年	五月	七月	3		杞悼公

（续表）

序号	鲁纪年	卒　月	葬　月	丧　月 （未含闰月）	丧　日 （卒至葬天数）	死　者
51	八年	三月	七月	5		曹靖公
52	八年	七月戊辰	九月	3		陈怀公
53	九年	四月戊申	六月	3		郑献公
54	十五年	五月壬申	九月丁巳	5	106	鲁定公
55	哀公二年	四月丙子	十月	7		卫灵公
56	三年	十月癸卯	四年二月	5		秦惠公
57	四年	二月庚戌	十二月	11		蔡昭公
58	四年	八月甲寅	十二月	5		滕顷公
59	五年	九月癸酉	冬闰月	(5)		齐景公
60	八年	十二月癸亥	九年二月	3		杞僖公
61	十年	三月戊戌	五月	3		齐悼公
62	十一年	七月辛酉	十一月	5		滕隐公

　　表中凡 62 例，都记有各诸侯的卒月与葬月，有的还有历日干支。共涉及春秋时期黄河流域 12 个诸侯国。从表中可以看出，在卒月和葬月的关系上，除第 12、45、48 和 59 例这 4 例外，余 58 例有一个明显的共同规律：奇月（单月）卒者一定在奇月葬；偶月（双月）卒者一定在偶月葬，即卒月和葬月之奇偶是一致的。其间相隔短者三、五月，长者十余月，甚至两年多，均如此。4 与 58 之比，也就是 6% 和 94% 之比，即使不考虑四例特殊者尚有讹误之可能，相比之下，二者仍相差颇为悬殊。可以想象，如果没有一种特定的观念形态所制约，这种成规律的现象绝不会在 10 余个诸侯国中普遍存在。据此可知，在当时的丧葬制度中，葬月与卒月奇偶一致是大家普遍信守的一项规则。

　　以上是从《春秋》记载中归纳分析得出的结论，在其他文献中，还可找到直接记述这一规则的条文。

　　《论衡·讥日篇》引《葬历》曰："葬避九空、地臽，及日之刚柔，月之奇耦，日吉无害。刚柔相得，奇耦相应，乃为吉良。不合此历，转为凶恶。"此说与上述结论完全相符。两相互证,既可肯定春秋时期在葬制中确实存在"月之奇偶"的规则,又可说明《葬历》所言并非虚妄之词,乃是周代葬制的真实记录。王充未能了解周代葬制的真谛,对其否定是不符实际的。

为什么葬月和卒月要奇偶一致呢? 按照《葬历》之言,这样做"乃为吉良",大概对死者和生者都有好处。如不符合这一规则,就会"转为凶恶"。这完全属于迷信意识,超出了等级制的范围。难怪在众多有关等级身份的礼制记载中少见这方面的内容,以致数千年来鲜为人知。

三、葬月、丧月与闰月的关系

所谓丧月是指从卒月至葬月所跨及的月份。如表一例1,宋穆公卒于鲁隐公三年八月,葬于同年十二月,属偶月卒,偶月葬,自卒至葬所跨及的月份是八月至十二月五个月份。再如例3,曹桓公卒于鲁桓公十年正月,葬于同年五月,属奇月卒,奇月葬,卒、葬所跨及的月份是正月至五月五个月份。我们称他们的丧月为五,或五月。其他丧月为三、七等等者,依此类推。

表一所见丧月,除4例特殊者外,58例均为单数,这是由卒月和葬月必须奇偶一致的规则所决定的。这里有一个问题应引起注意,即如果卒月与葬月之间遇有闰月怎么办? 丧月之数是否把闰月计算在内? 很明显,在遵守卒、葬月奇偶一致的前提下,如果卒月与葬月之间有闰月并将其计算在丧月之数中,则实际的丧月之数就不是单数,而一定是双数。反之,如不把闰月计算在内,丧月之数就都是单数了。表一之所以按单数统计,并不是我们不知道在这些丧月中有闰月存在,而是因春秋时期在计算丧月之数时不包括闰月在内。理由如下:

其一,周代丧月之制的记载,最著名也是最广为人知的就是所谓"天子七月而葬""诸侯五月而葬""大夫士三月而葬"等等。这在《仪礼》《礼记》《左传》《荀子》等不少文献中都有记述。[1] 虽丧月之数因身份等级而异,但都为单数。同时我们

---

[1] 士与庶人的丧月之数,史说不一,因不属于本文讨论范围,故不予论述。

还注意到,在文献中没有见到八月、六月、四月而葬的记载,即丧月之数只有单数而不见双数。由于死者的丧月不可能都不遇有闰月,所以,在卒、葬月奇偶一致的规则下,这种丧月之数只有单数而无双数的礼制规定,显然是不把闰月计算在内的。否则,月之奇偶就会错乱不一,就不会出现像表一那样的规律。

其二,先秦和汉代文献中有不少关于三年丧的记载。所谓三年之丧,并不是整整三年。《礼记·三年问》云:"三年之丧,二十五月而毕",此说也见于其他文献。用现在的话讲,"二十五月而毕"就是两周年而毕,也就是刚刚跨入第三个年头而毕。因二十五个月可以跨及三个年份,故称三年之丧。这与"七月而葬""五月而葬"等并非整整七个月或五个月,而是跨及七个、五个月份的情况相类。

然而,二十五个月与三个年份之间也有闰月计不计数的问题。假若死者死于某年正月,而该年或次年又有闰月(这种情况经常会遇到),如将其计算在内,并信守"二十五月而毕"的规定,就不可能进入第三个年份,而是整整两年。如此,三年之丧就变成了二年之丧。由于文献中根本没有二年之丧的说法,所以三年之丧的二十五个月是不包括闰月的。唯其如此,才能保证遇有闰月时总能跨及第三个年份,毫无例外地称为三年之丧。

既然三年之丧的二十五个月不把闰月计算在内,作为同一丧葬制度来说,丧月中也不应包括闰月在内。

其三,《春秋》记事长达 240 余年,所记历法内容颇多,年、季、月、历日干支均以百计数,就连朔晦、日食也各有数十条之多,而唯有对闰月这一历法上的重要内容记之甚少。查《春秋》全文,只有两见,这实在应有其特殊的原因。若仔细分析这两条记载,确实如此。

先看第一条,《春秋》文公六年:"冬,十月,公子遂如晋……闰月,不告月,犹朝于庙。""闰月,不告月"(即告朔),按《左传》的说法是违礼行为,属不正常现象。众所周知,《春秋》一书的特点之一就是对犯上作乱或违礼行为进行揭露以鉴世人,《左传》的解说是有道理的。

再看第二条,《春秋》哀公五年:"冬,叔还如齐,闰月,葬齐景公。"这是《春秋》中唯一一条丧葬与闰月有关的记载。很难想象在 240 余年中,只有齐景公一人之死遇上了闰月,而其他众多的死者都与闰月无关,这本身就说明了事情的特别。很可能是因为不当在闰月埋葬而埋葬了,于"礼"难容,所以专门书上一笔,其用意大概与"使乱臣贼子惧"相类。

总之,《春秋》中所见闰月的两条记载都属违礼之事,所以才记了下来。在正常情况下是不记述闰月的。可见当时并不把闰月当作一个正常的月份对待,当然在丧月中也就不把它计算在内了。

其四,《春秋》经中记有 300 余条历日干支和天文现象(如日食),经现代天文学家研究,这些历日干支和天文现象同运用现代天文方法计算出来的春秋时期的实际历日情况基本相同,[1]说明它是当时的真实记录,可以信从。我们依春秋时期的历日情况对表一各年所见的历日干支进行了推算,发现丧月涉及闰月的共 6 例,即第 5、9、13、18、41 和 44 例。这 6 例都符合卒、葬月奇偶一致的原则,如果把闰月计算在内,则他们的丧月就都成为双数。如例 5,卫宣公卒于鲁桓公十二年十一月,葬于次年三月,根据这几个月所见历日干支推算,得知其间有一闰十二月。若把闰十二月计算在丧月中,卫宣公就成为六月而葬了,这是不符合丧月为单数的礼制规定的。可见,要保证丧月为单,就不能把闰月计算在内。

其实,丧事中是否把闰月计算在内,文献中也有直接记载,只是意见不一,分歧是由上举《春秋》中两条关于闰月的记载引起的。

一种意见认为丧事中不把闰月计算在内,见《穀梁传》文公六年:"不告月者,何也? 不告朔也。不告朔则何? 为不言朔也。闰月者,附月之余日也,积分而成于月者也。天子不以告朔,而丧事不数也。"虽然我们不能苟同闰月不告朔是正常行为的意见,但其对闰月的详细解说则是合乎实际的。

另一种意见认为丧事中把闰月计算在内。见《公羊传》哀公五年:"闰不书,此何以书? 丧以闰数也。"把之所以记载"闰月葬齐景公"的理由归之于丧事的缘故。

---

[1] 张培瑜:《中国先秦史历表·春秋朔闰表》,齐鲁书社,1987 年。本文有关历法方面的推算,凡未另注者均依此表。

"闰不书"符合《春秋》本意,但"丧以闰数"实在缺少充分证据。如上所言,在春秋240余年的闰月中,不可能只有一桩丧事与之有关,而再无其他丧事发生。同属丧事,此可以书,其他何以不书?《公羊传》的解说是不合情理的。

四、诸侯的丧月等级

如上文所言,按礼制规定,诸侯的丧月等级是"五月而葬",然而实际情况怎样呢? 根据表一,我们把各国不同丧月的诸侯归纳为表二。

表二　各国诸侯丧月统计表

诸侯数 国别 丧月类别	鲁	卫	曹	宋	蔡	齐	郑	晋	陈	滕	秦	杞	合计
三月				3	2	3	4	5	1			2	20
五月	6	5	4	2	1	3		1	4	3	1		30
五月以上	3	1	1	1	3	2	1						12

这是《春秋》经丧月明确的全部诸侯的统计,所含 12 个诸侯国有大有小,其时代包括从鲁隐公到鲁哀公几乎整个春秋时期。可以认为,它是确定该时期诸侯所行丧月之制的有力根据。

如表所示,诸侯的丧月共分三类,即三月、五月和五月以上。是不是这三类在当时都符合诸侯一级呢? 我们对表中 62 个诸侯的死因和死时该国的国情逐一进行了考察,发现有的丧月之数是由特殊原因造成的,即当时的实际情况不允许按部就班、规规矩矩依礼埋葬。因此,属于这种情况者就很难说与礼制规定有关。表二中五月以上的 12 位诸侯大部分属于此类,下面不妨列出,以明实际。

鲁国

桓公: 因其夫人与齐侯私通,被齐侯杀死于齐。

庄公: 死后不足两月,庆父发动政变,杀死已立君公子班,另立闵公。《左传》

明言庄公迟迟未葬的原因是"乱故"。[1]

昭公：被三家赶跑，在外流亡多年，客死他乡乾侯。

卫国

灵公：死后君位发生危机，晋赵鞅欲以武力送卫太子蒯聩回国即位，两国兵戎相见。

蔡国

景侯：因与媳通，被其子(灵侯)杀。

灵侯：被楚灵王诱杀于申地，蔡一度灭国。两年后楚平王恢复蔡国才得以正式埋葬。

昭侯：因迁都之事引起大夫不满，被杀。

齐国

襄公：被堂弟公孙无知杀，无知自立约二三月又被杀，齐桓公即位后埋葬。

桓公：在桓公病重期间，诸公子就各自树党争立。及桓公死，发生内乱。在争夺君位中先是无诡立，但无诡短命，立三月而死，孝公立。《史记·齐太公世家》在孝公立后云："以乱故，八月乃葬齐桓公。"

郑国

厉公：卒死之月文献记载不一，表一、表二是依《春秋》"五月辛酉"卒统计，若按《史记·郑世家》之说，厉公死于"秋"，比《春秋》属于夏的五月要晚。或许其葬月未超过五月。

曹国

悼公：这是表一不符合"月之奇偶"规则的4例之一。《春秋》经说他死于鲁昭公廿七年十月，葬于次年三月，"三"与"二"一笔之差，颇疑"三"为"二"之误。

宋国

文公：属正常死亡，死后国家无变故，丧月为七，当另有原因(见下文)。

---

[1] 见《左传》闵公元年，此语或为杜预之注误入传文。

以上十二位,前九位之死引起了该国政局危机,或内部争斗,或外部干预。这种非常时期的出现,自然会影响对死者丧事的处理,其埋葬时间往往推迟。用《左传》和杜预的话讲就是由于乱的缘故才拖延了葬期,因而他们的丧月之数超出了礼制规定。

至于另外三位,郑厉公的丧月史载不一,曹悼公的丧月可能有误,他们是否五月以上而葬,实难论定。只有宋文公比较特殊,他属正常死亡,关于他的丧葬情况,《左传》成公二年有较详记述:"八月,宋文公卒。始厚葬,用蜃炭,益车马,始用殉,重器备。椁有四阿,棺有翰桧。"按照杜预和孔颖达的解释,这是僭越王礼的葬法。宋文公的丧月为七,亦与"七月而葬"的天子之礼相合。

总之,除丧月难以断言的郑厉公和曹悼公外,在其他十位中,只有宋文公一位可能是僭用了天子之礼,另九位的丧月之数均因乱故所致,不属僭礼。因此,可以认为,在春秋时期,诸侯在丧月方面的僭礼现象虽有,但很少见。在正常情况下,他们一般不是五月以上而葬。宋文公的僭礼亦未必是他本人的主意,当时知礼的人把这一不轨行为的责任归咎于为他承办丧事的华元和乐举,称他们为"不臣"之人。[1]

按照上述同样的标准,我们也分析了丧月为三月和五月两类,得知在这两类中,正常死亡和国家政局未发生变故者占绝大多数。比如在三月而葬的二十位中,属于这种情况的有十七位;在五月而葬的三十位中,除八位文献记载太过简单,无法说清外,余二十二位中属这种情况的有二十位。这与上述五月以上葬者正好相反。看来在春秋时期诸侯实行三月而葬和五月而葬两种丧月制,其中以五月葬为主。这与礼书的记载基本相符。

五、葬日与柔日、疾日的关系

《春秋》经中葬日记有历日干支的也不少,可归纳为表三。

---

[1]《左传》成公二年。

表三 《春秋》所见葬日统计表

序号	鲁纪年	葬日			死者	备注
		月与干支日	日序			
			建子	建丑		
1	隐公三年	十二月癸未		廿丶	宋穆公	
2	桓公十五年	四月己巳		十六	齐僖公	
3	十七年	八月癸巳		廿三	蔡桓公	
4	十八年	十二月己丑		廿七	鲁桓公	
5	庄公四年	六月乙丑		廿三	纪伯姬	
6	九年	七月丁酉		廿五	齐襄公	
7	廿二年	正月癸丑		廿三	鲁小君文姜	
8	卅年	八月癸亥		廿三	纪叔姬	
9	闵公元年	六月辛酉		初七	鲁庄公	
10	僖公二年	五月辛巳	十四		鲁小君哀姜	
11	十八年	八月丁亥	廿四		齐桓公	
12	廿七年	八月乙未	廿五		齐孝公	
13	卅三年	四月癸巳	(三月)廿五		晋文公	(当为三月之误)
14	文公元年	四月丁巳	廿五		鲁僖公	
15	五年	三月辛亥	十二		鲁小君成风	
16	九年	二月辛丑	廿五		周襄王	
17	十七年	四月癸亥	初四		鲁小君声姜	
18	十八年	六月癸酉	廿一		鲁文公	
19	宣公八年	十月己丑		廿六	鲁小君敬嬴	
20	成公元年	二月辛酉	廿七		鲁宣公	
21	三年	正月辛亥	廿八		卫穆公	
22	三年	二月乙亥	廿三		宋文公	

（续表）

序号	鲁纪年	葬　日			死　者	备　注
		月与干支日	日　序			
			建子	建丑		
23	十五年	八月庚辰	十一		宋共公	
24	十八年	十二月丁未	廿八		鲁成公	
25	襄公二年	七月己丑		十八	鲁小君齐姜	
26	四年	八月辛亥	廿二		鲁小君定姒	
27	九年	八月癸未	廿三		鲁小君穆姜	
28	廿九年	二月癸卯	初六		齐庄公	依《左传》
29	卅一年	十月癸酉	廿二		鲁襄公	
30	昭公七年	十二月癸亥	廿三		卫襄公	
31	十一年	九月己亥	廿一		鲁小君齐归	
32	廿二年	六月丁巳	十一		周景王	依《左传》
33	定公元年	七月癸巳	廿二		鲁昭公	
34	十五年	九月丁巳		初八	鲁定公	
35	十五年	十月辛巳		初三	鲁小君定姒	

这是《春秋》经中全部葬月明确，并记有历日干支的葬日统计，加上《左传》所补2例，共35例。我们发现葬日所用干支有以下两点规律：

第一，在十个干日中，除例23宋共公一人用庚日外，其他34例全部用乙、丁、己、辛、癸五个干日，绝对不见甲、丙、戊、壬四个干日。

第二，按照六十干支的组合关系，乙、丁、己、辛、癸五干必与丑、卯、巳、未、酉、亥六支相配。葬日既用乙、丁、己、辛、癸五干，那么与之相配的六支也当相应出现。然而在34例中，只见丑、巳、未、酉、亥五支，唯有卯支特殊，仅一见。

这两点显然是受某种意识的支配形成的。不错，史书中确实可以找到答案。

先看第一点。

《礼记·檀弓下》云："葬日虞，弗忍一日离也。"

虞是一种安神的祭祀礼，"葬日虞"即在埋葬的这一天举行虞礼。虞礼依身份高低来决定举行次数的多少，葬日所行的虞礼，《仪礼》中称为"始虞"。

《仪礼·士虞礼》云："始虞，用柔日。"

把《礼记》和《仪礼》这两条记载结合起来看，就可得知葬日和始虞这天应该为柔日。柔日和刚日是相对而言的，依《礼记》所言，内外大事分别在柔日和刚日进行。

《礼记·曲礼上》云："外事以刚日，内事以柔日。"

丧葬当然属于内事，应用柔日。那么何谓刚日？何谓柔日？孔颖达在疏中对刚日和柔日在历日中的区分做了具体解释：

外事，郊外之事也。刚，奇日也。十日有五奇五偶，甲、丙、戊、庚、壬五奇为刚也，外事刚义故用刚日也。

内事，郊内之事也。乙、丁、巳、辛、癸五偶为柔也。

比孔氏稍晚的贾公彦在《仪礼·少牢馈食礼》的疏中也做了相同的解释。概括《礼记》与孔、贾之说，分属于刚日和柔日的十干可用表四说明。

表四　刚日、柔日表

刚日(奇日)	甲	丙	戊	庚	壬	行外事(主阳)
柔日(偶日)	乙	丁	己	辛	癸	行内事(主阴)

葬日和始虞用柔日，即乙、丁、己、辛、癸五干，这与前面由表三总结出的第一点

规律正好吻合。前引《论衡》所举《葬历》也提到在埋葬中有"日之刚柔"的戒律，其用意与"月之奇偶"相同。看来《葬历》所言确为周代实际。春秋时期葬日用柔日是确凿无疑的，对此，顾炎武在《日知录》中已有同样的总结。[1]

再看第二点——葬日不用卯。

《左传》昭公九年云："辰在子卯，谓之疾日，君彻宴乐，学人舍业，为疾故也。"

《礼记·檀弓下》也有相类记述，云："子卯不乐。"都把子卯日视为禁忌的日子。虽然禁忌的内容没有提到葬日，但《春秋》经中葬日不见卯的事实与此禁忌完全相符。《春秋》与《左传》本来关系密切，《春秋》所见葬日不用卯，其原因显然如《左传》所言，疾日故也。

此外，《仪礼·士丧礼》有这样的记载："朝夕哭，不辟子卯"，专门强调在丧葬期间，朝夕哭悼亡灵可以不避子卯。这有点像今天某公园门口挂一块写有"早晚不开放"的牌子，言外之意就是其他时间开放。"朝夕哭，不辟子卯"，就等于说在其他时间哭悼亡灵，要避忌子卯。如果丧礼的各方面都不避子卯，那么《仪礼》的此条记述就纯属画蛇添足了。

为什么子卯为疾日而被禁忌？史家说法不一。郑玄、杜预和孔颖达等认为子为甲子，卯为乙卯，因为"纣以甲子死，桀以乙卯亡"，他们都属无道被诛，故以子卯为疾日。[2] 汉翼奉认为"好行贪狼，申子主之""怒行阴贼，亥卯主之，贪狼必待阴贼而后动，阴贼必待贪狼而后用，二阴并行，是以王者忌子卯也"。[3] 还有的认为"子刑卯，卯刑子，相刑之日故以为忌"。不同意纣死桀亡说。[4] 后二者为数术之言，难以置信，也许郑玄等人之说是其本意。

六、葬日的选定

当葬月确定之后，葬日又如何选定？每月有 29 或 30 天，排除所有刚日和卯

[1] 顾炎武：《日知录》卷四（见黄汝成：《日知录集释》，上海古籍出版社，2006 年，第 223 页）。
[2] 《礼记·檀弓下》郑注；《左传》昭公九年杜预集解；《礼记·玉藻》孔颖达疏。
[3] 《汉书·眭两夏侯京翼李传》。
[4] 《汉书·眭两夏侯京翼李传》注引张宴语。

日,剩下的五个属于柔日的干日一般也要各出现三或二次,[1]这中间选哪一个为好? 有没有择日标准?

还是让我们先看看《春秋》经记载中有何规律。表五是对表三中五种柔日出现次数的统计。

表五　《春秋》中柔日出现次数统计表

柔日干名次序	乙	丁	己	辛	癸	合计
出现次数	3	6	5	8	12	34

从出现次数可知,其规律基本是由乙到癸逐渐递增,排在后面的癸日使用次数最多。

我们还依《中国先秦史历表·春秋朔闰表》对表三每个葬日的日序进行了推算(见表三),并按每月上、中、下三旬分类,把葬日(例23刚日葬除外)在各旬出现的次数统计为表六。

表六　《春秋》中各旬葬日出现次数统计表

旬	上旬	中旬	下旬	合计
葬日出现次数	5	6	23	34

表中所见规律也很明显,即葬日在各旬出现次数是下旬多于中旬,中旬多于上旬,尤其偏爱下旬。下旬出现次数是上、中旬之和的一倍多。

表五和表六的规律是一致的,即排在后面的(或晚的)比排在前面的(或早的)出现次数多。说明在选择葬日时也受到某种思想或信念的制约。

下面再看看其他文献记载是怎样选择葬日的,有何规则,是否与以上两表的规律相符。

《礼记·杂记上》云:"大夫卜宅与葬日。"又云:"祝称卜葬虞。"

---

[1] 当该月为刚日朔,而且为小月时,有一种柔日二见,其余情况均为三见。

可知葬日和虞礼(此条指始虞)是通过占卜来确定的。

《左传》宣公八年云:"礼,卜葬先远日,辟不怀也。"

卜选葬日时要先卜远日,以表对死者的怀念之情,免得急匆匆埋葬落个不孝的名声。

何为远日?

《礼记·曲礼上》云:"凡卜筮日,旬之外曰远某日,旬之内曰近某日,丧事先远日,吉事先近日。"远日与近日的第一个区分标准是旬,旬之外为远,先卜远日当然是先卜下旬,次卜中旬了。对此,孔颖达在疏中明确解说:"今月下旬先卜来月下旬,不吉,卜中旬,不吉,卜上旬。"

以旬为分界时,先卜下旬为远,但这还不是更准确的"远日"。因为每旬中又有五个柔日存在,若遵守"先远日,避不怀"的信念,落实到某一柔日,自然还应以五个柔日的干名次序为标准,先卜最后面的(最晚或最远的)癸日,若不吉,再依次卜问辛、己、丁、乙四日。[1]

由于卜问结果只有吉与不吉两种,所以在先卜下旬五个柔日时,会很容易得到"吉"的结论,也就是说葬日选在下旬的成功率必然很高。同样的道理,在五个柔日中,先卜问的柔日成功率也会比后卜问的高一些,结果就是癸日最多,乙日最少。

上述文献记载非常清楚,它与《春秋》经的实际情况完全相符,使我们明白了表五和表六的葬日为什么癸日多,乙日少,下旬多、上旬少的原委。

关于葬日的占卜时间,上引孔疏云"今月下旬先卜来月下旬",意即在葬月的前一个月的下旬占卜,此说似与《曲礼》本意相悖,《曲礼》在讲"旬之外曰远某日"之后,还紧接着讲了"旬之内曰近某日"。如果前月卜来月,则"旬之内"就跑到前

---

[1] 关于葬日在各旬中的卜法,这里所言是依表五的统计推测的。实际上每旬中并不一定是癸日最远。如某月为壬辰朔,则该月下旬五个柔日的日序应是:癸丑廿二日,乙卯廿四日,丁巳廿六日,己未廿八日,辛酉卅日,癸日并非最远。如果一定要先卜最远一日,那么五个柔日出现的次数应约略相当,这样就与表五的实际情况不符了。因此在旬中卜日时,应以五个柔日干名的次序为标准,不管它们的日序先后,即先卜癸日,最后卜乙日。

一个月去了。我觉得葬日的占卜时间应以月初为宜,只有这样才能对"旬之内曰近某日"作出合理的解释。《荀子·礼论篇》在谈到占卜葬日时也说:"然后月朝卜日,月夕卜宅,然后葬也。"月朝即月初。

葬日是在葬月中经占卜选定的,所以丧月相同的死者,从卒日到葬日所历天数(可称为丧日)就不可能完全相同。所谓"七月而葬""五月而葬""三月而葬"就绝不会是整整七、五、三个月,这与表一丧日一栏的实际情况是一致的。

七、周代葬月、葬日之制的破坏

西周时期葬月、葬日之制是否如上所述,由于缺少这方面的材料,难以确知。不过,春秋时期这种制度既已普遍存在,其源头理应上溯至西周。

葬月和葬日之制的破坏,在春秋时期还不明显。比如在上文有关这方面的统计中,卒月和葬月不符奇偶一致规则的只有4例,不足总数的7%;葬日不用柔日而用刚日的1例,不足总数的3%;诸侯一级能够肯定僭越天子礼"七月而葬"的仅宋文公1例。即使我们不考虑这些例外的出现可能有其他特殊原因,不考虑在礼制中尚有"加一等""加二等"[1]的规定等,这些例外为数也不算多。

众所周知,春秋时期是周代礼制发生动摇并开始遭到破坏的时期,僭礼现象并不罕见,有些方面已得到考古材料的证实,如用鼎制度等。为什么在葬月、葬日方面却未遭到大的破坏呢?这是因为葬月与葬日的选定除与礼制有关外,更主要的是与某种近于宗教的信仰意识有关,是为了避凶就吉。而且,这种意识本来就适用于不同身份、不同等级的人。如表三使用柔日埋葬的死者,有天子,有诸侯,还有诸侯夫人。《仪礼》和《礼记》说士也以柔日埋葬。可见从天子到士在对吉与凶的认识上是相同的,没有等级差别,当然也就无所谓僭不僭礼。从这方面来说,它更难遭到破坏,因而沿用时间会更长。

从春秋时期葬月、葬日之制的普遍和严格存在来看,很可能在战国时期还沿用

---

[1]　见《左传》隐公五年、僖公四年等。

了一段时间。不过,从战国时期意识形态领域各种学派的兴起分析,葬月与葬日之制也必然会受到冲击和破坏。比如在春秋时期,僭礼现象虽经常出现,但在舆论或口头上却都在宣扬礼的重要,维护礼就像"挟天子"一样还能起到一点统治作用,而违反礼往往会成为被征伐和被责难的罪名。进入战国后,宣传礼和维护礼的现象少多了,代之而起的是各种新思想、新主张。在丧葬方面,墨家就公开反对久丧厚葬,认为这是"贪于饮食,惰于作务"的行为,是"淫人"之举。[1] 还有认为人死之后,分不出贤愚贵贱,尧舜桀纣一个样,都是一堆腐骨臭肉。[2] 这种对死的认识,很可能会引起对此前流行的葬月、葬日之制的破坏。

进入汉代,这种葬月、葬日之制就不复存在了。我们依《汉书》统计了西汉诸帝王的卒、葬月日(见表七),发现完全不同于周代。

表七　西汉帝王卒、葬表

序号	帝号	纪年	卒　日		葬　日		丧月	丧日	备　注
			月与干支日	日序	月与干支日	日序			
1	高祖	十二年	四月甲辰	廿五	五月丙寅	十七	2	23	以下日序依张培瑜《中国先秦史历表·秦汉初朔闰表》推算
2	惠帝	七年	八月戊寅	十一	九月辛丑	初五	2	24	
3	文帝	后元七年	六月己亥	初一	六月乙巳	初七	1	7	
4	景帝	后元三年	正月甲子	廿七	二月癸酉	初六	2	10	
5	武帝	后元二年	二月丁卯	十四	三月甲申	初二	2	18	以下日序依陈垣《二十史朔闰表》推算
6	昭帝	元平元年	四月癸未	十七	六月壬申	初七	3	50	
7	宣帝	黄龙元年	十二月甲戌	初七	元帝初元元年正月辛丑	初四	2	28	
8	元帝	竟宁元年	五月壬辰	廿四	七月丙戌	十九	3	55	
9	成帝	绥和二年	三月丙戌	十八	四月己卯	十二	3	54	有闰三月
10	哀帝	元寿二年	六月戊午	廿六	九月壬寅	十二	5	105	卒葬间有闰月

[1]《墨子·非儒下》。

[2]《列子·杨朱篇》:"十年亦死,百年亦死,仁圣亦死,凶愚亦死。生则尧舜,死则腐骨,生则桀纣,死则腐骨,腐骨一矣。"

从表中可以看出,没有一项内容与上述《春秋》经文的规律相合。在 10 例中,卒月和葬月奇偶不一的有 7 例,占多数;丧月为偶的有 5 例,占半数。丧月最多之数为五,不符合天子七月而葬之礼。葬日用刚日和用柔日各占一半,其中第 9 例还是己卯日葬,用了"卯"日。葬日在月之三旬中,以上旬为最多,中旬次之,下旬未见。

这是西汉帝王的卒葬情况,他们既不讲月之奇偶、日之刚柔,也不讲子卯之忌、远日之怀,至于"七月而葬"就更毫不相干了。可见在西汉时期,周代的葬月、葬日之制已完全消失。

八、结语

以上对春秋时期丧葬制度中的葬月与葬日进行了考察,概括起来,可总结为以下几点认识:

1. 葬月要和卒月奇偶一致,即奇月卒者奇月葬;偶月卒者偶月葬。

2. 丧月之数不包括闰月,均为单数。

3. 春秋时期诸侯行"三月而葬"和"五月而葬",其中以"五月而葬"为主,僭用天子礼"七月而葬"者甚少。

4. 葬日用柔日,不用刚日和疾日。

5. 葬日用占卜法选定,占时先卜下旬,再中旬,后上旬。每旬中先卜癸日,然后依次卜辛、己、丁、乙日。

6. 春秋时所行葬月、葬日之制应源自西周,约在战国遭到破坏,西汉时完全消失。

这些认识是根据《春秋》经所记普遍现象,并结合其他文献得出的,当然不包括个别和少数与此不符的现象。实际上,周礼虽然严格,但也有灵活变通的时候,就像孟子回答淳于髡的提问那样,虽男女授受不亲是礼,但当嫂嫂掉在水里,你仍坚守这一礼而袖手旁观,那就简直是豺狼。在这种情况下可以变通,允许拉她一把。[1] 我们

---

[1]《孟子·离娄上》:"淳于髡曰:'男女授受不亲,礼与?'孟子曰:'礼也。'曰:'嫂溺,则援之以手乎?'曰:'嫂溺不援,是豺狼也。男女授受不亲,礼也;嫂溺,援之以手者,权也。'"

不能因为可采用变通的办法就否定男女授受不亲之礼的存在。类似的情况在丧葬方面也有。如诸侯的丧月本应为"五月而葬",可实际上有不少是"三月而葬"。这种非但不僭礼,反而降级的作法也应有其变通的理由。我以为很可能与尸体的不易保管有关。可以想象,在当时的条件下,如果死者遇上夏天,即使尸体下有"夷盘"之具承冰降温,也很难保证尸体不变质。这对孝子孝孙来说,应该于心不忍。与其一天天烂下去,像齐桓公那样虫子乱窜,[1] 还不如将丧月之数由长改短,由五月变通为三月为好。在上文表一丧月为三的 20 例中,丧月涉及最热的六至九月者就有 14 例,占 2/3 强,似可作为这种推测的证据。

再如葬日遇上大雨怎么办? 对此,《春秋》《左传》《穀梁传》《礼记》等文献都提到了,但说法不一。若分析考古所见墓葬规模,对士或庶人一级的小墓来说,雨对埋葬似乎影响不大,《礼记·王制》所云"庶人县封,葬不为雨止"是合理的。但对诸侯一级,如秦公一号大墓来说,即使风和日丽,一天之内安葬妥当也有困难,若遇大雨,非延期或改日不可。因此,葬日虽已选定,仍可因势变通,改为他日。所以《春秋》宣公八年和定公十五年"雨不克葬",改为次日的记述亦不违礼,而属变通之例。

类似者还有,不再一一列举。总之,我们不能以偏概全,不能因为这些个别现象或变通之例而否定普遍实行的礼制规定,这是在本文之末想要补充的。

1992 年 3 月初稿,6 月定稿

(原文刊于北京大学考古系编:《考古学研究》[二],北京大学出版社,1994 年)

---

[1] 见《韩非子·难一篇》《管子·小称篇》《史记·齐太公世家》等。

田野考古与纵论

21
中国青铜铸造业的发生与发展*

一、中国青铜器发生的时与地

依考古所见,我国发现的最早的铜器属仰韶文化,约为公元前5000～前3000年间。如20世纪50年代西安半坡遗址出土的白铜片[1](墓中,铜镍合金[2]);70年代初,临潼姜寨遗址出土的黄铜片[3](F29居面上,铜锌合金[4]),二者都不是青铜。而白铜中的镍与黄铜中的锌都很难提炼,一般认为这两种铜出现较晚,故对此二器的年代,以及其是否属真正的人工合金,学界存有异议。目前所知我国最早的青铜器发现于甘肃地区东部,即东乡林家遗址马家窑文化的青铜刀(77DXL.F20∶18),[5]约为公元前3000年前后,属孤例。但此后不久,仍然是在甘肃突然有了较多发现,主要见于两个区域,一是河西走廊地区,一是甘肃东部。

近年来,在河西走廊地区有不少遗址发现有铸铜遗存,其中最重要的是张掖西城驿遗址。[6] 在该遗址第二、三期中,发现有铜环、铜泡、铜锥、铜管,还发现铸造

---

* 说明: 本讲内容主要采自李伯谦先生主编《中国出土青铜器全集·序》(科学出版社,2018年)。

[1] 中国科学院考古研究院、陕西省西安半坡博物馆:《西安半坡》,科学出版社,1963年。

[2] 半坡铜片的检测分析。

[3] 西安半坡博物馆等:《姜寨——新石器时代遗址发掘报告》,文物出版社,1988年。

[4] 柯俊、韩汝玢:《姜寨第一期文化出土黄铜制品的鉴定报告》,《姜寨——新石器时代遗址发掘报告》,文物出版社,1988年。

[5] 甘肃省博物馆文物工作队等:《甘肃东乡林家遗址发掘报告》,《考古学集刊》4,中国社会科学出版社,1984年。

[6] 甘肃省文物考古研究所等:《甘肃张掖市西城驿遗址》,《考古》2014年第7期;北京科技大学冶金与材料史研究所、甘肃省文物考古研究所:《张掖西城驿冶金遗址调查报告》,《考古与文物》2015年第2期;甘肃省文物考古研究所等:《甘肃张掖市西城驿遗址2010年发掘简报》,《考古》2015年第10期。

铜权杖首和铜镜的石范，以及与铸造有关的炼铜炉渣、炉壁、矿石、石锤和陶鼓风嘴等，表明该遗址确是一处包括铸铜作坊在内的重要聚落，发掘者将其分为三期，第一期属马厂文化晚期，第三期属四坝文化，说明延续时间较长。其出现铸铜遗存的第二期，有学者称之为西城驿文化，[1]上限年代约为公元前 2100~前 1900 年。第三期四坝文化年代与中原二里头文化相当。这是我国到目前为止考古发现的最早的铸铜作坊(图一)。至于河西走廊地区出土铜器的地点，以往亦发现多处，主要出于四坝文化墓葬中，如玉门火烧沟、[2]民乐东灰山、[3]酒泉干骨崖[4]等遗址。所出铜器有红铜、砷铜和青铜，器物种类很多，主要有斧、刀、凿、锥、针、矛、镞、权杖首、扣、环、管、镯、指环、耳环、铃(?)、镜形饰、牌饰、联珠饰等(图二)。火烧沟还出有铸造箭镞的石范[5]。

在甘肃东部，东乡林家之后是永登蒋家坪遗址青铜刀的发现，[6]该发现属马厂文化，年代不晚于公元前 2000 年。在此后的齐家文化中，铜器有了更多的发现，分布范围超出了甘肃东部，著名的遗址如武威皇娘娘台、[7]海藏寺，[8]永靖大何庄、[9]

[1] 李水城:《"过渡类型"遗存与西城驿文化》，甘肃省文物考古研究所等编:《早期丝绸之路暨早期秦文化国际学术研讨会论文集》，文物出版社，2014 年;陈国科、王辉、李延祥:《西城驿遗址二期遗存文化性质浅析》，甘肃省文物考古研究所等编:《早期丝绸之路暨早期秦文化国际学术研讨会论文集》，文物出版社，2014 年。

[2] 北京科技大学冶金与材料史研究所、甘肃省文物考古研究所:《火烧沟四坝文化铜器成分分析及制作技术的研究》，《文物》2003 年第 8 期;甘肃省文物考古研究所:《甘肃玉门火烧沟遗址 2005 年发掘简报》，《文物》2019 年第 3 期。

[3] 甘肃省文物考古研究所、吉林大学北方考古研究室:《民乐东灰山考古》，科学出版社，1998 年。

[4] 北京大学考古文博学院、甘肃省文物考古研究所:《甘肃酒泉干骨崖墓地的发掘与收获》，《考古学报》2012 年第 3 期;甘肃省文物考古研究所、北京大学考古文博学院:《酒泉干骨崖》，文物出版社，2016 年。

[5] 孙淑云、韩汝玢:《甘肃早期铜器的发现与冶炼、制造技术的研究》，《文物》1997 年第 7 期，图八。

[6] 甘肃省博物馆:《甘肃省文物考古工作三十年》，《文物考古工作三十年(1949~1979)》，文物出版社，1979 年。

[7] 甘肃省博物馆:《甘肃武威皇娘娘台遗址发掘报告》，《考古学报》1960 年第 2 期;甘肃省博物馆:《武威皇娘娘台遗址第四次发掘》，《考古学报》1978 年第 4 期。

[8] 梁晓英、刘茂德:《武威新石器时代晚期玉石作坊遗址》，《中国文物报》1993 年 5 月 30 日第 3 版。

[9] 中国科学院考古研究所甘肃工作队:《甘肃永靖大何庄遗址发掘报告》，《考古学报》1974 年第 2 期。

图一　西城驿遗址发现的冶铸遗物

1. 炉渣（10ZHT0301⑤C） 2. 鼓风管（10ZHT0101⑦b 乙） 3. 炉壁（H15③）
4. 权杖头石范（编号不详）（1~3. 第二期 4. 第三期）
（《考古》2014 年第 7 期）

秦魏家,[1]临潭磨沟,[2]广河齐家坪,[3]青海贵南尕马台,[4]西宁沈那[5]等。
关于齐家文化的年代,以往的考古学文化分期,多认为相当于中原地区龙山文化至
二里头文化早期,晚于马厂文化,延续时间很长。[6]　但出土铜器的单位最早约为公
元前多少年? 仅有分期判断,缺少测年数据支持,尤其是早年的发掘少有测年数据,

［1］中国科学院考古研究所甘肃工作队:《甘肃永靖秦魏家齐家文化墓地》,《考古学报》1975 年
第 2 期。
［2］甘肃省文物考古研究所、西北大学文化遗产与考古学研究中心:《甘肃临潭磨沟齐家文化墓地发
掘》,《文物》2009 年第 10 期;西北大学文化遗产与考古学研究中心、甘肃省文物考古研究所:《甘
肃临潭磨沟齐家文化墓地发掘的收获与意义》,《西北大学学报》2009 年第 5 期。
［3］参看孙淑云、韩汝玢:《甘肃早期铜器的发现与冶炼、制造技术的研究》,《文物》1997 年第 7 期。
［4］青海省文物考古研究所、北京大学考古文博学院:《贵南尕马台》,科学出版社,2016 年。
［5］王国道:《西宁市沈那齐家文化遗址》,《中国考古学年鉴 1993》,文物出版社,1995 年。
［6］张忠培:《齐家文化研究》上、下,《考古学报》1987 年第 1、2 期。

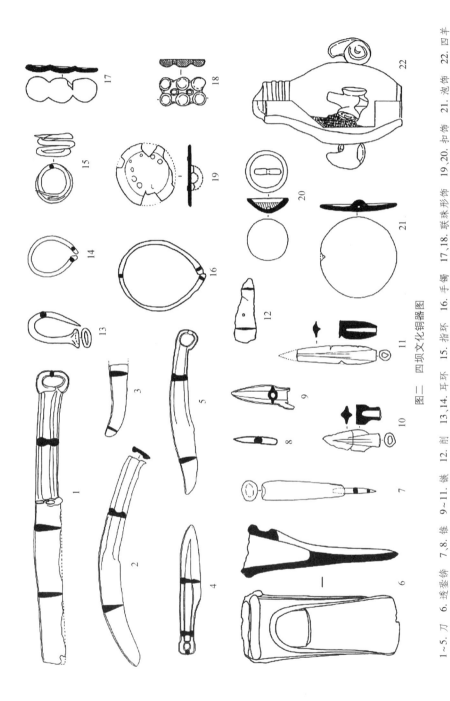

图二 四坝文化铜器图

1~5. 刀 6. 透銎锛 7,8. 锥 9~11. 镞 12. 削 13,14. 耳环 15. 指环 16. 手镯 17,18. 联珠形饰 19,20. 扣饰 21. 泡饰 22. 四羊首权杖

（1~7,9,13~15,18,20,21. 干骨崖遗址 8,12,16. 东灰山遗址 10,11,17,19. 鹰窝树遗址 22. 火烧沟遗址）

即使有,也不是系列样品,这为进一步比较研究带来困难。齐家文化发现的铜器,也包括红铜、砷铜和青铜,就发现地点和数量而言,多于河西走廊地区。主要器物除较多的铜刀、铜锥外,还有镜、铲、空首斧、凿、钻、匕、泡、臂钏、耳坠、项饰、牌饰等(图三)。

　　由于甘肃地区发现的上述青铜器是迄今为止中国发现的最早的青铜器,特别是西城驿铸铜作坊的发现,与之相伴的还有来自西亚的绵羊和小麦等,这使越来越多的学者认为它们的出现与欧亚草原的文化交流有关,这种认识有其合理性。但要据此进一步推断它是中原地区夏商周三代青铜铸造业的源头,尚需更多的证据予以充实。比如,就甘肃上述两地区来说,如果河西走廊地区铜器出现的年代早于甘肃东部地区,则认为欧亚草原文化的铸铜技术通过河西走廊东传到甘肃东部还是很有道理的。可是,依以往对甘肃东部齐家文化铜器最早年代的判断,则早于河西走廊地区,[1] 而且早在齐家文化之前的马家窑文化和马厂文化中就有青铜器出现,这就反过来了,是由甘肃东部传到河西走廊。究竟如何? 考虑到齐家文化缺少对其出土铜器的早期单位的测年数据(如皇娘娘台),以及近年来^{14}C 测年对采样的要求和结果往往向后压的变化,需要对齐家文化出土铜器的单位进行重新测年,这样才能得出更合理的结论。

　　就更大范围来说,以下两个方面也应考虑。一是介于甘肃与中原之间的陕西关中地区,即缺少系连二者的发现,倘若在客省庄二期文化和早期先周文化中有较多类似上述甘肃地区的青铜器发现,问题就会更加明朗。[2] 二是在陕西及其以东,龙山时期也有一些小体铜器发现,除登封王城岗之残铜片为青铜,因所属时代存有争议,暂且不论外,其他发现也有多处,如山西襄汾陶寺、[3] 陕北神木石

---

[1] 张忠培:《齐家文化研究》上、下,《考古学报》1987 年第 1、2 期;王振:《从齐家文化铜器分析看中国早期铜器的起源与发展》,吉林大学硕士学位论文,2006 年。如大何庄 F7,张先生判断为齐家文化分期的第三期第一段(三期八段的第六段),F7 的两个测年数据分别是公元前 2050±115 年和公元前 2010±110 年,而齐家文化铜器在第一期偏晚时就出现了,远早于大何庄 F7,相当于龙山文化时期,而西城驿最早的铜器是其第二期,测年结果的上限年代是公元前 2100~前 1900 年。

[2] 在关中西部,或者说西安以西,缺少二里头文化时期的遗址,即在客省庄二期与京当型商文化之间尚有空白,也许有而未发现。

[3] 中国社会科学院考古研究所山西工作队等:《山西襄汾陶寺遗址首次发现铜器》,《考古》1984 年第 12 期。

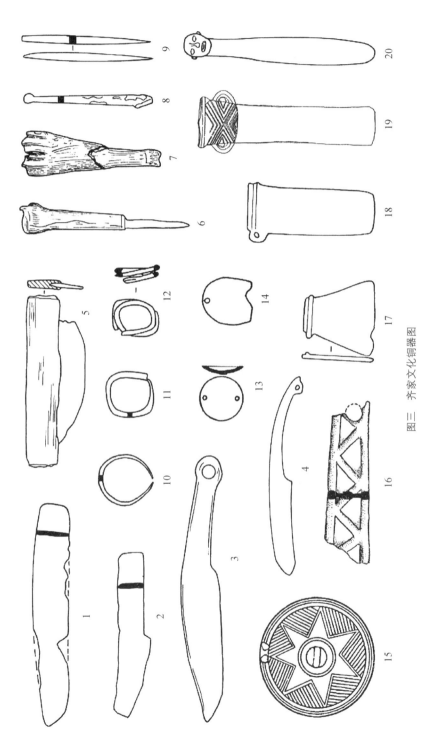

图三 齐家文化铜器图

1~4. 刀 5. 胄柄刀 6.7. 胄柄锥 8.9. 锥 10.11. 耳环 12. 指环 13.14. 扣 15. 镜 16. 残刀柄 17~19. 斧 20. 人首匕
（1.6.7. 互助总寨;2. 永靖大何庄;3. 康乐商罐地;4.18. 岷县杏林;5. 临夏魏家合子;8.16. 武威皇娘娘台;9,14,17. 永靖秦魏家;10.13. 积石山新庄
坪;11,12,15. 黄南贵安马台;19，20. 广河齐家坪）

峁、[1]河北唐山大城山、[2]山东胶县三里河、[3]湖北天门邓家湾[4]等遗址。虽然这些铜器多为红铜或砷铜，数量也不多，但毕竟是铜器，且分布范围很广，很难说都是偶然出现的，因而忽略不计。按照传统的看法，龙山文化的年代与齐家文化偏早阶段相当，依21世纪以来的测年，龙山文化的年代下限晚于公元前2000年，那么龙山诸遗址出土铜器的单位属公元前2000年之前？还是之后？与齐家文化最早铜器的年代相比，究竟谁早？也需要有大量的新的测年数据来比较，方能得出结论。

依现有资料，联系到东乡林家与永登蒋家坪青铜器，则齐家文化铜器早于龙山文化铜器的可能性还是很大的。是否如此，有待今后解决。

这里需要强调的是，在上述出土铜器的龙山文化遗址中，有些发现亦值得特别注意。如在石峁遗址，还发现有铜刀及铸造刀的石范，表明当地确实能够铸造铜器了（图四）。又如陶寺遗址出土的铜器中，有一件铜铃（图四），还有一件疑是容器口部。由此二器可知，其铸造工艺已比较复杂，即至少需要三块范才能铸成，也就是说，当时应该发明了多块范的铸造技术，突破了用两块范铸造简单器形的困境。两块范可以是石范，也可以是陶范，但三块以上的范最大可能是陶范。因此，这两件陶寺遗址铜器，或系陶范铸成，而陶范的发明在铜器铸造工艺发展过程中是一重大突破，迈出了铸造复杂器形的关键一步，开启了铸造中国特色青铜器的大门。

新技术的发明会很快得到推广，继龙山文化之后，在中原地区的二里头文化中，青铜铸造业得到了空前的发展。在二里头遗址发现一处铸铜作坊，范围约1万平方米以上，属二里头文化第二至四期，前后延续使用约200年之久，作坊内发现有多座操作间，铸铜器具有各种形式的坩埚、炉壁和陶范。依陶范可知所铸器物种类多样，其中不少造型奇特，形体较大，部分还有精美的花纹。用这些陶范所铸造的许多器物迄今尚未发现，若与二里头遗址已发现的青铜器相比，显得更加华丽精

［1］陕西省考古研究院等：《陕西神木县石峁城址皇城台地点》，《考古》2017年第7期。

［2］河北省文物管理委员会：《河北唐山市大城山遗址发掘报告》，《考古学报》1959年第3期。

［3］中国社会科学院考古研究所：《胶县三里河》，文物出版社，1988年。

［4］邓家湾铜器见李伯谦主编：《中国出土青铜器全集·湖北卷》上，科学出版社，2019年。

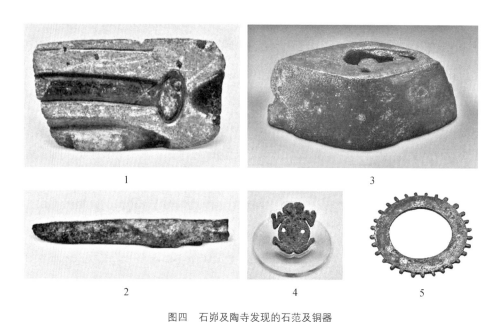

图四　石峁及陶寺发现的石范及铜器

1. 石范　2. 铜刀　3. 铜铃（M3296∶1）　4. 铜蛙　5. 齿轮形器
（1、2. 石峁遗址皇城台出土　3～5. 陶寺遗址）

美。它们中肯定有一部分尚埋在那些还未发现的大型墓葬中。

　　仅据二里头遗址已有的发现,青铜器种类之多几乎包括了中国青铜时代最主要的类别(图五)。既有具礼器性质的容器,如鼎、爵、斝、盉等;也有用于战争的兵器和各类生产工具,前者有戈、钺、戚、镞等,后者有锛、凿、钻、锥、刀和鱼钩等;还有各种镶嵌绿松石的装饰品和铜铃。此外,早在 20 世纪 70 年代,于山西东下冯遗址的发掘中,也发现过属二里头文化时期的青铜器,有刀、凿和镞等,还发现有铸造斧与凿的石范若干,表明该遗址也能铸造铜器。[1]　近年,国家博物馆会同山西文物考古单位,先后在闻喜千金耙遗址[2]和绛县西吴壁遗址[3]进行了调查和发掘,前

[1] 中国社会科学院考古研究所等:《夏县东下冯》,文物出版社,1988 年。

[2] 李刚:《闻喜千金耙遗址的发现与商代早期青铜器原料产地研究》,《青铜器与金文》第一辑,上海古籍出版社,2017 年。该遗址发现的石质采矿工具与东夏冯类型和二里冈文化陶器共存,即在二里头文化时期就开采了。

[3] 戴向明、田伟、崔春鹏:《山西绛县西吴壁遗址发现大量夏商时期冶铜遗存》,《中国 (转下页)

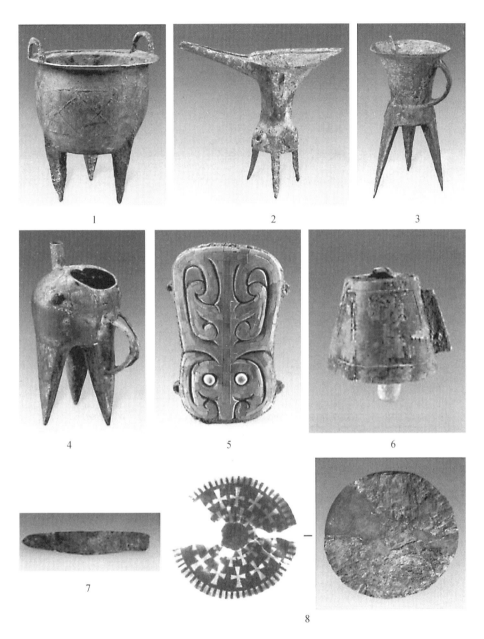

图五　二里头遗址发现的二里头文化时期铜器

(《中国出土青铜器全集》9)

(接上页)文物报》2018 年 12 月 14 日；戴向明、田伟等：《山西绛县西吴壁遗址 2019 年春季再获新成果》,《中国文物报》2019 年 7 月 5 日第 8 版。

者位于中条山铜矿区,发现大量采矿或加工矿石的石锤(图六),与之伴出的陶器属二里头文化和二里冈文化。西吴壁遗址位于中条山西麓,闻喜与绛县南北相邻,这两处遗址相距不远。西吴壁遗址的主要文化遗存恰属二里头文化和二里冈文化时期,两时期都发现有大量与冶铜有关的遗存,而且越来越丰富。二里头文化时期,发现有陶范、石范、陶鼓风嘴以及其他冶铸工具,还有残炉壁、碎矿石、炉渣、木炭等。由于没有发现太多的陶范,发掘者推测可能主要是炼铜,至于铸造大量铜器,则在其他都邑性聚落完成。

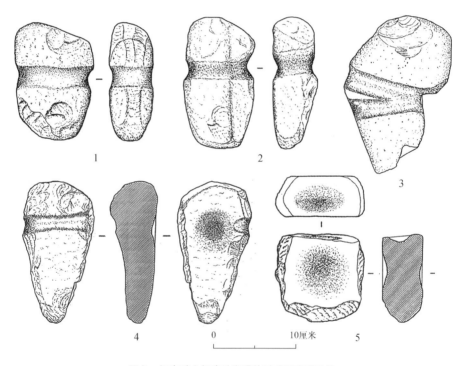

图六　闻喜千金耙遗址发现的采矿及碎矿工具

1~3. 石锤(ⅠT0101②:1,ⅣT0102①:2,J2-XD:1)　4. 锤臼一体器(ⅣT0606L1:2)　5. 三面石臼(采集)

(李刚:《闻喜千金耙遗址的发现与商代早期青铜器原料产地研究》,《青铜器与金文》第一辑,上海古籍出版社,2017年)

二里头、东下冯、西吴壁和千金耙是中原地区发现的最早的与青铜铸造业有关的遗址,说明在二里头文化时期中原地区已形成了从采矿到铸造铜器的完整作业链。此时,形制简单的铜器还用石范,形制复杂的铜器则用陶范。

如前所述,齐家文化偏晚阶段进入二里头文化时期,四坝文化的年代与二里头文化时期相当。如果将甘青地区和中原地区发现的这一时期以来的青铜铸造遗存进行比较,可得出如下两点认识。

一是就青铜铸造的出现时间而言,如前面的判断,甘青地区似早于中原,因此,中原地区青铜铸造技术的出现,可能受到甘青地区的影响。如何影响?是直接的人员流动,还是间接的技术传递?都有可能。总之,两地之间存在交流,不是隔绝的。对此,可以在其他方面找到旁证。如二里头遗址常见的典型陶器花边堆纹罐,见于客省庄二期文化与齐家文化中,而不见于中原地区任何一类龙山文化;再如齐家文化的典型陶器双大耳罐,在陶寺遗址和北面的朱开沟遗址都存在,那么介于朱开沟与陶寺之间的区域内也当有之,如石峁遗址等;[1] 又如海贝,中原地区陶寺遗址的发现是时代最早的,据说石峁遗址也有,二者都属龙山文化时期,而更早的发现是在西部甘青地区,属马家窑文化和马厂文化,到齐家文化更多见;还有,二里头文化的陶礼器盉及镶嵌绿松石的铜牌饰,也见于甘青地区,[2] 这已为学界熟识。如此之多的相似与相同,不能不承认两地关系相当密切。

二是虽然甘肃地区铸造青铜的时间早,地点多,但铸造器具仅见石范,未见陶范。所见铜器为数已不少,可均属简单器形,说明直到齐家文化与四坝文化时可能都未使用陶范,推测即使有也极少,未能成为主流。铜器中数量最多的是手工工具和饰件,没有发现容器。[3] 可能与礼仪有关的器物仅有权杖头[4]以及西宁沈那

---

[1] 近年,田建文先生在山西吕梁地区南部乡宁、吉县一带也发现了这种双大耳罐。田建文:《鄂地远古有历史——从乡宁采集的双耳罐谈起》,《乡宁县第二次"鄂文化研讨会"论文集》,乡宁县文化研究会,2018 年。

[2] 张天恩:《天水出土的兽面铜牌饰及有关问题》,《中原文物》2002 年第 1 期。

[3] 青海出过商代早期偏晚铜鬲,属外来之物。见赵生琛:《青海西宁发现卡约文化铜鬲》,《考古》1985 年第 7 期。

[4] 参看李水城、水涛:《四坝文化铜器研究》,《文物》2000 年第 3 期,图三。

遗址出土的大铜矛。[1] 其青铜器既未在生产领域发挥主要作用,也未在政治领域成为别等级、明贵贱、表身份的象征。因此,如果说齐家文化与四坝文化属于青铜时代,则相当勉强,因为它与中原地区二里头文化时期的青铜铸造工艺、特征及功用相比,区别太大,不可同日而语。这里还需强调的是,在齐家文化和四坝文化之后,在东来的秦文化出现之前,即相当于夏、商两代乃至西周约千余年的时间内,东方青铜铸造业迅猛发展,在商代晚期已进入鼎盛阶段。可最早发现青铜器的甘青地区,其青铜铸造业却一直毫无起色,如齐家文化之后的辛店文化、卡约文化和寺洼文化均未发生像中原二里头文化那样的突变,始终停滞不前。就此而言,即使二里头文化的青铜铸造技术来自西部地区,但它发生的技术突变,赋予的政治内涵则是自身的发明,从此,中国青铜铸造业形成了自己的特色。这是应该区别看待的,不可混为一谈。对此,尚未引起学界重视。

二、青铜铸造业的发展历程

按照学术界的普遍认识,二里头文化属夏文化,由于整个二里头文化时期都未发现大型墓葬,故已发现的铜器,涉及地点不太多,数量也很有限,实际应该更多、更精美。从已有发现来看,夏代确已进入青铜时代。此时的铜器,器壁普遍比较轻薄,纹饰不太复杂,为单层花纹。礼器中酒器突出,代表器物是爵、斝、盉,且爵与盉往往相配使用,也有炊食器(图五),兵器已占较大比重。

商代为时较长,青铜器特征早晚变化明显,按照普遍的认识,其考古学文化包括二里冈文化和殷墟文化。商文化分期比较成熟,对分期的进一步概括有两种意见,一是概括为早、中、晚期,为三分说;一是概括为前、后两期,为二分说。依青铜器特征的变化,二分说容易把握,即武丁以前为商前期,或称早商时期,包括二里冈下层到殷墟一期;武丁以来为商后期,或称晚商时期,包括殷墟二期到四期。下面,

---

[1] 该矛与欧亚草原赛伊玛-图尔宾诺文化者相同。图像见李伯谦主编:《中国出土青铜器全集》18,科学出版社,2019 年,341 号。前些年在河南南阳出土过多件。

我们按后一种分法介绍。

　　商代前期,青铜器发现地点很多,可以说在商文化分布范围内有普遍发现,数量更是远多于夏代。青铜器铸造作坊发现有很多处,由黄河流域扩展到长江流域,如郑州商城、[1]郑州小双桥遗址、[2]偃师商城、[3]洹北商城、[4]垣曲商城(仅有炼渣)、蓝田怀珍坊、[5]西安老牛坡、[6]盘龙城商城、[7]安徽阜南台家寺[8]和迎水寺[9]遗址等,最近在湖北黄陂也有发现。其中亳都郑州商城就发现两处,而且比其他遗址所见铸铜遗存丰富。铜器特征基本承袭夏代风格,器壁仍然偏薄;纹饰多呈条带状单层花纹;铭文极少见,在发掘品中仅有几个疑似铭文的单体标识。礼器中仍是酒器最多,常见者为斝、爵、罍、盉。炊食器有鼎、鬲、甗、簋,其他器物还有尊、罍、瓿、盘、卣等。凡三足器,多为锥状空足。兵器中除最常见的戈、镞之外,新出现了矛和卷头刀。钺非常突出。需要强调的是,商代前期也未发现规模太大的墓,现知本阶段规模最大的墓是盘龙城李家嘴 M2,该墓口稍小于底,墓底南北长 3.77、东西宽 3.4 米,其中随葬铜器 50 件。[10] 可以推测,在商王朝的首都郑州商城附近应有规模更大的墓存在,其随葬的青铜器一定远多于李家嘴 M2(图七)。

　　到商代后期,青铜铸造业达到新的高峰。在商文化分布范围内,青铜器发现更为普遍。本阶段青铜器几乎全部变得厚重起来,多数器物甚至在整个青铜时代器

[1] 河南省文物考古研究所:《郑州商城——1953~1985 年考古发掘报告》,文物出版社,2001 年。
[2] 河南省文物考古研究所:《郑州小双桥——1990~2000 年考古发掘报告》,科学出版社,2012 年。
[3] 中国社会科学院考古研究所:《偃师商城(第一卷)》,科学出版社,2013 年。
[4] 何毓灵:《河南安阳洹北商城铸铜、制骨作坊遗址》,《大众考古》2017 年第 1 期;何毓灵:《洹北商城作坊区内发现铸铜工匠墓》,《中国文物报》2019 年 6 月 21 日第 5 版。
[5] 西安半坡博物馆、蓝田县博物馆:《陕西蓝田怀珍坊商代遗址试掘简报》,《考古与文物》1981 年第 3 期;1982 年又发掘一次。
[6] 刘士莪:《老牛坡》,陕西人民出版社,2002 年,第 161~165 页;出过戈、镞陶范。
[7] 武汉大学历史学院、湖北省文物考古研究所等:《武汉市盘龙城遗址小嘴 2015~2017 年发掘简报》,《考古》2019 年第 6 期。
[8] 安徽省文物考古研究所、武汉大学历史学院考古系:《安徽阜南台家寺遗址》,中国文物信息网2017 年 3 月 24 日;武汉大学历史学院考古系、安徽省文物考古研究所:《安徽阜南县台家寺遗址发掘简报》,《考古》2018 年第 6 期。
[9] 蔡波涛、何晓琳、朱静:《安徽阜南迎水寺遗址发现龙山到西周遗存》,《中国文物报》2019 年 11 月 29 日第 8 版。
[10] 湖北省文物考古研究所:《盘龙城——1963~1994 年考古发掘报告》,文物出版社,2001 年。

图七　盘龙城李家嘴 M2 出土铜器选录

（《中国出土青铜器全集》11）

壁都是最厚的,与此相匹配,纹饰变为多层花纹,有的近乎浅浮雕,而且往往是通体遍饰花纹。铭文有较多发现,以徽识为主,每器字数很少,到商后期偏晚才出现稍长的铭文,多达 40 余字。礼器中仍然是酒器最多,仍是区分等级最明显的器类。炊食器中,方鼎最为显耀。当然,本阶段的礼器和兵器除保留前一阶段的器类外,还出现一些新器物,种类很多,这里不一一罗列。值得一提的是,在新器物中,新增添了成套的青铜乐器和车马器。其中商文化系统的乐器是小铙,最多的一套五件,大小相次。南方系统是大铙与镈,前者比较多地见于湖南宁乡一带,[1]后者见于江西新干大洋洲墓葬。[2]

与商代前期相比,同等规模的墓葬,随葬铜器的数量增加更为明显。如商前期墓葬盘龙城李家嘴 M2 的面积约 12 平方米,是二里冈时期规模最大的墓,随葬铜器 50 件;而商后期墓葬殷墟郭家庄 M160 的面积约 13 平方米,随葬青铜器 290 余件,其中仅青铜礼乐器就 40 余件(图八)。[3]

在商代后期商文化分布范围内,即使中小贵族墓也会有青铜器随葬。如河北定州北庄子"瞿"族墓地,[4]灵石旌介"丙"族墓地;[5]河南罗山天湖"息"族墓地[6]等。这些墓地各墓的规模都不太大,但都随葬有一定数量的青铜器。

商文化分布范围内的铜器,从组合到器物各方面特征——器形、纹饰与铭文等,共性也很强。

---

[1] 参看熊建华:《湖南商周青铜器研究》第四章,岳麓书社,2013 年。

[2] 江西省文物考古研究所等:《新干商代大墓》,文物出版社,1997 年。

[3] 中国社会科学院考古研究所:《安阳殷墟郭家庄商代墓葬》,中国大百科全书出版社,1998 年。

[4] 河北省文物研究所、保定地区文物管理所:《定州北庄子商墓发掘简报》,《文物春秋》1992 年增刊。

[5] 山西省考古研究所:《灵石旌介发现商周及汉代遗迹》,《文物》2004 年第 8 期;山西省考古研究所:《灵石旌介商墓》,科学出版社,2006 年。

[6] 信阳地区文管会、罗山县文化馆:《河南罗山县蟒张商代墓地第一次发掘简报》,《考古》1981 年第 2 期;信阳地区文管会、罗山县文化馆:《罗山县蟒张后李商周墓地第二次发掘简报》,《中原文物》1981 年第 4 期;河南省信阳地区文管会、河南省罗山县文化馆:《罗山天湖商周墓地》,《考古学报》1986 年第 2 期;信阳地区文管会、罗山县文管会:《罗山蟒张后李商周墓地第三次发掘简报》,《中原文物》1988 年第 1 期;河南省文物研究所等:《1991 年河南罗山考古主要收获》,《华夏考古》1992 年第 3 期。

图八　安阳郭家庄 M160 出土铜器选录

（《殷墟新出土青铜器》,云南人民出版社,2008 年）

　　至于此时铸铜作坊,仅在都城殷墟,规模大的就有多处,如孝民屯、[1]苗圃北地、[2]小屯东北地、[3]大司空村南地、[4]王裕口东南地、新安庄[5]和薛家庄南地[6]等。近年又在殷墟外围发现两处,即殷墟东北的辛店遗址、[7]殷墟正南的任家庄遗址[8],构成一个庞大的青铜铸造网络,这在夏商周三代都邑中是绝无仅有的(图九)。

　　在殷墟乃至商文化分布范围的外围,也发现不少包含铸铜遗存的遗址,北面可达长城地带,南面则跨过长江。北面如陕北清涧辛庄遗址铸铜作坊[9]和内蒙古清水河县西岔遗址铸铜遗存的发现。[10] 辛庄遗址属李家崖文化,目前学界多认为晋陕高原铜器群就属该文化。因过去本阶段遗址在晋陕高原发现少,出土铜器地点分散,地近北方草原地带,有学者将其视为游牧社会或以畜牧为主的社会。晋陕高原晚商遗址确实极少? 还是较多而未发现? 进入 21 世纪初,这一问题得到了解决,可谓取得了突破性进展。据曹大志和辛庄考古队分别在晋西和陕北的实地调

[1] 中国社会科学院考古研究所:《殷墟发掘报告(1958~1961)》,文物出版社,1987 年;中国社会科学院考古研究所安阳工作队:《2000~2001 年安阳孝民屯东南地殷代铸铜遗址发掘报告》,《考古学报》2006 年第 3 期;殷墟孝民屯考古队:《河南安阳孝民屯商代铸铜遗址 2003~2004 年的发掘》,《考古》2007 年第 1 期。

[2] 中国社会科学院考古研究所:《殷墟发掘报告(1958~1961)》,文物出版社,1987 年。

[3] 石璋如:《小屯·第一本·遗址的发现与发掘·乙编·殷墟建筑遗存》,历史语言研究所,1959 年;中国社会科学院考古研究所:《安阳小屯》,世界图书出版公司,2004 年。

[4] 高去寻遗稿,杜正胜、李永迪整理:《大司空村第二次发掘报告》,历史语言研究所,2008 年。

[5] 中国社会科学院考古研究所安阳工作队:《河南安阳市殷墟新庄西地 2007 年商代遗址发掘简报》,《考古》2016 年第 2 期。

[6] 周到、刘东亚:《1957 年秋安阳高楼庄殷代遗址的发掘》,《考古》1963 年第 4 期。

[7] 孔德铭:《安阳辛店商代晚期铸铜遗址的发现与发掘》,《大众考古》2017 年第 3 期;孔德铭:《河南安阳辛店发现商代晚期聚落和大型铸铜遗址》,《中国文物报》2017 年 8 月 11 日第 8 版;孔德铭、申明清、李贵昌、孔维鹏:《河南省安阳市辛店商代铸铜遗址发掘及学术意义》,《三代考古》七,科学出版社,2017 年。

[8] 安阳市文物考古研究所:《河南安阳市任家庄南地商代晚期铸铜遗址 2016~2017 年发掘简报》,《中原文物》2018 年第 5 期。

[9] 种建荣、孙占伟:《陕西清涧辛庄遗址》,《黄淮七省考古新发现(2011~2017)》,大象出版社,2019 年,第 221~224 页。

[10] 内蒙古文物考古研究所、清水河县文物管理所:《清水河县西岔遗址发掘简报》,《万家寨水利枢纽工程报告集》,远方出版社,2001 年;曹建恩:《西岔文化初论》,吉林大学硕士学位论文,2003 年。

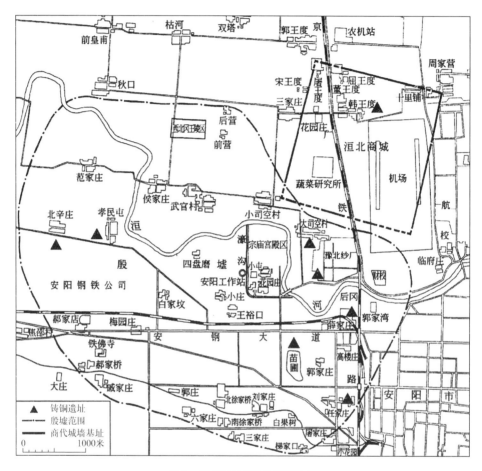

图九　殷墟遗址发现的铸铜地点

（据《中国考古学·夏商卷》图 6-1 修改）

查,发现商代遗址在晋陕高原不是很少,而是很多,且有一定分布规律,往往位于不高不低的峁梁上。除李家崖遗址外,还有两处遗址也进行了较大规模发掘,一是晋西柳林高红遗址,[1] 一是陕北清涧辛庄遗址。两遗址都有大型建筑,其规模可谓

[1] 山西省考古研究所:《2004 柳林高红商代夯土基址试掘简报》,《三晋考古》(三),山西人民出版社,2006 年;山西省考古研究所、吕梁市文物局等:《山西柳林高红遗址 2007 年发掘简报》,《中原文物》2019 年第 6 期。

现知晚商时期殷墟之外最大的,等级之高可想而知。在这样的遗址发现铸铜作坊也很正常。西岔铸铜遗存属商周之际,该遗址距辛庄较远,位于黄河之左,而辛庄位于黄河之右。两遗址铸铜遗存的发现,表明类似的遗存在晋陕高原还有,尤其是距商文化更近的晋西高原更应如此,相信以后还会发现。南方如江西吴城遗址发现有铸铜遗存,[1]结合吴城遗址的规模和该遗址出土的个性特征明显的铜器,可以认为该遗址确有铸铜作坊。这是长江以南发现的最早的铸铜作坊。众所周知,在商文化外围的诸多考古学文化中,吴城文化与商文化的关系最为密切,有学者还认为它是商文化的一个地方类型。前面已经提到,早商时期,在长江以北安徽和湖北境内发现多处铸铜作坊。因此,吴城铸铜作坊的出现,应是商文化铸铜技术南播的结果。

众所周知,在商文化外围还发现不少自具特色的铜器群,如晋陕高原附动物造型的铜器、城洋铜器群中的"弯形器"、[2]三星堆多种独特的铜器[3](图十),还有宁乡铜器群中的大铙及动物造型铜器等[4](图十一)。晋陕高原已发现有铸铜作坊,其他几处铜器群的特色铜器也当属本地铸造,肯定也有铸铜作坊。另外,在西面,老牛坡遗址继商前期之后,此时仍有铸铜作坊存在。[5] 2007 年,我们在河北临城县补要遗址发掘,也发现有晚商时期的陶范和坩埚残件。[6] 总之,这些发现表明当时能够铸造青铜器的居邑很多,分属不同族群和不同考古学文化。

当然,这些铜器群的出现,一方面与商代前期商文化的传播有关;另一方面,商代后期,特别是殷墟发达的铸铜技术也必然会辐射四方,对其他文化产生强烈影响。

[1] 江西省文物考古研究所、樟树市博物馆编:《吴城:1973～2002 年考古发掘报告》,科学出版社,2005 年。

[2] 赵丛苍主编:《城洋青铜器》,科学出版社,2006 年;曹玮主编:《汉中出土商代青铜器》,巴蜀书社,2006 年。

[3] 四川省文物考古研究所:《三星堆祭祀坑》,文物出版社,1999 年。

[4] 参看熊建华:《湖南商周青铜器研究》第四章,岳麓书社,2013 年。

[5] 刘士莪:《老牛坡》,陕西人民出版社,2002 年,第 161～165 页。该遗址出土不少炼渣、陶范和铸铜工具。

[6] 北京大学考古文博学院、河北省文物局等:《河北临城县补要村遗址北区发掘简报》,《考古》2011 年第 3 期。

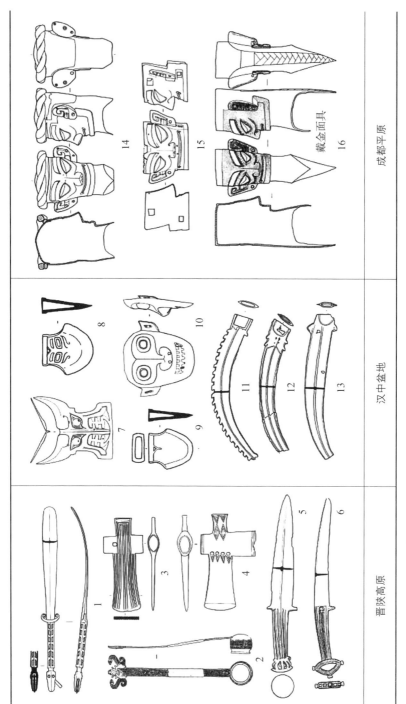

图十　安阳外围的特殊铜器群

1、2、6. 保德林遮峪　3~5. 石楼后兰兰家沟　7、10 城固亢家村小家　8、9. 城固五郎庙 A 地点　11~13 城固苏村老头　14~16. 广汉三星堆
（1~6.《晋西南代青铜器》　7~13.《城洋青铜器》　14~16.《三星堆祭祀坑》）

图十一　湖南地区晚商时期特殊铜器举例

1. 四羊方尊（宁乡）　2. 象尊（醴陵）　3. 铙（宁乡）
（《中国出土青铜器全集》14）

虽然商代后期青铜铸造业非常发达，分布范围很广，但在关中西部及其以西的甘青地区发现却很少，包括先周文化及辛店文化、寺洼文化都是如此。如前所述，这说明青铜铸造业虽然在这些地区发生最早，但未能发扬光大，晚商发达的铸铜业也未对其产生大的影响。直到西周初年，这种局面才稍有改观，具体情况下面再讲。

西周铜器分期有三期与两期之别，即在穆、恭之时开始发生变化。无论三期还是两期，期与期之间的区别经常不易判断，同一件器物的期别归属，常因人而异。以下按两期总结。

西周铜器与商代后期相比发生了一些变化。如食器占据主要地位，典型鼎簋组合的列鼎制度到西周后半形成；传统的酒器如爵、觚、觯突然减少，并在西周后半消失，代之而出的是两种成对的壶——圆壶和椭方壶；水器盘、盉或盘、匜成为高级贵族不可缺少的器物。乐器中，西周初年在南方仍有镈钟，并新出现了编甬钟，以叶家山 M111 曾侯犺墓所见为代表。[1] 几乎同时，编甬钟也在周王朝西土出现，以宝鸡竹园沟 M7 为代表。[2] 不过，在西周前半，每套甬钟件数不一，到西周偏晚

[1] 湖北省博物馆、湖北省文物考古研究所等：《随州叶家山》，文物出版社，2013 年。
[2] 卢连成、胡智生：《宝鸡強国墓地》，文物出版社，1988 年。

阶段,方形成 8 件一套的常制。作为权力象征的铜钺,远没有商代普遍。在商代,各级贵族墓都可见到,故发现数量很多。到西周,数量明显减少,似仅见于部分诸侯墓葬。兵器中,干(锡为证)戈相伴,非常流行。车马器大量使用銮铃,西周偏早时还流行当卢与轴饰。器物的纹饰,西周初年多与商代后期相同,流行饕餮纹(或称兽面纹)、夔纹与各种动物纹。到西周后半,则主要是各种形状的几何纹。有铭文的器物常见,书体与布局越来越规范,字数逐渐增加,到西周偏晚,有的铭文长达490 余字,并出现刻铭,如晋侯苏钟铭文。此外,在西周偏晚时,随葬品中还出现了明器,且部分属复古器物。这一现象一直延续到春秋早期,对此,不少国内外学者有过专门研究。

　　无论上述哪个方面,在周王朝统治范围内,各阶段共性很强。

　　西周早期以来铸铜作坊的发现,与商代后期相比,在分布上也发生了很大变化,即商代罕见铸铜作坊的关中西部及其邻近地区,突然出现多处铸铜作坊遗址,如周原、[1]赵家台(孔头沟)、[2]周公庙遗址。[3] 往北有宁夏南部彭阳姚河塬遗址,[4]这是现知西周时期最西面的一处带有铸铜作坊的遗址。至于西周首都镐京[5]和东都成周,[6]也都发现有铸铜作坊。这些铸铜遗存大都始于西周初年。

[1] 周原考古队:《2003 年秋周原遗址(ⅣB2 区与ⅣB3 区)的发掘》,《古代文明》第 3 卷,文物出版社,2004 年;周原考古队:《周原庄李西周铸铜遗址 2003 与 2004 年春季发掘报告》,《考古学报》2011年第 2 期。

[2] 种建荣、张敏、雷兴山:《岐山孔头沟遗址商周时期聚落性质初探》,《文博》2007 年第 5 期;种建荣、郭士嘉、雷兴山:《陕西岐山孔头沟遗址铸铜作坊发掘简报》,《南方文物》2019 年第 3 期。

[3] 周公庙考古队 2004 年发掘资料。雷兴山、种建荣:《周原地区西周时期铸铜业刍议》,《商周青铜器的陶范铸造技术研究》,文物出版社,2011 年。

[4] 李政:《商周考古的重要发现——宁夏彭阳姚河塬遗址发现西周早期诸侯级墓葬、铸铜、制陶作坊等重要遗迹》,《中国文物报》2017 年 12 月 5 日第 2 版。

[5] 中国科学院考古研究所:《沣西发掘报告》,文物出版社,1962 年;中国社会科学院考古研究所沣西发掘队:《陕西长安、户县调查与试掘简报》,《考古》1962 年第 8 期。

[6] 洛阳博物馆:《洛阳北窑村西周遗址 1974 年度发掘简报》,《文物》1981 年第 7 期;洛阳市文物工作队:《1975～1979 年洛阳北窑西周铸铜遗址的发掘》,《考古》1983 年第 5 期;李德芳等:《洛阳大面积发掘西周铸铜遗址》,《中国文物报》1989 年 2 月 24 日;李德芳:《洛阳北窑村西周铸铜遗址》,《中国考古学年鉴 1991》,文物出版社,1992 年;刘富良:《洛阳市西周铸铜遗址》,《中国考古学年鉴 2000》,文物出版社,2002 年。

与此同时,殷墟庞大的青铜铸造作坊却随着商王朝的灭亡戛然而止。[1] 可见,在西周初年,殷墟铸铜作坊的工匠被大规模迁往他地,其中迁到西土的可能性最大,这显然与周灭商事件有关,目前学界也大都这么认识。[2] 所以,西周早期青铜器特征有不少与商代末期近同,应是工匠随之转移的结果。

西土地区之外,东方各诸侯国也有能力铸造青铜器,已发现铸铜遗存的遗址如山西天马-曲村晋都、[3]北京琉璃河燕都、[4]河南鹤壁辛村卫都[5]等,推测其他诸侯国的都城也当有之。在长江流域,商代铸铜传统应被西周时期继承,只是现在发现的铸铜遗址较少,如安徽铜陵师姑墩等遗址的发现,[6]实际上,类似的遗址应该比较多。

东周青铜器约从春秋中期开始,发生了很大变化。这与周天子威望的逐渐衰落、诸侯及卿大夫势力的逐渐壮大相关。尽管此时礼制已经形成,并成为各国实行的准则,但共性特征愈来愈弱,地方特色愈来愈强。比如,秦与楚的青铜器,虽都实行列鼎制,可在器形特征、器物组合、演变规律,甚至铭文书体等方面都有明显不同。在铸造工艺方面,秦远不及楚高端和精美,属当时较差的。其他诸侯国,尤其是称霸称雄的诸侯国也类似,或多或少都形成了自己的特色。一些地域相邻、自然环境相类的诸侯国还形成了共同的区域特征。

这是与西周相比而言的,作为西周延续的历史阶段,东周也有其时代共性。从青铜器铸造工艺技术层面来看,东周自春秋中期以来,一方面对部分已有工艺进一步发挥、推广,同时也发明了不少新工艺,这些工艺技术在部分地区流行。如春秋中期以来,器身与附件分开做模,分别翻范的技法被广泛使用。山西侯马

[1] 虽然近年学界在努力辨识殷墟的西周初年遗存,但仍然为数有限,与殷墟最丰富的三、四期遗存相比,可谓天壤之别。

[2] 张天恩:《商周之际青铜制造重心徙移的观察》,《金玉交辉——商周考古、艺术与文化论文集》,"中研院"历史语言研究所,2013年。

[3] 邹衡主编:《天马-曲村》第一册,科学出版社,2000年。

[4] 琉璃河考古队1997年发掘资料。

[5] 郭戈、王凤娇:《鹤壁辛村遗址发现铸铜及制骨作坊》,《河南日报》2018年11月28日第4版。

[6] 安徽省文物考古研究所:《安徽铜陵县师姑墩遗址发掘简报》,《考古》2013年第6期;王开、陈建立、朔知:《安徽铜陵县师姑墩遗址出土青铜冶铸遗物的相关问题》,《考古》2013年第7期。

春战之际的晋国都城铸铜遗址就发现不少鼎足、鼎耳和钟甬等附件,表明铸接与焊接技术更为普遍。[1] 近年在郑州西北郊官庄遗址发掘的铸铜作坊也有类似发现,[2]时代属春秋早中期,早于侯马铸铜作坊。此法的使用,可以制作式样复杂的器物,故春秋中期以来青铜器造型更加复杂、精美和漂亮,实与此有关,如著名的新郑莲鹤方壶。春秋中期以来,在花纹的制作上,还广泛采用方块等局部花纹印模法。此法可使花纹遍施全器,也可移施他器,省工省时,提高了效率。因此,铜器上出现了一种非常细密的纹饰,即蟠虺纹和蟠螭纹,且往往遍布器物全身(图十二)。

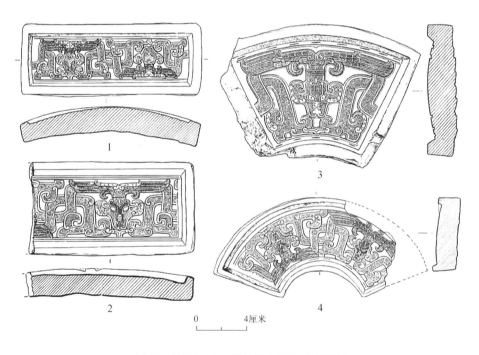

图十二　侯马白店铸铜遗址发现的同一题材陶模

(H15∶64、94、45、72;《侯马白店铸铜遗址》)

[1] 山西省考古研究所:《侯马铸铜遗址》,文物出版社,1993 年。

[2] 郜向平、赵昊、丁思聪:《河南荥阳官庄遗址发现两周及汉代手工业作坊遗存》,《中国文物报》2019
年 2 月 22 日第 8 版。

在战国早期前后，嵌、错工艺和线刻（或称针刻）工艺流行，其构成的图像以写实内容为主，有各种动物、怪兽，有战争、狩猎、射礼、弋射、宴乐、采桑等（图十三）。

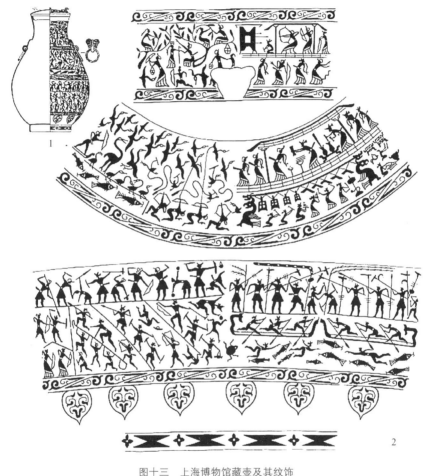

图十三　上海博物馆藏壶及其纹饰

（《晋国青铜艺术图鉴》575 号）

以上几种方法有一个共同特征，就是把整体制作改为分体制作，内部分工细了，效率高了，产品规格化了。

约战国中期以来，青铜器纹饰又有变化，由繁缛华丽转为简单朴实，流畅的云气纹出现，更有不少素面器流行。刻铭多见于器表，部分属"物勒工名"。这些风格延续到汉代。

至于东周青铜器的类别与特征,远比此前任何时期多样和复杂。既有地域之分,也有时代之别,这里不便一一赘及。但从大的类别来看,以下三种器物比较特殊,它们基本都是从春秋后半开始逐渐流行起来,战国时非常突出,有的被后世继承,兹简单说明如下。

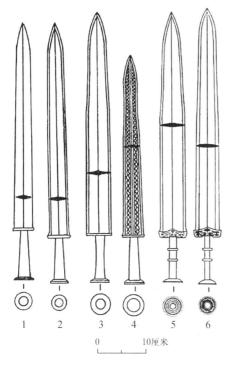

图十四　江陵雨台山楚墓中发现的
一字格剑与凹字格剑

1~4. 一字格剑(M262：2、M324：5、M92：12、
M530：3)　5~6. 凹字格剑(M253：2、M380：3)
(《江陵雨台山楚墓》)

一是青铜短剑。青铜短剑在商代后期就已出现,但在铜器中为数不多,主要见于北方地区,直到春秋晚期才有了较多发现,战国时更为普遍。比较而言,楚系墓葬所见最多。如天星观一号墓随葬青铜剑 32 件;[1]江陵雨台山楚墓共 550 多座,出青铜剑 170 多件,其中 20 多座小型墓,不见其他任何随葬品,可葬有铜剑。[2] 剑属于兵器,但此时还有其他功能,即与身份有关,[3]不限于武士,文职官吏也可佩带。著名的"季札挂剑"(《史记·吴太伯世家》)的故事就透露了这方面信息,时当春秋晚期。战国早期,秦简公"令吏初带剑"(《史记·秦本纪》),接着百姓也带剑。战国晚期,那位弹剑而歌,向孟尝君发牢骚、争待遇的下等食客冯谖就佩带有剑。所以,春秋后半以来,青铜短剑成为铜器中的重要成员(图十四)。

二是青铜铸币。最早的金属铸币一般认为是大甸子墓葬出土的铅贝,[4]属夏

[1] 湖北省荆州地区博物馆:《江陵天星观一号楚墓》,《考古学报》1982 年第 1 期。

[2] 湖北省荆州地区博物馆:《江陵雨台山楚墓》,文物出版社,1984 年。

[3] 白化文:《关于青铜剑》,《文物》1976 年第 11 期。

[4] 中国社会科学院考古研究所:《大甸子——夏家店下层文化遗址与墓地发掘报告》,科学出版社,1998 年。

家店下层文化,时代与二里头文化相当。由于它是仿造海贝铸成的,而海贝的功能之一多以为可充当货币,因而视之为货币。青铜贝始见于商代后期,在殷墟[1]和山西保德林遮峪[2]都有出土(图十五),但为数很少,作为物物交换的中介可以,但不占主流。真正作为商品交易中介的金属铸币应开始于春秋中晚期,主要有布币、刀币和圜钱等。考古发掘的最早的青铜布币,出于天马-曲村遗址,时代为春秋中期,为空首布,体大而轻薄。[3] 此后,特别是在战国时期,金属铸币非常流行,仅侯马铸铜作坊一个地点就出土空首布芯 10 万多件,社会流通之多可想而知(图十六)。虽然各地区流通的货币形态有别,但各自发生与发展的进程不会相差太大。金属铸币的广泛使用,是商业发达的重要标志。依文献记载,恰好是在春秋中晚期出现了大商人,如弦高和范蠡,后者还是弃官下海的商人。战国时期的白圭、吕不韦以及女富豪巴寡妇清都是天下闻名的巨商。也正是在战国偏晚时,各大城邑的商业区——亭、市出现。

图十五　保德林遮峪发现的商代铜贝

(《晋西商代青铜器》)

[1] 中国社会科学院考古研究所:《殷墟的发现与研究》第八章第二节,科学出版社,1994 年。

[2] 吴振录:《保德县新发现的殷代青铜器》,《文物》1972 年第 4 期;韩炳华主编:《晋西商代青铜器》,科学出版社,2017 年,第 99、100 页。原简报报道铜贝 109 枚,后书报道有 43 枚藏于山西博物院。

[3] 邹衡主编:《天马-曲村》第一册,科学出版社,2000 年。

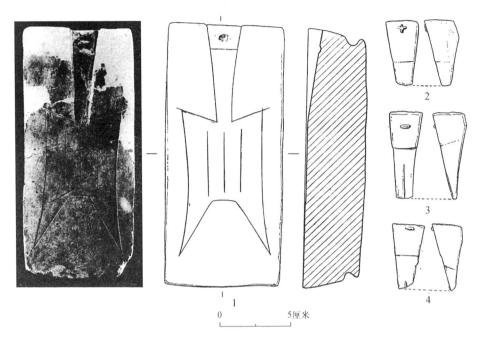

图十六　侯马铸铜遗址发现的空首布范及芯

1. 空首布范(T557F30：5)　2~4. 空首布芯(T837H529：3、T665H30：2、T680H305：6)
(《侯马铸铜遗址》ⅩⅩⅡ地点)

　　三是青铜带钩。最早的青铜带钩多认为属春秋中期,[1]也有学者认为可到春秋早期,[2]但在整个春秋时期发现很少,战国时期突然流行开来,各国都有发现。依考古材料得知,在战国时期的墓葬中,有的地区不仅见于男性,女性墓中也有,如侯马一带的战国墓就如此。在邯郸百家村的49座墓中,半数以上的墓葬有带钩,很可能也是男女都有;另外,葬有带钩的墓葬,不仅见于高级贵族,普通平民,甚至更低身份的人也有。[3] 高级贵族的发现大家比较了解,无需多说,至于普通平民所见,如三晋地区战国偏晚的一些小型墓,其他随葬品没有,但往往有带钩,其位置

────────────

[1] 王仁湘:《带钩概论》,《考古学报》1985 年第 3 期。

[2] 北京市文物研究所编:《军都山墓地·玉皇庙》,文物出版社,2007 年;王继红、吕砚:《玉皇庙文化青铜带钩研究》(上、下),《文物春秋》2013 年第 6 期、2014 年第 1 期;靳枫毅:《探索与突破之路——军都山考古 30 周年回顾》,《北京文博》2015 年第 2 期。

[3] 河北省文化局文物工作队:《河北邯郸百家村战国墓》,《考古》1962 年第 12 期。

不限于腰际,有的还残缺不全,显然是最必要的随葬品。又如,山彪镇1号墓的殉人[1]和侯马战国秦墓中的殉人[2](在围墓沟内)也都葬有带钩。还有,不仅成年人葬有带钩,甚至有的儿童墓也葬有带钩。可见当时带钩使用之广泛。在侯马铸铜作坊,铸造带钩和铸造布币一样,都是相对独立生产的,其中一个灰坑就出土带钩范上万件,说明当时社会的需求量确实很大(图十七)。

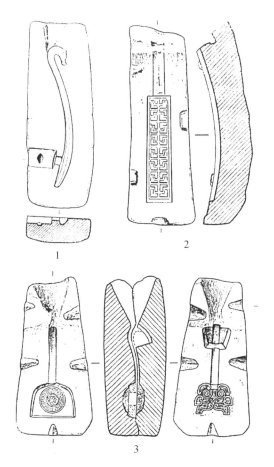

图十七　侯马铸铜遗址发现的带钩范

1. ⅩⅩⅡT555H173：2　2. ⅡT11③：2　3. LⅣT4H16：1
(《侯马铸铜遗址》)

---

[1] 中国科学院考古研究所:《辉县发掘报告》,科学出版社,1956年。
[2] 山西省考古研究所:《侯马乔村墓地》,科学出版社,2004年。

三、青铜器的地域范围与差别

除二里头遗址出土夏代青铜器数量和器类最多,备受学界关注外,另一个受学界关注的地区就是上述甘青地区四坝文化和齐家文化铜器,缘由前已论及。其实,还有一个地区也很重要,因数量较少,尚未引起学界足够重视,即安徽斗鸡台文化出土的铜器,目前主要见于肥西县,以往出有斝和铜铃。[1] 近来在肥西县三官庙遗址又有更多器物出土,其特征与二里头遗址所见有同有异,[2]有可能是本地铸造的(图十八)。这是中原地区之外唯一发现二里头文化青铜容器、兵器、工具和铜铃的地区。若联系二里头文化其他因素在长江流域的发现,如陶器,则斗鸡台文化和湖北盘龙城等遗址都有一些,表明在夏代,中原与江淮地区已建立了密切关系,其原因值得寻味。由此可以推知,在二者的中间地带也当有类似发现,比如位于二里头遗址之东南的新郑望京楼遗址就出土过二里头文化铜爵等。[3]

至于其他地区发现的夏代青铜,数量虽少,但分布范围比较大,多属手工工具或装饰品等小体器物。比较而言,北方地区较为突出,如朱开沟第三段出有铜凿、铜针、铜臂钏和耳环[4](图十九);赤峰大甸子夏家店下层墓葬有铜耳环、铜指环、铜杖首、铜冒和铜镦(?)等[5](图十九),后三种器物不仅需要外范,而且还需要芯范方能铸成。北方地区之所以突出,原因有二,一是可能与龙山文化时期就能铸造铜器有关,这在前面已经提到,如神木石峁的发现,只不过彼时主要是红铜或砷铜,而此时主要为青铜。二是与二里头文化对北方的影响大有关系。前面讲过,二里头文化的陶礼器与铜礼器主要是爵与盉(或鬶),而陶爵与陶盉在大甸子墓地中就有一定数量的发现,一般认为是受二里头文化影响的结果。

[1] 肥西出土斝、铃图像见李伯谦主编:《中国出土青铜器全集》8,科学出版社,2019年。

[2] 秦让平:《安徽肥西三官庙遗址发现二里头时期遗存》,《中国文物报》2019年8月23日第8版。

[3] 新郑县文化馆:《河南新郑县望京楼出土的铜器和玉器》,《考古》1981年第6期。

[4] 内蒙古文物考古研究所等:《朱开沟》,文物出版社,2000年。

[5] 中国社会科学院考古研究所:《大甸子——夏家店下层文化遗址与墓地发掘报告》,科学出版社,1998年。

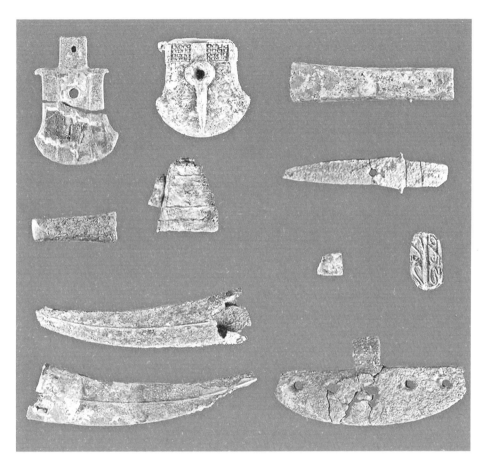

图十八　三官庙遗址发现的铜器

（国家文物局 2020 年 4 月 26 日微信推送）

　　夏代的东方，青铜器发现最少，如岳石文化铜器主要见于泗水尹家城遗址，器类有铜刀、铜环、铜镞、铜锥等[1]（图二十），其他遗址很少。先商文化发现过小体铜刀，更少。这或与两种文化墓葬发现不多，而且已知墓葬规模都不大有关，也许大型墓葬随葬较多青铜，则有待今后的发现予以证明。不过，此时东方地区铸铜业可能真不发达，因为在岳石文化陶器中极少见到二里头文化因素的陶器（两文化

---

[1] 山东大学历史系考古专业教研室：《泗水尹家城》，文物出版社，1990 年，第 203 页。

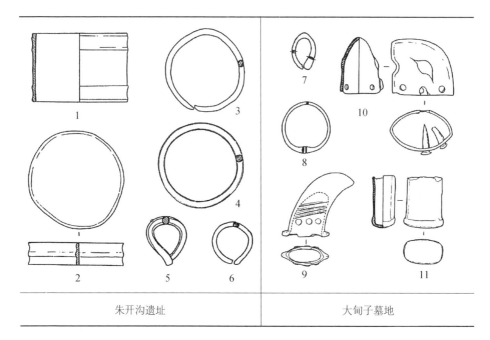

| 朱开沟遗址 | 大甸子墓地 |

图十九　朱开沟遗址与大甸子墓地发现的器物

1、2、4. 臂钏(M3028∶2、M4035∶1、M4007∶1)　3. 铜环(M3028∶1)　5、6. 指环(M4040∶6、M6011∶4)　7. 金耳环(M516∶2)　8. 指环(M453∶9)　9. 枝首(M43∶12)　10. 铜冒(M683∶7)　11. 镦(M715∶15)(7 为金质,余为铜质)

(《朱开沟》《大甸子》)

相邻地区例外),这与前述二里头文化部分陶器见于北方辽宁、西方甘肃、南方江淮地区形成鲜明对照。至于岳石文化对二里头文化的影响倒是有一些,因为在二里头遗址发现有极少量岳石文化因素的器物。如此看来,二者之间相当疏离。这当中既有政治因素——夷夏对立,对此,文献中有不少记载,颇与考古现象吻合;也有经济因素,就是夏王朝不需要从东方获取必要的资源。

到商代前期之初,即相当于二里冈下层时期,青铜器发现明显增多。但分布地区仍然集中在中原和江淮地区,这种态势显然是对前朝的延续,说明商王朝对南方同样重视。中原地区以郑州商城及其附近为代表;江淮地区以盘龙城为代表。而且后者有多种器物不见于前者,前文已经提到,这与后者发现的墓葬规模比前者大有关。到商代前期偏晚阶段,即目前被部分学者称之为中商时期,随着商文化分布

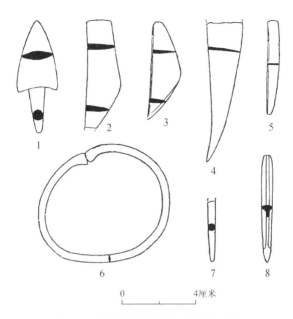

图二十　泗水尹家城发现的岳石文化铜器

1. 镞(T219⑦：30)　2~5. 铜刀(T197⑦：5、79H5：2、T221⑦：21、T222⑦：45)
6. 环(T216⑦：27)　7、8. 锥(T258⑦：7、T268⑦：4)
(《泗水尹家城》203 页)

范围的拓展,青铜器亦相随出现。所见地点和数量都很多,这里不一一列举。

商代后期,虽商文化分布范围有所收缩,可青铜器的发现范围却更为广阔,远远超出商文化分布范围,而且数量更多,中国青铜铸造业进入鼎盛时期。商文化分布范围内的发现前面有所提及,不再重复。在商文化分布范围的外围,亦有不同风格的青铜器群存在,如晋陕高原铜器群、[1]城洋铜器群、[2]宁乡铜器群、[3]还有四川三星堆[4]和江西大洋洲的铜器,[5]等等,分布范围比商代前期

[1] 曹玮主编:《陕北出土青铜器》,巴蜀书社,2009 年;韩炳华主编:《晋西商代青铜器》,科学出版社,2017 年。
[2] 赵丛苍主编:《城洋青铜器》,科学出版社,2006 年;曹玮主编:《汉中出土商代青铜器》,巴蜀书社,2006 年。
[3] 参看熊建华:《湖南商周青铜器研究》,岳麓书社,2013 年。
[4] 四川省文物考古研究所:《三星堆祭祀坑》,文物出版社,1999 年。
[5] 江西省文物考古研究所等:《新干商代大墓》,文物出版社,1997 年。

大了很多。

　　这些铜器群的出现,一方面与前一阶段商文化的扩张有关,是商文化的扩张导致了青铜铸造地域的扩大。另一方面也与殷墟发达的铸造工艺对外的影响有关,因为在这些铜器群中,或多或少都存在商文化或具有商文化因素的铜器。

　　商文化外围发现的这些铜器群,大别之可分南北两线。南线是长江流域,北线是东部长城地带。无论南线还是北线,其相类之处是,除包含有典型的商文化铜器外,又都有各线自己具有特色的相同成分。商文化铜器大家熟悉,无需说明。各线的相同成分也比较清楚,如南线从成都平原到两湖地区,尊、罍和瓿发达;从两湖地区到长江下游,则大型乐器铙、镈突出。这些特征在部分地区延续到西周早期。北线西起晋陕高原,往东到燕山南北,相同成分是流行带动物造型或动物纹样的兵器、工具和装饰物等,还流行佩戴金属耳环。这些特征有的在夏代就已出现,往后延续时间更长;有的往西,还见于宁夏和甘青地区。

　　与商代后期相比,西周青铜器的发现地点更多,分布范围更广。北面见于燕山南北,如辽宁喀左[1]和北京琉璃河铜器;[2]南面见于广东、福建,如博罗横岭山[3]和浦城管九村[4]铜器;往东见于山东半岛,如龙口归城、[5]胶县西菴铜器[6]等;西面见于宁夏南部与甘肃东部,如固原孙家庄、[7]彭阳姚河塬、[8]崇信

[1] 辽宁省博物馆、朝阳地区博物馆:《辽宁喀左县北洞村发现殷代青铜器》,《考古》1973年第4期;喀左县文化馆、朝阳地区博物馆、辽宁省博物馆北洞文物发掘小组:《辽宁喀左县北洞村出土的殷周青铜器》,《考古》1974年第6期。

[2] 北京市文物研究所:《琉璃河西周燕国墓地(1973~1977)》,文物出版社,1995年;中国社会科学院考古研究所、北京市文物工作队琉璃河考古队:《1981~1983年琉璃河西周燕国墓地发掘简报》,《考古》1984年第5期;中国社会科学院考古研究所、北京市文物工作队琉璃河考古队:《北京琉璃河1193号大墓发掘简报》,《考古》1990年第1期。

[3] 广东省文物考古研究所:《博罗横岭山》,科学出版社,2005年。

[4] 福建博物院、福建闽越王城博物馆等:《福建浦城县管九村土墩墓群》,《考古》2007年第7期。

[5] 中国社会科学院考古研究所等编著:《龙口归城》,科学出版社,2018年。

[6] 山东省昌潍地区文物管理组:《胶县西菴遗址调查试掘简报》,《文物》1977年第4期。

[7] 固原县文物工作站:《宁夏固原县西周墓清理简报》,《考古》1983年第1期。

[8] 李政:《商周考古的重要发现——宁夏彭阳姚河塬遗址发现西周早期诸侯级墓葬、铸铜、制陶作坊等重要遗迹》,《中国文物报》2017年12月5日。

于家湾铜器[1]等。出土数量最多的地区,当然是周人发祥之地——西土地区,以周原最为典型。与本地区商代相比,青铜器呈喷发式涌现,见于很多采邑遗址,这亦与本区域发现较多西周铸铜作坊相吻合。

由于西周铜器铭文较多,故周王朝的统治范围,依出土自证国别的铜器铭文也可大致判定。北面有燕国、晋国,北京琉璃河燕侯墓地和山西天马-曲村晋侯墓地出土铜器为证;东面有齐国,高青陈庄与临淄遗址出土铜器为证;南面有鄂国、曾国等,随州羊子山鄂侯墓地和叶家山曾侯墓地出土铜器为证;西面是周人固有领土,拓展不多。据此,我们可以比较准确地复原周王朝的统治疆域,至于疆域内其他诸侯国铜器的发现,也有不少,而且多与历史文献记载相合,如鲁、卫、宋、应、滕、薛、黎等,这在前面已详细讲过。

周王朝统治范围之外发现的西周铜器,除直接来自周王朝地区者外,有些礼、乐、兵器多仿自周文化而具有一些本地特色,比重各地所占不一。在南方,成都平原有彭县竹瓦街的铜器,以所谓"列罍"最为突出[2](图二一)。湖南有望城高砂脊的铜器,出现了与当地陶器相同的釜形越式鼎,即使仿自中原铜鼎,也有了自己的特点,即颈微束,足偏细[3](图二二),广东博罗横岭山的铜鼎与之相同。江苏和安徽有土墩墓的铜器,如其铜盘,形与中原全同,但双附耳紧贴器壁,纹饰多为细密的花纹,完全有别于中原,而与印纹硬陶的纹饰相类,这种纹饰也见于觚形尊上,[4]福建浦城管九村铜器的纹饰亦与之相类。此外,南方的编甬钟也有自己的特点,即不少钟的钲部有花纹,这在中原地区是极为罕见的。在北方,陕北地区仅在延安以南有零星发现,晋中、晋北零星发现都谈不上,这与两地区缺少西周遗址相一致。再往东的燕山以北,主要有所谓喀左铜器群,其埋葬时间多属西周早期,所见青铜容器大部分属周文化器物,其中有包括燕侯在内的多件燕国铜器。另在迁安小山

[1] 甘肃省文物考古研究所:《崇信于家湾周墓》,文物出版社,2009年。

[2] 王家祐:《记四川彭县竹瓦街出土的铜器》,《文物》1961年第11期;四川博物馆、彭县文化馆:《四川彭县西周窖藏铜器》,《考古》1981年第6期。

[3] 湖南省文物考古研究所、长沙市博物馆等:《湖南望城县高砂脊商周遗址的发掘》,《考古》2001年第4期。

[4] 江苏、安徽发现的这类器物,参看李伯谦主编:《中国出土青铜器全集》7、8,科学出版社,2019年。

图二一　1959 年彭县竹瓦街发现的铜罍

（《中国出土青铜器全集》18）

东庄西周墓出土一些铜器，也是周文化与本地文化因素的器物兼而有之。[1]

　　东周各诸侯国铜器区域特色的形成，前面已经提到。在诸侯国外围边远地区也有各自的特色器物，多体现在兵器、工具与饰物上，容器或铸造技术类同容器的器物较少。有的器物可能延续到汉代，甚至更晚。如四川与重庆一带巴蜀特色的兵器、工具以及铸有"巴蜀符号"的徽章；[2]云贵地区的储贝器与两广地区的铜

[1] 唐山市文物管理处、迁安县文物管理所：《河北迁安县小山东庄西周时期墓葬》，《考古》1997 年第 4 期。

[2] 参看中国青铜器全集编辑委员会：《中国青铜器全集》13（巴蜀），文物出版社，1994 年。

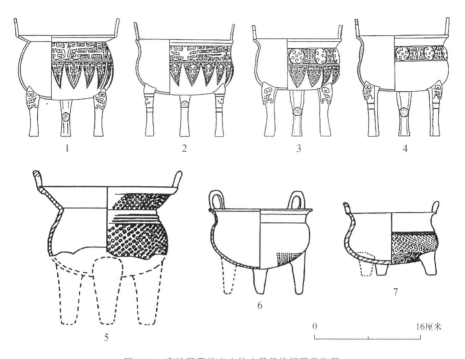

图二二　高砂脊墓地出土的土著风格铜器及陶器

1~4.铜鼎（M1∶7、M1∶6、M1∶3、M1∶2）　4~6.陶鼎（M19∶1、M14∶2、M19∶30）

（《考古》2001年第4期）

鼓，[1]以及整个东南地区流行的两种越式鼎；[2]川陕地区的錞和茧形壶等。北方地区则广为流行动物装饰的器物、环首器物、管銎器物、连珠状泡形器物、杖首、动物牌饰和铜镀等。[3] 西北地区虽然自夏以来没有大的起色，秦的青铜铸造业亦不甚发达，但在东周时期也出现了具有自己特色的器物，如近年在甘肃马家塬戎人墓出土的青铜蛇纹铲足鬲、甗和车马构件等。[4]

————————

[1] 参看中国青铜器全集编辑委员会：《中国青铜器全集》14（滇　昆明），文物出版社，1996年。

[2] 越式鼎，参看向桃初：《越式鼎初步研究》，《古代文明》第4卷，文物出版社，2005年。

[3] 参看中国青铜器全集编辑委员会：《中国青铜器全集》15（北方民族），文物出版社，1995年。

[4] 甘肃省文物考古研究所等：《2006年度甘肃张家川回族自治县马家塬战国墓地发掘简报》，《文物》2008年第9期；早期秦文化联合考古队等：《张家川马家塬战国墓地2007~2008年发掘简报》，《文物》2009年第10期；《张家川马家塬战国墓地2008~2009年发掘简报》，《文物》2010年第10期；《张家川马家塬战国墓地2010~2011年发掘简报》，《文物》2012年第8期；《甘肃张　（转下页）

　　以上简略归纳了中国青铜器的发生与发展历程,概括了区域差别,可以说从夏到东周,青铜器越来越丰富多彩,地域上呈滚动状由中原向四周不断扩大,构成了中国青铜时代的完整画面。

　　　　　　2020 年 1 月 30 日(农历庚子正月初六)初步修改,5 月 25 日定稿。

　　　　　　　　　　　　　　(本文原刊于《中国考古学六讲系列·夏商周考古》,

　　　　　　　　　　　　　　　　　山西人民出版社,2021 年,今稿有修订)

(接上页)家川马家塬战国墓地 2012~2014 年发掘简报》,《文物》2018 年第 3 期。

22
田野考古中存在的几个问题

在田野考古工作中,有一些经常涉及的具体问题,看似简单平常,但在解决这些问题时,如何认识和怎样操作却存在很大差异。其中合理的自不必论,而有欠妥当的则不能不辩。现举出几例,与从事田野考古工作的同仁共同探讨。

一、发掘区的划分

这是从事考古发掘首先面临的问题,但在目前的考古学界还未引起足够重视,国家文物局颁发的《田野考古工作规程》(以下简称《规程》)没有提到,[1]几家有关田野考古的权威论著也未涉及,很多考古发掘工地就从来没有考虑到划分发掘区。我们知道,绝大多数遗址不可能一次发掘完毕,参加人员也不可能固定不变。如果不准确地统一规划发掘区,各行其是,在经过多人之手,持续多年之后势必出现混乱。因此,遗址划分发掘区,尤其是对大型遗址划分发掘区是十分必要的。

到底如何划分发掘区为好?让我们先看看当前考古学界主要采用的分区法。

1. 以自然村庄为准,按方位划分发掘区。如殷墟之小屯南地、苗圃北地、孝民屯西区等,各区分别用字母表示。沣西遗址虽然没有殷墟分得那么具体,但其所谓张家坡、客省庄等亦属此类。

2. 以自然地形或地上特殊标记为准划分发掘区,每区分别用罗马字母或英文字母表示。如二里头遗址最初主要以乡间小路为界,将其分为"井"字形 9 个发掘区;夏县东下冯遗址依河、沟地形将其分为东、西、北、中 4 个工作区;北京琉璃河遗

---

[1] 今按: 指 1984 年版老《规程》。

址以京广铁路为界,把西周燕国墓葬分为两个发掘区等等。

3. 根据发掘地点之多少,从"Ⅰ"开始,依次编排发掘区,称为Ⅰ区、Ⅱ区……如胶县三里河遗址3个发掘区的编排。还有的干脆把若干发掘点直接称为"第一地点""第二地点"等等,有如旧石器时代考古发掘。如夏县东下冯遗址对4个工作区、8个发掘点就采用这种称谓。

4. 方格网分区法。如曲阜鲁故城遗址将该城大部分范围划分为37个500×500米的方格,每个方格就是一个钻探区或发掘区,各区分别用1~37的数字表示。

5. 用坐标法把遗址分为4个象限,每个象限就是一个发掘区,分别用罗马字母或数字表示。如1974年黄陂盘龙城遗址的发掘和1987年石家河遗址群谭家岭的发掘等等。

以上方法中,前三种颇为流行,因为其划分只求大概而不求准确,无需测量即可完成,操作起来简便。但严格说三者的划分标准都不够科学,主要表现在区与区之间没有准确分界,在实施过程中难以把握。如第一种之"小屯南地",南到何处为止?"苗圃北地"又北到哪里?即使有一道分界也是不规则的,而且各区面积不可能统一。至于第三种则随意性更大,毫无规律可言,属临时设计而非长远规划。比较而言,第四、五种较为科学,区与区之间分界明确,不仅便于钻探记录,还便于发掘时统一布方和绘图测量,值得借鉴和效仿。不过,第四种分区法在区号的编排上仍有随意性,尚欠规律;而第五种分区法在探方号的编排上会遇到麻烦,难以规范。我们综合了这两种分区法,提出下面一种方案,按照此种方案分区,既能使发掘区编号形成规律,又能使各区探方编号按同一模式编排。具体而言就是把整个遗址纳入坐标系的第一象限,然后等分纵横坐标轴并作垂线,形成涵盖整个遗址的等面积的正方形方格网。方格大小依实际情况来定(要考虑探方编号等因素),一般以边长100~400米为宜,每一方格就是一个发掘区。我们称此法为"坐标方格网分区法"。至于各区编号则按以下方法编排。

从坐标原点起算,沿坐标横轴向东,每区(格)依次用大写英文字母表示,沿坐标纵轴向北,每区(格)依次用阿拉伯数字表示。将某区在横、纵坐标上对应的字母与数字相连即为该区编号(图一)。如果遗址东西长南北窄,坐标横轴上26个英文字母不够用,则可与坐标纵轴的数字互换,只是区号的表示仍应字母在前,数字在后。

从图一可以看出,坐标原点偏离遗址中心太远,若把它作为遗址总基点,并依此去实地操作划分发掘区显然极为不便。因此在实施过程中应该先在遗址的理想部位确定一个附属基点,把此点移在遗址平面图上,然后以此点为某一发掘区之基点,在平面图上设计成上图所示的样子,逆向推求出坐标原点。

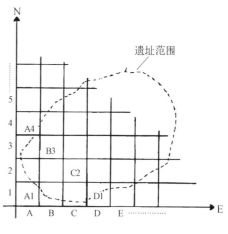

图一　遗址发掘区划分与编号

此种坐标方格网分区法,使遗址每个部位都有了固定的区号。只要按照这一规划去做,无论何时、何人发掘都不会出现混乱。

二、探方的编号

这似乎是一个再简单不过的问题,实则不然。笔者以为真正认真考虑如何进行探方编号更为合理、更为科学者并不很多,仔细观察和分析一下考古学界常见的探方编号便可明了。

在大量的考古发掘中,除个别遗址统一规划探方编号外,绝大多数遗址并未这样做,原因是只图眼下省事而未考虑长远规划,更未考虑到可能会给编写报告造成不便,给后来工作的人造成麻烦。

目前考古学界最普遍的探方编号法是每次发掘都从 T1 编起,发掘几个方就按照自然数顺序编几个方,这些方或连成一片,或分属不同发掘点,发掘几次就有几个 T1 等重复。为了避免方号重复引起混乱,全凭探方前面的区号和年度号区分。一大串代码处处都不能减少,记录需如此,遗物和各类总图亦需如此。人为地制造复杂与烦琐。此外,由于先后随意布方,还会出现方与方不能纵横成排,年度之间相互交错的现象。

　　有些遗址的发掘注意了探方编号的连续性,避免了同一遗址探方编号的重复,但并未从第一次发掘开始就统一规划布方,而是把不重复的探方号标在了发掘时间和发掘点不同的探方内,由于先后发掘的探方不一定按顺序或规律排列,可能第一年发掘南面几个探方,第二年又发掘北面、东面几个探方,结果是方号的排列毫无规律,杂乱无章,这种现象在近年间发表的报告中不乏其例。另外还有一种常见的探方编号法,即按发掘区或发掘点分别编探方号,比如第二发掘区的探方号以"2"字打头,按三或四位数排列(如 T201、T202,或 T2001、T2002 等等)。这种方法使同一遗址各发掘区的探方号很直观地区分开来,有其可取之处,但对同一发掘区来说,若无统一规划,仍会出现探方号杂乱无章的现象。

　　除以上所举几种探方编号外,还有其他方法,不再一一列举。这些方法大都是从当次发掘或局部发掘着想,并未从长远、从整个遗址考虑,若连续发掘,探方编号同样会紊乱不堪。可见,探方编号的不规范是田野考古中存在的普遍现象。

　　到底探方如何编号合适? 在一些专门讲述田野考古方法的论著中多是就一次发掘列举探方编号方法,而未就整个遗址长期发掘应该如何编排给以说明。

　　也许有人认为这是一个无关大局的问题,怎么编号都不会影响考古发掘与研究。我们认为在任何一门学科的研究中,不论遇到的问题是大是小,都应考虑如何解决最合理、最科学。探方编号固然不是一个大问题,但与其杂乱无章还不如使之规范条理。在这方面做得好的是兖州西吴寺的发掘。

　　1984 年,国家文物局在兖州西吴寺举办第一期田野考古工作领队培训班,发掘之初,组织者考虑到今后可能进行多次发掘,为保证各次的衔接,于是对整个遗址进行了全面布方,统一规划了探方编号。这种编号既便于直观了解每个探方在整个遗址的相对位置,又便于书写记忆,是一种比较科学的探方编号法,兹介绍如下以备参考。

　　将整个遗址纳入直角坐标系第一象限,并用 5×5 米之方格网将其覆盖。从坐标基点沿 X 轴向东,每 5 米一个代号,分别用 01 到 99 表示;沿 Y 轴向北亦如此表示,然后将该方所对横坐标与纵坐标之代号相并,即为该方编号(图二)。显然,遗址中的每个部位都有了固定的编号,不论何时发掘,只要基点不变,都能准确地找到。而且根据探方编号还能想到该方所在的大致位置。

西吴寺遗址面积较小,用上述方法统一布方和编号是科学的、合理的。如果遗址范围较大,长宽大于 500 米,则采用上述方法就未必合适了。因为长宽大于或等于 500 米时,横、纵坐标轴上就会出现三位数代号(100 及以上),也就是说探方编号就会出现 5 位数和 6 位数,这样就太复杂和累赘了。[1]

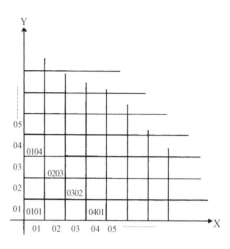

图二　发掘区探方编号

对于规模大的遗址,应该在"坐标方格网分区"的基础上进行,即将每个方形发掘区作为坐标系第一象限,分别以发掘区之基点为原点,将该发掘区布成 5×5 米(或 10×10 米)方格网,然后采用上述西吴寺遗址编号法即可。为避免探方号出现 6 位数,所以方形发掘区长宽应小于 500 米。这就是我们在前节提到的方形发掘区长宽以 100~400 米为宜的原因之一。

三、基点和基线的作用

欲知整个遗址各部位的相互空间(平面与立面)关系,使之准确可靠地移至图上,记录下来,就必须确定一点作为基准,这个点就是基点,其作用有如坐标系的原点。

在田野考古工作中,基点的作用相当广泛。依层次不同,可分以下五种,各种之间有着不可分割的联系。

(一)遗址基点

这是控制整个遗址的总基点,确定了此点才可绘制遗址平面图、地形图,才可

---

[1] 今按:若原点处第一个探方在横与纵坐标上都用"00"表示,而非"01",则该方编号为 T0000。若此,则可在边长 500 米的发掘区内不出现 5 至 6 位数。

以划分发掘区。只要总基点不变并记录清楚,不论何时在该遗址工作,都不会发生混乱。

遗址设置总基点目前在考古学界还不普遍,只见于少数长期发掘的大遗址。基点的设置位置和标识物也不一致,有的把基点设在遗址的中部;有的采用坐标法,把基点设在遗址西南方。标识物有的利用地上能长久存在的自然物或建筑物,如某棵大树、某根电杆等;有的为专门制作的水泥桩。笔者认为以水泥桩为标识物,采用上文所述坐标分区法中的基点设置方法比较合适,即以坐标原点为总基点,同时在遗址便于操作的理想部位设置一个或多个附属基点,注明它们的坐标位置与高差,这样方便实际操作。基点对平面位置的控制作用已有充分体现,而对立面高差的控制则多被忽略。如果对一处坡度明显的遗址做大范围发掘,不计高差就会把不同高度的遗存视为同一平面。严格地讲遗址总基点还要注明经纬度和海拔高度。[1]

(二) 发掘区基点

若遗址被分为方格网状若干发掘区,则各发掘区都有自己的基点,这就是该区的西南角,亦即上文所谓"将每个发掘区作为一个坐标系的第一象限",各区西南角为坐标系的基点。与遗址基点的作用一样,发掘区的基点起着控制全区平面和立面的作用。同时,相对遗址基点而言,各区基点的位置又各不相同,因此,每处发掘区的基点都要注明它同遗址总基点的平面、立面位置关系。

(三) 探方群的基点

发掘区的范围一般很大,而每次发掘不可能把整个发掘区挖完,多数情况是发掘该区的理想部位。那么每次发掘的相互比邻的若干探方可谓一个探方群。这样的探方群不论有多大,不论有多少人参加发掘,发掘过程中都应有专人统一负责。

---

[1] 今按:这是针对过去使用经纬仪时而言,当时还没有使用全站仪。使用全站仪以来,这一问题很精确地解决了。

负责的内容是多方面的,其中包括探方群总平面图和剖面图的拼绘。这自然也需要确定一个基点以控制所有探方。这个基点应是探方群中西南角一探方的西南角。同时,探方群的基点也要注明它和发掘区基点的位置关系。

（四）探方（或探沟）的基点

各探方的基点是各方的西南角,这已是常识问题。其作用是控制全方和表示与探方群基点的位置关系。基于此才能准确地绘制探方的平剖面图,才能准确地度量出各种遗迹、遗物的空间位置,才能与他方产生统一的不矛盾的联系。

上述所有基点都以该点所在位置的地表为准。这些基点是彼此相关的整体,结合在一起便构成全遗址的立体画面。

此外还有一种可随意确定的基点,它不能预先设计,也不限于地表,而是根据实际情况予以确定,这就是控制各类遗迹(含墓葬)的基点。这种基点的实际运用,目前主要体现在绘制遗迹的平剖面图上。因此它的位置设定以符合田野绘图要求和测绘方便为前提。对于范围大的遗迹,基点还不止一个。从道理上讲这仅仅是遗迹基点的作用之一。

基线是由基点引出的射线,上述 4 种基点引出的基线都是正方向(磁南北或东西),相当于坐标系中的正 Y 轴和 X 轴。由遗迹基点引出的基线则方向不定,但这类基线的方位角一定要测出注明。

所有基线一定是水平的,这样才能准确地把握遗址中任何一点的立体位置,真正地反映各点的相互关系。

为了工作方便,在操作时还可在适当位置设附属基线。附属基线不仅要水平,而且一定要平行于原基线,并注明和原基线的垂直距离。附属基线可用于平面,也可用于剖面。

四、遗迹和地层的编号

关于遗迹的编号,《规程》要求每个遗址要统一编,"多次发掘的遗址要避免重复编号"。此所谓"统一"不知是何种程度上的统一？按本人理解，是指任何一处遗址无论发掘多少次，同类遗迹编号都不能重复，比如 H1、F1 等只能有一个。对此，在以往多次发掘的遗址中真正按这一要求做的恐怕为数极少。要做到这一点，每处遗址从第一次发掘开始，每次发掘结束之后，都必须在工地总记录中对各类遗迹编号情况予以说明，以备下次发掘时接续。

《规程》对遗迹编号不能重复的要求是有道理的，理由与前述探方编号为什么不能重复一样，但这一要求也有不适当的时候，如果一味地强调同一遗址各种遗址编号不能重复，那么在实际操作中有时会给工作带来不便。如在一个规模较大的遗址同时开掘两组或三组探方，这两三组探方相距数千米之遥，如各类遗迹编号相互不能重复，这不仅使工地总领队因此而忙于奔波，同时也会影响工地进度。再说一个大型遗址的主要遗迹可能多达万余，则编号就会出现 5 位数，未免有点太长了。因此，我们认为对大型遗址、遗迹的编号如同探方编号，不必强求绝对不重复，应该以发掘区为单元各自编号，各发掘区内部要避免重号。这也是为什么大型遗址一定要划分发掘区的原因。

关于地层编号，《规程》要求"根据叠压顺序，自上而下依次编为①、②、③、④……"这是一个简单易明的高度概括，在实际操作中远比此复杂，尚有一些问题需要探讨。这里主要就地层如何编排，在多大范围内编排比较合适的问题谈些看法。对此考古学界现有两种做法，一是整个遗址统一编排；一是以各探方为单位分别各自编排，打隔梁后再统一串连，解决与邻方层位的对应关系。到底哪种合适，《规程》没有明确，考古学界也无定说。在有关这方面的论述中，大都认为应从整个遗址通盘考虑，统一各探方层次的编号，至少各发掘区应当如此。这样能真实体现地层堆积状况，能使研究者一目了然。从理论上讲，这种意见是有道理的，若能准确把握，把整个遗址先后堆积的文化层用①、②、③……真实地排列出来，应为最理想之结果。按照这种意见进行地层编号的遗址，以兖州西吴寺为代表。

在西吴寺遗址的发掘过程中，主持者根据土质土色和包含物的区别把整个遗址 4 个发掘区的地层统一划分为 10 层，即各发掘区同层号的文化层土质土色和包含物相同，为同时堆积。该遗址是由国家文物局考古领队培训班负责发掘的，代表了当前我国田野考古发掘的最高水平,加之遗址"地势平坦开阔,文化堆积层大都呈水平状相叠,各发掘区文化堆积的深度比较平均",10 层的统一划分当无疑问。但是,对文化层堆积复杂的遗址来说,要达到西吴寺发掘的标准,笔者以为是非常困难的。如果在发掘期间强行统一,把相距甚远,仅土质土色和包含物相类的文化层编为同一层号,视为同时形成的堆积,一旦判断有误,就会使本来有先后次序的文化层混为一体。由此带来的后果不言而喻。

在田野发掘中,经常在探方内遇到这样的情况:面对两个大范围看有区别的文化层,有的部位分界明显,而有的部位却很难把二者划分出来。同方尚且如此,那么把整个遗址土质土色相近的文化层逐一区分开来,像西吴寺那样,虽然 A、B 两个发掘区相距数百米(中间未发掘),但只要土质土色相近就划归同一文化层,用同一层号表示,实在是难而又难,需要有相当高的认识水平和辨别能力,否则定会发生混乱。

至于依靠包含物划分地层,若遇上不同文化或同一文化发生巨变的文化层尚可区分,倘若是同一文化不同期段的变化,在发掘期间就能总结出来并作为划分地层的依据亦非易事,除非对该遗址内涵熟识,对遗物之演变特征相当清楚才能做到。因此,包含物固然是划分文化层的凭据之一,但不可绝对化。如果对一处新遗址进行发掘,在对包含物特征还不十分清楚的时候,依包含物之变化划分文化层则很容易把分属不同期段的文化层合在一起,因为田野期间对包含物的认识毕竟是初步的、有限的。

再说对一处遗址的发掘往往不是一次完成的,也可能不是由同一人或同一部分人负责的,那么本次发掘各层土质土色要与下次发掘各层土质土色完全相同无误,除文字记录外,发掘人还需有惊人的记忆,一二层乃至三四层也许可以记清,若有十几层、几十层恐怕就困难了,能够做到准确无误几乎不太可能。倘若前后两次易人,只有另立标准重新编号。

按遗址统一编排地层号还有一种情况也不好处理,比如第一次发掘共分 7 层,分别编为第 1~7 层,第二次又新发现若干层穿插于前次诸层之间,这又该如何处理? 要做到整个遗址统一编排地层号,只好重新修正前次层号。那么前次的记录、统计等等文字资料都需修改,已写在遗物上的层号也需改正,修改后的资料又是什么样子呢？比如探方记录,必然是第一次的记录空缺一部分层号,这显然是不妥当的。如果此后还有多次发掘,并且每次都有新的层次发现,一改再改可就混乱不堪了。更何况原始资料是绝对不能改动的,即使发现真正有错,也只需在原记录上注明。

总之,对多数文化层堆积较复杂的遗址,如果地层号按整个遗址统一编排,不仅难度大,而且容易造成混乱,甚至出现差错。笔者以为地层号的编排应以探方为单位各自成系,在划分层次时尽量与邻方取得一致。至于层号,能一致者一致,不能一致者按本方上下叠压顺序依次编排,层次比邻方少时不空缺层号,待打隔梁后再确定与邻方的地层对应关系。比如 T1 和 T2 相邻,T1 共分 5 层,T2 分了 6 层,打隔梁后其中 T1 第①~③层分别与 T2 第①~③层对应,T2 第④层不见于 T1,而 T2 第⑤层与 T1 第④层对应,那么 T1④不取消改为⑤,这样划分的结果是各方之间同号未必同层,同层未必同号。也许有人担心这会给整理工作带来麻烦,其实不然,只要在探方记录中注明与邻方的地层关系,整理时列一张各方之间层位关系表就可以了。由于各方之间的层位关系是打完隔梁后直接串联起来的,自然不会混乱,不会出现大的差错,较之前述把相距数百米若干个发掘区的地层统一编排出来的顺序要可靠得多。

五、深度与厚度的测定

这是田野发掘时遗址各种记录中必然涉及的内容,《规程》中也有简要说明,好像是一个既简单又平常的问题,可在实际操作中到底如何测定比较合适,并无为大家普遍承认的答案。由于发掘者都是凭个人的认识去操作,测定的标准自然很不规范。

田野考古中涉及深度与厚度的项目主要有二：一是文化层,一是遗迹。二者大体相类,但有区别。

（一）文化层的深度与厚度

按照《规程》解说,文化层的深度与厚度是"本层层面距地表的深度(最浅和最深的)和本层自身厚度(最薄和最厚的)"。关于深度,笔者认为有两个方面需进一步商讨,一是"地表"之称过于笼统,不够确切。操作起来可以得出多种数据,比如在一个地表并不水平的遗址发掘(事实上大多数遗址如此),各层层面最浅和最深之处在探方内某些位置,那么以探方口地表哪一点为准合适呢? 最高点? 最低点? 还是就近的地表? 甚或其他某个地表固定点? 若无统一标准,测出的数据自然意义不大。对此显然需要统一规范,各探方按照规范的地表固定点控制整个探方各方面深度的测量,则能更真实反映深浅状况(包括特殊器坐标深度在内)。这个固定点就是探方的基点——西南角地表。在具体测量时,并不是量测点与基点的直线距离,而是量测点距基点水平面的垂直距离,这样就把各点深度如实反映出来了。由于发掘区有发掘区的基点,遗址有遗址的基点,各种基点之间的高差都可明确,只要测点的深度是按照我们说的方法测出来的,那么还可求出这些测点距其他基点的深度。

可商讨的另一个方面是"本层层面"作为测量该层深度的提法不够妥当。"本层层面"应改为"本层底面",这样更符合文化层形成的实际。

从直观上来看,现存各文化层之间的交接面好像既是上层的底面,又是下层的层面,到底把各交接面视为上层底面合适还是视为下层层面合适? 若不深究,似乎二者都合适。可从文化堆积的形成过程来看,都合适的情况很少,更多的情况不应视为下层层面,二者不可混为一谈。比如,当某层底面形成时,如果直接叠压在下面一层的层面上,即对下层层面毫无扰动或破坏,则可以说二者的交接面既是上层底面又是下层层面。可实际上多数文化层在形成时往往对下面一层有不同程度的破坏,使下面一层的层

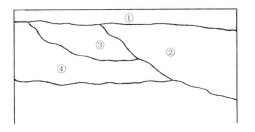

图三　文化层层面与底面辨别

面失去原貌而成为自己的底面。如图三所示,第③、④两层的交接层面绝对不是原貌,实为①、②、③层之底面。可见,在这种情况下,把两层之间的交接面视为下层层面是不合适的,而视为上层底面更合乎情理。

根据上述分析,文化层深度应指本层底面(最深和最浅)距探方基点水平面的垂直距离。至于厚度的测量,还未见有人说明,笔者以为应该指本层上下两层面之间的自然垂直距离(最薄和最厚)。

(二)遗迹的深度

在不少发掘报告中,关于遗迹的深度只有一个数据,比如灰坑的深度,只有坑口至坑底垂直距离的数据。这也是不妥当的,因为这个数据只反映了各遗迹本身现存深度(自深),并未反映出相互之间的同一水平上的深度。如图四所示,依口至

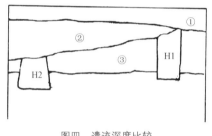

图四 遗迹深度比较

底测量的数据可知,H1 深于 H2,这是两坑各自本身现存深度的比较。若用同一水平来衡量,则 H2 显然深于 H1。因此,为了更全面地反映遗迹及遗迹之间的深度,对各遗迹深度的度量应有两组数据,两组数据又可使用以下两种方式表示。

1. 分别注明遗迹口和底(各自最高与最低点)距探方地表基点水平面的深度。

2. 分别注明遗迹口(最高与最低点)距探方地表基点水平面深度与遗迹口距遗迹底(最高与最低点)的深度。

对这两种表示法,在具体操作时,可选用其中之一,只要整个工地统一即可。

(原文刊于《跋涉集》,北京图书馆出版社,1998 年)

23
若干田野考古现象分析

在探讨遗址的聚落变迁时,大家往往容易从宏观方面考虑,比如同一遗址不同时期聚落的分布状况,聚落内各阶段功能区的划分与演变,等等。而由个别考古现象去复原聚落局部的场景则往往被忽略,翻一翻我们的考古发掘报告和研究文章,就会发现涉及这方面的内容确实很少。在田野考古发掘中,常常会遇到一些仅揭露出局部或遭受破坏的遗迹现象,有的容易理解,有的则颇费琢磨;有的看似平常,但却包含着特别的内容。局部现象或许正是某重要遗迹的初现,残存的遗迹则是复原聚落或复原聚落局部的重要依据,都需要认真思考。只有对它们进行合理的复原,才能较完整地再现聚落场景。我以为,这是从事田野考古,探讨聚落结构与变迁不可缺少的内容,是对聚落变迁进行宏观探讨的基础,应该引起重视。以下就若干考古遗迹现象谈谈个人的想法,是否合理,与从事田野考古的学者共同探讨。

所谈涉及两个方面 7 种现象。

一、由残存遗迹复原当时地面

在田野考古发掘中,有些聚落当时的地面未遭大的破坏,基本保留原样。如郑州大河村遗址仰韶文化第三期的地面建筑,墙体保存高的尚有 1 米(F1),[1]其大小房屋不仅室内地面保存完好,室外地面亦存在不少,它将各种遗迹串联起来,有助于复原彼此间的关系。再如河北藁城台西商代晚期居址的 10 余座地面建筑,墙

---

[1] 郑州市文物考古研究所:《郑州大河村》上,科学出版社,2001 年,第 167 页。

体保存高者可达 3.27 米(3 号房子),[1]室内外地面无疑保存更好,清楚地再现了聚落的局部场景(图一)。

图一　藁城台西商代遗址晚期部分房屋复原图

(引自《藁城台西商代遗址》第 32 页图二一)

室内外完整地面的保留,对推断各遗迹的功能至关重要。然而,在更多的田野考古发掘中,很难遇到这么理想的地面,当时的地面多被后来者的行为破坏,甚至一些大型建筑,乃至城墙都被夷为平地,仅存基槽。至于破坏了多少,有的无法推断,但有的可以根据部分特殊遗迹的现存状况,并结合已知的保存完整的该类遗迹的规律性特征,对其本身和当时地面作出大致复原。兹举以下 3 种特殊遗迹现象予以说明。

现象之一——袋状坑

袋状坑在黄河流域和北方地区的先秦遗址中普遍存在,是挖在当时地面以下的地穴类遗迹,其基本特征是圆形,口小底大,袋状壁,平底。一般形制规整,加工细致,建造讲究,绝大部分是储物的窖穴。唯一的出入通道是上口,出来就到了当

---

[1] 河北省文物研究所编:《藁城台西商代遗址》,文物出版社,1985 年,第 26 页。

时的地面。如何出入？肯定要借助梯子一类的器具。作为储物的窖穴，其口部当然要予以遮盖，而且所在位置不会低于周围地面，因为需要防止雨水的侵入。因此，凡有袋状坑的地点，当时的地面应该较高。由于是袋状壁，容易塌毁，为使其牢固，避免塌落，故多数袋状坑挖建在土质较硬的地层中，尤以生土为主。田野发掘中最常见的形态如图二所示。[1] 我们可以想象，此图所示的坑，其口可是当初使用时的口？其开口的地面可是当初使用时的地面？如果当初的口就是这样，显然难以承重，使用者一旦靠近，便会把口部踩塌，跌落坑中。即使无人靠近，这样的口也容易在短时间内塌毁。这方面，在田野考古发掘中大家都有体会。因此，这种袋状坑的口实非当初之口，当初之口已被破坏，即当初的地面已不复存在。

完整的袋状坑的口部，应该如图三所示。[2] 近口部为直壁，犹如瓶颈，以下为

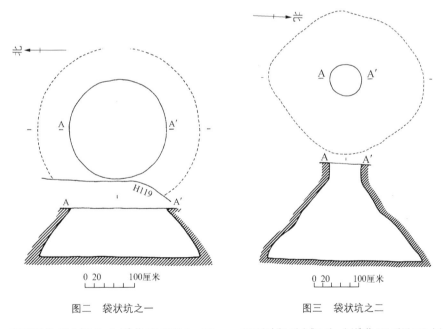

图二　袋状坑之一

（西周时期，引自《天马−曲村》第189页图二一二）

图三　袋状坑之二

（西周时期，引自《天马−曲村》第186页图二〇七）

[1] 北京大学考古学系商周组、山西省考古研究所编著：《天马-曲村1980~1989》第一册，科学出版社，2000年，第189页图二一二，西周坑ⅠH125。

[2] 北京大学考古学系商周组、山西省考古研究所编著：《天马-曲村1980~1989》第一册，科学出版社，2000年，第186页图二〇七，西周坑ⅠH101。

袋状壁。因为只有口部加厚才不易塌落，才更结实，才能承重。当然，图三所示袋状坑之口，也未必是当时真正的坑口。用什么标准来判断是否为当时的坑口？则需要看口部外围有没有当时的活动面，亦即有没有当时的地面。如口的外围有活动面，说明当时的地面还存在，口部也是当初状态。反之，如在坑口外围没有发现活动面，说明真正的口被毁坏，当时的地面被削去一部分。图三是天马-曲村遗址发掘的西周坑，坑口外围没有发现活动面，故口部应被削去一定的厚度。

完整袋状坑口部直壁部分有多厚，应与整个坑的体量、口的大小和土质硬度有关。在黄土地带，最薄也需要半米厚，而且湿度不能太高，这是保守的估计，实际当在半米以上。所以，如果在田野发掘中遇到像图二那样的袋状坑，应该马上想到，此坑开口的原始地面已不复存在，至少被削去半米。若是范围较大，且比较平整的文化层将其叠压，可以想象，被削去的范围也不会小，据此可大致推断当时地面的高度，并由此推知该坑附近与之配套的地上设施，如地面房屋等，都已随之消失。这是在复原聚落结构与布局时必须考虑的问题。

现象之二——陶窑

依目前的考古发现，先秦陶窑有多种形态，除坑内堆烧和南方流行的龙窑外，可分两大类：升焰窑和半倒焰窑（馒头窑）。[1] 升焰窑又分两种形态，即"窑床式升焰窑"和"窑箅式升焰窑"，前者流行于新石器时代晚期，后者出现于二里头文化时期，[2] 并很快取代窑床式升焰窑成为夏商周三代陶窑的主流。半倒焰窑最早出现于二里冈文化时期，[3] 之后与"窑箅式升焰窑"并行存在，到汉代才彻底取代窑箅式升焰窑，成为陶窑的固定形态。无论升焰窑，还是半倒焰窑，都是火膛在下，窑室在上，因此，它们需要利用既有平面、又有断面的转折地段挖建（图四）。

---

[1] 张明东：《黄河流域先秦陶窑研究》，《古代文明》第 3 卷，文物出版社，2004 年。

[2] 20 世纪 50 年代在山西平陆南盘村发现一窑箅式升焰窑，被定为仰韶文化时期。此后，在二里头文化时期之前的众多仰韶与龙山时期的遗址发掘中，再未见到这种窑。而南盘村遗址还有大量西周时期遗存，该窑距地表 30 厘米，即耕土层之下就出现了，很可能属西周时期，暂存疑。见黄河水库考古工作队河南分队：《山西平陆新时期时代遗址复查试掘简报》，《考古》1960 年第 8 期。

[3] 河南省文物考古研究所编：《辉县孟庄》，中州古籍出版社，2003 年，第 250～251 页 T30Y1。

图四　山西垣曲宁家坡窑床式升焰窑

(庙底沟二期,引自《文物》1998 年第 10 期彩色插页叁·1)

升焰窑的窑门与火膛挖在断面上,窑室上口挖在靠近断面的平面上(图四、图五),以便火焰通过火道进入窑室,再从窑室上口排出。升焰窑的窑室与袋状坑相类,均口小底大。绝大多数窑室上口是放入和提取陶器的唯一通道,如图六所示。[1] 也有少数例外,如山西垣曲宁家坡庙底沟二期两座窑(图四),窑室上口很小,另在窑门上方的窑室之壁上(建窑的断面一侧)开一稍大之口,以放取陶器。烧制时封堵,放取时打开。

半倒焰窑的窑室犹如小型窑洞式房屋(图七),[2] 顶部需有一定的厚度,太薄容易塌毁,太厚不易挖建窑室后部的烟囱。因此,窑室顶部的厚度至少需要半米,

---

[1] 北京大学考古学系:《华县泉护村》,科学出版社,2003 年,第 30 页图 26,泉护一期(仰韶时期)陶窑 Y107。窑室上部被破坏,窑室上口应更高,且收小,可供窑工出入即可。

[2] 北京大学考古学系商周组、山西省考古研究所编著:《天马-曲村 1980～1989》第一册,科学出版社, 2000 年,第 183 页图二〇〇、第 184 页图二〇一,春秋陶窑 J6Y11。

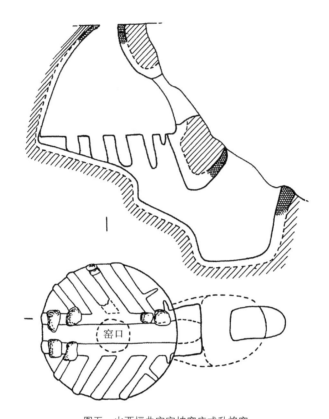

图五 山西垣曲宁家坡窑床式升焰窑

(庙底沟二期,引自《文物》1998 年第 10 期第 29 页图二 Y501)

即当时的地面至少比窑室内顶高出半米。窑门挖在断面上,它既是添加燃料之口,也是放取陶器之口。窑室内近门是火膛,其后是窑床。烟囱设在窑室后壁上(先在后壁挖一槽,然后除下端留出排烟孔不封闭外,将以上槽口全部封闭,使之形成烟囱内腔)。烟囱内腔向上通往当时的地面。

　　无论哪种陶窑,其结构和功能决定它必须选择土质结实的地段挖建,考古发现表明,多数也是挖在生土上的。通常所见陶窑的构建,是先在平地上向下挖一大坑,形成断面——坑壁。若挖建半倒焰窑,此坑一定要深,因窑顶需要留足够的厚度,以此来决定窑门的高低位置。若挖建升焰窑,则根据整个陶窑的规模,在坑壁上挖建窑门与火膛,在与火膛正对的地面上挖建窑室。升焰窑窑室上口的平面和

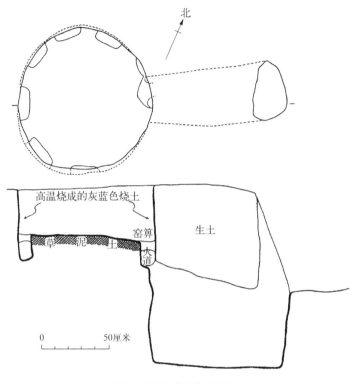

图六　华县泉护窑床式升焰窑

(仰韶时期,引自《华县泉护村》第30页图26 Y107)

半倒焰窑烟囱上口的平面即当时的地面。这个开设窑门的大坑就是向火膛内添加燃料的场所,通常称为"操作坑",或"操作间",它是陶窑的组成部分。有的操作坑很大,周壁挖建多座窑。当然,也有的陶窑在自然断面处挖建而成,这与聚落地貌的实际状况有关。

以上列举的陶窑,除华县泉护Y107窑室破坏稍多外,其他都保存基本完好,在田野考古发掘中较难遇到。如果统计一下田野发掘所见的陶窑,绝大多数残缺不全,尤其是窑室上部多遭不同程度的破坏,即升焰窑窑室开口地面和半倒焰窑顶上的地面(烟囱开口之面)被不同程度削去。削去多少,根据遭受破坏陶窑的类别和体量可予以大致复原、推测上部被削去的厚度,以恢复当时之地面。以下按陶窑类别举例说明。

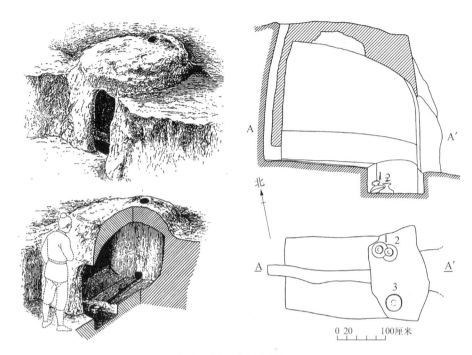

图七　天马-曲村半倒焰窑

（春秋时期，引自《天马-曲村》第 183 页图二〇〇、第 184 页图二〇一）

先看窑床式升焰窑。

例一，如上举华县泉护仰韶时期陶窑 Y107，窑室仅存下部，室底——窑床上面近圆形，直径约 100 厘米，室壁残高 40 厘米。根据保存较好的同类陶窑窑床与窑室之高的比例，可以大致推算泉护 Y107 窑室上部被削去的高度。现知保存最好的窑床式升焰窑，即上举垣曲宁家坡 Y501 和 Y502，其中 Y501 窑室亦为圆形，底径 1.7 米，高约 1.4 米（参考 Y502 数据），以此推算，[1]泉护 Y107 窑室之高应为 82 厘米左右，可知其上部被削去大约 42 厘米，这就是从现知窑室口部应向上恢复的当时地面的高度。泉护发掘报告没有提到窑门所开的断面

---

[1] 宁家坡两座陶窑的结构比较特殊，上口很小，难以出入放取陶器，故另在窑门上方的窑室之壁上特开一口，可谓窑室侧口。此口则是放取陶器的专用之口，放取时打开，烧窑时封闭。而常见的升焰窑窑室没有此口，仅有上口。因此，若窑床面积相等，则宁家坡两座窑窑室的高度可能要比常见的无侧口的陶窑窑室高一些。

是自然断面,还是人工挖出的断面,即没有涉及窑前操作场所的情况。从发表的Y107剖面图可知,窑门所在断面尚有近100厘米高(图六),若加上被削去的40多厘米,则此断面原高应为140厘米左右。Y107属第Ⅱ发掘区,从第Ⅱ发掘区的照片看,这里地势较平整。既然Y107所在地面被削去40多厘米,其附近的地面也会遭受不同程度的损毁,第Ⅱ发掘区除见大量灰坑外,确未发现当时地面,更无地上遗迹存在。

　　例二,图八是山西侯马东呈王庙底沟二期文化时的陶窑,编号为Y2。[1] 由剖

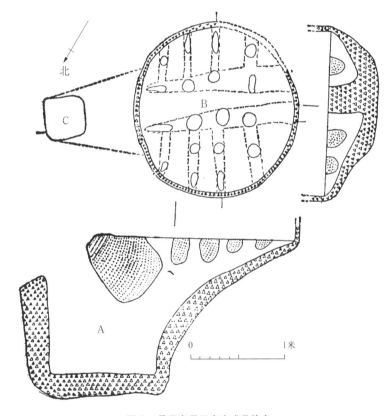

图八　侯马东呈王窑床式升焰窑

(庙底沟二期,《考古》1991 年第 2 期第 112 页图五 Y2)

[1] 山西省考古研究所、山西大学历史系考古专业:《山西侯马东呈王新石器时代遗址》,《考古》1991年第 2 期,第 112 页图五。

面图一看便知,该窑窑室部分几乎全部被削去,依发掘简报介绍可知,窑室底径 168
厘米,室壁残存最高处为 16 厘米。参照上述同样的方法换算,本窑窑室之高应不
少于 130 厘米。也就是说,本窑所在位置当时的地面比现在窑室之底高出 130 厘
米,破坏的严重程度不可谓不大。

　　再看窑箅式升焰窑。

　　例三,图九是山西垣曲商城发掘的二里冈文化时期的窑箅式升焰窑(Y6),系
在当时平地上向下挖一坑,此坑即窑前操作坑,于坑壁上挖窑门(简报之火门)、火
膛,在火膛上方的地面上挖出窑室。窑室残高 60 厘米,室壁向上内收,窑室底径
115 厘米。此类升焰窑的窑室之高一般与底径相当,也就是说,此窑窑室原高约
115 厘米,即上部被削去 50 厘米左右,这就是现存窑口距当时窑口所在地面的高
度。由于此窑为平地挖坑建成,叠压其上的(4A)层比较平整,且分布范围较大,估
计此窑附近较大范围的原始地面遭到同样的破坏。

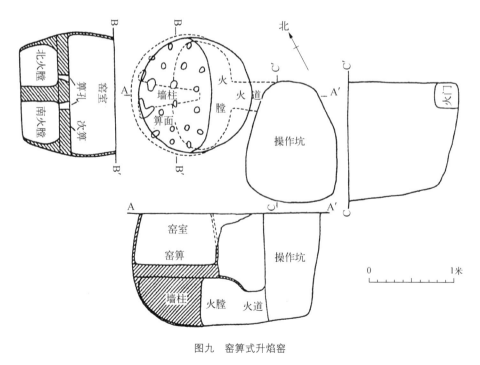

图九　窑箅式升焰窑

(山西垣曲商城早商时期,引自《文物》1997 年第 12 期第 11 页图一六 Y6)

例四,图一○是郑州商城发掘的洛达庙类型的窑箅式升焰窑(Y2)。窑室无存,几乎全部被削去,残存室壁最高处仅高 2 厘米,现仅存窑室之底(窑箅)及其下的火膛、窑门部分。发掘简报没有提供窑室底径的数据,根据平面图的比例,大致推算底径约 100 厘米,按照上述窑箅式升焰窑的窑室之高一般与底径相当的标准,可知此窑窑室原高应为 100 厘米左右。此窑位于郑州商城内城东北部二里冈时期的宫殿区,建在生土上,被疑似二里冈下层早段的宫城城墙的基槽叠压,显然,此窑窑室是挖城墙基槽时被挖掉的。城墙基槽大部打破生土,底部不平,深浅不一,最浅处为 120 厘米,这与窑室高 100 厘米左右的推断相符。由此可知,当时城墙基槽

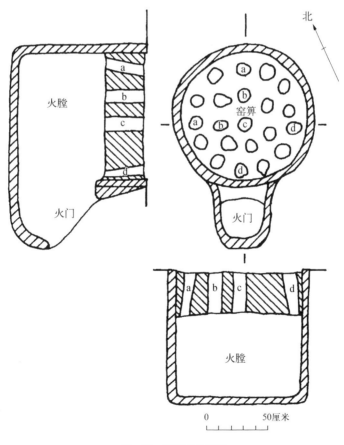

图一○　窑箅式升焰窑

(郑州商城洛达庙类型,引自《考古》2000 年第 2 期第 43 页图七 Y2)

开口的地面可能就是陶窑使用时的地面。

例五,图一一是郑州铭功路发掘的二里冈下层时期的窑箅式升焰窑 Y102。[1]
一看便知,这是窑箅式升焰窑的火膛部分,属此类窑的最低部位。此窑不仅窑室被
毁,而且窑箅和火膛的上部也破坏无存。火膛内有大量塌毁的窑箅残块,有的可见
圆形箅孔,窑箅厚度一般 15 厘米左右。现存火膛上端呈圆形,直径 125 厘米。窑
箅式升焰窑火膛的直径一般与窑室之底的大小相当,据此也可推知,Y102 的窑室
高约 125 厘米,若加上窑箅的厚度 15 厘米,再加上火膛上部被毁的高度,若按 10 厘

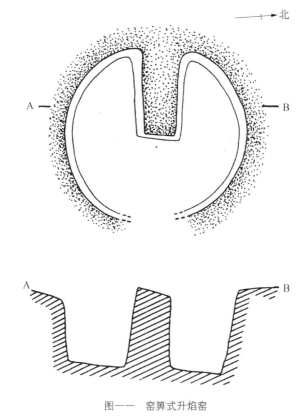

图一一 窑箅式升焰窑

(郑州铭功路二里冈下层时期,引自《郑州商城》上册第 391 页图二三七 Y102)

---

[1] 河南省文物考古研究所编著:《郑州商城——一九五三年——一九八五年考古发掘报告》,文物出版
    社,2001 年,第 390~391 页。

米估计,则此窑被毁部分至少高 150 厘米,这就是应该复原的挖建此窑时的地面的高度。

此窑所在的铭功路位置,是一处二里冈时期的制陶作坊,延续时间较长,其中尤以二里冈下层偏晚和二里冈上层偏早阶段为繁盛。Y102 是被二里冈上层偏早时期的一条较大的壕沟所破坏的,说明此处制陶作坊在内部功能区的布局上,于二里冈上下层之间发生过大的变化。

现象之三——土窑洞房屋

在黄河流域的黄土高原地区,自新石器时代晚期以来的土窑洞房屋已在诸多遗址发现,其营建方式与陶窑有点类似,也是挖在断面上。依断面情况,分两类,一是利用自然断面,将其修整后挖建窑洞;二是先从当时地面向下挖出一个断面,然后在此断面上挖建窑洞。前一种的自然断面当时有多高,难以推断。后一种因是从当时地面向下挖出的断面,故可以根据现存房屋有关信息,对当时的地面进行大致推断复原。依考古所见,后一种通过人工挖断面营建的窑洞又可分四种类型。

A 型　在坡状地面上挖建,即从坡状地面的低处向高处挖一沟槽,形成两侧与顶端三个断面,俯视呈长“Ω”字形。当沟槽顶端达到可以挖建窑洞的高度时,则挖一窑洞房屋,此沟槽即出入窑洞的通道,底部基本水平,或内端稍高于外端,以利排水。[1] 如宁夏菜园林子梁新石器时代晚期窑洞房屋 LF9 和 LF13,二者建在林子梁东坡上,其中 LF9 发掘较全,其通道(发掘报告称为“路沟”)朝东,呈长条形,宽 120~185 厘米,[2] 长 1166 厘米,通道西端即进入窑洞(图一二)。此窑洞为拱形顶,虽顶已塌毁,但现存窑洞之壁最高处下距室内居住面尚有 232 厘米,上距现存地表 290 厘米。如果这 290 厘米都是生土,说明当时坡状地表破坏不大,因为对窑洞式房屋来说,顶部厚 290 厘米还是可以的,实际当然高于此数。

B 型　亦在坡状地面上挖建,方法和 A 型相同,但结构与布局有别。即在坡状地面的低处向高处挖槽时,于通道和窑洞之间增加一个小院落,形成的断面比 A 型

[1] 宁夏文物考古研究所、中国历史博物馆考古部编著:《宁夏菜园——新石器时代遗址、墓葬发掘报告》,科学出版社,2003 年,第 73~91 页。

[2] 发掘报告误为 1.2~1.85 厘米。

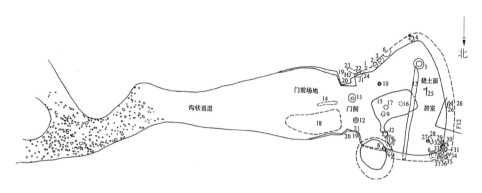

图一二　A型窑洞式房子

（宁夏菜园林子梁新石器时代晚期，引自《宁夏菜园——新石器时代遗址、墓葬发掘报告》第74页
图四三LF9）

复杂。如内蒙古岱海地区园子沟遗址二区F2026,[1]属龙山时代老虎山文化。
F2026位于朝向东北的缓坡上，依发掘报告介绍，由"主室、外间和院落三部分组
成"。从平面、剖视图上看（图一三），主室是窑洞式房屋，所谓外间与院落是一码
事，与主室不同，上部是露天敞口（当然可以用顶棚遮盖），报告在介绍时，也是把二
者合在一起，说其"大体长方形，总长465厘米，宽275～400厘米"，因此，可将其统
一视为院落。平面图上还显示，院落的东北角，顺着北壁朝东有一豁口，[2]宽不足
1米，应是进入院落的通道。

　　下面可依其保存状况，大致推测当初地表高度。依发掘报告介绍，主室（窑洞）
进深350厘米，面宽325厘米，挖在生土与黑垆土内。墙壁残高130～170厘米，下
部100厘米直壁，其上向内平收5厘米的折棱继续直壁向上70厘米达塌落面，即
现存顶部残口内面。此类窑洞式房子应是拱形顶，顶部弧度接近半圆。在距室内
地面170厘米高的位置，两侧直壁面阔为315厘米，即使由170厘米的高度开始起
拱，若按半圆之高计算，至室内拱顶正中尚有150余厘米高，这是窑洞顶部塌毁的

---

[1]　内蒙古考古研究所编：《岱海考古（一）——老虎山文化遗址发掘报告集》，科学出版社，2000年，第
　　37～38页，第39页图三三。
[2]　在报告的平面图上，院落除与主室窑洞相通和东北角开口外，其余部分是封闭的，北壁应该有一定
　　高度，可剖视图显示北壁成了大敞口，没封闭，疑此图有误。

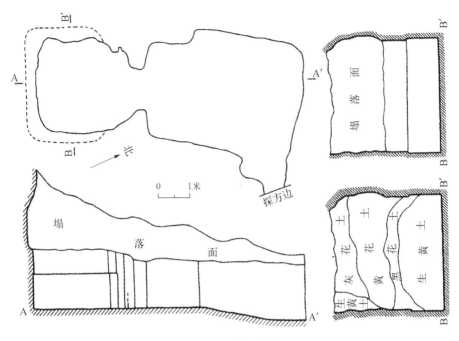

图一三　B型窑洞式房子

（内蒙古岱海地区园子沟龙山时期，引自《岱海考古》[一]第 39 页图三三 F2026）

高度。至于洞顶以上断面的高度——室内洞顶至其上当时地面的厚度，则宜厚不宜薄，越薄越不结实。若参照宁夏菜园林子梁窑洞房屋 LF9 的厚度，即最少 290 厘米，依此推算，则本建筑主室上部塌毁与被破坏的生土厚度不少于 150 厘米加 290 厘米，即不少于 440 厘米。若加上主室残壁之高 170 厘米，则主室前端断面高度不少于 610 厘米。发掘报告说本建筑的地面"距地表深 320～425 厘米"，因为是坡地，425 厘米应是主室部分的深度。而本建筑被第二文化层直接叠压，依本发掘区层位堆积的剖面图可知，一、二层均为坡状堆积，总厚约 20～60 厘米。也就是说，主室地面上距现存生土表面约是 425 减 20～60 厘米，为 405～365 厘米。由当初 610 厘米减去 405 或 365 厘米，则实际被破坏的厚度是 205～245 厘米。以上都是保守的估计，实际要大于此数，可知地表破坏相当严重。

　　以上是对主室位置的推算，至于院落，因位置比主室靠坡下部，若当时地表缓坡均衡，则可依坡度大小推算其各部位的深度。

　　C 型　在平地挖建而成,具体而言,是先从地表向下挖出下沉式院落,然后在院落周壁断面上选择合适位置分别挖建窑洞和通道,有的在院落内还设有烧灶或窖穴等设施。本类型窑洞式建筑至今仍见于黄土高原地区。2011 年在周公庙遗址发掘 1 座,时代属客省庄二期,院落不大,有并列的窑洞式房子两孔。若参照宁夏菜园林子梁窑洞房屋 LF9 洞顶以上厚度不少于 290 厘米的标准推算,则周公庙一处建筑被破坏的生土厚度不少于 1 米。

　　统观以上三型窑洞式建筑,无论 A 型的通道,还是 B、C 型的院落,跨度都不大,很容易遮盖。至于如何遮盖,若当时地表没有破坏(概率很小),应该有迹可循,这是需要今后田野发掘时留意的,也许会侥幸于万一之中。

　　D 型　先在平地上挖出壕沟,然后在沟壁上挖建窑洞等建筑,如东下冯遗址第三期所见,时代属二里头文化时期。东下冯发现的壕沟“共有里外两圈,平面呈‘回’字形(图一四)。内圈壕沟长宽均 120 余米,口宽 4.9~5.6、底宽 2.6~3.5 米;沟壁较整齐,沟底平坦,沟深 2~2.9 米。在揭露的 136 米长的沟壁上,挖建有窑洞式房子 17 座,储藏室 8 个。外圈壕沟与内圈壕沟相距 5、5~12、5 米不等,其宽、深与内圈壕沟相当,在揭露的范围内也发现有窑洞式房子和储藏室。此外,在内圈壕沟围拢范围内的西南部,距内圈壕沟不远还有从平地下挖的大“土坑”(图一四),在大坑的坑壁上也挖建有窑洞式房子和储藏室。总之,东下冯遗址共发掘二里头文化时期窑洞式房子 41 座,附属于房子的储藏室 14 个,其中 12 个储藏室也是窑洞式,仅比房子小一点而已。[1]

　　这些窑洞式房子的顶部多已塌毁,少数保存完好。如中区第五地点的 F556 (图一五),它位于内圈壕沟的东壁上,门道略呈梯形,拱顶,高 0.87、宽 5.55、进深 0.8 米。门道底部高出内圈壕沟底地面 31 厘米,呈缓坡状连接,二者均有一层厚 5~15 厘米的路土硬面。居室为穹庐顶,高 1.94 米。居住面低于门道底 16 厘米,整齐平坦,形状椭圆,唯开门一侧略扁平,长 3.1、宽 2.2 米,北端紧靠北壁有一烧土面,

---

[1] 中国社会科学院考古研究所、中国历史博物馆、山西省考古研究所:《夏县东下冯》,文物出版社,1988 年,第 49~52 页。

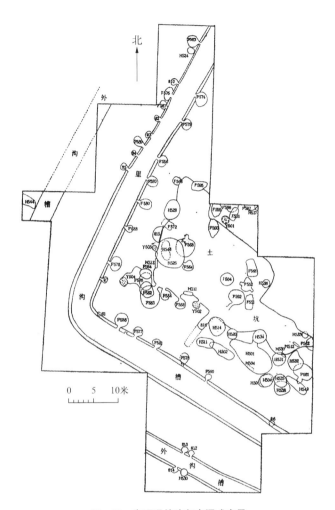

图一四　东下冯壕沟与窑洞式房子

(二里头文化时期,引自《夏县东下冯》第 10 页图一一)

为用灶痕迹。依发掘报告介绍,内、外壕沟均打破第 5 层(属庙底沟二期)和生土,
说明窑洞式房子也是挖在生土内的(部分可能会挖破第 5 层),至于室内穹顶距其
上方现存生土表面的厚度,报告没有提及,从发表的剖面图上看,大约厚 10 多厘
米,这个厚度显然不是当时的厚度。如上所述,若参照菜园林子梁窑洞房屋 LF9 洞
顶以上厚度不少于 290 厘米的标准推算,则东下冯中区第五地点 F556 一带当时挖
建壕沟和房子时的生土(或含第 5 层)地表比现存生土面高约 280 厘米,上部破坏

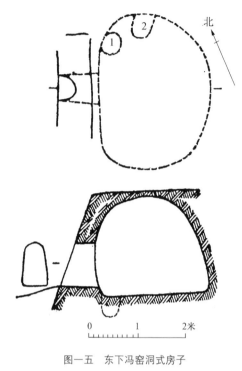

图一五　东下冯窑洞式房子

（二里头文化时期，引自《夏县东下冯》，第
52页图五一）

非常大。如果将这280厘米复原，当时
内圈壕沟的状况就完全是另外一幅景
观：壕沟之深要增加约280厘米，达500
厘米以上；沟口的宽当然也远大于现存
的口宽。如此，进入沟内的通道，排水以
及跨越壕沟的设施等等，就会更加复杂和
气派。外圈壕沟及大"土坑"的情况大抵
也类似。如果今后继续在东下冯遗址开
展考古工作，这些方面都是应当考虑的。

东下冯遗址二里头文化时期的
"回"字形遗迹及其窑洞式房子位于后
来的二里冈时期商代城址内的西南角，
紧依商城城墙，而叠压在"回"字形遗迹
之上的文化层恰好属二里冈时期，之所
以被挖去大约280厘米厚的生土，可能
与筑城有关。

二、由现存或已知遗迹现象推测当初实况

田野考古发掘犹如猜谜，随时需要根据已有现象推测其实际状况，求其全貌，
并决定下一步如何做，从何做起。也许很平常的一段边界线，恰好是某重要遗迹局
部的显露，推测对了，重要遗迹便会及时呈现；推测错了，重要遗迹则失之交臂。这
里先举一实例予以说明。20世纪70年代中叶，河南登封告成镇发现王城岗龙山城
址，这是较早发现的并能确认属龙山时期的城址，由并列的东、西两个小城组成。
虽然规模不大，面积约1万平方米，但因恰好位于东周阳城近旁，故有学者认为可
能是禹之都阳城。不过，由于规模太小，也有学者认为难和禹匹配，视之为禹都太
过勉强。21世纪初，河南省文物研究所（现称院）与北京大学考古文博学院合作，

再次在王城岗遗址开展工作,进而发现了更大的龙山城址,它不仅有城墙,还有护城壕,面积 30 多万平方米。到目前为止,该城仍是河南省发现的龙山时期最大的城址,为禹都阳城提供了新的证据。为解决大城与小城的关系,2004 年,根据钻探获取的信息,我们在初步判断大城与小城相接的位置布设探方,并将 70 年代发掘部分重新揭露,以确定大城与小城的关系。结果发现,是大城的北城壕将西小城的北墙东段(仅存基槽部分)打破。而这一关键现象恰在 70 年代发掘的探方中显露出来。由于当时发掘范围有限,发掘者把打破小城的大城城壕误判成洪水的冲沟,认为西小城"北墙的东段和中段因被西北部王岭尖下来的山洪冲毁无存外,西墙……或多或少都有保留"。[1] 其实,这所谓冲毁北墙东段和中段的洪水证据,就是方内看到的大城城壕的一段。细看此段城壕的边壁(上部被晚期地层破坏,现存下部),比较规整和平直,且有一定坡度,不像洪水冲击而成的断面。另外,所谓的王岭尖不高也不大,而且距小城很近,难以形成体量若城壕那样的冲沟,再说,现存地表也看不出有冲沟的痕迹。这就是当时对田野现象没有正确判断的结果,倘若当时多考虑一种可能,将打破小城的壕沟视作另一遗迹,勘探一下它的走向,大城也就发现了,遗憾也就避免了。

可见,对田野考古现象的细心观察和合理推断是何等重要。以下就部分遗址的已有发现,试举几例,予以推断,是否合理,提出来与大家共同探讨,以引起今后注意。

现象之四——二里头遗址的路及相关设施

二里头遗址围绕宫殿区的大路早在 20 世纪 70 年代就探出约 200 米长一段,惜未继续追寻。21 世纪初,新组建的二里头考古队在翻阅以往发掘记录时,发现了这一重要线索,于是继续勘探,结果发现了围绕整个宫殿区的"井"字形路网遗迹。[2] "四条大路的走向与 1、2 号宫殿基址方向基本一致,其围起的空间恰好是

---

[1] 河南省文物研究所、中国历史博物馆考古部:《登封王城岗与阳城》,文物出版社,1992 年,第 31 页。

[2] 许宏:《最早的中国》,科学出版社,2009 年,第 75~77 页。

已知的大型夯土建筑基址的集中区,面积逾 10 万平方米。"[1] 每条大路都很笔直,且两两垂直交叉。大路的使用时间是从二里头二期到四期晚段,二期时路面最宽处可达 20 米,约在二里头三期时,沿大路内侧修筑了宫城城墙,即早期路面的内侧被宫城城墙叠压,外侧成为墙外的大路,继续使用。这里需要关注的是,在第二期——没有修筑宫城城墙之前,我们看到的是有四条笔直且两两垂直交叉的大路,其围拢的内部是同时期的宫殿基址。这是发掘现象,表露已很清楚,似乎无须深究。其实不然,我们可根据这些现象,进一步仔细思考这样一个问题,即在没有修筑宫城城墙之前,四条笔直且垂直交叉的大路是如何形成,即如何走出来的? 当人们最初行走时,如果地表没有标识物界定,他们能走成这样吗? 回答应该是否定的。因此,面对已有的现象,就应该进一步推测这"井"字大路一定是经过统一规划的,在当时的地表存在标识物。那么,以何物为标识? 依赵海涛先生电告,在解剖北墙与东墙时,均发现最初的大路是先挖出低于当时地面的沟槽,然后在其内不断踩踏、垫土而形成的,显然是经过统一规划的。新出二里头发掘报告特以 2003VT55 解剖沟为例予以说明,[2] 并特别强调,"值得注意的是,此探方内的早期路土,低于当时的生土面 0.32~0.46 米,即挖建于一个深 0.32~0.46 米的槽中,残留的宫城北墙及其使用时期的路土的高度均未高出此槽"。[3] 从 2003VT55 解剖沟西壁剖面图来看,在城内一侧(南侧),确实如此。残留的宫城北墙及使用时期的路土均未高出其南的生土面(图一六),这条大路的南边生土确经挖切。至于城外一侧(北侧)是否如此,因路土超出 2003VT55 的范围,不得而知。若果真是宫城城墙底部及使用时期的路土均在槽内,则比较难以理解,因为槽内容易积水,会对城墙造成伤害。因此,不排除城墙外侧路土高于生土面的可能,这需要查看 2003VT55 北面探方的资料才能知晓。不过,大路内侧挖生土成直线已经界定了大路的内侧

---

[1] 中国社会科学院考古研究所编著:《二里头 1999~2006》贰,文物出版社,2014 年,第 582 页。

[2] 中国社会科学院考古研究所编著:《二里头 1999~2006》贰,文物出版社,2014 年,第 590 页图 6 - 2 - 4 - 3A。

[3] 中国社会科学院考古研究所编著:《二里头 1999~2006》贰,文物出版社,2014 年,第 590~591 页及图 6 - 2 - 4 - 3A。

边界,有意规划是可以肯定的。也许为防止积水,当时将挖下去的沟槽很快填平并稍增高,使整个路面略高出当时地表,犹如现在的公路路基那样,自然就会整齐划一,形成明显的地上标识。即使如此,在宫城城墙未筑之前,仅用四条大路将宫殿区围拢,而没有其他任何设施,总觉得有点怪异。因此,我以为,在宫城城墙未筑之前,沿大路内侧应该有木板或篱笆一类木构设施。这样,即使大路路面不高出当时地表,木构设施也可作为大路的地上标识以限定人们的行走路线,同时还能成为隔离宫殿区与外界的屏障(当然,大路内侧围绕宫殿部分的木构设施与继续向外延伸部分的木构设施在构建上可能有所不同),使宫殿区形成一个相对封闭的大院落。篱笆式木围院落在当今的乡下仍可见到,历史上也应一直存在。如陶渊明居住的院落可能就是以篱笆围绕的。[1] 再早点的周代,如《周礼·夏官·土方氏》记载,"王巡守,则树王舍",何谓"树王舍"? 郑注云"为之藩罗",即在王舍外围树藩罗,以与外界隔开。类似的能起界标作用的木构设施,不仅用于院落,在其他方面也会使用,只不过难以保存下来,田野考古无从发现就是。

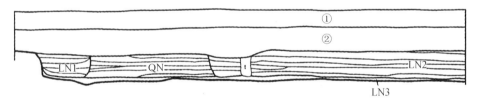

图一六　二里头宫城北墙与大路路土结构图

(二里头文化时期,引自《二里头 1999~2006》第 590 页图 6-2-4-3A)

现象之五——二里头遗址的壕沟及其走向

在二里头遗址"东北部至东缘一带断续发现的多处沟状遗迹,已知长度达500、宽 10 米左右",[2]其走向"大体呈南北向而在北端又圆转向西",南端进入圪垱头村民居下,其年代为二里头文化二期至四期。[3] 由于这一沟状遗迹由一连串

[1] 陶渊明《饮酒》诗中有"采菊东篱下,悠然见南山"句,此东篱或指院落东篱笆墙。若是土或砖墙,就很难看见南山了。
[2] 中国社会科学院考古研究所编著:《二里头 1999~2006》壹,文物出版社,2014 年,第 38 页。
[3] 中国社会科学院考古研究所编著:《二里头 1999~2006》壹,文物出版社,2014 年,第 154 页。

大型灰坑组成,其间有多处中断,故发掘者排除其作为防御性壕沟存在的可能,同时也认为"它是二里头聚落的东部边界,显然具有区划的作用"。[1] 从发掘的现象来看,由一连串大型灰坑组成的长达 500 米的壕沟确实有点特别,而且多处中断,因此发掘者排除其作为防御性壕沟的结论是有道理的,并以"沟状设施"称之,反映了为学的谨慎态度,值得提倡。可近 500 米长、宽 10 米的沟状设施,长度可观,体量非同一般,甚是特别,而且北端又"圆转向西"拐弯,总觉得有必要顺着拐弯继续向西追寻,以彻底排除防御性壕沟的可能。因为这个拐弯实在让人不放心,它若继续向西延伸就为排除防御性壕沟的可能性增加了难度。

统观中原地区二里头时期重要遗址的发现,防御性壕沟比较常见,颇值得关注。兹举例如下。

新密新砦遗址,"除了城墙和护城河以外,新砦遗址还发现了外壕和内壕",外壕以内的面积约达到 100 万平方米。[2]

巩义花地嘴遗址,本遗址共发现 4 条环壕,"经过勘探得知,四条环壕与外界的连接通道均在东南部位,并且都处在同一条近西北至东南向的直线上"。[3]

新郑望京楼遗址,本遗址发现二里头时期和二里冈时期城址各 1 座,其中"二里头城址由外城和内城组成。外城未发现城墙,由一条人工壕沟与自然河流组成了水域外围防护圈",此人工壕沟为东西向,长 1181 米,东与黄沟水相通,西与黄水河相连。水域防护圈内面积约 168 万平方米。[4]

登封南洼遗址,南洼遗址二里头文化时期的壕沟有两重,分别编为 G1 和 G3,G3 略晚于 G1,G3 在内,G1 在外,都与西部狂河相通,形成封闭的范围。G1 的走向弯弯曲曲,不规整,总长 820 余米,与狂水的围拢范围约 13.3 万平方米。G3 比较规

---

[1] 许宏:《何以中国》,生活·读书·新知三联书店,2014 年,第 115 页;中国社会科学院考古研究所编著:《二里头 1999~2006》壹,文物出版社,2014 年,第 38 页。

[2] 中国社会科学院考古研究所河南新砦队、郑州市文物考古研究院:《河南新密市新砦遗址东城墙发掘简报》,《考古》2009 年第 2 期。

[3] 郑州市文物考古研究所、北京大学考古文博学院:《河南巩义市花地嘴遗址"新砦期"遗存》,《考古》2005 年第 6 期。

[4] 郑州市文物考古研究院编著:《新郑望京楼——2010~2012 年田野考古发掘报告》(上),科学出版社,2016 年,第 69 页。

整,近长方形,总长 536 米,与狂水的围拢范围约 4.6 万平方米。[1]

垣曲商城遗址,本遗址位于亳清河与黄河交汇的三角地带,在商代城址修筑之前是一处二里头时期的围壕聚落,此时的聚落由相互贯通的北壕(G26、G27)、西壕(G1)与南流的亳清河及东流的黄河围拢,"大体呈东西横宽的长方形,东西约 400,南北约 250 米,总面积约为 10 万平方米"。[2]

由以上发现可知,作为防御性的壕沟在二里头文化时期比较流行,且往往与自然河流相结合,共同构成一防护体系,此点颇具有启示作用,在今后的田野考古工作中,对于所有本时期规模较大的遗址都应引起注意,所以,我觉得二里头遗址东部发现的沟状设施,有必要顺着西拐一端继续向西探寻,并对特殊部位进行较大范围发掘。

其实,对后来的商周时期各聚落中是否有防御性壕沟存在,也需关注。近年来,学界对商周时期大型聚落的另一类沟状设施——水利设施有了突破性发现和认识,如殷墟、周原、沣西等遗址,其中有的壕沟可能具有双重功能。如沣西遗址近年发现的人工"河道",东接沣水,西通灵沼河,总长 2600 米,宽 11.75～15.84米。[3] 这条人工河道位于沣西主要文化分布区之南,就位置而言,颇与邯郸赵王城之南新发现的壕沟类似,[4] 不排除也具有防御功能。再如周公庙遗址,在大型建筑区的南部也发现有很深的壕沟,应该属防御设施。[5]

壕沟,特别是遗址外围具有防御功能的壕沟,它如同高耸于地上的城垣,发挥着同等重要的作用,在夏商周时期各遗址的考古工作中,应予以足够的重视。

———————————

[1] 郑州大学历史文化遗产保护研究中心编著:《登封南洼——2004～2006 年田野考古报告》(上),科学出版社,2014 年,第 20～26 页。

[2] 中国国家博物馆田野考古研究中心、山西省考古研究所、垣曲县博物馆编著:《垣曲商城——1988～2003 年度考古发掘报告》(二)上册,科学出版社,2014 年,第 616 页。

[3] 中国社会科学院考古研究所等:《丰镐考古八十年》,科学出版社,2016 年,第 60、61 页。

[4] 段宏振:《赵都邯郸城研究》,文物出版社,2009 年,第 108、192 页。2007 年,在赵王城南垣以南1000 米处,发现人工开掘的东西走向壕沟,与南垣基本平行,总长 2700 余米。其中东半为单沟,西半为三重平行沟。段宏振先生推测,此沟可能与赵王城西、北、东三面的天然河流共同构成更大范围的防御系统,是颇有道理的。

[5] 周公庙考古队发掘资料。

现象之六——偃师商城"大灰沟"及其性质转换

熟悉夏商文化分界之争的学者都知道,当偃师商城发现之初,主张该城是成汤所建都城——西亳的学者,为保证其始建年代早于郑州商城,无视最初发掘者对该城始建年代的推断(当时都限于大城),[1]而是根据第二次发掘的材料——西二城门及门内侧墓葬的现象,推断该城年代早于二里冈下层,认为"兴建年代不会早于二里头文化二期,有可能在三期,也可能在四期",[2]"是我国目前考古发现的商汤建国后的第一个王都","即汤都西亳"。[3] 虽然这一推测影响了很多人,争取到了更多的赞同,但终因缺少实物证据而难以坐实。为了找到与推测结论相合的实物证据,寻找商城始建时期的遗存成为历年发掘任务的重要目的之一。早在发掘初期——20世纪80年代,于宫城内宫殿区的北面发现一条大沟,发掘者称之为"大灰沟",沟口还有夯土围墙,墙上有门。在沟内最下层发现了比商城遗址任何地点都早的堆积,时代属二里冈下层。为保证偃师商城的始建年代早于郑州商城,于是,发掘者充分利用这一发现,据此构想出一个使宫殿建筑早于"大灰沟"内最早堆积的方案,即认为"大灰沟"是为建筑宫殿与宫城取土挖成的,而沟内堆积为宫殿建成后使用时形成,意思是说大沟取土挖成后就成为宫殿区主人们堆放垃圾的地方。既然成汤们的生活垃圾属二里冈下层,则挖沟所建的宫殿就更早了。由于同属成汤所为,挖沟建宫显然不能早到二里头三期,因此,到90年代初,发掘者据此进一步判定偃师商城的始建年代,具体相当于二里头四期,早于郑州商城,[4]放弃了相当于二里头三期的最初推测。然而,80年代在"大灰沟"内所获的最早遗

---

[1] 偃师商城的发现与第一次发掘者是中国社会科学院考古所洛阳汉魏队的先生们。从第二次发掘开始,改由新组建的考古所河南第二队负责。

[2] 赵芝荃、刘忠伏:《试谈偃师商城的始建年代并兼论夏文化的上限》,《华夏文明》(1),北京大学出版社,1987年。依王宇信在1984年3月为《华夏文明》(1)撰写的后记得知,本文撰写于1984年3月前,当时出版周期长。

[3] 黄石林、赵芝荃:《偃师商城的发现及其意义》,《光明日报》1984年4月4日。

[4] 刘忠伏、徐殿魁:《偃师商城的发掘与文化分期》,《中国商文化国际学术讨论会论文集》,中国大百科全书出版社,1998年;赵芝荃:《论偃师商城始建年代的问题》,《中国商文化国际学术讨论会论文集》,中国大百科全书出版社,1998年。中国商文化国际学术讨论会召开于1995年,刘文和赵文都写于开会之前,刘文将偃师商城分为2期5段;赵文则分为3期6段。此时,他们已把偃师商城的始建年代确定在二里头四期,认为二里头三、四期之交是夏商分界。

物并不丰富,基础证据仍显薄弱。所以,到"夏商周断代工程"启动,偃师商城作为该工程的重点课题时,新一届发掘队延续上届的构想方案,把补充偃师商城最早的商文化堆积列为重点问题,对"大灰沟"再度进行了发掘。依发掘者言,再度发掘的结果非常理想,为"探索偃师商城始建年代和文化分期,提供了宝贵材料"。[1] 可见,把"大灰沟"的成因与用途解释成建造宫殿取土形成并再作为垃圾场使用的推测是何等重要。然而,随着发掘工作的进一步开展,最后得知此"大灰沟"并非作为专门储存宫殿区内生活垃圾的场所,其内分区掩埋大量动物,属于神圣的祭祀遗迹。[2] 祭祀场当然比垃圾场重要,因此,到目前为止,没人再强调"大灰沟"是垃圾场了,它的性质在完成对宫殿始建年代推断的任务后,亦实现了华丽转身,由垃圾场变为祭祀场。

其实,最初获得的田野考古信息已经表明这个"大灰沟"比较特别,简单地当作垃圾场对待很是可疑,比如它紧邻宫殿建筑,形制规整,周围有夯土墙,且墙上设门等。如此讲究的垃圾场在已经发掘的夏商周三代大型建筑近旁还没有发现过,对此,我曾经提出过疑问,[3] 兹不赘及。为什么要把位于宫殿近旁,已经出现特殊现象的遗迹解释成垃圾场? 对当时偃师商城的工作者而言,可能不是缺乏田野考古经验的问题,原因当与发掘者受已有学术观点的制约有关,即老想着这里是亳都,这里的城墙,这里的宫殿建筑都早于郑州商城;老想着如何把本商城的始建年代提早。是先入之见影响了正常思维,影响了正常判断,这也是从事田野考古工作需要注意的。

现象之七——岐山周公庙陵墙与雍城秦陵兆沟的寓意

周公庙遗址又称凤凰山遗址,自 2004 年开展田野考古工作以来,共发现西周时期墓地 7 处(有的上限或可到先周)。这些墓地多位于遗址外围,有明显的等级之别,其中陵坡墓地规格最高,位于遗址之北凤凰山前"五爪梁"的"东一爪"山梁

[1] 杜金鹏:《偃师商城初探·自序》,中国社会科学出版社,2003 年。

[2] 王学荣等:《偃师商城发掘商代早期祭祀遗址》,《中国文物报》2001 年 8 月 5 日第 1 版;中国社会科学院考古研究所:《河南偃师商城商代早期王室祭祀遗址》,《考古》2002 年第 7 期。

[3] 刘绪:《夏商文化分界探讨的思考》,《考古学研究》(五),科学出版社,2003 年。

上,共探出各种形状的墓(可能含车马坑等)36座,其中有墓道的墓22座,包括10座四条墓道的墓。[1] 西周时期四墓道之墓尚未见过,因此,周公庙陵坡墓地是现知西周时期规格最高的墓地。2005年,发掘了位于墓地中部偏下的两座大墓LM18和LM32,分别是四条墓道和两条墓道的墓。两墓均遭盗劫,由墓葬结构与残余物可知,时代属西周中晚期。[2] 据此,并结合墓地的分布等相关信息,可知整个墓地应属西周时期。特别值得关注的是,在陵坡墓地的北、东、西三面还依山脊或山梁的边缘筑有夯土墙,由上而下,大致呈"∩"形,全长约1750余米,时代亦属西周,显然,它应该是陵坡墓地的围墙——陵垣,若此,这是现知最早的陵垣。

经勘探,南面没有发现陵垣,是原本就没有,朝南敞口?还是有而被毁?这是需要思考的问题。

由周公庙陵坡墓地陵垣的敞口现象联想到了雍城秦公陵区的兆沟。雍城秦公陵区位于秦雍城之南,二者隔雍水河相望,最近处相距约1千米。从20世纪80年代开始,至20世纪末,陕西考古工作者对该陵区进行了三次大规模考古钻探和发掘,[3]得知整个陵区东西长12千米,南北宽约3千米,面积达到36平方千米。陵区内共发现各类形制的大墓49座,[4]依墓葬分布规律和兆沟的设置,又分14个相对独立的陵园,可谓分陵园。其中1号至13号陵园彼此相距较近,即相对集中,

---

[1] 徐天进:《陕西岐山周公庙遗址》,《2005中国重要考古发现》,文物出版社,2006年,第63~69页;凤凰山(周公庙)考古队(刘静):《2004年夏凤凰山(周公庙)遗址调查报告》,《古代文明》第6卷,文物出版社,2007年,第273~324页;《周公庙西周墓葬群重大发现专家谈》,《文博》2004年第5期。考古队内部资料。

[2] LM18劫余物有玉覆面构件、波带纹车軎等,都不早于西周中期。

[3] 韩伟:《凤翔秦公陵园钻探与试掘简报》,《文物》1983年第7期;陕西省雍城考古队(韩伟、焦南峰):《凤翔秦公陵园第二次钻探简报》,《文物》1987年第5期;韩伟、焦南峰:《秦都雍城考古发掘研究综述》,《考古与文物》1988年第5~6合刊;陕西省考古研究院秦汉考古研究部:《陕西秦汉考古五十年综述》,《考古与文物》2008年第6期;田亚岐、耿庆刚、袁文君:《雍城秦公陵园2009年考古勘探新发现》,国家文物局主编:《2009中国重要考古发现》,文物出版社,2010年,第72~75页。按:本文有两张平面示意图,第1张按实际比例绘,加几个示意方框;第2张不然,14号陵园西移很多。但此后发表的资料一直用后一张,且去掉了"示意"二字,应注意。陕西省考古研究院、凤翔县博物馆:《雍城十四号秦公陵园钻探简报》,《考古与文物》2015年第4期。

[4] 大部分发掘信息是大墓49座,个别信息是51座,后者见田亚岐:《秦都雍城布局研究》,《考古与文物》2013年第5期。

居整个陵区之西;14 号陵园则距其他陵园稍远,独居陵区之东(图一七)。陵区的兆沟分三类,由外及内,最初称为外隍、中隍和内隍。[1] 内兆沟(即内隍)见于部分大墓墓室外围;中兆沟则见于大部分分陵园的外围,是分陵园的外围边界;外兆沟是整个陵区的外围边界,但现知部分并未把整个陵区围拢,而是仅见于陵区西端局部,形制不规整,由相连的西、北、南三部分组成。以下主要讨论外兆沟,其基本情况如下。

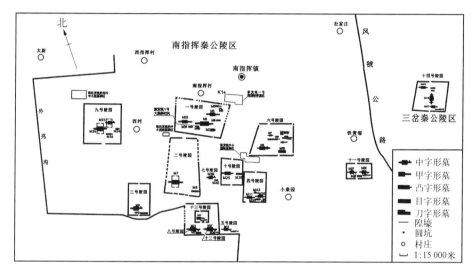

图一七　雍城秦公陵园

(引自《考古与文物》2015 年第 4 期第 10 页图二)

西兆沟南北长 2170、宽 5.6、深 2.9 米;北兆沟由西兆沟北端先向东,再折而向北,长 1530、宽 3.2~5.6、深 4.2~6 米;南兆沟走向很不规矩,有多处转折。自西兆沟南端往东,至三号陵园南部时,向南微呈弧线绕过三号陵的南兆沟,之后继续向东与八号陵的西兆沟北端相接,又利用八号和十二号陵的西兆沟与南兆沟为外兆沟的一部分,再后顺着十三号陵的南兆沟向东继续延伸一段又向南折行,一直通到塬塄。南兆沟长 3320、宽 3.2、深 2.9 米。已知全部外兆沟总长约为 7020 米,规模甚

---

[1] 韩伟:《凤翔秦公陵园钻探与试掘简报》,《文物》1983 年第 7 期;陕西省雍城考古队(韩伟、焦南峰):《凤翔秦公陵园第二次钻探简报》,《文物》1987 年第 5 期。

大。以上信息主要引自第一次秦陵的钻探和试掘简报,[1]因为后来公布的田野考古资料再未见这方面信息。总体来看,外兆沟将整个陵区西半局部封闭,至于北兆沟往北及南兆沟往南如何,是原本都已到头,朝东北敞口? 还是有而没有勘探出来? 因后来公布的田野考古资料再未涉及,不得而知。从现有的状况看,它与上述周公庙陵坡墓地的陵垣有点类似,即都没有封闭,都朝某个方向敞开。因此,雍城秦陵外兆沟究竟原本是何模样,也是值得思考的问题。

　　无论周公庙的陵垣,还是雍城秦陵的外兆沟,当初实况究竟如何,要使问题得到解决,当然需要继续开展考古工作。但在新的工作开展之前,我们可根据已有信息,对当时的实际情况作如下推测,不外两种可能。其一,当时都是围拢封闭的(通道除外),有如战国晚期以来的陵垣或兆沟,似容易理解。其二,当时确实是敞口的,如此,因与战国晚期以来封闭的陵垣或兆沟不同,似难以理解。不过,我以为后一种可能还是存在的,理由如下。

　　先看周公庙的陵垣。由于周公庙的陵垣建于地上,确实易于毁坏。但是,若当时确有南垣围拢,则有两点难以解释。一是南面敞口很大,东、西垣南端直线距离达 500 米以上,若沿墓地南边计算,二者距离远大于此数。在如此之长的地段内,陵垣全部荡然无存,毫无保留的可能很小。二是经发掘得知,陵垣的始筑年代不晚于墓地的使用年代,是在墓地使用期间修筑的。这样就存在一个问题需要解答,即当最初修筑陵垣时,是按照什么理念规划的,是按照子子孙孙永葬于兹的理念? 还是按预设若干代就终结的打算? 若是后者,可以划定陵园范围,确定陵垣位置,有如中山王墓兆域图那样设计。可任何一个家族都希望本家族子子孙孙无穷尽也地传下去,在行嫡长传承制和集中埋葬的前提下,无法预设若干代就终止而另择墓地。所以,朝南不筑陵垣也是合理的。在作出这一推测的同时,还应考虑到该墓地毕竟还是在周代终结了,即现在看到的样子,那为什么还敞着口,不予封闭? 这应该与犬戎入侵,西周灭亡的突发事件有关。较多学者认为,周公庙遗址最大可能是周公的采邑,则陵坡墓地就是周公家族的墓地。随着西周的灭亡和周王朝的东迁,

---

[1]　韩伟:《凤翔秦公陵园钻探与试掘简报》,《文物》1983 年第 7 期。

该采邑迅即废弃,陵坡墓地不仅未能子子孙孙无穷埋葬,而且连继续修筑陵垣的机会也没有了。

至于雍城秦陵外兆沟,已知部分仅限于整个陵区西端外围部分,往东全部外围没有发现,如果把十四号陵园也围拢在内,至少尚有已知部分的两倍之长方能实现,即至少尚缺 14000 多米。对此,笔者专门请教过田亚岐先生,了解近年来是否在陵区东半发现有外兆沟,答曰没有发现。因此,我以为外兆沟即使沿着已知的南北两个端点继续探寻出一部或大部来,仍有朝东敞口不围拢的可能。因为兆沟不同于陵垣,它是挖在地下的沟状遗迹,更难彻底破坏,若当时全部围拢,则在 1 万多米长的地段内很容易发现。雍城遗址的考古工作持续不断,20 世纪 80 年代以来,在陵区附近也开展了很多,而外兆沟一直没有新的发现,故朝东不封闭的可能性很大。

依历史文献记载,葬在雍的秦公,第一位是穆公(前 621),最后一位是出公(或曰出子),[1]即相当于春秋中晚期之际到战国中期。那么,外兆沟始挖于何时? 依考古现象分析,外兆沟之南沟避开三号陵园,特向南微呈弧线绕行,并利用八号和十二号陵园的西兆沟和南兆沟为外兆沟的一部分,说明在构建此沟时,三号陵园、八号陵园和十二号陵园已经存在。依韩伟先生意见,三号陵园兆沟(中隍)设施的构建时间当在战国早期,[2]由此可知,构建外兆沟的上限年代不早于战国早期,即在陵区使用较长时间之后才构建。究竟外兆沟始建于战国早期以来什么时候,是陵区继续不断葬入秦公的使用期间? 还是陵区停止葬入秦公之后? 这是需要今后田野考古解决的问题。如果田野考古不能得出确切结论,则外兆构的敞口与封闭应该是回答问题的重要凭借。

雍城秦陵与周公庙陵坡墓地终结的原因有所不同,后者的原因上文已论及,与西周灭亡的突发事件有关,周人故地难返。而前者不然,雍城秦陵的终结与孝公迁都咸阳有关。虽然迁都,另辟陵园,但雍城仍然是其重要城邑,完全有条件为这里

---

[1]《史记·秦始皇本纪》末所附《秦纪》作"出公";《史记·秦本纪》作"出子"。
[2] 韩伟:《凤翔秦公陵园钻探与试掘简报》,《文物》1983 年第 7 期。

的陵区挖建完整的外兆沟。究竟外兆沟是围拢,还是敞口,我们期待今后的考古工作给出明确的答案。围拢,则是陵区终结后挖建;敞口,则是陵区使用期间挖建,若终结后挖成敞口的样子,除非"豆腐渣"工程,否则就另有特殊原因。

以上是就现有考古材料,对周公庙陵坡墓地敞口陵垣与秦都雍城附近秦公陵园敞口外兆沟的分析,如果都是使用过程中构建,那就有另一问题还需要考虑,即这敞口部分当时有无其他物体作为临时边界,以与陵外区分,我以为也是应该有的,可能也类似于人工藩篱之类。

如上所述,周公庙的陵垣属西周时期,是现知最早的陵垣。雍城秦公陵园的外兆沟的始建年代虽不能确定,但在同类遗迹中也是偏早的。二者都属于"集中式埋葬陵区"的产物。到战国中晚期,特别是各诸侯国纷纷称王以来,陵区范围扩大,各诸侯王的陵墓有了自己的独立陵园,且彼此相距较远,形成了"分散式埋葬陵区"。如邯郸与永年间的赵王陵区,临淄与青州间的齐王陵区。由于范围太大,而且各王有了自己的独立陵园,整个陵区外的陵垣或兆沟就消失了,这是中国古代陵墓制度的一大变化。

以上从两个方面,就如何依残存遗迹复原当时地面,依已知遗迹现象推测当初实际状况进行了分析,都是很具体的问题。分析未必到位,也可能错误,欢迎批评指正。希望大家在忙于从宏观的角度,或曰高层次的角度探讨问题的同时,对上述这类具体的、微观的问题也给予重视。

附记:本文的一部分内容,在 2014 年于中国社会科学院考古研究所召开的"纪念二里头遗址发现 55 周年学术研讨会"上宣读过。

2017 年 2 月 12 日

(本文原刊于《南方文物》2017 年第 4 期)

24

漫谈田野考古图的表示法

　　绘制田野考古图是获取田野考古资料的重要方面,也是记录与刊布考古成果不可缺少的内容。对此,每位从事田野考古工作的学者都很清楚,好像是一个再寻常不过的问题,因为,它是最传统、最常规,也是必须具有的项目,无需深究。其实不然,翻一翻过去和当前发表的考古报告,在田野考古图的绘制上,表现方法颇多分歧,比较混乱。有些明显是错误的,有些则属认识的差异。究竟如何绘更为合理,由于缺少行业内的统一规范,遂各行其是。我以为,这不能完全归责于绘图人员,大凡从事田野考古的专业学者,尤其是工地的领队们都有责任,至少应该对各种田野考古图如何绘更为合理进行思考,要依个人的理解,提出自己的看法。

　　本人长期从事田野考古实习发掘,每当在现场面对要绘的遗迹,总是要就如何表现进行观察与思考,也动手绘过若干图。久而久之,形成一些想法。当然,这仅限于个人认识,有很大的局限性,甚至未必合理,或者压根就是错误的。但仍然想提出来与大家共同探讨,以期引起重视,缩小差距,减少混乱,向合理靠近。

　　田野考古图涉及的方面很多,囿于个人能力,本文仅就田野考古正投影图的表示方法展开讨论,不涉及透视投影图、轴侧投影图以及素描写生图、摄影图、三维图等,也不涉及绘图的技法。即使对正投影图表现方法的论述也不系统,只是把零碎的想法略加归纳而已,故题名冠以"漫谈"。

一、田野考古图的今昔对比

　　中国田野考古图的绘制法,从学科发展的角度来说,肯定是传承相延的,其基本的表现原理与方法未变,但在表示详略或繁简上有很大变化。对此,我们不能分类一一详列,下面仅以平面图的表示法为例,予以说明。

　　比如 20 世纪 30 年代"中研院"史语所对殷墟王陵的发掘,其墓室平面图,除绘有墓室口线与底线外,还绘有盗洞的口线与底线,以及盗洞口线与底线之间不同深度的多道轮廓线,其中 M1003 墓室中的盗洞共绘 10 道,并注明各轮廓线的深度(图一)。[1] 由深度数据可知,这 10 道轮廓线实乃盗洞周壁的等高线。

图一　殷墟 M1003 墓室平面图

(引自《侯家庄·第四本》图版陆)

[1]　"中研院"历史语言研究所:《侯家庄·第四本·1003 号大墓》,精华印书馆股份有限公司,1967年,图版陆。

　　这一表示法被 50 年代初的考古发掘继承,如 1950 年中国科学院考古研究所对辉县的发掘,其中第一号灰坑口大底小,即从上往下有所收缩,而且近口一段周壁不平整,形状与下部有别。口"成不规则状,……深到 2 米左右,成不规则的圆形,……距地面 3.5 米深时,成扁圆形,……5 米时,成长方形,相当规整"。[1] 因此其平面图在口线与底线之间亦绘有多道轮廓线,也注有各道线的深度(图二)。

　　辉县发掘团的团长是时任副所长的夏鼐先生,1935 年,他曾在殷墟发掘实习约两个半月。副团长郭宝钧先生是老殷墟,1928 年第一次殷墟发掘,他就是主要成员之一,并于 1936 年主持了殷墟第十三次发掘。而且另一位副所长梁思永先生正是当年发掘殷墟王陵的负责人。所以,20 世纪 50 年代初由考古所负责的工地,其田野考古图的绘制很自然地延续了殷墟的传统。但不知是何原因,这种绘法后来被简化了(本人未详考从何开始),对遗迹(包括墓葬)平面图的绘法,除有起伏折棱或台阶、龛穴等明显突出之处测绘外,无论该遗迹是否坍塌,是否盗扰,周壁是否规整,通常只绘其口线与底线,中间基本不绘。如 20 世纪 80 年代天马-曲村遗址的发掘,有一西周早期水井 J7H23,该井口至底深 12.75 米,口部稍有塌毁,近于敞口,俯视正投影,上部 8.4 米近椭圆形,以下 2.45 米变为长方形,最下面 1.9 米扩为袋状壁,底近椭圆。可平面图仅绘有椭圆形口线、8.4 米深处由椭圆壁变为长方壁之长方形口线与坑底椭圆形线(图三)。[2] 图上至少缺少两条线,一是近口处周壁塌毁之轮廓线;二是 8.4 米转折处由椭圆变为长方,缺外转折线——椭圆线。再如二里头遗址二号宫殿基址主体殿堂与北院墙之间的水井 2002VH463,[3] 此水井在 70 年代发掘二号建筑时发掘,当时确定为墓葬,编号为 VD2M1,据《偃师二里头》发掘报告介绍,墓口东西长 5.2~5.35 米,南北宽 4.25 米,近中部有一个早期大

[1] 中国科学院考古研究所:《辉县发掘报告》,科学出版社,1956 年,第 4、5 页,图一。

[2] 邹衡主编:《天马-曲村 1980~1989》第一册,科学出版社,2000 年,第 171~172 页。

[3] 中国社会科学院考古研究所编著:《二里头 1999~2006》贰,文物出版社,2014 年,第 635、832~833 页。
　　按:此水井于 20 世纪 70 年代末发掘二号建筑时发现,当时定为墓葬,编号为 VD2M1,认为墓主可能是当时的最高统治者,二号建筑为 M1 而建,或 M1 专门埋在二号建筑内。因此,二号建筑被判断为"夏社"或"庙寝"等,这种推测在学术界影响广泛。后来,有学者依发掘报告提供的资料,认为所谓M1 与常见的墓葬不类,提出疑问(杜金鹏:《二里头遗址宫殿建筑基址初步研究》)。于是,二里头考古队于 2002 年对此"墓"进行了再发掘,判定其应该是水井,遂将原编号改为 2002VH463。

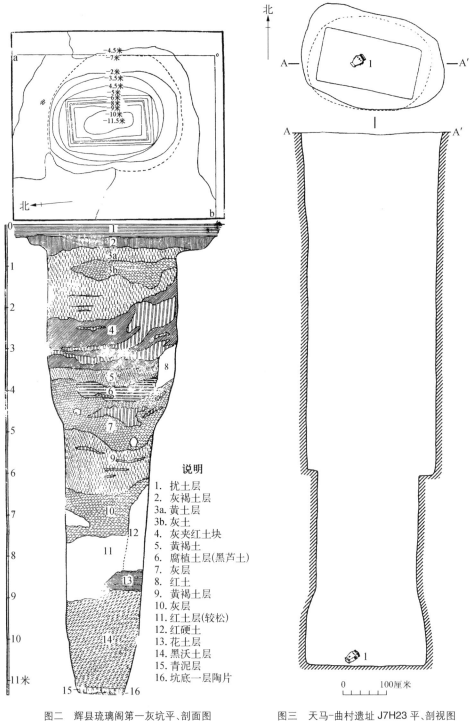

图二　辉县琉璃阁第一灰坑平、剖面图

（《辉县发掘报告》第5页图一）

图三　天马-曲村遗址 J7H23 平、剖视图

（《天马-曲村》图一七七）

说明

1. 扰土层
2. 灰褐土层
3a. 黄土层
3b. 灰土
4. 灰夹红土块
5. 黄褐土
6. 腐植土层(黑芦土)
7. 灰层
8. 红土
9. 黄褐土层
10. 灰层
11. 红土层(较松)
12. 红硬土
13. 花土层
14. 黑沃土层
15. 青泥层
16. 坑底一层陶片

盗洞,填土中有内置一狗的漆木匣。"墓内有生土二层台,二层台西高东低,……墓室东西长 1.85 米,南北宽 1.3 米。……从墓口至墓底深 6.1 米。"[1]由于二里头文化时期没有发现过面积超过 20 平方米的墓葬,因此,发掘者对此墓非常重视,认为"这座大墓坐落在第二号建筑的正殿和北墙之间,……形制极为特殊,有可能是当时最高统治者的一座墓葬",[2]并进而推断二号建筑为"夏社"。[3] 有人甚至直白地认为可能是一座王墓,[4]言外之意就是一座夏王陵。对于如此重要和结构比较复杂的墓葬,发掘报告仅发表一张很简单的平面图(图四),剖视图没有发表。

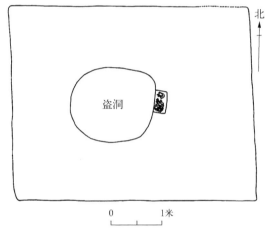

图四　二里头遗址二号宫殿中 M1 平面图

(《偃师二里头》第 157 页图 96)

　　该平面图仅有墓葬口线、盗洞口线和填土中的狗骨及木匣,不见生土二层台线,也不见所谓"墓室"范围线和墓底范围线。而这些线条都是墓葬平面图上最常规的必须显示的内容。

　　类似的例证还很多,到目前为止,基本不见当年殷墟和辉县那样的绘法,而是

[1] 中国社会科学院考古研究所编著:《偃师二里头——1959~1978 年考古发掘报告》,中国大百科全书出版社,1999 年,第 157 页。

[2] 赵芝荃:《论二里头遗址为夏代晚期都邑》,《华夏考古》1987 年第 2 期。

[3] 赵芝荃:《夏社与桐宫》,《文物与考古》2001 年第 4 期。

[4] 方酉生:《偃师二里头遗址第三期遗存与桀都斟鄩》,《考古》1995 年第 2 期。

普遍被简化省略了。

　　究竟哪种绘法合理与科学,大家可以讨论,可以裁断,但与早年相比,晚近的少了些科学、认真和细心是无疑的。

二、探方各种图的表示和对应

1. 探方遗迹总平面图的表示

　　对于文化单位堆积厚、遗迹现象多且复杂的探方,需要分层位绘出多张遗迹平面图,同时也需要有一张所有遗迹的总平面图。在通常的发掘中,这张总平面图更多见。探方总平面图如何绘? 我以为有三个原则,一是只绘各遗迹口线,因为每个遗迹都另有单独的平、剖图,其细部特征更全。探方总平面图是用以表示各遗迹的规模与相互之间关系的,无需表示各自的细部。有时方内遗迹单位很多,仅口线就很复杂,如果再把口线之外的各部位线条绘上,便有可能造成混乱。二是被上面遗迹叠压之遗迹的口线,未压部分用实线,被压部分用虚线。因此,如果遗迹单位多,上面有一大型遗迹,其下压的遗迹大部或全部是虚线。三是不画遗迹复原线。如,有的遗迹被其他单位一打到底,口与底均不完整,在探方总平面图上对消失部分不予复原,但要把打破该遗迹的单位的边线绘出来,不能因该单位不完整使之敞口,不予封闭。

2. 探方四壁剖面图的对应

　　探方四壁剖面图的对应是指各相邻两壁剖面图转角处层位线的对应和一致,这是最基本的常识,不赘述。

3. 探方平面图与剖面图的对应

　　探方平面图与剖面图的对应,看似简单和一般,其实未必能做到准确。这里所谓探方平面图与剖面图的对应,主要是指遗迹单位的对应。在田野考古发掘中,经常会遇到一些遗迹跨越两个探方,即部分在方内,部分在邻方或方外。如果发掘精准,在方内及时发现遗迹的口部,则此时所绘遗迹平面图的口形是符合实际的,也能和遗迹剖面图的口部准确对应。可在土遗址发掘的实际过程中,更多的情况是

很难做到及时精准地发现遗迹口部,经常是当在平面上发现该遗迹时,已经将原存口部挖掉一部分,挖掉部分有多少,则在探方壁上可以找到。而此时所绘该遗迹口部平面图当然不是真实的口部,是挖掉之后的口部,因而它不可能与真实的剖面口部——探方壁上的口部对应。兹举一容易理解的例证予以说明。如图五所示:H1 是一口小底大的袋状坑,

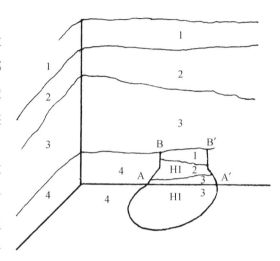

图五　灰坑 H1 口部被误挖现象示意图

探方平面上是刚发现时的口部,探方壁上是因未能及时发现被挖掉部分。待探方内 H1 内部发掘完之后,为了反映其真实的深度和堆积状况,其剖面图应以探方壁上所见剖面为合理(当然也可以方内 H1 任何处为剖面,但此剖面的深度是错挖后的深度,不真实)。如此就会出现这样的结果:H1 平面图口部两剖点 AA′的尺度不等于 H1 剖面图口部两剖点 BB′,因为 AA′和 BB′高度不同,这也就是平常所说的平面、剖面口部对不上。这是田野考古中经常遇到的问题,对直壁的遗迹来说,不易觉察,对袋状壁和坡壁的遗迹来说,就无法回避,必须给一个合理的交代。那么如何解决这一问题? 我以为,上述 H1 的平、剖面图都可以成立,因为发掘现状如此,挖错就是挖错了,只能面对,不能造假。当此之时,应该在平面图和剖面图上分别注明各自坑口的高程(分别有最高点和最低点两个数据),或注明平面图坑口与剖面图坑口的高差(被挖掉之数),即平面图的坑口比剖面图的坑口低了多少的数据,并在该坑文字记录中予以详细说明。

　　以上是跨探方的遗迹,即使多挖了也能由探方壁上知道多挖了多少。如果整个遗迹在探方内,没有触及四壁,那么一旦多挖了,就难以知道挖掉的准确数据。

在这种情况下,有时可以根据探方内文化层堆积状况,对该遗迹被挖掉的高度予以大致推断。

4. 同一遗迹各种图的一致

所有遗迹在探方平面图上有显示,比例一般是 1/50。此外,各遗迹还必须有单独的平面、剖面图或剖视图,比例一般是 1/20 或 1/10。遇到特殊现象,其局部还需要绘更大比例图,乃至原大之图。由于探方平面图与各遗迹平面图测绘时间不同,比例不同,甚至测绘工具不同,先后所绘之图很可能出现不一致,这是应该避免的,而且必须在发掘现场校正,原因不言自明。

三、遗迹图如何绘制和表示

如上所述,各遗迹除在探方平面图上有显示外,都有比探方平面图比例大的单独的平、剖图,以全面反映各遗迹的形制结构。

1. 遗迹平面图的表示

以下所论遗迹平面图仅就遗迹本身而言,不涉及遗迹内的遗物,如房屋内使用时期的陶器、墓葬内的随葬品等。绘制遗迹平面图的基本原则有如下三个方面。第一,口部用实线。第二,所有与遗迹结构有关的现象都要绘出来,如台阶、折棱、龛穴等。第三,正投影时,被口线遮挡部用虚线,未遮挡部用实线。如果遗迹底部结构复杂,而该遗迹又是口小底大,则被遮挡的复杂部分用虚线绘有失清晰和准确,对于这种情况,可另外用实线单绘遗迹底部平面图。

有的遗迹口、底都有,即使口部破坏严重,高低不一,但毕竟现存之口能够封闭起来,[1]这类遗迹可以按照以上原则去绘就可以了,至于打破其上部的其他遗迹

---

[1] 考古发掘出的所有遗迹,现存口部大部分不是使用时期的口部,即大都在发掘之前遭受过破坏,它们现存的口部都是破坏后的口部。因此,不论此口破坏多么严重,高低多么悬殊,只要高于底,能封闭起来者就可视为有口有底。

则不需要绘出。还有的遗迹往往被从口到底打穿,口与底均不完整。对于这类不完整遗迹平面图的表示,则需要把打破该遗迹的遗迹绘出来,但后者不需要绘完整,其口线超出被打破遗迹口线少许即可。如图六所示:直壁坑 H2 把袋状坑 H1 从口打到底,H1 口和底均不完整,所以 H1 平面图上必须把打破它的 H2 绘上一部分,并注明单位号。

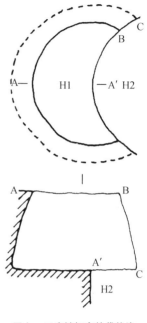

图六　口底被打穿的袋状坑
H1 平面图与剖视图

2. 遗迹剖面图与剖视图的区别

目前的考古学界,对遗迹剖面图的理解比较混乱,只要与剖有关就统统称之为剖面图。其实,根据图上所表现的内容,应区分为两类,即剖面图和剖视图,二者都属纵向垂直切面。

剖面图表现的是被剖断面的现象,断面之外的现象不予表现。依据被剖处的情况可分两类,第一类是当某遗迹先发掘一半时(或某分之一时),需要绘一剖面图,此剖面图上既有该遗迹从口至底被剖之外围轮廓线,又有遗迹内填土的层位线和压在坑上文化层的底线,后者就是通常所谓封口线,如图七所示:这种剖面图在田野发掘中经常运用,绘完这一剖面图,并拍照之后,再发掘遗迹内的另一半。因此,这类剖面图是遗迹发掘过程中间完成的。第二类是在某遗迹发掘时,没有先发掘一半,而是整体发掘到底,没有也无法绘出上述第一类的剖面图,但遗迹又需要绘剖面图。这时的遗迹只有从口

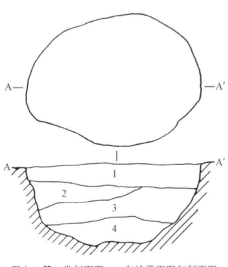

图七　第一类剖面图——灰坑平面图与剖面图

（灰坑做完一半时绘制）

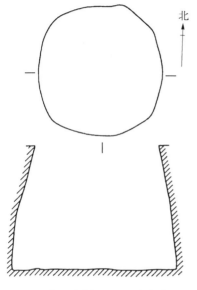

图八　第二类剖面图——偃师商城
1989YST19H34 平面图与剖
面图

（《偃师商城》图二四三）

至底的外围立体轮廓，内部填土清除，故其剖面图也只有遗迹被剖处从口至底的外围轮廓线，其内无填土层位线，也无压在坑上文化层的层位线，故遗迹口是敞开的，无法封闭，如图八所示[1]：

剖视图是指当某个遗迹内部发掘完之后，绘一些既能表现该遗迹从口至底的轮廓剖面，又能表现未剖掉一侧壁面上可以看到的所有现象，它是剖面与可视面的复合。有如平面图上，不仅有遗迹开口面上（这实际为遗迹的横向切面）遗迹的口线，还要向下正投影把遗迹口以下到底的所有现象画出来一样。只不过剖视图是从侧面正投影测绘对面之壁上的现象而已，所以又称之为侧视图。[2]　如图九所示：本图是天马-曲村遗址 H119 的平面图和剖视图，[3]该遗迹"总体为口大底小的长方竖井，仅局部为圆筒状，南北两壁有脚窝，西壁有洞龛"。在两个剖视图上分别显现了未剖掉一侧壁面上可以看到的口线、脚窝和洞龛。

任何一个遗迹发掘完之后，必须绘与平面图相配的剖视图，因此，剖视图在考古发掘中是最常见的图类之一。

3. 对遗迹剖面图和剖视图口线的理解

这也是田野考古图中比较混乱的问题，不过，若明白了上述剖面图与剖视图的

---

[1] 中国社会科学院考古研究所：《偃师商城》第一卷上册，科学出版社，2013 年，第 437 页图二四三：3。

[2] 国家文物局：《田野考古工作规程》，文物出版社，2009 年。

[3] 《天马-曲村》发掘报告的剖面图，实际大部分为剖视图，20 世纪 80 年代发掘时还未认识到这一点。另，本遗迹的侧视图也不完整，AA′剖视图上就缺少了西壁洞坎的外轮廓线（大部正投影看不见，但能测量，则用虚线表示即可）。

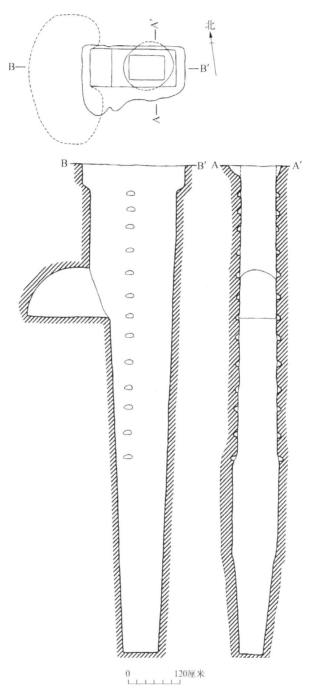

图九　剖视图举例——曲村 J7H119 平面图与剖视图

（《天马-曲村》图一八四）

含义,也就能回答这些问题了。

　　属剖面图第一类者(图七),因遗迹先发掘一半,坑内层位堆积是能看得见的,封口线就是坑内最上层堆积的表面切线,[1]是一定要绘的。属剖面图第二类者(图八),因测绘遗迹剖面图时,遗迹内堆积已全部发掘完,不复存在,剖面仅能剖到遗迹从口至底的边界轮廓,其内部是空腔,所以,这种剖面图无法绘出封口线。

　　如果是剖视图,它既包含有剖面图第二类的表现,又包含未剖掉一侧壁面上可以看到的所有现象。这类图上不存在剖面图第一类的封口线,但必须把未剖掉一侧壁面的现象绘出来,而此壁面现存上口是其现象之一,当然也要绘出来,它是未剖掉一侧壁面的口线。此口线有如绘制一件内外有彩绘的陶容器,被切掉四分之一部分后,从切口可以看到对面器内彩绘与口线一样(图一〇)[2],它与剖面图第一类者的封口线有本质区别。也正因如此,对这样的图称之为剖视图似更合理,便于与剖面图区别。

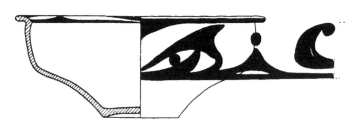

图一〇　彩陶盆口线与内外彩图案

(《华县泉护村》图一七六)

　　在我们现在的田野考古发掘中,对所绘遗迹图,基本未有这样的区分,大都笼而统之混称为剖面图。依大量发掘报告的所谓遗迹剖面图可知,有些报告的遗迹

---

[1] 如果发掘准确,所谓"坑内最上层堆积的表面"实际是叠压在遗迹口上的文化层的底面,也就是被压遗迹的封口面;如果发掘不准确,把坑口挖去一部分,则坑内堆积自然也会同时被削去一部分,此时"坑内最上层堆积的表面"就是发掘者削出来的横切面。多数情况属后者。

[2] 陕西省考古研究院等:《华县泉护村——1997年考古发掘报告》,文物出版社,2014年,第246页图一七六·1。

无封口线,称剖面图是对的;有些报告的遗迹有封口线,基本都是一条直线,甚至常用直尺画出,也称为剖面图。可这种剖面图,在遗迹内不见堆积的层位线(或许不分层,只有一层,但有的文字描述是分层的,而图上未显示),是否属剖面图第一类者的封口线,无法知晓;那么,是否属上述剖视图中所指未剖掉一侧壁面的口线,亦无法判定。从遗迹内无层位线,封口线又是整齐划一的直线,尤其是用直尺所绘的直线来分析,这类所谓剖面图有相当一部分很可能是整个遗迹发掘完测绘的,封口线是绘图者想当然的虚拟之作,既不是上述剖面图第一类者的封口线,也不是剖视图中未剖掉一侧壁面的口线。

剖面图绘起来比较容易,因为仅限于同一垂直面上,在此不予论述。剖视图绘起来有一定难度,因为所绘现象不在同一垂直面上,需要略加说明。

遗迹保存状况非常复杂,因此其剖视图也不会单一。这里简单概括为两类,一类是遗迹口部被同一层位的底面(文化层或遗迹单位)较整齐地打破或叠压,此层位底面或近于水平,或有一定坡度,但没有太大起伏变化。此种状况下被叠压的遗迹口部也不会有起伏变化,即基本处于同一个面上,比较整齐。此种情况下的遗迹剖视图,其未剖掉一侧壁面的口线基本与剖线经过的遗迹口部两点的连接线相当,故将剖线经过的遗迹口部两点手动自然连接起来也可,当然,这不是科学测绘的结果。若要精确和科学,则需要把未剖掉一侧壁面的口部测绘出来。第二类是遗迹口部遭到其他层位不整齐的破坏,所存口部不在同一个面上,而是高低不一,起伏变化大。此种情况下的遗迹剖视图,其未剖掉一侧壁面的口线自然也是高低不平,需要仔细测绘。如图一一:这是天马-曲村遗址一座地穴式房子,西壁上有长条状烧灶,底与周壁下部经火烧。口部被其他层位破坏,高低不平,这在两个剖视图上是能看出来的。又如图一二,一看便知灰坑 H147 之口的南面中部破坏很大。

而前举图六剖视图上的 AB 连线是袋状坑 H1 未剖去一侧的口线;BC 连线是 H1 被直壁坑 H2 打穿处可以看到的坑壁线;A′C 是 H1 的底面线。

4. 剖面的选择和表示

剖视图都是为了反映遗迹的结构特征,越全面越好,因此,绘几张剖视图,以及

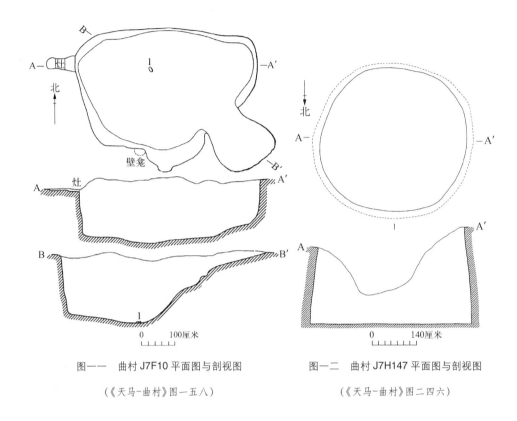

图一一　曲村 J7F10 平面图与剖视图

（《天马-曲村》图一五八）

图一二　曲村 J7H147 平面图与剖视图

（《天马-曲村》图二四六）

各剖视图的剖面选在何处要依遗迹的结构特征来定。图九之 H119，绘了纵、横两个剖视图，基本可以较全面地表现该遗迹的结构特征，如果再增加一个西部洞龛的南北向剖视图就更加全面了。由于 H119 深 11.1 米，洞龛位于中腰偏上，作业难度较大，又是学生实习，为避免危险，当时没有绘制。图一一之 F10 也是绘了两个剖视图，其中 AA′剖视图纵剖 F10 北部，是为了表现北部深度与壁、底状况，同时剖面纵跨西壁上烧灶，也能表现出烧灶所在高度与残存状况。BB′未与 AA′垂直，而是斜向剖视，主要是因 F10 的门道位于房子东南部，为了表现门道坡度而设。当然，本遗迹如果再绘一横剖视图会更好。

凡绘有剖面图或剖视图的遗迹，在所绘平、剖图上都要标注清楚所剖的位置，一般是在平面图近遗迹口部用两条短直线表示，可以称之为剖面指示线。此点亦属常识，绝大多数人都清楚。不过，在目前看到的考古报告中，在这一细节上也不一致,大概有两种情况。

一是在平面图上绘有剖面指示线,不加英文字母,剖面图或剖视图放在平面图下方与之对应,如图二、图八。

二是在平面图上绘有剖面指示线,并加英文字母。与之对应的剖面图或剖视图也在口部注明与平面图对应的相同字母,多数亦放在平面图下方。若剖面图或剖视图不止一个,为了更直观,也可将它们放在平面图一侧或两侧等。

一般来说,第一种不加字母者可能是因遗迹简单,规模小,或者只绘了一个剖面图或剖视图,因此将其放在平面图之下也能看得明白。另外,此种情况还需有一个前提,就是田野测绘底图时,是将平、剖图绘在同一张米格纸上的,当时就对应得很好。如果遗迹规模大,平、剖图一张纸容纳不下,需要分别绘在两张米格纸上。可以想象,不加字母的两张图在对应时就会得出两种相反的结果,显然,不加字母就无法判定是从哪个方向剖视的。因此,即使绘一个剖图,也要加字母表示,以避免麻烦。而且在田野发掘中,经常会遇到形制结构复杂的遗迹,面对这样的遗迹,仅绘一个剖图肯定不合适,而是需要绘多张剖图。这些剖图的剖面有时并非相互平行或垂直,无论如何不可能用一张米格纸绘制。在这种情况下,如果都不加字母就更难一一对应了。

看来在平、剖图上加英文字母是实际所需,是合理的。

那么用什么样的字母来区分不同的剖面呢?目前也不一致,也有两种表示。一种是用 AA′、BB′、CC′等等区分不同的剖面,最为常见。一种是用 AB、CD、EF 等等区分不同的剖面,比较少见。二者都能起到相同的作用,好像前者更方便一些。

5. 平、剖图之对应

平面图与剖图之对应容易理解,在此亦不赘及。关键是剖视图与剖视图的对应,如前面图九。图上 H119 绘有纵、横两个剖视图,图上都显示有洞龛和脚窝。对于同一现象,比如西壁上的洞龛,其龛口之顶和底的高度,两剖视图必须一一对应,上下都不能有错位。脚窝亦然。H119 是比较简单的现象,这方面在随葬品较多的墓葬剖视图中就显得更难把握,因各剖视过程中视角的不同,所见的每件随葬品也都是从不同视角测绘的,要保持相互一致,难度更高。所以,在以往的田野考古发掘中,对墓葬整体绘制两个以上剖视图者很少。不过,随着摄影与三维成图技术的应用,绘制多个剖视图就不会太难了。

说到墓葬平、剖图,这里顺便强调一个问题,即墓葬平、剖图的边框用直尺绘是否合适。在目前看到的有关墓葬的发掘报告中,有很多墓葬平、剖图的边框用直尺绘制,有些明显变形的棺椁也用直尺绘制。我以为这不符合实际,没有任何一座墓葬,考古发掘出来的各处边框,如口、壁、底及二层台等是笔直的。用直尺绘只能说是复原图或示意图。当然,目前这种绘制法并非凭空产生,也是有其来由的。如前文所举20世纪30年代绘制的殷墟王陵的图和1950年绘制的固围大墓的图,就都是用直尺绘的边框。原来前辈权威老师就是这么做的,效而仿之也是学习,难免现在还比较常见。不过,老师有错也不会坚持不改,建议以后不再这么绘。

四、田野考古图与文字记录的吻合

在目前的田野考古发掘中,绘图与记录往往由不同的人员完成,这样在各种数据上就容易形成偏差,难以吻合。为避免偏差出现,一定要在测绘时把具体数据记下来。有了这些数据,即使绘图时算错比例而画错,也能予以纠正。且不可依图反推实际的数据,尤其在小比例图的时候,反推的数据肯定有误。

有些文字记录的内容,不是与绘图同步进行的,二者也易出现误差。比如,按照田野考古工作要求,每个遗迹的口部至少都要有两个高程数据——最高点和最低点,这两个数据可能在遗迹口部完全确定时就测出,并由发掘者记在了日记中。隔些时日,待该遗迹发掘完,由绘图人员绘制其平、剖图时,他仅负责遗迹本身的绘制,未必考虑口部高程。那么,他所绘制的遗迹口部最高点到最低点的高差是否能与当初测定的口部高差吻合,也是需要现场勘校的。

其实,文化层也有类似的问题,这里亦不赘及。

在阅读墓葬发掘报告时,于文字描述中还常遇到以下情况,如在介绍墓葬葬具时,说某墓一棺一椁,椁室长多少厘米,宽多少厘米,椁板厚多少厘米。木棺也有类似描述。翻开墓葬平面图,画得也很清楚。那么这椁与棺的各自长宽是测的什么部位？是板的外侧？还是内侧？椁室的宽度是端板之长？还是侧板之宽？因为多数椁室呈"Ⅱ"形,端板长于侧板,文字描述多没有交代清楚。即使到现在,这一问题仍然存在。须知商周时期大墓的椁板厚度约 20 厘米,如此算来,内外长宽相差多达 40 厘米,这可不是个小数字,也许在比较研究时非常重要。怎么办？那就只好求助于平面图,即按比例从图上反推椁室内面和外面的长宽。结果基本是不理想的,很难裁断文字所言是内面还是外面的长宽。原因很简单,因田野所绘墓葬图一般是十分之一,出版印刷再一缩小,无法使反推数据达到准确。这不是绘图者的责任,是文字记录者的疏忽大意,是记录者缺少与绘图者的细心沟通。

　　田野发掘遇到的所有现象都有唯一性,互不重复,可谓繁杂多样,千姿百态,在绘图时都需要在现场仔细观察方能正确表示。以上仅列举一些简单现象予以说明,而且比较零散,很不全面。正如本文开头所言,之所以写出来的目的,是希望引起学界对田野考古图的重视,使田野考古图逐渐规范、科学与合理。所论不周之处,欢迎批评指正。

2016.5.11 改稿

(本文原刊《李下蹊华——庆祝李伯谦先生八十华诞论文集》,科学出版社,2017 年)

25
方山二陵的发掘与文明皇后的评价

缘 起

1975 年 8 月,我作为工农兵大学生从北京大学历史系考古专业毕业,10 月初到山西省文物工作委员会(以下简称文工会)报到。当时文工会下设三个部门:考古队、古建队和博物部。我分配在考古队,但因文工会办公室人手吃紧,暂时先在办公室帮忙。

办公室的工作主要是打杂,对我缺少吸引力。除了受命看过单位所有人员的档案材料,对个别特殊材料有印象外,[1] 未留下太多记忆。为尽早从事专业工作,曾多次向办公室杨子荣主任表明去意。

1976 年春天,机会终于来了。大同市博物馆应驻地部队要求,着手发掘北魏文明皇后之墓永固陵,希望(山西)省文工会派业务人员给予支援和协助。当时考古队正启动两项由国家文物局安排的令中国考古学界震动的科研项目,[2] 一是下川遗址的发掘,旨在填补中国中石器时代考古的空白;另一项是东下冯遗址的发掘,意在探讨夏文化。这两项至今仍然是国内学术界关注的重大课题,在 70 年代,它

---

[1] 任务是把"文革"开始以来放进去的材料拿出来。因为我初到单位,谁都不熟,没有参与过单位的派性斗争,不会因人而异。印象深的如有一位老先生在民国年间任过绥德县县长,还有一位先生的档案里装着特嫌材料。

[2] 1975 年 11 月,国家文物局召开七省文物工作座谈会,山西省文物工作委员会(当时未改名为文物局)徐文达副主任参加。11 月 5 日,王冶秋局长讲话。其中提到要搞边疆考古、中原的仰韶文化(陈滋德插话:山西发现了中石器时代遗址),夏文化是空白,要搞。还要搞地震考古、水文考古。陈所说山西发现中石器时代遗址,就是下川遗址,当时发现细石器较多,故疑为中石器时代。王局长提到的夏文化空白和陈补充的山西中石器时代问题,据说是某高层人物的建议。这两项要发掘的遗址属山西与河南二省,其中为夏文化的探讨,山西发掘了东下冯遗址,河南发掘了王城岗遗址。

们的诱惑力可想而知。据说这两个课题还受到当时中央某位大员的过问。山西省和中国科学院考古研究所、中国历史博物馆等有关单位在晋祠宾馆召开了"沁水下川、夏县东下冯考古发掘领导组"会议,(山西)省委王大任副书记出席,会上确定(山西)省委宣传部卢梦副部长为发掘领导小组组长,科学院考古所牛兆勋书记、(山西)省文工会庞汉杰书记为副组长,有关地、县领导为小组成员。领导组下设办公室,主任为张颔先生,具体领导两个工地的发掘。为此,山西省革命委员会专门发布一个红头文件。能够受到国家和(山西)省委如此重视,在山西省文物工作的历史上实属罕见,每位能够参加这项工作的成员都会感到荣幸和骄傲。因此,(山西)省考古队由祁惠芬指导员(相当于书记)和邓林秀队长各率一支队伍,分别负责东下冯和下川遗址的发掘。相比之下,作为协助人员支援地方发掘一座被盗墓葬的工作便被冷落一旁。

这项无人问津的任务却引起我的兴趣。山西还从未发掘过皇后之墓(实际上在全国也不多)。即使该墓被盗,也不会一干二净。附近同时代的司马金龙墓就遭盗掘,仍出土精美的石雕、陶俑和漆画屏风等。再退一步说,至少墓葬的结构与规模不会荡然无存,它仍然具有重要的学术价值。加之我是雁北人,当时也没有专攻某一时段考古的学术目标,对山西考古的各个方面都想了解,这些都成为我要求参加发掘的因素。

在我的积极争取下,杨主任慨然应允。与我同时参加这项工作的还有考古队的白玉珍先生。

白先生是文工会内我认识最早的同事之一,从我报到之日起,我们就成了同屋,一起住在考古队最大的一间办公室里。他为人诚实,淡泊名利,与世无争。别的单身职工住的都是双人间宿舍,而年近五旬的白先生却住在大办公室里;别人觉得没什么油水的差事往往谦让给他,而他本人却毫不介意。本次以配角身份被派发掘永固陵亦属这种情形。

发掘工作由大同市博物馆解廷琦先生主持,业务人员总共我们3人。解先生于20世纪50年代初参加过由文化部、中国科学院和北京大学考古专业联合举办的田野考古培训班,是山西省文物事业的开拓者之一。作为一个不合格的初出茅庐的大学生,[1]工作后第一次参加发掘的我,很高兴能在这样两位前辈的带领下从事工作。从决定要去参加发掘开始,我对自己怎么做为好就有一个想法,就是尽量全面收集资料,从考古到文献均如此。至今,我手头都保留着当时的田野日记和绘在米格纸上的各种图,[2]以及摘抄的文献卡和一些学术认识的草稿。

有关永固陵的发掘成果,解廷琦先生有专文发表,题为《大同方山北魏永固陵》(以下简称《永固陵》),[3]相当于发掘简报。1999年,山西省博物馆为庆祝建馆80周年,希望我这个在山西工作过的人员写点东西,于是我想起了永固陵,便找出自己收集的资料,写成《方山二陵的发掘与文明皇后的评价》一文[4](以下简称《方山二陵》)。当时没好意思补充太多发掘简报中未提及的内容。本次收集个人发表的文章时,觉得可以把我当时获得的而发掘简报没有提到的资料予以补充发表,[5]部分内容属于对简报的注释。于是在《方山二陵》一文的基础上修改成本文。

一、文明皇后永固陵

(一)文明皇后永固陵的介绍

文明皇后永固陵位于大同市正北方山之巅的南部,如果天气晴朗,出大同市向北远眺,即可隐约看到山巅上该陵的坟丘。

方山,亦名方岭,均为北朝时所称。山阴为内蒙古自治区。虽名之为山,但山顶并非峰状却相当平坦,鸟瞰略呈三角形,北宽南窄,南北长近2千米。山之东西

---

[1] 当时工资待遇按大专对待。

[2] 发掘期间的后勤工作全部是解先生负责,各种资料的采集,包括田野绘图,解先生都是亲力亲为。我和白先生只管看着部队战士发掘,把出土物提取好,记录好。由于山上没有村庄,我们只好住在距之最近的山左西寺村,每日徒步上山,往返一趟将近10里。因此,我们三人轮流上山到工地,这样,虽然我收集的资料不太完整,但有一定的时间看书和绘图。

[3] 大同市博物馆、山西省文物工作委员会:《大同方山北魏永固陵》,《文物》1978年第7期。

[4] 刘绪:《方山二陵的发掘与文明皇后的评价》,山西省博物馆编:《山西博物馆八十年》,山西人民出版社,1999年,第145~156页。

[5] 解先生已去世,无法征求他的意见。

两侧各有一条自北而南的河流,东面一条叫万泉河(又称镇川河),河左是采凉山及白登山;西面一条叫饮马河(又称淤泥河)。两河在山前交汇后称为御河(古称如浑水)。

永固陵东北里许是孝文帝的"寿宫",又称"万年堂"。后者本来是孝文帝为了表示对文明皇后的"瞻望之志"为自己营建的寿陵,后因迁都洛阳另择"山园之所"而使方山寿陵有名无实,故史书又称"虚宫"。二陵高大的坟丘在山顶南部兀自耸立,相当醒目。

因不便明言的原因,本次发掘系由部队提出,并非文物部门主动发掘。因此,发掘实施方案主要由部队制定,诸多方面不符合田野考古操作规程,需要采集的信息无法采集。那是特殊的年代,既无可奈何,又情有可原。

4月13日,当我们由大同来到发掘地时,部队已大干数日,他们先是在封土正南开挖一条竖沟,后来不知何故改在封土西南挖了同样宽一条竖沟,意欲从竖沟底部打洞进入墓室。之所以用这种方法,是为了尽可能保留封土原状以便部队改作他用。我们认为即使按此法进行发掘,也应该把竖沟开在正南,而不应开在西南,因为这样容易找到墓道、墓门,顺利进入墓室。附近被严重破坏的孝文帝"寿宫"的墓道就设在墓室正南,可引以为证。在我们的建议下,4月15日,部队放弃西南,移兵正南挖出一条竖沟。出于考古工作的习惯,我们仍称这些竖沟为探沟。

两条探沟均宽2米左右。正南一条南北水平长度为26米,其南端起始于封土底边,北端止于封土半腰。整个探沟由南向北随着坡状封土逐渐变深,北端由封土基底垂直向上至封土半腰表面,深11.30米。《永固陵》云"封土堆现高22.87米,[1]呈圆形,基底为方形,南北长117米,东西宽124米"。

永固陵为平地起建,墓室之底与覆盖其外的封土之底在同一平面上。封土的形状,基底是方?是圆?因部队不允许在必要的部位解剖,无法彻底搞清。当时,我们进行过分析讨论,认为方形基底的形成有两种可能,《永固陵》所言"方形"是其中之一,而我本人更倾向于另一种可能。即所谓方形基底并非当时所为,其形成

---

[1] 封土的高度和墓葬后室(主室)的高度由部队测量。

另有原因。我在发掘记录草稿中是这样写的："(封土)基底为什么是方形？我觉得这并非当初原貌，从周围的地形和农田分布来看，系由农民耕作土地所致。理由是方形基底的每边差不多都是两端低中间高，若为方形基底，应该等高。最明显的东、北两边恰好都是农田田埂。另外，同地孝文帝'寿宫'的封土，更近于圆形，可为佐证。更值得注意的是，《北史》在记述永固陵尺度时，于同一段落中谈到墓室大小则称'内则方丈'，谈到坟丘大小则称'广为六十步'。很明显'方'与'广'是有区别的，封土言'广'不言'方'，自然不会是方形。"现在看来，这种分析仍不无道理。

　　到底封土的基底是圆是方，有待来日发掘解剖才能论定。

　　通过两条探沟发掘及后来对墓室的清理得知，封土夯筑在山顶岩石上，正南探沟夯层大部不明显，经过扰动；西南探沟夯层清晰易辨，但夯层厚薄不一，而且不通畅。在正南一条探沟处，发现两处盗洞，均已填实。另在封土基底上存有厚约 2 厘米的白灰层。本探沟的发掘，见到此白灰层即告停止。到 4 月 21 日，探沟全部挖完。从 4 月 22 日开始，顺着探沟之底，即顺着白灰层在探沟北壁向北如同挖防空地道一样挖洞寻找墓室，于 4 月 24 日与金元时期最大的盗洞(《永固陵》所言第二次被盗之盗洞)打通，直接看到了墓道和封门墙。这时我们发现，本探沟基本对着墓道，也正对着金元时期大盗洞。

　　这个盗洞在墓道处尚未塌实，仍是一个高近 3、宽近 4 米的空洞。顶部看不清是夯土还是扰土，其中还夹有人头大小的石块，看上去摇摇欲坠，随时都有塌落的危险，让人望而生畏。[1] 正因如此，墓道部分未能彻底清理，仅知两侧用自然石块堆砌的石墙长 5.9、北端底部宽 5.1、墙高大约 5 米，南端底宽 5.5 米。至于两石墙上口之宽，仅知稍宽于底，呈陡坡状。两石墙墙体有多厚则无法搞清。从墓道石墙南端到封土基底南缘长约 44 米。

　　墓道以北依次是前室、甬道和后室(主室)，三者均为砖砌，白灰黏合。《永固陵》所说"墓室南北总长 17.60 米"，是指从后室内壁中点到前室前缘之长，不包括后室北壁之厚和石垒墓道之长，若将二者加上(分别是 1.3 米和 5.9 米)，则总长为

---

[1] 为防止不测，解先生从西寺村借来较粗的抽水管，由墓葬后室直通探沟。

24.8 米。

前室平面微呈梯形,拱券顶。南端大敞口用五重砖墙封堵,即《永固陵》所言"墓门用条砖封闭,其中二砖在券门内,三砖在券门外,封门墙厚 2.10 米"之封门墙。此墙东部少许被盗墓者拆毁。《方山二陵》云"室内南北长 4.2、北端东西宽 3.66、南端东西宽 3.85、券顶中部高 3.8 米",这是剩余的封门墙未拆除时的测量数据(其中南北长 4.2 米,因盗墓者拆除了东部封堵墙可以测出),与《永固陵》"墓室各部尺寸表"相同。《永固陵》又云,前室墓门宽 3.95、门高 4.15 米,则是封门墙拆除后,前室口部的尺寸。前室之底只有封堵墙下保存原貌,系用边长约 50.6、厚约 7.2 厘米的大方砖铺成。方砖制作精细,朝上一面黑亮光滑,周边平直,砖与砖之间接缝相当严实。方砖下是一层厚约 1 厘米的细砂,砂下是平整的夯土基础,甬道与后室亦然。前室东西两壁、券顶和北壁的砌法如《永固陵》图二所示。该图底稿出自笔者之手,因不懂透视原理,表现并不妥当,原本是自己留存参考的示意图。不过,图中砖的平竖砌法是按实际状况绘制的,即最底部四平砖,其上一竖二平相间垒砌,东西壁于第五层竖砖以上平砖起券,此处距最下层平铺砖底面(即细沙表面)为 1.9 米。北壁石券门两侧于第六层竖砖以上全为平砖。应该指出的是,北壁石券门之东半,包括石门柱(颊)和紧靠门柱的一部分砖墙被盗墓者拆毁,这在《永固陵》图一三可以看出。《永固陵》图二是依西半复原的。图二下的文字说明,把"两石门的情况"错印成"西石门的情况",在此特予更正。

前室北壁,即甬道的南端为第一道门。《永固陵》分别称为石券门(包括石门楣、门柱、门槛、门墩)和石门,全部为石质。有关第一道石门的情况,《永固陵》介绍得比较具体,其中包括有石雕部分的尺度,如拱形石门楣,长 2.12、高 0.90、厚 0.20 米;西侧石门柱(颊)高 1.66、宽 0.28、厚 0.22 米。门柱与门楣榫卯结合;虎头门墩(砧)高 3.15、宽 40.5、全长 85 厘米。这里首先更正虎头门墩高 3.15 厘米肯定有误,依本人当时记录,其高为 40 厘米,与宽相当,这从《永固陵》发的照片上也能看出。至于石券门的门槛以及券门内边的高与宽,《永固陵》没有说明,兹补充如下:门槛长 1.52、高 0.2(铺地砖以上露出部分)、宽 0.21 米。石券门内边高(从门槛上面到门楣下面最高处)2.28 米、下部宽 1.64 米。

第一道门的石门,《永固陵》介绍说"高 1.82、宽 1.59、厚 0.20 米",依本人记录,石门高 2.31 米,每扇门宽 0.87 米,两扇扣合(东压西)总宽 1.67 米。究竟如何? 需实测原物来定。

甬道的情况,《永固陵》介绍较详,不重复。甬道近北端是第二道石券门,石门被盗墓者推倒。第二道石券门位于距甬道北口(后室南壁)约 1 米处,结构与第一道石门基本相同,唯门楣与门柱对接法有别。第一道石门门柱为长方体,半圆形门楣平放在门柱上。而此石门门柱上部内侧均向内弯转,门楣呈榫状与之扣合。两门柱上部各雕刻一回首龙头,龙身沿门柱、门楣内沿相连,构成一条一身双首龙。此门门墩、门柱均有一半嵌在甬道壁中,可证并非后安。门楣包在壁内多少,不得而知,露出部分最宽处(中部)为 0.34 米。

后室(即主室)情况,《永固陵》也有较详细说明,其底部平面为弧方形,弧边最宽处南北长 6.4、东西宽 6.83 米。如果把四角之点用直线依次相连,正巧构成边长为 5.6 米的正方形。后室底砖亦被全部拆除,露出细砂和夯土基础。

砖砌墓壁厚度,从后室西壁盗洞可知后室用三重条砖砌成,厚 1.3 米。其他部位因未解剖,厚度不明。《永固陵》图三平、剖面图中与前室墓壁厚度是依后室复原的。

封堵墙共有 6 堵,其中甬道内的 4 堵均被盗墓者拆除,但甬道壁上留有白灰痕迹,可知原墙的厚度。另外 2 堵,一在前室紧倚第一道石门外;一即上述前室口部之五重砖墙。6 堵墙的封堵顺序自然是由内而外,我们依次编为第 1 至第 6 堵墙。第 1 堵墙位于甬道北端,即第二道石门内侧,厚约 0.9 米;第 2 堵墙紧倚在第二道石门门外,厚约 1.3 米;第 3 堵墙位于甬道中部,厚亦约 1.3 米;第 4 堵墙紧倚第一道石门内,厚约 0.9 米;第 5 堵墙紧倚第一道石门门外,由两重半条砖砌成,厚 1.05 米。第 5 堵墙大部保存原状,仅东部少许被盗墓者拆除。以上 5 堵墙全用白灰黏合。第 6 堵墙即前室口部由五重砖墙组成者,用黄泥黏合,总厚度为 2.1 米。

永固陵所使用的砖,除铺地砖为方形外,其余都是条砖,这种条砖长 45~46、宽 22~23、厚 7.5 厘米。由此可以推测,甬道中第 1 至第 4 堵墙分别由 2 重或 3 重砖砌成。

　　永固陵被盗惨重,连铺地砖都被搬走或砸碎,与其说是盗,毋宁说是公开劫掠。墓中清出一些器物,都混杂在碎砖杂土之中,这些器物大部分在《永固陵》一文中提到,由于该文发表的是照片,印制不甚清晰,今补充一部分线图,是笔者在发掘期间所绘(图一)。以下就出土物再作几点说明。

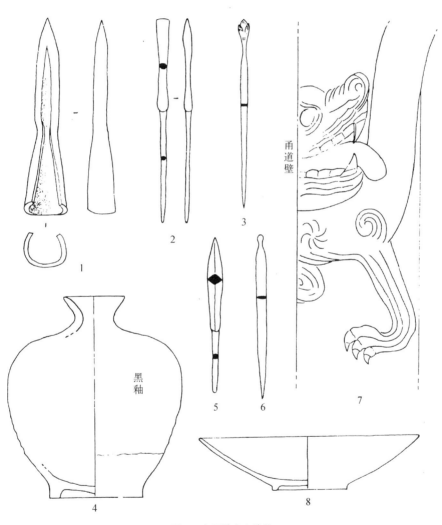

甬道壁

黑釉

图一　永固陵出土遗物

　　1. 铁矛　2、5. 铁镞　3. 铜笄　4. 黑釉瓷罐　6、骨笄　7. 永固陵第二重石门西门颊浮雕素描
8. 白瓷碗

(1、2、4、5、8出于盗洞;3出于后室;6出于前室,共4件)

第一，在前、后室和甬道中都发现有铜钱，以北宋钱为主。计有"嘉祐通宝"、"皇宋通宝"（以上后室出）、"景祐元宝"（甬道出）、"元祐通宝"、"大观通宝"和莽钱"货泉"（以上前室出）。当为盗墓人遗弃。

第二，后室中捡到4块人骨残段：一段桡骨、二块脊椎骨、半根肋骨。

第三，《永固陵》图一七石雕武士俑（图二）出于正南探沟盗洞扰土中，出土时头下足上斜置。

图二　永固陵石雕武士俑

（正南探沟盗洞出）

（二）关于永固陵未知现象与营造过程的推测

永固陵建于地上，与最常见的建于地下者不同。限于发掘时的特殊原因，有些本应搞清的现象无法搞清，除前面提到者外，主要是对墓道的完整状况不明。前面提到的墓道，仅是与前室相接的石壁墓道，我们可称之为内端墓道，其南缘距封土南缘尚有44米之长，这一段我们可称之为外端墓道，这段墓道有多宽？两侧壁是直壁还是有坡度的？都是未知数。其形成是在夯筑封土下部时，这段墓道两侧以立板隔挡留出空间？还是不留空间,在全部封土夯筑到一定高度时,再裁切而成？根据墓葬后室提供的信息,后一种可能较大。《永固陵》对后室的建造过程有详细介绍,"从后室西壁南端盗洞看,其墓壁结构是三个横平砖相接,厚 1.30 米,墓外紧靠墓壁约有 0.3 米的黄土,土质不甚硬。其外是黑色土,夯打很坚实。两种土交接线垂直,十分明显。夯土断面上有白灰点,是砌墓室时溅的,故知墓的建造是先打夯土台,再裁成为方形,内砌砖,中间空隙填土"。这里所说后室西壁盗洞约位于后室直壁部分的中部,向上砖砌墓壁内收,先打的夯土台到多高就停下来裁成方形墓室？也不可知,但肯定不会高到后室顶部那么高。也许外端墓道与后室同步裁切。至于外端墓道两壁是直壁还是有坡度的？根据内端墓道石砌两壁的状况,推测两者应该相同。

整个墓道在墓主人下葬之前是敞开着的,也是建造过程中和安葬时的唯一通道,所以应该考虑它的实际状况并予以复原。

整个陵墓的营造过程,可据发掘范围内所获信息予以推测。

信息一,《永固陵》云：后室"中部略偏西处,有一个被盗墓人挖掘又回填的坑,直径约 1 米,深 1.2 米,直至山石"。本人日记还记录说,这 1.2 米深的坑壁为坚硬的夯土,此为墓葬的基础。

信息二,探沟底部大部分地段发现一层白灰,此即前文所言"在封土基底上存有厚约 2 厘米的白灰层",此白灰层下为夯土。

信息三,墓葬砖砌部分,其下铺一层细沙,再下是夯土。显然是为了便于取平。

信息四,发掘进入尾声时（5 月 16 日到 17 日）,部队在探沟中部东西壁上对称开挖两个豁口,每个豁口东西长约 1.5 米,南北宽约 2 米。结果在东豁口底部北壁处发现红色丝织物,部分被探沟挖坏,向北压在夯土下,丝织物下有细沙,沙下为夯土。西豁口也在底部北壁处有发现,与东豁口的发现在一条直线上。这是由东、西、南三块木板围拢一个空间,其内整齐地并列放着四个砂罐(非陶非瓷),均口南底北横置,内空无一物(也许当时有,而发掘时难以辨识)。砂罐上发现灰白色织物。南面一块木板长 1.3 米,东、西两块木板伸入夯土下,长度不明。砂罐与木板下也有细沙,再下为夯土。依探沟位置推断,两豁口应在外端墓道范围内。

根据这些信息,大致可以推测陵墓的营造过程:首先在选定建陵位置,按规划范围清除地表堆积土,直至见到山顶基岩。其次在基岩上填土夯实,到规划好的墓室底部的平面而停,其上或铺细沙,或铺白灰。再次,继续向上夯筑坟丘,到一定高度裁切出墓葬各部位的形状。再后砖砌墓葬(先立石券门,再砖砌墓壁)和石筑内端墓道。最下层砖不是直接放在夯土上的,而是先在夯土面上铺一层细沙。最后,除墓道部分外,可能继续向上夯筑坟丘。由于陵墓是在文明皇后生前所建,还需考虑墓道的保护问题,比如雨水与风沙的侵蚀等。也许在文明皇后入葬之后,封填墓道,继续加高坟丘。在封填墓道时,还在墓道底上放置了器物与丝织品等,可能与某种仪式有关。

二、孝文帝"寿宫"

如上所述,孝文帝"寿宫",本来是孝文帝为了表示对文明皇后的"瞻望之志"为自己营建的寿陵,后因迁洛另择"山园之所"而使方山寿陵有名无实,故又称"虚宫",号曰"万年堂"。出于习惯,本文仍称之为墓。《永固陵》对其有详细介绍,兹补充如下。

当我们对该墓进行清理时,其大部已被破坏,只有后室(主室)和少部甬道可知大概。经向当地社员了解,得知该墓除早年被盗外,五六十年代先后两次被当地生产队拆毁,其中1963年一次规模最大,拆下的砖为西寺大队队部券了九间窑洞(限于窑洞门面部分)。石门柱或用于砌墙,或用于铺路。

该墓封土远没有永固陵高大,从封土顶部表面至后室砖顶,夯土仅厚米余,而永固陵厚约15米。基座似为圆形(若以田埂为范围,则为方形)。

据社员讲,墓室形制结构基本与永固陵相同,其中甬道前后各有一道石券门,但只有石门柱、石门楣等(有无石门槛、门墩,不明),而无封闭的石门,各门及前室之口都是用砖墙封堵的。两道门的石门柱,一道为素面,被砌在生产大队墙中。另一道石门柱则雕刻有武士像,均已残破,被铺路,其中东门柱残存少许,西门柱残存较多,被解先生运回市博物馆。西门柱高1.64厘米,宽约0.50厘米,厚0.35厘米。武士面向墓门,结发成束,当即"索头"。下臂袒露,右手执剑形器,着长裤、踏便靴,分足而立。其头顶上方还刻有无法辨认为何物的图像。[1]　此墓所用方砖、条砖的大小基本与永固陵相同,方砖边长 50.5、厚约 7~7.5 厘米,条砖长约 45~46.5、宽22~23、厚 7~7.5 厘米。砖的质量与砌建技术都精于永固陵。如所有条砖,凡是朝向墓室一面,都又黑又光(其他面不然),显经特殊加工。而永固陵条砖并非如此,朝向墓室一面有黑有灰,墓室内表面黑灰相间,斑斑点点。"寿宫"墓壁厚度据残存部分和向社员了解得知,墓室全部和甬道、前室两侧壁为三重条砖(窄端朝向室内)垒砌,厚约 1.38 米;甬道和前室之券顶用二重条砖垒砌,厚约 0.93 厘米。由此推测,永固陵甬道和前室也可能与此相同。

孝文帝"寿宫"未见任何随葬品。我们在以往拆毁遗弃的残砖堆中找到一块有字的残砖,一共 3 行 8 字,刻在一条砖端头上,内容为"五月,五什长,崔康奴"(图三),此砖一宽面印有绳纹。

图三　孝文帝"寿宫"字砖

三、方山其他建筑遗存

依文献记载,方山还有其他北魏建筑,如灵泉殿、思远佛寺、永固石室、鉴玄殿、石窟寺等(详见下文)。在对方山二陵发掘期间,我们还对方山及其附近的建筑遗存进行了调查。

方山建筑遗存主要见于山顶南端,亦即二陵以南。在这一地段的东半部建筑遗物最多,残砖碎瓦俯拾皆是,偶尔还可拾得较完整的有字瓦当。建筑石构件亦可见到,其中有一石龟趺横卧瓦砾之中,最为醒目。这一地段西半部遗物相对较少,大部被黄土覆盖。5 月 12 日,我在这里布 2×5 米探沟一条,进行试掘,出土有"万岁富贵"瓦当和一完整石柱础等。石柱础距地表约 0.4 米就露出,摆放平整,基本为正南北,显然未经扰动。其形状上圆下方,圆方相切,均素面,通高 0.24 米。上圆部分呈覆盆状,直径 0.7 米,其中心有圆坑,直径 0.16 米深 0.12 米。下方部分边长

[1] 王银田、曹臣民:《北魏石雕三品》,《文物》2004 年第 6 期,第 90 页图一。

0.7 米,高 0.15 米。此础的发现,说明这里肯定是一处建筑基址,附近还应有更多的石柱础等建筑现象。由于永固陵发掘进入尾声,本次主要工作任务即将完成,条件不允许继续从事大规模发掘。因此,该探沟表土都未全部发掘完毕,石柱础原样未动,就地回填,有待来日清理。约在本探沟正南不远处,紧邻山顶南缘的地方,树有大地高标支架,在支架处拣到一些陶塑佛像,当是树立支架挖坑时翻出来的。佛像都不太大,可能是依附在其他物体上的饰件。

文献中提到方山有石窟寺,于是我们沿方山周边进行了仔细观察,但毫无所获,只有山之正南与东南方向值得怀疑。这里没有直接暴露出山体基岩断面,而是由自然石块堆成高高的陡坡,很像人为堆积。也许将其清除就会有惊人发现。

站在山顶朝南向山下望去,可以看到山脚下有一方形建筑基址,其上堆满了残砖碎瓦。4 月 16 日,我对该址做了调查,发现有的砖瓦与方山顶所见相同。

在方山东南万泉河河滩一处叫"狮子湾"的地方,发现一只全身没于地下,仅头部露在地上的石狮造像。关于这只石狮的来历,当地还流传着一段神奇的传说。由于自己鉴赏能力有限,没能断定其时代,现在已记不起它的形状了。

方山北端则是东西蜿蜒的长城,高耸的烽火台远远就可看到。

以下介绍在方山顶部采集和见到的遗物。

1. 砖。有条砖和方砖两种。条砖有的与二陵所见相同;有的较二陵砖稍小,其中一面(宽面)饰绳纹;还有的一面饰 6 条沟槽,这种沟纹砖长 38、宽 19、厚 6.5 厘米,每条沟槽宽 1 厘米。方砖边长 36 或 38、厚 7 厘米,一面饰 11 条沟槽,沟槽宽与条砖相同。与二陵相同的绳纹砖应属北魏,沟纹砖当属辽金。可知方山上除有过北魏建筑外,还有过辽金建筑或经辽金时期修缮过的建筑。

2. 瓦。板瓦和筒瓦都有,均为残件,未见完整者。个体都很大。板瓦残长者可达 43、残宽可达 30、厚 2.3 厘米。内面有布纹,外表素面。檐瓦(滴水)前端压成波浪状花边。筒瓦残长可达 48、直径 17 ~ 18、瓦舌长 8、瓦厚 2.5 厘米,内面有布纹,外表亦素面。还发现不少瓦当,直径 18 厘米左右,可分有字当和花纹当(图四)。有字当采集到两件完整者,均为"万岁富贵";花纹当有莲瓣、人物、兽面等。

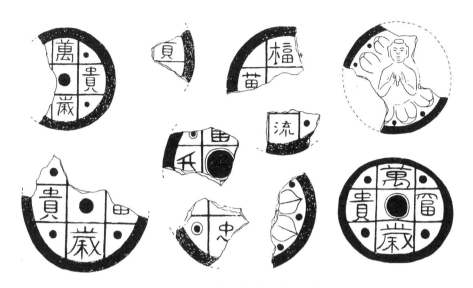

图四　方山永固堂瓦当

3.陶佛像。都为残块,火候不高,似泥塑。我曾挑选几件重要部位速写在日记本上,现照录如下(图五)。由于当时疏忽,未标注尺度,记得佛像头部大小约5~7厘米的样子,很小。

图五　方山陶佛像(素描)

4.龟趺。头残失,身饰花瓣与正六边形花纹。

四、文献中的永固陵与其他建筑

有关方山二陵和方山其他建筑,文献中如《魏书》《水经注》和《北史》中都有记载,而且与考古所见基本相符。以下逐一说明。

（一）关于永固陵

依《魏书》卷一三《皇后列传》记载:"太后与高祖游于方山,顾瞻川阜,有终焉之志,因谓群臣曰:'舜葬苍梧,二妃不从。岂必远祔山陵,然后为贵哉! 吾百年之后,神其安此。'高祖乃诏有司营建寿陵于方山,又起永固石室,将终为清庙焉。太和五年起作,八年而成,刊石立碑,颂太后功德。"[1]据《魏书》多处记载,北魏王室的皇家陵园在盛乐"金陵"或云中"金陵"。按照拓跋皇室的规矩,后妃死后要与皇帝夫君葬在同一墓地,即所谓"祔葬金陵"。文明太后看中了方山这块风水宝地,不愿死后归葬金陵,此时她已临朝亲政,但为避免群臣的反对,她以娥皇、女英死后未从葬帝舜仍受人们敬仰为由,明确表示"百年之后,神其安此",于是在方山营建了永固陵,同时还营建了永固石室。太和十四年,文明太后崩于平城太和殿,继而葬于永固陵。关于墓室的规模、坟丘的大小、随葬品的多寡,按《魏书》《北史》所记,文明太后在生前已有成命,主张从简行事,只是孝文帝为表"孝子之心",对太后的成命"有从有违"。《魏书》卷一三《皇后列传》记载"(孝文)诏曰:'尊旨从俭,不申罔极之痛;称情允礼,仰损俭训之德。进退思惟,倍用崩感。又山陵之节,亦有成命,内则方丈,外裁掎坎,脱于孝子之心有所不尽者,室中可二丈,坟不得过三十余步。今以山陵万世所仰,复广为六十步。辜负遗旨,益以痛绝……'"[2]对墓室规模,太后定为"方丈",孝文改为"二丈";坟丘大小,太后定为"不得过三十余步",孝文改为"广为六十步"。我发现孝文改动后的尺度与考古所见正相符合。比如墓室的尺度,前文提到永固陵后室(主室)底部四角用直线依次相连正好是一个边长 5.6 米的正方形,按照北魏中尺计算,一尺等于现在 0.2797 米,"二丈"恰好是 5.6 米。再如坟丘尺度,现存基底东西 124、南北 117 米。因基底东西两侧建有现代设施,故东西之数不确,而应以南北之数近于实际。北魏每步等于六尺,即相当于现在 1.68

---

[1]《魏书》卷一三《皇后列传》,第 328~329 页。
[2]《魏书》卷一三《皇后列传》,第 330 页。

米,三十步和六十步分别相当于今 50.4 与 100.8 米。后者与实测尺度相当接近。如果考虑到千余年来因人与自然的作用会导致坟丘变矮、基底增大,那么六十步就更合实际了。

至于墓内随葬品的多寡,上引孝文诏书接着说:"其幽房大小,棺椁质约,不设明器。至于素帐、缦茵、瓷瓦之物,亦皆不置。此则遵先志,从册令,俱奉遗事……"[1]似乎并未随葬太多的物品。由于该墓被盗惨重,到底葬有何物已无法知晓,但不放随葬品是不可能的,盗洞中出土的石俑应是其中之一。

至于孝文帝"寿宫",《永固陵》与本文前已述及,不赘。

(二) 其他建筑

方山北魏建筑以《水经注》记述最为系统和详细,该书"㶟水"注云:"羊水又东注于如浑水,乱流迳方山西,岭上有文明太皇太后陵,陵之东北有高祖陵。二陵之南有永固堂,堂之四周隔,雉列榭、阶、栏、槛,及扉、户、梁、壁、椽、瓦,悉文石也。檐前四柱,采洛阳之八风谷黑石为之,雕镂隐起,以金银间云矩,有若锦焉。堂之内外,四侧结两石跌,张青石屏风,以文石为缘,并隐起忠孝之容,题刻贞顺之名。庙前镌石为碑兽,碑石至佳,左右列柏,四周迷禽暗日。院外西侧,有思远灵图,图之西有斋堂,南门表二石阙,阙下斩山,累结御路,下望灵泉宫池,皎若圆镜矣。"[2]由此可以得知各种建筑的相对位置。文明太后陵和高祖陵在北,其南有富丽堂皇的永固堂。永固堂之西是思远灵图,图之西有斋堂,南门外有二石阙。出阙是下山之路,在此还可南望皎若圆镜的灵泉宫池。这与考古所见基本吻合,上文提到二陵之南的东段残砖碎瓦最多,且至今尚有一龟趺横卧,这里应是永固堂旧址。其西所掘探沟出有石柱础,并在探沟南发现陶塑佛像,这又恰与思远灵图的位置相符。方山南向依山堆积的自然石块有可能就是斩山之石及御路的遗留。山脚下的方形建筑基址或许是灵泉宫,灵泉池当在其南不远处。唯斋堂与南门难辨,石阙无存。

---

[1]《魏书》卷一三《皇后列传》,第 330 页。
[2](北魏)郦道元著,陈桥驿校证:《水经注校证》,中华书局,2007 年,第 312 页。

《水经注》提到的这些建筑仅是方山建筑的一部分,《魏书》中还记载有其他建筑,如文石室、灵泉殿(当即灵泉宫)、鉴玄殿、石窟寺等。关于这些建筑的兴建年代,依《魏书》所记亦能知其大概。今据《魏书》卷七《高祖纪》和卷一三《皇后列传》将其排列如下:

太和三年六月,"起文石室、灵泉殿于方山"。

太和三年八月,"幸方山,起思远佛寺"(又见《魏书·释老志》,以为太和元年。思远佛寺当即《水经注》之"思远灵图")。

太和五年四月,"行幸方山。建永固石室于山上(当即永固堂),立碑于石室之庭,又铭太皇太后终制于金册,又起鉴玄殿"。"高祖乃诏有司营建寿陵(当即永固陵)于方山,又起永固石室,将终为清庙焉。太和五年起作,八年而成,刊石立碑,颂太后功德"。

太和八年七月,"行幸方山石窟寺"。

太和十五年七月,"谒永固陵,规建寿陵"。

以上所列都建于太和年间,除方山石窟寺始建年代不明外,其他都较清楚。其顺序是先建文石室、灵泉殿与思远佛寺,接着建文明皇后寿陵——永固陵及永固堂、鉴玄殿,其间还开凿了石窟寺,最后是规建孝文帝寿陵。

五、文明皇后其人

谈到北魏历史,无不强调道武帝拓跋珪的韬略和孝文帝拓跋宏的改革,前者统一了北方,建立了强大的北魏帝国;后者维护了北魏的统治,其制度对后来的王朝产生了很大的影响。实际上,孝文帝从 5 岁继位到 33 岁驾崩的 28 年中,前 20 年并未掌握实权,他是"雅性孝谨,不欲参决,事无巨细,一禀于太后",[1]是文明太后"临朝专政",控制着孝文帝,掌握着统治权。在以往研究北魏历史的著作中,往往忽略了这一历史实际,有学者虽然注意到了文明太后的作用但亦估计不足。以下

---

[1]《魏书》卷一三《皇后列传》,第329页。

通过文献记载,还其本来面目。

　　文明太后生于权贵之家,其父冯朗是北燕王冯弘长子。公元 436 年,北魏太武帝东平辽海,征讨北燕,冯朗没有随父东逃高句丽,而是内降魏室并做了秦、雍二州刺史。冯氏就是在北燕亡国后的第六年、其父任刺史时,出生于长安。冯氏出生后不久,父母连坐被杀,她由姑母——太武帝左昭仪接入宫中抚养。14 岁被文成帝看中,选为贵人,15 岁立为皇后,深受文成帝宠爱。冯氏 24 岁时(465),年轻的夫君文成帝撒手人寰,在丧期中悲痛的冯氏投火自焚,险些丧命。是年,献文帝即位,尊冯氏为皇太后。由于献文帝年仅 12 岁,丞相乙浑乘机专权,诛杀异己,网络亲信,使内外畏惧,并欲推翻魏室,取而代之。北魏统治出现了危机。正是在这种关键时刻,冯氏亲自出面,“密定大策”,将乙浑诛杀,并开始第一次临朝亲政。此时冯氏 25 岁,已充分显示了她的智谋与胆识。史书说她“多智略,猜忍,能行大事,生杀赏罚,决之俄顷”,[1] 当是事实。

　　冯氏的亲政对献文帝显然是一种威胁,随着献文帝年龄的增长,他们之间的矛盾和斗争愈演愈烈。在这一过程中,冯氏在献文帝尚未成年时就牢牢控制了政权。献文帝 15 岁时(468),冯氏之兄冯熙被封为太傅。次年,冯氏为 3 岁的孝文帝起名为“宏”,并立为皇太子。按照拓跋皇族的规矩,当皇太子确立之后,其生母赐死,以免王权外落。于是冯氏主动承担起对未来皇帝孝文帝的教养,名义上不再参与朝政,实际在为日后挟天子以令天下做准备。由于大权在握,位高至上,私生活亦放荡不羁,受宠者每每赐爵重赏,成为她的亲信,其中“美容貌、有才艺”的李弈就是其情人之一,结果李氏兄弟“在朝者十有余人”。面对这样的形势,献文帝自然不会毫无反应,公元 470 年,17 岁的献文帝下令将李弈兄弟一家诛杀。这当然引起冯氏的不满,事情发生不到一年,冯氏便演出了逼宫戏,18 岁的献文帝以“雅薄时务,常有遗世之心”的名义宣布下野,让位给年仅 5 岁的儿子孝文帝。这样,唯一使冯氏难以对付和有所顾忌的皇帝名存实亡,冯氏的地位更加巩固。

　　献文帝让位之后并未表现出“雅薄时务”和“遗世之心”,而是“国之大事咸以

------

[1]《魏书》卷一三《皇后列传》,第 329 页。

闻"；也未深居崇光宫，过他的遗世生活，而是时而外出巡幸，时而带兵出征。他的不安分对冯氏仍然是一种威胁，冯氏决不会坐视不管，任其发展。献文帝在下野 4 年之后被冯氏秘密处死，即《魏书》所载："显祖暴崩，时言太后为之也。"[1] 此时孝文帝年仅 10 岁，冯氏再度公开临朝亲政。

在与献文帝争斗的过程中，她注意扶植自己的势力，其兄冯熙先后被任为太傅、侍中、太师、中书监领秘书事等，一人多职，为"群情所骇"。与此同时，冯家成员"登进者众"，不少人在朝为官，冯氏的势力可想而知。对于孝文帝更是牢牢控制，小时候既严加管教，又慈母般关心，直到冯氏死时，孝文帝仍不知所生，称冯氏为"圣母"，自己为孝子。待长大成人，冯氏亲自为他择偶成婚，孝文帝的 4 位夫人（立为后者）都是冯氏一手操办，其中两位是她的侄女，一位为其兄冯熙之女，还有一侄女为左昭仪。同时，冯氏还把孝文帝的妹妹嫁给冯熙长子冯诞。这种远古对偶婚式的联姻关系，显然是冯氏出于欲加强自己的势力和对孝文帝加强控制的目的。

太和八年至十年，北魏王朝进行重大制度改革，分别推行"俸禄制""均田制"和"三长制"（或认为"三长制"在前），此时孝文帝已成年（18~20 岁）。一般认为这三大制度的制定和推行是孝文帝所为，其实并非如此，起决定作用的仍是冯氏。以"三长制"的确立而言，《魏书·食货志》云：给事中李冲言立"三长制"，"诸官通议，称善者众。高祖从之，于是遣使者行其事"，并颁发了诏书。这里并未详细交代诸官如何通议、为何称善者众、由谁主持和裁定，而只讲述了通议的结论和最后必须以皇帝名义发布的形式。此事在《魏书》卷五三《李冲列传》记述颇详，最初是李冲把自己所创"三长制"的文本呈给冯氏，冯氏"览而称善，引见公卿议之"，在讨论中形成两种意见，争论颇为激烈。因冯氏早有主张，所以在两种意见争论不下时，她做了最后决定："立三长，则课有常准，赋有恒分。苞荫之户可出，侥幸之人可止。何为而不可？"[2] 遂立三长之制。这就是群臣通议的过程，最后由冯氏一席话宣布通过。接下来，自然是以皇帝名义颁布——孝文帝从之了。

[1]《魏书》卷一三《皇后列传》，第 328 页。
[2]《魏书》卷五三《李冲列传》，第 1180 页。

　　冯氏所起的作用,孝文帝自己也不否认。即使在冯氏死后,他仍直言不讳,称冯氏"平日近集群官,共论政治,平秩民务"[1]等等,因此,在论及北魏制度和评价孝文帝时,不可忽略冯氏,更不可将其作用张冠李戴,至少在孝文帝执政的前 20 年应该如此。

　　　　　　　　　　　　　　　1977 年初稿,1998 年修改,2020 年补充。

　　　　　　（本文原刊于《山西博物馆八十年》,山西人民出版社,1999 年）

---

[1]《魏书》卷一〇八之三《礼志三》,第 2780 页。

26
一段不可忘怀的记忆
——邹衡先生对于天马-曲村遗址的学术活动

吾师邹衡先生已离开我们月余,这期间想了很多很多,概括而言有三个方面:一是先生对我的培养与关爱;二是先生的为学之道与治学之精神;三是先生的学术成就与学术贡献。对于前一方面,个人感受至深,已写短文怀念;对于后两个方面,涉及内容颇多,非短文所能为,故以下仅就先生对天马-曲村遗址所从事的一系列学术活动,依个人所知,谈些具体事迹,以从中体会先生刻苦顽强、孜孜以求和一丝不苟的治学精神。

我是 1980 年从先生攻读研究生的,此时,先生的两部大作《商周考古》和《夏商周考古学论文集》相继出版。按照先生当时的计划,接下来还要从事两项大的研究课题:一是发掘天马-曲村遗址,探讨早期晋文化与晋国始封地问题,同时编写一部考古发掘报告;二是对夏商周青铜器作系统研究,出一部青铜器研究专著。

对先生来说,这两项课题有多方面的学术意义。

其一,先生在 1980 年前发表的研究成果以夏、商和先周为主,周代涉及较少,这由《夏商周考古学论文集》便可看出。实际上,先生对周代考古早有设想与实践,1965 年和 1972 年,与其他先生一起带本科生分别对临淄齐都和琉璃河燕都进行了调查与发掘,目的主要是探讨齐与燕的始封地及考古学文化面貌等。对齐国始封地的探索,按照先生自己的说法,"只研究了半年,虽然提供了一些线索,但结果还是失败了",原因与"文化大革命"的开始直接相关。对燕国始封地的探索,1972 年对琉璃河遗址发掘后,先生就"推断此地很可能即燕国的始封地",但"由于政治形势的转变",琉璃河遗址的工作短期内不可能再参与,编写考古发掘报告也就无从谈起了。而上述第一项课题,即天马-曲村遗址的工作亦属周代考古范围,学术目的与临淄和琉璃河相类,旨在解决晋国始封地等重大问题,同样可以实现先生在周代考古方面的愿望。

其二,在先生看来,作为一名考古工作者,从事田野考古发掘是必不可少的,而编写考古发掘报告更是义不容辞的责任,仅发掘而不写发掘报告的考古工作者是不完美的。1980 年以前,虽然先生参加和带领学生实习发掘过多处遗址,如河南洛阳王湾、河北邯郸涧沟与龟台寺、北京昌平雪山与房山琉璃河、山东临淄齐故城等。但因各种原因,这些发掘成果由先生负责编写报告并予以出版已不可能,这对先生而言无疑是一件很遗憾的事。于是先生决定重新开始,在探讨学术问题、解决学术问题的同时,编写一部考古发掘报告。

其三,先生在 1980 年前对商周青铜器的研究用力甚勤,资料收集颇多,并已取得突出成就,如首次对商代青铜器的分期,首次对先周青铜器的认定等。但这仅涉及青铜器的少部分内容,而且都是在研究其他问题时经过取舍、有针对性提到的,不属专门研究青铜器的论著。因此,出一部研究青铜器的专著也是先生多年的愿望。

先生是想到做到、事必躬亲、有志必成的人。1978 年,当《商周考古》和《夏商周考古学论文集》两部书稿交给出版社之后,马上就将第一项计划付诸行动。1979 年秋天,他和李伯谦先生在许伟、李兆祥等协助下,亲自带北京大学考古专业 76 级部分同学对山西翼城、曲沃两县诸多周代遗址进行了长达 3 个月的调查与试掘,以寻找晋国始封地,确定发掘地点。最后认为天马-曲村遗址(此遗址当时叫天马遗址,本次调查后发现遗址规模甚大,改称为天马-曲村遗址)最为重要,并初步推断可能与晋国始封地有关。于是从 1980 年开始,该遗址被确定为学生实习基地,每隔一年进行一次大规模发掘。到 80 年代末,前后历时 10 年,所获资料已相当丰富,先生便开始组织编写发掘报告。

为保证编写工作顺利进行,从 1988 年下半年开始,到 1993 年初,连续近 5 年时间,先生常年驻守曲村。一方面统一筹划、督促落实和指导我们完成各自承担的整理与编写任务;另一方面先生自己还亲自负责 641 座西周、春秋墓全部小件器物和青铜容器的整理与编写(这些墓的其他方面由徐天进先生负责)。这部分内容头绪最多、最繁杂,工作量最大。虽有一名临时工当助手,但只协助做些简单或力气差事,一切过程和步骤全是先生亲自动手。比如一个墓一个墓地核对资料,包括图、表、器物卡片、器物标签、文字记录与实物的名称、编号是否一致;全部墓葬各种器物的统一分类、分型;各墓各类型器物的数量统计及各种器物类型所见墓数与数量总和;对照实物检查所有器物图画得是否准确、合适;将所有清绘的器物图逐一裁剪方正,再按单位与出版要求排好贴妥,当然还有文字描述,等等。即使最简单的过程,先生也要亲自落实,不会完全依靠临时工。如统计各墓各种器物的数量,先生都是自己先数一遍,然后让临时工再重数一遍,以二人相符不误为准。

由于曲村周代墓葬历史上未遭盗扰(1987 年以来始盗),保存完好,600 多座墓葬的出土物非常丰富,各类小件器物尤其多,装器物的硬纸盒重叠而放,堆满了七八个文物架。器物最多的墓葬,一墓就有二十余盒。为了查找方便,这就需要在盒外写明盒号、墓号、器名与器号。盒上的这些字都是先生自己写的,而且每盒不是仅写在一面,而是盒盖四周与盖面都写,这样无论怎么摆放都一目了然,放时方便,查找起来也方便。为了避免盖错同时打开的几个盒盖,又在盒身四周写明盒号。这仅是整理过程中一个小小的环节,它与报告的质量没有直接关系,目的只是为了整理时方便,在进行每一步骤时有条不紊,以节约更多的时间。由此便可看出先生做事细致认真、一丝不苟的态度。近日看到王宇信先生在《中国文物报》发表的悼念先生的短文,提到他在先生去世前两月请先生为别人题写书名,先生在写前还用铅笔打了格子。这让我想起也是在数月前,因考古文博学院拟外聘一位兼职教授,按学校规定需有两位北京大学教授的推荐书,于是我请先生写一份。几天后先生写好了让我去取,一看是用白纸打格子后写的。这推荐书不同于书名,是交给学校人事部审查后存档的材料,可先生同样打上格子,书写整齐。这是先生的习惯,凡事无论大小,总是认真对待,毫不马虎,不容有任何纰漏,力求做得更好。上举这些事例都不是太大的事,据此可以想见,先生在从事学术研究时又会怎样做,持何态度,翻一翻先生的《夏商周考古学论文集》便可知道。在此《论文集》中,每篇文章要下多大功夫,花费多少精力,有何学术意义且不说,仅写作时间之长、修改次数之多就反映出先生严谨务实、精益求精的治学精神。如《试论殷墟文化分期》一文从初稿到定稿用了 4 年时间;《试论夏文化》从初稿到定稿,前后修改 4 次,历时 17 年,若减去 10 年"文化大革命"的干扰,尚用 7 年时间。

先生经常强调,考古学是实践性很强的学科,每个步骤与环节自己动不动手,效果与收获差别甚大。先生要求我们必须养成自己动手的习惯,连绘图都不例外。凡是先生指导的研究生,他都要求掌握绘图技能。在整理天马-曲村遗址发掘资料时,我们也是按先生的要求去做的,包括对所有器物(青铜容器除外)底图的绘制都是由各部分资料整理的负责人自己绘制的,绘图员负责对照实物上墨线。

在曲村整理和编写报告的那些年,曲村的工作和生活条件还比较艰苦。晚上 12 点以前经常停电,因为这是农村用电的高峰期。为了抢时间,先生吃过晚饭不久便睡觉,电灯一亮就起床工作,经常一直工作到天明。先生建议我们也这样做,无奈我们 12 点以前怎么努力也睡不着,等 12 点来电了又开始犯起困来。因此,每天的可利用时间并不比先生多。

因先生负责整理的实物资料既量大、又贵重,只能放在库房,整理也只能在库房里进行。曲村考古工作站分前后院,先生的宿舍在前院,库房在后院二楼。虽然前后院相连,距离很近,但先生觉得在二者之间天天往返若干次会浪费很多时间。因此,整理开始不久,先生干脆搬到库房居住,前后在库房住了大约有两年之久。文物库房本不是居住之所,加之又是未做防热处理的顶层,冬天生炉子还勉强可以御寒(山西的火炉大),夏天热起来可就难熬了。当时整理没有专门的经费,主要靠先生申请到的教育部的一点课题费。我同先生商量可否买个电扇,那时在当地买一个落地扇需一百多元钱,相当于讲师一个月的工资,属贵重物品,先生觉得太贵了,没同意买。不久遇上我去西安办事,到商店又看了一下,有一种比落地扇矮一点,但又比台扇高一点的可置可挂的电扇,价格稍微便宜些,于是自作主张,买了一个背回曲村,先生也只好认可了。

80 年代末的山西,粗粮多细粮少,大米还比较紧缺,好大米更难买到。先生是南方人,喜欢吃米饭,每次离京到曲村时,先生都要自己背些大米。至于洗澡,根本谈不上,烧点水在屋里擦擦而已。

1990 年初,整理全面铺开,为抓紧时间,先生春节期间仍坚持在曲村工作,这年春节是李伯谦先生陪他一起在曲村度过的。我因搬家,正月初六才到曲村。让两位先生在曲村过年而未作陪,每想及此就深感愧疚。

　　1993年末,报告初稿大都完成,修改、统稿和最后审核等工作移到北京进行,这些工作只有先生能做,他人难以替代。由于规模庞大,仅线图和照片就用4开大的

纸贴了两千余张,摞起来有半米多高,手写稿300多万字,另外还有大量的登记、统计表和图版。要铺开校对、审阅需有较大的办公场所,而先生家里的书房已经被书堆得拥挤不堪,无此条件。因此,最后的这些工作只好在单位教研室进行。可这样一来,先生每天从家里到学校至少要往返一次。此时先生已年近七十,视力不好,腿脚不

1996年7月在北京大学赛克勒考古与艺术博物馆最后审阅《天马-曲村》稿本

灵,本来平时外出都需要有人陪同,如果每天跑学校,找人陪伴也还可以想法解决,但先生自己每天仍需去挤公交车,去走很长的路,依然很辛苦。对先生来说,辛苦无关紧要,最重要的是他觉得这样太浪费时间,尤其是晚上没法利用。仍然是为了珍惜时间,先生让我们在教研室给他支了一张折叠床,又在教研室住下了。除星期天回家改善一下生活,洗个澡外,其余的时间全部在学校。一日三餐拿着饭盒到学生食堂就餐,如此一住又是两年。我们觉得实在委屈了先生,可先生认为这比曲村的食宿条件好多了。

　　从1988年开始整理到1996年报告编写完成,前后历时8年。若从1979年先生带领学生调查天马-曲村遗址开始,到2000年《天马-曲村》报告出版,总共历时20余年。其间,先生不畏艰难,孜孜以求,从不懈怠,付出了无限辛劳。这种为事业坚韧不拔、勇往直前的精神永远值得我们学习。

　　《天马-曲村》考古发掘报告的出版,使先生20年前为自己确定的两大计划之一得以实现,此时先生已逾古稀之年。对另一计划,即青铜器研究著作的撰写,当《天马-曲村》报告交稿之后,先生就着手筹划了。他曾找几位中青年学者谈过共同

从事这项研究的设想,无奈这是更复杂的一项研究计划,需要足够的人力和财力,还需要足够的时间。而先生毕竟年事已高,种种条件的局限,这一计划终未启动。直到 2004 年,先生被查出患有肺癌后,才最后放弃。这是先生一生的遗憾之一。

遗憾是难免的,然综观先生的学术成果,无不居领先地位,都引起了学术界高度重视,产生了重大影响。《商周考古》一直是高校考古专业学生必读的教科书,曾获国家级优秀教材一等奖;《夏商周考古学论文集》提出的一系列问题引领学术研讨数十年,至今仍兴盛不衰。有先生视之为 20 世纪后半叶夏商周研究中具有里程碑意义的著作,是颇为恰当的。此书亦曾获国家级科研成果一等奖。以上两部著作的贡献,不仅推动了学术发展,同时还培养了一批学术人才。这方面,《商周考古》的作用自不待言,即使《夏商周考古学论文集》亦起到了同样的作用。因为不论对该书提出的结论赞成与否,都必须围绕这些结论进行钻研。试看目前在夏商周考古研究方面小有名气的中青年学者,其之所以小有名气,无不与参与这些结论的讨论有关。这应是两部著作学术价值和意义的重要体现。至于《天马-曲村》,是大陆出版的全国各遗址田野考古发掘报告规模最大的一部,其编写体例与方法正在成为学术界效仿和参考的范本;其发表资料的全面与准确正在成为研究晋文化,乃至周代考古学文化诸多问题的可靠依据。该书于 2001 年在美国获得一项优秀图书奖。相信其学术意义和价值会随着时间的推移愈显重大。

先生作为一名教师,一名考古工作者,一生能有此三部高耸于学界的著作,足矣,当去而无憾。愿先生含笑于九泉!

（本文原刊《中原文物》2006 年第 2 期）

27
关于苏秉琦先生《1951年西安考古调查报告》的整理说明

2013年6月14日，苏恺之先生把一袋资料送到北京大学考古文博学院，说是其父亲苏秉琦先生的遗稿，希望予以整理出版。经初步查看得知，主要是1951年西安考古调查报告底稿。此前，恺之先生已送来苏秉琦先生的学术笔记和《战国秦汉考古》讲稿(后者已出版)，当时考古文博学院委派刘绪予以整理。这次的遗稿，仍让刘绪负责。

经过时断时续的工作，现已整理完毕，兹将整理情况说明如下。

一、资料说明

这一袋资料被包在两个包内，分别如下：

(一) 包之一

主要是手写文字稿和手绘器物型式分期草图，内夹一装有黑白小照片的信封和贴在两张16开纸上的照片。

1. 文字稿

文字稿用16开"中国科学院考古研究所"的稿纸誊写，有的稿纸还在"中国科学院考古研究所"之后接一括号，内有"乙种誊清用"或"乙种草稿用"几字，都是繁体字。这些文字稿用曲别针别成很多叠，稍有错乱。曲别针已锈成红色，有的与稿纸锈在一起。其中有两页应是编写大纲，单独别在一起，稿纸上没有印单位名字，第 1 页写着 6 行字：“目次；前言；第一编　仰韶文化；第二编　龙山文化；第三编　周文化；图版说明。”（图一）第 2 页是各部分编写大纲，每部分又分三个细目：“壹　概论；贰　资料；叁　图版说明。”（图二）经分辨，其余文字稿是报告正文，内容分三类五部分，第一类包括三部分，分别为仰韶文化、龙山文化和周文化，是报告的主体部分，可与大纲所分三编对应，如第三编是周文化部分（图三）。第二类只有几页，仅写了如下两个小标题的内容：地理环境和历史背景，应该是前言的一部分，属未完稿。第三类有 10 页，是对本次调查成果的研究与认识，列出了比较详细的纲目，但缺少具体论述，因此也是未完稿，也许是当作结语之用。这类底稿经过修改，未誊清，而且有些表述也与其他部分不一致，应为初稿（图四、图五）。

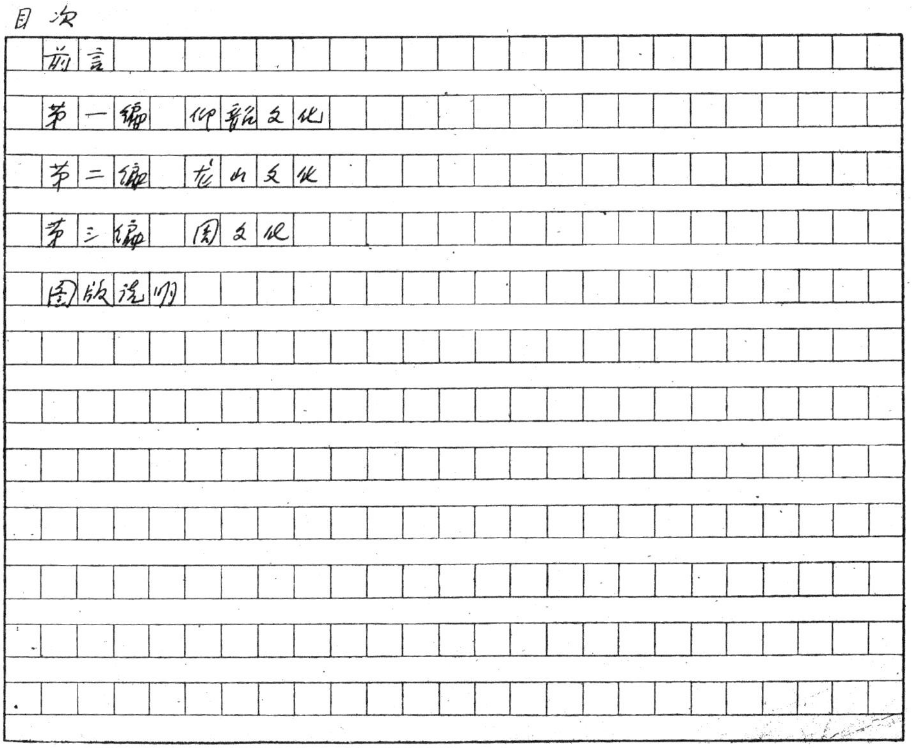
目次

前言

第一编　仰韶文化

第二编　龙山文化

第三编　周文化

图版说明

图一　目次

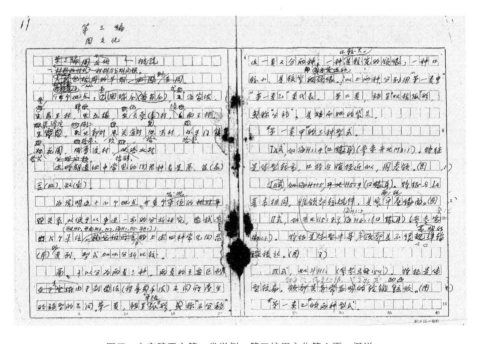

图二 各部分编写大纲

图三 文字稿正文第一类举例·第三编周文化第1页·概说

第一编仰韶文化缺"概论"。第二编龙山文化部分第 1 页开头是"概论",我们在编辑时,将周文化部分"概说"改为"概论",以求统一。

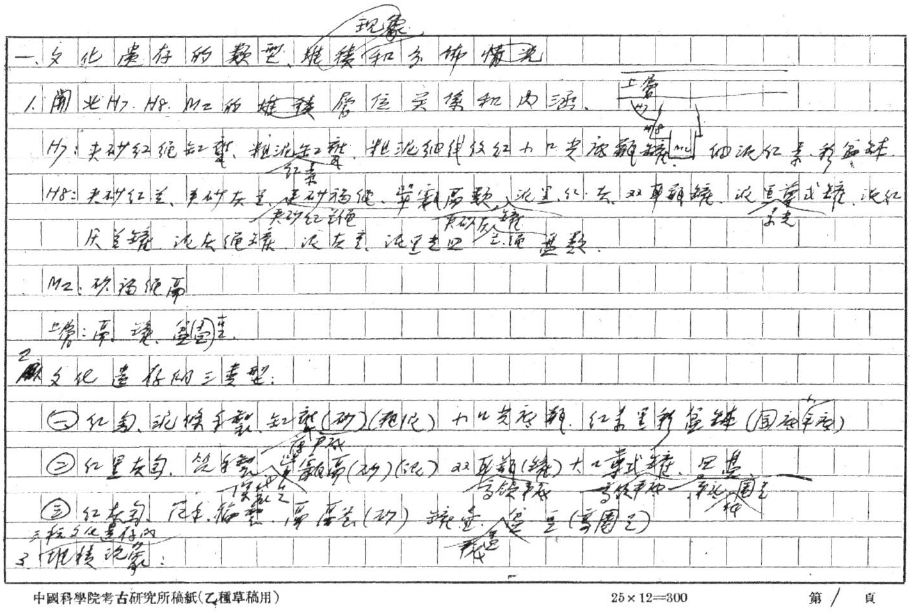

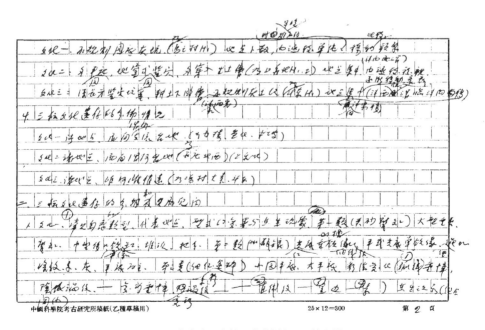

图四　文字稿正文第三类举例之一·第1页

第1行"一、文化遗存的类型、堆积现象和分布"。第2行"1. 开北 H7、H8、M2 的层位关系和内涵"。第8行"2. 文化遗存的三类型"。末行"三种文化遗存的堆积现象"。

图五　文字稿正文第三类举例之二·第2页

第1行"文化一、不规则圆底灰坑（如马王村 H1）。地点分散,内涵较单纯,时期早晚不同,移动比较频繁"。第4行"4. 三种文化遗存的分布情况"。第8行"二、三种文化遗存的分期和面貌问题"。

　　文字稿正文第一类的仰韶文化、龙山文化和周文化三部分文稿,各自又分为两小类,这里用 A 类和 B 类表示。A 类是器物特征描述,基本按遗址用曲别针别在一起(偶有两遗址器物写在同一页上的)。如仰韶文化部分,客省庄遗址的器物描述别在一起,马王村的器物描述别在一起等等。至于同时期、同遗址器物的书写顺序则没有规律,同一遗迹单位的器物未必集中在一起,即使同一单位,也未按器类或器物编号顺序书写,比较随意。A 类文稿相当于器物卡片[1],我们在注文中称其为"初稿"。如以下图示(图六至图八)。

　　仰韶文化、龙山文化和周文化三部分文稿的 B 类是按报告的编写顺序排列的,分别对各文化各遗址的文化遗存予以介绍,包括对各类器物类型学划分的标准与举例,有的还注明型式特征,我们在注文中称其为"二稿"。如以下图示(图九至图一一)。

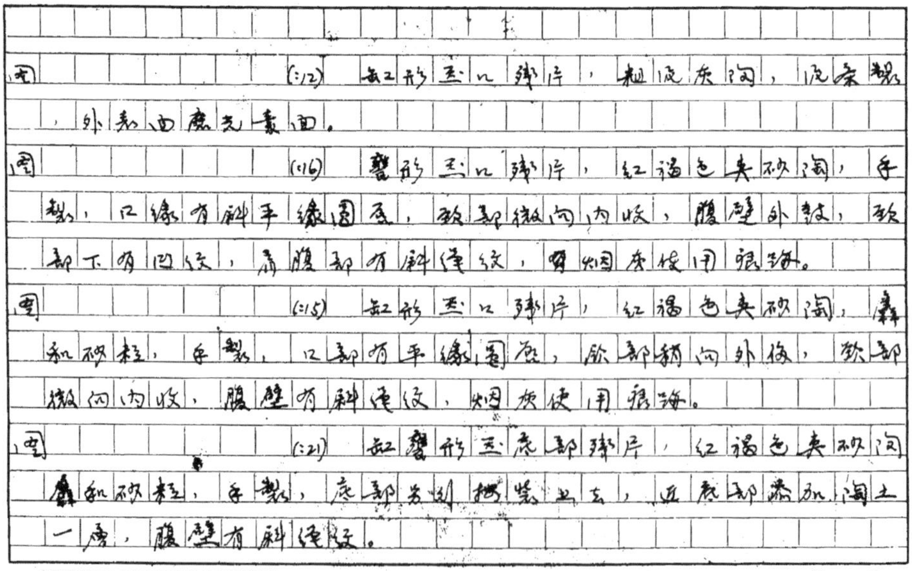

图六　仰韶文化开端庄(客省庄)器物描述举例

　　稿纸上端写着"开北 H7",说明本页是开端庄北 H7 的器物特征描述。稿纸内第一行"图(：12)　缸形器口残片……"是对 H7 第 12 号器物——缸形器口残片特征的描述。

---

[1] 这类文稿有一部分不是苏先生笔迹,为他人誊写。依郭大顺先生辨认,图六、七、八、一二为吴汝祚先生笔迹。

图七　龙山文化开端庄(客省庄)、马王村器物描述举例

本页包括马王村和开端庄北 H4、开端庄西 H1 等单位的部分器物描述。

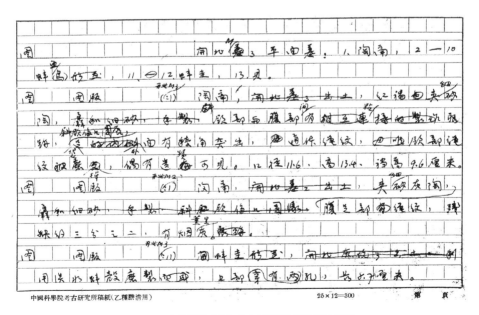

图八　周文化开端庄(客省庄)墓葬及器物描述举例

本页有开端庄北 M3 平面图的图注和开端庄北 M2 与 M3 出土部分器物的特征描述。

　　B 类文稿经过剪贴修改,如下图(图一二),未见最后誊清稿。

　　将 A 类(初稿)和 B 类(二稿)两部分文稿对应合成就是报告的完整内容。

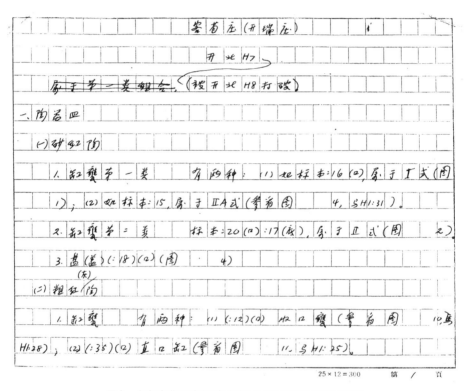

图九　仰韶文化开端庄(客省庄)北 H7 陶器类型描述举例

　　陶器分夹砂、粗泥和细泥陶,本页开头是开北 H7 夹砂红陶,"1.缸瓮第一类　有两种:(1)如标本:16(口),属于Ⅰ式(图 1);(2)如标本:15,属于ⅡA式(参看图 4,马 H1:31)"。此文稿上没有写图号,但有图上的顺序号,如"(图 1)",即图某 1 号器。在贴好的图上有图号,也有顺序号,二者大都可以对应。对本单位所选标本不够理想,或没有其他单位同型式标本更能全面反映该型式特征者,还将后者注出,以便参考。如开北 H7:15,属ⅡA式,不太理想,其后注出,可参见图某第 4 号器,即马王村 H1:31 号标本。

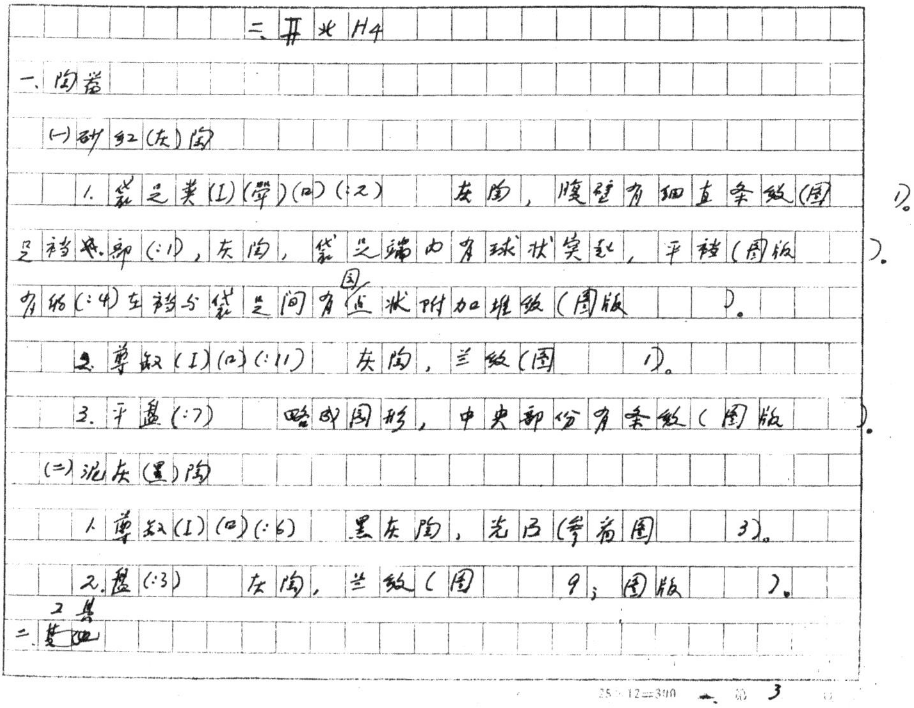

二．开北 H4

一．陶器

（一）砂红（灰）陶

1．袋足类（Ⅰ）（斝）（口）（：2）　　灰陶，腹壁有细直条纹（图　　）。
足根部（：1），灰陶，袋足端内有球状突起，平裆（图版　　　）。
有裆，在裆与袋足间有圆状附加堆版（图版　　）。

2．尊叔（Ⅰ）（口）（：11）　　灰陶，兰纹（图　　）。

3．平底（：7）　　略成圆形，中央部份有条纹（图版　　）。

（二）泥灰（黑）陶

1．尊叔（Ⅰ）（口）（：6）　　黑灰陶，光亮（参看图　　3）。

2．盘（：3）　　灰陶，兰纹（图　　9；图版　　）。

二．器　　　

图一〇　龙山文化开端庄（客省庄）北 H4 陶器类型描述举例

第 3 行"袋足类（Ⅰ）（斝）（口）（：2）"，是说袋足类Ⅰ式，为斝口，标本是开北 H4：2 号器，等等。

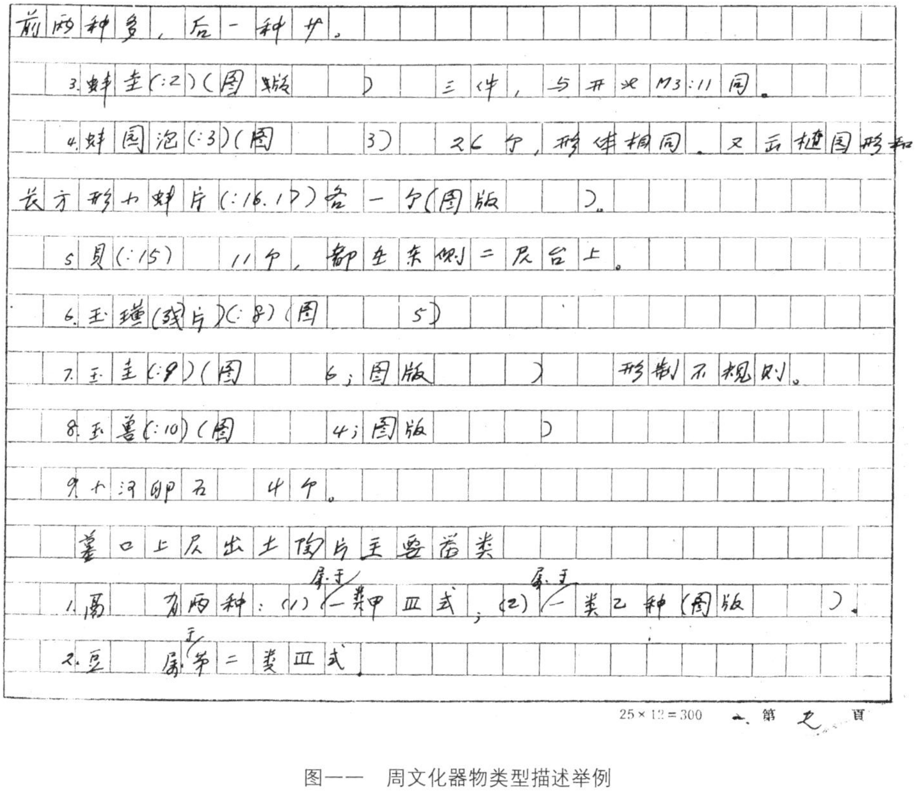

前两种多，后一种少。

3．蚌圭（：2）（图版　　）　　三（件），与开北 M3：11 同。

4．蚌圆泡（：3）（图　　3）　　26 个，形体相同。又三枝圆形和
长方形小蚌片（：16.17）各一个（图版　　）。

5．贝（：15）　　11 个，都在东侧二层台上。

6．玉瑾（残片）（：8）（图　　5）

7．玉圭（：9）（图　　6；图版　　）　　形制不规则。

8．玉簪（：10）（图　　4；图版　　）

9．小汗卵石　　4 个。

墓口上层出土陶片主要器类

1．鬲　　分两种：（1）一斝Ⅲ式；（2）一类乙种（图版　　）。

2．豆　　属乙类二类Ⅲ式

图一一　周文化器物类型描述举例

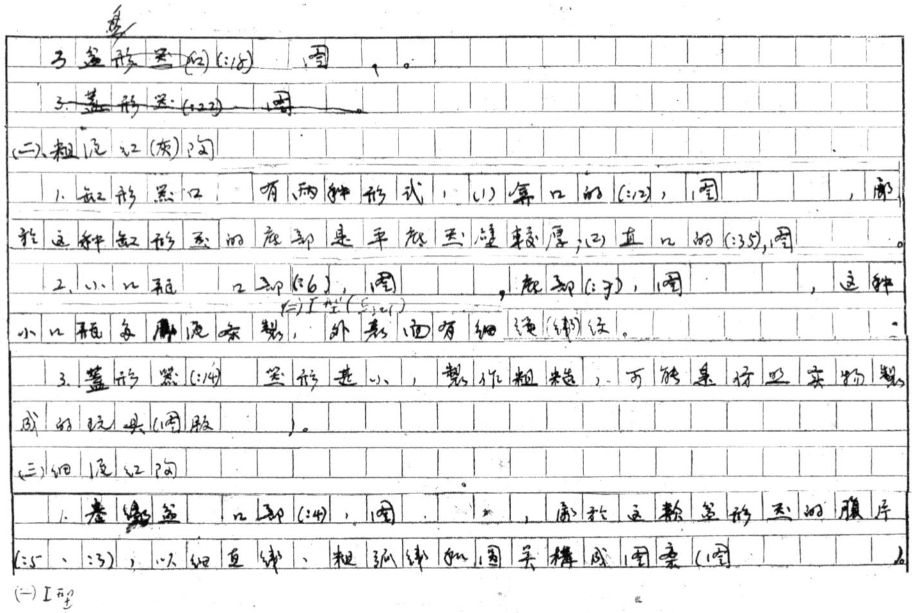

图一二　剪贴修改文字稿举例

2. 手绘器物型式分期草图

对于调查所获三种考古学文化遗物，苏秉琦先生都进行了类型学研究，上述文字稿中有体现。与文字稿放在一起的还有手绘器物型式分期草图多份，似经修改调整。这些图画在8开大的稿纸背面，稿纸正面底部印有"北平研究院史学研究所考古组稿纸甲种"字样。图纸对折后与文字稿放在一起。由于是手绘草图，属研究过程中所为，当然不是定稿。在所有资料中也没有见到按标准绘制的器物型式分期图，因此，以下列举的手绘分期草图不是最后定稿，也未必与文字稿中的器物型式一致，这是需要特别强调的。

兹分别举例如下。

仰韶文化在图上又称"文化一"[1]，分四个阶段(图一三至图一五)。

---

[1] 苏先生与吴汝祚先生合写的文章，即称本次调查所获的仰韶文化为"文化一"，龙山文化为"文化二"，周文化为"文化三"。见苏秉琦、吴汝祚：《西安附近古文化遗存的类型和分布》，《考古通讯》1956年第2期。

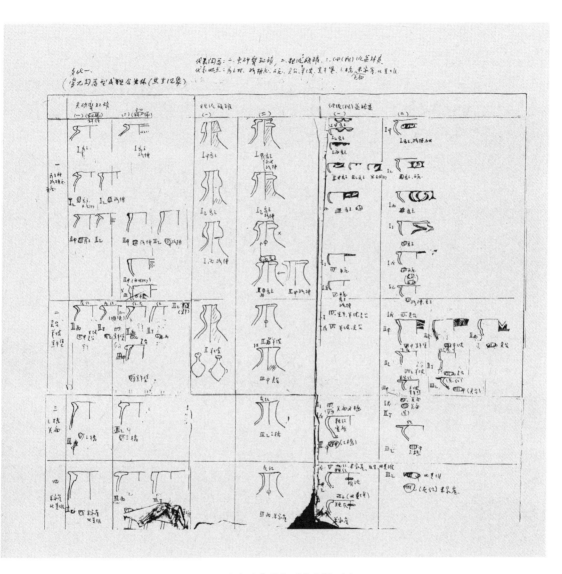

图一三　仰韶文化器物型式分期图例一

本图上端正中有三行字,上面二行为钢笔字,下面一行为铅笔字。分别是:上行"代表陶器:一、夹砂瓮缸罐;二、粗泥瓶罐;三、细(粗)泥盆钵盘"。中行"代表地点:马王村、路柳庄、开庄、灵台、半坡、黑牛堡、三桥、关庙、米家崖、北黄堆"。下行"代表地点出土典型器物及其共生现象"。本图上端左边有两行字,上行为"文化一"三字;下行为"常见陶器型式组合关系(共生现象)"。图内共分四横栏,三纵栏,纵栏上端一横行写器物名;四横栏左边一竖行从上往下分别写"一、二、三、四",表示期别,每期下写有遗址名,如"一"期下写有"马王村、路柳庄、开(端)庄"三遗址名等等。

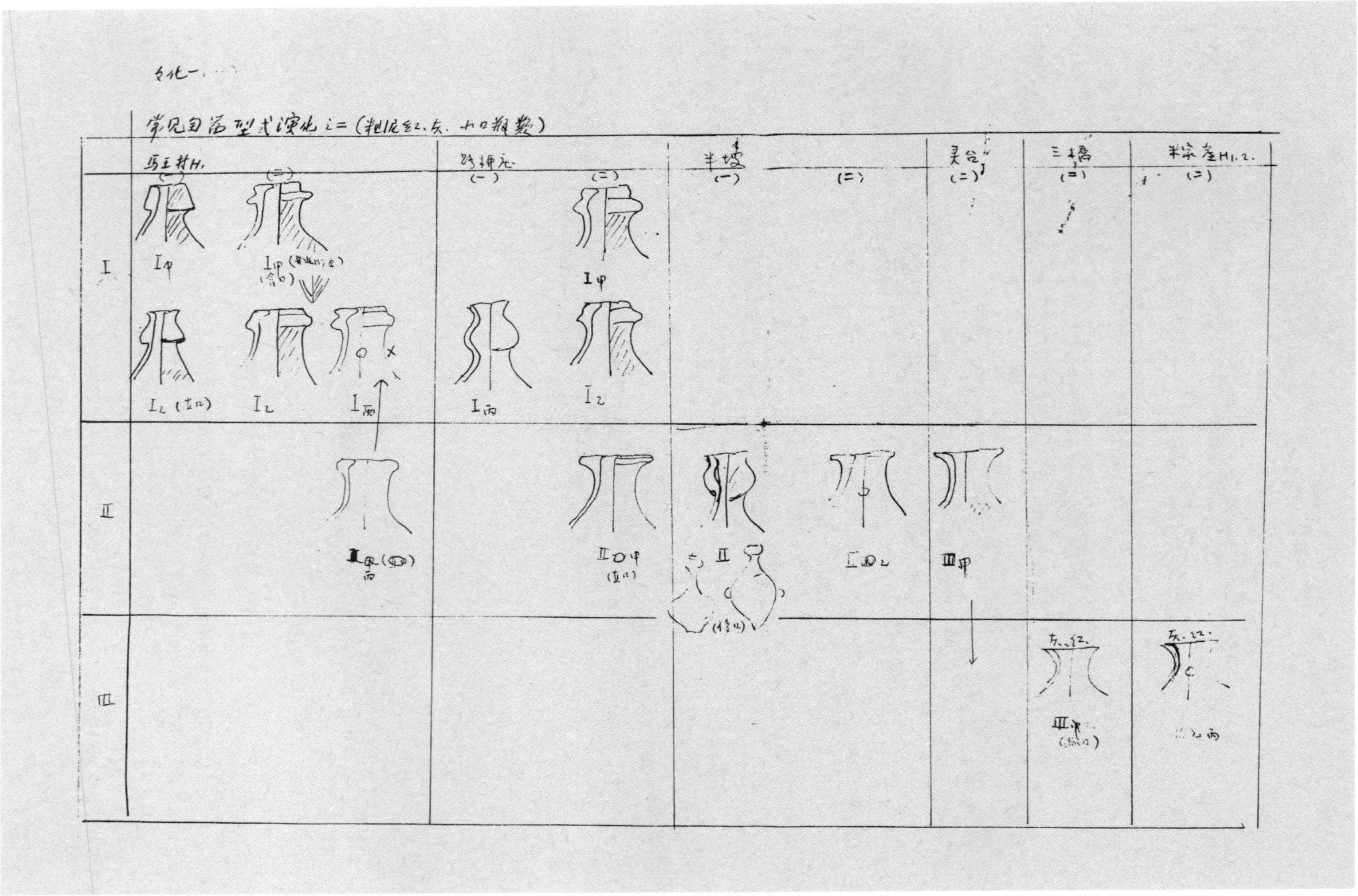

图一四　仰韶文化器物型式分期图例二

本图上端左边有竖两行字，上行为"文化一"；下行为"常见陶器型式演化之二（粗泥红[灰]小口瓶类）"，可知是专门对小口瓶的型式分期图。

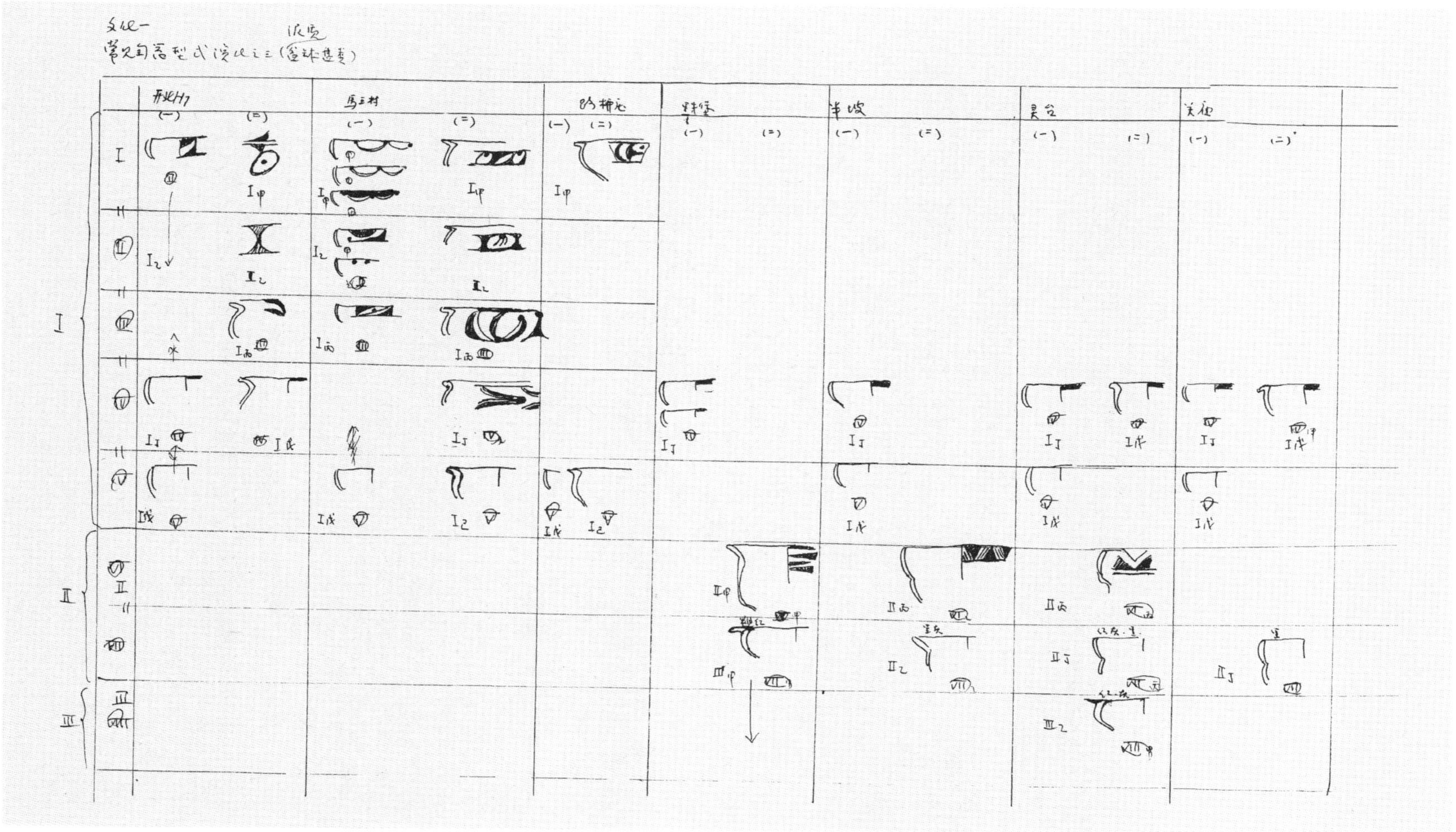

图一五　仰韶文化器物型式分期图例三

依本图上端左边款头端文字可知，这是对泥质陶盆陶钵盘类器的型式分期图。

龙山文化在图上又称"文化二"，分为三或四个阶段(图一六至图一八)。

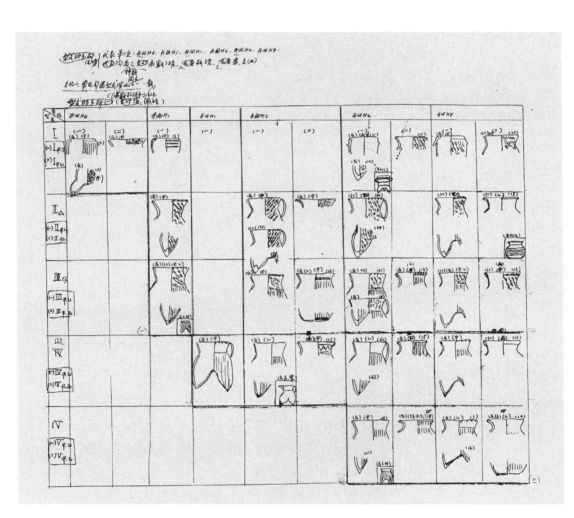

图一六　龙山文化器物型式分期图例一

依图上文字，称龙山文化为"文化二"，亦分四期。本图主要是鬲、甗、罐等器。

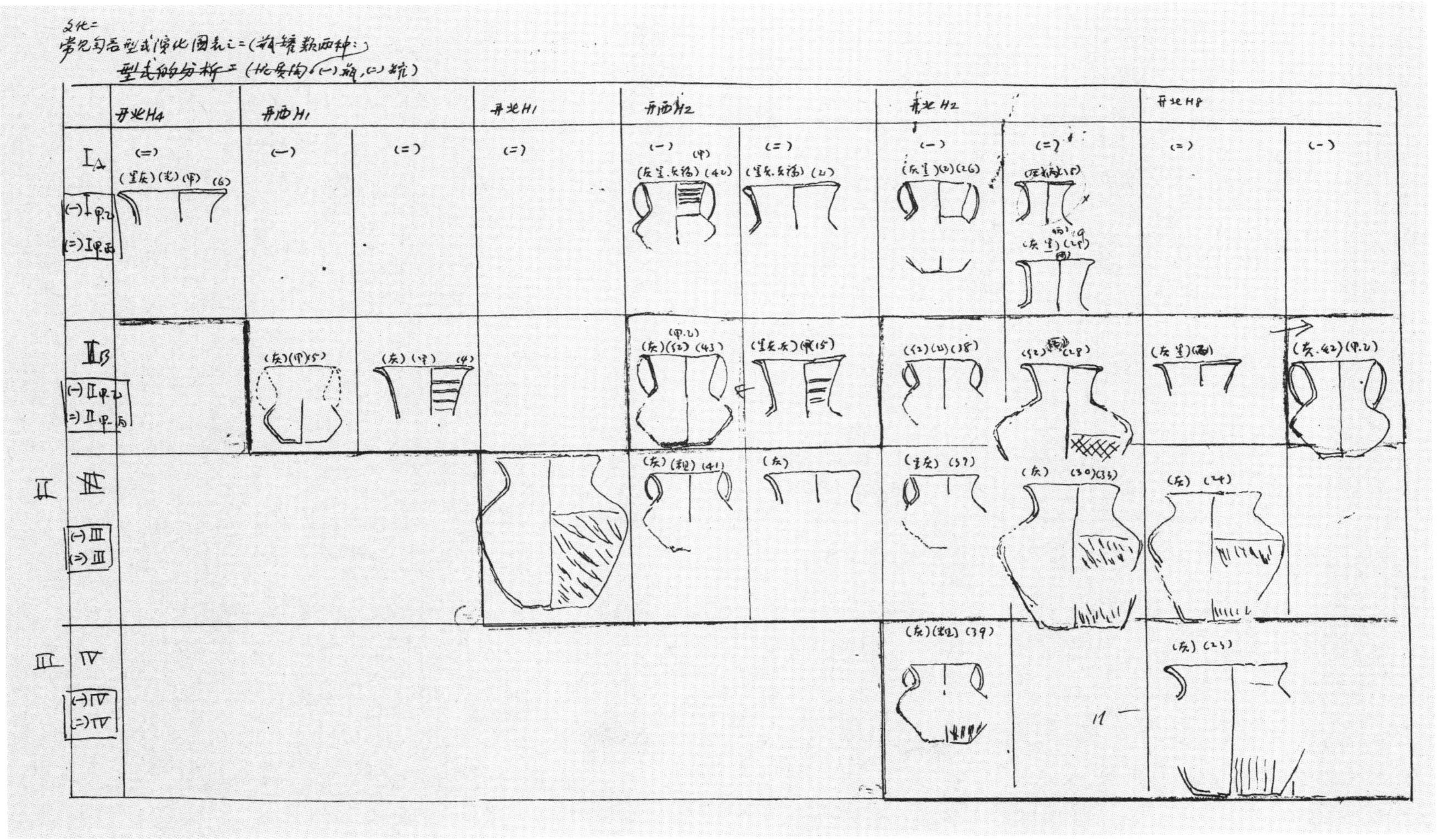

图一七　龙山文化器物式分期图例二

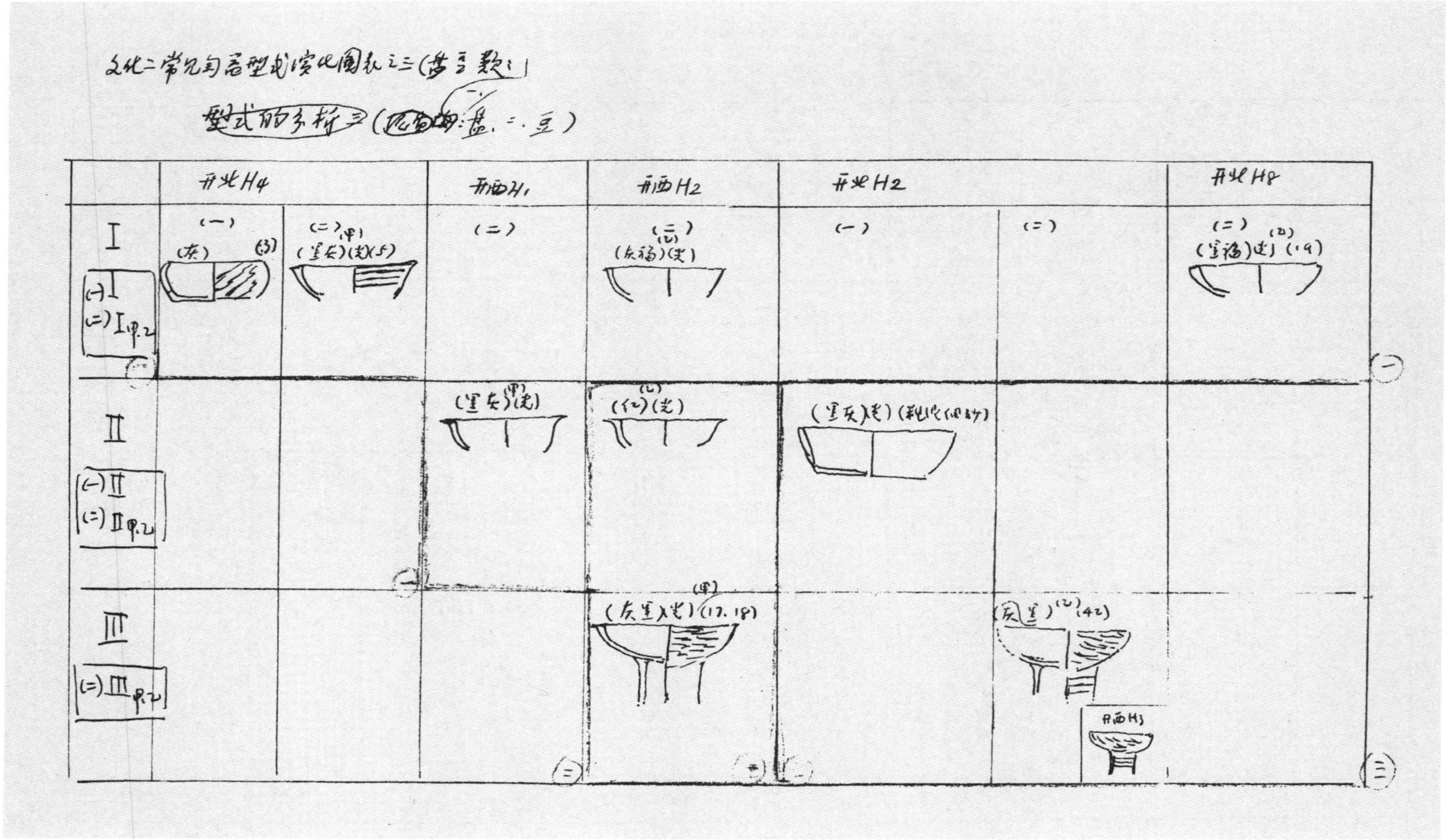

图一八　龙山文化器物型式分期图例三

　　周文化在图上没有注"文化三"，也没有如仰韶和龙山文化那样用表格来表示，但排列了各类器的式别顺序。由式别可以看出，对周文化遗存分了四个阶段（图一九至图二二）。

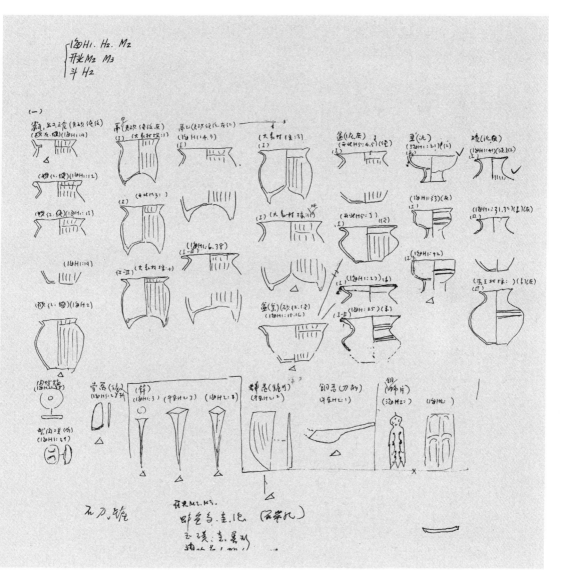

图一九　周文化器物型式分期图例一

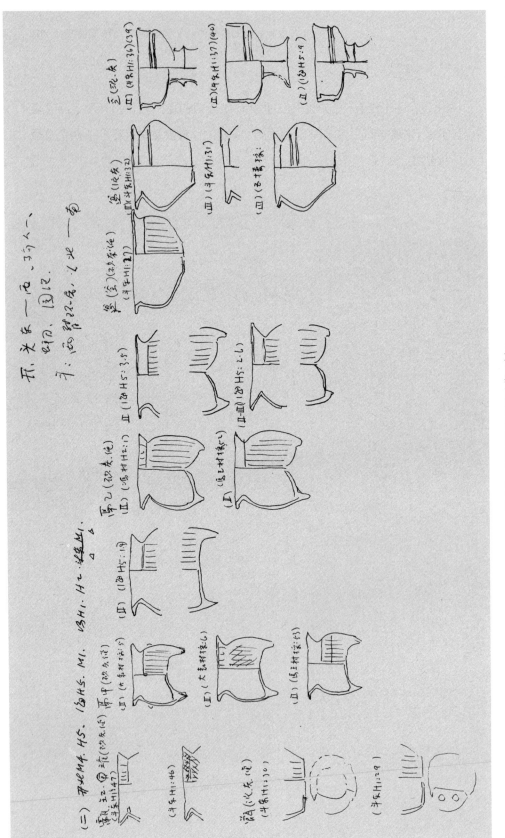

图二〇 周文化器物型式分期图例二

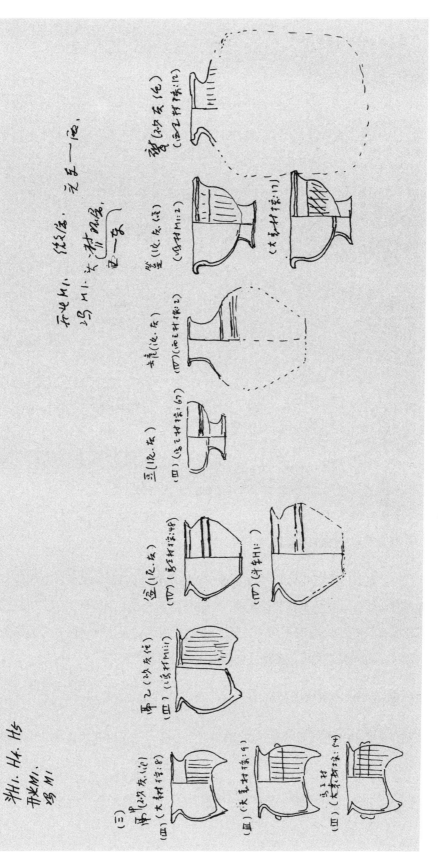

图二一 周文化器物型式分期图例三

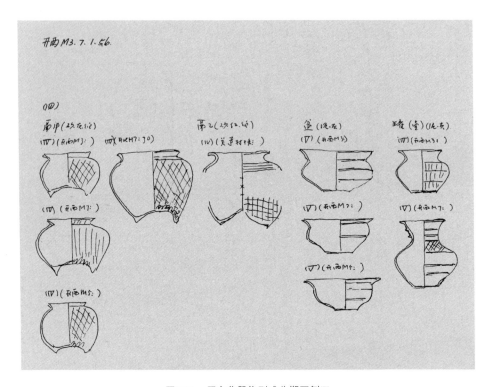

图二二   周文化器物型式分期图例四

3. 装有黑白小照片的信封

在一个破旧信封内装有 12 个用稿纸包着的小包,其内都装着黑白小照片。包外都写有遗址名,如"马王村""路柳庄""三桥"等。全部属仰韶文化遗存的照片。信封外没有印任何文字,有手写字三竖行,自右至左为:"吴汝祚／西安附近调查／标本照片。"说明吴先生可能参加过仰韶文化部分资料的整理[1]。

4. 贴在两张 16 开纸上的照片

贴在两张 16 开纸上的照片都是田野照片,一张是马王村北地貌与文化层堆积

---

[1] 见苏秉琦、吴汝祚:《西安附近古文化遗存的类型和分布》,《考古通讯》1956 年第 2 期。

照,另一张是开端庄(客省庄)北周代墓葬的照片。

(二) 包之二

此包较大,主要是贴在 4 开或 8 开厚纸上的线图和照片,除仰韶文化照片未贴,以及上述包之一中贴在 16 开纸上的两张照片外,三种文化的所有线图和照片都被贴在这两类厚纸上,其中仰韶部分线图用 1958 年 12 月 29 日《北京日报》对折包着。部分遗物的线图和照片经过调整,即第一次贴好后,又将部分揭下另贴,致使留在原版的图多有空当,不甚整齐,如以下二图(图二三、图二四)。

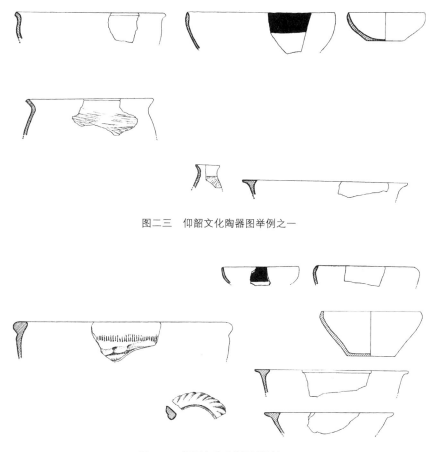

图二三　仰韶文化陶器图举例之一

图二四　仰韶文化陶器图举例之二

由于图上标有序号,且多与文字相合,表明各张图的器物数量已定妥,只需重新贴整齐就是,只不过这最后一步没有进行[1]。

二、背景说明

1950 年 5 月,中央人民政府政务院总理周恩来根据中国科学院院长郭沫若的提名,任命郑振铎为考古研究所所长,梁思永和夏鼐为副所长,共同筹建考古研究所。8 月初,考古研究所正式成立[2]。人员主要由原"中研院"史语所考古组留在大陆的学者和原北平研究院史学研究所考古组的学者组成,同时也招收一些新人。依石兴邦先生所言,当时考古研究所从事过田野考古发掘和研究的导师级人物共 4位,即梁思永、夏鼐、郭宝钧和苏秉琦。而新进的大学生正好也是 4 位。考虑到他们都是新手,于是工作实行导师制,一人一个,"我是苏秉琦先生的学生……其他三个人,梁思永负责安志敏,夏鼐带王仲殊,郭宝钧负责王伯洪"[3]。

考古研究所刚成立两个月,就组织了一次大规模发掘,地点是辉县,时间从1950 年 10 月到 1951 年 1 月。这是新成立的考古研究所开展的第一次田野考古发掘,大家都很重视。参加人员除四大导师之一的梁先生因身体欠佳留守单位外,上述所有人员都参加了本次发掘。夏鼐任发掘团团长,郭宝钧任副团长,苏秉琦任秘书长。可见,从考古所成立开始,苏先生就是导师级人物之一。

辉县发掘结束不久,考古所又开展了第二次较大规模的田野考古工作。本次工作以田野考古调查为主,共分两组,分别由两位年轻导师夏鼐和苏秉琦负责带队。夏先生一组到河南西部调查,参加者有安志敏、王仲殊、马得志等;苏先生一组到西安调查,参加者有石兴邦、王伯洪、白万玉、钟少林和魏聚元等。两组于 1951

---

[1] 我们编辑时,根据版面做了整理。另外所有器物线图均无比例尺,今已无可能亦无必要补上。特此说明。

[2] 中国社会科学院考古研究所编:《中国社会科学院考古研究所(1950—2010)历程》,2010 年。

[3] 关中牛编著:《叩访远古的村庄——石兴邦口述考古》,陕西师范大学出版社,2013 年;石兴邦:《尽瘁于新中国考古事业的忠诚战士——夏鼐同志的学问、道德和事功》,载《中国考古学研究论集——纪念夏鼐先生考古五十周年》,三秦出版社,1987 年。

年 4 月 15 日同时从北京出发,西安组于 6 月 30 日回到北京,往返和工作共两个半月的时间。

这次调查的目的,按照原拟计划,是想进一步了解关中(指陕西境内的渭河两岸)史前文化的分期、分布和发展的问题,与早周和西周文化的分期和发展的问题。为了达到这一目的,采用"面"与"点"结合的方法,既要进行重点调查,又要进行小规模的采掘。没想到,工作一开始,首先就被沣西区几个重要地点暴露在坡崖断面的灰坑、灰层和墓葬给吸引住了。仅仅在这一带的工作就拖延到 6 月初旬。等沣东区调查工作结束的时候就到了 6 月下旬,最后,在浐水西岸地区做了一天的地表采集,就结束了本次调查工作[1]。

在整个调查工作期间,除石兴邦先生因"不满意苏先生的这种指导工作的方法,几个人整天窝在一起",感到难受,要求一个人到泾河流域调查外[2],其他人都未离开。

河南组的工作到 7 月中结束,7 月 13 日回到北京。《夏鼐日记》7 月 19 日所记内容有"上午阅苏秉琦君《陕西考古简报》"之语,可知,回京不久,苏先生就完成了简报的撰写。7 月 24 日,所里召开了两个组的田野工作总结会(见《夏鼐日记》)。年底,由苏先生执笔的本次考古调查简报以"考古研究所陕西省调查发掘团通讯组"的名义正式发表[3]。

1952 年上半年,在北京历史博物馆举办宝鸡斗鸡台发掘成果展,苏先生是主要参加者。同年 9 月(或 10 月),苏先生受考古研究所委派,参加创办北京大学考古专业,12 月,考古专业成立,苏先生任该专业教研室主任。

---

[1] 考古研究所陕西省调查发掘团:《1951 年春季陕西考古调查工作简报》,《科学通报》1951 年 2 卷第 9 期。

[2] 关中牛编著:《叩访远古的村庄——石兴邦口述考古》,陕西师范大学出版社,2013 年。另,依《夏鼐日记》,石先生当时确实对工作安排不满,在给夏先生和安志敏、王仲殊的信中有所流露。如,夏在 1951 年 5 月 9 日日记中写道:"今日收到石兴邦君来信,略知陕西队工作情形。石君另有信给安、王、马三君,谓每晨 9 时始出发工作,似有所不满。下午写复信给他。"7 月 23 日日记也有这方面内容。

[3] 考古研究所陕西省调查发掘团通讯组:《1951 年春季陕西考古调查工作简报》,《科学通报》1951 年 2 卷第 9 期。

　　1952 年之后,西安丰镐遗址的考古工作相继展开,但苏先生再未参加,均由他的学生负责。先是 1953 年秋,石兴邦与吴汝祚在丰镐一带调查月余,其成果由石先生执笔,发表在 1955 年《考古通讯》创刊号上[1]。1954 年春,石先生再次带队,继续在丰镐遗址调查,并在普渡村发掘周墓两座,参加者还有吴汝祚和胡谦盈。在相继多次田野考古调查的基础上,1955 年至 1957 年,丰镐遗址开展了大规模的考古发掘,负责人是曾随苏先生参加过 1951 年丰镐遗址调查的王伯洪先生。

　　1952 年以来,苏先生除主持北京大学考古教研室的工作和参加全国文物干部田野考古培训班之外,于 1954 年秋至 1955 年春,主持了洛阳中州路的发掘,其中发掘东周墓葬 200 余座。参加者有安志敏、马得志、刘观民、赵学谦、胡谦盈、林寿晋等。1956 年秋,苏先生又带队在洛阳涧河东岸广泛钻探,发现东周城部分城墙。1959 年,《洛阳中州路(西工段)》考古发掘报告出版。

　　经对手稿整理发现,本报告的内容以 1951 年调查材料为主,还包括了 1953 年的部分调查材料。因为在 1951 年调查简报中列举了该次调查的具体地点,沣西与沣东共 12 处,可本报告包括的地点有 20 余处。此外,在手稿中还发现一单页稿纸,内容完整,是另一个拟定中的编写大纲,第一行是“1951、1953 西安附近调查报告”,接下来分五项:一、序言;二、西安附近的第一类型古文化遗存(仰韶);三和四项后面没写标题,应分别是西安附近的第二类型和第三类型古文化遗存,省略未写;五、结语。经查石兴邦先生所写 1953 年《丰镐一带考古调查简报》所列调查地点,有多处不见于 1951 年调查简报,而见于本手稿中,说明本手稿内容确实包括了部分 1953 年的调查材料。经比较得知,本报告收录的 1953 年的材料,都是石先生《丰镐一带考古调查简报》未刊发的内容,基本属地面采集品,且数量不多(有遗迹单位的材料,石文已发表),在本报告中所占比重很小。

　　为什么要把 1953 年的部分材料收入本报告?原因可能是多方面的,这里不必妄加推断。如上所述,参加 1953 年调查的工作人员只有石兴邦和吴汝祚二人,石先生是苏先生的学生,且 1953 年调查所获比较重要的材料石先生已写成简报刊

---

[1] 考古研究所陕西调查发掘队:《丰镐一带考古调查简报》,《考古通讯》1955 年创刊号。

发,剩余部分与 1951 年合在一起发表应该得到了石先生的许可。至于吴汝祚先生,前面也曾提到,他应该参加了本报告的整理,甚至初稿的部分撰写,原因应该与他参加过 1953 年的调查有关,也体现了苏先生对吴先生的关照。

三、整理与编辑说明

首先需要说明的是,本报告的手稿,约书写于 20 世纪 50 年代前半,都不是定稿,有的方面可能是草稿;有的方面经过剪贴,尚处在修改完善中;有的方面还没有写完。因此,存在一些问题是不可避免的。今将其整理编辑成册,总的原则是除对前后表述不一,择优予以统一之外,全部保存手稿原貌。希望大家能用历史的眼光看待。尽管如此,一些细节问题仍然需要向读者交代清楚,以免产生误会。

以下按报告大纲的顺序予以说明。

(一)前言部分

手稿的编写大纲中有"前言"一项,可在所有手稿中,没有看到以"前言"二字为题头的文字。但在手稿中有几页用曲别针单独别在一起,内容分两个方面,冠以两个小标题,即"地理环境"和"历史背景",估计应该是前言的两部分内容,此即前面所说第二类文字稿。因此,我们把它当作前言对待,并在其前补加"前言"二字。但是,仅以这两个方面的内容为前言,显然不完整。作为前言,至少要有本次田野考古工作缘起、过程及主要收获等方面内容,然而在手稿中没有找到,这表明前言没有写完,或写完而散失了。为使前言完整,我们把由苏先生执笔的关于这次田野考古调查简报的文字内容录入[1],放在"地理环境"和"历史背景"之后,作为对本次调查工作的概括介绍,其前补加了"本次工作"的标题。原简报发表的照片没有找到,结合文字内容,插入另外五幅保存下来的线图和图版,分别是图一:马王村

---

[1] 考古研究所陕西省调查发掘团通讯组:《1951 年春季陕西考古调查工作简报》,《科学通报》1951 年 2 卷第 9 期。

北地貌与文化层堆积照片;图二:马王村北 H1 剖面图;图三:彩陶灰坑 7、粗绳篮纹陶灰坑 8 和早期周代瓦鬲墓 2 三者叠错图;图四:彩陶灰坑 7、粗绳篮纹陶灰坑 8 和早期周代瓦鬲墓 2 三者叠错照片;图五:开端庄(客省庄)北周代墓葬照片。

(二)第一至三编

第一至三编即上述第一类文字稿——报告正文,亦即报告的主体部分,各编分别由各自的 A 类(初稿)和 B 类(二稿)文字稿合成。需要说明的具体问题如下。

1. 第一编仰韶文化部分缺"概论",原因不明[1]。

2. A 类(初稿)和 B 类(二稿)文字稿多有不一致的地方,整理编辑时以二稿为准,同时把不一致的初稿内容放在注中(报告中所有脚注都是整理者所加)。如第一编仰韶文化部分对马王村遗址的介绍,二稿为"马王村在沣河西,斗门镇西南约 2.5 公里。在堡(董家堡)外土壕内有遗址文化层露头。有三个灰坑、一个墓,都属于第一类组合"。可一稿中还有"村北和村南的沟壕断崖都有遗址文化层露头,是一个重要的仰韶文化遗址"等内容,我们认为一稿中这句话提供的信息也很重要,仅依二稿而不录有点可惜,直接补进二稿也不合适,于是将其放在注中。再如马王村 H1 共分 5 层,剖面图上没有标层号,而用不同的线条相互区别。由文字描述可知第 I 层是最下层,然后依次向上到第 V 层,这与图下所附图例说明相合。由于与现在的描述顺序不同,为引起读者注意,我们特加一注专门说明,注云:"此坑 5 层编号与描述顺序,由下往上。"又如器物名称,有一些初稿与二稿不一致,我们以二稿为准,将初稿的名称放在注中。

3. 第一至三编的插图与图版。除第一编仰韶文化的图版重新排列粘贴外,其他所有插图与图版都未变更,按原样扫描加工后排入文字中。仰韶文化的图版之所以重新排列粘贴,即前面所言,是因这部分照片经吴汝祚先生整理后,没有贴成

---

[1] 依第二编龙山文化、第三编周文化概论插图可知,仰韶文化概论插图也都排妥,即下文图仰一至图仰六。惜未见文字部分。

图版,今不得不重新粘贴。

(三) 结语部分

编写大纲中未列"结语",文稿中也未见"结语"题头的文字,这部分可能没有写。但文字稿的第三类(有 10 页,见前述)是对本次调查成果的研究与认识,虽属初稿,也缺少具体论述,但列出了比较详细的纲目,多少有一些结语的意思。我们把这部分内容补加"附件"二字,放在第三编周文化之后,权且当作结语。

四、手稿撰写时间推测

由文字稿用纸类别、修改与剪贴现象,以及手绘器物型式分期草图不止一次的调整情况,可知报告的撰写有一个过程,非短期而为。开始撰写的时间自不必说,不早于 1951 年夏。关键是最晚部分撰写于何时,亦即最晚到什么时候停下来再未撰写。

文字稿引用了一些发表的资料,其中最晚者是普渡村长囟墓的材料,发表在《考古学报》1957 年第 1 期上。1958 年之后发表的材料未见引用。因此,手稿最晚部分的撰写时间可能不晚于 1958 年。若将前述仅仰韶文化部分的插图(贴在厚纸上的线图)用 1958 年 12 月 29 日《北京日报》对折包着的现象,和仰韶文化的各遗址的黑白小照片装在一个破旧信封内,信封外写有吴汝祚名字的现象联系起来看,二者很可能都是吴先生所为。吴先生把分别包好的仰韶文化的插图与照片一起交给苏先生,送交的时间当在 1958 年 12 月后不久,此后再未开封整理。恰是在 1958 年,全国掀起轰轰烈烈的"大跃进"运动,北京大学也不例外,考古专业亦开展突击编写《中国考古学》教材,40 天内完成任务,考古教研室主任苏秉琦是总负责人,参加者除全体教师外,还有部分研究生和 53、54 级本科生。苏先生亦亲自承担《战国秦汉考古》第一部分的撰写。之后的 1959 年和 1960 年,进一步对《中国考古学》进行修改完善。此外,也是在 1958 年及稍早,苏先生还负责《洛阳中州路(西工段)》考古发掘报告的编写(1959 年出版)。同时,还要在北京大学讲授"战国秦汉考古"。这些工作很可能冲击了对西安调查报告的撰写，一旦搁置便没有了下文。

五、本次调查的学术意义

这次西安调查的资料，曾以调查简报和研究文章的形式及时发表了一部分[1]，由于当时新中国的考古工作刚刚起步，能认识其重要性的学者极少。苏先生晚年回忆这次调查收获时提到，他向病中的梁思永先生做了汇报后，得到了梁先生的首肯，梁先生尤其对开端庄（客省庄）北仰韶、龙山与周三种文化遗迹的叠压打破关系表示认可，并笑称这是陕西的"三叠层"[2]。可惜梁先生过早去世，之后相当长时间无人认识这一发现的重要学术意义。直到2009年，胡谦盈先生在总结丰、镐遗址的发掘与研究史时，才对1951年及1953年西安调查的学术意义给予比较恰当的评价，认为这次调查"基本上摸清了沣河东西两岸及其附近地区各种不同时代、不同性质文化遗址的分布状况，为后来深入探讨和勘测周都丰、镐二京故址所在地提供了方便和必要条件"。客省庄北"三叠层"的发现，"为渭河流域地区的考古文化编年提供了一把可靠的标尺。上述研究成果与20世纪30年代梁思永先生在河南省安阳县后岗遗址中发现仰韶文化、龙山文化和商代文化三种不同时代遗存的叠压地层，为中原地区考古文化编年树立了一把可靠的年代标尺，其作用及其学术意义是相同的。此点过去似乎未引起重视以及给予科学的评价"[3]。说两个三叠层的学术意义相同，毫不为过；说客省庄三叠层过去未引起学界重视，亦贴近事实。为什么没引起学界重视？个中缘由，值得思考。

回首中国考古学发展的历程，陕西境内的考古发掘，1934年宝鸡斗鸡台遗址

---

[1] 考古研究所陕西省调查发掘团通讯组：《1951年春季陕西考古调查工作简报》，《科学通报》1951年2卷第9期；苏秉琦、吴汝祚：《西安附近古文化遗存的类型和分布》，《考古通讯》1956年第2期。

[2] 苏秉琦：《中国文明起源新探》，辽宁人民出版社，2009年；张忠培：《再谈梁思永先生与中国考古学——"纪念梁思永先生发掘昂昂溪遗址80周年暨昂昂溪文化学术研讨会"上的发言》，《文物》2013年第7期。

[3] 胡谦盈：《三代都址考古纪实——丰、镐周都的发掘与研究》，中国社会科学出版社，2009年。胡先生于1953年大学毕业到考古所工作，1954年便参加了丰镐遗址的考古发掘。

是第一次,1951 年西安调查和对部分遗迹的发掘是第二次。苏先生是第一次工作的主要参加者,是第二次工作的主持者。斗鸡台所获遗存,经苏先生研究,分属商(先周)、周、秦汉时期,第一次在陕境建立起这一时间跨度的考古学文化编年,同时也奠定了苏先生从事考古学文化谱系研究的基础,对其以后的治学路径产生了重要影响。所以,1951 年苏先生主持西安考古调查时,当在遗址断面上发现不同时期的遗迹单位存在叠压打破关系时,便忘记了当初的工作计划,几个人"整天窝在一起"予以清理。其实,这正反映了苏先生当时的田野考古水平,倘不如此,而是整天在地表采集遗物,则陕西的"三叠层"便失之交臂,本次工作的学术意义自然会大打折扣。

　　1951 年西安的考古工作,不仅在陕西首次发现了仰韶文化和龙山文化遗存,更重要的是将斗鸡台建立的考古文化编年向前延伸了两大阶段,即龙山文化时期和仰韶文化时期,这一长时段考古学文化编年的建立,为深入研究陕境及其邻近地区诸多考古学问题奠定了基础,难能可贵。在 20 世纪 50 年代初就取得这样的成果,实属不易,非一般学者所能为。

　　更值得关注的是,苏先生并未就此止步,当时,他还通过对每种考古学文化陶器的类型排比,将仰韶文化分为 4 个阶段,龙山文化分为 3 个阶段,周文化(含东周)分为 4 个阶段(见前文)。由于调查报告与这些相关的研究成果未及时发表,这一分期结果不为学界所知。苏先生关于类型学研究的方法与水平,在当时达到何种程度,亦知者甚少。通过对本次调查手稿的整理,我们发现,当时他对西安三种文化都进行了分期。其中对仰韶文化陶器分期排队的结论,与此后不久发表的文章《关于仰韶文化的若干问题》[1]相当吻合。如关于小口尖底瓶的演变序列,二者几乎完全相同。现在来看,小口尖底瓶不仅是仰韶文化的特殊器物,而且是仰韶文化陶器中演变规律最清楚的器物,是排序分期的典型代表。对此,早在 20 世纪 50 年代就被苏先生揭破了。

　　经过对斗鸡台和西安考古材料的类型学研究,苏先生收获颇多。此后,看陶片

---

[1] 苏秉琦:《关于仰韶文化的若干问题》,《考古学报》1965 年第 1 期;后收入苏秉琦:《苏秉琦考古学论述选集》,文物出版社,1984 年。

便成为他的爱好和特长。在苏先生的 90 多本学术笔记中,约 30 本全部画的是器物图,涉及全国很多地区,其中不少还分型分式。据其长公子苏恺之先生讲:有一次苏先生给外地一位先生写信,寄出后想起信纸的背面有他画的器物图,于是又给对方写信,让把前信寄回来。说至此,相信大家会明白,区系类型的提出有其深厚根基和背景,是经过长期积累和思考的结果。有了这样的基础,分个"块块""条条"自然水到渠成。

20 世纪 50 年代,中国考古学重新起步,除中原地区外,各地区的考古学文化空缺甚多,其第一要务是尽快建立本地区的考古学文化编年,此乃考古学研究的基础。苏先生的类型学研究顺应了这一时代需求,深受学界欢迎。就此而言,苏先生做出的贡献是无人可比的。

从 1951 年到现在,虽然时隔 60 多年,但任何考古资料都有不可替代的特性,只要是第一次发表,对学界来说,都是新的材料。因此,整理出版这批材料是必要的。此外,通过这批材料,还可了解当时的学术状况,了解苏先生的治学历程,其在学术史上亦有重要价值。

在整理和编辑过程中,得到北京大学考古文博学院领导和部分同学的支持与帮助,其中王伊宁和韩惠如二同学出力最多,她们承担了全部手稿的录入,线图与图版的扫描及进一步加工。此外,李可言同学校对了《前言》部分引用的历史文献;冉宏林、张天宇、吴桐帮助扫图少许。在此向她(他)们表示感谢。

（原文刊于苏秉琦著:《另一个三叠层:1951 年西安考古调查报告》,
上海古籍出版社,2018 年）

整理后记

2020 年春,李伯谦先生来电告知有出版社愿意资助北京大学考古文博学院,为部分教授出版个人学术论文集,并成为一个书系。李先生与学院领导协商,首批先为一部分年长或荣休教授出版个人自选集,其中有刘绪老师在内。由于刘绪老师 2019 年秋入院治疗,不能承担较细节性的工作。因此,李先生命我协助刘绪老师完成自选集的稿件整理工作。

5 月中旬,我和老师商量,由我先筛选篇目,再请老师斟酌。按照刘绪老师自定"不选序文,考虑时代和类型平衡,适当增加学术史与纪念类文章,总体量在 30 万字左右"的原则,5 月 23 日我将初拟的自选集篇目发送给老师。

6 月 3 日,刘绪老师邮件回复说:"小常:我把自选论文初选了一下,并将原文收集在一起,是初选,也许有的不取。现把目录和我粗略看过的四篇发你,你给仔细审阅一遍,我现在实在没精力认真办事了。后面的等我过完,陆续发上,这事不急,其他人估计大部分没这么快。辛苦你了!"他同时又说"这事不急,但我不能不抓紧"。回看当日的邮件和微信,老师当对自己的病情有预判,是在争分夺秒地了结各项工作。

之后的一个月,刘绪老师在化疗间歇,亲自筛选并逐篇初步校订、修改了选集的所有论文。7 月 5 日,他分 6 次发邮件,将自选集论文的 word 文档按顺序分别发送给我,并附上了最终修订的自选集目录。在邮件中,他告知"还有一篇正在修改中,是永固陵的,准备找他人审阅"。同时,老师认为,"因为是自选集,所以与他人合作的文章,不宜收录"。从最终刘绪老师自己确定的篇目来看,共选择各类文章 27 篇。按内容区分,大体分为五类:夏文化研究,商文化研究,周文化研究,田野考古研究,纵论、怀念与学术史。所选文章 14 篇与刘绪老师之前出版的《夏商周考古探研》重合,但也有 13 篇文章是他决定要新收入自选集的。

随后的一段时间,我初步做了文字的校核,时任学院领导对此事也十分关心,多次电询工作进展,但出版社一方却并无后续联系对接。老师在治疗间歇强拖病体全力完成了琉璃河遗址发掘报告的最后撰写工作,并和学院移交了他保管的晋侯墓地所有发掘资料和报告文稿中他负责部分的初稿。

2021年3月2日,老师微信告知"我院的自选集可能没了,出版社没钱",我曾问要不要用其他渠道出版,老师微信回复不必太在意,论文都已发表过,结集出版只是方便读者查询而已。

直到2021年9月刘绪老师病逝,文集也一直未能找到出版渠道。

2021年底,北京大学考古文博学院决定由学院出资在上海古籍出版社出版各位师长的论文集,刘绪老师的论文集也得以入选,并安排我和出版社对接联系。2022年3月初,遵张亚莉、缪丹编辑吩咐,我与师母乔淑芝老师、师妹刘鸣联系,根据所选文章主题确定书名为《夏商周文化与田野考古》。

刘绪老师在40余年的教学和田野考古实践中,始终从田野发现思考学术问题,在许多研究领域和角度方面有开创之功。在长年的教学研究和田野实践中,他养成了以科研带动教学,在教学中提升科研的习惯。从文集所选篇目可知,刘绪老师的很多论文是从田野现象出发,贯通系联,思考学术问题的。他尤其强调对田野迹象的观察和联系上下时段,注重同时代不同空间地域观察问题。若没有深厚的教学和田野经验积累,是发现不了这些学术问题的。相信不同的读者,都会在这些文字中有自己的收获。

文集的编辑和校对过程中,得到了很多先生的帮助。就我个人所知,在修订稿件时,刘绪老师请北京大学考古文博学院倪润安教授审校了《方山二陵的发掘与文明皇后的评价》一文,并核对该文所涉及的历史文献;请中央民族大学民族学与社会学学院马赛博士查询了《周原遗址分期与布局研究引发的若干思考》一文的部分注引。进入编辑阶段后,中国社会科学院考古研究所汤超博士为多篇论文扫描配图,甚至自费网购图录寻找了合适的图片。由于出版时间限制,论文集由张亚莉、缪丹两位分工编校,通力合作,用最短的时间完成了编辑工作。孰料上海疫情突发,各位编辑困居家中,校样无法往来寄还,因此延误了文集出版,但即便在日常生活都受影响的情况下,她们二位依然关心校样修改工作。感谢他们的无私付出和努力。同时,也要感谢北京大学考古文博学院和李伯谦先生,对刘绪老师选集出版的关心和所做出的努力。

在文集的整理、编辑过程中,遵循刘绪老师的原意,尽量保持各篇文字最初发表时的原状,未对文字做较大调整和修改。有些图片按原版扫描处理后插入,未做更改以供读者参考。对图片分辨率不足的,则据新出版公布材料的图版替换之。由于我的延宕拖沓,整理稿件未能在刘绪老师生前再请他过目,这是我不能原谅自己的。同时,由于我水平有限,整理过程必有诸多错误,请读者批评。

常怀颖

2022 年 4 月 29 日

刘绪教授著作存目

论著

1986 年

《从墓葬陶器分析二里头文化的性质及其与二里岗期商文化的关系》,《文物》1986 年第 6 期。

1989 年

《从夏代各部族的分布和相互关系看商族的起源地》,《史学月刊》1989 年第 3 期。

1990 年

《论卫怀地区的夏商文化》,《纪念北京大学考古专业三十周年论文集》,文物出版社,1990 年。该文为刘绪硕士学位论文,1983 年通过答辩。

《略谈"湖熟文化"研究的定量分析和"先吴文化"称谓问题》,《东南文化》1990 年第 5 期。

1991 年

《夏商周考古》,《中国考古学年鉴·1990》,文物出版社,1991 年。该文与李伯谦合作,第二执笔。

《简论陶寺类型不是夏文化——兼谈二里头文化的性质》,《史前研究》(辑刊)1990~1991 年。

1992 年

《东下冯类型及其相关问题》,《中原文物》1992 年第 2 期。

1993 年

《晋与晋文化的年代问题》,《文物季刊》1993 年第 4 期。

1994 年

《天马–曲村遗址晋侯墓地及相关问题》,《三晋考古》第一辑,山西人民出版社,1994 年。

《春秋时期丧葬制度中的葬月与葬日》,《考古学研究(二)》,北京大学出版社,1994 年。

1995 年

《三代文明的探索》,日本出光美术馆编:《中国の考古学展》,日本出光美术馆,1995 年。该文与徐天进合作,第一执笔。

1996 年

《关于西亳说的几个问题》,《夏文化研究论集》,中华书局,1996 年。

《田野考古中存在的两个问题》,《中国文物报》1996 年 5 月 25 日。

1997 年

《夏商周考古》,《中国考古学年鉴·1994》,文物出版社,1997 年。

《琉璃河遗址西周燕文化的新认识》,《文物》1997 年第 4 期。该文与赵福生合作,第一执笔。

1998 年

《早商文化的考古学横向观察》,《远望集》,陕西人民美术出版社,1998 年。

《西周燕文化与张家园上层类型》,《跋涉集》,北京图书馆出版社,1998 年。该文与赵福生合作,第二执笔。

《田野考古中存在的几个问题》,《跋涉集》,北京图书馆出版社,1998 年。

《昭明之居与元氏铜器》,《中国文物报》1998 年 10 月 21 日第 3 版。

《洹北花园庄遗址与河亶甲居相》,《中国文物报》1998 年 11 月 25 日第 3 版。该文与雷兴山合作,以笔名"文雨"发表。

《先秦的车舆》,《中华文明之光》,北京大学出版社,1998 年。

《夏商周考古》,中国史学会"中国历史学年鉴"编辑部编:《中国历史学年鉴·1997》,三联书店,1998 年。

1999 年

《天马—曲村晋国遗址》,"中华人民共和国重大考古发现"编辑委员会编写,宿白主编《中华人民共和国重大考古发现(1949~1999)》,文物出版社,1999 年。

《方山二陵的发掘与文明皇后的评价》,山西省博物馆编:《山西省博物馆八十年》,山西人民出版社,1999 年。

2000 年

《西周早期考古学文化与周初分封》,《文化的馈赠——汉学研究国际会议论文集·考古学卷》,北京大学出版社,2000 年。

2001 年

《有关夏代年代和夏文化测年的几点看法》,《中原文物》2001 年第 2 期《夏商周断代工程笔谈》。

《偃师商城——不准确的界标》,《中国文物报》2001 年 8 月 5 日第 7 版。

《围坊三期文化的年代与刘家河 M1 的属性》,《苏秉琦与当代中国考古学》,科学出版社,2011 年。该文与赵福生合作,第一执笔。

2002 年

《关于天马—曲村遗址晋国墓葬的几个问题》,《晋侯墓地出土青铜器国际学术研讨会论文集》,上海人民美术出版社,2002 年。该文与徐天进合作,第一执笔。

《晋侯邦父墓与楚公逆编钟》,《长江流域青铜文化研究》,科学出版社,2002 年。

2003 年

《再论偃师商城是不准确的界标——兼答方酉生先生》,《东南文化》2003 年第 1 期。

《夏商文化分界探讨的思考》,《考古学研究(五)》,科学出版社,2003 年。

2005 年

《2004 年度夏商周考古重大发现点评》,《古代文明研究通讯》2005 年第二十六期。

《考古发掘报告的典范之作——评〈博罗横岭山——商周时期墓地 2000 年发掘报告〉》,《中国文物报》2005 年 12 月 14 日第 4 版。

2006 年

《悼念吾师邹衡先生》,《中国文物报》2006 年 2 月 15 日第 3 版。

《一段不可忘怀的记忆——邹衡先生对天马—曲村遗址的学术活动》,《中原文物》2006 年第 2 期。

《晋国始封地与早期晋都》,《跋涉续集》,文物出版社,2006 年。

《邹衡先生商文化研究述略》,《北京平谷与华夏文明国际学术研讨会论文集(2005)》,社会科学文献出版社,2006 年;又载《古代文明研究通讯》2006 年第二十八期。

《中华文明的肇始——夏》,袁行霈主编:《中华文明史》,北京大学出版社,2006 年。

《〈周原遗址与西周铜器研究〉读后》,《考古学研究》(六),科学出版社,2006 年。

2007 年

《晋文化》,文物出版社,2007 年。

《程平山〈夏商周历史与考古〉简评》,《中国史研究动态》2007 年第 7 期。

2008 年

《夏商周考古》,《中国考古学年鉴·2007》,文物出版社,2008 年。该文与冯峰合作,第一执笔。

《晋乎? 卫乎?——琉璃阁大墓的国属》,《中原文物》2008 年第 3 期。

《〈湘江流域商周青铜文化研究〉序》,向桃初:《湘江流域商周青铜文化研究》,线装书局,2008 年。

2009 年

《忆朝远先生》,《上海文博论丛》2009 年第 2 期。

《周原考古札记四则》,《俞伟超先生纪念文集》(学术卷),文物出版社,2009 年。

《谈一个与早期文明相关的问题》,《中国历史文物》2009 年第 4 期。

《对先商文化的思考——在“先商文化学术研讨会”上的总结发言》,《古代文明研究通讯》2009 年第四十二期。

《北方考古二题:2008 年内蒙考察收获笔谈》,《三代考古》(三),科学出版社,2009 年。

《先秦之车》,澳门特别行政区民政总署文化康体部:《嘉模讲坛录——鹤鸣濠江考古文博名家系列讲座二〇〇八至二〇〇九》,澳门特别行政区民政总署文化康体部,2009 年。

2011 年

《〈商系墓葬研究〉序》,郜向平:《商系墓葬研究》,科学出版社,2011 年。

《夏商文化分界与偃师西亳的若干问题》,《考古学研究(八)》,科学出版社,2011 年。

《湖北随州叶家山西周墓浅谈》,《文物》2011 年第 11 期。该文为《湖北随州叶家山西周墓地笔谈》稿。

2012 年

《对探讨早期夏文化的几点看法》,《早期夏文化与先商文化研究论文集》,科学出版社,2012 年。该文为 2008 年 7 月"早期夏文化国际学术研讨会"大会闭幕式的总结发言,2010 年修改后提交《论文集》。

《近年发现的重要两周墓葬述评》,《梁带村里的墓葬——一份公共考古学报告》,北京大学出版社,2012 年。

2013 年

《夏末商初都邑分析之一——二里头遗址与偃师商城遗址比较》,《中国国家博物馆馆刊》2013 年第 9 期。

《西周西土的考古学初探》,《周原》第 1 辑,三秦出版社,2013 年。

《〈郑州青铜文化研究〉序》,李维明:《郑州青铜文化研究》,科学出版社,2013 年。

2014 年

《夏商周考古探研》,科学出版社,2014 年。

《整理说明》,苏秉琦:《北大未刊讲稿·战国秦汉考古》,上海古籍出版社,2014 年。

《困惑八问——向偃师商城西亳说求解》,《夏商都邑与文化(一)》,中国社会科学出版社,2014 年。

《商文化在东方的拓展》,饭岛武次编:《中华文明考古学》,日本·同成社,2014 年。

《夏商周陶瓷发展史初论》,《夏商周考古探研》,科学出版社,2014 年。该文为 2007 年《中国陶瓷史》夏商周时期部分的稿件摘要。

《"随州文峰塔曾侯與墓"专家座谈会纪要》,《江汉考古》2014 年第 4 期。

2015 年

《〈竹书纪年考〉——〈竹书纪年〉研究史上的里程碑》,《中国文物报》2015 年 5 月 22 日第 4 版。

《商文化在北方的进退》,《"周边"与"中心":殷墟时期安阳及安阳以外地区的考古发现与研究》,历史语言研究所,2015 年。该文为 2006 年 "'周边'与'中心':殷墟时期安阳及安阳以外地区的考古发现与研究"学术研讨会论文。

《商文化在西方的兴衰》,《纪念殷墟发掘八十周年学术研讨会论文集》,历史语言研究所,2015 年。该文为 2008 年 "纪念殷墟发掘八十周年学术研讨会"论文。

2016 年

《三十年的坚持与固守——〈垣曲商城（二）〉读后》,《中国文物报》2016 年 4 月 19 日第 6 版。

《漫谈偃师商城西亳说的认识过程——以始建年代为重点》,《古代文明（第 10 卷）》,文物出版社,2016 年。

《盘龙城与长江文明国际学术研讨会学术总结》,《盘龙城与长江文明国际学术研讨会论文集》,科学出版社,2016 年。

《〈商周墓葬比较研究〉序》,张明东:《商周墓葬比较研究》,中国社会科学出版社,2016 年。

《〈新郑望京楼〉序》,郑州市文物考古研究院编:《新郑望京楼——2010~2012 年田野考古发掘报告》,科学出版社,2016 年。

2017 年

《漫谈田野考古图的表示法》,《李下蹊华——庆祝李伯谦先生八十华诞论文集》,科学出版社,2017 年。

《对考古学的无限追求和无私奉献——"商周田野工作坊"系列论文读后》,《南方文物》2017 年第 3 期。

《若干田野考古现象分析》,《南方文物》2017 年第 4 期。

《〈司母戊鼎还有多少待解之谜〉读后》,《中国文物报》2017 年 10 月 28 日第 7 版。

《西周疆至的考古学观察——兼及周王朝的统治方略》,《青铜器与金文(第一辑)》,上海古籍出版社,2017 年。

2018 年

《多卷本〈中国古代青铜器整理与研究〉第二辑简评》,《中国史研究动态》2018 年第 2 期。

《整理说明》,《苏秉琦未刊报告·另一个三叠层——1951 年西安考古调查报告》,上海古籍出版社,2018 年。

《夏文化探讨的回顾与现状》,《古代文明研究通讯》2018 年第七十七期。该文又被收入中国文化遗产保护与考古学研究国际中心(ICCHA)、北京大学中国考古学研究中心编:《早期文明的对话:世界主要文明起源中心的比较》,上海古籍出版社,2020 年。

《夏文化探讨的现状与任务》,《中原文化研究》2018 年第 5 期。

《在张忠培先生追思会上的讲话》,《纪念张忠培先生文集·怀念卷》,故宫出版社,2018 年。

《〈保护与传承视野下的鲁文化〉序》,山东省文物考古研究院等编:《保护与传承视野下的鲁文化学术研讨会论文集》,上海古籍出版社,2018 年。

《〈晋西商代青铜器〉序》,韩炳华主编:《晋西商代青铜器》,文物出版社,2018 年;此文又被《中国文物报》2018 年 4 月 13 日第 8 版转载。

2019 年

《中国出土青铜器全集·序》,《中国出土青铜器全集》,科学出版社,2019 年。该文与李伯谦合作。

《2018 商周五项考古发现之学术意义》,《中国文物报》2019 年 4 月 2 日第 5 版。

《对中国青铜器的一些新认识》,《中华读书报》2019 年 9 月 11 日第 13 版。该文与李伯谦合作,为第二执笔。

《〈传承与创新:考古学视野下的齐文化学术研讨会论文集〉序》,《传承与创新:考古学视野下的齐文化学术研讨会论文集》,上海古籍出版社,2019 年。

《填补洛阳两周考古系统研究专著空白之作——〈东周王城研究〉序》,徐昭峰:《东周王城研究》,科学出版社,2019 年。

《天马—曲村晋侯墓地——早期晋文化探索的重要成果》,是山西省博物院"晋界"系列讲座讲稿基础上修改而成,原刊于《"晋界"讲坛文集(2016—2017)》,三晋出版社,2019 年。

2020 年

《山东枣庄徐楼东周墓出土不知名器初探》,《考古学研究(十二)》,科学出版社,2020 年。该文与张夏、胡钢、胡东波、王丽华、石敬东合作,为第四执笔。

2021 年

《中国考古学六讲系列·夏商周考古》,山西人民出版社,2021 年。

《商王朝的南土——在"盘龙城与长江文明国际学术研讨会·2019"闭幕式上的讲话》,《江汉考古》2021 年第 4 期。该文由盘龙城遗址博物院根据录音整理,常怀颖、邰向平校订。

2022 年

《关于夏文化研究——对刘绪先生的访谈》,《江汉考古》2022 年第 1 期。该文由常怀颖整理,邰向平、杨冠华校订,雷兴山审定。

《周原遗址分期与布局研究引发的若干问题》,《夏商周文化与田野考古》,上海古籍出版社,2022 年。该文是北京大学中国考古学研究中心,教育部人文社会科学研究重大项目《周原遗址的分期与布局研究》第十章"对周原遗址的几点思考"的内容,其中部分内容曾以《周原考古札记四则》为题发表。

资料整理

2014 年

《战国秦汉考古(北大未刊讲稿)》,苏秉琦原著,刘绪整理,上海古籍出版社,2014 年。

2018 年

《苏秉琦未刊报告·另一个三叠层——1951 年西安考古调查报告》,苏秉琦原著,刘绪整理,上海古籍出版社,2018 年。

2019 年

《中国出土青铜器全集》,主编:李伯谦,副主编:刘绪,科学出版社,2019 年。

待刊

《苏秉琦学术笔记》(暂定名),苏秉琦原著,刘绪主持整理,待刊。

田野考古报告

2000 年

《天马—曲村(1980～1989)》,科学出版社,2000 年。

2007 年

《登封王城岗考古发现与研究(2002～2005)》,大象出版社,2007 年。

待刊

《琉璃河遗址发掘报告(1995~1997)》,科学出版社,待刊。

考古发掘简报

1981 年

《榆次市出土秦代铁权》,《文物资料丛刊·5》,1981 年,文物出版社。该文与乔淑芝合作,取刘、乔二姓偏旁,以笔名"文天"为名发表。

1993 年

《陕西扶风县壹家堡遗址发掘简报》,《考古》1993 年第 1 期。该简报与孙华合作,第二执笔。

《1992 年春天马—曲村遗址墓葬发掘报告》,《文物》1993 年第 3 期。该简报与徐天进、罗新、张奎合作,第一执笔。

1994 年

《陕西扶风县壹家堡遗址 1986 年度发掘报告》,《考古学研究(二)》,北京大学出版社,1994 年。该报告与孙华合作,第二执笔。

1998 年

《天马—曲村遗址 J6、J7 区周代居址发掘简报》,《文物》1998 年第 11 期。该简报与罗新合作执笔,第一执笔。

2002 年

《陕西扶风县云塘、齐镇西周建筑基址 1999~2000 年度发掘简报》,《考古》2002 年第 9 期。该简报与徐良高、孙秉君合作,第二执笔。

2006 年

《河南登封王城岗遗址 2002、2004 年发掘简报》,《考古》2006 年第 9 期。该简报与方燕明合作,第二执笔。

本目录由常怀颖初拟,经乔淑芝、谢肃、郜向平、冯峰、林永昌校核增补。

北京大学考古学丛书

❖ 旧石器时代考古研究
王幼平　著

❖ 史前文化与社会的探索
赵辉　著

❖ 史前区域经济与文化
张弛　著

❖ 多维视野的考古求索
李水城　著

❖ 夏商周文化与田野考古
刘绪　著

❖ 礼与礼器
中国古代礼器研究论集
张辛　著

❖ 行走在汉唐之间
齐东方　著

❖ 汉唐陶瓷考古初学集
杨哲峰　著

❖ 墓葬中的礼与俗
沈睿文　著

❖ 科技考古与文物保护
原思训自选集
原思训　著

❖ 文物保护技术：理论、教学与实践
周双林　著

上 海 古 籍 出 版 社

图书在版编目(CIP)数据

夏商周文化与田野考古 / 刘绪著. —上海：上海
古籍出版社，2022.8
　（北京大学考古学丛书）
　ISBN 978-7-5732-0282-6

　Ⅰ.①夏… Ⅱ.①刘… Ⅲ.①文化史—中国—三代时
期—文集②田野考古学—文集　Ⅳ.①K221.03-53
②K851-53

中国版本图书馆 CIP 数据核字(2022)第 094468 号

北京大学考古学丛书

夏商周文化与田野考古

刘　绪　著

上海古籍出版社出版发行

（上海市闵行区号景路 159 弄 1-5 号 A 座 5F　邮政编码 201101）

（1）网址：www.guji.com.cn

（2）E-mail：guji1@guji.com.cn

（3）易文网网址：www.ewen.co

苏州市越洋印刷有限公司印刷

开本 710×1000　1/16　印张 38.25　插页 3　字数 579,000

2022 年 8 月第 1 版　2022 年 8 月第 1 次印刷

ISBN 978-7-5732-0282-6

K・3149　定价：188.00 元

如有质量问题,请与承印公司联系